# COME
# COMIDA REAL

CW01659152

Últimos títulos publicados en esta colección:

J. Teasdale, M. Williams y Z. Segal, *El camino del mindfulness*
T. Baró, *Manual de la comunicación personal de éxito*
P. Sordo, *Bienvenido dolor*
M. Bradford, *Transforma tu alimentación con Montse Bradford*
A. Broadbent, *Hablemos de la muerte*
S. Alidina, *Vencer el estrés con mindfulness*
M. Cahue, *El cerebro feliz*
G. Nardone, *El miedo a decidir*
E. Goldstein, *Descubre la felicidad con mindfulness*
J. Sués Caula, *Los 100 mejores juegos de ingenio*
C. Webb, *Cómo tener un buen día*
A. Sánchez, *Mi dieta cojea*
I. Navarro Álvarez, *Prepáralos para el futuro*
À. Navarro, *Pon en marcha tu cerebro*
D. Pulido, *¿Nos estamos volviendo locos?*
Dr. J. Axe, *Todo está en tu digestión*
M.ª C. Nardone, *La empresa triunfadora*
M. Priante, *Grafología para la selección y evaluación de personal*
L. Bancroft, *¿Por qué se comporta así?*
R. Luna, *Objetivo: ser tú mismo*
E. Gratacós y C. Escales, *9 meses desde dentro*
Ch. Fairburn, *La superación de los atracones de comida*
J. Burgo, *Narcisistas*
M. Garaulet, *Los relojes de tu vida*
A. Grant, *Originales*
D. García Bello, *¡Que se le van las vitaminas!*
T. Bertherat y C. Bernstein, *Correo del cuerpo*
T. Bertherat y C. Bernstein, *El cuerpo tiene sus razones*
A. Pellai y B. Tamborini, *La edad del tsunami*
T. Bertherat, M. Bertherat y P. Brung, *Con el consentimiento del cuerpo*
T. Bertherat y M. Bertherat, *Mi curso de Antigimnasia*
M. Greger, *Comer para no morir*
M.ª A. Jové Pons y A. Zambrano Calzado, *Educar es emocionar*
L. Martínez, *Vegetarianos concienciados*
T. Baró, *Inteligencia no verbal*
J. Funes, *Quiéreme cuando menos me lo merezca... porque es cuando más lo necesito*
C. André, *La vida interior*
H. Gomà, *La gran guía del coaching teleológico*
T. Baró, *La gran guía del lenguaje no verbal*
L. Naccache y K. Naccache, *De qué hablamos cuando hablamos del cerebro*
T. Costa, *Liderar en femenino para hombres y mujeres*
C. Ríos, *Come comida real*

CARLOS RÍOS

# COME COMIDA REAL

## Una guía para transformar tu alimentación y tu salud

PAIDÓS Divulgación

1.ª edición, marzo de 2019
6.ª impresión, julio de 2019

© Carlos Ríos, 2019
© de todas las ediciones en castellano,
Editorial Planeta, S.A., 2019
Avda. Diagonal, 662-664. 08034 Barcelona, España
Paidós es un sello editorial de Editorial Planeta, S.A.
www.paidos.com
www.planetadelibros.com

ISBN 978-84-493-3561-7
Fotocomposición: Lozano Faisano, S. L.
Depósito legal: B. 3.569-2019
Impresión y encuadernación: Black Print (Barcelona)
Impreso en España - Printed in Spain

El papel utilizado para la impresión de este libro
es cien por cien libre de cloro y está calificado como papel ecológico.

No se permite la reproducción total o parcial de este libro, ni su incorporación a un sistema informático, ni su transmisión en cualquier forma o por cualquier medio, sea este electrónico, mecánico, por fotocopia, por grabación u otros métodos, sin el permiso previo y por escrito del editor. La infracción de los derechos mencionados puede ser constitutiva de delito contra la propiedad intelectual (Art. 270 y siguientes del Código Penal). Diríjase a CEDRO (Centro Español de Derechos Reprográficos) si necesita fotocopiar o escanear algún fragmento de esta obra. Puede contactar con CEDRO a través de la web www.conlicencia.com o por teléfono en el 91 702 19 70 / 93 272 04 47.

*Dedicado a las verdaderas creadoras del* Realfooding*:*
*mi madre y mis dos abuelas.*
*Yo solo he puesto con palabras una parte de todo*
*el amor que he recibido de ellas.*

# SUMARIO

# Introducción

## VIVIMOS EN MATRIX

> —¿Esto es real? —preguntó Neo.
>
> —¿Qué es «real»? ¿Cómo defines «real»? Si hablas de lo que puedes sentir, lo que puedes oler, probar, ver..., «real» son impulsos eléctricos que tu cerebro interpreta —respondió Morfeo.
>
> *Matrix* (1999)

En la famosa película *Matrix,* la especie humana está dominada por las máquinas inteligentes, las cuales precisan de la energía de los humanos, y para ello los mantienen controlados en una realidad virtual. Los humanos creen que lo que ven y experimentan es la realidad, pero están en un mundo imaginario creado para ser engañados y sometidos a los intereses de las máquinas. Solo unos pocos humanos han podido escapar de Matrix, han despertado de ese sueño, han tomado conciencia y pueden actuar en consecuencia.

En la actualidad, la mayoría de la población de nuestra llamada «sociedad moderna o industrializada» vive engañada con respecto a su alimentación. La película *Matrix* nos dice: «No vivimos en el mundo real, sino en el mundo que han puesto ante nuestros ojos». Esto guarda un fuerte paralelismo con nuestra alimentación actual, por lo que puedo decirte: «No comes comida real, sino productos que han puesto ante tus ojos». A lo que podrás responder: «Yo soy libre de elegir mi comida, nadie me engaña». Pero la capacidad de elección no te hace escapar de Matrix; al revés, es un elemento más para que no te des cuenta de que estás dentro de Matrix. Cuando entras en el supermercado, crees disponer de esa libertad de elección, nadie te persigue con lo que debes o no debes, puedes o no puedes comprar para comer. Esa percepción de que eres libre a la hora de tomar decisiones forma parte de la estrategia de Matrix para garantizar el control sobre ti. Porque, como se dice en *El idiota* de Dostoievski: «La mejor manera de evitar que un prisionero escape es asegurarse de que nunca sepa que está en prisión».

Solo cuando despiertas, cuando escapas, te das cuenta de que tu libertad de elección estaba condicionada, dirigida inconscientemente a través de una serie de factores y elementos que antes no percibías, factores que han sido creados por la propia industria de los productos insanos, que en este libro denominaremos «ultraprocesados», los cuales priorizan los intereses económicos antes que tu salud. Tienes que entender que tomas tu decisión dentro de un «teatro» donde los actores y el decorado son seleccionados por quienes tienen el poder, pero te falta la otra parte; nadie te ha enseñado lo que hay detrás del escenario. Y yo quiero llevarte hasta allí.

En este libro voy a empoderarte para que puedas despertar. Voy a concederte un poder basado en conocimientos científicos y prácticos que te proporcionarán capacidad de pensamiento crítico para poder mejorar. Has aceptado el mundo que se te ha presentado y por eso estás comiendo, sin saberlo, productos ultraprocesados. Yo no quiero que memorices este libro, quiero que reflexiones sobre él y te abra la puerta a una realidad diferente. No obstante, yo solo puedo mostrarte la puerta, eres tú quien la tiene que atravesar.

En este libro, llamaremos «Matrix» al estado de engaño en el que vive nuestra sociedad con su alimentación, un engaño en el que tú también estás metido. Este engaño es producto de los intereses de una fuerza mayor, una fuerza más grande de lo que te puedas llegar a imaginar. Esta fuerza arrasa a su paso a miles de vidas inocentes, y supone la mayor amenaza que existe sobre nuestro planeta en la actualidad. Esta fuerza está dominada por el lado oscuro: la industria de los ultraprocesados.

En este libro quiero que tomes conciencia y cambies tu vida. Matrix no se puede explicar, has de verla con tus propios ojos. Esta es tu última oportunidad. Después, ya no podrás echarte atrás. Si cierras el libro, fin de la historia. Seguirás en tu sueño y creerás lo que quieras creerte. Pero si, por el contrario, continúas leyendo las siguientes páginas, te quedarás aquí conmigo, tirando de este hilo que yo te enseñaré hasta dónde llega. Recuerda, lo único que te ofrezco es despertar. Nada más.

# BREVE HISTORIA DE LA ALIMENTACIÓN

La vida y la comida son inseparables, siempre han evolucionado y evolucionarán unidas. A lo largo de la historia, incluida la prehistoria, hemos tenido tres grandes momentos donde la vida de nuestra especie, el *Homo sapiens*, experimentó grandes revoluciones. Estas revoluciones se refieren a un aumento de nuestra supervivencia, también en lo relativo a la reproducción y, en consecuencia, a una multiplicación de la población.

Si echamos la vista atrás, podemos observar que todo aumento demográfico ha estado siempre relacionado con la obtención de alimentos y, especialmente, con el procesamiento de estos. Es decir, los momentos más relevantes de la evolución humana nos han pillado comiendo y cocinando. Unos setenta mil años atrás, el ser humano ya manejaba con destreza ciertas herramientas de madera y piedra, en combinación con el fuego. Gracias a la aplicación del fuego en los alimentos, pudimos obtener nutrientes de alta calidad, en buena cantidad y con una menor inversión de energía. La hipótesis que plantean los científicos es que a medida que sucedía este ahorro energético con la reducción del tracto digestivo, parte de esa energía se destinaba al desarrollo de otro órgano que cambiaría nuestro destino como especie: el cerebro. Es probable que no fuera el consumo de carne únicamente, sino el dominio del fuego culinario, es decir, la cocina, lo que favoreció el desarrollo cerebral hasta hacernos inteligentes.[1] Nuestros ancestros pasaron de una alimentación cruda basada en plantas a introducir nuevos alimentos como la carne de carroña o de caza, la médula de huesos rotos, los pescados y algunas vísceras o tubérculos. El fuego facilitó que las proteínas, almidones resistentes y ácidos grasos esenciales fueran más accesibles con menos masticaciones y menos esfuerzo de digestión. También eliminó gran parte de los posibles patógenos infecciosos o antinutrientes en la comida cruda.

Nuestros primos hermanos, los chimpancés, a pesar de que son omnívoros como nosotros, tienen una dieta mucho más vegetal y crudívora. Eso les obliga a pasar más tiempo durante el día buscando comida, y tienen un tracto digestivo más largo para sacar energía de alimentos vegetales como frutas, hojas o frutos secos, a pesar de que ocasionalmente se les haya visto comiendo carne. Esta evolución cerebral del *Homo sapiens* sobre los demás primates se conoce como revolución cognitiva, y tal como dice Yuval Noah Harari en *Sapiens*, esta revolución marcaría el inicio de nuestra historia. Una revolución que aceleró nuestra evolución, de tal forma que pasamos de ser insignificantes animales a creernos los dioses del universo. Yuval lo explica así:

> Este salto espectacular desde la zona media a la cima tuvo consecuencias enormes. Otros animales de la cumbre de la pirámide, como leones y tiburones, evolucionaron hasta alcanzar tal posición de manera muy gradual, a lo largo de millones de años. Esto permitió que el ecosistema desarrollara frenos y equilibrios que impedían que los leones y los tiburones causaran excesivos destrozos. A medida que los leones se hacían más mortíferos, las gacelas evolucionaron para correr más deprisa, las hienas para cooperar mejor y los rinocerontes para tener más mal genio. En cambio, la humanidad alcanzó tan rápidamente la cima que el ecosistema no tuvo tiempo de adecuarse. Además, tampoco los humanos consiguieron adaptarse.[2]

Y es que, efectivamente, nos hemos ido adaptando a nuestra alimentación de una forma más rápida de la que podíamos sostener, lo cual nos ha pasado y está pasando factura en el presente a la hora de comer.

Después de la revolución cognitiva llegaría la revolución agrícola, hace doce mil años. El *Homo sapiens* descubrió una zona geográfica idónea en el Creciente Fértil y observó el rendimiento de unas cuantas especies de plantas para dar sustento energético de manera fácil y acumulable: los cereales. También la leche y la propia carne del ganado que domesticamos. De nuevo, esto facilitó otra explosión demográfica, gracias a que nuestra dieta mejoró de forma cuantitativa, aunque no cualitativamente.

Cada revolución tiene una característica común, y es la manera en la que hemos procesado nuestros alimentos. Pero el cambio en la manera de procesar los alimentos ha ido más rápido que nuestra capacidad para adaptarnos a él, lo que nos ha llevado a padecer una serie de epidemias. Con la revolución agrícola llegaron las condiciones poco higiénicas de hacinamiento, y los virus se transmitieron del ganado a los humanos, causando miles de víctimas, como fue el caso de la peste negra, que segó la vida de más de 50 millones de europeos.[3] Esto no lo sufrieron los cazadores-recolectores, puesto que vivían en pequeñas tribus y con pocos animales, así que cualquier infección terminaba con la tribu, sin extenderse a otras.

Por otra parte, depender de un solo tipo de alimento, como un cultivo de cereales o tubérculos, nos hizo bastante vulnerables. Una epidemia que afectara a nuestra comida nos mataba de hambre, como pasó con la gran hambruna irlandesa de la patata.[4] Nuestros ancestros no tenían ese problema, pues llevaban una dieta más variada y explotaban diversos recursos en las zonas que descubrían a su paso.

Y llegamos hasta hace apenas dos siglos atrás, con la revolución industrial, donde una vez más cambiaría la forma de conseguir alimento y procesarlo, pasando de agricultores a productores intensivos de materias primas gracias a los avances científicos y tecnológicos. El tiempo se aceleraba cada vez más. Y así llegamos a nuestros días, con la revolución informática y la globalización, donde la forma de producir, distribuir y consumir alimentos ha cambiado radicalmente en unas cuantas décadas. Hemos pasado de consumir alimentos a consumir productos elaborados, precocinados, transformados, en definitiva, ultraprocesados. Y al igual que con cada nueva revolución, han aparecido nuevas epidemias. Epidemias que no tienen forma de infecciones o hambrunas, sino de hábitos y opulencia. Una epidemia que nos espera en nuestra propia despensa y que ha propiciado la aparición de las llamadas enfermedades no transmisibles (ENT). Cual virus letal, las ENT matan a 41 millones de personas cada año, lo que equivale al 71 % de las muertes que se producen a día de hoy en el mundo.[5] Las enfermedades cardiovasculares, mentales o respiratorias, el cáncer o la diabetes acaban prematuramente con la vida de miles de inocentes. Una vez más, la historia se repite, y como dice la cita atribuida al filósofo Aldous Huxley: «Quizá la más grande lección de la historia es que nadie aprendió las lecciones de la historia».

## UNA AMENAZA INVISIBLE

Era el año 2011. Por aquel entonces, yo todavía era un estudiante ingenuo con muchas ganas de fiesta, y me encontraba en la bonita ciudad de Sevilla. Cursaba el segundo año del grado en Nutrición Humana y Dietética; no era el mejor estudiante, y la verdad es que la carrera no me apasionaba para nada. Mi misión consistía, básicamente, en aprobar para tener el verano libre. No me planteaba la utilidad de los conocimientos que estaba adquiriendo y todavía veía el futuro laboral muy lejano. Tampoco me apasionaban las asignaturas y los profesores que tenía. Simplemente iba a clase, cogía algunos apuntes y los memorizaba durante el mes antes de los exámenes. Por supuesto, el resto del tiempo disfrutaba de la maravillosa vida de estudiante.

Pero llegó un día en que algo cambió dentro de mí, que encendería la llama de mi interés por la alimentación y que supondría un antes y un después en mi futuro como nutricionista. Mis compañeros y yo estábamos realizando la llamada «calibración de dietas», que consistía en realizar una planificación dietética seleccionando alimentos dentro de los parámetros que dictaba la «dieta equilibrada». Te suena haber oído alguna vez el término «dieta equilibrada», ¿verdad? Básicamente, la dieta equilibrada supone que el total de alimentos escogidos para un día debe cumplir los siguientes criterios: 55-60 % de hidratos de carbono, 20-30 % de grasa y 10-15 % de proteínas con respecto a las calorías totales. Un programa informático de dietética te iba mostrando exactamente la suma de calorías y nutrientes que acumulaban los alimentos de la dieta. Entonces vi que algo fallaba en mi calibración, ya que una vez terminada la dieta, mis valores superaban el 15 % de proteínas y no llegaban a los 55 % de hidratos de carbono. A mí me parecía una dieta perfectamente saludable, así que le pedí a mi profesora dejarlo tal y como estaba, aunque no cumpliera los requisitos del estándar «equilibrado». Quién me iba a decir que la respuesta que obtuve sería el inicio de mi pensamiento crítico con la ciencia de la nutrición: «Cambia los frutos secos por galletas María», me respondió mi profesora. Y ella estaba en lo cierto, dado que los frutos secos, al tener mayor contenido de grasas y proteína, desequilibraban el porcentaje total de la dieta. En ese momento no opuse ninguna objeción, pero en mi interior yo sabía que algo estaba pasando. Ese algo era una enorme confusión y, a la vez, el despertar de mi curiosidad.

Durante mi paso por la universidad me enseñaron que la dieta, además de equilibrada, debía ser variada, es decir, que había que comer un poco de todo. Un poco de todo y mucho de nada, es decir, cualquier alimento, pero con moderación. La alimentación se convertía así en algo bastante complejo y laborioso. Podía tardar horas en terminar de cuadrar una sola dieta con todos esos números en mi pantalla, con sumatorios de calorías y porcentajes de nutrientes que parecían más un problema de matemáticas que de alimentación. ¿De verdad era necesario tener una calculadora en la mano para hacer una dieta saludable? Empezaba a percibir que toda la importancia que se le daba a los nutrientes y a las calorías podía ocultar una serie de limitaciones e incoherencias. Por ejemplo, si tanto las galletas como los plátanos son hidratos de carbono, ¿son ambos igual de saludables? Según la pirámide de la alimentación, así era. O si un huevo tiene más grasa saturada y colesterol que un yogur desnatado azucarado, ¿el segundo es la mejor opción? Según la ciencia de los nutrientes, parece que sí. Sin embargo, todos estos conocimientos sobre los nutrientes parecían dar lugar a conclusiones erróneas, y eso hizo que empezara a dudar de lo que estaba estudiando.

Y si ya tenía mis dudas, hubo una persona que me hizo cuestionarme aún más la ciencia de la nutrición: mi abuela. Yo, que era de la ciudad de Huelva, me tuve que ir a Sevilla para cursar la carrera de Nutrición y viví durante cuatro años en casa de mi abuela materna, a la que llamamos cariñosamente *Lala*. Con ella aprendí algo que, quién me lo iba a decir a mí, sería la base para lo que hoy escribo en este libro. Gracias a Lala aprendí a llamar a la comida por su nombre, a llamarla «comida real». Y es que todo empezó porque mi abuela, en muchas ocasiones, solía decirme: «Hoy la comida que venden parece de mentira». Yo sonreía al escucharla, pero no le daba mayor importancia. Pensaba que, con más de ochenta años a sus espaldas, hay cosas de la modernidad que se hacen raras para las abuelas, como cuando dicen que pasamos mucho tiempo con el móvil. Sin embargo, con los años comprendí que detrás de lo que ella llamaba «comida de mentira» podría haber una enseñanza muy importante en el ámbito de la alimentación, porque... ¿y si realmente lo que llamamos ahora «comida» no es realmente comida de verdad?

Durante aquellos años de carrera fui contándole a Lala lo que aprendía en clase: que el pan contenía hidratos de carbono complejos, que las grasas tenían 9 kilocalorías por gramo, que los lácteos eran ricos en calcio y el plátano era rico en potasio, etcétera. Muchas de estas conversaciones ocurrían en la cocina, mientras ella preparaba lentejas, estofado de verduras o sus ricas croquetas. Ella le daba vueltas a la olla, probaba si estaba bien de sal y añadía algunas especias; mientras tanto, yo le hablaba de macronutrientes, vitaminas, antioxidantes y minerales. No parecía entender casi nada de lo que yo le contaba, aunque tampoco me importaba mucho. Ambos creíamos que la nutrición era algo novedoso, que separaba su generación de la mía. Yo consideraba que la nutrición era algo distinto a lo que se estaba cociendo en aquella cocina. Pero qué equivocado estaba. Lala sabía todo lo que necesitaba para cuidarse con la comida sin necesidad de que yo le dijera nada. Sabía qué alimentos elegir, cuántos utilizar y cómo cocinarlos. Lo mejor es que no lo hacía para prevenir ninguna enfermedad o tratar alguna dolencia, sino para crear platos deliciosos y poder comer.

Con el tiempo comprendí que esos conocimientos que Lala tenía, el saber elegir alimentos básicos, mínimamente procesados, y combinarlos en la cocina para crear platos exquisitos, era el verdadero secreto de una alimentación saludable. Tan saludable como ella misma, que a su edad se manejaba con destreza y lucidez por aquella cocina. Con ella aprendí más sobre alimentación que en cuatro años de carrera. Me di cuenta de que toda la información nutricional que explicaban en clase, los macronutrientes (proteínas, hidratos de carbono y grasas) y los micronutrientes (vitaminas y minerales), no te aclaraba si un alimento era o no saludable. Por tanto, la comida insana o «de mentira» quedaba oculta, indefinida, y jugaba con ventaja. Esta comida insana tenía a su favor a la ciencia de la nutrición, que la enmascaraba. Y esto la convierte en una amenaza para la población, una amenaza invisible, pues no es fácil detectarla.

## LOS ULTRAPROCESADOS

Tenía que haber una forma de diferenciar los alimentos sanos de los insanos. Y no podía ser por su contenido en nutrientes o calorías, puesto que, de ser así, podría considerarse que un plátano era menos saludable que un refresco sin azúcar, o los frutos secos podrían tacharse de menos saludables que unas barritas de cereales procesadas bajas en grasas y calorías. La comida insana quedaba oculta a ojos de la gente porque no había ninguna definición ni método para detectarla.

Es cierto que la población conoce el significado de «comida basura», pero ni tiene una verdadera percepción del peligro de su consumo ni tampoco la localiza con precisión. Para la mayoría de la gente, la comida basura son los refrescos, las chucherías o las hamburguesas con queso y beicon. Sin embargo, ¿qué pasa con todos esos nuevos productos que inundan cada día los supermercados y que acaban en nuestras cestas de la compra? ¿Qué pasa con aquellas personas que no perciben unas galletas integrales, un zumo envasado *détox* o un paquete de embutido *light* como comida basura? Lo indefinido se vuelve invisible.

Y mientras yo despertaba de Matrix en el periodo universitario, de forma simultánea, un grupo de investigadores de la Universidad de São Paulo (Brasil) desarrollaba una definición para destapar esta amenaza invisible,[6] la cual estaba causando verdaderos estragos en relación con las ENT en toda Sudamérica en tiempo récord. Liderado por el científico Carlos Monteiro, su equipo de investigación se centró en cómo el procesamiento de los alimentos afectaba a nuestra salud y, por tanto, era mucho más útil fijarse en él que en los nutrientes a la hora de hacer elecciones para mejorar nuestra alimentación. Su tesis resumida es la siguiente:

---

El factor más importante ahora, al considerar los alimentos, la nutrición y la salud pública, no son los nutrientes, ni tampoco los alimentos, sino lo que se hace a los alimentos antes de ser comprados y consumidos. Es decir, la cuestión es el procesamiento de los alimentos, o, más exactamente, la naturaleza, extensión y finalidad del procesamiento, y lo que sucede con los alimentos y con nosotros como resultado de ese procesamiento.[7]

---

Para aclarar esto, pongamos un ejemplo real. Vas caminando por el pasillo de los cereales en el supermercado y, de repente, ves unos famosos cereales de chocolate con su respectivo dibujo animado sonriente, donde se indica en la parte frontal de la caja: «Cereales integrales». Llama tu atención, te interesas y sigues leyendo: «Sin colorantes ni aromas artificiales, sin aceite de palma, con vitaminas del grupo B y hierro». Si hacemos caso a los nutrientes, es posible que lo consideres una buena opción para el desayuno de tu hijo, pues al fin y al cabo dice que son cereales integrales, y has oído en la televisión que los cereales son saludables y deben ser la base de la pirámide de la alimentación. Sin embargo, lo que dice el profesor Monteiro es que debes mirar más allá, buscar el procesamiento e interesarte sobre cómo afecta ese procesamiento al alimento y, lo más importante, a tu salud. Para ello, vamos a darle la vuelta a la caja de cereales y nos fijamos en el apartado «Ingredientes», que dice así:

Cereales (62,3 %) [harina integral de trigo (31,9 %), harina de trigo (16 %), sémola de maíz (14,4 %)], chocolate en polvo (22,2 %) (azúcar, cacao), azúcar, jarabe de glucosa, extracto de malta de cebada (cebada, malta de cebada), aceite de girasol, vitaminas y minerales (D, tiamina, riboflavina, niacina, B6, ácido fólico, ácido pantoténico, carbonato cálcico, hierro), emulgente (lecitina de girasol), sal, aromas naturales.

Este apartado del producto parece que nos da más información que la parte frontal, y... ¡sorpresa! Parece que la caja no lleva exclusivamente cereales integrales. De hecho, esos cereales integrales tienen un procesamiento concreto que los ha transformado en harina, y además se les han añadido otros ingredientes como azúcares o aceites vegetales industriales. Entonces yo te pregunto: «¿A esto se lo puede llamar comida?». Espero que hayas respondido que no.

Desde los inicios de nuestra especie, la comida ha servido para mantener nuestra salud, no para empeorarla poco a poco. Y como argumentaré en los siguientes capítulos del libro, este tipo de comida «de mentira» empeora seriamente tu salud y la de tus hijos. Así pues, necesitábamos una palabra o definición que nos ayudara a diferenciar unos cereales integrales reales de unos cereales insanos ricos en harinas refinadas, azúcares añadidos y aceites vegetales refinados. Y esa palabra no era otra que «ultraprocesado».

## UNA NUEVA CLASIFICACIÓN DE LA ALIMENTACIÓN

> Los analfabetos del siglo XXI no serán aquellos que no sepan leer y escribir, sino aquellos que no sepan aprender, desaprender y volver a aprender.
>
> ALVIN TOFFLER

Muchas de las recomendaciones en alimentación que se observan en las guías alimentarias, políticas de salud pública, centros hospitalarios, libros y apuntes de nutrición y dietética... están anticuadas. Utilizan una clasificación que considera los alimentos solo por su química y como meros transportadores de nutrientes. Por ejemplo, los cereales se consideran hidratos de carbono; la carne y el pescado, proteínas; los frutos secos, grasas, y las verduras, vitaminas y minerales. Esta clasificación hace que la alimentación quede reducida a la suma de los nutrientes y las calorías que ingerimos a lo largo del día. Y no es así.

Según la Real Academia Española (RAE), la definición de *alimento* es: «Conjunto de sustancias que los seres vivos comen o beben para subsistir». No obstante, hoy en día existen muchísimos comestibles que si bien pueden darnos energía para subsistir, también nos pueden malnutrir y perjudicar a corto y largo plazo, dando como resultado la creciente epidemia de las ENT. La definición de la RAE, por tanto, es limitada en nuestro contexto actual y no define a los alimentos en beneficio de nuestra alimentación y salud.

Dos científicos estadounidenses, Jacobs y Tapsell, proponen una definición de alimento que se corresponde mejor con su propósito real: «Los alimentos son agrupaciones complejas, no aleatorias, de compuestos creados por la naturaleza bajo control biológico y evolutivo».[8] En otras palabras, los alimentos son mezclas bastante complejas de muchos compuestos diferentes. Dichos compuestos son más que los nutrientes ya conocidos; algunos ni siquiera son nutrientes, como los compuestos antioxidantes y antiinflamatorios, y otros ni los conocemos todavía, pero todo lo que hay en el alimento tiene un sentido, tiene un porqué, nada es aleatorio.

Cuando hablamos del alimento, no podemos referirnos a un solo nutriente, sino que tenemos que hablar del «todo», es decir, la totalidad de sus componentes, que forman un perfecto engranaje cual reloj: la matriz alimentaria. La matriz alimentaria es toda la estructura que compone el alimento y que, cuando se modifica, puede alterar sus efectos saludables presentes de forma natural. Si tuviéramos que reconstruir la matriz alimentaria de un alimento desde cero, jamás podría salir igual que su versión original creada por la naturaleza, puesto que desconocemos muchísimos de sus componentes, y no sabemos con exactitud cómo están organizados por dentro, ni las interacciones que producen con su presencia ni las cantidades específicas. Un ejemplo claro es la leche materna. Aunque intentemos imitar y sustituir la leche materna con leches artificiales, jamás podremos replicarla con exactitud, especialmente las defensas inmunológicas que la madre transfiere a su hijo. Además, la leche materna presenta diferentes hidratos de carbono no digeribles, cuyo objetivo no es aportar energía, sino servir de sustento para el crecimiento de bacterias beneficiosas en el intestino grueso del recién nacido. Cuando decimos que un nutriente aislado es «bueno» o «malo», realmente nos estamos equivocando, dado que ese nutriente tiene efectos biológicos totalmente diferentes si está fuera o dentro de su matriz alimentaria. ¿O acaso es igual el azúcar presente dentro de una naranja que el azúcar de unas golosinas?

Los alimentos son sofisticadas mezclas de cientos de compuestos que actúan en sinergia y que han evolucionado durante millones de años en coexistencia con los demás seres vivos que los comen y con su entorno. Por tanto, los beneficios de los alimentos son el producto de millones de años de selección natural, no de una creación espontánea de la noche a la mañana. Es decir, la fibra de unos espárragos es beneficiosa para nosotros porque así hemos evolucionado junto a ella y nos hemos adaptado a su consumo, pero siempre dentro de la matriz de los espárragos y en combinación con los demás nutrientes presentes. No tiene nada que ver con la fibra de un producto ultraprocesado, el cual es una creación nueva e imperfecta desde el punto de vista de la salud. Numerosos estudios han comprobado cómo el consumo, por ejemplo, de frutas y verduras previene múltiples enfermedades. Sin embargo, esto no ocurre cuando extraemos vitaminas y minerales de estas frutas y se las añadimos a otros productos o nos las tomamos de forma aislada.[9-11]

El objetivo de los alimentos en la naturaleza es facilitar nuestra supervivencia, es decir, mantenernos vivos y sanos. El objetivo de los nuevos y recientes productos ultraprocesados es la venta y el beneficio económico de quienes los venden. Por tanto, debes entender que el entorno actual ha sustituido la oferta de alimentos para tu salud por la de productos para el beneficio de otros.

Por desgracia, el término *natural* ya no tiene sentido hoy en día, dado que ha sido tergiversado por la industria alimentaria para su propio marketing y beneficio. Cuando entras en un supermercado, encuentras decenas de productos con este término en su envase o en carteles que te llaman a su compra. Sin embargo, el origen natural sería un buen punto de partida para reconocer un alimento saludable de un comestible insano.

Los alimentos mínimamente procesados son los que menos alteraciones han sufrido y, por tanto, conservan su naturaleza, a la que estamos bien adaptados. Para entender el significado de «adaptación» en alimentación pongamos el siguiente ejemplo: cuando vamos por primera vez a la playa, después de todo el año sin apenas exposición al sol, nuestra piel se quema a las pocas horas (si no utilizamos protección). Solo cuando pasan semanas de exposición, nuestra adaptación con un buen bronceado nos protege, en parte, de tener nuevas quemaduras. Con la alimentación pasa algo similar. Durante miles de años estuvimos comiendo una serie de alimentos mínimamente procesados y nos adaptamos bien a ellos, no nos «quemaban», por así decirlo. Sin embargo, hoy los estamos sustituyendo por unos nuevos productos, altamente procesados, que irrumpen en nuestro cuerpo sin que esté adaptado para su consumo, y por ello provocan el aumento de las ENT.

¿Cómo diferenciar los alimentos sanos de los insanos? ¿Cómo puede la población protegerse de la aparición de cientos de productos ultraprocesados que se cuelan entre nosotros y que acaban en nuestra alimentación? Una buena forma sería retomar el concepto de alimentación de nuestras abuelas, de cuando no existían estos productos. Debemos clasificar esta alimentación en función del grado de procesamiento, para diferenciar los ultraprocesados insanos de la comida real. La comida real es la comida a la que estamos bien adaptados. Es la que de verdad procede de nuestra naturaleza y no ha sido producida y alterada por la industria. La nueva clasificación debe diferenciar esta comida real o *real food* para ayudar a la población a hacer mejores elecciones para su salud.

Y de esta necesidad nace el movimiento *Realfooding*, un estilo de vida basado en comer comida real y en evitar los ultraprocesados. La clasificación *Realfooding* está basada en el trabajo científico y riguroso de investigadores como Carlos Monteiro y Geoffrey Cannon, gracias a sus numerosos estudios en este campo de la alimentación.[12] Esta clasificación la he adaptado basándome en la experiencia clínica en mi consulta de nutrición, en cientos de pacientes que acudieron a mí. También a través de mi trabajo como divulgador en redes sociales, detectando los principales problemas y barreras que encuentra la población para entender qué es una alimentación saludable.

## CLASIFICACIÓN SEGÚN EL *REALFOODING*

La «comida real» o *real food* hace referencia a todos aquellos alimentos mínimamente procesados o cuyo procesamiento industrial no ha empeorado la calidad de la composición o interferido negativamente en sus propiedades saludables presentes de manera natural. Dentro de la comida real podemos encontrar los siguientes alimentos:

### Los alimentos mínimamente procesados

Son los alimentos enteros, las materias primas sin procesar. Suelen ser alimentos frescos y pueden tener un mínimo procesamiento, como cortado, lavado o envasado, pero siempre sin añadir, modificar ni retirar ningún ingrediente, es decir, sin alterar su matriz alimentaria. En su etiquetado suele haber solamente un ingrediente, que es el propio alimento.

Los alimentos mínimamente procesados son:

- Verduras, hortalizas y frutas frescas
- Frutos secos
- Legumbres
- Pescado y marisco fresco
- Tubérculos
- Cereales 100 % integrales o de grano entero
- Huevos
- Carnes sin procesar
- Leche fresca
- Hierbas, especias y semillas
- Café e infusiones

### Los buenos procesados

Son alimentos reales con un procesamiento industrial o artesanal beneficioso o inocuo con respecto a sus propiedades saludables. Se obtienen de la adición o retirada de algunos ingredientes a los alimentos enteros o de aplicar algún procesamiento industrial, con el fin de hacerlos más seguros, duraderos y agradables al paladar, o para facilitar su consumo. El producto suele estar envasado y lleva una etiqueta nutricional donde figuran de uno a cinco ingredientes, entre los cuales no se encuentran cantidades significativas (menor o igual al 5-10 % del total) de azúcar añadido, harina refinada o aceite vegetal refinado. El procesamiento de estos productos no debe reducir su calidad, sino dejarla igual, aumentarla, o en el caso de que la disminuya, que sea un mínimo.

Estos son ejemplos de buenos procesados:

- Aceite de oliva virgen extra
- Leche UHT, yogures y lácteos fermentados
- Panes integrales 100 %
- Chocolate negro o cacao en polvo >70 %
- Gazpacho envasado
- Legumbres de bote
- Pescado enlatado
- Bebidas vegetales sin azúcares añadidos
- Jamón ibérico de bellota
- Comida real congelada: frutas, verduras, pescado, etcétera

## Los ultraprocesados

Los ultraprocesados son lo opuesto a la comida real. Yo los defino como preparaciones industriales comestibles elaboradas a partir de sustancias de otros alimentos o sintéticas, con diferentes técnicas de procesamiento y cuyo consumo tiene efectos negativos para la salud. Suelen tener cinco o más ingredientes, y entre ellos se encuentran los azúcares añadidos, las harinas refinadas, los aceites vegetales refinados, los aditivos y la sal. Estos ingredientes llevan un procesamiento industrial que consigue productos duraderos, listos para consumir, atractivos, muy sabrosos y altamente rentables para que se vendan y consuman por encima del resto de alimentos.

Los ultraprocesados suelen ser densos en calorías por unidad de peso, pobres en nutrientes, extensamente disponibles por todo nuestro entorno, promocionados con fuertes campañas de marketing y publicidad, llegando a modificar nuestra gastronomía, nuestra cultura y nuestro comportamiento social. Suelen comercializarse a través de grandes multinacionales de la industria alimentaria que ejercen una presión o *lobby* para evitar regulaciones políticas en contra de ellos. Los ultraprocesados abarcan casi el 80 % de los comestibles que venden en los supermercados y, en general, en nuestro entorno.

Estos son ejemplos de ultraprocesados:

- Refrescos y bebidas azucaradas
- Bebidas energéticas
- Zumos envasados
- Lácteos azucarados
- Bollería
- Panes refinados
- Carnes procesadas
- Pizzas industriales
- Galletas y derivados
- Cereales refinados y barritas
- Precocinados y listos para calentar o freír
- Patatas fritas y *snacks* salados
- Dulces, chucherías y helados
- Productos dietéticos o de adelgazamiento
- Salsas comerciales
- Pescados procesados

Con esta nueva clasificación se facilitan y diferencian las elecciones alimentarias saludables (comida real) de las no saludables (ultraprocesados). Deja atrás una clasificación obsoleta basada en la composición química de los alimentos, la cual mete en el mismo saco a productos por su similitud en nutrientes, pero ignora los efectos del procesamiento. Pasamos de una visión reduccionista y cuantitativa a una mirada más completa y cualitativa de los comestibles a nuestro alrededor.

En este libro argumentaré por qué hay que basar la alimentación en la comida real y cómo poder hacerlo, pero no nos adelantemos. Antes de aprender a comer mejor, debemos comprender por qué tenemos que dejar de comer peor. Percibir y ser conscientes de por qué debemos evitar los ultraprocesados es un aprendizaje que nos empodera. Presta atención a lo que descubrirás a continuación; puede que sea el despertar de un cambio, sin vuelta atrás, en tu vida y en tu alimentación.

PRIMERA PARTE

# LOS ULTRAPROCESADOS

Capítulo 1

# INSANOS

Cuida de tu cuerpo, es el único lugar que tienes para vivir.

Jim Rohn

*Suena el despertador, son las seis de la mañana y Paco se levanta para afrontar un nuevo día en su vida. Se dirige a la cocina, abre la despensa y coge un par de rebanadas de pan de molde para meterlas en el tostador. Enciende la televisión y, mientras escucha de fondo las noticias, se prepara su café instantáneo con un vaso de leche y sacarina líquida. Al pan le unta algo de margarina y le pone varias lonchas de jamón de york. Tiene prisa, pues a las siete empieza su larga y dura jornada laboral, así que no invierte más de diez minutos en acabar de desayunar. A las tres y media, de vuelta del trabajo, ya está la mesa puesta, le suenan las tripas y para comer tiene un buen plato de lomos de cerdo con patatas fritas, acompañado de media barra de pan blanco y un botellín de cerveza. Presiden la mesa el kétchup y la mayonesa. Antes de caer en la siesta, a Paco se le antoja rematar la faena abriendo de nuevo la despensa, donde le esperan un surtido de napolitanas, galletas y demás bollería; esta vez ha elegido un par de rosquillas de chocolate. Son las siete de la tarde, Paco lleva tiempo sentado frente al ordenador y ese gusanillo de hambre llega de nuevo. Vuelve a la cocina, ahora con ganas de salado. Picotea* snacks *de la despensa, varias rodajas de salchichón y lonchas de queso de la nevera y, para beber, le da varios tragos a un zumo de piña. Son las diez de la noche y hoy toca partido de Champions. Paco cena una buena pizza calentada en el microondas junto con otros varios botellines de cerveza. Antes de dormir, vuelve a mirar en la nevera para coger unas natillas y, de camino, varias onzas de chocolate con leche. Paco se duerme a las doce, y mañana será otro día.*

En realidad, Paco cree vivir en su casa. Cree que su hogar se encuentra entre esas paredes que tiene que pagar con el sudor de su frente y en el que, con mucho esfuerzo, invierte su tiempo y dinero para mantener.

Sin embargo, Paco no es consciente de que su verdadero y único hogar es su propio cuerpo, que es el que le permite moverse, pensar, sentir, disfrutar y, en definitiva, vivir. Aunque tuviera una mansión lujosa en Miami, de poco le serviría sin un cuerpo con salud para mantenerse con vida. Lo más probable es que cambiara su situación por cualquier pobre indigente, pero que tuviera salud. Entonces, aquí llega la pregunta del millón: ¿por qué Paco no cuida su verdadera casa? ¿Por qué no invierte tiempo y dinero en ella? ¿Por qué castiga los «cimientos» de su cuerpo con el consumo de ultraprocesados? No existe una única respuesta para contestar a estas preguntas.

En los siguientes capítulos intentaré ofrecer diferentes respuestas desde distintos puntos de vista, combinando diversas ciencias, para explicar por qué la población consume ultraprocesados y por qué debería evitarlos. Pero la primera respuesta que me viene a la cabeza es que, probablemente, Paco no vea ningún tipo de riesgo en sus actos, no perciba un peligro real en su estilo de alimentación. Porque Paco vive engañado. Porque, como ya imagináis, el pobre Paco está en Matrix.

## SOMOS LO QUE COMEMOS

Llegamos al mundo con un peso de entre dos y cuatro kilos de media, y con los años vamos creciendo hasta llegar a la edad adulta, donde el crecimiento se para. Sin embargo, lo que nunca se detiene es nuestra capacidad para renovar nuestros tejidos. Todo nuestro cuerpo, desde las unidades más básicas invisibles a la vista, como las células, hasta los órganos, las extremidades o la piel, están en constante renovación. La materia ni se crea ni se destruye, solo se transforma, y, por supuesto, nosotros no somos la excepción. No creamos materia de la nada, sino que transformamos continuamente la energía y los nutrientes de los alimentos en nuestras propias estructuras vitales y energía diaria. De tal forma que cuando te miras al espejo, considera que lo que observas es el producto de la transformación de lo que comes.

Con esto solo quiero que visualices y pongas las cosas en su lugar: no pretendas construir un cuerpo sano a partir de productos insanos. Sería como construir un rascacielos con cimientos de barro. Si lees bien la etiqueta de los ultraprocesados, descubrirás los ingredientes que van a formar parte de tu cuerpo cuando los consumas, y estos son: aceites vegetales refinados, azúcares añadidos, harinas refinadas, aditivos y sal. Vamos a comprender por qué construir nuestro cuerpo a base de estos ingredientes supone un desenlace fatal para nuestro futuro y, a veces, también para el presente.

## ACEITES VEGETALES REFINADOS

La población cree que «aceite vegetal» implica salud por llevar la palabra *vegetal*, pero esta consideración es errónea. En este capítulo veremos por qué los aceites vegetales, concretamente los refinados, son perjudiciales para la salud.

Cuando hablamos de «aceites vegetales refinados», nos referimos a aceites procedentes de semillas o frutos, los cuales se obtienen mediante un proceso de extracción y posteriormente se refinan para eliminar impurezas. Estos aceites refinados aparecieron hace apenas cien años, ya que antes no teníamos la tecnología necesaria para fabricarlos. Por tanto, el tiempo de adaptación entre nuestro cuerpo y estos aceites es prácticamente nulo, lo cual produce algunas consecuencias indeseadas que comentaremos más adelante.

Los principales aceites vegetales refinados son los siguientes: aceite de girasol, aceite de palma, aceite de maíz, aceite de algodón, aceite de semilla de uva, aceite de soja, aceite de cártamo y aceite de sésamo, entre otros. Es posible que encuentres alguno de estos aceites en la lista de ingredientes de *snacks* y patatas fritas, galletas, bollería, dietéticos aparentemente «saludables», precocinados, dulces, helados, frutos secos fritos, así como en gran parte de la comida que venden en los restaurantes de comida rápida, dado que son los aceites más económicos y que con más frecuencia se utilizan para freír.

### Drástico incremento en su consumo

Los aceites vegetales refinados son muy interesantes para la industria alimentaria por dos motivos principales. El primero es que mejoran el sabor, la textura y otras cualidades sensoriales de los ultraprocesados para que se vuelvan irresistibles al paladar. El segundo es que son muy rentables para el propio negocio. Los avances en tecnología alimentaria hicieron que fueran muy económicos de producir y acumular; su refinamiento y su combinación con aditivos conservantes hacen que no se estropeen y tengan una fecha de caducidad más larga que los aceites vírgenes. Por estas dos razones, estos aceites son un ingrediente omnipresente en la mayoría de ultraprocesados, y dado que se ha disparado el consumo de estos últimos, se ha incrementado drásticamente en paralelo el consumo de aceites vegetales refinados en tan solo unas décadas.[13]

Por ejemplo, en Estados Unidos, el consumo de aceites vegetales fue de 37,3 kilogramos por persona en 2010, en comparación con los 23,8 por persona en 1970.[14] Entre los años 1909 y 1999, el consumo de aceite refinado de soja aumentó más de mil veces y ahora supone el 7% de las calorías en la dieta estadounidense.[15] Aunque la principal fuente de estos aceites refinados son los ultraprocesados, también ha aumentado su uso en la cocina. En algunos países, como China, freír los alimentos está reemplazando a métodos de preparación más saludables y tradicionales como el vapor, la ebullición y la cocción.[16] En España, según el panel de consumo que publica el Ministerio de Agricultura, nuestro aceite refinado preferido es el aceite de girasol, que tuvo un consumo de 168,5 millones de litros en el año 2017.[17] Es cierto que el aceite de oliva sigue reinando entre los españoles (340,9 millones de litros); sin embargo, en ese mismo año, el aceite de girasol creció un 20,8% y el de oliva perdió un 9,7%. Esta tendencia, debida al encarecimiento del precio del aceite de oliva, puede que se mantenga o aumente en los próximos años.

El aceite de oliva suele ser el elegido para uso doméstico, por ejemplo, para cocinar o aliñar platos, pero cuando no referimos al aceite que incluyen los ultraprocesados, el más común de todos es el aceite de girasol. El aceite de girasol se obtiene prensando las semillas de girasol y presenta un alto contenido (más de un 70%) de ácido linoleico u omega 6. Como veremos, este exceso de omega 6 puede causar algunos desequilibrios en nuestro organismo.

## Drástico incremento en nuestro cuerpo

Ya he comentado que la frase «Somos lo que comemos» es una realidad innegable. A nivel molecular, nuestro cuerpo está compuesto por agua y proteínas, pero también por una buena cantidad de grasas. Y ya no hablo de la grasa que acumulamos en nuestros michelines (el tejido adiposo subcutáneo), sino también en cada una de nuestras células, las cuales están compuestas por una capa protectora de grasa (la membrana plasmática lipídica).

Existen dos tipos de grasas esenciales: el ácido linolénico u omega 3, y el ácido linoleico u omega 6. «Esenciales» significa que no podemos fabricarlas y tenemos que incluirlas en nuestra dieta. Pues bien, mientras que algunos alimentos como las nueces, las semillas de lino o el pescado azul y el marisco son ricos en omega 3, los aceites vegetales refinados son muy ricos en omega 6. Cuanto más ácido linoleico consumamos en nuestra dieta, más acumularemos en nuestro cuerpo,[18] y las estadísticas nos dicen que este aumento en el consumo de ultraprocesados está disparando el contenido de ácido linoleico en la población.[19] En algunos países como Estados Unidos, en los últimos cincuenta años se ha incrementado un 136 % su presencia en la grasa corporal de la población. Este incremento de omega 6 no sucede de la noche a la mañana, sino que es consecuencia de un hábito dietético prolongado. Por cada kilogramo de ácido linoleico consumido al año, aumenta un 2 % el contenido de este ácido graso linoleico en el tejido adiposo. Debido a que tiene una larga vida media en el tejido adiposo, alrededor de 680 días, la ingesta continuada de ácido linoleico tardará varios años en dar como resultado un aumento estable de nuestras reservas de grasas.[20] Esto tendrá una serie de consecuencias negativas que veremos a continuación.

## El desequilibrio de omega 6/omega 3: el inicio de la inflamación

Hemos dicho que tanto el omega 6 como el omega 3 son ácidos grasos esenciales y, por tanto, necesarios. Intervienen en múltiples funciones vitales que afectan a varios sistemas de nuestro organismo, como el sistema cardiovascular o el inmunitario. Sin embargo, su ingesta debe guardar cierto equilibrio, lo cual no sucede en la alimentación actual. Nuestra especie, el *Homo sapiens*, evolucionó durante miles de años con una proporción aproximada de omega 6/omega 3 de 4/1 a 1/1, es decir, un máximo de cuatro veces más de omega 6 que de omega 3. En la dieta ultraprocesada actual estamos llegando a proporciones superiores a 16/1.[21] En la alimentación española, la proporción no es tan desequilibrada gracias al consumo de otras grasas no refinadas como nuestro maravilloso aceite de oliva virgen extra. No obstante, en un estudio realizado por investigadores españoles, la ratio de omega 6/omega 3 en la dieta española fue de 7/1, la cual sigue siendo elevada.[22] Ese desequilibrio entre estos dos ácidos grasos puede promover un estado inflamatorio latente en nuestro cuerpo, y con ello aumentar el riesgo de las enfermedades no transmisibles (ENT).

La inflamación es una respuesta controlada por el sistema inmunitario y es necesaria para nuestra supervivencia, especialmente para protegernos de amenazas externas como las enfermedades infecciosas. Aunque parezca extraño, en la actualidad no son los virus y las bacterias las grandes amenazas para nuestro sistema inmunitario, sino los ultraprocesados. Pero a diferencia del virus de la gripe, que te deja enfermo durante dos semanas de forma rápida y sin aviso, los ultraprocesados atacan nuestro sistema inmunitario de forma lenta y silenciosa.

Existen dos tipos de inflamación: aguda y crónica. La llamada inflamación aguda sirve al cuerpo para atacar a estos invasores externos de forma rápida. Por ejemplo, cuando nos hacemos un corte sin querer con un cuchillo de cocina, la zona afectada presentará un enrojecimiento, aumentará la temperatura, se hinchará y sentiremos dolor. Se trata de una respuesta inflamatoria aguda que sucede en cuestión de segundos. Su objetivo es reparar cuanto antes el daño y proteger la entrada de cuerpos extraños, y su herramienta más eficaz es el sistema inmunitario. Entre las diferentes «armas» que tiene nuestro sistema inmunitario, hay una que podría considerarse un «arma química», porque se basa en una serie de sustancias químicas llamadas «citoquinas». Estas citoquinas las produce nuestro sistema inmunitario para atacar a los invasores. Sin embargo, y aquí llega el problema, el exceso de ultraprocesados provoca que nuestro sistema inmunitario fabrique citoquinas de forma descontrolada, haciendo disparar a quien no tiene que disparar. Los ultraprocesados enloquecen el sistema inmunitario y provocan una respuesta inflamatoria más leve pero persistente: la inflamación crónica. Esto hace que se prolongue más tiempo del adecuado y desestabilice poco a poco diversos sistemas y funciones biológicas que están en equilibrio en nuestro cuerpo.

En esta inflamación también aparecen otros nuevos actores con nombre raro, los eicosanoides, que son unas moléculas que se producen cuando las células detectan un ataque físico (como una lesión) o un ataque químico (como las citoquinas ya mencionadas). Estos eicosanoides se unen a esta «guerra» interna y ayudan a amplificar la inflamación. Digamos que echan más leña al fuego. Cuanto más ácido linoleico u omega 6 tengan nuestras células, más eicosanoides inflamatorios se producirán, y cuanto más contenido en omega 3, más efecto antiinflamatorio habrá. Por tanto, el equilibrio de estos dos ácidos grasos omega 6 y 3 es clave para una respuesta inflamatoria controlada y eficaz.[23] El problema es que estas dos grasas compiten por el mismo sitio en las membranas de nuestras células, de modo que cuando nos alimentamos con muchos ultraprocesados ricos en aceites vegetales refinados, estamos ocupando también el sitio del omega 3 con muchos ácidos grasos omega 6.

Con el tiempo, nuestro cuerpo reacciona a cualquier mínimo ataque con una respuesta inflamatoria, lo cual hace que se perpetúe la inflamación crónica de bajo grado. Que sea «de bajo grado» significa que no es una inflamación aguda, que no la vas a sentir con dolor o enrojecimiento, como un corte en la mano. Esta inflamación crónica es prolongada, no presenta una sintomatología específica y ataca lentamente a nuestro cuerpo. Su efecto negativo se manifiesta con el paso de los años.

Los estudios en animales alimentados con diferentes ratios de omega 6/omega 3 han mostrado un claro aumento de las citoquinas proinflamatorias con una proporción 20/1 frente a 5/1 y 1/1.[24] Por ejemplo, se ha observado un incremento de estas citoquinas cuando se alimentan con una dieta rica en aceite de girasol.[25] Numerosos estudios han observado actividad proinflamatoria en estos aceites vegetales refinados ricos en ácidos grasos omega 6.[26-30]

Es preocupante constatar que las recomendaciones en nutrición siguen centrándose en recomendar grasas vegetales sin tener en cuenta la procedencia o el procesamiento que hayan tenido previamente. De ahí que debamos cambiar la clasificación de alimentos, puesto que no es igual la grasa vegetal presente en unos frutos secos, los cuales guardan un equilibrio natural entre estos ácidos grasos omega 6 y 3, junto con otros compuestos beneficiosos (fibra, antioxidantes, etcétera), que añadir grasa vegetal refinada como la de estos aceites de semillas. Se necesita un equilibrio entre la ingesta de estos dos ácidos grasos para mantener una buena salud, y solo lo conseguiremos evitando los ultraprocesados ricos en estos aceites.

## Los aceites vegetales refinados son más inestables al calor y producen estrés oxidativo

Otro de los problemas de estos aceites es que son más inestables y tienen tendencia a estropearse, por ejemplo, con la temperatura o con el oxígeno. Esto se debe a que en su estructura llevan lo que se conoce como «insaturaciones»; por eso puede que te suene el nombre de «poliinsaturados». El caso es que cualquier tratamiento térmico o cocinado con temperatura que se aplique a estos aceites puede generar compuestos dañinos no deseables.

Cuando comemos frutos secos, semillas o pescado, sus ácidos grasos poliinsaturados están inmersos en el propio alimento y, por tanto, protegidos por él. Aunque los sometamos a temperaturas al cocinarlos, siempre que no los chamusquemos, la grasa queda bien preservada y sin alterar en el alimento. Sin embargo, cuando extraemos el aceite de las semillas o el pescado, esta grasa queda liberada y sin protección. Al calentar esa grasa, se oxida, y su consumo contribuye a un fenómeno conocido como «estrés oxidativo».

Para comprender el fenómeno del estrés oxidativo hay que adentrarse en el maravilloso mundo del metabolismo humano. En nuestro cuerpo, la obtención final de la energía presente en los alimentos se lleva a cabo en unas pequeñas estructuras celulares llamadas «mitocondrias». En las mitocondrias se producen una serie de reacciones químicas que en último lugar generan la energía que necesitan todas nuestras células para vivir. Durante el proceso de obtención de energía se suelen escapar ciertas moléculas de oxígeno, las cuales son muy reactivas, es decir, que pueden reaccionar y alterar a otras células. De nuevo, al igual que con la inflamación, existe un perfecto equilibrio en nuestro cuerpo que permite compensar estas moléculas oxidantes con otras que son antioxidantes. Pero ¿qué ocurre cuando se desequilibra la balanza a favor de los oxidantes? Que se produce el estrés oxidativo crónico, otra situación metabólica que, junto a la inflamación crónica, son el cóctel perfecto para el aumento de las ENT.

Ya hemos dicho que los aceites vegetales refinados son más inestables con el oxígeno, por lo que si rellenamos nuestras células con estos aceites, aumenta la probabilidad de que esas moléculas de oxígeno reactivas provoquen daños. Se produce entonces un efecto dominó en el que cada molécula reactiva de oxígeno convierte otras tantas en más reactivas, de tal forma que pueden dañarse partes celulares, incluida una parte muy importante que controla la vida de la célula, el ácido desoxirribonucleico (ADN).[31-32] Por esta razón, tanto la inflamación como el estrés oxidativo se han relacionado con el aumento del cáncer, porque podrían llegar a alterar nuestro ADN.[33] Al fin y al cabo, el cáncer es una multiplicación descontrolada de células y, a veces, esto lo provocan daños en nuestro ADN debido a la mala alimentación.

Una revisión de estudios concluye que el alto consumo de aceites vegetales recalentados, típicos de los ultraprocesados fritos, ya sea del supermercado o de los restaurantes de comida rápida, se ha asociado a una serie de tumores malignos, como el cáncer de pulmón, colorrectal, de mama y de próstata.[34]

Recientemente, en un estudio realizado por Lucía Redondo y colaboradores, se analizaron 22 tipos de grasas y aceites, midiéndose el contenido de diferentes compuestos beneficiosos y también su resistencia a la temperatura.[35] Los resultados mostraron una muy mala estabilidad y, como resultado, un mayor daño a mayor temperatura en los aceites con más contenido en ácidos grasos poliinsaturados omega 6, como el aceite de girasol y el aceite de sésamo. Estos malos resultados en aceites vegetales refinados ya se habían observado en estudios anteriores.[36] En cambio, el aceite de oliva virgen, gracias a sus ácidos grasos monoinsaturados (menos insaturaciones) y a sus compuestos antioxidantes, mostró una mayor estabilidad a altas temperaturas, por lo que es el más aconsejable para utilizar en frituras, especialmente frituras cortas y que no se reutilizan. Los aceites refinados son especialmente perjudiciales para las personas con obesidad, ya que el exceso de grasa corporal aumenta su estrés oxidativo crónico, a lo que se sumaría además el provocado por el uso de estos aceites.[37]

Dado que estos ácidos grasos poliinsaturados pueden verse dañados simplemente con la temperatura ambiente, no es de extrañar que muchos de los aceites refinados de los ultraprocesados, los cuales pasan procesos de frituras, horneados y a veces largas esperas de conservación hasta su consumo, estén dañados y contribuyan a elevar el estrés oxidativo en nuestro cuerpo. Algunos estudios han demostrado que una dieta rica en omega 6 puede contribuir a elevar este estrés oxidativo.[38]

En un ensayo controlado, un grupo de personas llevaron una dieta rica en ácido linoleico omega 6, principalmente con un mayor consumo de aceite de girasol.[39] Pasadas unas cuatro semanas del estudio, los sujetos presentaron una mayor cantidad de marcadores sanguíneos de estrés oxidativo. Además, disminuyeron los niveles de óxido nítrico. Y te preguntarás: ¿qué es el óxido nítrico? Se trata de una molécula que se produce en nuestros vasos sanguíneos y cuya función es mantener una buena vasodilatación. Al tener menos óxido nítrico, las paredes de los vasos se estrechan, la presión arterial aumenta y esto empieza a dañar las paredes de los vasos, lo cual se conoce como «disfunción endotelial». Este daño en los vasos sanguíneos, junto con el aumento de la presión arterial, es el inicio de futuras complicaciones cardiovasculares, por lo que mantener una buena concentración de óxido nítrico es esencial para la salud de nuestro corazón.[40-41]

## Ni los saturados son tan malos, ni los poliinsaturados tan buenos

Es posible que hayas oído decir que «las grasas saturadas son malas», pero esto no es del todo cierto, y es el motivo, de nuevo, por el que la nutrición se ha centrado demasiado en nutrientes aislados. A raíz de una serie de estudios observacionales, las grasas saturadas se postularon como las malas de la película y las poliinsaturadas como las buenas, y, en consecuencia, se dieron una serie de recomendaciones erróneas: evitar la grasa saturada animal (mantequilla, huevos, carne, etcétera) y comer grasa vegetal (aceite de girasol, margarinas, etcétera). Sin embargo, diferentes revisiones de estudios más exhaustivas, rigurosas y actualizadas ponen seriamente en duda la recomendación de sustituir estas grasas saturadas por grasas poliinsaturadas. Una vez más, lo más importante es la calidad del alimento que contenga estas grasas: si es un alimento ultraprocesado, la grasa será perjudicial, sea cual sea, y si es comida real, la grasa será beneficiosa.

La Revisión Cochrane de 2015, que analizó 15 estudios de intervención, concluyó que la reducción de la grasa saturada en la dieta podía reducir el riesgo de episodios cardiovasculares, pero de forma muy modesta y sin efectos sobre la mortalidad total.[42] Además, la revisión no encontró beneficios claros para la salud en la recomendación de reemplazar las grasas saturadas por productos ricos en hidratos de carbono o proteínas. En 2016, un metaanálisis de 10 estudios concluía que la evidencia actual no muestra diferencias significativas en la mortalidad total o por enfermedad cardiovascular como consecuencia de reducir la grasa saturada.[43] Por último, en

2017, otro metaanálisis de ensayos clínicos también mostraba que la sustitución de grasas saturadas por grasas omega 6 no sirve para mejorar la salud ni prevenir enfermedades.[44] De hecho, hay ensayos clínicos que muestran riesgos para la salud cuando sustituimos esta grasa saturada por los aceites vegetales ricos en omega 6, especialmente si no se aumentan los ácidos grasos del tipo omega 3, algo que confirma la importancia del equilibrio entre estos ácidos grasos.[45]

Además, aunque algunos estudios han observado que una dieta baja en grasa saturada puede hacer disminuir el colesterol LDL, también conocido como colesterol «malo», se sabe que si se sustituye por estos aceites vegetales refinados, también se disminuye el colesterol HDL, o colesterol «bueno», por lo que el riesgo cardiovascular sigue empeorando.[46] En realidad, lo que realmente se conoce como «colesterol» no es colesterol, sino las proteínas que lo transportan. Estas proteínas, LDL o HDL, no son ni buenas ni malas; ambas son necesarias. Las LDL llevan colesterol a los tejidos y las HDL recogen el colesterol y lo llevan hasta el hígado. Es cierto que cuanto más colesterol LDL esté circulando por nuestra sangre, más probabilidad hay de que pueda quedarse en nuestros vasos sanguíneos formando un «tapón». Sin embargo, esto solo es un factor más; no es lo más relevante para que puedas sufrir un infarto. Otros factores que ya hemos comentado, como el estrés oxidativo, la inflamación o la presión arterial alta, son mucho más importantes, sobre todo si se presenta más de uno a la vez. La calidad de la dieta, y no sus nutrientes, puede explicar que haya poblaciones que presentan unos niveles de colesterol LDL elevado, pero con una baja mortalidad.[47] Por ejemplo, el colesterol LDL puede ser más dañino cuando está oxidado, es decir, tiene más probabilidad de provocar placas de ateroma y, con ello, fallos cardiovasculares. Por tanto, el tipo de grasa que transportan las proteínas LDL es muy importante para su estabilidad.[48] Un incremento en el consumo de aceites refinados se traduce en una mayor cantidad de esta grasa en las proteínas LDL, lo que aumenta el riesgo de que se oxiden y formen placas de ateroma.[49-51]

Las recomendaciones nutricionales del tipo «Come menos grasas saturadas» o «Come menos grasa animal y más grasa vegetal» son confusas. ¿Qué grasa saturada, la del huevo o la de un donut? ¿Qué tipo de grasa animal debemos comer menos: la grasa del pescado azul o la de las carnes procesadas? ¿Y qué grasa vegetal se debe comer más: la de los aceites vegetales refinados o la del aguacate? Como ves, las recomendaciones en nutrición pueden dar lugar a confusión y perjudicar a la población cuando no hablamos en términos de comida real o ultraprocesados. La gente no come nutrientes, come alimentos. Es posible que cualquier persona malinterprete esta recomendación cuando vaya caminando por el supermercado y se fije en esa caja de galletas que anuncia que es «baja en grasas saturadas» o «cuida tu corazón». Entonces será cuando la coja, la coloque en su carrito y se la lleve a casa, sin saber que, oculto en sus ingredientes, se encuentra presente el aceite refinado de palma, girasol o soja.

En resumen, numerosos estudios científicos muestran que el exceso de ácido linoleico promueve el estrés oxidativo, la LDL oxidada, la inflamación crónica de bajo grado y la aterosclerosis, y es, probablemente, uno de los principales culpables de la enfermedad cardiovascular, especialmente cuando se consume en forma de aceites de semillas industriales y refinados comúnmente denominados «aceites vegetales».[52]

## No es igual virgen que refinado

Un claro ejemplo de cómo el procesamiento o refinamiento de los aceites puede empeorar su calidad es el caso del aceite de palma. Los efectos en la salud del aceite de palma son contradictorios, pero, en mi opinión, se debe una vez más a las diferencias en el procesamiento, es decir, no es lo mismo el aceite de palma refinado que virgen. El virgen preserva su matriz alimentaria íntegra, con sus alfacarotenos y betacarotenos, con antioxidantes como la vitamina E y demás compuestos bioactivos como los fitoesteroles que son beneficiosos para la salud.[53-55] Una revisión realizada en 2018 no encontró evidencias concluyentes de que el aceite de palma fuera malo para el corazón.[56]

Sin embargo, nosotros no tomamos aceite de palma virgen, sino que lo tomamos en los ultraprocesados, y este se ha refinado y procesado para mejorar la textura y palatabilidad de los productos de bollería, pizzas comerciales, precocinados e incluso productos dietéticos o ecológicos. Recuerda, lo que busca la industria alimentaria no es la calidad, sino la rentabilidad.

El principal problema que han encontrado algunos estudios con el aceite de palma es que aumenta el colesterol LDL. Un estudio realizado en mujeres con colesterol alto mostró que los niveles de partículas de colesterol LDL pequeñas y densas, las cuales son las partículas más relacionadas con la enfermedad cardiovascular, aumentaron con el consumo de aceite de palma.[57] Diferentes estudios han observado esta misma relación entre el aceite de palma y el aumento del colesterol LDL.[58-60] Todo apunta a que el responsable de provocar este aumento del colesterol es un ácido graso presente en gran cantidad en el aceite de palma: el ácido palmítico.

Por tanto, ya sea aceite de girasol, soja o palma, si está presente en los ultraprocesados, no esperes que sea virgen o de gran calidad; lo más probable es que haya sido refinado. Su consumo contribuye al aumento de la inflamación, al estrés oxidativo y también a la alteración del colesterol en sangre, la combinación perfecta para la enfermedad cardiovascular.

## Tu cerebro está compuesto de grasa; tú decides de qué tipo

Más de la mitad de nuestro cerebro está compuesto por grasa, especialmente rica en omega 6 y 3.[61] Estos ácidos grasos son los «ladrillos» de la masa cerebral, ya que forman parte de las membranas de las células cerebrales, las neuronas, y facilitan su comunicación y su buen funcionamiento durante toda nuestra vida.[62] Además, el cerebro reúne la mayor cantidad de colesterol que hay en nuestro cuerpo. Se ha observado que las dietas muy bajas en grasa o colesterol se correlacionan con un menor rendimiento mental.[63-65] De hecho, en el famoso Framingham Heart Study, los participantes con cifras de colesterol supuestamente «deseables» (menos de 200 mg/dl) mostraron un rendimiento cognitivo menor que los participantes con cifras de colesterol total en el límite elevado (200-239 mg/dl) y alto (más de 240 mg/dl).[66] Esta asociación no implica causa, es decir, que no se sabe si la causa del menor rendimiento cognitivo se debe a estas dietas bajas en grasa, pero no deja de ser una relación llamativa.

Eso sí, los estudios en animales nos muestran que cuando se alimentan con dietas sin ácidos grasos omega 3, empiezan a presentar déficits en el aprendizaje y la memoria.[67-68] Algunos estudios en humanos, concretamente en personas de más de sesenta y cinco años, las concentraciones más bajas de omega 3 en sangre se han asociado con un menor tamaño del cerebro y un mayor envejecimiento cerebral.[69] De nuevo, la recomendación nutricional de llevar una dieta baja en grasa o baja en colesterol es algo incoherente con nuestra fisiología, más aún si se sustituye esa grasa por ultraprocesados bajos en grasas.

## Un ingrediente depresivo

Una dieta en la que abundan los aceites vegetales refinados ricos en omega 6 va a determinar un cerebro repleto de omega 6 en detrimento de omega 3, pues, como ya hemos comentado, ambos compiten por el mismo sitio en nuestro cerebro. También hemos visto que este desequilibrio promueve un estado de inflamación crónica por el aumento de las citoquinas proinflamatorias. ¿Podría esta inflamación afectar a nuestro cerebro y a nuestro estado de ánimo?

Parece que este estado inflamatorio crónico de bajo grado es común entre los pacientes con depresión.[70-71] Además, las citoquinas proinflamatorias pueden alterar el metabolismo de los neurotransmisores, esas moléculas que determinan nuestros estados de ánimo en el cerebro.

También se inhiben algunas proteínas que son fundamentales para la buena función cerebral, como el factor neurotrófico derivado del cerebro (BDNF, por sus siglas en inglés).[72] Se ha observado que los niveles de BDNF son bajos en los pacientes con depresión.[73] Hacer ejercicio, por ejemplo, aumenta los niveles de BDNF, y por eso está relacionado con la mejora del estado del ánimo.[74-75]

En otro estudio, un mayor consumo de omega 6 se asoció a niveles más altos de citoquinas proinflamatorias, y se observaron mayores síntomas depresivos.[76] Esta asociación entre la ingesta de omega 6 y el riesgo de depresión se ha observado en otro estudio de seguimiento a una población durante diez años.[77] Los datos de otro estudio en mujeres brasileñas embarazadas constataron que los niveles más altos de este omega 6 se asociaron a una mayor probabilidad de depresión.[78] En otro estudio se analizaron 132 personas mayores con depresión y se halló que los niveles de omega 6 en los glóbulos rojos tenían una asociación positiva con los síntomas depresivos y de ansiedad.[79] Todo esto hace pensar que la grasa que forma parte de nuestro cerebro está implicada directamente en el desarrollo de trastornos mentales que han aumentado en gran medida en las últimas décadas.

Según la Organización Mundial de la Salud (OMS), en España hubo en el año 2015 un total de 2.408.700 españoles que sufrieron depresión, un 5,2 % de la población. Además, la depresión es la tercera causa principal de morbilidad y discapacidad entre los adolescentes, mientras que el suicidio es la tercera causa de defunción entre adolescentes mayores de entre quince y diecinueve años.[80] La depresión es una enfermedad complicada, multifactorial, así que sería erróneo pensar que está provocada exclusivamente por la mala alimentación. No obstante, lo que nos dice la evidencia científica es que hay una clara relación entre el consumo de ultraprocesados y un mayor riesgo de depresión.[81-83] ¿Tendrá algo que ver el aumento de las tasas de depresión de las últimas décadas con el aumento del consumo de ultraprocesados? Yo creo que sí. ¿Se está haciendo algo para evitarlo? Quizá no lo suficiente.

Según los datos, en el año 2016, el suicidio se mantuvo como la primera causa de muerte externa en España, con 3.569 fallecimientos. Se registra el doble de muertes por suicidios que por accidentes de tráfico.[84] Quizá sea una realidad algo incómoda, una verdad que parece que nos avergüenza y que, probablemente, no se vea en las noticias.

En resumen, puede que construir nuestro cerebro con los «ladrillos» equivocados tenga parte de culpa en este derrumbamiento anímico poblacional. Y no solo hablamos de tristeza. Un estudio muestra una correlación muy fuerte entre el consumo de aceites vegetales y las tasas de homicidios de diferentes países.[85] Por supuesto, de nuevo, una correlación o asociación no implica causalidad, pero la correlación estadística no deja de ser sorprendente, más aún cuando sabemos que estos aceites sí afectan a nuestro cerebro.

Párate un segundo y dale la vuelta a ese ultraprocesado que tienes entre manos. Quizá te lo hayan vendido o regalado para animarte, como solución a tu mal día, como un capricho que tu felicidad se merece, pero observa un momento sus ingredientes: harina de trigo, azúcar, aditivos, aceite vegetal... ¿Seguro que esos son los ingredientes de tu felicidad?

## Aceites que sí engordan

La obesidad está estrechamente relacionada con los aceites vegetales refinados. Un estudio observacional realizado en mujeres, el Women's Health Initiative, mostró la importancia de la relación omega 6/omega 3 en el aumento de peso.[86] Las altas concentraciones de omega 6 se asociaron a un mayor riesgo de sobrepeso y obesidad, y el omega 3, a un menor riesgo. En cierto modo, parece que estos ácidos grasos poliinsaturados actúan como un botón de «encender» o «apagar» la acumulación de grasa, ya que modifican la expresión de los genes encargados de ello, especialmente en órganos como el hígado.[87] El omega 3 parece disminuir la formación de grasa por parte del hígado, mientras que el exceso de omega 6 lo aumenta.[88] Esta situación, si se repite en el tiempo, podría dar lugar a patologías relacionadas con la acumulación excesiva de grasa en el hígado, como el hígado graso no alcohólico.[89]

Pero más allá de activar estas vías de acumulación de grasa, los aceites vegetales refinados pueden provocar algo peor: aumentar nuestro apetito. Estos aceites actúan directamente sobre nuestro cerebro, aumentando el hambre y provocando resistencia a una hormona saciante, la leptina.[90-92] Cuando nos hacemos resistentes a las hormonas, significa que no funcionan como deberían, y parece que los ultraprocesados nos hacen resistentes a varias de ellas. Por ejemplo, la hormona insulina se encarga de que la glucosa que viaja por nuestra sangre pueda entrar en las células y sirva de energía. Parece que una alimentación rica en aceite de girasol está asociada a un peor control y regulación de la glucosa en sangre, ya que aumenta la resistencia a la insulina.[93] Además, las citoquinas proinflamatorias que hemos comentado antes también pueden contribuir al aumento de esta resistencia a la insulina en nuestro cuerpo.[94] Un estudio de cuatro semanas de duración comparó el consumo de aceite de oliva frente al aceite de girasol, y halló que en los individuos que consumieron 30 mililitros al día de aceite de girasol empeoró el control de la glucosa en sangre, además de verse negativamente afectados los niveles de colesterol LDL.[95]

Pero si hay un ingrediente dentro de los ultraprocesados que provoca más resistencias en nuestras hormonas, es el siguiente en nuestra lista. A continuación, hablaremos del coloquialmente conocido como «dulce veneno». Efectivamente, vamos a hablar del azúcar.

## AZÚCARES AÑADIDOS

> Tu cuerpo no necesita azúcar, quien diga lo contrario miente.
>
> DOCTOR ROBERT LUSTIG, UNIVERSIDAD DE CALIFORNIA

*Carlos es un niño de diez años, alegre y risueño. Su madre lo despierta a las ocho para ir al colegio, pero él se resiste y aguanta unos minutos más en la cama. Una vez despierto, desayuna mientras sus padres se terminan de arreglar. El desayuno de Carlos consta de un vaso de leche con cacao azucarado junto con cereales azucarados. Más tarde, a la hora del recreo, Carlos lleva consigo su brik de zumo junto con un paquete individual de cuatro galletas de chocolate. A la hora del almuerzo, Carlos come en casa. Hoy tocan garbanzos con espinacas, mañana pescado y guisantes, el miércoles arroz con verduras, el jueves guiso de carne con patatas... Una alimentación variada, la de toda la vida. Eso sí, de postre, a Carlos le encanta ir a la despensa y coger varias napolitanas de crema. Durante la tarde, Carlos tiene que hacer los deberes antes de poder ver la tele o jugar a la videoconsola. A las seis ya ha terminado y es hora de merendar. Es su hora favorita del día. Mientras ve sus programas preferidos de dibujos animados, se prepara un festín de galletas, tostadas con crema de cacao y azúcar, otras veces bocadillos de chorizo o salchichón y, para beber, batido de fresa, yogur líquido o, de nuevo, un vaso de leche con cacao. Ya son las nueve y media; el padre de Carlos lo llama para la cena, él sigue jugando a la consola, pero la deja y corre hacia la mesa. De cenar tenemos huevo frito con patatas y salchichas. Al acabar la cena, su madre le trae a la mesa varias piezas de fruta y le ofrece a Carlos pelarle una naranja. Él se niega, dice estar lleno. Sin embargo, antes de acostarse vuelve a la despensa y busca algo de bollería. Carlos se duerme. Mañana será otro día.*

Hay algo que se repite en la rutina de Carlos, y este denominador común se esconde en el pequeño párrafo que recoge la lista de ingredientes de los comestibles que ocupan gran parte de su alimentación. Puede presentar diferentes nombres y formas, pero al final es el mismo elemento: el azúcar. Carlos no come azúcar de forma directa, es decir, no come terrones o sobres de azúcar de mesa. Sus padres jamás le dejarían tomarse a cucharadas un paquete de azúcar y, de hecho, no creo que esto le resultase muy apetecible al pequeño Carlos. El azúcar que consume se encuentra oculto y añadido en los productos ultraprocesados, algunos muy evidentes, como las galletas de chocolate, pero también en otros que jamás sospecharíamos, como en las salchichas de la cena o en un zumo con 0 % de azúcares añadidos. El azúcar, también conocido en química como sacarosa, se extrae principalmente de dos tipos de plantas: la caña de azúcar y la remolacha azucarera. Este producto refinado se añade a la mayor parte de ultraprocesados para mejorar su sabor y, con ello, aumentar sus ventas.

El azúcar lo consume de forma inconsciente y descontrolada la mayor parte de la población, especialmente los niños. El pequeño Carlos también fui yo, ya que en mi infancia sufrí las consecuencias del consumo diario de azúcar oculto, que me provocó sobrepeso infantil. Si traducimos el azúcar oculto de estos ultraprocesados de un solo día en mi infancia, daría como resultado una mesa con alrededor de 50 terrones de azúcar. Pero ¡qué barbaridad! ¿Cómo pudieron mis padres dejar que consumiera tal cantidad a diario? Muy fácil, eran ignorantes en Matrix; ni conocían la cantidad real de azúcar de esos productos, ni mucho menos eran conscientes de los efectos perjudiciales en mi cuerpo. Da igual que a la hora de comer hubiera verduras, legumbres o pescado..., pues en el resto de comidas se colaban los ultraprocesados.

Basta con una sola comida al día repleta de estos azúcares añadidos para que cualquier niño pueda desarrollar sobrepeso, obesidad e incluso diabetes tipo 2. Mis padres me querían con locura, ellos querían lo mejor para mí, pero, por desgracia, hoy en día el amor de las madres y los padres hacia sus hijos no es suficiente para evitar que estos enfermen debido a lo que comen. El sobrepeso y la obesidad infantil es una enfermedad, y aunque a ojos de la sociedad se trate de un tema menor, ese niño rellenito, gordito o «de buen ver» es en realidad un niño con menor esperanza y calidad de vida.

## La conquista del azúcar en nuestra alimentación

Hace un par de décadas, el ser humano solo consumía unos pocos gramos de azúcar al año. Hoy, un niño de ocho años ya ha consumido más azúcar que su abuelo durante toda la vida (Estudio ANIBES).[96] Cuando yo nací, en 1991, el azúcar representaba el 8 % de las calorías de la población española; en 2010, ya superaba el 13 %.[97] Este aumento del azúcar no se deriva de un mayor consumo de frutas y verduras, sino de un mayor consumo de ultraprocesados. El azúcar de frutas y verduras se considera azúcar intrínseco, es decir, que está naturalmente presente en ellas. Este azúcar no presenta ningún problema para la salud, como veremos más adelante. El problema llega con el llamado azúcar «libre», que se añade casi al 80 % de los comestibles a la venta en nuestro entorno. También se considera azúcar libre a los azúcares de la miel, los zumos y los concentrados de fruta.

La OMS recomienda reducir el consumo de azúcares libres a lo largo de toda nuestra vida, es decir, cuanto menos mejor. Tanto para adultos como para niños, el consumo de azúcares libres debería reducirse a menos del 10 % de la ingesta calórica diaria, y se recalca que una reducción por debajo del 5 % produciría beneficios adicionales para la salud, al evitar la aparición de las enfermedades asociadas a este consumo (de nuevo, hablamos de las ENT).[98] Para un adulto que consuma 2.000 calorías diarias, el máximo de azúcar añadido serían unos 25 gramos al día. Para un niño, esta cantidad debería ser mucho menor. De hecho, para niños menores de dos años, la cantidad recomendada es de cero azúcares añadidos. Por desgracia, en mi experiencia clínica me he encontrado con niños que consumían casi 100 gramos de azúcar añadido solo en el desayuno.

En un estudio realizado en más de 1.000 adolescentes estadounidenses (de catorce a dieciocho años), la ingesta diaria promedio de azúcares añadidos fue de 389 gramos, un 52 % de la ingesta calórica total.[99] En 2017, unos investigadores concluyeron que, en España, la ingesta de azúcares añadidos suponía el 52 % del total de calorías en los niños de nueve a doce años, un porcentaje que se elevaba hasta el 56 % en los adolescentes de trece a diecisiete años.[100] Estos azúcares provenían principalmente de chocolates, bebidas azucaradas, productos de panadería y repostería, lácteos azucarados, zumos envasados y cereales de desayuno.

De hecho, la principal fuente de azúcares añadidos en España son las bebidas azucaradas, cuyo consumo ha aumentado considerablemente desde los años setenta.[101] España es el cuarto país del mundo en consumo de refrescos, con 945 latas por habitante al año, consumiendo un total de 14.471 millones de litros de refresco. Cada español gasta una media de 349,57 euros en refrescos al año; así lo desvela un estudio de Constanza Business & Protocol School.[102] Este aumento tan drástico del consumo de azúcar es algo bastante reciente, ya que el azúcar añadido que consumían nuestras abuelas y bisabuelas en el siglo pasado era algo esporádico. Ocasionalmente se presentaba en forma de un dulce casero tradicional consumido en una fecha concreta del año, como, por ejemplo, alguna festividad (turrón en Navidad, torrijas en Semana Santa, helado artesano en verano, etcétera). Además, generalmente se trataba de un azúcar añadido donde se conocía la cantidad que se utilizaba (por ejemplo, un bizcocho casero con tres cucharadas de azúcar). El problema es que hoy el azúcar se presenta oculto en miles de productos comestibles y con decenas de nombres diferentes. La población no sabe que está consumiendo azúcar en sus productos y, por tanto, desconoce cuánta cantidad consume y, por supuesto, qué consecuencias tiene para su salud.

## ¿Por qué es perjudicial el consumo de azúcar añadido en los ultraprocesados?

Existen tres razones principales por las que el azúcar añadido es perjudicial en nuestro cuerpo:

1. **Su alto índice glucémico.** Los ultraprocesados tienen una rápida digestión y, por tanto, una rápida aparición en nuestra sangre.
2. **Su alto contenido en fructosa y carga glucémica.** Aportan gran cantidad de fructosa que hay que metabolizar.
3. **Su alta palatabilidad.** Tienen efectos potencialmente adictivos.

### *Alto índice glucémico*

Tanto la comida real como los productos ultraprocesados pueden contener un nutriente, o, mejor dicho, macronutriente, conocido como «hidratos de carbono». Imagínate la estructura de estos hidratos de carbono como si fuera un collar de perlas. Muchas perlas unidas forman hidratos de carbono complejos, como los presentes en las patatas, las legumbres o los cereales integrales, mientras que las perlas sueltas o en parejas son los hidratos de carbono simples, presentes en la leche, la fruta o la verdura. La digestión de los hidratos de carbono en nuestro cuerpo hace que se descompongan hasta llegar a su última perla: la glucosa. Esta glucosa es la que se absorbe en nuestro intestino delgado y pasa a nuestra sangre, donde viajará y se distribuirá por todo nuestro cuerpo, sirviendo como alimento a nuestras células.

El azúcar añadido a los ultraprocesados es un hidrato de carbono simple compuesto por dos perlas, una glucosa y otra perla distinta llamada «fructosa». La unión de estas dos perlas forma la sacarosa. La digestión de este azúcar añadido o sacarosa es bastante rápida, pues solo tiene que separar estas dos únicas perlas, y, una vez separadas, la salida de esta glucosa y fructosa a nuestra sangre se produce de forma inmediata. La rapidez con la que aparece la glucosa en la sangre se conoce como «índice glucémico» (IG): a mayor índice, mayor rapidez; y a menor índice, menor rapidez.

En consecuencia, los ultraprocesados cargados de este azúcar añadido tendrán una digestión rápida y un aporte inmediato de glucosa y fructosa en sangre, lo cual supone una serie de efectos indeseables. El primero tiene que ver con la saciedad: cuanto menor es el tiempo de digestión, menor saciedad aporta (y más hambre). Un claro ejemplo de ello son las bebidas azucaradas, que son el producto de más rápida digestión, pues al fin y al cabo son azúcar diluida en agua. Nuestro cerebro no está bien adaptado a detectar estas calorías líquidas, que pasan desapercibidas, y no genera ningún estímulo para dejar de comer, o mejor dicho, de beber. Diferentes estudios han observado que las bebidas azucaradas aumentan el hambre y hacen que las personas consuman más calorías a lo largo del día. El segundo efecto indeseable tiene que ver con la «toxicidad» de estos altos niveles de azúcar en sangre. Esta hiperglucemia (mucha glucosa en sangre) hace que la propia glucosa reaccione con proteínas de nuestro cuerpo, dañando así a nuestros vasos sanguíneos y formando productos perjudiciales como los productos de glicación avanzada (AGE, por sus siglas en inglés). Los AGE producidos circulan por todo el organismo y provocan inflamación y estrés oxidativo, que ya vimos también con los aceites refinados.[103]

Pero un momento, ¿y qué pasa con los azúcares simples presentes en la fruta? Pues que son también azúcares, pero con efectos fisiológicos diferentes. Como ya he comentado, la matriz alimentaria, es decir, todos los componentes que forman el alimento mínimamente procesado, es la responsable de los efectos saludables del alimento. Por tanto, la matriz alimentaria de la fruta entera acompaña al azúcar simple con fibra, agua, antioxidantes y demás compuestos que disminuyen el índice glucémico y evitan la producción de AGE gracias a sus antioxidantes, entre otros beneficios. Una vez más, el grado de procesamiento es vital para los efectos en la salud.

### *Alto contenido en fructosa*

El segundo factor perjudicial de los azúcares añadidos es su carga glucémica (CG), es decir, la cantidad total —y el tipo— de hidratos de carbono que aportan. Por ejemplo, una rodaja de sandía tiene un alto índice glucémico (IG), sus azúcares simples se digieren y pasan rápido a la sangre, pero... ¿cuántos azúcares aporta? Pues más bien pocos, porque con 100 gramos de sandía ingerimos apenas 6-7 gramos de hidratos de carbono, dado que su CG es baja. En cambio, tan solo 4 galletas rellenas de chocolate contienen

33,6 gramos de azúcares, el equivalente a darle a tu hijo 8 terrones y medio de azúcar.[104] Si en lugar de 4 galletas se come 8, y si además las combina con un preparado de cacao soluble, puede dispararse hasta más de 20 terrones de azúcar en esa merienda. Por tanto, no solo importa la velocidad con la que aparecen los azúcares en la sangre, sino también la cantidad. A mayor cantidad, mayor riesgo de resultar perjudicial.

Además, el tipo de hidrato de carbono que aportan los alimentos también es relevante. Por ejemplo, no es lo mismo una gran cantidad de almidón, un hidrato de carbono complejo, que de glucosa y fructosa (azúcares simples). Especialmente problemáticas son las cantidades excesivas de fructosa. La fructosa es un azúcar simple que se metaboliza en el hígado. Metabolizar se refiere a la descomposición de esa molécula en la energía que se obtiene al final.

Tradicionalmente, nuestra ingesta de fructosa solo provenía del consumo de frutas y, muy de vez en cuando, de algo de miel. Hoy en día, nuestro consumo de fructosa se ha disparado porque procede del azúcar añadido. Un tetrabrik de zumo de piña o unas galletas de chocolate contienen grandes cantidades de azúcar añadido, y con ello de fructosa. Para cualquier persona que se mantenga activa y coma fruta, la fructosa no es ningún problema, ya que esas pequeñas cantidades de fructosa se almacenan en forma de reservas en el hígado sin hacer daño.[105] Sin embargo, para aquellas personas que tienen las reservas del hígado llenas (especialmente las personas sedentarias), comer mucha fructosa sobrecarga el hígado y lo fuerza a convertirla en grasa.[106] Cuando esta ingesta de fructosa se repite por el habitual consumo de ultraprocesados azucarados, el hígado poco a poco va acumulando grasa y llega a producir la enfermedad del hígado graso no alcohólico.[107-108] Las personas con hígado graso no alcohólico suelen consumir unas 2-3 veces más fructosa que las personas con hígado sano.[109] Esta patología está empezando a afectar incluso a niños por culpa de las toneladas de azúcares que consumen a lo largo del año,[110] niños que engordan y que acumulan grasa en sus hígados como patos en una fábrica de hacer *foie gras*.

### *Alta palatabilidad*

La palatabilidad hace referencia a lo apetecible que es el alimento. Como veremos en el capítulo «Ultrapalatables», el azúcar añadido a los ultraprocesados es un componente vital para hacer que estos productos sean más apetecibles e irresistibles. El azúcar genera en nuestro cerebro una sensación de placer que puede llegar a encadenarnos a su consumo y a hacernos dependientes de esa sustancia con comportamientos muy parecidos a otras drogas de abuso. ¿El resultado? Nos excedemos en el consumo de azúcar, y esto traerá una serie de consecuencias negativas.

### *La regulación del azúcar en nuestro cuerpo*

La cantidad de glucosa en sangre está perfectamente regulada por nuestro cuerpo, al igual que la cantidad de aire que llega a los pulmones, o los latidos del corazón. Cuando pasamos muchas horas sin comer, nuestro organismo impide que haya una bajada drástica de la glucosa en sangre. Cuando nos damos un atracón de comida, se autorregula para que el exceso de glucosa disminuya y se mantenga dentro de unos límites normales.

El hígado y el páncreas son los órganos que ayudan a mantener estos niveles de glucosa en sangre dentro de un estrecho rango para que coincida con las necesidades de energía de los distintos tejidos del cuerpo. Los niveles normales de glucosa se encuentran entre 70 y 110 mg/dl, y es tan malo un déficit como un exceso. Después de consumir una comida rica en hidratos de carbono, el nivel de glucosa en sangre aumenta a 140 mg/dl aproximadamente, lo cual estimula a las células beta del páncreas para secretar una hormona, la insulina, que actúa como la «llave» que abre la puerta de entrada de la glucosa desde la sangre hacia las células del cuerpo. La insulina reduce la glucosa en sangre porque la introduce en los tejidos sensibles a esta hormona, como el músculo o el tejido adiposo. Por el contrario, cuando la glucosa en sangre cae hasta niveles bajos, como durante el ayuno, nuestro hígado rompe cadenas de glucosa que tiene almacenadas (el glucógeno) y las envía a la sangre para que los niveles aumenten y se restablezca de nuevo el equilibrio. Este efecto se atribuye a otra hormona llamada glucagón, que se produce en las células alfa del páncreas. Además, el hígado también es capaz de fabricar glucosa a partir de grasas y proteínas, de tal forma que aunque el ayuno se alargue mucho, siempre podrá tirar de otras reservas del cuerpo para formar nueva glucosa.

De hecho, nuestro cuerpo está muy bien adaptado al ayuno, ya que hemos pasado gran parte de la evolución buscando alimentos con el estómago vacío, y en muchas ocasiones volvíamos a nuestra «cueva» sin la suerte de haber cazado algún animal o recolectado algún fruto. Este ayuno intermitente parece estar involucrado en la reparación del ADN y de las células del cuerpo, aumentando así nuestra longevidad, según recientes investigaciones.[111] No obstante, no es necesario estar ayunando para mantenerse saludable. Como veremos más adelante, el problema es el suministro constante de azúcares añadidos a través de los comestibles industriales, los cuales son responsables del envejecimiento y de la muerte prematura.

## LA RUPTURA DEL EQUILIBRIO

¿Qué ocurre cuando ingerimos una y otra vez grandes cantidades de azúcares presentes en los ultraprocesados? Lo que sucede es que estimulamos en exceso nuestra producción de insulina. Con cada cucharada de cacao azucarado, cereales azucarados, galletas azucaradas, bollería, lácteos o bebidas azucaradas, esta gran concentración de azúcar de fácil digestión (altos IG y CG) se descompone rápidamente en glucosa y fructosa. Una vez que la glucosa entra en el torrente sanguíneo, no puede quedarse en grandes cantidades circulando todo el tiempo, así que la insulina será la responsable de almacenarla en forma de grasa, puesto que si las reservas de glucógeno están ya llenas, el excedente debe guardarse de alguna forma. Esa increíble capacidad de almacenar grasa y el exceso de azúcares en nuestra alimentación es claramente uno de los principales causantes del aumento de grasa corporal de la población, aunque no el único. En una revisión sistemática de 2016, Bucher y colaboradores constataron que la mayoría de los estudios analizados encontraron una asociación positiva entre el consumo de bebidas azucaradas y el riesgo de padecer obesidad, sobre todo en niños y adolescentes.[112]

A medida que van pasando los días, las semanas y los meses de consumo de azúcar, va aumentando la producción de insulina, acumulando poco a poco más grasa corporal, hasta que un día se rompe el equilibrio: deja de funcionar la regulación glucosa-insulina. Y aquí empieza la tormenta fatal. Nuestras células, que antes captaban la glucosa gracias a la insulina, ahora se vuelven resistentes y no reconocen a esta insulina. Es entonces cuando las concentraciones de azúcar en sangre se mantienen altas durante más tiempo, lo que se conoce como la diabetes tipo 2. Uno de los mejores estudios epidemiológicos en nutrición realizados hasta la fecha, el Estudio EPIC, reveló que el consumo de tan solo 150 kilocalorías diarias procedentes de bebidas azucaradas se asoció con un incremento sustancial en el riesgo de desarrollar diabetes tipo 2,[113] el equivalente a una lata de refresco azucarado.

Tanto la grasa acumulada en la obesidad como el exceso de glucosa en sangre de la diabetes hacen que el hígado, que es el encargado de filtrar todos los nutrientes que viajan por la sangre, se sobrecargue y empiece a producir y expulsar grasas, como los triglicéridos y el colesterol LDL.

Varios estudios han demostrado que una alimentación en la que más del 20% de las calorías provengan de azúcares añadidos puede dar lugar a un aumento de los triglicéridos en ayunas, un factor de riesgo para padecer enfermedades cardiovasculares.[114-115] La declaración científica de la Asociación Estadounidense del Corazón sobre los triglicéridos recomienda evitar el exceso de fructosa para disminuir el riesgo de hipertrigliceridemia.[116]

Por otra parte, la fructosa del azúcar aumenta las concentraciones de ácido úrico, el cual disminuye nuestro óxido nítrico, que ya hemos comentado que es importante para mantener sanos los vasos sanguíneos. Como resultado de esta reducción, aumenta el riesgo de hipertensión arterial. ¿Las consecuencias? El exceso de azúcar provoca en nuestro cuerpo un aumento de los triglicéridos, el colesterol, el azúcar y la hipertensión, así como del estrés oxidativo y la inflamación.[117] Todos estos factores son el cóctel perfecto para las ENT. ¿Comprendes ahora el problema?

## El exceso de azúcar contribuye al riesgo de cáncer

Existe un mayor riesgo de cáncer entre los pacientes resistentes a la insulina debido al aumento del estrés oxidativo y de la inflamación, que, al igual que los aceites vegetales refinados, dañan nuestro ADN.[118] Algunos expertos creen que presentar unas concentraciones altas de insulina de forma prolongada, por culpa del exceso de azúcar en la dieta, también desempeña un papel principal en el desarrollo del cáncer.[119] De hecho, se sabe que los pacientes con diabetes tipo 2 tienen un mayor riesgo de padecer cáncer.[120] Hasta el 80% de los pacientes con cáncer de páncreas se presentan con diabetes tipo 2 de nueva aparición o con tolerancia a la glucosa alterada en el momento del diagnóstico.[121]

Además, hemos visto que en los ultraprocesados el azúcar añadido aumenta el riesgo de sobrepeso/obesidad,[122] y la obesidad está relacionada con un mayor riesgo de contraer muchos tipos de cáncer, como cáncer colorrectal, cáncer de mama, de endometrio, de vesícula biliar, de riñón, de páncreas y de tiroides. La Agencia Internacional para la Investigación del Cáncer calculó que la obesidad contribuye a la formación de más de un tercio de los casos de cáncer de endometrio y cáncer de esófago, y a un cuarto de los casos de cáncer de riñón.[123] Por otra parte, un estudio realizado en España en 2014 observó que los trastornos metabólicos (resistencia a la insulina, obesidad, hígado graso no alcohólico) causados por un consumo excesivo de azúcar pueden conducir al desarrollo de cáncer de hígado.[124] También hay evidencia de que un alto consumo de bebidas azucaradas está relacionado con una mayor probabilidad de padecer cáncer de vesícula biliar y también cáncer de colon.[125-126]

Sabemos que el exceso de azúcar aumenta el riesgo de obesidad y esta a su vez el riesgo de cáncer, pero ¿qué pasa con las personas no obesas? ¿Están protegidas? Un reciente estudio llevado a cabo por la Universidad de Melbourne y el Consejo del Cáncer de Victoria (Australia) sugiere que beber refrescos azucarados se relaciona con un mayor riesgo de padecer cáncer, independientemente de que se tenga o no sobrepeso/obesidad.[127] Estos resultados coinciden con los obtenidos en otros estudios. Por ejemplo, se analizó la alimentación de más de 35.000 mujeres y se observó que aquellas que consumían los productos y las bebidas más azucarados tenían el doble de riesgo de desarrollar cáncer de colon, en comparación con quienes seguían una dieta con menos azúcar añadido.[128] En un importante estudio de 2015 publicado en la revista científica *Circulation* calcularon que, en todo el mundo, 655.000 muertes podían atribuirse al consumo de bebidas azucaradas, correspondiendo unas 369.000 a víctimas por diabetes, 258.000 a enfermedad cardiovascular y 28.000 a diferentes tipos de cáncer.[129] Solo en México, 6 de cada 10 muertes se atribuyen al consumo de bebidas azucaradas en adultos de menos de cuarenta y cinco años.

Por último, en los pacientes que ya padecen cáncer, también puede ser necesario evitar el exceso de azúcar. Una revisión sistemática y un metaanálisis de 2018 recomendó un mejor control glucémico en los pacientes con cáncer, puesto que la hiperglucemia se correlacionó con una peor supervivencia de la enfermedad.[130]

## El exceso de azúcar te envejece

Pero el azúcar no solo aumenta el riesgo de morir por alguna de estas enfermedades, sino que también empeora la calidad de vida. Por un lado, los picos de subida de azúcar en sangre se acompañan de una fuerte bajada compensatoria, gracias a la insulina. Estas fluctuaciones de azúcar en sangre nos dejan sin energía, aletargados y con pocas ganas de hacer actividad física.[131] También he comentado que los AGE atacan a proteínas de nuestro organismo, entre ellas el colágeno y la elastina de nuestra piel. Poco a poco van deteriorando la dermis de la piel, consumiendo antioxidantes propios que tenemos, y por tanto, nos hacen más vulnerables al estrés oxidativo de la contaminación o los rayos ultravioletas.[132-133] En otras palabras, el azúcar acelera nuestro envejecimiento, y, por muchas cremas antiedad que te compres, quizás una de las mejores cosas que puedes hacer es dejar el azúcar.

También se ha demostrado que el consumo de altas cantidades de azúcar acelera el acortamiento de los telómeros, otra prueba del envejecimiento de las células.[134] Los telómeros son estructuras que sirven de protección a nuestro ADN. A medida que envejecemos, los telómeros se acortan naturalmente, lo que hace que las células envejezcan y funcionen peor.[135] Un estudio realizado en 5.309 adultos mostró que beber bebidas azucaradas regularmente se asociaba a una menor longitud de los telómeros, lo cual refuerza la hipótesis del envejecimiento prematuro debido al azúcar. [136]

## Otros efectos colaterales

El exceso de glucosa daña nuestros vasos sanguíneos, pero sobre todo los pequeños capilares que se distribuyen por nuestro cerebro. Las dietas con alto contenido en azúcar pueden provocar problemas de memoria y se han relacionado con un mayor riesgo de demencia.[137] Sí, el exceso de azúcar deteriora nuestra mente. De hecho, hay una estrecha relación entre la diabetes tipo 2 y la enfermedad de Alzheimer.[138] Es un mito que el cerebro necesite azúcar; esta idea ha sido impulsada principalmente por la industria azucarera de forma interesada. En realidad, lo que necesita nuestro cerebro es glucosa, la cual puede obtener en cantidades adecuadas a partir de la comida real: frutas, legumbres, cereales integrales, tubérculos, etcétera. O como he explicado, la puede producir nuestro hígado a partir de grasa y proteínas. No tendría sentido que hayamos sobrevivido el 99,9 % de nuestra evolución sin productos azucarados y que ahora nos digan que los necesitamos para vivir.

Los niveles altos de azúcar también pueden causar daños en los pequeños vasos sanguíneos de los riñones, y esto puede conducir a un mayor riesgo de enfermedad renal.[139] Entre otras complicaciones, el azúcar se ha relacionado también con el desarrollo de enfermedad inflamatoria intestinal y de artritis.[140-141]

Por último, y esto lo saben muy bien los dentistas, el azúcar destruye los dientes. Hay un grupo de bacterias que produce ácido en tu boca cada vez que encuentra azúcar en los dientes.[142] Estos ácidos eliminan los minerales del esmalte dental, que es la capa exterior brillante y protectora de los dientes, dejándolos más indefensos. En un estudio de seguimiento durante cuatro años, los adultos que bebieron una o más bebidas azucaradas al día tuvieron un 30 % más de riesgo de caries que quienes no las bebían.[143] Esto es bastante preocupante en los niños, dada la aceptación y percepción social positiva de algunos grupos de bebidas azucaradas, como los zumos y los batidos comerciales. El consumo de estas bebidas está muy asociado a un mayor riesgo de caries en niños, además del riesgo de obesidad.[144-145]

Hemos visto los problemas del azúcar en los ultraprocesados y por qué debemos evitarlo si queremos prevenir las enfermedades asociadas a su consumo. Sin embargo, el azúcar no es el único ingrediente que provoca problemas asociados al exceso de glucosa. Existe otro grupo de ingredientes, muy utilizado por la industria alimentaria, que ataca a nuestro organismo de forma prácticamente igual que el azúcar, solo que no es tan conocido por la población y no se percibe como un riesgo. Cambiamos el polvo blanco azucarado por el polvo blanco enharinado. Hablemos de las harinas refinadas.

## HARINAS REFINADAS

La legislación define la harina como «el producto finamente triturado obtenido de la molturación del grano». Los cereales integrales sufren un procesamiento tecnológico hasta convertirse en harinas refinadas. Durante este procesamiento, la matriz alimentaria de los cereales se destruye, lo cual altera negativamente al alimento real. Existen harinas de prácticamente todos los granos de cereales: harina de maíz, de avena, de centeno, de arroz, etcétera. Sin embargo, nos centraremos en la más famosa de todas, la harina de trigo, utilizada por la industria alimentaria en la mayoría de sus ultraprocesados.

A lo largo de las últimas décadas, el trigo ha ido dominando los cultivos de gran parte de la población mundial, influyendo directamente en la economía de los países y en la alimentación de sus poblaciones. Las cifras estimadas de la producción mundial anual de trigo rondan los 700 millones de toneladas (mt) según la Organización de las Naciones Unidas para la Alimentación y la Agricultura (FAO).[146] Esto convierte al trigo en el tercer cultivo más importante en términos de producción mundial, siguiendo muy de cerca al arroz (704 mt) y al maíz (874 mt). Sin embargo, el trigo es el cereal más extendido por todo el planeta debido a su increíble capacidad para integrarse en los productos ultraprocesados. Gracias a sus propiedades únicas, como su contenido de gluten, la harina de trigo sirve para elaborar toda la gama de panes, bollería, galletas, dulces, productos dietéticos, pizzas, precocinados y barritas de cereales, entre otros comestibles del supermercado. Este conglomerado de productos a base de harina forma la base de la alimentación de los países industrializados.

## No es trigo limpio

Pero antes de pasar a comentar el problema de las harinas refinadas, hablemos un poco más de la composición del grano de trigo. El grano completo de trigo se divide en tres partes: el salvado, el germen y el endospermo. El salvado es la llamada «fibra» del cereal, puesto que es la parte rica en celulosa y que nuestro organismo no puede digerir. El germen es rico en vitaminas, compuestos antioxidantes y ácidos grasos poliinsaturados necesarios para el crecimiento de la propia planta de trigo. Por último, el endospermo supone más del 80 % del grano de trigo, y está compuesto principalmente por hidratos de carbono, la «energía» guardada en forma de almidón (cadenas de glucosa unidas). La harina se obtiene moliendo el grano de trigo para reducirlo de tamaño, y el «refinado» hace referencia al proceso de eliminación del salvado y el germen para dejar solo el endospermo.

La industria alimentaria retira el salvado y el germen para obtener propiedades y características interesantes de las harinas refinadas. Por ejemplo, al eliminar el germen, la harina se conserva en mejor estado durante más tiempo, ya que se le retiran los ácidos grasos, que son susceptibles de oxidarse durante la conservación y se ponen rancios. Al quitarle la fibra o el salvado, también se mejoran cualidades de textura, conservación y sabor. Al final queda ese polvo blanco y fino, producto de la alta tecnología alimentaria, que poco o nada tiene que ver con el alimento real: el grano completo del cereal integral. Hoy ya no comemos el trigo de antaño, el que comían nuestras abuelas. Hoy comemos una especie de *Frankenstein* llamado «trigo moderno».

Todo empezó en la década de 1870, cuando se sustituyeron los antiguos molinos de piedra por fábricas de rodillos de acero. Con este cambio se empezaron a separar de forma más precisa y eficiente las partes del grano molido, lo cual permitió obtener una harina más blanca y pura a menor coste. Esto mejoró las ventas de harina e hizo desaparecer todos los molinos de piedra en una década.

Pero el procesamiento no fue lo único que cambió con respecto al trigo. En los años cincuenta y sesenta del siglo XX tuvo lugar la llamada «revolución verde», en la que una serie de mejoras agrícolas como la modernización de las técnicas de cultivo, el desarrollo de fertilizantes y pesticidas, y la creación de semillas «mejoradas» hizo que la producción de cereales se disparase. Gracias a la ingeniería genética y botánica se empezaron a producir semillas del trigo moderno que mejoraron la rentabilidad y el rendimiento productivo, pero a costa de empeorar la calidad del trigo. Nuestra especie tardó unos cuantos miles de años en adaptarse de forma eficiente al consumo de cereales, pero ahora teníamos ante nosotros una nueva variedad de cereal, el trigo moderno, para la que no estábamos tan preparados. Las consecuencias no fueron del todo buenas, pero nadie pudo preverlas. El doctor William Davis lo cuenta así en su libro *Sin trigo, gracias*: «Esto que se nos vende como trigo no es trigo. Esta pequeña y rechoncha planta de alto rendimiento es un pariente lejano del trigo que nuestras madres usaban para hornear magdalenas. Es una variedad que está genética y bioquímicamente a años luz del trigo de hace apenas cuarenta años».

Como comentaré en el capítulo sobre los cereales integrales, debemos priorizar otros cereales más antiguos que el trigo moderno, puesto que estamos mejor adaptados a ellos. Pero vayamos por partes, lo primero es lo primero: comprendamos por qué debemos evitar las harinas refinadas.

## ¿Por qué es perjudicial el consumo de harinas refinadas?

Existen tres razones principales por las que las harinas refinadas son perjudiciales en nuestro cuerpo:

1. **Los mismos problemas que el azúcar.** Al igual que el azúcar, las harinas refinadas poseen un alto índice y carga glucémica, además de ciertas propiedades adictivas.
2. **Baja calidad nutricional y bajo aporte de fibra.** Aportan pocos nutrientes esenciales y saludables. Desplazan a la comida real.
3. **Contienen gluten.** El consumo de gluten puede crear intolerancias y sensibilidades a un gran grupo de población.

### *Mismos problemas que el azúcar: las consecuencias del refinamiento*

Aunque la mala fama la tenga el azúcar, en realidad no hay mucha diferencia entre las harinas refinadas y los azúcares añadidos. Según la Escuela de Salud Pública de Harvard, los granos que se han molido y refinado (eliminando el salvado y el germen) tienen un índice glucémico más alto que los granos integrales mínimamente procesados.[147] Este grano finamente molido se digiere mucho más rápido que el grano entero, y, por esta razón, comer cereales integrales en su «forma completa» es más saludable que comer productos hechos con harinas refinadas.

Ya en los años noventa, algunos investigadores señalaron la importancia de la estructura de los cereales de grano completo o integral.[148] En su investigación compararon la respuesta glucémica del consumo de granos integrales de trigo frente al de granos molidos y harina de trigo. Descubrieron que cuanto menor era el tamaño del grano, mayor era la respuesta glucémica y menor la saciedad percibida. Tiene su lógica, puesto que sin su caparazón protector (la fibra), y triturados hasta formar granos finos, el procesamiento del refinado predigiere estos carbohidratos y facilita el trabajo de nuestro tubo digestivo. Esto que aparentemente parece una ventaja a la larga comporta consecuencias negativas derivadas de esta rápida asimilación y aparición en sangre de la glucosa.

Estamos muy mal adaptados a productos tan procesados que apenas precisan inversión energética en su digestión. Un estudio mostró que el gasto energético digestivo fue casi un 50 % mayor con las comidas menos procesadas que con aquellas más procesadas.[149] En el estudio se repartieron voluntarios que probaron sándwiches de pan integral con queso menos procesado, y otros, pan blanco altamente refinado y queso tipo cheddar más procesado. Aunque ambos sándwiches eran idénticos en términos de nutrientes (proteínas, carbohidratos y grasas), las respuestas metabólicas después de su consumo fueron notablemente diferentes. La tasa metabólica tras la ingesta de la comida menos procesada se mantuvo elevada durante una hora más y quemó casi el doble de calorías que la comida más procesada. A simple vista, cualquiera que observe ambos productos no sabría diferenciar muy bien cuál es mejor o más saludable, a no ser que considere el grado de procesamiento como un factor importante. Estos resultados refuerzan la hipótesis de que no todas las calorías son iguales; las calorías de los alimentos menos procesados pueden engordar menos gracias a su mayor impacto en el gasto metabólico digestivo. El estudio comparaba dos tipos de sándwich, pero los resultados hubieran sido mucho más exagerados si se hubieran comparado verduras, frutos secos, legumbres o carne frente a ultraprocesados ricos en ingredientes refinados.

Hoy en día encontramos cientos de productos cuyos ingredientes llevan harina de algún cereal o almidones añadidos. Esta harina es refinada, está desprovista de su fibra, de sus nutrientes y de las características saludables que sí tienen los cereales integrales. Esta harina tiene una digestión muy rápida, su almidón se descompone en múltiples moléculas de glucosa (recuerda el collar de perlas) y al final provoca un aumento de la glucosa en sangre en gran cantidad y velocidad, de un modo muy parecido a los azúcares. Posiblemente, la harina refinada es, junto con el azúcar, uno de los productos con mayor índice glucémico.[150] Esto también incluye los cereales refinados de desayuno, las barritas de cereales, los *snacks* que lleven harinas, los productos dietéticos, la bollería, etcétera. Efectivamente, los cereales o las galletas en cajitas con mensajes de «Cuida tu línea» suelen ser refinados.

Al igual que en el caso del azúcar, el consumo de estos ultraprocesados provoca una hiperglucemia que se compensa con la secreción de altas cantidades de insulina para bajar la glucosa en sangre. El problema es que a gran cantidad de insulina, gran caída en picado de los niveles de glucosa. Es una de las consecuencias de comer productos basados en harinas refinadas: un par de horas después hemos liberado suficiente insulina para hacer bajar drásticamente la glucosa. Esta bajada en sangre la detecta nuestro cerebro, que interpreta: «Oh, hay poca energía, tengo que comer», y estimula el apetito de nuevo.[151] Resultado: estás picoteando todo el día. Ahora unas galletas por aquí, al rato un sándwich por allá o una bolsa de patatas fritas, luego un trozo de pizza con un refresco... Siempre tienes más hueco en el estómago para comer dulces y harinas, ¿verdad? Quizá por ello varias revisiones sistemáticas y metaanálisis han observado una relación entre la ingesta de alimentos con un alto IG y el aumento de la grasa corporal.[152-154]

Esta similitud entre los azúcares añadidos y las harinas refinadas la ha estudiado muy bien el investigador Anthony Fardet, que correlacionó el índice de saciedad y la respuesta glucémica con el grado de procesamiento en 98 alimentos listos para el consumo. Los resultados mostraron que los alimentos más procesados tenían un menor efecto saciante y un mayor impacto glucémico.[155] Estos resultados coinciden con otros estudios que han medido la respuesta saciante en otros alimentos o comidas. Por ejemplo, un estudio demostró en 10 voluntarios sanos que cuanto más procesada está una fruta (entera, en puré o en zumo), menos poder saciante tiene a las tres horas después de su consumo.[156] Otro estudio halló en 10 voluntarios sanos una respuesta glucémica significativamente menor y una mayor puntuación de saciedad al ingerir zanahorias crudas en comparación con zanahorias cocinadas en el microondas.[157]

De la misma forma, otro estudio mostró en 24 adultos sanos que una dieta basada en alimentos vegetales mínimamente procesados era cerca de cuatro veces más saciante que la dieta control basada en alimentos refinados, a pesar de contar con las mismas calorías.[158] La saciedad es de vital importancia para mantenernos a largo plazo en un peso normal y constante, por lo que añadir a nuestra dieta muchos alimentos altamente procesados nos llevará a un mayor consumo energético y a un mayor riesgo de sobrepeso u obesidad.

Uno de los productos elaborado con harinas refinadas que más consume la población es el pan blanco. En España, según el Estudio ANIBES, solo el pan aporta casi el 12 % del total de las calorías que consume el país, es decir, es el alimento que más calorías aporta.[159] No estamos hablando de un alimento con poca relevancia a lo largo del año, sino de un uso habitual y diario. De hecho, las harinas refinadas son uno de los pocos productos con impuestos reducidos, junto con la leche, las frutas y las verduras, por lo que su consumo se promueve directamente gracias a su menor coste. El pan suele aparecer frecuentemente en los desayunos en forma de tostadas. También es habitual en almuerzos a media mañana, meriendas y cenas en forma de bocadillos, hamburguesas, sándwiches o perritos calientes, sin contar que gran parte de la población acompaña su comida con pan. Esto hace que, por sí solo, el abuso del pan blanco pueda influir directamente en la salud de las personas, dada su relevancia en la alimentación.

En 2013 se publicó un estudio observacional en el que se analizó el consumo de pan blanco en 2.213 participantes durante cuatro años.[160] Sus conclusiones mostraron que quienes consumieron más cantidad de pan blanco tuvieron mayor riesgo de engordar. El pan no debe ser un alimento que consumir *ad libitum*, es decir, sin ningún tipo de control, puesto que, sin darnos cuenta, sumará a lo largo del día unas calorías rápidas en forma de glucosa que tienen muchas probabilidades de hacernos engordar. El consumo de dos raciones de pan blanco al día se asocia a un mayor riesgo de sobrepeso u obesidad,[161] lo cual puede deberse a varias razones, como su baja saciedad,[162] su estimulación del apetito por su impacto glucémico[163] e insulinémico,[164] o su relación con la inflamación,[165] la cual a su vez interfiere en nuestra regulación del apetito y la saciedad. Algunos estudios también señalan la posible implicación del gluten en la ganancia de peso.[166-167]

Por último, pero no menos importante, el patrón de alimentación determinará si el pan te engorda o no. Ningún alimento engorda por sí solo. Los alimentos engordan dentro de un patrón de alimentación, pero lo que nos dicen los estudios es que el patrón de alimentación con pan blanco suele incluir más ultraprocesados y más calorías al final del día. Este consumo de pan suele acompañarse de carnes procesadas, patés, mermeladas, margarinas o cremas de cacao azucaradas.

Por si fuera poco, desde las recomendaciones oficiales en alimentación siempre se ha incentivado el consumo de pan en la dieta, promocionándolo como un alimento saludable, típico de la dieta mediterránea, pero sin hacer mención de la calidad de este pan, es decir, metiendo en el mismo saco al pan refinado y al verdadero pan integral. El pan que se vende actualmente es un pan industrial precocinado que no tiene nada que ver con el pan real de antaño en la dieta mediterránea. Es un pan que para venderse en el supermercado debe ajustarse a un precio bajo y prolongarse su caducidad, a costa de empeorar su calidad. Podemos decir a ciencia cierta que la promoción de su consumo tiene más perjuicios que beneficios. De nuevo, esta promoción deriva, en parte, del enfoque erróneo en los nutrientes, ya que el pan es prácticamente hidrato de carbono, y este macronutriente es el elegido para aportar más de la mitad de la energía de nuestra alimentación (>50 %), según las recomendaciones oficiales de la Autoridad Europea de Seguridad Alimentaria (EFSA, por sus siglas en inglés).[168] Sin embargo, ya hemos dicho que los nutrientes en solitario no nos dicen nada, pues no es lo mismo comer una naranja que unas rebanadas de pan de molde, aunque ambos tengan hidratos de carbono. Lo importante de los cereales, más allá de su composición química y nutricional, es su matriz alimentaria. Esta matriz desempeña un papel muy importante en sus efectos en la salud, que al fin y al cabo es lo que nos importa.[169]

Y solo estamos hablando del pan blanco, pero podrás imaginar cuáles son los efectos de combinar esta harina refinada con azúcar, aceites vegetales, aditivos y sal. Sí, en efecto, la bollería, galletas incluidas, probablemente sea de los productos con más capacidad de hacernos engordar. Incluso todos aquellos que se hacen llamar dietéticos, integrales o «digestivos» aportan las peores calorías que una persona puede tomar. Muchos investigadores apuntan a que son los hidratos de carbono refinados, provenientes de estas harinas con alto índice y carga glucémica, los máximos responsables del aumento de la epidemia de obesidad.[170-171] Lo cierto es que no les falta razón para pensarlo, aunque, en mi opinión, deberíamos señalar al global de todos los ultraprocesados, lleven o no harinas, como los causantes principales de la obesidad mundial.

### *Baja calidad nutricional y bajo aporte de fibra*

Las harinas refinadas, al igual que los azúcares añadidos, aportan poco más que calorías vacías, un subidón de glucosa rápida para el cuerpo, pero sin nutrientes saludables. No obstante, a diferencia de los azúcares, las harinas campan a sus anchas en las recomendaciones de alimentación. Las famosas pirámides de la alimentación «saludable» colocan en su base a los cereales, la mayoría sin hacer distinción entre integrales o refinados. Esto supone un grave problema, puesto que se está estableciendo una jerarquía de «más recomendable» a un grupo de productos no saludables y que presentan una menor cantidad de nutrientes que otros grupos de alimentos, como las frutas y verduras.

Si comparamos 100 gramos de cualquier verdura frente a 100 gramos de pan blanco, la diferencia en nutrientes es abismal. Los vegetales presentan una variedad de vitaminas y minerales que el pan blanco no contiene, tales como vitaminas A, C y K, potasio, magnesio, fitoquímicos y fibra. Además, el pan blanco presenta un alto contenido de sodio por la sal que le añaden y, en ocasiones, grasas vegetales refinadas y aditivos añadidos. El trigo presenta también algunos antinutrientes como el ácido fítico, el cual no debería ser un problema, si no fuera porque ya de por sí el pan aporta pocos nutrientes. Por tanto, el ácido fítico puede empobrecer aún más una dieta rica en pan. El ácido fítico disminuye la absorción de minerales como el calcio, el zinc, el hierro y el magnesio.[172-174] Además, como comentaremos más adelante, el trigo puede generar algunos daños digestivos en individuos sensibles al gluten e interferir en la correcta absorción de nutrientes.[175]

Nuestra alimentación se ha empobrecido en los últimos ciento cincuenta años debido a la sustitución de alimentos frescos cargados de nutrientes por harinas y cereales refinados con pocos nutrientes.[176] En realidad, contrariamente a lo que se suele pensar, los cereales ocupan el penúltimo lugar en densidad de nutrientes entre todos los grupos de alimentos.[177] Por tanto, reemplazar los cereales por otros alimentos vegetales como frutas, verduras, hortalizas, frutos secos o legumbres puede mejorar tu dieta.

Otro de los grandes problemas de la alimentación ultraprocesada es su baja ingesta de fibra. La fibra es un hidrato de carbono no digerible que, aunque no tenga la finalidad de aportar energía, ejerce efectos muy importantes en el organismo. No es casualidad que las dietas bajas en fibra se relacionen con un mayor riesgo de diabetes tipo 2, dislipemias, hipertensión, cáncer de colon o mama, y obesidad.[178-179] Estas dietas bajas en fibra proceden del consumo de ultraprocesados desprovistos de fibra, como las harinas refinadas, que además desplazan el consumo de alimentos que sí son ricos en fibra, como los cereales integrales, la fruta, la verdura, las legumbres o los frutos secos. Es decir, que cuando alguien come cereales de chocolate, está dejando de comer copos de avena; cuando come natillas, está dejando de comer fruta; cuando come pizza, está dejando de comer espinacas, y así con el resto de alimentación.

Durante miles de años no tuvimos otra opción que consumir fibra en nuestra alimentación, puesto que no podíamos separarla de los alimentos reales. Hoy podemos comprar productos totalmente carentes de fibra y alterar nuestro organismo. Uno de los mayores afectados es la microbiota intestinal. Nuestro intestino grueso, concretamente el colon, tiene millones de bacterias que se alimentan de esta fibra que llega sin digerir hasta el final del tubo digestivo. Si alimentamos mal a nuestra microbiota, se produce otro desequilibrio que puede afectar al resto del cuerpo, por ejemplo, una mayor inflamación. Tenemos bacterias buenas y también bacterias no tan buenas. Cuando consumimos fibra de los alimentos reales, estamos alimentando a las bacterias buenas, las cuales competirán en supervivencia contra las malas. Por el contrario, el bajo consumo de fibra beneficiará a las bacterias malas y provocará la llamada «disbiosis intestinal». Esta disbiosis también contribuye a la aparición de las ENT.

### *El gluten*

Mucho se habla del gluten y mucho se debate si es o no el origen de todos los males de la civilización. El gluten es más ángel que demonio para la industria alimentaria y más demonio que ángel para nuestra salud. En otras palabras, dentro de los «contras» de las harinas refinadas podemos incluir al gluten.

El gluten es una mezcla compleja de proteínas que contienen el trigo y otros cereales como la cebada, el centeno o la espelta. El trigo contiene entre un 8-15% de proteína, y el 85-90% de esta es gluten. El gluten, a su vez, está formado por unas proteínas llamadas gliadinas y gluteninas. Y el origen de los problemas llegan con estas proteínas. Parece ser que la gliadina es altamente resistente a la digestión de las enzimas de nuestro tubo digestivo, por lo que esta digestión incompleta genera una serie de intolerancias en individuos sensibles a ella. Por ejemplo, en la enfermedad celíaca, la gliadina activa nuestro sistema inmunitario con una respuesta inflamatoria que destruye la superficie del intestino delgado. Este daño causa graves síntomas gastrointestinales, lo cual impide la correcta absorción de los nutrientes. La única solución para las personas con celiaquía es la dieta sin gluten. Una dieta que en ocasiones resulta difícil de seguir en nuestro entorno, ya que la industria alimentaria adora el gluten.

El gluten es muy apreciado por la industria alimentaria debido a sus propiedades elásticas, que permiten dar volumen, viscosidad y esponjosidad a todos los productos derivados de las harinas, desde una barra de pan calentita a una magdalena. Es estable al calor, y tiene la capacidad de actuar como un agente de unión y extensión. Es un perfecto aditivo en los ultraprocesados para conseguir una mejor textura, retención de humedad y sabor.[180]

Con estas estupendas propiedades, a partir de la década de los sesenta empezamos a manipular agrícolamente el trigo de forma más intensiva, generando un trigo moderno a nuestro gusto, con mucho más gluten que el tradicional y ancestral.[181] El pan blanco actual, que ya hemos comentado que es uno de los productos más consumidos, contiene aproximadamente 4 gramos de gluten por cada rebanada. A eso hay que sumarle todo el gluten aportado por los demás derivados de las harinas de este trigo refinado moderno. La industria panadera ha ido acortando cada vez más la fermentación del pan, utilizando agentes químicos y fermentos de levadura para la elaboración del pan refinado que hoy se vende en la mayoría de los supermercados. Un pan que ya nada tiene que ver con el de hace un siglo. Un ensayo clínico comparó las diferencias entre el trigo moderno y otras variedades de pan más antiguas, como el de kamut. Los resultados pusieron de manifiesto una mejor absorción de minerales y niveles más bajos de inflamación con el kamut frente al trigo moderno.[182]

Los productos horneados, la pasta, los pasteles y las galletas llevan gluten, pero también lo contienen otros ultraprocesados que parecen menos obvios, como las carnes procesadas, los pescados procesados reconstituidos, las hamburguesas vegetarianas y los aditivos en forma de espesante, emulsionante o gelificante presentes en caramelos, helados, condimentos, salsas y aderezos. El gluten tiene un papel capital en la industria alimentaria, pero no solo en ella, sino también en la farmacológica, la cosmética y la del cuidado personal. Fármacos, pastas de dientes, suplementos dietéticos, brillos de labios, enjuagues bucales, champús..., muchos de ellos llevan gluten como aditivo. Pero la verdadera amenaza del gluten no está en el baño, sino en todos y cada uno de esos ultraprocesados que te hacen daño.

## Sensibilidad al gluten no celíaca

En los últimos años han aumentado el número de personas que dicen tener problemas con el gluten. La mayoría de estos síntomas incluyen principalmente problemas gastrointestinales como dolor abdominal, hinchazón y diarrea, pero también otros más controvertidos como fatiga o cansancio, dificultad para concentrarse o dolor de cabeza.[183] Muchos de estos síntomas pueden cursar con otras enfermedades, por lo que se desconoce la prevalencia real de esta sensibilidad al gluten no celíaca (SGNC), que puede oscilar entre el 0,6 y 6 % en los países desarrollados.[184-185] Los investigadores siguen buscando la relación entre el gluten y estos síntomas. Diferentes estudios han descubierto daños en el revestimiento intestinal en personas que no tienen celiaquía pero que describen los síntomas descritos anteriormente.[186-188]

También existe evidencia de que el gluten puede hacer que nuestra «barrera intestinal» se abra, es decir, que sea más permeable y permita el paso de más sustancias parcialmente digeridas, bacterias y toxinas al torrente sanguíneo. Estos «intrusos» pueden interaccionar con nuestro sistema inmunitario, volviéndolo «loco» y desencadenando algunas enfermedades de tipo autoinmune e inflamatorio.[189-190] Al fin y al cabo, nuestro sistema inmunitario está ahí para luchar contra agentes extraños. Cuando debilitamos nuestra principal barrera con el exterior, nuestro intestino, empezarán a entrar sustancias que no deberían entrar. Esta permeabilidad intestinal, junto con la predisposición genética, apuntan a ser las causantes de la SGNC.[191] La SGNC es más común en adultos y en mujeres que en hombres.[192-193] A priori, el mejor diagnóstico es la retirada del gluten de la dieta y esperar a ver los resultados. Si se mejoran los síntomas y al reintroducir el gluten vuelven a empeorar, probablemente deba decirse adiós al trigo, a sus derivados y a los demás productos con gluten.

## Más allá del gluten: problemas con el trigo

El gluten no es el único componente incómodo del trigo moderno. Por un lado, el trigo es rico en carbohidratos fermentables de cadena corta (FODMAP, por sus siglas en inglés), los cuales pueden ser fermentados por nuestras bacterias del colon y llegar a provocar síntomas adversos como gases, hinchazón, dolor abdominal o diarrea, de nuevo en personas sensibles a ello. En efecto, son síntomas muy parecidos a la SGNC y también propios de personas con intestino irritable. En un estudio realizado en 37 personas con síndrome de intestino irritable y SGNC, se les dio una dieta baja en FODMAP, y los síntomas gastrointestinales mejoraron significativamente en todas ellas mientras seguían esta dieta. En estos pacientes, el gluten no fue el principal problema, sino los FODMAP.[194] Esto ha dado pie a que algunos autores propongan como mejor definición la «sensibilidad al trigo no celíaca», en lugar de simplemente «la sensibilidad al gluten».[195]

Dentro de esta sensibilidad al trigo tenemos que añadir a otros sospechosos. Uno de ellos son los inhibidores de la amilasa-tripsina, los cuales forman parte también de las proteínas del trigo en menor concentración (2-4 %) que el gluten, aunque también pueden generar problemas inflamatorios.[196] También están otros compuestos llamados lectinas, como la aglutinina del trigo, que se ha demostrado también que tiene efectos inmunitarios perjudiciales en el intestino y, por tanto, podría contribuir a las manifestaciones asociadas con la ingesta de trigo.[197]

Un dato curioso que he podido comprobar en mi consulta es el siguiente: las personas que comen grandes cantidades de pan blanco (por ejemplo, más de tres veces al día) comunican una sensación de «deshinchazón», bienestar general y sensación de pérdida de peso cuando se retira el pan en su dieta. Dicho esto, no quiero dar a entender que para adelgazar es necesario quitar el pan únicamente o que el pan es el causante de la epidemia de obesidad. Para nada. Pero está claro que el pan blanco, en el contexto actual de su consumo, está contribuyendo a más problemas que beneficios, como veremos a continuación.

## Consecuencias del alto consumo de harinas refinadas

El consumo frecuente, repetido y diario de estas harinas refinadas, especialmente la harina de trigo presente en los ultraprocesados, trae consecuencias indeseables para la salud de la población. De forma general, los estudios muestran que un alto consumo de harinas refinadas aumenta las probabilidades de padecer resistencia a la insulina, igual que sucede con el azúcar añadido. Esta resistencia a la insulina desencadena altos niveles de glucosa en sangre, y así comienzan los efectos devastadores de la diabetes tipo 2. Las harinas refinadas tienen unos altos niveles de carga e índice glucémicos, y estos dos factores están implicados en el desarrollo de diabetes tipo 2 por diferentes revisiones de estudios, así como en tumores relacionados con la propia diabetes tipo 2.[198-202]

Por otro lado, existe evidencia de que estas harinas refinadas pueden desequilibrar nuestro metabolismo, aumentando el colesterol y los triglicéridos en las analíticas.[203] El exceso de azúcar y grasa en la sangre es la perfecta combinación para un infarto. Un estudio observó que las personas que comen más carbohidratos refinados tienen de dos a tres veces más probabilidades de contraer enfermedades cardíacas, en comparación con quienes comen menos.[204] Este estudio coincide con otras muchas revisiones que relacionan las harinas refinadas con la enfermedad cardiovascular.[205-208]

La interacción entre unas cifras altas de CG e IG puede empeorar las cosas, especialmente por culpa de la CG, que es la responsable en última instancia de los altos niveles de insulina. Esta hiperinsulinemia desencadena a su vez el aumento de otra hormona, el factor de crecimiento insulínico tipo 1 (IGF-1), y se ha visto que las concentraciones excesivas de ambos se relacionan con el desarrollo y la progresión del cáncer de mama, ovario, próstata, endometrio, pulmón y colon.[209-211] Como su propio nombre indica, el IGF-1 está implicado en el crecimiento de diferentes tejidos a lo largo de nuestra vida, especialmente en la infancia, pero sus niveles expresados de forma crónica pueden favorecer el crecimiento de células tumorales. Un estudio observacional del año 2017 halló un aumento del riesgo de cáncer de vejiga y colon en una población mediterránea con alto consumo de ultraprocesados ricos en harinas refinadas.[212] Especialmente en relación con este último, el cáncer de colon, parece que hay suficiente evidencia que lo relaciona con la ingesta de carbohidratos refinados.

Las células cancerígenas tienen receptores de IGF-1 que se activan ante la presencia de este y de altos niveles de insulina. Esto genera una cascada de reacciones dentro de la célula que estimulan su proliferación, es decir, que se multiplique.[213] En realidad, del mismo modo que ni la glucosa ni el colesterol son malos por sí solos, sino por sus cantidades excesivas, el IGF-1 es perjudicial cuando se disparan sus niveles sin control.

Los autores de una revisión de 2015 concluyeron que «el sistema de insulina/IGF-1 también contribuye a la resistencia del cáncer de colon y obstaculiza a los fármacos quimioterapéuticos».[214] En otras palabras, la alimentación es muy importante, no solo para la prevención del cáncer, sino también para los pacientes con cáncer durante su tratamiento. Lo cierto es que, en la actualidad, muchos hospitales descuidan la alimentación, incluso en las unidades de oncología. Estos pacientes podrían beneficiarse de una nutrición personalizada que ayudara en su tratamiento contra el cáncer, pero muchas veces lo que reciben son dietas estándar con bollería, galletas, pan blanco o zumos que no benefician nada a su enfermedad, sino que más bien la empeoran.[215] Además, el menor consumo de fibra y antioxidantes también aumenta el riesgo de cáncer, y, de nuevo, los ultraprocesados suelen sustituir y desplazar el consumo de alimentos ricos en estos compuestos, como los vegetales.

## Trigo y enfermedad mental

Algunos estudios apuntan a que el consumo de trigo moderno y su harina refinada parecen estar relacionados con diferentes enfermedades mentales y trastornos del sistema nervioso. Investigadores de la Universidad de Padua (Italia) exponen que al aumentar la permeabilidad intestinal, las partículas del trigo moderno parcialmente digeridas pasan con mayor facilidad a la sangre y pueden llegar hasta el cerebro.[216] Allí atraviesan la barrera hematoencefálica, entran en contacto con el líquido cefalorraquídeo y empiezan los problemas. Por ejemplo, diferentes estudios muestran una asociación entre la sensibilidad al gluten y la ataxia cerebelosa.[217-220] El cerebelo es la parte de nuestro sistema nervioso que se encarga de la función motora y la coordinación del movimiento, por lo que esta reacción autoinmune provoca dificultades en la movilidad. En un ensayo controlado se observó una mejoría en los pacientes con ataxia que siguieron una dieta sin gluten.[221]

Por otro lado, parece haber una relación entre el gluten y la esquizofrenia. Aunque esta no sea una relación causal, muchos individuos con esta enfermedad presentan anticuerpos contra el gluten, y se ha visto que mejoran sus síntomas si siguen una dieta sin gluten.[222-227] Además, se ha observado que la mayoría de personas con esquizofrenia presentan inflamación intestinal, algo característico de la sensibilidad al gluten.[228-229]

Hay muchos estudios que analizan diferentes manifestaciones psiquiátricas y neurológicas en personas con sensibilidad al gluten.[230] Con todo ello, cada vez se acumulan más casos clínicos que presentan mejoría con una dieta libre de gluten en algunas enfermedades mentales, como el autismo o la epilepsia.[231-234] Por supuesto, esto no quiere decir que el gluten sea el causante de este tipo de afecciones, sino que se abre la hipótesis de que sea un contribuyente más. Me gustaría reiterar que es necesaria una predisposición genética para que se manifiesten este tipo de enfermedades mentales. Son los genes quienes «cargan el arma», y los hábitos son los que «disparan». En este caso, el consumo de ultraprocesados ricos en gluten sería uno de los hábitos disparadores.

Debemos tomar estos resultados con cautela y esperar a que la ciencia siga investigando la relación entre el gluten y nuestro cerebro. No obstante, al reducir los ultraprocesados de la dieta, se reduce la mayor exposición al gluten. Además, recordemos que los ultraprocesados contienen otros ingredientes perjudiciales para la salud mental, como los aceites vegetales refinados o los azúcares añadidos. Por tanto, la dieta sin ultraprocesados aporta unos beneficios enormes, no entraña ningún riesgo para la salud y debería estar indicada para cualquier persona, entre ellas los enfermos mentales.

## «Pero, Carlos, yo no puedo dejar el pan, lo necesito»

La pareja trigo y cerebro va más allá de las propias enfermedades mentales, dado que también esconde una profunda relación de dependencia. Es probable que si comes pan con frecuencia, te resulte bastante complicado dejar de comerlo por completo de la noche a la mañana. Los nutricionistas conocemos este síndrome del «Necesito pan» porque lo vemos en la consulta cuando sugerimos al paciente que sustituya el pan por otros alimentos más beneficiosos. Ya sea por motivos fisiológicos o culturales, dejar de comer pan puede ser una misión imposible.

El pan es un producto muy arraigado en nuestra alimentación, así como en nuestra gastronomía y educación alimentaria. En mi experiencia personal en la consulta he llegado a ver a personas que «pierden la cabeza» por el pan, se enfadan y suplican que no se les retire. ¿Es posible que sea tu caso? Haz la prueba. Deja de comer pan una semana; no lo comas de ningún tipo, ni refinado ni integral; nada de pan. Por supuesto, tampoco comas nada que lleve harina en sus ingredientes. Anota tus sensaciones y sé consciente de ellas. Espero que el experimento no te haga perder los nervios, porque en ese caso puede que seas un *panadicto.* Llamo *panadictos* a las personas que presentan comportamientos de adicción al pan o a las harinas refinadas en general, que, como veremos, es más común de lo que imaginas.

Pero primero entendamos de dónde viene la hipótesis de la *panadicción.* Nuestro sistema nervioso tiene unos receptores llamados «receptores opioides», que pueden conectar con sustancias opiáceas capaces de producir analgesia, sedación o euforia en nuestro sistema nervioso, bloqueando y mitigando la sensación de dolor. Por ejemplo, durante la realización de ejercicio físico se liberan un tipo de opioides endógenos, es decir, producidos por el propio cuerpo, las llamadas «endorfinas». Estas endorfinas son las que nos dan ese refuerzo de placer, bienestar e incluso euforia después de entrenar. Nos recuerdan que hacer ejercicio puede ser beneficioso y así nos lo gratifican. Estos receptores opioides también liberan una sustancia neuroquímica relacionada con la adicción, la dopamina, la cual es necesaria, pero como veremos en el capítulo de la ultrapalatabilidad, su sobreexcitación puede generar problemas. También existen los opioides exógenos, como las drogas sintetizadas a partir del opio de la planta adormidera, los cuales tienen potentes efectos adictivos, como la morfina o la heroína.

Te preguntarás qué tiene que ver todo esto de los receptores opioides con el trigo. Pues bien, algunos estudios sugieren que durante la digestión del gluten, los péptidos semidigeridos podrían tener capacidad para activar nuestros receptores opioides, y esto provocaría efectos adictivos.[235] A estos péptidos se los conoce como «exorfinas» del gluten. Las exorfinas se han encontrado en la sangre de personas celíacas, y también hay evidencia en estudios en animales.[236-238] Sin embargo, esto es solo una hipótesis que no se ha confirmado en humanos, por lo que habría que ser prudentes y esperar a nuevas investigaciones. Un estudio sugiere que para que realmente las exorfinas actúen en nuestro cuerpo, deben atravesar la barrera hematoencefálica y alcanzar el cerebro.[239] Como he comentado, esto se ha comprobado en celíacos, pero recordemos que en la enfermedad celíaca hay un daño importante en el intestino delgado, por lo que esto aumenta la permeabilidad intestinal y facilita el paso de sustancias extrañas a la sangre. Algunos investigadores argumentan que si el intestino está saludable y mantiene una correcta permeabilidad, probablemente las exorfinas no sean problemáticas.[240] Por desgracia, esto no es muy tranquilizador hoy en día, dada la facilidad con la que se altera nuestra barrera intestinal. Diferentes factores de nuestra forma de vida industrializada debilitan la barrera intestinal y la vuelven más permeable a sustancias que no deberían pasar. El estrés, factores dietéticos como el gluten o los ultraprocesados, el alcohol o algunos medicamentos pueden hacer más permeable nuestro intestino.[241-244]

De todas formas, el pan podría tener características adictivas más allá del gluten y sus exorfinas; por ejemplo, por sus cualidades organolépticas: su textura esponjosa y crujiente corteza. En un estudio realizado en

100 niños y niñas con sobrepeso y obesidad investigaron la adicción a la comida con una encuesta validada. Los resultados concluyeron que el 71% de los participantes presentaba síntomas de adicción según las conductas de las que informaba. Entre los productos con mayor poder adictivo estaban el helado, el chocolate, las patatas fritas, los refrescos y, por supuesto, el pan blanco.[245]

Exista más o menos evidencia científica, lo que está claro es que hay numerosos testimonios de personas que afirman ser adictas al pan, lo cual es poco probable observarlo en relación con otros alimentos menos procesados, como un pimiento o unos garbanzos. Dados los precedentes de *panadictos* que encontré cuando me dedicaba a la consulta clínica, decidí preguntar a mi grupo de Facebook «Realfooding» sobre la adicción al pan:

---

¿A alguien le cuesta dejar el pan? ¿Has intentado dejarlo sin éxito? ¿Sientes que te quedas con hambre en la comida si no comes con pan? ¿No puedes empezar el día sin tu tostada? Déjame tu experiencia con el pan en los comentarios. ¡Me interesa mucho!

---

Aquí te dejo un resumen recopilatorio con los testimonios más relevantes. Es posible que te identifiques con alguno de ellos:

- **Mai:** Lo confieso, soy adicta al pan. Aunque suelo comer pan «de verdad», si consigo estar unos días sin probarlo, a los siete a diez días entro en cualquier súper o tienda y me pego un atracón del primer pan que pille...
- **Triana:** Como coja un pequeño pellizco de pan, cae la pieza entera... Un *alien* se apodera de mí.
- **Cristina:** ¡El pan es mi droga! Bueno, era. Desde que soy *realfooder* solo como panes integrales y he disminuido mucho su consumo. En el desayuno, algún día cae alguna tostada, pero ya no lo como a todas horas como antes. ¡Antes me daba atracones solo de pan!
- **María:** Yo suelo desayunar una tostada de pan integral. El resto del día no como pan, pero echo mucho de menos la textura crujiente y hay días que... ¡sucumbo! Me consuela ver que a casi todos nos pasa algo parecido.

- **Loli:** Yo no podía vivir sin pan. Pasé de tres a cuatro días muy malos y con muchas ganas de comer pan hasta que conseguí dejarlo. Ahora, cuando me toca comer algo con pan o harinas refinadas, aparte de ponerme mala (insomnio, cansancio), me entra hambre enseguida y me paso un par de días comiendo un montón.
- **Yoana:** Me confieso adicta a él. Es cierto que desde que lo consumo integral como mucho menos. Con el pan blanco me pegaba atracones, pero es algo que no he conseguido eliminar, así que procuro no incluirlo en todas las comidas, y en las que lo incluyo, lo hago en forma de una rebanada pequeña.
- **Rosa:** Debo desayunar con pan, o siento que no he comido. Si no lo hago, la falta de harina me produce ansiedad el resto del día y hasta dolor de cabeza. Al final del día me como un trocito de pan de mi marido a escondidas, para que no me regañe.
- **Lucía:** Es uno de los primeros alimentos que retiré, un poco por casualidad, porque tenía muchos problemas de gases y sabía que eso no era normal. Empecé dejando el pan y ¡todo ha mejorado mucho!

Esto es solo un extracto de los más de 700 comentarios que dejaron como respuestas a mis preguntas sobre el pan, la gran mayoría muy parecidas y en esta línea. Estoy seguro de que si hubiera preguntado por las verduras, los resultados no serían los mismos. De hecho, dada la abrumadora avalancha de respuestas, decidí hacer una encuesta para corroborar esta hipótesis de la *panadicción*. La pregunta de la encuesta fue: «¿Podrías vivir sin comer nada de pan?», y respondieron a lo largo de un día unas 6.699 personas. Los resultados fueron los siguientes:

---

Sí, pero me resultaría muy difícil dejarlo. 3322 votos
Sí, y sería fácil dejarlo. 1438 votos
No. Soy adicto a él. 1384 votos
Ya lo he dejado y no me costó dejarlo. 252 votos
Me ofende esta encuesta y que estés dando a entender que tengo que dejar de comer pan. Voy a seguir comiendo pan y no me lo vas a quitar. 213 votos
Ya lo he dejado y me costó mucho. 72 votos

---

No hay que olvidar que se trata de un grupo en el que a la mayoría de los participantes le interesa comer de forma saludable; no es una encuesta aleatoria de la calle. No obstante, y aunque esto no tenga ninguna validez científica, me sigue sorprendiendo el alto número de testimonios que observaron tanto adicción (1.384) como dificultad para poder dejarlo (3.322). Como apunte gracioso, hubo más de 200 personas que se «ofendían» por la encuesta, algo que me recordaba a cuando algunos pacientes se enfadaban por recomendarles dejar el pan.

Para leer todo el hilo de comentarios puedes acceder al grupo en: <www.facebook.com/groups/realfooding>.

En resumen, el pan que se vende hoy en día no es el pan que hacían o compraban nuestras abuelas. Tampoco el contexto es el mismo, ya que antaño lo prioritario era asegurarse la disponibilidad energética para no morir de hambre en tiempos de guerra. Los cereales y las harinas refinadas pueden aportar energía rápida de máxima disponibilidad, pero esto, hoy en día, más que una ventaja es un inconveniente, dada su estrecha relación con la obesidad y la adicción, junto con nuestro entorno de abundancia energética. Otros problemas relativos a su pobre calidad nutricional, intolerancias, sensibilidades y algunas enfermedades hacen de las harinas refinadas, especialmente la de trigo, un ingrediente que desaconsejar. Además, como veremos en el capítulo «Marketing y publicidad», muchísimos panes refinados suelen anunciarse como «integrales», confundiendo a la población para aumentar sus ventas; es uno de los mayores engaños de los supermercados.

Pero antes de pasar al capítulo de marketing, comentemos el último grupo de ingredientes que se añaden frecuentemente a los ultraprocesados, incluido el pan refinado. Hablemos de la sal y los aditivos.

## SAL, ADITIVOS Y CONTAMINANTES

### Sal

#### El salero no es el culpable

La sal común, también conocida como cloruro de sodio, está compuesta por un 40 % de sodio y un 60 % de cloro. De estos dos componentes, el sodio es el que ha despertado más preocupaciones entre los investigadores de salud pública. El sodio es un electrolito necesario e importante para nuestra fisiología; no lo podemos producir, por lo que debemos ingerirlo en la alimentación. Entre muchas funciones, regula el volumen sanguíneo, la presión arterial, la actividad muscular y nerviosa, la energía en el músculo esquelético, el equilibrio del pH corporal y la temperatura interna, interviene en la digestión y el transporte de nutrientes, y es esencial para mantener el ritmo cardíaco y para controlar el equilibrio de líquidos en el cuerpo. Por ello, desarrollamos un apetito evolutivo natural hacia la búsqueda de sodio, para así cubrir los requerimientos de este mineral. Pero, entonces, ¿por qué se suele advertir de los peligros del consumo de sal?

Es sabido que el consumo excesivo de sodio en la dieta se asocia a un mayor riesgo de hipertensión y, en consecuencia, a un mayor riesgo de muerte relacionada con el sistema cardiovascular.[246-247] Se estima que cada año podrían evitarse 2,5 millones de muertes si el consumo de sal a nivel mundial se redujera al nivel recomendado. Este nivel recomendado de sodio lo establece la OMS en 2 gramos, lo que equivaldría a consumir un máximo de 5 gramos de sal al día (una cucharadita de café). Sin embargo, la población industrializada supera los 9-12 gramos de sal diarios, más del doble de lo recomendado, siendo en España la cantidad de 9,8 gramos/día, según un estudio realizado en 2010.[248] También es preocupante la cantidad de sal que consumen los niños: un estudio de 2017 observó una ingesta de 7,8 gramos/día de sal en niños españoles de siete a once años.[249] Y la pregunta es: ¿de dónde procede esta sal? ¿Acaso abusamos del salero en la mesa?

Según un estudio realizado por la Organización de Consumidores y Usuarios (OCU), aproximadamente el 70-75 % de la sal consumida procede de los alimentos ultraprocesados, lo que se conoce como «sal oculta». En efecto, el salero no es ningún problema para los españoles, pero la sal que consumen inadvertida en cientos de productos sí lo es. Este consumo de sal es totalmente inconsciente por parte de la población. Un estudio realizado por la Agencia Española de Consumo, Seguridad Alimentaria y Nutrición (AECOSAN) evaluó el contenido de sal en los alimentos consumidos en España, corroborando que los mayores aportadores de sal eran los ultraprocesados.[250] Concretamente, los que más sal aportan, por su mayor contenido y consumo, se dividen en tres grupos: panes industriales (1,19 gramos de sal por 100 gramos de producto), platos preparados como pizzas, sándwiches, bocadillos, platos precocinados, etcétera (0,93 gramos/100 gramos), y especialmente las carnes procesadas (2,14 gramos/100 gramos).

Otros productos ultrasalados son las sopas y los caldos comerciales (2,05 gramos de sal/100 gramos de producto), las salsas industriales (1,42 gramos/100 gramos) y los *snacks* salados (1,26 gramos/100 gramos). Todos ellos contribuyen a la ingesta de casi 9 gramos de sal al día en España. Estos datos coinciden con otras poblaciones industrializadas, como Estados Unidos, donde panes, platos preparados y carnes procesadas también ocupan los primeros puestos de aporte de sal.[251] Una prueba más de que la globalización trae consigo los mismos patrones de alimentación, y, por desgracia, también las mismas consecuencias.

## ¿Qué consecuencias trae el consumo de ultraprocesados ricos en sal?

La relación directa entre el mayor consumo de sodio y la presión arterial elevada se ha demostrado en diversos estudios. Entre ellos destaca el Estudio Intersalt, que observó a una población de 5.000 personas de cuarenta a cincuenta y nueve años de edad, cuyas mediciones de presión arterial más altas se encontraron en individuos que consumían diariamente más de 2,3 gramos de sodio, equivalentes a más de 5,8 gramos de sal.[252]

Lo cierto es que la hipertensión es una condición poco frecuente cuando no hay ultraprocesados disponibles en el entorno. Una de las tribus indígenas del Amazonas, los yanomamis, son famosos por su baja presión arterial durante toda su vida, alcanzando una presión promedio de 100/64 mmHg a los cincuenta años de edad.[253] Su alimentación se basa en tubérculos que ellos mismos cultivan, como el ñame y la batata, junto con la caza y pesca de animales y la recolección de frutas. Para ellos la hipertensión no existe. Sin embargo, cuando estas poblaciones nativas y no industrializadas toman contacto con los ultraprocesados, las enfermedades crónicas se disparan. Un ejemplo son los habitantes de la famosa isla de Pascua, donde ya en los años sesenta se comprobó la ausencia de hipertensión en su población. Unas décadas después, con la llegada de los ultraprocesados, el 30 % de la población ya era hipertensa por culpa de los cambios en su alimentación.[254]

Un reciente estudio llevado a cabo por la Universidad de Navarra observó que la mayor ingesta de ultraprocesados se asociaba a un mayor riesgo de hipertensión, incluso después de ajustar los posibles factores de confusión.[255] Es el primer estudio que relaciona este heterogéneo conjunto de productos insanos (cereales refinados, precocinados, *snacks*, dulces, sopas industriales, etcétera) directamente con la enfermedad hipertensiva; anteriormente ya se conocía su relación con las carnes procesadas y las bebidas azucaradas.[256-257] Además, la sal aumenta el sabor de los ultraprocesados, lo cual contribuye a su mayor apetencia y consumo, lo que a su vez aumenta el riesgo de obesidad.[258] En última instancia, la obesidad es una causa directa de más hipertensión.[259]

Por tanto, este exceso de sodio de los ultraprocesados puede provocar una serie de desequilibrios que dan como consecuencia la hipertensión y, con ella, un mayor riesgo de infarto. En primer lugar, la ingesta de sal aumenta el sodio en sangre, lo cual estimula la sed en nuestro cerebro, y, al beber más líquidos, se aumenta el volumen intravascular y sube la presión arterial. No es casualidad que en los bares suelan poner *snacks* salados para estimular el consumo de bebidas. También es poco probable que alguien pida palomitas en el cine sin una bebida que las acompañe, porque su elevado contenido en sal estimula al poco tiempo nuestra sed. Pero la ingesta de sodio tiene efectos hipertensivos más importantes que este aumento de la sed. El consumo crónico de altas cantidades de sodio estimula la actividad del sistema nervioso simpático, disminuye la producción de óxido nítrico y altera el tejido que recubre nuestros vasos sanguíneos, el endotelio, aumentando su rigidez.[260] Todos estos efectos explican el aumento de la presión arterial a largo plazo.

Además, los ultraprocesados son pobres en nutrientes, como el potasio y el magnesio, los cuales están implicados en el buen funcionamiento de la presión arterial. De hecho, el potasio se encuentra en grandes cantidades en frutas, verduras y legumbres, que suelen desplazarse y sustituirse por los ultraprocesados, que van ganando terreno en nuestra alimentación. Las dietas ricas en potasio protegen contra la hipertensión.[261]

Más allá de la presión arterial y su riesgo cardiovascular, existe evidencia de otros perjuicios del exceso de sal. Algunos datos científicos muestran que el aumento de la ingesta de sal podría relacionarse con un mayor riesgo de cáncer de estómago; una de las hipótesis es el crecimiento de la bacteria *Helicobacter pylori*, que se ha asociado con un mayor riesgo de este cáncer.[262] Un estudio publicado en 2011 de la revista *British Journal of Cancer*, examinó a más de 1.000 personas y descubrió que, efectivamente, un mayor consumo de sal se relacionaba con un mayor riesgo de cáncer de estómago.[263] De igual forma, otra gran revisión de siete estudios observacionales, con 268.718 participantes, comprobó que quienes ingerían más sal tenían un 68 % más de riesgo de padecer cáncer de estómago.[264]

Por último, en 2014, investigadores del Instituto de Investigaciones Neurológicas Doctor Raúl Carrea en Buenos Aires, Argentina, descubrieron un vínculo entre los altos niveles de sal y el empeoramiento de los síntomas de la esclerosis múltiple.[265] La esclerosis múltiple es una enfermedad de tipo autoinmune e inflamatorio, en la que el propio cuerpo ataca al sistema nervioso y limita las funciones neurológicas, especialmente del movimiento. Esto coincide con la extensa evidencia creciente que relaciona los ultraprocesados con las enfermedades autoinmunes, no solo por la sal, sino por el gran componente proinflamatorio de sus aceites vegetales refinados, azúcares, harinas y aditivos.[266-267]

## Ni mucha ni poca, la necesaria

Es un hecho que reducir la ingesta de sal a niveles recomendados disminuye la presión arterial, especialmente en personas con una presión arterial alta.[268] No obstante, reducir voluntariamente la sal hasta niveles muy bajos tampoco sería lo adecuado. En ausencia de ultraprocesados, nuestro cuerpo regula perfectamente la ingesta de sal. Al igual que la cantidad de agua que bebemos o el aire que respiramos, nuestro organismo ha evolucionado para mantener un balance equilibrado de sodio/potasio, sin que tengamos que saber la cantidad exacta que consumimos. Si pasamos días con una baja ingesta de sodio, nuestro sentido del gusto se agudizará por la sal, mostrando preferencia por lo salado. De la misma forma, los atracones de sal disminuyen su ingesta posterior.

De hecho, forzar una restricción de sal excesiva puede provocar respuestas compensatorias. Por ejemplo, las dietas bajas en sodio se relacionan con incrementos en la resistencia a la insulina en sujetos sanos.[269] Algunos estudios también han observado una relación entre el bajo consumo de sodio y la mayor probabilidad de muerte cardíaca, aunque son solo estudios observacionales.[270] Otro estudio descubrió que una dieta baja en sal aumentó el colesterol LDL «malo» un 4,6 %, y los triglicéridos en sangre, un 5,9 %.[271]

En definitiva, la sal, ni mucha ni poca, la justa. No hay problema por utilizar el salero cuando cocinamos comida real; el problema son las cantidades excesivas de sal oculta en los ultraprocesados. La sal es casi un aditivo común de todos estos productos industriales, pero no es la única: la acompañan un grupo abundante de aditivos sintéticos añadidos. Veamos cuáles son y cuáles deberíamos evitar.

## Aditivos

Los aditivos son sustancias que se adicionan a los ultraprocesados de forma intencionada para modificar sus características organolépticas (sabor, textura, color, etcétera) y para mejorar o facilitar su proceso de elaboración, conservación o almacenado. Gran parte de la población cree que los ultraprocesados son perjudiciales principalmente por su contenido en aditivos, pero si nos basamos en las evidencias científicas, tanto los azúcares como las harinas o los aceites vegetales refinados podrían considerarse más perjudiciales que los aditivos. El miedo a los aditivos por su procedencia «química» o «sintética» se conoce como «quimiofobia», la cual provoca una preocupación excesiva por todos los famosos E-xxx añadidos a los productos.

Sin embargo, no todos los aditivos son iguales; muchos de ellos son inocuos y se añaden a la comida real para formar buenos procesados. Por ejemplo, un bote de legumbres puede contener el aditivo E-300, que es un antioxidante obtenido de forma sintética, pero que también está presente de forma natural en frutas y verduras, conocido como ácido ascórbico o vitamina C. Este aditivo mejora la conservación y ayuda a prolongar la vida útil de las conservas al evitar reacciones de oxidación, protegiendo de la exposición al sol y preservando su seguridad alimentaria. Vamos, que ni todos los productos con aditivos son tan malos, ni todos los que no los llevan son tan buenos. La clave está, una vez más, en los ingredientes y en su procesamiento. Puede que unas magdalenas recién hechas en casa de forma artesanal no lleven aditivos, pero si se elaboran con harina de trigo refinada, aceite de girasol y azúcar, se convierten en un producto insano.

Sin aditivos sería imposible tener muchos de los alimentos que hoy comemos y que son saludables, puesto que algunos son imprescindibles para protegernos de intoxicaciones alimentarias graves. No obstante, los ultraprocesados se caracterizan por el uso intensivo de muchísimos aditivos, que se utilizan para mejorar su sabor, frescura, textura o aspecto y ser más atractivos que la comida real. Hay aditivos, como los colorantes sintéticos, que están destinados únicamente a llamar nuestra atención visual, tal y como hacen los pigmentos naturales en la comida real; los espesantes, gelificantes o emulsionantes buscan integrar y dar forma o textura a los ingredientes de estos productos; otros, como los potenciadores del sabor o edulcorantes, buscan amplificar las características de sabor para mejorar su aceptación y, por tanto, su consumo. Conocer el propósito o finalidad de los aditivos nos ayuda a ser más críticos con estos, ya que algunos están destinados a protegernos y otros solo tienen el objetivo de estimular nuestro consumo y conducirnos al abuso de esos productos. En definitiva, los ultraprocesados necesitan llevar aditivos de serie, puesto que les ayudan a construir sus propiedades sensoriales y de conservación, que solo pueden obtener de forma artificial. En este capítulo veremos cuáles son los peores aditivos que podemos encontrar en ellos, y, por tanto, constituyen una razón más para evitar comerlos.

## Los conservantes

Los conservantes ayudan a conservar tanto alimentos reales como ultraprocesados, alargando así su fecha de caducidad. Son especialmente necesarios para proteger de la aparición de microorganismos, como bacterias, levaduras y mohos, que pueden causar intoxicaciones alimentarias. Además, estos microorganismos deterioran los comestibles y hacen perder miles de millones de euros al año a la industria alimentaria, por lo que esta se defiende utilizando todas las herramientas disponibles para intentar garantizar una conservación óptima. Dentro de los conservantes problemáticos destacamos cuatro tipos: nitratos y nitritos, benzoatos, sorbatos y sulfitos.

### *Nitratos y nitritos*

Los nitratos y nitritos (E-249, E-250, E-251, E-252) se emplean como aditivos en la fabricación y conservación de carnes procesadas y, en menor medida, de pescados y quesos procesados. Además de proporcionar el color deseado en la carne, el rojizo característico, los nitratos tienen otros efectos en los alimentos: retrasan el proceso de oxidación de las grasas, evitan el olor a rancio, mejoran la firmeza en la textura, y, especialmente, su efecto antimicrobiano protege de bacterias como *Clostridium botulinum*.[272]

En algunos alimentos vegetales hay cantidades naturales de nitratos, pero no son un problema. Sin embargo, los nitratos y nitritos añadidos durante el tratamiento de conservación de las carnes procesadas tienen algunos efectos indeseables para la salud. Estos nitritos reaccionan con los aminoácidos presentes en la carne, formando compuestos de N-nitroso (NOC), los cuales son cancerígenos, especialmente para el colon y el recto.[273] Se estima que esta formación de NOC en nuestro organismo representa el 45-75 % de la exposición total, por lo que la ingesta dietética de nitratos y nitritos a partir de las carnes procesadas es uno de los principales promotores de estas sustancias cancerígenas.[274] A partir de los resultados de numerosos estudios epidemiológicos, la OMS también consideró en 2015 que las carnes procesadas eran cancerígenas. De acuerdo con las estimaciones más recientes del Proyecto sobre la Carga Global de Enfermedad, cerca de 34.000 muertes al año por cáncer en todo el mundo podrían ser atribuibles a dietas ricas en carnes procesadas.[275]

Según la Sociedad Española de Oncología Médica, el cáncer más frecuente en España es el colorrectal, siendo el segundo con mayor número de muertes, solo por detrás del cáncer de pulmón.[276-277] En los años sesenta, los españoles consumían unos 21 kilos de carne por persona al año, y ahora hemos pasado a más de 97 kilos por persona al año, incluyendo carnes procesadas (embutidos, salchichas, hamburguesas, fiambres, etcétera). Según las cifras de la FAO, el consumo de carnes se ha quintuplicado, lo cual ha provocado que el consumo de nitritos y nitratos también haya aumentado considerablemente.

Como veremos en la segunda parte del libro, no todas las carnes son iguales, pero lo que está claro es que este consumo exponencial de carnes procesadas ha contribuido a la epidemia de ENT que nos acecha.

### *Benzoatos*

Los benzoatos son conservantes que proceden del ácido benzoico (E-210); entre ellos podemos encontrar el benzoato de sodio (E-211), el benzoato de potasio (E-212) y el benzoato de calcio (E-213). Uno de los más comunes, el benzoato de sodio, es un conservante que actúa matando la mayoría de bacterias, hongos y levaduras que puedan crecer en condiciones ácidas. Por ello se utiliza frecuentemente en bebidas azucaradas, así como en mermeladas y salsas de comida rápida.

La EFSA establece una ingesta diaria admisible (IDA) de benzoato de sodio de 5 mg/kg de peso corporal por día, pero avisa de que se han visto casos de niños que superaban esta ingesta máxima por su ingesta habitual de bebidas azucaradas.[278] Un estudio del año 2014 realizado en 475 estudiantes universitarios observó que una mayor ingesta de bebidas con benzoato de sodio se asociaba a mayores síntomas de trastorno de déficit de atención con hiperactividad (TDAH), un trastorno que, como veremos, se relaciona también con otros aditivos como los colorantes artificiales.[279]

La EFSA advierte también que cuando se utilizan conjuntamente los benzoatos y el ácido ascórbico o la vitamina C (E-300), se debería tener precaución con el almacenamiento de los productos que llevan estos dos aditivos, ya que se ha visto que en ciertas condiciones pueden formar un compuesto cancerígeno llamado benceno.[280-281] La mayoría de los estudios indican que las bebidas no alcohólicas (bebidas azucaradas o edulcoradas) tienen más probabilidades de formar benceno porque muchas incluyen estos dos aditivos y se conservan durante mucho tiempo. En 2006, la Asociación Americana de Refrescos publicó algunas pautas para ayudar a los fabricantes de bebidas a reducir la formación de benceno en sus productos.[282] Las pautas más importantes consistían en reemplazar el ácido ascórbico por otro antioxidante y evitar la exposición del producto a altas temperaturas y a la luz del sol. Sin embargo, un estudio que analizó la concentración de benceno en algunos productos en venta encontró muestras de benceno con más de veinte veces el nivel máximo de contaminantes establecido en refrescos de cola.[283]

### *Sorbatos*

Los aditivos sorbatos como el sorbato de sodio (E-201), el sorbato de potasio (E-202) y el sorbato de calcio (E-203) se emplean como agentes antimicrobianos en la industria alimentaria, específicamente para reducir el desarrollo de levaduras y hongos en salmueras, quesos, mermeladas y otros productos como pizzas congeladas, salsa de tomate, margarina, quesos para untar, rellenos, yogures, zumos, frutas secas, embutidos, vinos, etcétera. Los sorbatos se utilizan con mucha frecuencia en repostería y pastelería, aunque en estos casos es necesario usarlos en concentraciones bajas, para no afectar a la fermentación de las necesarias levaduras.

Los sorbatos son conservantes seguros y, al parecer, los menos problemáticos, aunque no se libran de ser analizados. Hay pocos estudios al respecto. Parece que un consumo a largo plazo podría estar relacionado con el daño celular, así como con la alteración de las proteínas en los vasos sanguíneos, pudiendo empeorar el control de la glucosa en sangre.[284-285] Otro estudio sugiere que algunos de los conservantes, entre ellos el sorbato de potasio, pueden contribuir a la activación de las vías inflamatorias y también provocar daño en el ADN, pero en modelos *in vitro*, es decir, en cultivos experimentales de laboratorio.[286-287] Aunque hay pocos estudios aislados, existen suficientes motivos para pedir que se sigan estudiando los efectos de su consumo.

### *Sulfitos*

Los sulfitos son conservantes que se utilizan para evitar el oscurecimiento y la decoloración de algunos productos o bebidas durante su preparación, almacenamiento y distribución. Los sulfitos más comunes son el dióxido de azufre (E-220), el metabisulfito de potasio (E-224), el metabisulfito de sodio (E-223) y el sulfito de sodio (E-221). Suelen estar presentes en algunas galletas, vinos, zumos comerciales, carnes procesadas, etcétera.

Según la Universidad de Cleveland, los sulfitos pueden estar implicados en reacciones asmáticas en personas que padecen asma, provocando desde síntomas leves hasta más graves.[288] Los síntomas de una reacción alérgica a los sulfitos incluyen: dolor de cabeza, urticaria, hinchazón de la boca y los labios, dificultad para respirar y ataques de asma (en personas con asma). Lo más probable es que solo pueda suponerles un problema a las personas sensibles a estas reacciones.

## Los colorantes alimentarios artificiales

Los colorantes son los aditivos favoritos para los ultraprocesados: innecesarios para los consumidores, pero imprescindibles para las empresas de dulces, bebidas azucaradas, *snacks*, chucherías, helados, etcétera. Los colorantes se utilizan para hacer estos productos más atractivos a la vista, apetecibles y consumibles. De hecho, muchos de estos productos serían totalmente indeseables y rechazados por los consumidores si mostrasen su verdadero color; por eso, la industria utiliza estos colorantes artificiales para aportar pigmentos vivos, brillantes, llamativos y acordes con lo que quieren vender y transmitir. En otras palabras, los colorantes se utilizan para enmascarar las vergüenzas de los ultraprocesados.

El consumo de colorantes se disparó conforme empezamos a consumir cada vez más productos y menos comida. En los últimos cincuenta años, su consumo ha aumentado un 500 %.[289-290] Según la OCU, existen 23 colorantes «dudosos», debido a que todavía no hay suficientes estudios concluyentes que garanticen su completa seguridad. Estos colorantes son la tartrazina (E-102), el amarillo de quinoleína (E-104), el amarillo anaranjado (E-110), la azorrubina o carmoisina (E-122), el rojo cochinilla A (E-124) y el rojo allura (E-129), entre otros. La propia EFSA recomienda bajar la IDA de estos colorantes, y, desde no hace mucho, los productos que los contengan deben advertir que pueden tener efectos negativos en la actividad y la atención de los niños.

### *Colorantes artificiales y trastorno por déficit de atención e hiperactividad (TDAH)*

El TDAH es un trastorno infantil caracterizado por falta de atención, hiperactividad e impulsividad, siendo estas conductas desproporcionadas en comparación con el resto de los niños. Este trastorno se ha disparado en los últimos años a la vez que crecía el consumo de colorantes en la población infantil. Los Centros para el Control de Enfermedades de Estados Unidos han observado un aumento del 41 % en el diagnóstico de TDAH,[291] aunque hay científicos que consideran que no existe tal epidemia, sino un aumento del sobrediagnóstico con intereses comerciales para aumentar las ventas de fármacos para tratar este trastorno.[292-293] Sin entrar en este debate del sobrediagnóstico, en lo que a la alimentación respecta, numerosos estudios han descubierto una asociación entre los colorantes artificiales y el TDAH en niños.[294] No es una asociación muy fuerte, pero sí significativa.

Un metaanálisis del año 2004 que revisó 15 estudios concluyó que los colorantes alimentarios artificiales sí aumentaban la hiperactividad infantil, aunque parece que no todos los niños reaccionan de la misma forma a estos colorantes.[295] Investigadores de la Universidad de Southampton hallaron un componente genético que determina que los colorantes alimentarios afectan a algunos niños con mayor sensibilidad.[296] De nuevo, que no sea especialmente dañino no significa que sea totalmente inocuo, y menos aún para todas las diferentes poblaciones. Otro metaanálisis realizado en 2012 concluye que una alimentación libre de colorantes beneficia a algunos niños con TDAH.[297] En resumen, deberíamos evitar consumir colorantes artificiales, especialmente los niños, y más aún aquellos a los que ya se les ha diagnosticado TDAH.

### *Colorantes artificiales y alergias*

Diferentes estudios han observado que algunos colorantes artificiales pueden causar reacciones alérgicas.[298] El investigador Aristo Vojdani, uno de los máximos referentes mundiales en enfermedades autoinmunes, advierte: «Las moléculas de los colorantes sintéticos son pequeñas, y el sistema inmunitario lo tiene difícil para defenderse de ellas. Estas moléculas pueden unirse a proteínas del cuerpo y, por tanto, provocar importantes consecuencias inmunológicas de forma sigilosa».[299]

Uno de los colorantes en el punto de mira es la tartrazina (E-102), dada su asociación con problemas de asma.[300] También se ha asociado a cambios en el comportamiento, como irritabilidad, inquietud, depresión y dificultad para dormir.[301] En un estudio realizado en personas con urticaria crónica, el 52 % tuvo una reacción alérgica a los colorantes alimentarios artificiales.[302] La tartrazina es el colorante sintético que da color amarillo o naranja a muchos ultraprocesados como los nachos, algunos refrescos, postres lácteos, *snacks*, etcétera. También a platos típicos como la paella, con su característico color amarillo. La EFSA reconoce que la tartrazina podría provocar reacciones de intolerancia en un pequeño porcentaje de la población y podría agravar algunos síntomas en personas alérgicas, como asma, rinitis o urticaria. Si padeces algunos de estos síntomas, evita los colorantes en general y la tartrazina en especial.

### *Colorantes artificiales y cáncer*

Una de las mayores preocupaciones de los consumidores es la relación entre aditivos y cáncer. A pesar de los continuos mitos que circulan por foros de internet y por los vídeos que se comparten en Facebook, lo cierto es que los colorantes no son el ingrediente más cancerígeno de los ultraprocesados. Ya hemos comentado cómo los nitritos sí tienen una mayor relación.

En el caso de los colorantes, la mayoría de efectos relativos al cáncer se han encontrado en modelos animales, observándose daño en el ADN de ratones expuestos a altas dosis de colorantes.[303] Dos de los colorantes más controvertidos en este sentido son el azul patente (E-131) y la eritrosina (E-127), ambos utilizados en ultraprocesados como caramelos, pastelería, natillas, bizcochos, galletas, etcétera. Un estudio en animales con E-131 observó un aumento estadísticamente significativo de los tumores cerebrales en el grupo de dosis alta en comparación con los grupos de control, pero los investigadores concluyeron que no había pruebas suficientes para determinar si causaba los tumores.[304] Otros estudios realizados en ratones han mostrado un aumento del riesgo de desarrollar tumores tiroideos cuando se administra el colorante eritrosina (E-127).[305] También se han encontrado algunos contaminantes cancerígenos en colorantes alimentarios artificiales, solo que a bajas dosis;[306] en teoría, no deberían causar problemas, según las autoridades sanitarias.

## Los potenciadores del sabor

Los potenciadores del sabor son sustancias que amplifican el poder saborizante de los productos. Se suelen utilizar en carnes procesadas, sopas de sobre, productos precocinados, *snacks* salados y fritos, galletas saladas, sándwiches preparados, fideos chinos, palitos de cangrejo, patés, algunas bebidas y conservas. Estos aditivos no están permitidos en los alimentos infantiles, pero la posibilidad de que los niños acaben consumiéndolos es bastante alta, dada la presencia de estos aditivos en muchos ultraprocesados. Los potenciadores del sabor empiezan por el número 6, y destaca la familia de los glutamatos, especialmente el glutamato monosódico (GMS), E-621. Estos glutamatos se emplean para mejorar el sabor salado o sabor a carne, también conocido como «umami».

El principal problema del glutamato es que actúa como excitador de las neuronas de nuestro cerebro, de tal forma que aumenta las características apetecibles de los ultraprocesados y la respuesta placentera a su consumo, aumentando el riesgo de abusar de ellos. Este mecanismo lo detallaremos en el capítulo «Ultrapalatables», en los que los potenciadores del sabor actúan en sinergia con otros ingredientes para provocar conductas adictivas.

El glutamato es tóxico en modelos animales: concretamente, causa toxicidad en el sistema nervioso y el hígado, altera las funciones de la regulación de la glucosa y el peso corporal y eleva también en gran medida el estrés oxidativo. Así lo concluye una revisión publicada en 2017 que recopiló una gran cantidad de estudios sobre el GMS.[307] En 2015 se publicó un estudio que observó también daño renal con el consumo del GMS en animales.[308] Otro estudio reveló que el consumo de GMS puede provocar un mayor comportamiento depresivo debido a la alteración en los niveles de serotonina, un neurotransmisor en el cerebro que afecta al estado de ánimo y a las emociones.[309] No obstante, de nuevo cabe recordar que las cantidades perjudiciales en animales no son las mismas que en humanos.

Las primeras incidencias del glutamato en los humanos aparecieron con lo que se conoce como «síndrome del restaurante chino», una reacción adversa por gran consumo de GMS procedente de la comida china, especialmente en la salsa agridulce. Los síntomas se caracterizaban por fuertes palpitaciones y dolor torácico, entumecimiento de cuello y brazos, e hinchazón facial, entre otros, pero lo cierto es que este síndrome es raro y hacen falta grandes cantidades de GMS para que se muestre.

Mi mayor preocupación con el glutamato se encuentra en las dosis bajas, frecuentes y diarias que se esconden tras la comida ultraprocesada. Se ha descubierto que el glutamato puede dañar el ADN humano en modelos *in vitro* y que también puede empeorar los síntomas en enfermedades neurológicas.[310-311] Algunos investigadores (los más alarmistas) especulan sobre la idea de que dosis de GMS en la dieta podrían generar inflamación y lesiones neuronales.[312] También hay estudios, aunque en pocas personas, que relacionan el GMS con el asma y con la dermatitis en niños.[313-314]

En 2017, la EFSA volvió a evaluar la seguridad de los glutamatos y lanzó una advertencia preocupante: la exposición a los glutamatos puede exceder no solo el nivel seguro, sino también las dosis asociadas a los efectos adversos en humanos en algunos grupos de población.[315] Es posible que en estos momentos haya miles de personas que estén consumiendo productos sin saber que esconden glutamato monosódico y sin saber qué efectos tiene su consumo para la salud.

## Los emulsionantes y espesantes

Los emulsionantes, también llamados emulgentes, son un tipo de aditivos que se utilizan para mejorar la textura y facilitar la mezcla de grasas en los ultraprocesados. Los emulsionantes se utilizan fundamentalmente en bollería, margarinas, mayonesas, salsas comerciales, dulces, helados y gran parte de los productos precocinados. Su objetivo es evitar que se separen los aceites vegetales refinados del resto de ingredientes, formando así una masa homogénea y apetecible para el consumidor. Por otro lado, los espesantes son sustancias que se utilizan para mejorar el volumen del producto, aumentando su viscosidad y mejorando su textura final para su consumo. Para identificarlos, sus números empiezan por E-3xx, E-4xx y E-14xx.

El problema de este grupo de aditivos es que se asocian con la alteración de nuestra microbiota. Esto hace aumentar las moléculas inflamatorias y contribuye a empeorar la inflamación crónica junto con los demás ingredientes inflamatorios que ya hemos visto.

### *Los emulsionantes más problemáticos*

A tenor de una investigación del año 2015 se pusieron en el punto de mira dos emulsionantes alimentarios muy utilizados por la industria alimentaria: la carboximetilcelulosa (E-468, E-469) y el monooleato de sorbitán polioxietilenado (E-433), ojito con el nombre, que demostraron alterar la microbiota intestinal e inducir inflamación en ratones.[316] Anteriormente se conocía que el E-433 podía estar relacionado con la enfermedad de Crohn, una patología inflamatoria intestinal muy relacionada con la alteración de la microbiota.[317] Los emulsionantes podrían interaccionar con nuestro intestino, facilitando la permeabilidad a sustancias extrañas e introduciéndose así componentes proinflamatorios en el torrente sanguíneo. Citando a un referente mundial en microbiota, Patrice D. Cani, «en condiciones de obesidad e inflamación, el mantenimiento de la función de barrera intestinal apropiada es crucial».[318]

Los emulsionantes contribuyen a empeorar el daño metabólico en personas con obesidad, diabetes tipo 2 o síndrome metabólico, y son estos sujetos los que suelen tener una barrera intestinal debilitada y muy permeable.[319] Además, se sabe que esta alteración de la microbiota e inflamación crónica se relaciona directamente con el cáncer de colon.[320] De nuevo, otro estudio del mismo grupo de investigación, publicado en la revista *Cancer Research* en 2017, observó que los efectos de los emulsionantes eran suficientes para promover la carcinogénesis del colon en ratones.[321] ¿Es posible que estos efectos perjudiciales se reproduzcan en humanos? No lo sabemos, pero lo que es seguro es que los emulsionantes no son buenos para nuestras bacterias intestinales.

En realidad, sabemos muy poco de las interacciones entre los aditivos y la microbiota, puesto que las investigaciones en este campo son bastante recientes y van a un ritmo de publicación frenético. Y no solo los emulsionantes parecen perjudicarla. Un estudio de 2012 publicado en la revista científica *PLoS One* observó que el aditivo maltodextrina, un carbohidrato que se suele utilizar como espesante, puede empeorar la composición de nuestras bacterias intestinales.[322] Esta maltodextrina aumenta el crecimiento de bacterias *Escherichia coli*, las cuales se asocian con trastornos autoinmunes como la enfermedad de Crohn. La maltodextrina se usa para dar volumen y viscosidad a productos como carnes procesadas, salsas, postres, etcétera, haciéndolos más espesos.

Por último, el carragenano (E-407) es otro aditivo utilizado para espesar, emulsionar y conservar alimentos y bebidas. Se fabrica gracias a su extracción de una familia de algas, y a menudo se encuentra como aditivo en productos lácteos, bebidas vegetales, precocinados y carnes procesadas. A falta de más estudios sobre este emulsionante, en 2018 se publicó una revisión crítica sobre controversias de su uso, en la cual se presenta alguna evidencia de malestar gastrointestinal e inflamación.[323] Esta revisión concluye que se necesita más investigación para aclarar los efectos de la exposición continuada a niveles altos de carragenano que pueda afectar a la salud y al bienestar de las personas.

## Los correctores de acidez

Los reguladores o correctores de acidez, también llamados acidulantes, son aditivos que se añaden para controlar el pH de los productos. El pH mide la acidez o alcalinidad de las disoluciones, y, para que nos entendamos, en términos de alimentación, cuanta más acidez, más agrio está el producto, y cuanto más alcalino, más amargo. Los correctores de acidez alteran esta acidez o alcalinidad, manteniéndola en un nivel óptimo para su sabor, color e incluso conservación. Estos aditivos pueden ser inofensivos, como el ácido cítrico (E-330), o provocar algunos problemas, como ocurre con los que veremos a continuación: los fosfatos.

### *Fosfatos*

Los fosfatos, como el fosfato de sodio (E-339), se producen a partir del ácido fosfórico, y están presentes en muchos ultraprocesados, como el queso fundido, las natillas, las pizzas, las sopas de bolsa, los fideos chinos, etcétera. Su consumo en bajas dosis no es preocupante para nuestra salud, pero los estudios nos dicen que los ultraprocesados ricos en fosfatos pueden contribuir hasta en un 50 % de la ingesta de fósforo diaria, y este alto consumo de fósforo puede generar algunos desequilibrios orgánicos.[324]

Una revisión de 2012 relacionó los altos niveles de fosfato con problemas cardíacos, la disminución de la densidad ósea, el envejecimiento prematuro, problemas renales e incluso la muerte prematura.[325] Las personas con alguna patología renal deberían tener cuidado con el alto consumo de estos aditivos, ya que el exceso de fósforo daña los vasos sanguíneos de los riñones y podría causar una acumulación anormal de calcio.[326] De hecho, una mayor ingesta de fósforo se relaciona con un mayor riesgo de muerte en personas con insuficiencia renal.[327]

Por otro lado, un estudio observó que una alimentación rica en fosfato de sodio interfería en la correcta formación de nuestros huesos.[328] Eso hace pensar que las personas con osteoporosis, una enfermedad que debilita los huesos, deberían evitar el alto consumo de fosfatos para no empeorar su enfermedad. Otro estudio realizado en 147 mujeres premenopáusicas demostró que una mayor ingesta de productos con fosfatos conduce a niveles altos de la hormona paratiroidea, la cual hace que nuestros huesos liberen calcio.[329] Si se mantienen altos los niveles de esta hormona, se puede dañar la salud ósea, produciéndose descalcificación.[330] Además, este calcio que se libera de los huesos viaja por la sangre y puede quedar acumulado en nuestros vasos sanguíneos, pudiendo incrementar el riesgo cardiovascular. Un estudio realizado en 3.015 adultos jóvenes descubrió que las concentraciones más altas de fosfato en sangre se asociaron a un aumento de la calcificación de la arteria coronaria. Además, los participantes que tenían niveles de fosfato superiores a 3,9 mg/dl tenían un 52 % más de riesgo de calcificación de esta arteria coronaria quince años después, en comparación con aquellos con niveles inferiores a 3,3 mg/dl.[331]

Por último, estudios en humanos y animales han hallado que el fósforo elevado puede causar inflamación en el cuerpo.[332] Cuando se alimenta a los ratones de laboratorio con una dieta alta en fosfato, aumentan sus marcadores inflamatorios y de inflamación intestinal en comparación con los ratones que llevan una dieta baja en fosfato.[333]

## Los edulcorantes

Los edulcorantes se utilizan para dar un sabor dulce a los ultraprocesados. Podemos encontrar edulcorantes calóricos, como los azúcares añadidos, y también edulcorantes artificiales sin calorías, de los que hablaremos en este apartado. Estos edulcorantes artificiales se utilizan como sustitutivos del azúcar, por lo que da la impresión de que son más saludables por el hecho de no llevar calorías. De hecho, es típico encontrar en la parte frontal de los ultraprocesados reclamos como «0 % azúcar», «sin azúcares añadidos» o «cero azúcar», entre otros. Esto concede una falsa impresión saludable o adelgazante a estos productos, tal y como explicaremos en el capítulo «Marketing y publicidad». A la gran gama de productos con azúcares añadidos (galletas, bollería, postres lácteos, bebidas, etcétera) ahora le sumamos una infinita oferta de los mismos ultraprocesados, pero que sustituyen el azúcar por algún edulcorante artificial. Especialmente populares son las bebidas edulcoradas como los refrescos *light* o *zero*, que se consumen cada vez con más frecuencia y en más cantidad.

Los edulcorantes artificiales más utilizados son estos: acesulfamo-k (E-950), aspartamo (E-951), sacarinas (E-954), sucralosa (E-955) y polialcoholes, como el xilitol (E-967) o el eritritol (E-968). Al igual que los potenciadores del sabor, el mayor problema de los edulcorantes está en que alteran nuestro paladar, aumentando nuestro umbral de dulzor, es decir, la necesidad de experimentar un gran sabor dulce en nuestra boca. Esto puede aumentar nuestro apetito, y con ello el peso corporal, y también empeorar la calidad de la alimentación al modificar nuestras preferencias alimentarias. El impacto de los edulcorantes en el apetito y la composición corporal lo veremos en el capítulo «Ultrapalatables». No obstante, existen otras consecuencias inherentes a su consumo.

### *Los edulcorantes alteran nuestra microbiota*

Nuestro cuerpo está interconectado de tal forma que cuando alteramos una de sus zonas, esta misma puede afectar a otras, generando un efecto dominó. Es el caso de la microbiota intestinal, cuya alteración puede desencadenar otros efectos adversos en diferentes zonas del cuerpo, aparentemente alejadas. Los edulcorantes artificiales recorren nuestro sistema digestivo sin metabolizarse y es por ello que se consideran inocuos.[334] Esto es lo que se creía hasta hace unos años. Sin embargo, los científicos se hicieron una pregunta: ¿y si los edulcorantes están afectando a nuestras bacterias intestinales? Y dieron en el clavo: edulcorantes como la sucralosa,[335] el acesulfamo-k,[336] el aspartamo[337] y la sacarina[338] podían modificar la microbiota. Estos hallazgos preliminares se descubrieron en modelos animales y más tarde se hallaría una relación en los humanos.

Las personas que consumen habitualmente edulcorantes artificiales tienen una peor microbiota, con más bacterias perjudiciales que beneficiosas.[339] Esto puede hacer que se desequilibren algunos sistemas corporales como la regulación de la glucosa en sangre.[340] De hecho, algunos estudios informan que beber refrescos con edulcorantes artificiales se asocia al riesgo de desarrollar diabetes tipo 2.[341-342] Estos estudios son observacionales, por lo que no podemos afirmar que el consumo de estas bebidas sea la causa de forma específica, pero puede ser una hipótesis que demostrar. En uno de los estudios, las mujeres que tomaron una bebida con sucralosa mostraron unas cifras de azúcar e insulina en sangre más altas que quienes bebieron agua.[343] Otros estudios sugieren que los bebedores frecuentes de refrescos *light* tienen más probabilidad de desarrollar síndrome metabólico.[344]

En definitiva, puede que los edulcorantes no sean tan inocuos como creíamos, especialmente para las bacterias intestinales. Si bien no hay que preocuparse por un consumo ocasional y esporádico, es probable que sí sea perjudicial para algunas personas con una ingesta frecuente y a largo plazo.

### *Aspartamo: el edulcorante más temido*

Si hay un aditivo que genera controversia entre la comunidad científica, ese es el aspartamo. Para algunos investigadores existe evidencia, aunque limitada, de que el aspartamo puede inducir estrés oxidativo y una mayor inflamación sistémica, lo cual se traduce en un daño a células y tejidos.[345] Sin embargo, una vez más, quienes se encargan de dictaminar la seguridad de estos aditivos concluyen que el aspartamo es seguro a las dosis que consume la población.[346] Pero ¿qué dosis consume la población? En mi experiencia me he encontrado con personas que beben un refresco edulcorado alguna vez al mes y con otras que beben a diario una botella de dos litros de refresco con aspartamo. ¿Se le informa al segundo caso de los riesgos que tiene ese hábito? ¿O creemos que todo el mundo está en el primer caso?

Por otra parte, muchas personas tienen la falsa creencia de que los edulcorantes provocan cáncer, especialmente el aspartamo. Estas creencias se difunden principalmente por redes sociales y nacen de la quimiofobia. La realidad es que en los últimos cincuenta años no se han obtenido pruebas sólidas de que los edulcorantes estén relacionados con el cáncer, y cada vez son más los estudios que están de acuerdo con esto.[347-349] Uno de esos estudios siguió a 9.000 participantes durante trece años y analizó su ingesta de edulcorantes artificiales. Después de tomar en cuenta otros factores, los investigadores no encontraron ningún vínculo entre los edulcorantes artificiales y el riesgo de desarrollar varios tipos de cáncer.[350] Otra revisión reciente analizó los estudios que se habían publicado durante un periodo de once años y tampoco encontró un vínculo entre el riesgo de cáncer y el consumo de edulcorantes artificiales.[351]

Algunas sustancias consideradas «naturales», como los azúcares añadidos o las harinas y los aceites vegetales refinados, tienen un mayor potencial cancerígeno que los edulcorantes artificiales, probablemente porque se relacionan en mayor medida con el aumento de la grasa corporal. Por último, cabe destacar que existen otras sustancias posiblemente dañinas que ni siquiera se añaden a los productos, ni vienen especificadas en sus etiquetados, aunque están ahí presentes. Hablamos de los contaminantes del procesamiento.

## Contaminantes

A veces, durante el proceso de producción de algunos alimentos se generan contaminantes o compuestos tóxicos. En los últimos años, esto ha ocasionado diferentes alertas por parte de las autoridades sanitarias, como en el caso de la acrilamida. La acrilamida es una sustancia química que se genera durante el proceso de horneado o fritura en los ultraprocesados que contienen almidón (hidratos de carbono). Generalmente se necesitan unas altas temperaturas (>120 °C) y una baja humedad durante la cocción del producto para que se produzcan niveles significativos de acrilamida. Según algunos estudios que han analizado el contenido de acrilamida de una gran variedad de alimentos, los más preocupantes son los siguientes: patatas fritas (200-3.500 µg/kg), cereales y barritas de cereales azucarados (30-1.300 µg/kg), galletas (30-3.000 µg/kg), bollería (500 µg/kg), café en polvo (170-230 µg/kg) y pan blanco (30-150 µg/kg).[352] Esta acrilamida se forma debido a la reacción entre los hidratos de carbono en combinación con los aminoácidos (sobre todo, la asparagina) que contienen estos productos.

Desde 1994, la Agencia Internacional de Investigación del Cáncer (IARC, por sus siglas en inglés) clasifica la acrilamida como una sustancia probablemente cancerígena en humanos. Se descubrió que los ratones de laboratorio expuestos a altas dosis de acrilamida tenían más probabilidades de desarrollar cáncer en diversos órganos, y todo apuntaba a un metabolito tóxico derivado de la ingesta de acrilamida: la glicidamida. Estas observaciones en animales podrían extrapolarse a humanos, y aunque todavía no hay pruebas contundentes de ello, los científicos de la EFSA concluyen que no se puede establecer una ingesta diaria tolerable de acrilamida en alimentos, ya que se trata de una sustancia potencialmente cancerígena.

En 2015, un metaanálisis descubrió una modesta asociación entre la acrilamida y el cáncer de riñón, endometrio y ovario en humanos, pero no hubo asociación en cánceres más comunes.[353] Sea o no preocupante, la EFSA tomó cartas en el asunto, y el 20 de noviembre de 2017 actualizó el reglamento por el que se establecían medidas para reducir la presencia de acrilamida en los productos que vende la industria alimentaria.[354]

Lo cierto es que también podemos generar acrilamida con la comida real, por ejemplo cuando freímos en casa unas patatas hasta dorarlas demasiado o tostamos el pan más de la cuenta, incluso si se nos ocurre hornear galletas caseras saludables. Pero, actualmente, la fuente principal de acrilamida en la población no son los alimentos reales, sino los ultraprocesados.

Según la AECOSAN,[355] los principales productos que aportan acrilamida varían según la edad:

- **Adultos.** Los productos derivados de las patatas fritas representan hasta el 49 % de la exposición media, el café un 34 % y el pan blanco un 23 %, seguidos de las galletas dulces, las galletas saladas y otros productos derivados de las patatas.
- **Niños (>1 año) y adolescentes.** Los productos derivados de las patatas fritas representan hasta un 51 % de toda la exposición a través de la dieta. El pan blanco, los cereales de desayuno, las galletas y otros productos derivados de los cereales o de las patatas pueden contribuir hasta en un 25 %. Los alimentos procesados para bebés con cereales representan hasta el 14 % de la exposición en los bebés. Los pasteles y los productos de confitería representan hasta el 15 % en niños y adolescentes, y las patatas fritas y los aperitivos, el 11 % en los adolescentes.

Un estudio del Consejo Superior de Investigaciones Científicas (CSIC) analizó el contenido de acrilamida en 18 marcas de patatas fritas vendidas en España entre 2004 y 2014.[356] La cantidad de esta sustancia osciló entre 108 y 2.180 µg/kg de peso corporal al día, superando los límites recomendados por la EFSA en un 17,5 % de las muestras. Esperemos que con la nueva normativa esto cambie y haya cada vez menos acrilamida en los productos que se comercializan, aunque uno mismo siempre tiene la opción de ingerir menos acrilamida si come comida real y evita los ultraprocesados.

Hemos analizado de forma detallada los ingredientes que componen los ultraprocesados: aceites y harinas refinadas, azúcares añadidos, sal, aditivos e incluso algunos contaminantes, insanos y letales ingredientes que se combinan en un mismo producto, matándonos lentamente. Ahora bien, mi pregunta es: ¿cómo es posible que estos productos nos hayan persuadido para que paguemos por ellos? ¿Cómo se consiguió que la población mundial dejara de comprar comida real, la de toda la vida, para empezar a comprar productos nuevos y perjudiciales? Si la especie humana se considera el único animal racional, ¿qué clase de elección «racional» es la que nos lleva a consumir productos para enfermar? O quizás esta última pregunta da por hecho algo que no es del todo cierto. Ese algo es suponer que todas nuestras elecciones son totalmente racionales. En el siguiente capítulo veremos que nuestras decisiones alimentarias podrían verse influenciadas en un porcentaje mayor del que imaginamos. Aprovechando una serie de fallos y errores de nuestra mente, la industria de los ultraprocesados llega a adentrarse en lo más profundo de nuestro subconsciente. Todo con el objetivo de hacerte comprar más productos y convencerte de que son comida de verdad. Te doy la bienvenida al marketing y la publicidad.

Capítulo 2
# MARKETING Y PUBLICIDAD

Tus ojos pueden engañarte, no confíes en ellos.

OBI-WAN A LUKE en *Star Wars: episodio IV. Una nueva esperanza*

El marketing o mercadotecnia se define como el conjunto de principios y prácticas que buscan el aumento del comercio, especialmente de la demanda. Dentro del marketing encontramos diferentes técnicas para vender más, y una de las más populares es la publicidad. Pero antes de nada, que nadie me entienda mal; no quiero dar a entender que la disciplina del marketing es algo malo o dañino para la sociedad. Simplemente es una herramienta y, como tal, puede utilizarse para hacer el bien o el mal (cada uno con su moral). Cuando el *Homo sapiens* dominó el fuego, hubo algunos que lo utilizaron para cocinar alimentos y otros para quemar bosques. Pues esto es igual. En mi opinión, el marketing dirigido a vender más ultraprocesados es inmoral, puesto que la consecuencia final es el aumento de su consumo y de las enfermedades asociadas. Pero lo cierto es que también podemos utilizar estas mismas herramientas para intentar persuadir a la población de que coma comida real, y veremos algunas de ellas en la segunda parte del libro.

El problema que planteamos en este capítulo es el poder que tiene Matrix para influir en las decisiones alimentarias de la población, un poder mucho mayor que el de la comida real. Podríamos decir que por cada euro que se invierte en marketing de comida real, hay mil euros invertidos en ultraprocesados. Sería algo parecido a comparar la velocidad de una burra y la de un Ferrari. Esta desigualdad económica tiene importantes efectos sociales y ha contribuido a sustituir los alimentos de verdad por productos insanos de última generación. Nos ha cambiado completamente la alimentación.

El marketing utilizado por Matrix es agresivo, cuenta con una financiación multimillonaria que le permite no dar tregua por múltiples canales y medios; es abusivo, especialmente cuando va dirigido a los menores de edad, al aprovecharse de su vulnerabilidad; está perfectamente diseñado, pues cuenta con los mejores expertos para ello, y por último, es bastante efectivo. A pesar de estos precedentes, se da la siguiente paradoja: por un lado, la industria alimentaria invierte cada año más en marketing y publicidad; por otro, la percepción de la población es que esto no les influye, que no es efectivo para inducirles a comprar porque ellos son los dueños de sus decisiones. Parece que uno de los dos se está equivocando; ¿sabes quién?

## SEGUIMOS SIENDO ANIMALES IRRACIONALES

Nuestro cerebro no es una máquina totalmente eficaz para procesar la información que nos llega del entorno. Más bien, podría decirse que el cerebro es eficiente, ya que aprovecha todos los recursos que tiene a su disposición para procesar la información de la forma menos costosa y dar la mejor respuesta en el menor tiempo posible. Es decir, que la velocidad de respuesta y la energía empleada son dos variables que nuestro cerebro aprecia enormemente.

Imagina que vas caminando por el bosque. Escuchas una rama romperse sobre ti y en cuestión de milésimas de segundo te apartas, cubriéndote la cabeza con los brazos. No has necesitado ni ver que había encima de ti, no has tenido que pensar ni deliberar qué decisión tomar, simplemente has actuado instintivamente. Según el profesor Daniel Kahneman, autor del libro *Pensar rápido, pensar despacio,* existen dos formas diferentes por las que nuestro cerebro crea el pensamiento. A la primera la llama «Sistema 1», y es un sistema automático, intuitivo y subconsciente que utiliza prejuicios y estereotipos para dar una respuesta rápida. Este sistema precisa de poca energía para realizar su trabajo, por lo que está funcionando casi todo el tiempo. El segundo es el «Sistema 2», que es todo lo contrario: lógico, calculador, menos emocional, más consciente, y da respuestas mucho más lentas a partir de la observación, el control y la reflexión de la información que le llega. Es un sistema que puede llegar a modificar las respuestas del Sistema 1. Al ser un sistema más lento y costoso en cuanto a energía, lo utilizamos menos veces durante el día.

Nuestra evolución se rige por nuestra capacidad para sobrevivir en el entorno dado, y esto también afecta a cómo se fue configurando nuestro cerebro. La predominancia del Sistema 1 se debe a que nuestra especie tuvo que sobrevivir con respuestas rápidas e intuitivas ante peligros de vida o muerte en cuestión de segundos. Con un cerebro que consume al menos el 20 % de nuestra energía, el ahorro energético también fue vital en un entorno de escasez. Por tanto, aunque solemos tener la percepción de encontrarnos siempre en el Sistema 2, nuestros actos y decisiones están más condicionados por el Sistema 1, el cual utiliza «atajos» mentales para dar respuestas satisfactorias para nuestra supervivencia. En psicología, a estos «atajos» se los conoce como «sesgos cognitivos», y aunque fueron y son importantes para nuestra supervivencia, ahora también nos llevan a interpretaciones y decisiones erróneas e irracionales respecto a la información disponible. Por ejemplo, con la comida. Comer es una necesidad básica que evolucionó a la par que nuestro cerebro. Es un acto que hacemos todos los días, varias veces al día, y con frecuencia en compañía. Si cada decisión alimentaria fuera objeto de un profundo análisis reflexivo y calculado, la cabeza nos echaría humo. Comer es más intuitivo de lo que parece y funciona entre muchos atajos automáticos. Esto lo sabe la industria de los ultraprocesados, y cada uno de sus productos está diseñado para influir en nuestras decisiones. Se aprovecha de todos nuestros sesgos mentales; se aprovecha de que somos, todavía, animales irracionales.

## LAS 4 P DEL MARKETING

En 1960, el profesor Jerome McCarthy simplificó las estrategias de marketing en cuatro elementos conocidos como las 4 P: producto, promoción, puntos de venta y precio. Ahora nos centraremos en los dos primeros, producto y promoción, ya que los dos restantes tienen más relación con la disponibilidad y accesibilidad de los ultraprocesados, que se analizarán en el siguiente capítulo.

Estos cuatro elementos del marketing han demostrado con suficientes evidencias científicas que aumentan el consumo de los ultraprocesados en la población, y es por ello por lo que las empresas los aplican de forma sistemática.[357] Y no solo existen pruebas científicas de ello, sino también empíricas, porque basta con observar el crecimiento anual que tienen estas grandes multinacionales en sus ventas. Cualquier inversión repetitiva que suponga más gastos que beneficios llevaría a la quiebra a cualquier empresa. ¿Invertirías en algo que fuera un gasto superfluo si tuvieras una empresa? ¿Qué te hace pensar que estas empresas lo harían?

## La primera P: el producto

¿Cómo conseguir que la gente pague por un puñado de ingredientes perjudiciales para la salud? ¿Cómo hacer atractivo un producto que, básicamente, es una auténtica basura? En realidad, mucho antes de que llegues a leer la lista de ingredientes y sepas interpretar las consecuencias de su consumo, ya te han convencido de la compra. Te han convencido con el envase, con los colores, con el logotipo y con los recuerdos que te evoca el producto, con las «propiedades» y los «beneficios» que el producto dice aportar y con el *packaging* en general. Te sorprendería saber que todos estos elementos pueden influir hasta en el sabor del producto y especialmente en las percepciones esperadas y experimentadas en relación con la salud.[358-360] Dice el refrán que «aunque la mona se vista de seda, mona se queda», pues en este caso, la mona se viste tan espectacularmente que es capaz de cegarnos ante cualquier otro aspecto de estos productos basura.

Nuestra visión humana no escanea todos los productos que comemos a diario con una precisión totalmente efectiva y detallada. En realidad ahorra tiempo y esfuerzo con uno de los atajos que utiliza el cerebro: la percepción selectiva. La percepción selectiva es un tipo de sesgo cognitivo que se da cuando tú, en función de tus expectativas, pones la atención en un aspecto concreto y desatiendes la parte restante de la información.[361] El objetivo de esta percepción selectiva es evitar el colapso de nuestro cerebro debido a la cantidad y diversidad de datos que recibe, por lo que filtra las características más importantes para el sujeto y elimina la información excesiva e innecesaria. Todo ello de forma automática, sin que nos demos cuenta.

Como cabe imaginar, los expertos en marketing diseñan productos que capten la atención y nos lleven a donde ellos quieren. Saben que disponen de apenas unos segundos de nuestra visión, por lo que la importancia es máxima. La percepción selectiva hace que los aspectos que engloban al *packaging* del ultraprocesado influyan mucho más en la elección del producto que, por ejemplo, la descripción de los ingredientes o la información nutricional.[362-363] De hecho, algunos estudios observan que el etiquetado con la información nutricional sirve de poco para condicionar la ingesta de alimentos.[364] Algo totalmente lógico, porque ¿de qué sirve un etiquetado que la mayoría de la gente ni siquiera sabe interpretar? Con un cuerpo de letra minúsculo, casi ilegible, con palabras raras y desconocidas, números y porcentajes confusos... En definitiva, nadie nos ha enseñado a leer las etiquetas de los alimentos que comemos.

Evolucionamos en un entorno donde nuestros sentidos se desarrollaron para captar y procesar la información más relevante para nuestra supervivencia. Por ejemplo, nuestro sentido de la vista diferencia muy bien, y le atraen, los colores llamativos, propios de las frutas maduras cargadas de nutrientes. Y nuestro olfato detecta perfectamente el olor a podrido de la carne en mal estado generando asco, gracias a lo cual nos libramos de una posible intoxicación. También el sabor amargo o agrio nos provoca rechazo con el fin de protegernos de los venenos, también amargos, que contienen algunas plantas. El tacto no es menos importante, ya que un tacto extraño que no se corresponde con la imagen visual y con las expectativas que crea nuestro cerebro puede significar dejar ese producto de nuevo donde estaba. Cuando camines por el pasillo del supermercado, echa un vistazo a tu alrededor. Todo se ha diseñado para estimular tus sentidos, con vivos colores, buenos aromas, texturas varias y, como veremos más adelante, muy buenos sabores.

Por tanto, el llamado *packaging* de los ultraprocesados tiene un poder mucho mayor en nuestra decisión de compra que una evaluación racional y objetiva del producto. De nuevo, el Sistema 1 gana al Sistema 2 del cerebro. Para la industria de los ultraprocesados, el marketing del producto es casi tan importante como el propio producto. De hecho, un mal producto con un buen marketing podrá venderse, aunque luego fidelice poco a la clientela, pero un buen producto con un mal marketing se quedará en la estantería. La marca se desarrolla creando un nombre, un símbolo, unos personajes y eslóganes, todo para facilitar su identificación y memorización, para crear asociaciones positivas que la diferencien de la competencia. Por desgracia, la comida real no puede competir contra el marketing de esos productos. Apenas tienen ofertas, ni reclamos saludables, ni envases bonitos, ni canciones pegadizas, ni nada de nada. ¡Qué aburridos son los pimientos!

## El efecto camuflaje

La propia naturaleza del mercado hace que los ultraprocesados estén constantemente cambiando y actualizando su *packaging* y mensajes para ir acordes con las tendencias, los gustos y las modas, cosa que no hacen los calabacines o las zanahorias, que siempre son iguales. Utilizan adjetivos y reclamos del tipo «rico en fibra», «bajo en grasa», «*light*», «solo 99 kcal», «sin aceite de palma», «sin gluten», «orgánico», «natural», «casero», «artesano», «bio», «ecológico», «vegetariano», «sin conservantes», etcétera. Todas estas versiones, por muy bonitas que se presenten, si llevan ingredientes insanos, serán igualmente insanas. Algunas de ellas son incluso sexistas, utilizando un *packaging* rosa y mensajes de «cuida tu línea» solo para mujeres, o creando anuncios solo con hombres en los productos de calentar y listo, o de «fácil y sin complicaciones» para hacer en casa. La publicidad, aunque cada vez menos, se vale de los estereotipos porque va dirigida al Sistema 1, al inconsciente e intuitivo. Aunque todos sabemos que el color rosa también le puede gustar a un hombre y que no solo las mujeres cocinan en casa o necesitan adelgazar, estas características asociativas están arraigadas en nuestras creencias más profundas.

Los ultraprocesados están diseñados para cada público objetivo: en los productos dirigidos a los niños usan dibujos animados y personajes; en los dirigidos a los adolescentes se sirven de fotos de algún *youtuber,* futbolista o cantante famoso; en los de deportistas utilizan un diseño deportivo con reclamos del tipo «rico en proteínas» o «energético», etcétera. Todos estos mensajes van dirigidos a mejorar la imagen, a disminuir la percepción del riesgo y el sentimiento de culpa del consumidor, consiguiendo así su objetivo: vender más.[365]

En un estudio, los participantes percibieron un producto de granola procesada (que lleva cereales y frutos secos, pero también azúcares y aceites refinados añadidos) como más saludable y con menos calorías que unas chocolatinas, aunque ambas tenían las mismas calorías. En el mismo estudio se observó que al etiquetar el producto como «bajo en grasa», se redujo su estimación calórica y aumentó la cantidad de consumo, especialmente en el caso de las personas con sobrepeso y obesidad.[366]

Además, se ha demostrado que la información energética de los productos (las calorías) no mejora las decisiones alimentarias, aunque puede influir en algunos grupos de personas que estén intentando cuidarse.[367] Esto también lo aprovecha la industria a su favor, ofreciendo porciones más pequeñas para etiquetarlas como «bajo en calorías» y así provocar un mayor consumo de forma inconsciente, concediendo una percepción de «adelgazante» o «más sano».[368] Esta percepción creada o aura invisible imaginaria que gira en torno a los productos nos lleva al siguiente sesgo cognitivo: el efecto halo.

## El efecto halo

El efecto halo quizá sea el sesgo cognitivo más explotado y aprovechado por la industria de los ultraprocesados. Este sesgo se da cuando la percepción de un rasgo particular influye en la percepción del resto de rasgos generales.[369] Por ejemplo, si tenemos que elegir en una entrevista de trabajo a nuestro candidato a ocupar el puesto, es posible que a una persona guapa, bien vestida y atractiva le concedamos inconscientemente otros atributos como inteligencia, amabilidad o éxito, pero lo cierto es que, racionalmente, unos atributos no tienen nada que ver con los otros y, además, no conocemos todavía en profundidad a la persona. Este atajo nos ayudó durante miles de años a confiar o desconfiar de alguien de forma rápida sin tener que invertir mucho tiempo y esfuerzo, porque corríamos el riesgo de pagarlo con nuestra propia vida con una mala elección. Pues ahora este atajo en nuestro sistema operativo lo aprovecha bien el marketing para aumentar sus ventas.

Vayamos a un ejemplo práctico: un anuncio de televisión del año 2011 de una famosa marca de crema de cacao y avellana endulzada. El *spot* dura 29 segundos, y si pausamos la imagen a mitad del anuncio, podemos ver lo siguiente: una madre con tres hijos de diferentes edades, desayunando todos felizmente en familia. En la mesa, el bote de crema de cacao ocupa el lugar central, mientras la madre extiende la crema en el pan al mismo tiempo que sonríe mirando a su hija. En la mesa, alrededor del bote, podemos encontrar un frutero lleno a rebosar de fruta, una botella de cristal con leche, otra de zumo de naranja natural y pan recién cortado. La cocina es grande y está limpia; al fondo se pueden observar diversos botes con cereales integrales o legumbres. Hay una ventana que deja entrar la luz radiante del amanecer, y junto a ella varias plantas decoran la escena, dando una impresión de frescura. Los hijos, por supuesto, no tienen ningún tipo de exceso de peso, más bien todo lo contrario, son de constitución delgada. Durante la visualización del anuncio, una voz femenina dice: «Para todo lo que van a hacer hoy necesitan un desayuno equilibrado con un zumo de fruta, un vaso de leche y dos rebanadas de pan con crema de avellanas, leche y el punto justo de cacao. Se necesita energía para ser niño».

Pues bien, la imagen descrita corresponde a un solo segundo del anuncio, donde nuestro cerebro tiene que interpretar toda esta información, y lo hace de la forma menos costosa posible, con atajos. De forma inconsciente e irracional, la crema de cacao se nos presenta rodeada de un halo, y ese halo son los rasgos positivos de salud, felicidad, familia, normalidad y comodidad que hay en la misma escena y que impregnan de forma imaginaria el producto, concediéndole atributos positivos que nada tienen que ver con la realidad. En el anuncio no se muestra la cantidad de azúcar añadido (de hecho, ni se nombra cuando la voz describe el producto), ni tampoco la cantidad de aceite de palma que están consumiendo los niños, ni por supuesto los efectos negativos, basados en la evidencia científica, que ha mostrado tener su consumo habitual. Además, hay otra falacia en su última frase, aunque no es explícita, y es la de dar a entender que dos eventos están conectados causalmente porque se dan juntos: como los niños necesitan energía y la crema de cacao tiene energía, los niños la necesitan.

A veces, hay anuncios que no tienen una conexión aparente con el producto anunciado, como es el caso de una conocida marca de carnes procesadas. En sus anuncios no salen embutidos o salchichas, sino historias emotivas que conectan con el humor y los sentimientos positivos que se experimentan mientras se visualiza el anuncio. Se ha demostrado que estas emociones se transfieren al producto y, con el tiempo, aumentan la predilección por este.[370]

El ejemplo halo también es muy común a la hora de sacar nuestras propias conclusiones sobre si una comida engorda o no. Te hago la siguiente pregunta: ¿qué engorda más, una hamburguesa sola o con ensalada? Objetivamente deberíamos pensar que la hamburguesa sola, pues contiene menos calorías que si le añadimos una ensalada. Sin embargo, esta misma pregunta se realizó en un estudio donde los participantes acabaron eligiendo, erróneamente, la hamburguesa con ensalada como menos calórica.[371] ¿Te ha sorprendido? Asociamos la ensalada con menos calorías y hacemos un falso promedio con las calorías de la hamburguesa, por lo que consideramos que se restan. Cuatro estudios muestran que es más probable que las personas subestimen las calorías y acaben comiendo más cantidad cuando el restaurante utiliza un marketing saludable que cuando no lo hace.[372] No obstante, una conocida cadena de hamburgueserías se puso las pilas, y puedes encontrar ensaladas y fruta cortada en su oferta. De hecho, la empresa cambió sus colores corporativos del rojo al verde para potenciar el efecto halo. Y es que el color no es algo superfluo, importa mucho. En un estudio, los participantes percibían las chocolatinas como más saludables cuando llevaban una etiqueta de calorías en color verde en lugar de rojo, a pesar de que las etiquetas incluían el mismo contenido calórico.[373]

Así pues, el marketing de los ultraprocesados utiliza características consideradas «saludables» para que se perciban sus productos como saludables, se disminuya a toda costa cualquier tipo de sentimiento de culpa o cualquier pensamiento de que exista riesgo en su consumo, e incluso se incentive como algo especialmente beneficioso. Los mensajes relacionados con la salud o que destacan algo positivo del producto tienen un efecto determinante en nuestras elecciones dietéticas, tal y como afirma una reciente revisión sistemática y un metaanálisis que investigó el impacto de estos reclamos que tanto utilizan los ultraprocesados.[374] En general, la evidencia científica actual nos dice que el marketing dirigido a promover los ultraprocesados como más saludables afecta a la población, independientemente del peso, el género o las restricciones alimentarias de las personas.[375-376]

Es una estrategia para intentar ocultar los perjuicios que hay detrás de los ingredientes insanos, que nos induce al sesgo y, por tanto, al error de elección. Una estrategia que en su día ya utilizó con éxito la industria del tabaco, con reclamos de tipo «*light*», «orgánico», «natural», «bajo en alquitrán» y «sin aditivos» que se utilizaron para hacer creer que esos cigarrillos eran menos nocivos, y que hoy utiliza la industria de los ultraprocesados de forma casi idéntica.[377] Los documentos de la industria tabacalera muestran que las empresas sabían que los fumadores de tabaco «*light*» fumarían más cigarrillos.[378] De igual forma, la percepción «saludable» que estas etiquetas proporcionan a los ultraprocesados influye en su mayor ingesta. Cuando los individuos creen que un alimento o bebida es saludable, se dejan llevar solo por la saciedad, pero cuando saben que no es saludable, utilizan más el autocontrol. Así lo comprobó un estudio en 2017, en el que los participantes bebieron menos cantidad de un batido etiquetado como «poco saludable», con respecto al mismo batido pero con etiqueta de «saludable».[379] ¿Quién no se ha tomado alguna galleta con la tranquilidad de que son «ricas en fibra» o «digestivas»? Pero si te fijas bien y buscas en el envase, encontrarás una aclaración: «La palabra *digestive* no significa que la galleta contiene características dietéticas digestivas». ¿Te dejas guiar por esa escondida y minúscula aclaración, o, por el contrario, te dejas llevar por la parte frontal del envase, por su *packaging* bien diseñado y por un anuncio que te repite una y otra vez: «Qué bien sienta estar bien»? ¿Compras con el Sistema de tu cerebro 1 o con el Sistema 2?

Existe un reglamento (1169/2011) que regula el etiquetado y afirma con rotundidad:[380]

La información alimentaria no inducirá a error, en particular:

a) Sobre las características del alimento y, en particular, sobre la naturaleza, identidad, cualidades, composición, cantidad, duración, país de origen o lugar de procedencia, y modo de fabricación o de obtención.

b) Al atribuir al alimento efectos o propiedades que no posee.

c) Al insinuar que el alimento posee características especiales, cuando, en realidad, todos los alimentos similares poseen esas mismas características, en particular poniendo especialmente de relieve la presencia o ausencia de determinados ingredientes o nutrientes.

d) Al sugerir, mediante la apariencia, la descripción o representaciones pictóricas, la presencia de un determinado alimento o ingrediente, cuando en realidad un componente presente de forma natural o un ingrediente utilizado normalmente en dicho alimento se ha sustituido por un componente o un ingrediente distinto.

Cuando de un producto se destaca algún nutriente o propiedad concreta como «rico en fibra», «rico en omega 3», «bajo en sodio» o «bajo en grasas», se produce un efecto halo por el que los consumidores mejoran la percepción de ese producto.[381] Otro estudio evaluó las decisiones de compra en un ultraprocesado enriquecido en vitaminas, y los resultados fueron claros: los participantes fueron menos propensos a buscar información nutricional en la etiqueta, aumentó la probabilidad de que eligieran el producto en venta y percibieran el producto como saludable, y disminuyó la probabilidad de que eligieran correctamente el producto más saludable.[382] ¿Será por esta razón por la que un bollo industrial relleno de chocolate se anuncia como «rico en hierro»? Esta declaración induce claramente a error entre la población. Se describe que el hierro es un mineral con propiedades como estas: aumenta la capacidad de atención y memoria, mejora la capacidad de aprendizaje y la vitalidad, ayuda a las defensas y reduce el cansancio y la fatiga. Una vez comunicadas estas propiedades, se resalta que el producto es rico en hierro y, por tanto, induce al consumidor a pensar que obtendrá todos esos beneficios gracias a que contiene hierro. Pero ¿dónde dejamos el contenido en azúcar, aceite vegetal refinado, harina refinada, aditivos y sal que no mencionamos y que también está en el producto? Obviamente, ningún ultraprocesado obtiene los beneficios del hierro por llevar hierro, porque los demás ingredientes también cuentan. Pero esto no te lo dicen.

Además, estos productos utilizan la colaboración con diferentes sociedades científicas de nutrición para obtener el efecto halo de dicha sociedad. Por ejemplo, la Sociedad Española de Dietética y Ciencias de la Alimentación (SEDCA) se prestó a colaborar con el propio bollo «rico en hierro». En sus envases podía verse su logotipo y un pequeño texto: «Te enseñamos a desayunar y merendar de forma equilibrada». La pregunta es: ¿por qué una sociedad científica de nutrición colabora con un producto de bollería? ¿Se imagina a la Asociación Española Contra el Cáncer (AECC) colaborando con una marca de tabaco?

En su etiqueta de ingredientes podemos leer lo siguiente:

---

Harina de trigo, agua, azúcar, aceite vegetal (girasol), grasa vegetal (palma), levadura, jarabe de glucosa y fructosa, cacao desgrasado en polvo (1,5 %), pasta de avellana, gluten de trigo, emulgentes (lecitina de girasol, E 471 [trigo], E 475, E 481 [trigo]), sal, proteína de la leche, suero de leche en polvo, conservadores (E 200, E 202, E 282), aromas, estabilizantes (goma guar [trigo], E 401), corrector de acidez (E 334), sales minerales (hierro) (trigo) y agente de tratamiento de la harina (ácido ascórbico) (trigo). Puede contener huevo y sésamo.

---

¿Puede el hierro compensar los perjuicios de los demás ingredientes? Obviamente, no.

El efecto halo se aprovecha de la ciencia del «nutricionismo», es decir, atribuye propiedades generales del producto a partir de un nutriente concreto (por ejemplo, natilla azucarada-calcio, cereales azucarados-vitaminas, bollería-hierro, galletas-fibra, etcétera). Es curioso cómo las personas percibimos más saludables y con menor riesgo de enfermar a individuos que describen su dieta en términos de nutrientes (ejemplo: potasio) en lugar de alimentos (ejemplo: plátanos).[383] Pero como ya he comentado anteriormente, los beneficios de los nutrientes vienen dados por su matriz alimentaria, donde están presentes en las cantidades justas y necesarias, porque es donde han evolucionado de forma natural. Los consumidores hacemos asociaciones erróneas, consideramos que si un producto está enriquecido en calcio, «cuanto más calcio mejor», ¿no? Sin embargo, todo nutriente tiene una relación curvilínea en forma de «U», es decir, no es bueno ni en defecto ni en exceso. No somos conscientes de que a lo mejor ya estamos consumiendo suficiente calcio en nuestra dieta, y no prestamos atención al hecho de que el producto también está aportando un buen puñado de azúcar añadido.

Todo lo que se destaca en los productos tiene el objetivo de desviar la atención, de utilizar la percepción selectiva, de ocultar la verdadera realidad que se esconde tras sus ingredientes. Los resultados de un experimento en 274 sujetos revelaron que las barritas de cereales ricas en azúcares y aceites vegetales refinados se percibían como más saludables al catalogarlas como «barritas de proteína» y «buena fuente de proteína».[384] Sí, efectivamente, la moda por las proteínas también la aprovechan los ultraprocesados para colarse entre una población que, generalmente, quiere cuidarse y mejorar su estética mediante la alimentación y el ejercicio físico. Además, el etiquetado con un componente ético del tipo «ecológico» o «comercio justo», que no tiene nada que ver con las características saludables ni con el procesamiento de los alimentos (hay bollería y refrescos ecológicos), también influye en las percepciones de salud del consumidor e incluso da la impresión de que el producto tiene menos calorías.[385-386]

En resumen, la próxima vez que veas un paquete de patatas fritas o bollería dale la vuelta y fíjate en lo que hay en su reverso: una pirámide de la alimentación «saludable» o consejos para una dieta equilibrada. Si nunca te has preguntado qué pinta todo eso ahí, ya tienes la respuesta: se llama efecto halo.

## La segunda P: la promoción

### *Un día normal en Matrix*

*Voy conduciendo y oigo por la radio la última promoción de bebidas energéticas, esas que dicen darte alas y ponerte como una moto. Mientras tanto, veo en la carretera un enorme cartel de bebidas alcohólicas que dice: «Bienvenido al viaje hacia el disfrute». Por fin llego a la consulta del dentista. Mientras estoy en la sala de espera hojeo una revista de salud para entretenerme. Llevo tres minutos leyendo cuando me encuentro un publirreportaje a doble página de un nuevo postre de chocolate que «baja el colesterol». No me convence, así que la dejo y me pongo con el móvil. Voy a ver un vídeo en YouTube, pero antes me aparece el nuevo anuncio de refrescos, aunque le doy a saltar. Ya he visto el vídeo, dejo YouTube y abro Instagram; lo actualizo y aparece un* influencer *enseñando sutilmente a cámara un paquete de galletas mientras desayuna. Un poco harto de tanta publicidad, algo no me cuadra y no me está gustando nada, pero llega mi turno y entro en la consulta. Media hora después, ya estoy listo; salgo a la calle para volver a casa. Mientras voy caminando, observo a mi alrededor: en la parada de autobuses, en la fachada de un edificio céntrico, en un folleto que me reparten por la calle... ¡Están por todas partes! Sí, los ultraprocesados se anuncian en todos los sitios por los que paso. Ya estoy en casa y es la hora de comer. Mientras espero a que empiece el telediario, otro anuncio sale promocionando un nuevo menú de hamburguesa, ahora con patatas fritas más grandes de regalo. Le siguen tres más: uno de zumos, otro de embutidos y, por último, uno de pizzas industriales.*

Si como yo también tú te cansas de tanta publicidad, es una buena señal. Eso significa que eres algo consciente del bombardeo de anuncios al que estamos expuestos. De lo contrario, estarás a merced de que todos ellos vayan poco a poco guardándose en tu subconsciente. Y ahí dejas de tener el poder, para que ellos empiecen a influir en tu mente.

## Captan tu atención y despiertan tu emoción

¿Te acuerdas del último anuncio en televisión de frutas y verduras? Yo tampoco. Si quiere ves un anuncio de algún ultraprocesado, no te costará tanto, ya que más del 80 % de los anuncios de alimentación son de ese tipo de productos. Además, cuentan con los mejores expertos en marketing para persuadir a la población de su compra, ayudándose de dos importantes ciencias: la psicología y la neurociencia. A través de sofisticadas técnicas como la imagen por resonancia magnética funcional (IRMf) o la electroencefalografía (EEG) se investiga el comportamiento de nuestro cerebro para diseñar los anuncios que más aumenten nuestros niveles de emoción, atención y memoria para cautivar a la población e influir de manera consciente e inconsciente en la toma de decisiones de compra. Es lo que se conoce como neuromarketing.[387-389]

El marketing siempre ha sido un ensayo de prueba y error, pero con la llegada del neuromarketing se pretende ir más allá, conocer mejor al consumidor para presentarle el producto que más pueda incentivar su compra. Diferentes estudios observaron en el cerebro del consumidor la activación de áreas de recompensa y placer simplemente con visualizar diferentes productos. Desde entonces, los especialistas en marketing buscan las estrategias que puedan tener mayor poder de satisfacción y, por tanto, de atracción. Un ejemplo de ello fue una empresa de *snacks* fritos que utilizó estudios de neuroimagen para diseñar un producto dirigido a un público objetivo concreto: las mujeres. Con estos estudios averiguaron diferencias significativas entre los cerebros de hombres y mujeres, especialmente en los patrones relacionados con el sentimiento de culpa. Así pues, gracias a los resultados de estas investigaciones, los directivos decidieron adaptar el *packaging* y el mensaje de sus productos para intentar disminuir a toda costa el sentimiento de culpa experimentado por las mujeres antes y después del consumo de sus productos, ya que era más acentuado que el de los hombres. El color, la información nutricional, los mensajes del envase..., todo se adaptó para mejorar la respuesta cerebral de su público objetivo, utilizando sesgos cognitivos ya comentados como el efecto halo.

El neuromarketing va más allá de la propia conciencia. Utiliza una comunicación que aumenta las expectativas del consumidor en cuanto a sus beneficios sensoriales y no sensoriales asociados con la compra, pues no solo compramos comestibles por la experiencia del sabor, sino también por cómo nos identificamos de forma simbólica y social con esa compra. Todo para que la experiencia de, por ejemplo, beber agua carbonatada con azúcar sea mucho más que eso, una experiencia asociada con lo que más queremos: la felicidad. No en vano, la empresa de refrescos de cola más famosa del mundo fundó una organización llamada Instituto de la Felicidad. Crear un vínculo imaginario entre un producto y una emoción para que se experimente esa fuerte asociación solo es posible gracias a la magia del marketing. Y con esta magia se consigue, por ejemplo, que las tres empresas mejor valoradas por la población y con mayor reputación a nivel mundial sean de ultraprocesados. El ranking del Monitor Empresarial de Reputación Corporativa (MERCO) coloca a ciertas compañías alimentarias como las mejor valoradas.[390]

En una población cada vez más saturada de anuncios, las empresas de ultraprocesados no quieren aportarte información, sino provocarte una emoción. Para ello implementan un marketing de experiencias: montan conciertos y patrocinan festivales de verano o eventos deportivos como el Mundial de fútbol y los Juegos Olímpicos. Si hay algo que puede vencer a nuestros deseos de salud, es el deseo de pasarlo bien y disfrutar. Es el cebo del «Carpe diem» o del «Vive la vida», dirigido a despertar nuestro lado más aventurero y rebelde.

## El objetivo preferido: los más pequeños

Ya hemos visto que nuestro cerebro no es eficaz al cien por cien, que tiene una serie de sesgos. En niños y adolescentes, estos sesgos son aún más significativos. Esto lo saben perfectamente los departamentos de marketing de la industria de ultraprocesados, y, por eso, la mayor parte de la inversión en publicidad va dirigida a menores. Se trata de educar a los más jóvenes para formar y fidelizar a futuros consumidores de sus productos. Siendo realistas, es mejor invertir en un nuevo cliente de cinco años que en uno de sesenta y cinco, puesto que le queda una mayor vida de consumo. Es un hecho que cada vez se intenta captar a edades más precoces (por ejemplo, hay ultraprocesados dirigidos a niños de un año, como «mi primera galleta», «mi primer zumo», «mi primer yogur (azucarado)», etcétera.

Cuando algunas voces hablan de «libertad de elección» para defender a los ultraprocesados, están ignorando y desprotegiendo a la población infantil, la cual tiene menos desarrollado el Sistema 2: el sistema lento, analítico y racional. Los niños son más vulnerables a la publicidad, dado que su menor desarrollo cognitivo les impide diferenciar qué es un anuncio y qué es un programa de dibujos animados. Es decir, para ellos, todo es el mismo «mundo»; no detectan la persuasión de la industria, no se protegen con escepticismo. Esta publicidad se asienta en las creencias más arraigadas, que tendrán consecuencias directas en sus hábitos y en su estilo de vida. La Asociación Americana de Psicología (APA, por sus siglas en inglés) ha concluido que hasta por lo menos los ocho años de edad, los niños no comprenden cuál es el objetivo de la publicidad, y tienden a aceptarla como veraz, precisa e imparcial.[391] Un estudio de Harris y colaboradores (2009) describió cuatro condiciones para resistir con éxito la persuasión de la publicidad, las cuales no están presentes en la mayoría de los niños:[392]

1. Atención plena a los estímulos publicitarios y conciencia de su intención persuasiva.
2. Comprensión de cómo nos afectan estos estímulos y cómo resistir eficazmente.
3. Madurez cognitiva y capacidades de autorregulación completamente desarrolladas.
4. Motivación para resistirse.

Esto no significa que los niños sean los únicos inconscientes. Me atrevería a decir que muchos de nosotros, los adultos, tampoco somos muy críticos con la publicidad que vemos, aunque al menos no se abusa de la inocencia como hacen con la publicidad infantil. Algunos estudios advierten que, en un año, los niños están expuestos a visualizar, de media, unos 40.000 anuncios de comida, la mayoría ultraprocesados.[393] Otro estudio descubrió que el 86 % de los anuncios vistos por niños eran de productos altos en grasas, azúcar y sal.[394] Nueve de cada diez anuncios de alimentos que se muestran durante la programación de dibujos animados del sábado por la mañana son de ultraprocesados,[395] aprovechando así la franja horaria infantil de máxima audiencia. A pesar de que ya existen políticas de regulación en algunos países para restringir estos anuncios, los niños aún están expuestos a gran cantidad de publicidad.[396] El marketing funciona mejor con ellos porque no tienen preferencias totalmente formadas ni tampoco unos hábitos alimentarios fielmente instaurados.[397] Existe una sólida evidencia científica que señala la publicidad en televisión como la causa directa de una mayor ingesta de ultraprocesados en niños, al influir en sus preferencias, y contribuyen con ello al aumento de la obesidad infantil.[398-401]

En España, donde recordemos que tenemos las tasas más altas de obesidad infantil de toda Europa, los niños están sobreexpuestos a los anuncios televisivos de los productos insanos, tanto en canales generalistas como en infantiles, una situación preocupante, pero que no parece preocupar ni a la población ni a los políticos. Los niños no solo comen más ultraprocesados al verlos en la televisión, sino que, además, les saben mejor gracias a la publicidad.[402] Sí, la publicidad puede llegar a afectar a la percepción del gusto. Esto se ha visto en algunas bebidas azucaradas, donde en experimentos con pruebas de sabor a ciegas se mostraba preferencia por el sabor de una marca, pero cuando se les mostraba el envase, los estudios de neuroimagen demostraron un fuerte apego emocional de los consumidores hacia la competencia, por lo que al visualizarla, les sabía mejor y la preferían.[403]

Un estudio pionero llevado a cabo por científicos de la Universidad de Granada (España) evaluó los cambios experimentados por la televisión española entre 2007 y 2013, antes y después de la entrada en vigor de las normas de salud que rigen la emisión de anuncios de ultraprocesados en televisión. Dicha normativa entró en vigor en 2011 (Ley 17/2011 de Seguridad Alimentaria y Nutrición). Los investigadores analizaron un total de 1.263 anuncios, lo que corresponde a 256 horas de televisión. Todos ellos fueron transmitidos en los dos canales más vistos por los niños españoles de dos a doce años, y dos canales generalistas dirigidos a todos los públicos. Los resultados fueron los siguientes: los anuncios más difundidos en los canales temáticos se centraron en la alimentación infantil (sin incluir las fórmulas de leche), con un total de 191 anuncios (33 % del total de anuncios), seguidos por los productos lácteos (136 anuncios, 23,5 %). En el caso de los canales generalistas, los anuncios más difundidos fueron de restaurantes de comida rápida (72 anuncios, 10,5 %), de suplementos de vitaminas y minerales (71 anuncios, 10,4 %) y de productos lácteos (60 anuncios, 8,8 %). Los resultados mostraron que la transmisión de estos anuncios en canales temáticos orientados a los niños aumentó entre 2007 y 2013 (de 6 a 10 anuncios por hora y canal, respectivamente), similar a lo que ocurre con los canales generalistas, donde, a pesar de las regulaciones, también aumentó la transmisión de anuncios de ultraprocesados. La exposición continuada a esta publicidad promueve que los ultraprocesados sean vistos socialmente como algo normal, comunicando a los niños el mensaje de que son «alimentos» de toda la vida, y aumentando en ellos las percepciones de seguridad y salubridad.

Una serie de investigadores realizaron un estudio experimental bien diseñado en el que asignaron de forma aleatoria a niños de entre cinco y ocho años cuatro condiciones de publicidad en televisión.[404] A lo largo de dos semanas, durante su estancia en un campamento, los niños vieron a diario 30 minutos de dibujos animados con 5 minutos de publicidad añadida. Las cuatro condiciones experimentales tenían cuatro tipos de publicidad: anuncios de caramelos, anuncios de fruta, grupo control (sin anuncios), y anuncios publicitarios de alimentos saludables. Cada día, después de la exposición a la televisión, se ofrecía a los niños una selección de frutas o caramelos para que eligieran qué comer. Se observó que los niños expuestos a anuncios de caramelos optaban por consumirlos en mayor medida y comer menos fruta.

Otra de las estrategias más empleadas para persuadir a los más pequeños es el uso de dibujos animados en los ultraprocesados. Superhéroes, princesas, series y películas, animales animados, etcétera. Son una herramienta efectiva y por eso se utilizan frecuentemente en todo tipo de bollería, galletas, helados, pizzas industriales, *snacks*, patatas fritas..., ¡hasta en los botes de mayonesa! Los investigadores Berry y McMullen analizaron todos los cereales del supermercado y descubrieron que, por ejemplo, los que tenían cantidades más altas de azúcar y grasas trans estaban dirigidos a niños de cuatro a ocho años, con colores, personajes y regalos para ellos.[405] Según algunos estudios, la primera vez que un niño demanda un producto ocurre aproximadamente a los dos años de edad, siendo el 75 % de las veces en el supermercado con productos de marca.[406] Puede que los padres no sean conscientes de este tipo de estrategias, pero está claro que pueden comprobarlo haciendo el siguiente experimento: lleva a tu hijo al supermercado, paséalo por la zona de los cereales/galletas y observa el resultado. ¿Quién decide lo que se acaba comprando? Es probable que un porcentaje de la compra se vea influida por los antojos y caprichos de los niños.

Las últimas tecnologías han dejado atrás los juegos de acertijos o de colorear en los paquetes de galletas y han dado paso a los llamados *advergames* o juegos interactivos de aplicaciones móviles y tabletas. Estos videojuegos son gratuitos y están desarrollados por las propias marcas de ultraprocesados, las cuales mezclan diversión y publicidad en la misma pantalla. Aunque la mayoría cuentan con control de edad, aún se desconoce el acceso que tienen los niños a estos juegos y los futuros efectos en cuanto a alimentación y preferencias gracias a este tipo de marketing digital.[407-408]

Otra gran estrategia de marketing es el uso de regalos. Las madres de niños entre tres y ocho años declararon en un estudio que los juguetes atraían a sus hijos a querer comprar esos productos.[409] Solo en Estados Unidos, la industria gastó en 2009 unos 341 millones de dólares en regalar juguetes para utilizarlos de «gancho». Gracias a estos juguetes han conseguido que comer en restaurantes de comida rápida haya crecido exponencialmente en las últimas décadas. Un curioso estudio demostró que cuando los niños saben qué juguete regalan con el menú infantil, tienen más probabilidades de ir al restaurante que los vende.[410] Por ello, el gobierno de

Chile, dentro de sus medidas políticas para combatir la obesidad infantil, prohibió en 2016 los regalos en todos los ultraprocesados.

Recuerdo que en mi infancia no me gustaban los bollos industriales rellenos de chocolate, pero se los pedía a mi madre porque coleccionaba los cromos que venían dentro. También hubo una época en la que al salir del colegio, siempre pedía que me compraran una bolsa de patatas fritas porque en su interior regalaban los famosos «tazos» de Pokémon. Estaban tan de moda que no había ningún niño que no jugara con ellos en el recreo, y, claro, yo no quería ser menos que mis compañeros. Cuando hago memoria, me doy cuenta de que viví una infancia llena de «cebos» de estas grandes empresas para que consumiera sus productos insanos.

## Los aliados del lado oscuro: los *malinfluencers*

Un *influencer* es alguien que tiene detrás a un gran número de seguidores y fans, los cuales están dispuestos a seguir sus recomendaciones y consejos. Los personajes famosos y líderes de opinión marcan tendencias, influyen en los comportamientos de la sociedad y son excelentes prescriptores de acciones que moverán a las masas. Esto lo saben muy bien las marcas de ultraprocesados, y por ello utilizan a los famosos y *celebrities* en campañas publicitarias. Las cualidades de estos famosos, ya sea de éxito, estética o belleza, dinero, reconocimiento, salud, credibilidad, etcétera, se transfieren con el efecto halo a esos productos insanos que publicitan.

Esta práctica no es para nada nueva, puesto que ya en los años ochenta, deportistas o cantantes participaban en anuncios o promocionaban ultraprocesados en sus videoclips. A todos estos *influencers* que se prestan a promocionar ultraprocesados los he rebautizado como *malinfluencers*, porque con sus anuncios logran impactar negativamente en los hábitos y en la salud de millones de personas.

¿Necesitas transmitir confianza en tu producto? Pon a un famoso a anunciarlo. Aunque no creas que puede influir en tu decisión, sí lo hace. Así funciona nuestra mente. Para influir en los jóvenes adolescentes utilizan frecuentemente a sus ídolos musicales. Los adolescentes tienen más del doble de probabilidades de ser obesos si ven anuncios de ultraprocesados todos los días en comparación con aquellos que no los ven, según un informe de Cancer Research del Reino Unido.[411] Los *influencers* proyectan solo una parte de la historia, pero no la historia completa.

Los ultraprocesados son el negocio con más famosos a su cargo, después de las fragancias y los maquillajes.[412] En los últimos años, las redes sociales han propiciado el crecimiento y la fama de algunas personas que comparten contenido, acumulando cientos de miles de seguidores y convirtiéndolas en los nuevos *influencers* del siglo XXI. De hecho, la palabra *influencer* nace con las redes sociales y el impacto que pueden conseguir estas personas que hasta no hace mucho eran completamente anónimas y pasaban desapercibidas. Yo mismo he experimentado el crecimiento exponencial en mis redes, concretamente en Instagram, y he comprobado la enorme capacidad de influencia que tenía en mi poder, pero también la responsabilidad que recaía sobre mí cada vez que publicaba algo.

Las redes sociales permiten a los ultraprocesados extenderse a nuevos nichos de mercado a un precio irrisorio con respecto al capital que mueven. *Influencers* de moda, hogar, viajes, videojuegos, deportes, cocina e incluso salud son captados para prescribir y recomendar estos ultraprocesados, la mayoría de las veces representando una escena cotidiana en una foto o vídeo donde se los puede ver consumiendo el producto como si fuera algo típico y natural de su día a día. La ley que regula la publicidad en internet recoge que «la publicidad debe presentarse como tal, de manera que no pueda confundirse con otra clase de contenido, e identificarse de forma clara al anunciante».[413] Sin embargo, a pesar de que Instagram permite notificar un contenido como «patrocinado por», no todos lo utilizan, porque es más rentable para la marca y está mejor visto para el *influencer* que esta publicidad se camufle entre su contenido sin ser detectada como tal. Además, muchas veces hacen alusión a propiedades saludables inexistentes y casi milagrosas, incumpliendo la normativa con total impunidad.

Uno de los casos que más he denunciado es el fenómeno de las «instamamis», que son, generalmente, madres con perfil en Instagram u otras redes sociales que publican fotos de sus hijos menores de edad como contenido. Su número de seguidores hace que las marcas de ropa o complementos para niños se las rifen, pero también las empresas de ultraprocesados infantiles. Con regalos o colaboraciones remuneradas, muestran a sus hijos junto a esos productos insanos, y normalizan su consumo para que sus seguidores, madres y padres perciban como algo positivo y fuera de riesgo estos hábitos en sus hijos.

No puedes escapar del marketing ni de las promociones, como tampoco de los *malinfluencers* ni de sus tentaciones. No intentes escapar, porque durante el resto de tu vida te acompañarán en tu entorno. Y en este entorno se reproducen cada vez más. Los ultraprocesados no solo intentan llegar hasta nosotros con la publicidad, sino que nosotros llegamos hasta ellos en nuestros coches, casas, trabajo u ocio. Mira a tu alrededor y fíjate en todo aquello más allá de lo aparente, de lo visible. Te darás cuenta de que son omnipresentes, están ultradisponibles.

## Capítulo 3
# ULTRADISPONIBLES

> Matrix nos rodea. Está por todas partes. Incluso ahora, en esta misma habitación. Puedes verla si miras por la ventana o al encender la televisión. Puedes sentirla cuando vas a trabajar, cuando vas a la iglesia, cuando pagas tus impuestos. Es el mundo que ha sido puesto ante tus ojos para ocultarte la verdad.
>
> MORFEO (*MATRIX*, 1999)

¿Por qué comemos tanto y tan mal? El devenir de nuestra especie depende en buena parte de conocer con precisión la respuesta a esta pregunta. En este capítulo intentaré aportar otra pieza más del gran puzle de nuestra alimentación, una alimentación que actualmente es insana por muchas razones, siendo una de ellas el entorno que nos rodea.

Una de las técnicas que Matrix utiliza con más éxito es el diseño de macroambientes y microambientes perfectos para el consumo de ultraprocesados gracias a la gran disponibilidad, accesibilidad, promoción y superioridad de las que gozan. Hacen de la peor elección la más fácil. Te cargan la pistola y tú solo tienes que apretar suavemente el gatillo.

Imagínate que eres Tom Hanks en la película *Náufrago*. Sobrevives a un accidente aéreo y quedas atrapado durante cuatro años en una isla abandonada del Pacífico. ¿Podrías engordar en esa situación? Probablemente no, ya que la escasez de comestibles, entre ellos la ausencia total de ultraprocesados, te protegen de cualquier ganancia de grasa. Durante el transcurso de la película vemos cómo el protagonista, que tenía cierto sobrepeso, transforma su cuerpo en una versión mucho más atlética y saludable, puesto que se adapta a su entorno, desarrolla capacidades físicas para poder cazar, recolectar y pescar, en definitiva, para poder comer y sobrevivir. Pescado, marisco, coco, algunos vegetales..., el entorno es el que decide la alimentación del náufrago solitario. Ahora quiero que reflexiones un momento y tomes conciencia de tu entorno: ¿qué alimentación te está dando?

## LA TERCERA P: PUNTOS DE VENTA. MATRIX NOS RODEA

¿Dónde están los ultraprocesados? O, mejor dicho, ¿dónde no están? Puede que ahora mismo estén dentro de tu casa, en tu despensa o en tu nevera. Levántate y compruébalo. Los ultraprocesados están en los lugares donde haces la compra, en los hipermercados, en los supermercados e incluso en las tiendas de barrio y los mercados. También en lugares donde se supone que la compra es saludable, como en tiendas ecológicas y herboristerías. Son omnipresentes en la calle; se encuentran en quioscos, bares, hoteles, restaurantes, establecimientos de comida rápida, heladerías, pastelerías, tiendas de chucherías, cafeterías...; también en farmacias, en forma de potitos o barritas sustitutivas. Si decidimos no entrar en estos sitios, es posible que todavía tengamos que esquivar alguna muestra gratuita que repartan por la calle, en el metro o a la salida de la universidad.

Además, los ultraprocesados nos acompañan en los momentos de diversión, porque están en nuestros lugares de ocio: el centro comercial, el cine, el teatro, el partido de fútbol, el festival o concierto; también dentro del parque de atracciones, el zoo, la cafetería del museo, el chiringuito de la playa, la verbena, la feria, las bodas, los bautizos, las comuniones o los cumpleaños. Estudiemos o trabajemos, allí están. En la máquina de venta automática de institutos, universidades, empresas, gimnasios, residencias de ancianos u hospitales. En estos últimos, también pueden encontrarse en la cafetería o en los menús para los pacientes ingresados, sí: enfermos con diabetes, obesidad, cáncer o patologías digestivas; a todos ellos se les ofrecen galletas, zumos, fritos y bollería. Si uno quiere donar sangre, ya sabe qué premio le darán: un *snack* azucarado y un zumo o refresco, el mismo premio que cuando uno termina una carrera popular o una maratón, en las que bebidas azucaradas, cervezas y barritas de chocolate esperan en la meta o en la bolsa del corredor. Aunque uno trate de huir, vaya a donde vaya, venga de donde venga, allí los tendrá. Por tierra, mar y aire, en la comida que ofrece el tren, el barco y el avión. Reinan dentro de la estación, en el metro, en los aeropuertos y, cuando se viaja en coche, en las estaciones de servicio o en las gasolineras.

Los ultraprocesados han conquistado nuestro planeta y más allá, porque están presentes hasta en la comida que llevan los astronautas en sus viajes espaciales. No tienen un horario restringido, puesto que hay opciones las veinticuatro horas del día, los trescientos sesenta y cinco días del año, por compra física u online. Los ultraprocesados se cuelan en nuestro círculo más próximo y están también en casa de nuestros amigos y familiares. Ellos nos los ofrecerán, y si se han acabado, llamarán por teléfono para pedir ultraprocesados para llevar. Ante tal epidemia, los dietistas-nutricionistas nos reunimos en congresos y en jornadas para compartir información y buscar soluciones. Pero, de nuevo, allí están. La mayoría de los congresos de nutrición (y de cualquier disciplina) ofrecen en su insana pausa para el café *snacks* dulces, grasos y salados.

Es probable que los ultraprocesados iniciaran su expansión en Estados Unidos, pero hoy han conquistado prácticamente todos los rincones de la Tierra, desde Nueva York, pasando por Islandia, el desierto del Sahara, la India, el Amazonas o el Tíbet. Y por supuesto, también el barrio donde vivimos. Al final comprendí que Matrix era todo el entorno donde yo había nacido y crecido, que no podía escapar de él, que solo podía protegerme de él para sobrevivir, una supervivencia parecida a la de un náufrago en una isla desierta, pero esta vez a la inversa. Habría que desarrollar habilidades de protección contra la abundancia y disponibilidad de productos insanos, una tarea que no todos logran.

## Entorno obesogénico

En la década de los ochenta se investigaron dos poblaciones de indios pima, una en México y otra en Arizona (Estados Unidos). Estas poblaciones fronterizas de indios pima tenían prácticamente la misma genética, pero los indios pima de Arizona presentaban una alta tasa de diabetes tipo 2 (38 %), lo cual no ocurría en los de México (7,9 %).[414] Esta diabetes tipo 2 se acompañaba a su vez de una alta prevalencia de obesidad, y, como si de un virus se tratara, la población estadounidense cada año estaba más infectada por estas enfermedades, mientras que la mexicana estaba protegida de ellas. ¿Cuál era la razón de estas diferencias? Los investigadores observaron que los indios nativos en México llevaban una dieta tradicional basada en legumbres, tortitas de maíz, tubérculos y vegetales, junto con un estilo de vida bastante activo, con trabajos físicos intensos en el campo, mientras que los estadounidenses habían adoptado un estilo de vida más sedentario, además de consumir ultraprocesados.[415] Los investigadores llegaron a una conclusión obvia: la diabetes y la obesidad eran solo una respuesta fisiológica normal a un entorno anormal. Más tarde se designaría este entorno como «obesogénico».

Así pues, el entorno obesogénico es la suma de las influencias, oportunidades y condiciones de vida que promueven la obesidad en individuos o poblaciones. La disponibilidad, accesibilidad y promoción de los ultraprocesados forman parte de este entorno obesogénico. En cualquier caso, hay individuos que están afectados por el gran consumo de ultraprocesados, pero sin padecer obesidad. Este consumo sigue siendo perjudicial, de forma independiente al peso corporal y a la actividad física, si bien es cierto que mantener un peso saludable y una vida activa son dos condiciones básicas para prevenir las enfermedades no transmisibles (ENT).

Existe una verdad que muchos no quieren aceptar, bien por ignorancia, bien por incomodidad. Y esta verdad es la siguiente: nuestro entorno influye en nuestra salud en un porcentaje mayor de lo que influye nuestra genética.[416] Este entorno ultraprocesado crece de forma exponencial, dado que se rige por el sistema capitalista actual, de tal forma que hasta tú puedes contribuir a ampliar el entorno si abres un negocio de pasteles, helados o hamburguesas, si repartes pizzas a domicilio o si te encargas de diseñar los anuncios de bebidas azucaradas. Algunos investigadores sostienen que el simple hecho de este aumento en la disponibilidad desde la década de los setenta puede explicar la epidemia de obesidad mundial que padecemos actualmente.[417] Nuestra especie sobrevivió y evolucionó en un entorno de escasez de alimentos. Hoy día, esa escasez se ha transformado en superabundancia, pero nuestros genes siguen siendo prácticamente iguales que hace miles de años, por lo que estos mismos genes nos empujan de forma innata a aprovechar los recursos energéticos disponibles a nuestro alrededor. Si tienes hambre, dinero y una máquina de venta automática, una pastelería o un puesto de patatas fritas al lado, lo más probable es que tu naturaleza te lleve a consumir esos productos disponibles, de igual forma que la sed te lleva a beber y el sueño te lleva a acostarte. Este efecto de «comer lo que hay disponible» se comprobó en un estudio que registró las calorías diarias que consumían de forma habitual un grupo de sujetos. Estos llevaban una dieta de 3.000 calorías de media, pero cuando se les dio acceso a máquinas de venta automática gratuitas, dicha cantidad aumentó a 4.500 calorías de media.[418]

Los ultraprocesados dominan también las ventas de alimentos en los colegios y comedores escolares. Esto conduce a una alimentación insana, que puede verse perpetuada en la edad adulta.[419] En 2018 se publicó un estudio en el que los investigadores evaluaron los puntos de venta de alimentos a 400 metros de todas las escuelas de la ciudad de Utrecht (Países Bajos).[420] Los resultados pusieron de manifiesto la dominancia del entorno obesogénico. Había fruta en menos de una cuarta parte de los puntos de venta (23,5 %) y aún menos verduras (12,2 %). Sin embargo, las bebidas azucaradas estaban presentes en el 84,3 % de estos lugares de venta. También se anunciaban más y estaban mucho más disponibles las bebidas deportivas y energéticas (43,5 %), los aperitivos y las patatas fritas (50,4 %), las hamburguesas y los kebabs (31,3 %). Los resultados coinciden con muchos otros estudios realizados cerca del ambiente escolar y, en general, cerca de cualquier sitio urbano adonde vayamos.

El entorno obesogénico también suele ser común en nuestro trabajo. Pasamos muchas horas trabajando, y la oferta en las máquinas de venta automática y cafeterías suele ser insana, con una ausencia o una menor variedad de alimentos vegetales como frutas, frutos secos, verduras, hortalizas o legumbres.[421] Varios estudios han demostrado que realizar cambios en el entorno alimentario del lugar de trabajo, como ofrecer más comida real en las cafeterías de la empresa, da como resultado una mejor calidad de la dieta, lo que contribuye a la buena salud de los empleados, y con ello mejora su felicidad y productividad.[422] De hecho, en los entornos de trabajo suele aumentar el riesgo de obesidad debido al estrés laboral, que se relaciona con un mayor consumo de ultraprocesados y una menor actividad física.[423] Teniendo en cuenta que la obesidad aumenta la probabilidad de padecer múltiples enfermedades, el riesgo de baja laboral se incrementa por cada kilo de peso de más.

En un estudio realizado en 2017 con datos de la Encuesta Nacional de Salud y Bienestar de Estados Unidos, se evaluó el deterioro de la productividad laboral y los costes indirectos del tiempo de trabajo perdido de los 59.772 encuestados.[424] Los resultados fueron claros: la obesidad afecta negativamente a la productividad laboral. Esta productividad se ve afectada en mayor o menor medida según la ocupación (por ejemplo, se observó una mayor pérdida de productividad en los trabajos físicos relacionados con la construcción, seguidos de los trabajos relacionados con el arte y la hostelería).

Además, mejorar el entorno laboral es especialmente importante en los trabajos por turnos, dado que hay una fuerte relación con el riesgo de obesidad y con un peor estado de ánimo debido a la alteración del sueño.[425-426] Tanto políticos como empresarios deberían considerar la comida real y la actividad física como algo básico que implementar y promocionar en el entorno de los trabajadores y funcionarios; es una buena inversión a largo plazo.

La opción saludable con comida real es la más difícil de encontrar en nuestro entorno. No está tan ofertada, ni promocionada, y suele ser más cara y menos atractiva. En estas condiciones, lo normal es escoger ultraprocesados, puesto que dentro de Matrix, nuestras decisiones son más mecánicas e impulsivas, como ya hemos visto. El simple hecho de ver u oler estos productos puede aumentar considerablemente nuestro apetito y llevarnos a su consumo.[427] Curiosamente, dentro de nuestra propia casa, la forma en la que tenemos almacenados los productos y su disponibilidad afecta también a su consumo. Por ejemplo, guardar la comida en envases opacos o lejos del lugar donde se comen hace que su consumo se reduzca.[428-429]

En definitiva, lo aceptemos o no, nuestras decisiones alimentarias dependen de nuestro entorno alimentario. Matrix ha conseguido crear un entorno donde la opción que quieren que elijamos sea la más fácil de elegir para nosotros. Esa facilidad juega hoy en contra de tu salud, una salud que es el resultado de la suma de decisiones alimentarias que realizamos cada día, semana, mes y año.

## El oligopolio de la distribución: los supermercados

Parece que los supermercados hayan estado toda la vida con nosotros, y lo cierto es que para algunas generaciones es así, pero no para la de nuestros abuelos. En España no se abrió el primer supermercado privado hasta 1959. Anteriormente, la distribución de alimentos se llevaba a cabo a través de mercados tradicionales, pequeños comercios, ultramarinos y tiendas de barrio... Pero eso es cosa del pasado.

Según la empresa especializada Alimarket, en España existía unos 21.406 supermercados (y creciendo), que ocupan un espacio total de más de 11 millones de metros cuadrados. Los diez primeros grupos de supermercados por volumen de facturación movieron un negocio estimado en torno a los 36.500 millones de euros. El gasto medio anual realizado por los hogares españoles en supermercados y autoservicios se situó en unos 1.826 euros. Es decir, que la «comida» que entra en tu hogar viene del supermercado. Y digo «comida» porque este sistema al que hemos delegado la tarea de proporcionarnos los alimentos es un punto fuerte para los ultraprocesados. Una vez dentro de ellos, tendrás que exponerte a un 80% de opciones equivocadas, porque solo el 20% de los alimentos que se venden en los supermercados son alimentos mínimamente procesados o buenos procesados. Un 80% de los productos cuenta con todos los avances en marketing de los que ya hemos hablado, e incluso la propia estructura del supermercado está estudiada. Ningún pasillo, estantería o producto del supermercado está colocado al azar. Existen una serie de estrategias pensadas para poder rentabilizar la inversión que supone este negocio, el cual se sustenta en la venta de ultraprocesados. Su fabricación con materias primas baratas (harinas, aceites, aditivos, azúcares, etcétera) y su mayor fecha de caducidad (son productos principalmente no perecederos) hacen de los ultraprocesados un producto muy rentable, con los mejores márgenes de beneficio, y por tanto, el supermercado está diseñado para potenciar sus ventas. Mientras, la comida real ocupa un lugar secundario; no ganan beneficios significativos con algunos productos frescos, pero deben ofrecerlos para tener variedad en la oferta.

En cuanto a su estructura, el supermercado está conformado de tal manera que el 20% de los alimentos mínimamente procesados como frutas, verduras, huevos, legumbres, etcétera, están colocados de forma estratégica separados entre sí, para que así el consumidor tenga que recorrer más metros de pasillos y aumenten las posibilidades de compra de productos superfluos como aperitivos, galletas o chocolates. Los ultraprocesados se colocan preferentemente en estanterías a la altura de tus ojos, para darles más visibilidad, y los dirigidos a los niños, a la altura de estos. Cada cierto tiempo se cambian de sitio los productos básicos para así forzar la búsqueda por los pasillos, pues el supermercado sabe que el tiempo que se pasa en su interior es directamente proporcional al gasto de la compra.

Los productos frescos suelen encontrarse en pasillos centrales y anchos. Los ultraprocesados se encuentran en pasillos estrechos, pues así se aumenta la visibilidad entre el lado izquierdo y el derecho, y también el tiempo de espera mientras circulan los carritos de los demás consumidores. Más tiempo equivale a más antojos, y más antojos se traducen en más dinero. Además, aunque la comida real sea solo una mínima parte de lo que se oferta, suele ser común ver que frutas y verduras estén al inicio del supermercado. Es el sesgo de la primera impresión, ya que el primer recuerdo es el más potente, y en tu inconsciente percibes al entrar que es un sitio «saludable».

Por otro lado, las llamadas «islas», donde se apilan promociones rebajadas («todo a 1 euro») o productos clasificados por alguna temática (Navidad, Halloween, verano, etcétera), siempre suelen ser de ultraprocesados, para llamar la atención y estimular su compra compulsiva e innecesaria. Del mismo modo, que al llegar a la caja, te presentarán chucherías y caramelos por si a última hora se te antojan a ti o a tu hijo. La temperatura, la música, la luminosidad, el aroma, los colores, la cartelería y el tipo de materiales... todo está perfectamente controlado y ajustado para tu máxima comodidad durante la compra. Al final de tu visita al supermercado, reflexiona si lo que has escogido era lo que querías o lo que han querido que quieras. Según el barómetro de la Asociación de Fabricantes y Distribuidores (AECOC), el 58 % de los españoles reconoce que acaba comprando de más, y dado que nos cuesta reconocer la verdad, yo diría que el porcentaje es mucho más alto.

## El oligopolio de la restauración: las franquicias de comida rápida

Si comes fuera de casa, lo más probable es que comas comida procesada, que no cocinada. La comida procesada ya viene hecha de fábrica y solo hay que calentarla, freírla o empaquetarla, mientras que la comida cocinada es el producto de la transformación de materias primas en platos culinarios ricos y sabrosos.

Lo restaurantes de comida rápida han crecido de forma imparable y exponencial en los últimos cincuenta años, adaptándose perfectamente a los cambios culturales, sociales y urbanísticos. El ritmo de vida que tenemos hoy, especialmente en las grandes ciudades, hace que comer en casa sea a veces una misión imposible, por lo que perdemos el control de nuestra alimentación y delegamos la responsabilidad a otros cuyos intereses en muchas ocasiones están lejos de preservar la salud del consumidor. Los horarios laborales, las distancias entre el trabajo y el hogar, la alta exigencia y la competitividad junto con la falta de tiempo forman un cóctel perfecto para que la población le dedique menos de treinta minutos a cocinar y un máximo de quince minutos a comer, a veces en solitario, otras con estrés y muchas veces acudiendo al restaurante de comida rápida más cercano..., o simplemente pidiendo comida para llevar o comiendo dentro del coche.

Desde los años setenta, las franquicias de comida rápida se han quintuplicado y han desplazado a otros negocios de comida real basados en nuestra gastronomía tradicional. Estas empresas realizan buenos estudios de mercado y tienen suficiente capital para abrir su local cerca de las mejores zonas de trabajo y ocio. Su omnipresencia en las calles con este tipo de oferta de comida insana es un fuerte predictor de obesidad en la localidad, es decir, que a medida que abre otro restaurante más en un radio de pocos kilómetros, el riesgo de obesidad va en aumento.[430-431] Esto se debe a que los productos comercializados en establecimientos de comida rápida tienen hasta un 65 % más de energía que la media y, por supuesto, se asocian a una menor ingesta de nutrientes saludables.[432-433] Es un hecho que las personas que comen con mayor frecuencia en estos restaurantes de comida rápida suelen presentar más obesidad.[434]

La sola disponibilidad de una infinita variedad de ultraprocesados altera nuestro sistema de regulación del hambre. Es el llamado efecto «bufé libre», donde al exponernos a una gran variedad de opciones disponibles, nuestro cerebro, inconscientemente, nos empuja a comer más cantidad.[435] Diferentes estudios han informado de que el aumento en el consumo de comida para llevar se asocia con más obesidad, resistencia a la insulina, diabetes tipo 2 y enfermedad coronaria.[436-439] Obviamente, esta relación se debe a que la oferta de comida para llevar consiste principalmente en ultraprocesados ricos en aceites vegetales refinados y azúcares añadidos junto con una menor presencia y un menor acceso a frutas y verduras.[440] Por tanto, a no ser que sea uno mismo el que se prepare en casa la comida para llevar (por ejemplo, en un táper), es muy difícil encontrar comida real en nuestro entorno. Se sabe que la población más expuesta y con mayor acceso a todos estos restaurantes de comida rápida tiene el doble de probabilidades de presentar un exceso de peso en comparación con quienes tienen un menor acceso.[441] Sin embargo, no hay ningún tipo de control y regulación en nuestro entorno que garantice un mínimo de restaurantes saludables, ni una equidad ante tal oferta de comida ultraprocesada. El libre mercado hace que cada día se multipliquen en nuestro entorno, y esto, por supuesto, tiene consecuencias sociales, ya que afecta a la salud pública.

En niños y adolescentes, la frecuencia de consumo en restaurantes de comida rápida y la obesidad están estrechamente relacionadas.[442] Existe una relación positiva entre la densidad de establecimientos de comida rápida por área y la prevalencia de obesidad en la población infantil de la zona.[443] Además, hay algunos estudios que han observado una tendencia en la localización estratégica de estos restaurantes cerca de colegios e institutos.[444] También es frecuente verlos dentro de los campus universitarios y alrededores. Mientras tanto, está desapareciendo la oferta de comida real, asociada a un menor peso corporal, en pequeños comercios de barrio, como fruterías y ultramarinos.[445] Porque, claro, ¿cómo pueden estos pequeños negocios locales competir con las multinacionales de la restauración ultraprocesada? Simplemente no pueden. Si vas caminando por la calle y te entra hambre o sed, tienes muchas más opciones para acabar con una hamburguesa y un refresco que con fruta y agua.

La comida real no presenta tal distribución en nuestro cartel hostelero. Si se ofreciera más comida real en los menús de los restaurantes, su consumo aumentaría, aunque llevar esto a cabo es un tema muy complejo que implica políticas de concienciación, educación y subvención a la comida real.[446]

## La colonización de la hamburguesa y el refresco de cola

Los restaurantes de comida rápida se multiplican cada día, mientras que la comida local y tradicional se extingue. Desde que la cadena más famosa de hamburguesas y patatas fritas del mundo abrió su pequeño y modesto restaurante de carretera, en menos de ochenta años de vida ha conseguido tener más de 36.000 establecimientos, cifra que crece al ritmo de 2.000 nuevos cada año, lo que se traduce en la apertura de un nuevo local cada cuatro horas en el mundo, repartidos en 119 países de todos los continentes, a excepción de la Antártida, donde al parecer a los pingüinos no les gustan las hamburguesas. Para hacerte una idea, en el tiempo que llevas leyendo esta línea, esta cadena ya ha vendido más de 100 hamburguesas, ya que la empresa estima una venta de 75 hamburguesas por segundo. Eso se traduce en que da de comer a diario a cerca de 68 millones de personas, el equivalente al 1 % de la población mundial. En España, el primer restaurante de la cadena abrió en 1981, y en la actualidad podemos encontrar más de 500.[447] Y es que cualquier persona puede hacer una hamburguesa más rica y saludable en su casa, pero nadie puede conseguir una venta y distribución más grande que ellos. Es la magia de Matrix.

Otro ejemplo de la voracidad con la que pueden extenderse los ultraprocesados es el caso de la bebida más famosa del planeta. En 1886, un farmacéutico llamado John S. Pemberton quiso crear un jarabe contra los problemas de digestión y que, además, aportara energía. Casualidades del destino, el bueno de John jamás hubiera imaginado que ese refresco de cola que creó y empezó a comercializar con una media de 9 vasos al día, acabaría siendo la bebida que hoy vende 1.900 millones de unidades cada día, con más de 24 millones de puntos de venta, repartidos en 200 países, con 3.500 productos diferentes y con una facturación de 6.105 millones de euros anuales.[448] Si no sabes de qué marca hablo, apostaría a que vives en una tribu indígena de la selva amazónica que todavía no ha tenido contacto con la civilización, puesto que el 94% de la población mundial la reconoce, siendo el segundo término más reconocido del mundo después de la expresión «*okay*».[449]

El 31 de marzo de 1953 salió la primera botella de este refresco producida en España. Actualmente, se venden 25 millones de colas al día en España, más de un millón cada hora, lo que se traduce en 18 personas bebiéndose una en menos de lo que has tardado en leer este párrafo. Según datos de la propia compañía, el 97% de la población ha probado alguna vez en su vida esta bebida.[450] ¿Estás tú en el 3%? Yo creo que no.

A pesar de todo, estos dos ejemplos solo representan un trozo del pastel que se reparte el mercado de ultraprocesados disponibles, un mercado que crece sin control ni regulación, que atiende solo a ciencias económicas, no a ciencias de la salud. Cuando economía y salud se separan en nuestra sociedad, podemos amasar una gran fortuna, pero vivir para disfrutarla es otro tema.

## La accesibilidad

Ya hemos visto que para conseguir un ultraprocesado no tienes que subir al Everest, sino que basta con mirar a tu alrededor y estirar el brazo. De igual forma, para cocinarlo y comerlo no es necesario tener grandes conocimientos de cocina, ni un largo tiempo de preparación o espera. Puedes hacerlo al momento, ya que los ultraprocesados son también ultraaccesibles; su facilidad de preparación antes de ingerirlos es uno de los pilares básicos de su fuerza y su capacidad de atracción. También es otro de los motivos de su consumo impulsivo y abusivo; su inmediatez estimula nuestro apetito.[451]

Los ultraprocesados se conocen como productos de «conveniencia», lo cual se refiere a que te lo ponen muy fácil para que los consumas a cualquier hora y en cualquier lugar o situación. La conveniencia es la enemiga del autocontrol, dado que hace muy accesible el consumo inmediato, frecuente y en grandes cantidades. El tiempo que pasa desde que tienes hambre hasta que comes es mucho menor en los ultraprocesados que en la comida real. Por ejemplo, para comerte unas alcachofas, primero debes ir a un punto donde vendan verduras, los cuales son más escasos. Después deberás pensar en cómo comértelas, puesto que crudas y a bocados parecen poco comestibles, ¿verdad? Deberás limpiarlas, cortarlas, combinarlas con otros alimentos o condimentos, en definitiva, deberás cocinarlas antes de comértelas. Todo este proceso te lo saltas cuando abres un paquete de galletas, patatas fritas, *snacks*, sándwiches o helados, dado que no precisan de cocinado. El picoteo, el comer de pie o trabajando, viendo la tele, en definitiva, el comer distraído sin gran conciencia de qué y cuánto estamos comiendo se debe a la accesibilidad de estos productos. Para la mayoría de la población, a excepción de ocasiones festivas específicas, la preparación de los alimentos suele ser un problema.

En las últimas décadas ha disminuido drásticamente la atención que prestamos a los alimentos cuando comemos. No solo porque tenemos más distracciones, como la televisión, los videojuegos, el móvil o el ordenador, mientras comemos, sino porque los propios productos comestibles están diseñados para un consumo más compulsivo y menos atento. Al comerte un pescado, debes prestar atención al plato para no tragarte una espina, pero puedes comerte una pizza con los ojos cerrados. Las calorías líquidas procedentes de los refrescos no necesitan ni siquiera masticación, pero los frutos secos con cáscara deberás pelarlos antes de consumirlos. La carne se te puede «hacer una bola» en la boca, mientras que unas galletas se derriten con tu saliva. Todo ello hace que comamos más cantidad de forma más rápida e inconsciente, siendo muy difícil poner freno para no pasarnos de la raya. Además, se sabe que cuando comemos distraídos, somos menos sensibles a nuestras señales internas de saciedad que cuando estamos centrados en la comida.[452] Una revisión de ciertos estudios nos muestra que la alimentación inconsciente aumenta el consumo inmediato de calorías, pero también la ingesta posterior a lo largo del día, al margen de si estamos a dieta o no.[453]

## LA CUARTA P: EL PRECIO

En los últimos treinta años, el precio de frutas y verduras ha aumentado mucho más rápidamente que el de todos los demás grupos de alimentos. Al mismo tiempo, el precio del azúcar refinado ha ido disminuyendo, por lo que dulces, pasteles, bebidas azucaradas y prácticamente la gran mayoría de ultraprocesados azucarados tienen un precio bastante más asequible.[454]

Según datos del Observatorio del Mercado del Azúcar de la Unión Europea, en 2008, el precio de una tonelada de azúcar estaba en 632 euros (precio del agricultor); una década más tarde, en 2018, el precio se ha reducido casi a la mitad: 320 euros por tonelada.[455] Por tanto, no es que la comida real sea especialmente cara; el problema surge al compararla con los ultraprocesados, que son muy baratos. Un pescado fresco no puede competir en precio con una bolsa gigante de patatas fritas, el aceite de oliva virgen extra es más caro que el refinado de girasol, las hortalizas y los frutos secos son más caros que los productos a base de harinas refinadas y aditivos. Esta diferencia de precios es lógica y natural, procede del sistema de producción del propio alimento. Esta diferencia también es responsable del cambio en la alimentación poblacional, puesto que el precio es uno de los factores más determinantes a la hora de elegir alimentos, junto con su calidad. Algo aparentemente contradictorio, puesto que compramos muchos productos insanos baratos, pero nos preocupa la calidad. Quizás es que no percibimos estos productos como tan pésimos, y el marketing ayuda a ello.

Para entender por qué los ultraprocesados son tan baratos, tenemos que remontarnos a la llamada «revolución verde», en torno a los años setenta del siglo pasado. En esta época se lograron importantes avances tecnológicos en la productividad agrícola de Estados Unidos, que posteriormente se extenderían por buena parte del mundo. Esta revolución consolidó el monocultivo de versiones de semillas patentadas de maíz, trigo, soja y otros granos.[456] Esta optimización y revolución tecnológica, junto con los subsidios y las ayudas económicas a los productores de estos cultivos, impulsó una producción sin precedentes que no ha parado de crecer desde entonces. Es decir, si se financian cultivos de trigo, azúcar y girasol, es fácil que cuatro napolitanas de chocolate cuesten un euro, dado que sus ingredientes principales son harina, azúcar y aceite vegetal. Los gobiernos de los países desarrollados están apoyando económicamente el consumo de ultraprocesados, de forma indirecta, al financiar las materias primas con las que luego se fabrican.[457]

## Porciones cada vez más grandes

La Colaboración Cochrane, una organización sin ánimo de lucro que aplica una rigurosa y sistemática revisión en los estudios científicos, halló pruebas de que la población come y bebe más cuando se le ofrecen porciones, envases o platos de tamaño más grande en comparación con tamaños menores.[458] Es decir, que independientemente del hambre con la que empieces a comer, es más probable que te termines la ración servida, y cuanto mayor sea, más comerás hasta terminarla. Los negocios de ultraprocesados animan siempre a que compres la porción más grande, y los precios se fijan para persuadir de dicha compra con ayuda de otro sesgo cognitivo, el «efecto señuelo». Pongamos el ejemplo clásico de las palomitas del cine. Tenemos dos tamaños, grande y pequeño; el grande vale 7 euros y el pequeño, 3 euros. Dado que hay una diferencia importante de precio, puede que la opción más económica te seduzca, pero si añadimos una tercera oferta, el señuelo, puede que cambie tu percepción. Esta tercera oferta pueden ser unas palomitas de tamaño mediano por 6,5 euros, lo cual nos induce a pensar que por solo 0,5 euros podemos obtener el tamaño grande: ¡qué chollo! Y al final, aunque no tenías mucha hambre, acabas con tus palomitas grandes. Te has tragado el señuelo.

Diversos estudios han observado un aumento en el tamaño de las porciones en los supermercados, donde el número de tamaños «extragrandes» se multiplicó por diez entre 1970 y 2000.[459-460] De la misma forma, las raciones en algunos restaurantes han ido aumentando, y ahora los menús gigantes son un 250 % más grandes que la ración normal.[461] A medida que aumenta la disponibilidad y la asequibilidad de los alimentos, también aumentan las indicaciones que sugieren sutilmente que comas raciones más grandes. En los últimos setenta años, las calorías por ración de las comidas caseras han aumentado un 35 %, y un tercio de ellas pueden atribuirse al aumento en el tamaño de la ración.[462]

El tamaño de los envases o del plato actúa como sugerencia perceptiva de lo que es «correcto» consumir.[463] Un estudio mostró que las personas a quienes se les entregó tazones de helado de 700 mililitros se sirvieron y consumieron un 20 % más de helado que aquellas a las que se les dio tazones de 475 mililitros.[464] Dejar a la mitad el bol de cereales, el refresco de cola o la bolsa de patatas fritas es algo «raro» para nuestro cerebro. Además, nuestra percepción visual no es correcta al cien por cien; por ejemplo, las personas creen que hay menos cantidad en un vaso ancho que en uno alto,[465] por lo que es más probable que te sirvas más refresco y alcohol en una copa ancha que en un vaso de tubo. Otro sesgo de estimación es el contraste del tamaño, el cual sugiere que una cantidad dada de un producto se ve más pequeña en un plato más grande que en un plato más pequeño.[466] Además, la preferencia de las personas por los tamaños súper es mayor cuando los productos crecen en una sola dimensión (por ejemplo, la altura), dado que estimamos peor cuando hay más de una dimensión.

Diferentes estudios sugieren que los consumidores consideramos las raciones que nos ofrece la industria como lo apropiado o lo normal que hay que consumir, independientemente de su tamaño.[467] Los investigadores apoyan la hipótesis de un «sesgo de segmentación», por el cual las personas comen menos cuando los alimentos se dividen en unidades más pequeñas. Comer un número de unidades más pequeñas en lugar de comer una unidad más grande es percibido por los consumidores como más impulsivo y menos apropiado.[468] El tamaño de la ración también puede influir en el hambre posterior; en un estudio de Brunstrom y colaboradores, los participantes que pensaron que habían consumido una ración más grande de la que habían consumido en realidad informaron de que tenían menos hambre.[469] Es probable que al menos 300 kilocalorías de más en tu dieta puedan deberse simplemente al tamaño de la porción de alimento o producto sin que te des cuenta.[470]

Para concluir te hago una última pregunta: ¿decides qué y cuánto comer, o el entorno decide por ti? Si la respuesta es: «Soy yo quien decido», habrás respondido como el 90 % de las personas que niegan que el entorno pueda afectarles;[471] de hecho, reconocen que les influye a los demás, pero no a ellos mismos.[472] Sin embargo, las evidencias científicas nos muestran lo contrario, y nos advierten de que incluso siendo conscientes de las tácticas y estrategias del entorno ultraprocesado, esto no será suficiente para poder evitar su influencia.

Hemos visto que los ultraprocesados están por todas partes y que, además, estamos expuestos de forma constante a su publicidad y marketing, que nos presiona de forma insistente y sutil para consumirlos. Pues bien, a continuación veremos que si caemos en la trampa de ingerirlos, será difícil dejarlos. Son irresistibles, casi adictivos, agradables a nuestro gusto. Son ultrapalatables.

Capítulo 4
# ULTRAPALATABLES

Nuestro cerebro evolucionó en torno a recompensas placenteras que aparecían tras cada acción que mejorase nuestra supervivencia. Una de esas acciones fue la alimentación. La alimentación es una necesidad fisiológica básica, y si no estamos motivados para cubrirla, morimos por inanición. Por ello, nuestra historia ha estado siempre marcada por la motivación de buscar comida durante el camino que nos ha traído hasta el día presente.

Comer es un placer que nos motivó a subir a los árboles y recolectar fruta, a enfrentarnos a los carroñeros para conseguir un pedazo de carne o incluso a aventurarnos a cazar con nuestras propias manos e ingenio. También a vivir cerca de ríos y costas para meternos en el agua y pescar; hasta llegar a grandes campos y, con el tiempo, aprender a cultivar. Desarrollamos un circuito de recompensa en nuestro cerebro, cableado por un complejo sistema de múltiples conexiones, el cual activaba los centros del placer cada vez que la acción nos acercaba un poquito más a sobrevivir y reproducirnos. Algunos de esos centros del placer se activan cuando bebemos agua, practicamos sexo, dormimos, socializamos o incluso tomamos el sol. Durante millones de años, generación tras generación, se fue perfeccionando nuestra relación con las recompensas que nos ofrecía la naturaleza. Sin embargo, algo ha interrumpido esta saludable relación con el placer, llevándonos por el lado oscuro del anhelo a productos placenteros más fuertes, persistentes y artificiales. Algo que se presenta cual caballo de Troya en nuestro organismo; ese inofensivo dulce que se nos antoja en la sobremesa, pero que, una vez dentro, nos ataca por sorpresa.

## ALTA TECNOLOGÍA ALIMENTARIA

Algunas galletas, las patatas o las salchichas tienen detrás un proceso de investigación y desarrollo tecnológico comparable al de un dron, un iPhone o un transbordador espacial. Si la NASA tiene a los mejores ingenieros aeronáuticos del mundo, los gigantes de la industria alimentaria tienen a los mejores ingenieros alimentarios. Algunos de estos ingenieros han llegado a ser auténticas leyendas de la historia reciente de los ultraprocesados. Uno de ellos, el estadounidense Howard Moskowitz, desarrolló un trabajo pionero con el descubrimiento del «punto de felicidad», que hace referencia a la combinación entre azúcar, grasa y sal que produce la máxima percepción placentera sensorial. Ni mucho ni poco, la cantidad exacta. Esta combinación actúa de forma sinérgica, generando una respuesta gratificante exagerada cuando la ingerimos. En otras palabras: «¡Jo-der, qué rico está esto!».

Moskowitz ayudó a optimizar el punto de felicidad en numerosos ultraprocesados, como pizzas, refrescos y salsas de grandes compañías. En una de sus creaciones, una bebida azucarada con sabor a vainilla y cereza, probó hasta 71 formulaciones diferentes, cada una con un dulzor distinto, a las que sometió a más de 4.000 pruebas de degustación con cientos de consumidores para encontrar la fórmula perfecta que garantizara el máximo placer al tomarla. La bebida fue todo un éxito en Estados Unidos.

Y es que nada en los ultraprocesados es arbitrario. Tanto el color del *packaging* como el olor de los aromas artificiales añadidos, el sabor de la combinación de grasa, azúcar, sal y aditivos, la textura sólida, líquida, semisólida, crujiente o viscosa, absolutamente todo está perfectamente diseñado para producir una experiencia maravillosa en nuestro paladar, a la que llamamos «ultrapalatabilidad». Palatabilidad o palatable hacen referencia a «apetecible», es decir, rico y gustoso de sabor. La ultrapalatabilidad (también conocida como hiperpalatabilidad) se refiere a la potenciación de esta cualidad hasta límites solo alcanzables con los productos ultraprocesados, no con la comida real.

Esta ultrapalatabilidad tiene dos objetivos:

1. Estimular nuestros centros de recompensa para motivarnos a elegir los productos ultraprocesados. Resultado: comemos comida de peor calidad porque nuestras elecciones son peores.
2. Inhibir nuestros mecanismos naturales de saciedad para que comamos mucho más de lo que comeríamos de forma normal con la comida real. Resultado: comemos mucha cantidad de estos productos porque no nos sacian.

Por ello, hay que señalar y visibilizar el propósito de estas empresas con el procesamiento que aplican en sus productos para que la población sea consciente de sus intereses. Por ejemplo, la ultracongelación del pescado se utiliza para garantizar su conservación y su seguridad alimentaria, algo necesario y beneficioso que ha sido posible gracias al avance en la tecnología de los alimentos. Sin embargo, el propósito de añadir a una bolsa de patatas fritas una textura crujiente, una fritura con aceites vegetales refinados, salada y condimentada con potenciadores del sabor artificiales, se hace simplemente con el interés de provocar su ingesta compulsiva. Ese consumo, como hemos visto, puede incluso dirigirse a la población infantil, con personajes y regalos en su envoltorio. Los padres y las madres deben saber que estas empresas crean productos para generar en sus hijos auténticos trastornos de compulsión con la comida. Algo que no permitirían si no fuera porque están inmersos en Matrix, adormecidos por el sistema alimentario que se ha impuesto.

Muchas de estas empresas guardan como un tesoro la formulación de sus deseados productos. ¿Has probado a replicar de forma casera unos ganchitos con sabor a queso? Da igual que lo intentes, no podrás hacerlo. No dispones de la tecnología ni de los conocimientos que han permitido desarrollarlos. Porque aunque consigas harina refinada de maíz, es improbable que puedas texturizarla en forma de ganchito. Tampoco creo que consigas que se te derritan en la boca combinando la cantidad exacta de aceite refinado de maíz que se funde con tu saliva, ni conseguir una explosión sensorial al abrir la bolsa por los aromas artificiales que desprende. Tampoco creo que tengas en el cajón de los condimentos glutamato monosódico, ni guanilato e inosinato disódicos. En definitiva, no podemos crear productos ultraprocesados en nuestra cocina, al igual que tampoco hacemos móviles o transbordadores espaciales en nuestro garaje.

## SINTETIZANDO LA DROGA DEL SIGLO XXI

> Los estudios en animales de laboratorio y en humanos sugieren que podemos reaccionar a los ultraprocesados de forma similar a la adicción a las drogas.
>
> Doctora Nicole Avena,
> investigadora neurocientífica

Nuestro cerebro está preparado para contabilizar cuánta comida estamos comiendo y ponerle freno cuando es suficiente. A eso lo llamamos «saciedad» por la comida. El cerebro está preparado para contabilizar la comida que llevamos comiendo desde hace cientos de miles de años, como una manzana o un filete de salmón. Pero estas nuevas creaciones comestibles (a las que no se les puede llamar «comida») están destinadas a *hackear* nuestros controles internos de saciedad. Ahora también comemos para experimentar placer, independientemente de que tengamos hambre o no, y eso es un problema.

En nuestra cavidad bucal tenemos receptores específicos para detectar el azúcar, la sal e incluso la grasa. Pero ¿por qué no los tenemos para la vitamina C? De este modo, nos volverían locos los pimientos crudos, que son ricos en vitamina C, en lugar del helado industrial, rico en azúcar y grasa. De nuevo, la explicación está en el rápido cambio de nuestro entorno. Evolucionamos en un ambiente de escasez de energía y nutrientes, lo cual nos condicionó para buscarlos con adaptaciones fisiológicas que hoy tenemos presentes. El azúcar siempre iba acompañado de vitaminas en las frutas, y la grasa era una estupenda fuente de energía, pero no de fácil obtención, puesto que había que cazar a otros animales. El sodio de la sal también era bastante escaso; apenas se encontraba en algunos alimentos de origen animal. En definitiva, azúcar, grasa y sal beneficiaron enormemente nuestra supervivencia porque iban acompañadas de energía en forma de grasa o hidratos de carbono, proteínas, vitaminas y minerales para nuestro organismo. Por eso somos expertos en detectarlos, desearlos y obtenerlos. Este comportamiento innato lo utiliza hoy la industria alimentaria para persuadirnos del consumo de un 80% de productos que están cargados de azúcar, grasas y sal, pero con un procesamiento tecnológico que ya hemos visto las consecuencias que tiene por ser insano.

¿Es casualidad que el azúcar esté presente en la mayoría de los productos del supermercado? Por supuesto que no. Una vez que entra en nuestro cuerpo, este azúcar libera, entre otras cosas, gran cantidad de un neurotransmisor bastante potente: la dopamina, concretamente en un área del cerebro llamada núcleo accumbens, la cual se vuelve cada vez más tolerante con cada dosis más alta de azúcar.[473] La tolerancia en farmacología significa que la dosis habitual de la sustancia se queda sin efectos, por lo que se necesitan dosis más altas para producir los mismos efectos que antes. Cuanta más dopamina se libera de forma repetida, más se desensibiliza nuestro cerebro a la sustancia en cuestión. Esto sucede porque los receptores de dopamina comienzan a disminuir, y al haber menos receptores, el cuerpo necesita más cantidad de esa sustancia para producir el mismo efecto placentero.[474] Si bien las drogas de abuso como la cocaína o heroína pueden crear gran tolerancia en poco tiempo, es posible que el azúcar necesite años de consumo, pero esto no quita que nuestro cuerpo nos vaya pidiendo poco a poco más cantidad, con ultraprocesados más «fuertes» y apetecibles. Teniendo en cuenta que la edad de inicio de consumo de los ultraprocesados azucarados es desde el primer año de vida, no es extraño que miles de personas caigan en esta trampa.

La omnipresencia del azúcar tiene el objetivo de potenciar el sabor y hacer más apetecibles estos comestibles. Sin embargo, comer es una experiencia multisensorial, donde se estimula no solo el gusto, sino también el olfato, la vista e incluso el oído y el tacto. Los ultraprocesados ofrecen una versión mejorada y amplificada de cada percepción sensorial. La vista la hemos comentado en el capítulo de marketing, y está presente desde el *packaging* (con el tamaño, el color o los reclamos saludables) hasta la propia forma del comestible (por ejemplo, los dibujos de las galletas; la forma de plátano, osito o corazón de las gominolas; incluso un helado con forma de pie). El tacto también entra dentro de las estrategias de marketing, desde los materiales con los que se fabrica el envase hasta la forma en la que se ha de comer el ultraprocesado (con las manos, en un plato, en un vaso, etcétera). Da la impresión de que el olfato no lo utilizamos, pero bien que nos acordamos de él cuando estamos resfriados y con congestión nasal. Se debe a que lo tenemos activado de forma inconsciente, no solo cuando nos molestamos en oler algo. La comida no sabe a nada sin el olfato; por eso, sabor y olor se unen, formando en sinergia el llamado *flavor*. El epitelio olfatorio tiene más de 400 tipos diferentes de células olfatorias, y la industria alimentaria invierte mucho dinero en imitar y mejorar los aromas presentes de forma natural en los alimentos reales. En 2011 se generaron alrededor de 10.600 millones de dólares solo con la venta de aromas y sabores artificiales, usados para la posterior fabricación de ultraprocesados.[475]

Otro de los sentidos que también participa en esta experiencia gastronómica, aunque a veces pase desapercibido, es el oído. Muchos alimentos nutritivos suelen hacer ruido al morder (por ejemplo, cuando le damos un bocado a una manzana o a unas zanahorias crudas). Nuestro cerebro asocia la frescura con el sonido crujiente y nos avisa: «Oye, ahí hay nutrientes». Un estudio publicado en 2004 por el *Journal of Sensory Studies* demostró el poder del sonido «crunch» cuando comemos patatas fritas.[476] Los participantes del experimento masticaron patatas mientras se grababa el ruido de la boca y luego se enviaba a otro grupo de participantes que lo escuchaban a través de unos auriculares. En el experimento había que calificar el sonido de las patatas de cero (por ejemplo, blandas o caducadas) a cien (recién hechas), es decir, el crujido y la frescura de cada patata. Lo curioso del experimento fue que algunos crujidos se modificaron, amplificándose o reduciéndose. Los resultados fueron interesantes. Los participantes calificaron de más apetecibles las patatas fritas con el mayor crujido. No es de extrañar que los fabricantes de galletas y patatas fritas cuiden al extremo que sus productos sean lo suficientemente crujientes para el gusto del consumidor, algo que en ocasiones se remarca incluso en los propios anuncios apelando a este peculiar sonido crujiente. La industria alimentaria contrata a expertos en psicoacústica para dar con el sonido perfecto del producto, empezando por la apertura del envase y terminando con la escucha mientras se consume. La importancia del sonido correcto lo saben desde la industria automovilística, con el sonido de cerrar la puerta del coche o abrir el maletero, hasta la industria de las aspiradoras (sí, aunque parezca un sonido irritante).

Por si fuera poco, a toda esta gama multisensorial hay que añadirle otra más: la textura. El sonido crujiente va acompañado de una textura crujiente que nos encanta, típica de los cereales de desayuno, de los productos a base de harinas refinadas horneadas o de las propias patatas fritas. Los fabricantes de ultraprocesados utilizan un método muy recurrente para conseguir la textura perfecta: añadir grasa. La grasa es tanto un sabor como una sensación. Los seres humanos somos especialmente sensibles a la textura viscosa de la grasa en nuestra boca (piensa en una hamburguesa rebosando queso cheddar fundido o unas galletas bañadas en chocolate blanco). La grasa nos vuelve locos, y por eso la mayoría de los ultraprocesados no solo llevan azúcar, sino que también van cargados de grasa con aceites vegetales refinados o quesos procesados. Esta grasa es la responsable de que la bollería o los *snacks* se derritan en la boca, y al cerebro le cueste contabilizarlo como saciante.

La percepción placentera de la grasa se debe al nervio trigémino, el cual envía información al cerebro de esa sensación en toda la cavidad bucal y nos permite detectar, por ejemplo, la cremosidad de un helado con dulce de leche o del crujiente rebozado de una hamburguesa de pollo frito. Algunos estudios muestran un punto máximo de aceptación del dulce, que si sobrepasamos, nos puede empalagar y generarnos rechazo. Sin embargo, la grasa parece tener un punto de aceptación mucho más alto, más difícil de «saturar», y por eso podemos llegar a aceptar con gusto unos churros empapados en aceite. Además, esta grasa potencia la palatabilidad del azúcar y la sal, creando una sinergia. No está igual de buena una barrita de cereales azucarada que no tenga algo de grasa en su cobertura; igual que un *frappuccino* está más bueno con nata montada, y unas palomitas, con mantequilla (las de los cines llevan aceite de maíz refinado).

Los investigadores Grabenhorst y Rolls descubrieron en 2014 que cuando a los participantes de su estudio se les presentaba un alimento palatable y, además, rico en grasas, el estímulo placentero era más fuerte que cuando se les presentaba el mismo alimento pero bajo en grasas.[477] Y es que la grasa, gracias a sus singulares características, la utilizaba la industria para otros objetivos, como, por ejemplo, enmascarar sabores desagradables y potenciar sabores dulces. La grasa cubre nuestra lengua e impide que las papilas gustativas reciban el intenso sabor del ácido o amargo, y, por otra parte, esta misma capa viscosa prolonga la absorción de sabores más placenteros como dulces y salados por parte del paladar.

Una de las fuentes dietéticas de grasa cuyo consumo ha aumentado más es el queso procesado. Tal y como cuenta Michael Moss en su libro *Adictos a la comida basura*, cuando en la década de 1960 comenzamos a beber leche desnatada con el objetivo de reducir la ingesta de grasas saturadas que recomendaban las guías alimentarias, la industria láctea, con ayuda del gobierno, comenzó a devolver esa grasa a la alimentación en forma de queso.[478] El queso pasó de ser un buen procesado de consumo eventual a un aditivo para aumentar la palatabilidad de los ultraprocesados como pizzas, hamburguesas, galletas o lonchas para sándwiches y bocadillos. Esto hizo triplicar el consumo de queso en pocas décadas. Un queso ultraprocesado está fabricado con espesantes como los almidones modificados, con colorantes como en el queso cheddar, y también con emulsionantes y fosfatos. Todo ello para conseguir que la grasa no se separe de la proteína de la leche y obtenga las propiedades palatables características del queso fundido, como la cremosidad y la suavidad. Eso sin contar que los quesos ultraprocesados también son bastante ricos en sal.

A propósito de la sal, no sé si te habrás percatado de que muchos productos dulces vienen también con sal añadida en su lista de ingredientes. Una sal que no vas a detectar al comer ese dulce, pero que está ahí presente, y a veces en gran cantidad. Añadir sal a los ultraprocesados tiene su explicación y su propósito. La sal mejora la percepción de la textura del producto, también el dulzor, enmascarando olores metálicos o químicos y aumentando la intensidad del sabor.[479] El uso de la sal en la mayoría de los procesados, sean dulces o salados, tiene el objetivo de concentrar los sabores y las texturas.[480] Por ejemplo, en la fabricación de pan industrial, la sal hace que la masa sea más esponjosa, y retrasa el proceso de fermentación. De hecho, la sal que utiliza la industria alimentaria está hecha a medida según el producto al que vaya a ir a parar: productos a base de harinas, sopas, precocinados, dulces, etcétera. Existen sales refinadas que han sufrido un procesamiento tecnológico de pulverización hasta llegar a un fino polvo que conecta con todas y cada una de las pequeñas papilas gustativas de nuestra lengua. Todo para conseguir una explosión de sabor, ya que sin la presencia de sal, muchos ultraprocesados sabrían a cartón. En resumen, la sal, al igual que la grasa, desempeña un papel en la mejora de la palatabilidad más allá del propio sabor.

Existen más interacciones multisensoriales que experimentamos al comer y que forman parte del abanico de recursos apetecibles de los ultraprocesados. Por ejemplo, el dióxido carbónico de los refrescos (las burbujas) produce ácido carbónico en nuestra boca, y este ácido reacciona con los receptores del dolor que tenemos en la lengua, de tal forma que el cerebro lo detecta como algo agradable (para algunos, también irritante). Con ello se consigue la sensación de «refrescante», lo que unido a la dulzor y a la temperatura fría hace que estas bebidas sean apetecibles, especialmente en momentos de calor. Las campañas publicitarias más fuertes de los refrescos son siempre justo antes de verano.

Esto es solo una mínima parte del entramado tecnológico que hay detrás de los ultraprocesados. A continuación, explicaré cómo esta alta tecnología alimentaria cumple su función a la perfección: crear adicción.

## CUANDO LA FUERZA DE VOLUNTAD NO ES SUFICIENTE

Todas nuestras decisiones se toman en nuestro órgano más complejo y fascinante, el cerebro. La voluntad de ingerir comida real o ultraprocesados se decide también en el cerebro, y comprender cómo se toman estas decisiones nos ayudará a entender el problema alimentario que tenemos hoy en día.

En el interior del cerebro encontramos una pequeña área cerebral llamada «hipotálamo», la cual está implicada en funciones tan básicas e importantes como la temperatura corporal, la sed, la libido sexual y el hambre. En el apartado que nos interesa, nuestro hipotálamo es a la alimentación lo que la torre de control es al aeropuerto, es decir, decide cuántos aviones deben despegar o aterrizar, y cuándo deben hacerlo; esto es, decide los alimentos que ingerimos con señales de hambre o saciedad. Pero para mandar estas señales, primero debe recibir información de nuestro estado de «energía»: si tenemos poca o mucha. No me refiero a la «energía» de sentirte con vitalidad, sino a la necesidad fisiológica de obtener calorías con la alimentación. Para ello, se ayuda de señales hormonales, que son unas proteínas que se fabrican en diferentes órganos y zonas de nuestro cuerpo y que viajan por el torrente sanguíneo para llegar al hipotálamo e informar de cómo está la cosa. Por ejemplo, la leptina es una hormona que se produce en nuestro tejido adiposo (nuestra grasa) y cuya concentración aumenta después de las comidas, así que una vez que llega al hipotálamo, activa el «botón» de saciedad. La leptina mantiene la saciedad a largo plazo y equilibra el balance energético de nuestro cuerpo. No es la única hormona que actúa enviando mensajes; por ejemplo, a corto plazo, durante el paso de la comida por nuestro tubo digestivo se liberan otros mensajeros saciantes como la colecistoquinina (CCK) en el intestino delgado, y el péptido YY (PYY) o el péptido similar al glucagón tipo 1 (GLP-1) en el intestino grueso. Por el contrario, la grelina es una hormona que se produce en el estómago y se libera cuando llevamos tiempo sin comer. Esta hormona viaja hasta el hipotálamo y activa el «botón» del hambre. Esta breve descripción, que es bastante simple e incompleta, hace referencia a la regulación «homeostática», es decir, a un control interno de nuestro cuerpo para mantener el balance de calorías totales.

Sin embargo, el hipotálamo no solo recibe señales hormonales internas, sino que también puede recibir señales externas cuando visualizamos, tocamos y olemos la comida, e incluso cuando la recordamos o imaginamos. Además, no es la única área cerebral que se encarga de mantenernos motivados para comer. La naturaleza quiso asegurarse de que la ingesta de alimentos fuera algo prioritario y de vital importancia, y por ello desarrollamos un circuito de recompensa (formado por otras áreas cerebrales interconectadas entre sí y con el hipotálamo) en el que la comida pasó a ser mucho más que un refuerzo saciante: también es un verdadero placer. La sensación placentera de comer nos mantiene motivados para buscar alimentos, y gracias a ello hemos podido sobrevivir manteniendo un balance energético equilibrado en un entorno de escasez de alimentos.

Desde nuestros inicios como especie nos hemos jugado la vida para conseguir alimento. Solo una fuerte motivación puede impulsarnos a ello. No obstante, hoy este equilibrio se ha roto, dado que se consume mucha más energía de la que se necesita. Este consumo excesivo está provocando estragos, con un aumento del sobrepeso y de la obesidad, además de enfermedades asociadas a ella, como la diabetes tipo 2, el cáncer y el infarto.

Desde 1975, la obesidad se ha triplicado en todo el mundo. Según datos de la OMS, en 2016, más de 1.900 millones de adultos de dieciocho o más años tenían sobrepeso, de los cuales, más de 650 millones eran obesos.[481] Unos 41 millones de niños menores de cinco años tenían sobrepeso o eran obesos. Más de 340 millones de niños y adolescentes (de cinco a diecinueve años) tenían sobrepeso u obesidad, una prevalencia que aumentó del 4 % en 1975 a más del 18 % en 2016. Pero ¿cuál es la razón de esta epidemia? ¿Acaso la genética de nuestra población mundial ha cambiado de repente desde los años setenta y ahora engordamos cuando comemos? ¿Acaso miles de millones de personas han empezado a ser glotonas y a no tener fuerza de voluntad para dejar de comer? Ninguna de estas respuestas es afirmativa. No estamos ante un problema cuyo origen sea la falta de fuerza de voluntad; estamos ante un problema que nace de la tecnología alimentaria, de la creación, promoción y distribución de los ultraprocesados ultrapalatables, que alteran nuestro circuito de recompensa. Estos ultraprocesados son un verdadero virus que ataca al sistema operativo de nuestro cerebro y lo vuelve literalmente loco. Nos vuelve locos por comer.

## LOS ULTRAPROCESADOS *HACKEAN* NUESTRO SISTEMA DE RECOMPENSA

Los *hackers* utilizan sus conocimientos en informática para esquivar las barreras de seguridad de ordenadores y programas informáticos. Los ultraprocesados utilizan sus propiedades organolépticas para saltarse las barreras de seguridad de nuestro cerebro, y *hackean* nuestro sistema de recompensa.

Las áreas cerebrales encargadas de nuestro circuito de recompensa tienen diferentes neuronas que se activan según diferentes estímulos. Unas de ellas son las neuronas dopaminérgicas, que responden a la acción de la dopamina. Cuando se libera dopamina, nos sentimos muy motivados para la búsqueda de una recompensa. Imaginemos que vamos caminando por la calle y nos encontramos un escaparate de dulces, propio de nuestro entorno obesogénico. No solo lo visualizamos, sino que también nos llega el aroma intenso del propio local, y recordamos la última vez que comimos una de esas rosquillas bañadas en chocolate con un glaseado de azúcar. En esos momentos se libera un subidón de dopamina, lo cual genera una sensación de deseo, un antojo que hay que saciar porque, de lo contrario, nos podemos frustrar. Ese impulso nos lleva a comprar aquella rosquilla, y en el momento en que la mordemos, otro «chute» de dopamina estimula nuestro circuito de recompensa, dándonos placer, gracias a la combinación de grasa, azúcar y sal. En realidad, podemos creer que ha sido una elección totalmente racional, pero es más emocional que otra cosa. De hecho, la parte racional llega cuando, aun sabiendo que es un producto muy calórico e insano, intentamos justificarnos por dentro con argumentos como «Por un día no pasa nada», «Me lo merezco por haber entrenado tanto» o «Luego cenaré poco». Esa justificación interna nos lleva a pensar que hemos tomado una decisión consciente, pero lo que sucede en realidad es que oculta el impulso emocional que no hemos podido controlar. Es una forma de sentirnos mejor con nosotros mismos, de evitar lo que en psicología se llama «disonancia cognitiva», la cual hace referencia a ese sentimiento de incomodidad interna que percibimos cuando un comportamiento (por ejemplo, comer dulces) entra en conflicto con alguna de nuestras creencias («No debería comerlos porque engordan y son insanos»). Pero esto no es otra cosa que engañarnos a nosotros mismos. Cuando no nos gustan las decisiones que toma nuestro Sistema 1 (el rápido y emocional), el Sistema 2 (lento e intelectual) intenta justificar y racionalizarlo todo. En ocasiones llega a construir otra realidad para ocultar el daño que provoca la verdad, porque recordemos que este sistema solo nos quiere proteger; sus intenciones son siempre buenas, aunque sus resultados a veces no lo sean tanto.

En cualquier caso, no solo la dopamina está involucrada, sino también otros actores del sistema de recompensa, como los opioides y los neurotransmisores, como la serotonina. Todos ellos participan en nuestra alimentación, ya sea con comida real, ya sea con ultraprocesados, pero estos últimos aumentan la respuesta placentera cerebral de forma mucho más potente gracias a su ultrapalatabilidad.[482] Cuanto mayor y más frecuente sea su consumo, mayor será la desensibilización ante estos productos, ya que cada vez necesitaremos más cantidad o una ingesta más frecuente para saciar nuestros antojos y sentirnos gratificados. Este comportamiento es similar a lo que ocurre con otras drogas de abuso, las cuales crean tolerancia, de modo que cada vez se necesitan más dosis para crear el mismo efecto. Los ultraprocesados operan en nosotros de un modo muy similar, y por eso podemos decir que son adictivos. No todos los que coman ultraprocesados se volverán adictos a ellos, al igual que no todos los que prueban el tabaco, el alcohol o los juegos de azar se vuelven fumadores, bebedores compulsivos o ludópatas, aunque sí tienen más riesgo. Lo que está claro es que todo aquel que tenga un problema con la comida, es decir, un problema de autocontrol con respecto a ella, lo tendrá principalmente con los ultraprocesados y no con la comida real.

## LOS ULTRAPROCESADOS ALTERAN TU PALADAR

Sabemos que nuestros receptores de insulina se desensibilizan con la exposición crónica a altos niveles de esta hormona debido al consumo frecuente de procesados fabricados con harinas y azúcares añadidos. Esto lo saben, más o menos bien, la mayoría de trabajadores sanitarios. Es el inicio de la diabetes tipo 2. El problema es que hay otras alteraciones menos visibles o medibles de forma objetiva, y una de ellas está en nuestra boca.

Cada sustancia química responsable del sabor se libera en nuestra boca y entra en contacto con una célula nerviosa sensorial. Esta célula se activa porque cambian proteínas específicas de su pared celular. Este cambio hace que la célula sensorial transmita sustancias mensajeras, que a su vez activan más células nerviosas, pasando la información de unas a otras, hasta llegar al cerebro. Allí, esa información se traduce en la percepción de un sabor particular, con su gusto y nivel de intensidad. Teniendo en cuenta que hay cinco sabores básicos y unos diez niveles de intensidad, son posibles cien mil sabores diferentes.[483] Y estos se multiplican cuando se mezclan con el olor, el tacto y la temperatura. Un abanico infinito de posibilidades.

El caso es que los ultraprocesados pueden alterar nuestro gusto por la exposición crónica a sabores potentes y texturas sabrosas procedentes de la grasa, el azúcar y la sal. Digamos que es una forma de acostumbrarlo para que elija estas preferencias procesadas. La información que se transmite a nuestro cerebro siempre es la misma: «muy apetecible». De tal forma que cuando la comida real entra en contacto con nuestro paladar, este la rechaza. Se ha desensibilizado ante ella, cual receptor de insulina. Prueba a comerte una zanahoria cruda justo después de degustar una palmera de chocolate. Su sabor, su textura..., nada es igual, no se puede comparar. Es por ello por lo que estos productos insanos, con el tiempo, se hacen dueños de nuestro gusto, secuestran nuestro paladar.

Por si fuera poco, a estas creaciones sofisticadas hay que añadirles dos ingredientes más que lo alteran: los potenciadores del sabor y los edulcorantes artificiales acalóricos. Estos dos ingredientes los vimos en la parte dedicada a los aditivos, destacando algunos de sus efectos adversos. Sin embargo, el mayor de los problemas tiene relación con la palatabilidad y el desequilibrio que provocan en nuestro paladar. Esto es un añadido más para que sean tan irresistibles como para no poder dejar de comerlos.

## Potenciadores del sabor: glutamato monosódico

Como comentaba en el capítulo «Insanos», entre los posibles problemas del glutamato monosódico (GMS), el principal es la alteración del gusto y la consecuente relación con el aumento de peso. Diferentes estudios en roedores han comprobado que cuando se les inyecta GMS, empiezan a comer más hasta la obesidad.[484-485] Este poder obesogénico del GMS también se ha comprobado en diferentes estudios epidemiológicos en humanos.[486-487] Un interesante experimento seleccionó a 324 personas de un área rural de Tailandia, que durante diez días tuvieron que preparar todas sus comidas con GMS.[488] Se observó que el mayor consumo de GMS empeoraba algunos parámetros bioquímicos y físicos como la hiperglucemia, la presión arterial y el aumento del perímetro de la cintura. Cada aumento de un gramo de GMS en la dieta los acercaba más al síndrome metabólico.

El GMS hace todavía más agradable el consumo de ultraprocesados, por lo que genera más placer en el consumidor y se acaba comiendo más cantidad de producto. Parece que esta respuesta gratificante del GMS viene dada por nuestra preferencia innata hacia la búsqueda de proteínas,[489] pues, al fin y al cabo, el GMS está compuesto por un aminoácido, el ácido glutámico. Pero la ingesta de GMS se ha disparado con la aparición de un sinfín de productos preparados, como galletas, *snacks* o precocinados, siendo la ingesta promedio de GMS de 0,3-1 gramo/día, una dosis suficiente para provocar efectos adversos en nuestro comportamiento alimentario.[490]

Con el GMS pasa igual que con el azúcar: cuanto más comes, más necesitas comer. Nuestro paladar se desensibiliza con la repetida exposición al GMS, de tal forma que aumenta nuestro umbral de percepción, es decir, necesitamos ingerir más cantidad para percibir sus efectos gratificantes. Esto se ha demostrado en mujeres con obesidad, las cuales comunicaron un mayor consumo de ultraprocesados, prefiriendo mayores cantidades de GMS, en comparación con mujeres con un peso saludable.[491] Se sabe que las personas con obesidad experimentan un menor estímulo sensorial en comparación con las no obesas, por lo que necesitan un sabor amplificado. Este consumo de GMS podría aumentar el hambre de forma considerable y facilitar la ingesta compulsiva.[492]

En otro estudio se evaluó a 32 voluntarios para determinar el efecto del GMS en la ingesta de alimentos. Se les dieron sopas con o sin GMS, y se observó que las sopas que llevaban este aditivo no solo aumentaban la palatabilidad, sino que también se relacionaban con el aumento del apetito y la ingesta calórica diaria.[493]

## Edulcorantes artificiales acalóricos

Si tenemos la necesidad de experimentar el sabor dulce con mucha frecuencia o si los alimentos reales como las frutas no nos parecen lo suficientemente dulces, tenemos un problema. Y es posible que el problema venga de lejos, incluso desde los primeros años de vida.

No es casualidad el rechazo en la infancia del sabor amargo de algunas verduras o ciertos medicamentos. Es algo instintivo; forma parte de nuestra biología más innata, ya que disponemos de una mayor presencia de papilas gustativas con una especial sensibilidad hacia este sabor. La toxicidad de los venenos está asociada a sabores amargos y ácidos en la naturaleza, mientras que la seguridad y la supervivencia se asocia a sabores dulces, como el de la leche materna o las frutas. Por tanto, la preferencia por los dulces es clara en la edad infantil, y su conducta se ve reforzada por una recompensa cerebral. Sin embargo, el rechazo al sabor amargo va desapareciendo con la edad, con el aprendizaje y con la experiencia, puesto que ya no es necesario guiarse solo por el instinto. El problema es que muchos padres dirigen el aprendizaje de sus hijos, castigando con verduras y recompensando con dulces, de tal forma que dicha asociación queda instaurada en edades posteriores como la adolescencia. ¿Por qué consideramos un «premio» a las chucherías y no a un pimiento? Pues por su destacado sabor dulce. Debido a esta preferencia del dulce en la infancia, muchas veces se utiliza como comodín para que el niño coma algo, ya que los padres tienen miedo a que se quede sin comer. Pero la exposición repetida al sabor dulce intenso de los ultraprocesados, sea con azúcar o con edulcorantes artificiales, puede maleducar nuestro paladar, porque cuanto más dulce nos dan, más queremos. Este es el principal problema que tiene sustituir el azúcar por los edulcorantes, ya sea en la infancia, en la adolescencia o en la edad adulta.

En tan solo una década se han duplicado las ventas de bebidas edulcoradas en países como Estados Unidos.[494] Esta tendencia va en aumento en la mayoría de los países desarrollados, no solo con las bebidas, sino también con los ultraprocesados edulcorados que intentan reformularse con la etiqueta de «sin azúcares añadidos» para dar así una imagen más saludable.

Si nos centramos solo en las calorías, parece que los edulcorantes son la solución definitiva a nuestros problemas con el azúcar. No obstante, nuestro cuerpo no se comporta como una calculadora de calorías, sino como un organismo con una serie de sistemas biológicos complejos. En este sentido, existe evidencia de que las bebidas edulcoradas, aunque no tengan calorías, pueden activar mecanismos compensatorios, provocando una mayor ingesta energética diaria.[495] En otras palabras, nos despiertan el apetito y acabamos consumiendo más comida durante el día. Estos edulcorantes estimulan los receptores del dulce presentes en nuestra boca, estableciendo con el tiempo una mayor preferencia por este sabor y aumentando nuestro umbral de dulzor.[496-498]

A veces cuesta ver este tipo de problemas porque nos fijamos solo en el efecto aislado de una comida o alimento concreto (por ejemplo, al comparar una bebida *light* con un refresco normal). Aparentemente, esa sustitución parece buena, pero no estamos teniendo en cuenta qué efectos colaterales tiene esa sustitución en nuestro patrón de alimentación a largo plazo, como, por ejemplo, rechazar el consumo de frutas y verduras por su menor sabor dulce. Es posible que una persona acostumbrada a beber refrescos azucarados se beneficie a corto plazo al sustituirlos por bebidas edulcoradas, pero los estudios nos indican que esto no es efectivo a largo plazo en lo que se refiere a la pérdida de grasa corporal.[499] Un metaanálisis de ensayos controlados aleatorios informó de una modesta mejora en el índice de masa corporal (IMC), pero con la limitación de que el estudio estaba financiado por la industria de las bebidas edulcoradas.[500] Algo que recuerda a los conflictos de interés tan frecuentes en los estudios a favor de las bebidas azucaradas.[501]

En resumen, aunque los edulcorantes artificiales no sean lo peor que podemos comprar en el supermercado, tenemos que entender que llevamos poco tiempo con ellos. Por este motivo, cada vez vemos más efectos, y aunque hasta hace poco desconocíamos sus perjuicios, ahora sabemos que la microbiota o el paladar podrían verse afectados por su consumo frecuente.

## LOS ULTRAPROCESADOS VAN A POR TI CUANDO ESTÁS MÁS DÉBIL

Al igual que los virus, los ultraprocesados son más letales cuando tienes las defensas bajas. En esas situaciones cotidianas de nuestra vida, tenemos más probabilidad de consumir ultraprocesados y caer en su trampa. Son situaciones donde pasamos por un estado emocional negativo, y utilizamos los ultraprocesados como solución a nuestros problemas. A esto se lo conoce como «comer emocional», y supone un pequeño parche que no cura la herida, porque no solucionamos el problema de raíz y, además, estamos añadiéndole otro. Veamos cuáles pueden ser estas situaciones.

### Situaciones de estrés crónico

Es conocido que nuestra sociedad industrializada tiene un problema de estrés. Vivimos en una especie de rueda de hámster de la que muchas veces es difícil salir; tan solo corremos y corremos sin parar. Las responsabilidades laborales, sentimentales, familiares o económicas se convierten en autoexigencias tóxicas que nos llevan al límite. La ansiedad por rendir en todo, con nuestros deseos de control, perfección, resultado, éxito o reconocimiento, nos agota física y mentalmente. Ante este panorama, los productos ultrapalatables se presentan como una vía de escape, ya que aportan un estado placentero a corto plazo para dar descanso a esta presión emocional que nos tiene alerta y en tensión gran parte del día. Ese momento de «relax» suele llegar por la noche, cuando el duro día ya ha finalizado y poco a poco ha ido consumiendo nuestra fuerza de voluntad, que no es otra cosa que energía mental. ¿El resultado? Devoramos la nevera, eligiendo porquerías. El estrés crónico puede conducir a un mayor consumo de ultraprocesados y facilitar el aumento de grasa corporal, lo que puede estar relacionado incluso con la obesidad.[502-503]

## Situaciones de tristeza

Es fácil recordar personajes de alguna película o serie que en alguna situación de duelo, como el típico desengaño amoroso, se consuelan comiendo un helado mientras lloran en casa. Este comer emocional lo conocen tan bien las empresas de ultraprocesados que ya lo utilizan en sus propios anuncios. El anuncio de una famosa marca de pizzas que dice que «pase lo que pase, yo estoy a tu lado» lo refleja a la perfección. En él podemos ver a una adolescente llorando desconsoladamente porque su novio la ha dejado. A su padre, que no sabe muy bien cómo gestionar esa situación de histeria por parte de la hija, lo único que se le ocurre es ofrecerle una pizza para cenar. Gracias a la pizza, al final del anuncio, la chica se muestra más tranquila, proyectando la imagen de cómo la comida palatable puede calmar nuestro malestar emocional.

Los ultraprocesados podrían considerarse unos «antidepresivos» *low cost*, disponibles sin receta. Sin embargo, los efectos placenteros que su consumo provoca son muy pasajeros, y en lugar de llenar un vacío, en realidad lo están creando. Lo crean porque cada vez que los consumimos, mandamos un estímulo a nuestro cerebro, que nos pedirá más. Por tanto, al poco tiempo nos creará más ansiedad de la que teníamos si no los tomamos, y cada vez por malestares más leves, como estar simplemente cansados o aburridos.

Lo cierto es que una dieta industrializada se asocia a peores síntomas psicológicos, a mayores tasas de ansiedad y a angustia.[504-506] Los adolescentes que llevan una dieta ultraprocesada tienen más riesgo de presentar trastornos mentales, incluidos síntomas depresivos, como ya vimos con los aceites vegetales refinados.[507] Al final se produce un círculo vicioso: el consumo de ultraprocesados aumenta los síntomas depresivos, y, a su vez, estos síntomas suelen compensarse con más consumo de ultraprocesados. A esto hay que añadir el problema de la obesidad, la cual se asocia directamente a la depresión y a un mayor consumo de ultraprocesados.[508] Estas relaciones bidireccionales se retroalimentan y hacen muy complicada la terapia para salir del bucle. Es por ello por lo que la intervención dietética suele fracasar en estos casos cuando no se cuenta con la ayuda psicológica necesaria.

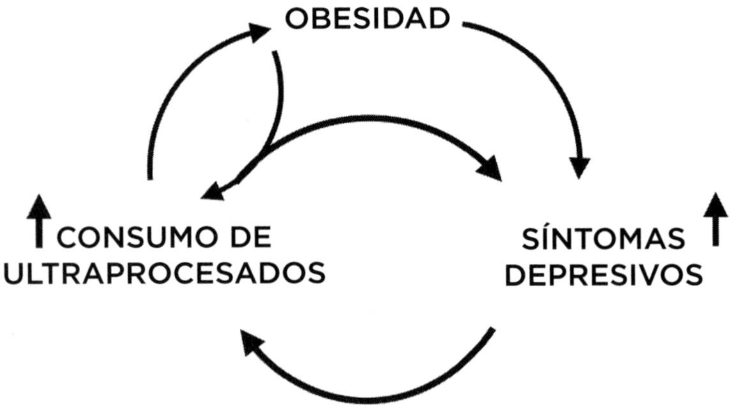


## Situaciones de abstinencia de tabaco

Un metaanálisis concluyó que el abandono del tabaco se asocia a un aumento medio de 4-5 kilogramos en el peso corporal después de doce meses de abstinencia, produciéndose la mayor parte de este aumento en los tres primeros meses después de dejar de fumar.[509] Los ultraprocesados se presentan como la alternativa para reducir la ansiedad que experimentan los fumadores al dejar su droga, compensando así este síndrome de abstinencia con los efectos gratificantes de la palatabilidad industrial. «Un clavo saca otro clavo», se suele decir cuando alguien sufre mal de amores. El problema es que al ganar esos 4-5 kilogramos (en ocasiones muchos más), luego puede ser difícil perderlos.

Dejar de fumar es lo mejor que puede hacer una persona fumadora, por muchos kilos que pueda engordar, pero no podemos olvidar que este es otro caso de comer emocional. Se está llenando un vacío a costa de crear otro, pues la ansiedad por estos productos poco a poco se establecerá en la vida de esa persona, exadicta a la nicotina y nueva adicta a los procesados.

## *The craving dead*

El ansia (*craving* en inglés) por el deseo irrefrenable de consumir estos productos tan sabrosos puede desencadenar a veces conductas impulsivas peligrosas. Estos impulsos por el consumo llegan a ser «autónomos», es decir, pueden continuar incluso aunque la persona intente suprimirlos, ya que no se inhiben con facilidad.[510] Impulsos tan fuera de control como los de una oleada de zombis hambrientos y deseosos de comer carne humana. Aunque esta última comparación suene a ciencia ficción, lo cierto es que la realidad muchas veces la supera.

Allá por enero de 2018, la decisión de una cadena francesa de supermercados de ofrecer un descuento del 70% en una conocida crema de cacao y avellanas desató una auténtica locura sin precedentes en varias de sus tiendas. Este producto, que suele venderse a 4,50 euros, se ofreció a 1,41 euros, lo cual provocó disturbios debido a que la gente acudió en masa a la llamada. Esta empezó a pelearse para llevarse el mayor número de botes posibles, agrediendo, empujando y rompiendo las cosas. «Estuvimos a punto de llamar a la policía», declaró un empleado del supermercado.[511]

Así pues, los ultraprocesados pueden llegar a tocar nuestros instintos más salvajes, y nuestra conducta racional puede verse afectada por emociones incontrolables. Una vez que se es presa de la adicción, los tentáculos de estos productos se extienden, alcanzando también a amigos, pareja, familia y comunidad. Porque son voraces como un virus. Una epidemia que infecta a la sociedad.

Capítulo 5
# INFECTAN A LA SOCIEDAD

> Las ideas, los productos, los mensajes y las conductas se extienden entre nosotros igual que los virus.
>
> MALCOLM GLADWELL

Los ultraprocesados se comportan como virus: su único objetivo es sobrevivir y multiplicarse. Presentan muchas formas y se adaptan a diferentes entornos con el objetivo de reproducirse y extenderse por todo el planeta. Cuando hablo de su multiplicación, me refiero al aumento de su producción industrial, distribución y comercialización. Las características comentadas en los anteriores capítulos, como el marketing agresivo, la proliferación de infinitos puntos de venta y la ultrapalatabilidad, no son más que técnicas que utilizan para un único fin: hacer crecer el negocio. Esto ha hecho que desde su aparición hayan ido llegando a cada rincón del planeta e «infectando» a cada población a su paso.

En este capítulo veremos que esta población «infectada» son nuevos vectores infecciosos de contagio. Al igual que un virus, el ultraprocesado, una vez instaurado en los hábitos de una persona, puede llegar a contagiar a la familia, a los amigos, a comunidades y a poblaciones enteras. Como si se tratase de un nuevo y desconocido patógeno. Además, no conocemos ninguna vacuna que se haya implementado con efectividad hasta ahora, puesto que ningún país ha disminuido su consumo hasta la fecha. De hecho, los ultraprocesados tienen la habilidad de «mutar», camuflándose en diferentes formatos (sin azúcar, sin aceite de palma, ecológico, natural, bajo en grasa, etcétera), de sobrevivir ante cualquier crisis de reputación o de esquivar medidas políticas reguladoras. Tienen la ventaja de contar con cientos de distintas «cepas» para todas las edades, y cada año nacen nuevos productos con características más sofisticadas. En consecuencia, nuestra capacidad para defendernos de ellos se presenta limitada. En el breve tiempo que llevan entre nosotros no hemos sido capaces de desarrollar estrategias efectivas contra ellos. Sin embargo, los ultraprocesados han tenido tiempo suficiente para cambiar de forma drástica nuestra alimentación a nivel social y cultural, en tal magnitud que también han cambiado las enfermedades por las que hoy morimos.

A continuación, explicaré cómo los ultraprocesados se han normalizado en nuestra sociedad y cómo utilizan diversos medios de «infección» para seguir extendiendo su dominio. Contaminando las normas sociales, las costumbres y los comportamientos aceptados, y utilizando otros vectores de contagio, como las instituciones científicas, educativas y políticas, y los medios de comunicación.

## CONTAGIO SOCIAL

*Cristina tiene diecisiete años, está en segundo de bachillerato y vive con sus padres. Gracias a las redes sociales ha conocido la importancia de la alimentación en la salud y está cada vez más interesada en ello. Pero su nuevo y reciente interés por la alimentación choca con su entorno familiar y de amistad. Las discusiones con sus padres han aumentado; ella no puede evitar que compren ultraprocesados y los traigan a casa, pero lo que más le preocupa es que ni siquiera puede evitar comerlos. Las comidas y cenas son fijas, su padre se encarga de cocinar y no hay opción para una alternativa más saludable. Tiene que ceder a lo que hay de comer, que en muchas ocasiones se basa en fritos industriales, exceso de carnes procesadas como salchichas y embutidos, también* snacks *o platos precocinados, y comida a domicilio, todo ello de forma recurrente en las cenas. Y todo ello acompañado de una despensa cargada de dulces tentaciones. Para colmo, cuando sale los viernes con sus amigos, quiere proponer otras opciones que no sea la típica comida rápida, pero tampoco le hacen caso, y, lo peor, está empezando a sentirse rechazada por el grupo. El pedir agua en lugar de alcohol, el no querer comer hamburguesas, kebabs, pizzas o helados hace que su grupo de amigos la trate como la «rarita», que hagan continuamente comentarios de burla y que incluso a veces se enfaden con ella. Esta situación le entristece, tiene una lucha interna donde se siente incomprendida, porque ella cree que hace lo correcto, aunque su pensamiento no lo compartan los demás. Al final, se deja influir por su familia y amigos para evitar conflictos y no quedar excluida. Al final, acaba sucumbiendo a la alimentación insana.*

La industria nos ha colado una serie de comestibles que antes no existían, y ahora parece que somos nosotros los que no podemos existir sin ellos. Estos productos ya no son los extraños en nuestra alimentación, y, si quieres evitarlos, ahora el extraño serás tú. La historia de Cristina describe una situación que actualmente sufren miles de personas. Describe cómo los ultraprocesados han infectado su entorno social, presionándola para que no se salga de la norma y siga en Matrix. Una situación que la pone entre la espada y la pared: «O estás conmigo, o estás contra mí».

Este tipo de situaciones merma el bienestar de los afectados, pues al fin y al cabo somos animales sociales; nuestra especie no ha sobrevivido como lobos solitarios, sino como tribu cooperativa. Por tanto, para nuestra supervivencia siempre hemos dependido de la opinión y aprobación de los demás. Hubo un tiempo, hace miles de años, en que nuestra joven *Homo sapiens* adolescente, Cristina, lo hubiera tenido muy difícil para sobrevivir con la tribu en su contra. La supervivencia necesita de la cooperación para obtener agua, alimentos, refugio y defensa contra amenazas y depredadores. Por lo que caerle mal al grupo era casi una muerte segura. Hoy sucede algo parecido, y, aunque nuestra vida no peligre, es el legado que nos deja la supervivencia grupal: sentimos miedo al rechazo, miedo a hablar en público y a hacer el ridículo, miedo a discrepar con la posición aceptada por la mayoría o por la autoridad. Durante nuestra evolución, muchas tribus expulsaron a los miembros revolucionarios cuando expresaban ideas o conductas diferentes al resto, probablemente porque era una señal anticooperativa y ponía en riesgo la estructura de la tribu. Mientras tanto, muchos miembros aborregados sobrevivieron sin hacer ruido entre el rebaño, siguiendo el camino que dictaba la mayoría y la jerarquía.

Esto mismo lo podemos ver hoy en nuestra sociedad. Las influencias sociales pueden afectar al estilo de ropa que llevas o al móvil que utilizas hasta tu posición religiosa o política y, por supuesto, a la comida que comes y comerás en el futuro. Estas influencias pueden ser positivas o negativas, pero lo primero es reconocerlas, detectarlas y ser conscientes de que estamos más influenciados de lo que creemos. Diferentes estudios ponen de manifiesto el importante papel que desempeña el entorno social en nuestra alimentación.[512] Nadie está libre de contagio, todos nos vemos afectados en mayor o menor medida a lo largo de nuestra vida. Hagamos memoria y reflexionemos: ¿por qué te emborrachaste el fin de semana anterior? ¿Por qué cenaste con tus amigos en ese restaurante de comida rápida?

¿Por qué aceptaste ese postre azucarado que te ofrecieron al final de esa comida familiar? ¿Hubieras hecho lo mismo en solitario? No quiero que te juzgues, pues no se trata de si hiciste bien o mal; solo quiero que lo observes desde la neutralidad y reflexiones sobre si el motivo fue tu propio interés consciente o más bien la influencia de tu grupo, especialmente si esta conducta se repite de forma frecuente.

## MARGINADOS POR COMER COMIDA REAL

> Hola, Carlos: ¿cómo hago para explicarles a mis amigos que no quiero comer bollería sin que me miren como si fuera una extraterrestre o piensen que tengo un trastorno? Trato de explicarles que no quiero comer eso sin que sea extraño y sin faltarles al respeto, pero me siguen mirando mal.
>
> Adolescente anónima que me envía un mensaje directo a mi Instagram @carlosriosq

En la actualidad, cualquier adolescente que no quiera comer ultraprocesados debe enfrentarse a un rechazo social comparable al que tuvieron que sufrir en el siglo pasado las personas que no quisieron fumar. Para los hombres, fumar se asociaba a un carácter varonil, fuerte, valiente, de éxito en el amor y en la vida. Más tarde, en el caso de la mujer, realzaba su condición libre, sexy e independiente. Gran parte de estas asociaciones se instauraron en la sociedad por la imagen proyectada a través del cine, la publicidad y los medios de comunicación, que la industria tabacalera controló a su antojo a base de talonario.[513] Sean Connery haciendo de James Bond con un cigarrillo en la mano, o Audrey Hepburn y su sensual forma de fumar eran la mejor forma de transmitir a la sociedad que fumar estaba de moda. Hoy es impensable que un profesor ofrezca un cigarrillo a un niño de doce años o que un médico fume mientras está operando a un paciente de cáncer de garganta, pero eso era totalmente plausible hace menos de un siglo. La sociedad cambia; lo que ayer era «normal» hoy no tiene por qué serlo.

Soy testigo de decenas de mensajes privados que llegan a mis redes sociales cada semana con testimonios de rechazo e incluso acoso a las personas que deciden seguir este estilo de vida basado en comer comida real y evitar productos insanos. No está bien visto llevar un táper con fruta y frutos secos en lugar de merendar chucherías o bollería, comer pan integral con hummus en lugar de un bocadillo de crema de cacao o preferir un picoteo con pimiento rojo crudo en lugar de con patatas fritas. Tampoco si decides no beber alcohol y llevar tu botella de agua a la fiesta. Nadie te juzga por comerte un bollo de chocolate o por beberte un cubata; más bien al contrario, te juzgan por no querer tomarlos.

Es cierto que el rechazo más frecuente no son manifestaciones graves de *bullying* o acoso, sino simplemente críticas y microrrechazos que se extienden a múltiples ámbitos sociales. En el trabajo, en reuniones familiares, en el colegio, en situaciones de ocio con amigos... Se empieza con comentarios y prejuicios del tipo: «Qué exagerada eres, por un día no te va a pasar nada», se continúa con malas caras, motes y burlas en público, como «Ella es la *healthy*» o «Él está siempre a dieta», y se llega a insultos o coacciones del tipo «Eres un amargado» o «Como no comas lo mismo que nosotros, no vienes». Todo suma, todo puede ser un granito de arena más que va formando una montaña de acoso.

Además, en la infancia, los niños pueden llegar a ser especialmente crueles, por no haber desarrollado aún ciertos niveles de empatía y desconocer las consecuencias de sus acciones y comentarios. A muchos niños se los etiqueta como los «raritos» de la clase por llevar al recreo una merienda diferente al resto. Hay gente que me cuenta que a algunos niños les pusieron el mote de «conejo» por llevar zanahorias o de «mono» por llevar plátanos, provocando aversiones a este tipo de alimentos por culpa de los comentarios de los demás. Ser diferente siempre te pone en el foco de todas las miradas y comentarios. Esto no siempre es fácil de gestionar.

Me gustaría poder decir que, a pesar de las críticas, las personas que deciden comer comida real se mantienen firmes, comprometidas con sus valores, con una gran fortaleza emocional a base de una gran autoestima y confianza en sí mismas propias de una personalidad inquebrantable. Pero lo cierto es que esto no es así. Recordemos que nuestro cerebro está ahí para ayudarnos a sobrevivir, no para ser los más racionales del grupo. Evolutivamente, las estrategias que nos ayudaron a sobrevivir fueron, entre otras, darle la razón al grupo, permanecer con esa mayoría, defender o sometenos a la autoridad y evitar aquello que nos genera sensación de falta de control, incertidumbre y peligro.

Lo queramos admitir o no, nos afecta mucho lo que los demás digan de nosotros. Incluso a veces no hace falta que digan nada. Estudios científicos han indagado en la sorprendente capacidad de identificación facial que tenemos, es decir, somos muy buenos detectando el estado emocional de una persona solo con observar su cara. Nosotros mismos proyectamos de forma inconsciente un lenguaje no verbal que comunica de forma poderosa. Todo ello para transmitir información de forma rápida y predecir posibles actuaciones. Con esto quiero decir que una simple mala cara de rechazo de otra persona puede modificar nuestra opinión y poner en duda nuestros principios o ideas, especialmente si tenemos un vínculo afectivo con quien nos tuerce el gesto. Por tanto, los ultraprocesados, una vez instaurados en las creencias, conductas y normas sociales, cuentan con ventaja. Cuentan con la capacidad de influir en nuestras decisiones de consumo, para que encajemos en el grupo.

## CUANDO SER DIFERENTE SE ETIQUETA COMO PATOLÓGICO

A veces, salirte de la norma puede percibirse más allá de lo extravagante, extraño o friki. Puede incluso diagnosticarse como algo patológico a juicio de la sociedad. Es el caso del erróneo diagnóstico de la ortorexia. No estoy diciendo que la ortorexia no exista como tal, pero por supuesto no la padecen las personas que deciden comer de forma saludable.

La ortorexia se define como un trastorno alimentario caracterizado por la obsesión patológica por comer comida considerada saludable, hasta el punto de provocar daños físicos a la persona. No obstante, y aquí llega el problema, existe una delgada línea de interpretación entre calificar a una persona de ortoréxica o reconocer simplemente que se preocupa por comer bien, puesto que en la definición de ortorexia, el matiz de «obsesión» es subjetivo, es decir, depende de la persona que lo percibe y sus creencias. En lo personal, me han llamado innumerables veces «obsesionado» y «extremista» por mi negativa a comer ultraprocesados. Es evidente que para quienes juzgaban mi decisión se trataba de algo anormal para ellos; de ahí que lo etiquetaran como algo obsesivo. Si en todas esas situaciones hubiera cedido ante la crítica, mis hábitos hoy no serían los mismos. Serían mucho peores.

En realidad, la ortorexia aún no se reconoce formalmente como un trastorno psiquiátrico. Leer las etiquetas de la comida, ser consciente de la calidad de lo que comes y evitar comer ultraprocesados se consideran síntomas de ortorexia; según eso, yo y otros tantos padecemos un trastorno de la conducta alimentaria. Anda que no iban a hacer negocio los psicólogos. Cuidar tu salud no es una obsesión, sino algo necesario, dada la situación que hoy vivimos. La persona que lee etiquetas no está enferma, no tiene ningún trastorno o problema mental. Quizá sea la sociedad, que consume a diario productos sin saber siquiera de qué están compuestos, la que tiene un verdadero problema.

La ortorexia puede llegar a ser real cuando la persona, erróneamente, empieza a restringir todo tipo de alimentos en su dieta, tanto procesados como reales, hasta el punto de llegar a una alimentación escasa y deficiente. No todas las personas que hacen dieta para adelgazar van a desarrollar anorexia, ni todas las personas que hacen entrenamiento de fuerza padecen vigorexia, ni todas las que se alimentan de comida real presentan ortorexia. En mi opinión, estos juicios deberían argumentar evidencias de un daño real cuantificable en la salud del que se juzga, porque, de lo contrario, hacemos diagnósticos erróneos y poco profesionales. Es fácil señalar y juzgar al que tiene buenos hábitos de vida por no ser «normal», pero ¿de verdad quieres ser normal?

> No es saludable estar bien adaptado a una sociedad profundamente enferma.
>
> KRISHNAMURTI

Yo no quiero ser normal. Hemos normalizado el consumo de ultraprocesados hasta el punto de normalizar las enfermedades crónicas que provocan. En la actualidad, según las estadísticas, lo normal es que cualquier persona de más de sesenta años tenga algún factor de riesgo de enfermedad cardiovascular, mental u oncológica. Tal y como decía el profesor Staffan Lindeberg, famoso por sus estudios en poblaciones más primitivas y no industrializadas: «Si todos fumásemos, el riesgo de tener cáncer de pulmón sería algo normal en nuestra sociedad. Nuestro concepto de normalidad obviamente depende de si creemos que estos factores de riesgo tan comunes (como la comida insana y el sedentarismo) son inevitables o no».[514] Si todos comemos productos insanos, lo normal es una población insana;

la falta de prevención hace que la enfermedad sea la norma, y con ella también su medicalización.

La sociedad no es consciente de que estas enfermedades no son producto exclusivo de la vejez o la genética, sino de los hábitos acumulados durante la vida, tal y como observó Lindeberg en la isla de Kitava, en Papúa Nueva Guinea. Sus estudios realizados a finales del siglo XX mostraron una ausencia total de infarto, diabetes o cáncer en esta población.[515-517] La dieta de los habitantes de Kitava sería algo extraña para la sociedad de hoy: coco, tubérculos, fruta y pescado. Solo comida real, sin procesados.

Si se normalizan los malos hábitos, se normalizan también sus efectos. Un estudio realizado en mujeres comprobó que subestimaban el peso de sus hijos con obesidad en un 40 %, es decir, que veían este exceso de peso como algo dentro de lo normal.[518] Otros investigadores analizaron los cambios en la percepción del peso desde finales de los ochenta hasta principios de la década del año 2000. Descubrieron que en solo dos décadas habían cambiado las percepciones, hasta el punto de considerar como peso correcto un peso más elevado.[519] Al fin y al cabo, es cierto que hacemos comparaciones en función del contexto y de los precedentes que establezcan un marco de referencia. Quizá dentro de cien años, si tenemos más personas con sobrepeso que con normopeso en el mundo, llamaremos «normopeso» al sobrepeso.

Lo que ven nuestros ojos es lo que aceptamos como normal. El psicólogo social Scott Plous lo explica así: «Cuanto más accesible sea un suceso, más frecuente y probable parecerá; cuanto más viva sea la información, más convincente y fácil de recordar será; y cuanto más evidente resulte algo, más causal parecerá».[520] Es evidente que si naces y creces en un entorno que compra y consume productos ultraprocesados, tu mente lo va a considerar como algo seguro, no vas a dudar de si supone un peligro. A un patrón que se repite, la mente lo etiqueta como algo seguro e inofensivo.[521]

El movimiento llamado Body Positive, que busca la aceptación del cuerpo tal y como es, puede ser de gran ayuda para dejar de estigmatizar y prejuzgar a aquellas personas que tengan sobrepeso y obesidad, las cuales son con frecuencia objeto de *bullying* y a las que se culpabiliza por su cuerpo. No obstante, no olvidemos que tener sobrepeso y obesidad supone un estado fisiopatológico para cualquier persona y que, según la OMS, está relacionado con múltiples enfermedades. Por tanto, ayudar sí, normalizar no. Al igual que no celebramos el aumento de las tasas de cáncer o alcoholismo, no podemos celebrar el aumento de las personas con obesidad. Debemos crear una conciencia social integradora que ayude a favorecer los medios y recursos de ayuda para esas personas.

Hay que tener cuidado con las creencias de las masas. Si estas prevalecieran, aún hoy afirmaríamos que la Tierra es plana. Afortunadamente, la verdad se abre camino, aunque a paso lento. La frase «Come mierda, millones de moscas no pueden equivocarse» podríamos reescribirla así: «Come ultraprocesados, millones de personas no pueden equivocarse». Es la llamada «falacia de las mayorías», sin argumentar un criterio lógico más allá del «Lo hace todo el mundo». Se trata del sesgo cognitivo conocido como efecto *bandwagon* o «de arrastre». Este efecto consiste en creer que algo es cierto solo porque la mayoría de las personas creen que lo es. Quienes son víctimas de este error psicológico no basan su juicio en evidencias científicas ni en razonamientos lógicos, sino simplemente en la observación de la masa social. Este comportamiento gregario o de «borregos» hace que no cuidemos nuestra salud porque los demás tampoco lo hacen. Ya lo decían las madres: «Si tu amigo se tirase de un puente, ¿tú también te tirarías?». Pues cada vez que te dejas influir para comer comida basura, te estás tirando del puente. Si quieres tener las mismas probabilidades de enfermar que la gente normal, ya sabes cómo puedes conseguirlo: imitándola.

## ENFERMEDADES QUE SÍ SON TRANSMISIBLES

Decía George Bernard Shaw que «las epidemias han tenido más influencia que los gobiernos en el devenir de nuestra historia». Puede que tuviera razón. Puede que esta nueva epidemia en forma de productos comestibles sea más dañina de lo que imaginamos. Una epidemia silenciosa y, por ello, doblemente peligrosa.

A las enfermedades no transmisibles (ENT) se las llama así porque no se contagian a través de un agente infeccioso, como el virus de la gripe o de la viruela, sino que son el resultado de la combinación de factores genéticos, fisiológicos, ambientales y conductuales. Sin embargo, tanto los factores genéticos como los conductuales pueden transmitirse entre miembros de una misma comunidad, es decir, pueden «contagiarse» y llegar a afectar a muchísimas personas. De ahí que compare los ultraprocesados con los virus, dado que, aunque a primera vista no tengan nada que ver, guardan una estrecha relación en cómo se propagan y extienden provocando enfermedades. Sin embargo, mientras que la epidemia de virus la afrontamos con medidas colectivas y políticas de sanidad nacional, el consumo de ultraprocesados lo dejamos como una simple elección individual. Es por ello por lo que no se perciben como culpables, y a quien culpan es a ti. Pero veamos algunos ejemplos que muestran lo difícil que es escapar de su contagio, pues hablamos de una epidemia más compleja que la simple decisión individual.

## Factores genéticos y epigenéticos

Existe evidencia reciente de que la exposición a productos ultraprocesados durante la gestación influye en el desarrollo de la adicción a estos productos en la descendencia.[522] Es decir, las madres que consuman ultraprocesados durante la gestación tendrán más posibilidades de tener hijos que prefieran estos productos. Aquí vemos un claro ejemplo de contagio o transmisión donde la alimentación materna es capaz de «programar» a su progenie para que consuma más ultraprocesados, aunque sea un hecho totalmente involuntario e inconsciente por parte de la madre. Además, este contagio no se da solo por parte de la madre; también puede haber intervención del padre. Y es que la información contenida en el esperma se ve afectada por los propios hábitos y por el peso corporal del padre. Los padres con sobrepeso u obesidad transmiten genes que podrían influir en el control del apetito de sus hijos; de ahí que se establezca una clara correlación entre padres obesos y una mayor probabilidad de hijos obesos.[523] Esta transmisión genética interviene en un porcentaje de este contagio, es decir, el futuro niño no «decide» sus hábitos, sino que los hereda. Nos queda por ver un factor más potente aún.

## Factores conductuales

La normalización de los ultraprocesados en nuestro entorno influye en el contagio conductual de este mal hábito, lo cual hace que este se perpetúe en el tiempo y contagie a miles de personas. Si hay algo que nos influye incluso más que nuestro entorno, son nuestras relaciones sociales. Los investigadores del Framingham Heart Study descubrieron que cuando los amigos de alguien ganaban peso, también era más probable que ese alguien aumentara de peso en el futuro.[524] El efecto de las relaciones sociales es un factor de predicción del aumento de peso más fuerte que el entorno. Es decir, ya puedes vivir en la zona más adinerada y saludable de tu ciudad; si familia y amigos comen mal y tienen exceso de peso, es muy probable que tú también acabes igual. «Eres la suma de las cinco personas con las que pasas más tiempo», dice la cita, la cual no solo se puede aplicar a la alimentación, sino a otros muchos aspectos de la vida.

No obstante, en ocasiones, el entorno condiciona nuestras redes sociales más cercanas, y precisamente, las zonas más empobrecidas son las que tienen peores hábitos; tanto que acaban contagiando a todo el barrio. Es tal la desigualdad que la diferencia de la esperanza de vida entre los barrios marginales y los barrios ricos de una misma ciudad puede superar los diez años.[525] Es cierto que la comida real es más cara si la comparamos con los alimentos procesados. Aunque se puede llevar una alimentación saludable y económica, hace falta entrenamiento y educación, de todo lo cual carecen los barrios de bajos ingresos.[526]

Otro factor que hay que considerar es el tiempo. Preparar comida real precisa más tiempo que comprar precocinados, *snacks* o comida rápida, aunque esto no siempre es así. Las personas de hogares con bajos ingresos son a menudo parejas que trabajan a tiempo completo, suelen tener varios hijos y menos tiempo para preparar comidas y realizar otras tareas domésticas, según algunos estudios.[527-528] Los problemas laborales o familiares, el estrés y la ansiedad por la falta de recursos económicos..., todo suma. Los ultraprocesados se presentan como la nueva «droga» ultrapalatable y placentera para atenuar los problemas de las clases marginales. Por todo ello, dicen que importa más tu código postal, dónde vives, que tu código genético. Ninguno de estos códigos lo decides tú al nacer.

Hemos hablado de la influencia de la gestación, pero también se conoce ampliamente la relación de la lactancia con los hábitos alimentarios futuros. En un estudio realizado en niños brasileños, se asoció la lactancia materna exclusiva durante menos de cuatro meses con un bajo consumo de frutas y verduras y un alto consumo de ultraprocesados, incluso después de ajustar otras variables que también influyen en la alimentación infantil.[529]

Estos resultados se han comprobado en otros estudios sobre la lactancia materna, en los que una mayor duración en la lactancia se relaciona con una mayor ingesta de frutas y verduras.[530-531] Por contra, un menor tiempo de lactancia se ha relacionado con un mayor consumo de bebidas azucaradas por parte de niños de seis años.[532] ¿Qué relación puede tener la lactancia con nuestra alimentación futura? Una de las explicaciones que proponen los investigadores es que cuando se amamanta a los niños, están expuestos a una amplia variedad de sabores a través de la leche materna. Esto facilita a su vez la aceptación de una mayor variedad de sabores de alimentos reales y favorece la formación de hábitos alimentarios saludables desde la infancia.[533-534] Ya existen ultraprocesados que ocupan el lugar de la leche materna, con fórmulas artificiales que no se acercan ni de lejos a los beneficios de esta. Es cierto que hay madres que no pueden dar el pecho por diversas circunstancias, pero también es cierto que si se ayudara, financiara y promocionara la lactancia materna con los recursos necesarios, la cosa cambiaría.

Los primeros años de alimentación infantil también son determinantes para la alimentación futura. Por ejemplo, comer frutas y verduras menos de una vez al día durante el primer año se asocia con un menor consumo de estos alimentos a la edad de seis años.[535] Esto sugiere que cuando se les expone tempranamente a ellas, los niños establecen preferencias y familiaridad con las frutas y verduras, las reconocen como algo habitual y normal.

Por último, decir que la influencia social que más afecta a nuestra conducta alimentaria es la familiar. Las preferencias alimentarias que desde pequeños heredamos en el núcleo familiar pueden durar el resto de nuestra vida.[536] La comida con la que crecemos en casa influye en qué y cuánto comemos. En este entorno se forma la percepción que los niños tendrán sobre sus propios hábitos, es decir, se les enseñará a ver ciertas conductas como saludables o no. No es sorprendente que una revisión de estudios observe que cuantas más frutas y verduras hay en casa, más les gustan a los niños.[537] Estos estudios corroboran que los nutricionistas vemos en la consulta. Cualquier adulto al que no le guste la fruta y la verdura, probablemente fue un niño que creció sin ellas.

## APRENDAMOS DEL PASADO PARA SALVAR EL FUTURO

Insanos, adictivos se mire por donde se mire, respaldados por el marketing y la publicidad, y normalizados por la sociedad. Un momento..., ¿esta historia no te resulta familiar? Existe otra epidemia que hoy sigue matando, pero con menos fuerza que antaño. Sí, me refiero a la del tabaco.

Desde los años ochenta del siglo pasado, la prevalencia de tabaquismo se ha reducido a casi la mitad en España. Según la Encuesta Nacional de Salud del año 2017, un 18,8 % de mujeres y un 25,6 % de hombres fuman a diario en España. A principios de los noventa eran más del 40 % los hombres que fumaban. Era lo normal, el tabaco estaba socialmente aceptado y se percibía como inofensivo. Esta caída del consumo de tabaco no se ha conseguido gracias a decirle a la gente que hay que fumar menos. En realidad, se ha logrado cortando el problema de raíz: con medidas políticas integrales. Estas medidas abordaron tres aspectos que favorecían el consumo de tabaco y que hoy, como ya hemos comentado, favorecen el de los ultraprocesados: la publicidad, la disponibilidad y la aceptación social.

Para darle un buen puñetazo a la industria tabacalera y hacer tambalear sus cimientos se aumentó la presión fiscal mediante impuestos, se prohibió su publicidad y su consumo en espacios públicos y cerrados, se restringieron sus puntos de venta, se modificó su empaquetado, haciéndolo menos atractivo y con imágenes que alertaban de sus consecuencias. El tabaco pasó a ser más caro, menos disponible, menos atractivo y con un mayor riesgo percibido. La efectividad de estas estrategias integrales de prevención es incuestionable. Miles de vidas se han salvado gracias a ello. Debido a estas medidas anteriores, la sociedad captó el mensaje: el tabaco mata y yo no quiero morir prematuramente. Con todo ello hemos conseguido que fumar hoy no esté de moda, hemos conseguido que la opinión pública esté en contra del tabaco y, en consecuencia, que los políticos hagan bien su trabajo y no se dejen corromper por el *lobby* tabacalero. Puesto que sin votos no son nada, por mucho que pague la industria para influir en las decisiones importantes, necesitan tu voto. Todavía falta mucho para llegar a una prevalencia del tabaquismo del 0 %, pero al menos podemos celebrar esta disminución progresiva como un éxito para la salud pública.

Las primeras evidencias del perjuicio del tabaco ya empezaron a publicarse a principios del siglo XX, aunque no fue hasta los años cincuenta cuando los epidemiólogos Richard Doll y Austin Bradford Hill demostraron que fumar cigarrillos causaba cáncer de pulmón.[538] Por supuesto, fueron ignorados y criticados, y no ha sido hasta el siglo XXI cuando se ha emprendido la verdadera lucha contra el tabaco. La pregunta es: ¿por qué se tardó tanto en actuar? ¿Qué es lo que impidió que una sustancia que mataba a miles de personas al año pudiera contar con tales privilegios y tal impunidad? Poderoso caballero es don dinero. La industria tabacalera no se quedó quieta ante lo que se le venía encima, puso toda su maquinaria armamentística para retrasar lo inevitable: que la sociedad despertase de Matrix. Que la sociedad se diese cuenta del engaño que suponía estar ingresando dinero en la cuenta corriente de sus verdugos, y proteger con ello a los que no se dieran cuenta.

Hoy, la industria de los ultraprocesados, como buena aprendiz, copia y replica las tácticas que permitieron a la industria del tabaco retrasar medidas políticas en su contra, consiguiendo así evitar la caída de ventas y llevando a la muerte a cientos de miles de personas. Una industria que extiende sus largos tentáculos y que infecta los lugares más sensibles para mantener a la sociedad atrapada en Matrix. Esta industria infecta a la ciencia, la educación, la política y los medios de comunicación. Todo para retrasar lo que en un futuro será inevitable: su regulación.

## LOS ULTRAPROCESADOS INFECTAN A LA CIENCIA

Para que el virus de los ultraprocesados pueda perpetuarse en el tiempo debe infectar a estratos superiores de la sociedad, y con «superiores» me refiero a quienes se considera que tienen la autoridad del conocimiento: científicos y expertos. De hecho, los ultraprocesados se aprovechan de otro fallo en nuestra lógica: dar por cierto todo lo que diga el experto, no por sus argumentos, sino por ser «experto». Es la llamada «falacia de autoridad». En lugar de analizar y discutir de forma crítica tanta información, nuestro cerebro toma un atajo y da por buena la palabra de alguien a quien identificamos como experto en su campo. Lo que no sabemos es que detrás de este experto puede haber conflictos de intereses y que puede haber sido «infectado» con el virus de los ultraprocesados. Este virus le ofrece supervivencia (dinero) al experto a cambio de que le ayude a sobrevivir (seguir propagándose en otras personas). Recordemos que un conflicto de interés no es más que una situación en la que la opinión o acción del experto está condicionada por un interés secundario, generalmente económico.

Así pues, la industria alimentaria compró a muchos expertos y científicos durante décadas para que ocultasen los perjuicios de los azúcares añadidos y desviaran la atención pública hacia las grasas de los alimentos, especialmente la grasa saturada de origen animal.[539] Hay que decir que no todos los investigadores están comprados ni mucho menos; los hay que mantienen su integridad por encima de la seducción de Matrix e incluso utilizan sus conocimientos para luchar contra ella. Científicos de la Universidad de California, por ejemplo, revelaron documentos internos de la industria azucarera y los publicaron en la revista científica *Journal of the American Medical Association*.[540] Estos documentos demuestran que durante cinco décadas de investigación en nutrición, las recomendaciones dietéticas para prevenir la enfermedad cardiovascular estaban bajo el control de la industria azucarera, la cual las tergiversó en beneficio propio.

Los documentos muestran que el Sugar Research Foundation, grupo empresarial hoy conocido como Sugar Association, pagó a tres investigadores de Harvard unos 50.000 dólares para publicar una revisión sobre el azúcar, la grasa y las enfermedades del corazón. Los estudios utilizados en esta revisión fueron escogidos por la industria azucarera, y el artículo fue publicado en la prestigiosa revista *New England Journal of Medicine*, quitándole importancia a la relación entre el azúcar y la salud cardiovascular.[541]

Mientras tanto se arrojaba incertidumbre sobre el peligro de las grasas saturadas. Esto supuso la entrada en el mercado de cientos de ultraprocesados bajos en grasas o *light*, pero cargados de azúcar. La población aceptó con mucho gusto comer estos productos azucarados mientras limitaba el consumo de huevo, mantequilla o leche entera gracias a la propaganda lanzada por los medios de comunicación. De estos conflictos de intereses nacieron grandes mitos de la nutrición que hoy sobreviven entre nosotros y que llevará tiempo erradicar. Estoy seguro de que algunos les sonarán a los lectores:

- «Hay que seguir una dieta equilibrada.»
- «Hay que comer como dice la pirámide alimentaria.»
- «Cuidado con el colesterol.»
- «La grasa engorda.»
- «El azúcar es necesario para el cerebro.»

Muchos de esos mitos han sido desmontados por grandes divulgadores en nutrición como Aitor Sánchez, el cual afirma en su libro *Mi dieta cojea:* «Resulta muy complicado garantizar la independencia de las recomendaciones de salud y de nuestra normativa cuando se están recibiendo numerosos fondos de esta industria».[542] En realidad, si analizamos bien todos estos mitos insertados en nuestra sociedad, ocultan el mismo mensaje subliminal: come ultraprocesados. Porque cuando te dicen «Come menos grasa, calorías o colesterol» es porque hay ultraprocesados adaptados y creados con estas especificaciones. Cuando te dicen «Dentro de una dieta equilibrada», «Todo es bueno con moderación» o «No hay alimentos malos», en realidad te están diciendo: «No te preocupes. Cómetelo, que no pasa nada».

La ciencia de la nutrición se ha llevado al terreno de las calorías y los nutrientes, de lo cual se ha beneficiado la industria para vender sus propios productos. Los mensajes del tipo «Hay que comer hidratos de carbono», «Todas las calorías son iguales en su justa medida» o «Desayuna leche con cereales» significan de nuevo «Come ultraprocesados», porque la industria ya se encargará de presentártelos como «cereal integral» o «desayuno completo», «bajo en calorías» o «energético».

Matrix sigue a día de hoy con toda su maquinaria a pleno rendimiento para corromper la ciencia. Entre los años 2010 y 2017, una famosa marca de refrescos de cola repartió 8 millones de euros entre decenas de sociedades, fundaciones y organizaciones científicas, según los datos que proporciona la propia compañía en su web.[543] Se trata de «actividades de colaboración y ayudas en investigación» que, por supuesto, tienen una repercusión positiva en la imagen de la marca y en sus intereses comerciales. Entidades como la Fundación Española del Corazón, la Sociedad Española de Nutrición Comunitaria, la Fundación para la Diabetes o la Fundación Española de Nutrición recibieron cientos de miles de euros de una industria, la de los refrescos, que tiene una relación directa con la obesidad, las enfermedades del corazón y la diabetes tipo 2. En 2018, la revista de la Asociación Europea de Salud Pública señala estos lazos entre esta marca y la ciencia, afirmando en un estudio: «Proporcionamos evidencia de que la investigación financiada por esta compañía de bebidas cumple sus objetivos comerciales, que, en muchos casos, están en desacuerdo con los esfuerzos para mejorar la salud de la población».[544] Todo esto sirve para que luego se publiquen estudios científicos donde se ponen en duda los efectos negativos del consumo de bebidas azucaradas. Así lo recoge una revisión sistemática que analizó los conflictos de interés en estudios que no observaron una relación positiva entre refrescos y obesidad, los cuales estaban financiados por la propia industria.[545] Qué casualidad.

Una sociedad científica es una asociación de profesionales, expertos o investigadores de una rama científica concreta, como lo son las sociedades científicas de nutrición. Cuando esta sociedad llega a verse infectada por los ultraprocesados, se convierte en «suciedad científica», puesto que queda manchada por una capa de sucios intereses económicos. A Matrix le encantan estas sociedades científicas de nutrición, ya que si toman su control, otorgan a sus productos un halo de beneficios procedentes de esta colaboración con expertos. Por ejemplo, la Sociedad Española de Dietética y Ciencias de la Alimentación (SEDCA) se prestó a colaborar con una marca de bollería. En los envases de sus bollos rellenos de chocolate se podía ver su logotipo y un pequeño texto: «Te enseñamos a desayunar y merendar de forma equilibrada». Otro caso sonado fue el de la Asociación Española de Pediatría (AEP), la cual cobró más de 2 millones de euros por prestar su logotipo a productos infantiles como las famosas galletas en forma de dinosaurio, las cuales son ricas en harinas, azúcares y aceites vegetales refinados insanos.[546]

La pregunta es: ¿por qué una sociedad científica médica o de nutrición colabora con un producto de bollería? ¿Podemos imaginar a la Sociedad Española de Neumología o a la Asociación Española Contra el Cáncer colaborando con una marca de tabaco? Que aparezcan logotipos de sociedades científicas en los envases de ultraprocesados es otro tipo de marketing, cuyo objetivo es simplemente hacer creer que son productos más saludables o menos dañinos.

Se sabe que la financiación de la industria alimentaria en artículos científicos relacionados con la alimentación puede sesgar las conclusiones a favor de los productos de estos patrocinadores.[547] Por ejemplo, el único trabajo científico publicado que defiende los ultraprocesados tiene conflictos de intereses con una multinacional, puesto que su autor trabaja para esta empresa. En el artículo se utiliza la falacia de la evidencia incompleta (*cherry picking*), ya que excluye dos trabajos que relacionan los ultraprocesados con la obesidad.[548] Además, el artículo se publica en la revista *American Journal of Clinical Nutrition*, asociada a la Sociedad Estadounidense de la Nutrición, una entidad «sin ánimo de lucro» que tiene a algunos gigantes de la industria alimentaria como patrocinadores, tal y como explica la nutricionista Marion Nestle.[549]

Dicen que una mentira repetida mil veces se convierte en una verdad. A veces, la industria utiliza esta táctica para crear controversia, poner una pantalla de humo y, lo más importante, generar duda. Otras veces utiliza la táctica de crear un señuelo para desviar la atención de lo verdaderamente importante. Este *modus operandi* lo aprendió de su maestra, la industria tabacalera, tal y como recogen los documentos revelados de la estrategia que utilizó para seguir vendiendo cigarrillos a pesar de las evidencias científicas en su contra. Todos los implicados en la industria del cigarrillo tenían un guion escrito a fuego: «No se ha demostrado que fumar provoque cáncer». Un plan sencillo que funcionó, porque mientras salían nuevas evidencias, esta industria pagaba sus propios estudios para generar duda y oposición.[550] Pasaron años de incertidumbre en la relación tabaco-cáncer. La industria ganó tiempo y dinero. La población perdió años y calidad de vida.

Hoy, la industria de los ultraprocesados también tiene una estrategia, un guion que repite una y mil veces. Un plan perfectamente orquestado para evitar la regulación política que acabe con sus ventas. Vamos a desmontar estos mensajes, que podemos resumir en tres:

1. No hay alimentos buenos ni malos, puedes comer de todo con moderación dentro de una dieta equilibrada.
2. Es importante la actividad física para mantener un balance energético equilibrado.
3. La culpa de la mala alimentación o de tu peso la tienes tú, que eres quien decide lo que comer. El gobierno no te puede prohibir que decidas libremente qué comer.

## No hay alimentos buenos ni malos, puedes comer de todo con moderación dentro de una dieta equilibrada

La industria vende productos ricos en azúcares añadidos, harinas y aceites refinados, aditivos y sal, productos que carecen de nutrientes esenciales y que a veces contienen sustancias tóxicas como la acrilamida y otras que ni conocemos aún, productos que también carecen de fitonutrientes beneficiosos, sin fibra, sin antioxidantes, con un exceso de calorías que apenas te sacian y te incitan a la ingesta compulsiva... ¿De verdad tengo que decir que el consumo de algo que te lleva a la enfermedad con el paso del tiempo no es malo? ¿Alguien me puede explicar esto? Puede que lo justifiquen con eso de «la dosis hace el veneno», pero, como explicaré más adelante, los ultraprocesados no matan como un veneno instantáneo, sino que son más parecidos a la acumulación de daños, como el humo del tabaco o las quemaduras solares en la piel. ¿Por qué no puedo decir que los alimentos reales son buenos? Se ha demostrado que su consumo previene muchas de las enfermedades no transmisibles (ENT). ¿Tiene sentido decir que algo no es bueno cuando te permite mantener un buen estado de salud?

Tal y como recoge la asociación Justicia Alimentaria en su informe *Confiad en mí: puertas giratorias, conflictos de intereses y amistades peligrosas entre la industria alimentaria y los organismos de salud,* prácticamente toda la industria de los ultraprocesados, junto con los expertos a su cargo, lanzan este mensaje, que se convierte en dogma:[551]

- Federación Española de Industrias de la Alimentación y Bebidas (FIAB), el *lobby* alimentario, en su documentación oficial: «Es imprescindible el compromiso público-privado en base a acciones multisectoriales y multidisciplinares, descartando medidas prohibicionistas o restrictivas basadas en el concepto de alimentos buenos y malos».
- Produlce, la Asociación Española del Dulce que agrupa a las empresas fabricantes de bollería, galletas, dulces, chocolates, etcétera: «No existen alimentos buenos ni malos, existen estilos de vida saludables o no».
- Una empresa de alimentación, en el apartado «Alimentación para niños» de su página web: «No hay alimentos buenos ni malos, lo importante es poder incluir todos los alimentos en el tamaño y frecuencia adecuada».
- Una marca de refrescos, a través de las declaraciones de su jefe de nutrición y salud: «No existen alimentos buenos ni malos, existen estilos de vida saludables o no».
- Asociación de Bebidas Refrescantes (ANFABRA): «No hay alimentos buenos ni malos, sino dietas equilibradas o desequilibradas».
- Una empresa de cereales y galletas: «No hay alimentos buenos ni malos, sino dietas nutricionalmente equilibradas o desequilibradas».

La industria decide que este mensaje sea así, compra a expertos y catedráticos en Nutrición Humana y Dietética para que, a través de documentos de posicionamiento, estudios, cátedras, cursos y asignaturas impartidas en la propia carrera de nutrición, inocule esta creencia en los alumnos que serán futuros dietistas-nutricionistas. Estos extenderán a su vez este dogma entre la población y los medios de comunicación. El resultado final de este efecto dominó es el consumidor, que escogerá en el supermercado un producto insano con el pensamiento de que no es malo. Algunos estudios revelan la relación entre la Academia de Nutrición Humana y Dietética de Estados Unidos con diversos patrocinios de ultraprocesados y, en consecuencia, también se extiende el mensaje de que no hay alimentos buenos ni malos.[552]

Este mensaje se completa con la falacia de que hay que comer de todo con «moderación», y ahí se incluyen los miles de productos ultraprocesados, muchos de ellos camuflados, y los cientos de ocasiones para comerlos... No es una buena idea. Recomendar comer de todo lo que hay por los pasillos del supermercado puede hacer que una dieta sea muy variada, pero variada en procesados. Los patrones alimentarios que mezclan «de todo» no suelen ser los más saludables.[553-554] Además, el mensaje de la moderación es ambiguo e interpretable por cada individuo a su manera. Tal vez para alguien que beba dos litros al día de refresco, lo moderado y saludable sea beber un litro. O quizá para otros la moderación sea desayunar hoy galletas, mañana cenar pizzas, pasado comer un sándwich de salchichón, y así durante el resto de su vida, con una dieta variada y «moderada».

Un estudio publicado en la revista científica *PLoS One* observó que una mayor variedad en la dieta se relacionaba más con el consumo de productos insanos (carnes procesadas, postres dulces y refrescos) que con alimentos reales como las verduras y las frutas.[555] Por tanto, la industria consigue su objetivo cuando promueve la variedad de la dieta dentro de un entorno construido por ella con infinitas posibilidades de consumir sus productos. El mensaje de la moderación podría ser efectivo a nivel de salud pública cuando los ultraprocesados sean caros, no se puedan anunciar, sean difíciles de encontrar y se reformulen para disminuir su palatabilidad. Pero para esto aún queda, pues su industria lo quiere evitar.

## Es importante la actividad física para mantener un balance energético equilibrado

Otra característica del *lobby* es que suele tener buenas palabras, pero detrás esconde malas intenciones. De 2011 a 2015 se descubrió que dos importantes empresas de bebidas patrocinaban un total de 95 organizaciones nacionales de salud, incluidas muchas instituciones médicas y de salud pública cuyo objetivo se centraba en combatir la epidemia de obesidad con la actividad física.[556] Además, es conocida también su participación como patrocinadores en eventos u organizaciones deportivas (carreras populares, juegos olímpicos, torneos de fútbol, etcétera). Todo este teatro tiene como objetivo crear un efecto señuelo para señalar el sedentarismo y el exceso calórico como los responsables de las enfermedades asociadas a la alimentación, en lugar de a la propia calidad de los alimentos. Al fin y al cabo, si sabes que son productos de mala calidad y de efectos perjudiciales, consumirás los menos posibles, pero para evitar que la población capte esto último, el mensaje que transmiten es el de «No son malos, lo malo es que te pases de calorías, bien porque consumas muchas, bien porque gastes pocas». Por tanto, te ofrecen soluciones alternativas, como aumentar la cantidad de ejercicio o reducir los tamaños de las porciones, sin mencionar la calidad de los productos (que es mala) ni su frecuencia de consumo.

En el documental *Fed Up*, uno de los más importantes sobre la epidemia de obesidad y que recomiendo ver, se pone de manifiesto esta relación deporte-ultraprocesados. La entonces primera dama de Estados Unidos, Michelle Obama, emprendió una campaña en todo el país para combatir la obesidad infantil. Esta campaña empezó con promesas de cambios en la alimentación, especialmente en contra de la industria. Pero al poco tiempo la campaña dio un giro inesperado: el objetivo ya no era la alimentación, sino la actividad física, con la campaña *Let's Move*. Lo que empezó con grandes expectativas de regular la alimentación en los colegios o el etiquetado de los productos acabó con frases tan sospechosas como la de la propia Michelle Obama: «No se trata de demonizar a ninguna industria alimentaria».

Los ultraprocesados, especialmente las bebidas azucaradas, están a favor de la teoría del balance energético. Teoría que señala exclusivamente a las calorías como causa de la epidemia de obesidad. Pero lo cierto es que las calorías son solo la punta del iceberg, dejando el resto oculto y omitiendo la raíz del problema. No localizar el origen del problema puede agravar dicho problema, porque destinamos tiempo y recursos a un objetivo equivocado y por tanto un obtenemos resultados.

Por otra parte, para el balance energético todas las calorías son iguales, vengan de un brócoli o de una bebida azucarada. Sin embargo, hay evidencia científica de que los componentes (ingredientes, macronutrientes, etcétera) de los diferentes alimentos influyen de manera distinta fisiológica y hormonalmente en relación con la saciedad, el consumo total de alimentos, el mantenimiento del peso y la composición corporal. Por tanto, dos alimentos isocalóricos (con las mismas calorías) podrán tener diferente efecto en nuestros niveles hormonales de grelina, leptina, insulina, glucagón, etcétera, que son las que de verdad regulan nuestra grasa corporal a largo plazo en vez de las calorías. Por consiguiente, según el efecto que tengan esas calorías en tus hormonas, tendrán más o menos poder de acumular grasa corporal. Es por ello por lo que alimentos que presentan a priori una buena cantidad de calorías, como los frutos secos, no están relacionados con el aumento de la grasa corporal a largo plazo, mientras que los ultraprocesados sí lo están.[557-558] El balance energético, o como lo llamo yo, «Balance patético»,[559] ignora que isocalórico no es es lo mismo que isometabólico.

Además, otro de los errores que propone el balance energético es que a nivel práctico es improbable que una persona normal sepa estimar su ingesta calórica real, puesto que la energía etiquetada en los productos y alimentos es muy diferente de la que realmente absorbemos, metabolizamos o aprovechamos. Tampoco es fácil calcular el gasto energético, puesto que no solo cuenta la actividad física diaria, sino también los procesos metabólicos y digestivos que están en constante actividad en nuestro cuerpo. Y dentro de la actividad física diaria, su duración e intensidad, el nivel de entrenamiento e incluso la composición corporal de la propia persona puede hacer fluctuar el gasto. El cálculo de nuestra ingesta y gasto energético son imprecisos, poco prácticos e inviables a largo plazo. ¿O acaso estás dispuesto a contar todas las calorías en todas las comidas y durante toda la vida? ¡Qué horror!

Por último, el balance energético nos presenta una imagen muy simple de cómo podemos manejar nuestro déficit energético, con esa famosa frase de «Haz más ejercicio y come menos» o «Menos plato y más zapato». Sin embargo, nuestra biología hace que la ingesta energética esté acoplada al gasto energético. Este acoplamiento significa que cuando dejamos de comer y reducimos las calorías ingeridas, el cuerpo necesariamente responde con una reducción de las calorías gastadas. Es su mecanismo automático de equilibrio para sobrevivir. Si además intentamos gastar muchas calorías a la vez que comemos muy pocas, se produce la llamada «brecha energética», que provocará una serie de mecanismos compensatorios en el cuerpo, como el hambre excesiva, el cansancio y la bajada metabólica. Esto provoca el fracaso de la mayoría de las dietas a largo plazo y un efecto rebote, ya que mantenerlas en el tiempo es inviable.

Para adelgazar, la clave no está en contar la cantidad de calorías, sino en aprender sobre la calidad de estas: aprender sobre los alimentos, sobre su preparación culinaria y sobre su combinación en la forma en la que más disfrutes a largo plazo, sin olvidar la importancia de una vida físicamente activa. Para ello están los dietistas-nutricionistas y los licenciados en actividad física, para asesorarte bien, en vez de las aplicaciones móviles o un reloj cuentacalorías. Por supuesto, dos personas pueden tener la misma ingesta de calorías y tener diferente salud, puesto que una las ingiere a base de porquerías procesadas y la otra, de alimentos reales nutritivos. En mi opinión, es más importante reflexionar si realmente nos estamos cuidando que cualquier objetivo estético.

Pero la industria no va a dejar de insistir en esta teoría, que le salva del inevitable juicio que le espera en los próximos años y décadas. Seguirá invirtiendo en este comodín para, si hay suerte, ganar la partida. Ya en 2013, la marca más famosa de refrescos de cola donó 1,5 millones de dólares a la Universidad de Colorado para que algunos de sus investigadores establecieran la Global Energy Balance Network (GEBN, Red Global del Balance Energético), y la apoyó con una comunicación y una divulgación sin precedentes, que llegó a la mayoría de facultades de Nutrición.[560] La mayoría de nutricionistas considera esta teoría la responsable de la obesidad en el mundo.

La teoría en cuestión se utiliza incluso en los envases de patatas fritas o bollería, a modo de avisos acerca de la importancia del ejercicio físico, sin hacer mención de la calidad de lo que te vas a comer. Recuerdo que en un producto de bollería altamente procesado aparecían las calorías que debía gastar un niño practicando diferentes deportes para compensar las calorías que tenía ese producto: «250,8 kcal = 33 minutos de piscina», especificaba en su envase. «Educar a través de la filosofía de comer de todo», dice la propia marca de bollería en su página web,[561] con la colaboración, además, de la Sociedad Española de Dietética y Ciencias de la Alimentación. Cualquier padre o madre que le compre este producto a su hijo debería saber los efectos de su consumo, tal y como explico en el capítulo «Insanos» de este libro, en lugar de las calorías que necesita gastar su hijo; quizás así tenga la suficiente información para decidir mejor. Cabe recordar que antes de fijarnos en las calorías y los nutrientes, hay que ir a la lista de ingredientes y preguntarnos: ¿quiero meter esto en mi cuerpo o en el de mi hijo?

## La culpa de la mala alimentación o de tu peso la tienes tú, que eres quien decide lo que comer. El gobierno no te puede prohibir que decidas libremente qué comer

La industria siempre te va a recordar tu derecho a decidir, te va a convencer de que no te pueden coartar la libertad. Sin embargo, como hemos comentado ya, el entorno que nos rodea es el verdadero opresor de nuestra libre elección. El entorno que tenemos ahora mismo actúa como un bebé que sujeta una pistola cargada: ni es consciente de lo que tiene en sus manos, ni la información que recibe es buena para evitar que probablemente dispare el arma, con consecuencias indeseables. Ese bebé tiene que crecer y transformarse en un adulto para tomar conciencia y decidir con pleno conocimiento de causa. Perdóname si comparo el entorno con un bebé, pero la falta de conciencia más la desinformación que existe hacen de esta metáfora una realidad. Ayudar a la población y facilitarle la elección más saludable no es paternalismo; más bien se llama empoderar y ayudar a crecer; en definitiva, se trata de prevenir en salud pública. Y es cierto que da igual que le prohíbas algo al bebé si no lo entiende, pero si no le pones una pistola en la mano, al menos te aseguras de que no la va a disparar. Por ello creo que esta metáfora es aplicable a nuestra alimentación. No se trata de prohibir los ultraprocesados sin dar explicaciones, pero si reducimos su publicidad y su disponibilidad, estaremos ayudando a realizar mejores elecciones.

Para apelar a nuestro derecho de libre elección, debemos exigir nuestro derecho a la información y a la educación. Hoy día, esto no sucede, pues gran parte de la población vive en el espejismo de la libertad, aunque en realidad está condicionada por miles de factores subconscientes que la influyen para que coma ultraprocesados. No existe dicha libertad cuando se manipula la información y se crea un entorno que facilita el comer productos insanos. Además, ¿dónde dejamos a los grupos más vulnerables como los niños o las familias con menos recursos? ¿A ellos también hay que decirles que deben comer aguacate en lugar de berlinas de chocolate? Esto no significa que no tengamos una responsabilidad, pero es competencia de nuestros dirigentes crear entornos saludables, proporcionar educación en salud y protegernos de los intereses de las grandes industrias con mucho poder, unas industrias que siempre te echarán la culpa y se lavarán las manos ante cualquiera de tus dolencias provocadas por el consumo de sus productos.

## INFECTAN LA EDUCACIÓN

Recibimos una educación orientada a memorizar para conseguir un aprobado, una nota, un título, un puesto de trabajo. Por el camino se nos pierden ideas, destrezas, soluciones, motivación, creatividad y emprendimiento. En lo que respecta al Grado de Nutrición Humana y Dietética de las universidades españolas, existe una evidente desconexión entre lo que se enseña dentro de la facultad y lo que la sociedad necesita fuera de ella. Debido al patrocinio de gran parte de la ciencia de la nutrición, esta información sesgada llega a los alumnos durante sus años universitarios: congresos y jornadas patrocinadas, manuales y bibliografía obsoleta, falta de actitud crítica, materia desfasada, poca enseñanza práctica, profesores y catedráticos que trabajan para la industria de los ultraprocesados... Estoy orgulloso de mi profesión, pero por ahora no puedo decir lo mismo de los conocimientos que se imparten en la carrera.

En la actualidad, recibo montones de mensajes y correos de estudiantes de Nutrición que están indignados con la educación que reciben, pues muchos de los mitos en nutrición contra los que intentamos luchar nacen de allí, de esta máxima autoridad académica. Cada día se publican miles de artículos científicos sobre alimentación, de modo que un puñado de diapositivas obsoletas no basta. La nutrición está en constante evolución, como cualquier ciencia, pero parece que se ha quedado congelada en la universidad, y eso tiene un precio. Es el precio de formar a los futuros dietistas-nutricionistas con la ideología del balance energético, las calorías, la dieta baja en grasas saturadas o las cinco comidas al día. Hasta que ellos mismos, una vez fuera de la universidad, no se den cuenta de este error y comprendan la pérdida de tiempo ocasionada, no valorarán la magnitud del problema. Un valioso tiempo que no se podrá recuperar jamás, porque se pueden obtener nuevos conocimientos, pero el tiempo es irrecuperable. También es dinero tirado a la basura, porque no, la universidad no es gratis. Pero especialmente es un coste en cuanto a lo que supone como oportunidad, pues el tiempo que inviertes en memorizar conceptos erróneos solo para obtener una nota en tu expediente, podrías invertirlo en un aprendizaje que de verdad ayude a la gente. Cuando me di cuenta de todo esto, ya era demasiado tarde, porque ya estaba fuera y no podía cambiar las cosas desde dentro.

Sin embargo, te animo a que lo hagas. Si eres estudiante de Nutrición, quiero animarte a que no te calles e intentes cambiar la situación. Muchos alumnos se callan por miedo a llevar la contraria, como si estuviera prohibido discrepar y los profesores siempre tuvieran razón en todo. Si hay un lugar para discutir, debatir y opinar, ese es la universidad, el epicentro del avance del conocimiento. Los dogmas y las censuras son para otros lugares donde habitan dictadores y mentes cerradas. Puede que incomodar a los profesores con argumentos que discrepan influyan en tu nota final o en tu expediente, pero es que el mundo no necesita expedientes excelentes, sino que os necesita a vosotros, los profesionales sanitarios preparados para ayudar a la sociedad. Ojalá que cuando estés leyendo estas líneas, la situación haya cambiado y la comida real haya llegado a la universidad.

## INFECTAN LOS MEDIOS DE COMUNICACIÓN

La sociedad está confusa. Es tal la confusión que una madre puede impedir que su hijo vuelva a comer huevo el mismo día por miedo al colesterol, pero obligarle a terminar las galletas o los cereales azucarados del desayuno porque, claro, saltárselo podría ser «peligroso». La raíz de toda esta confusión procede, como ya he dicho, de que se infecta la ciencia y la educación. Sin embargo, para que estos mitos se propaguen con virulencia se necesita la ayuda de otra herramienta poderosa: los medios de comunicación.

La comunicación está en proceso de cambio. Existe una crisis periodística debido a cómo internet está cambiando nuestra forma de informarnos. La fuerte competencia entre creadores de contenido y el auge de otros medios informativos que van ganando importancia, como las redes sociales, mantienen un pulso por la atención de la población. Jamás los medios de comunicación han estado tan democratizados como ahora, ni tampoco ha existido como ahora tal disponibilidad de información al alcance de un clic. Esto es algo muy positivo, pues significa que la información ya no la monopolizan unos pocos.

No obstante, en muchas ocasiones, los grandes medios generalistas que llegan a la mayoría de la población hacen frente a esta competencia con una falta de rigurosidad en las noticias que se difunden por internet. El ciberanzuelo (*clickbait* en inglés) se ha extendido dentro del contenido digital para atraer la mayor proporción de clics posibles y también favorecer que se comparta en las redes sociales. Este ciberanzuelo se caracteriza por titulares sensacionalistas y de contenido corto, viral y de poca profundización en el tema. Esto hace que las noticias falsas (*fake news*) referentes a la alimentación confundan a la población. Al fin y al cabo, el gran financiador de los medios de comunicación es la publicidad, y cuantos más clics y visualizaciones se consigan, más ingresos publicitarios habrá. Así que dentro de este inmenso océano de información que compite para que sea consumida, aquel que provoque mayor curiosidad es el que gana, contenga o no información veraz.

Y a propósito de la publicidad, ¿qué sector es el mayor inversor en publicidad en los medios de comunicación de masas? Efectivamente, como vimos en el capítulo sobre marketing, la industria de los ultraprocesados es uno de los principales contribuyentes en la financiación de estos medios gracias a sus anuncios en televisión, radio e internet. Y me viene a la cabeza la siguiente pregunta: ¿pagarías a alguien que te hace una mala promoción? Yo no, desde luego. Lo cierto es que, en muchas ocasiones, la información no es independiente. Depende de quién ponga el dinero. No vas a ver ninguna noticia que denuncie a alguna marca de ultraprocesados por los daños provocados en la salud, ya que puede entrar en conflicto con muchos patrocinadores de los propios medios. En cambio, podemos encontrar cientos de noticias que nacen de un estudio u opinión científica, eso sí, financiada por la industria alimentaria. Es posible que hayas oído «Los beneficios de la cerveza o el vino...», y también: «El azúcar es necesario para el cerebro» o «La importancia del desayuno...» o «El chocolate ayuda a adelgazar». La industria de ultraprocesados copia a su mentora, la industria del tabaco, que fue pionera en esto de las noticias falsas. Cuando aparecieron las primeras leyes que prohibían fumar en lugares cerrados, las tabacaleras crearon grupos falsos de propietarios de bares y restaurantes que argumentaron y difundieron que la prohibición de fumar afectaría a sus ganancias y, posiblemente, les llevaría a cerrar.[562]

La prensa se considera el «cuarto poder», por detrás de los tres poderes del Estado: ejecutivo, legislativo y judicial. Dada su determinante influencia en la opinión pública, es normal que las grandes empresas de comida procesada quieran acceder y tomar el control de estos medios. Gracias a su extensa red de contactos y a su poder económico, consiguen ciertos beneficios para controlarlos. Yo mismo he experimentado cómo, después de redactar por encargo un artículo de alimentación para un importante medio periodístico, me rechazaban el artículo por ser demasiado «comprometido». Menos mal que internet te permite escribir libremente, sin tapujos, hablando claro y demostrando lo que crees que es verdad. No la verdad absoluta, pero sí una verdad que tiene derecho a ser compartida y argumentada. El control de la información ya no es del dominio exclusivo de los medios de masas, porque, entre otros motivos, las masas están cada vez más repartidas.

No obstante, parte de estas masas siguen manipuladas a través de diversas estrategias que implementa la industria alimentaria. Algunas de estas estrategias las recoge Sylvain Timsit en la web <syti.net> y podemos aplicarlas a la alimentación:

- **Distraer la atención.** Uno de los grandes pilares de la manipulación. Problemas sociales como la mala alimentación a la que estamos sometidos y la privación de políticas que favorezcan la salud apenas se discuten en tertulias, no abren telediarios, no introducen titulares y, por tanto, no se comentan en los bares, en las calles o incluso en las universidades. Otros temas distraen la conversación de la sociedad, como el fútbol, los cotilleos de famosos o la cháchara política.
- **Exagerar problemas para dar soluciones.** La epidemia de enfermedades crónicas es un verdadero problema, y los malos hábitos, como el consumo de ultraprocesados, son su causa. En España se producen miles de muertes prematuras y evitables cada año solo por la mala alimentación, pero nadie pone el grito en el cielo por ello. En su lugar, se ensalzan y exageran para crear una crisis colectiva que demande una actuación del gobierno, el cual responde encantado. Este punto podría considerarse otro método de distracción colectiva.
- **Culpabilizar.** Esta táctica ya la he comentado; es uno de los mensajes en los que insiste tanto la industria como sus representantes. Timsit lo describe así: «Haga que el individuo crea que él solo es responsable de su desgracia, debido a la insuficiencia de su inteligencia, sus habilidades o sus esfuerzos. Por lo tanto, en lugar de luchar contra el sistema, el individuo se autodesprecia y se siente culpable,

lo que genera un estado depresivo, uno de cuyos efectos es la inhibición de la acción. ¡Y sin acción, no hay revolución!».

- **Apelar a lo emocional.** Te argumentarán que la vida son dos días, que de algo hay que morir, te invitarán a «destapar la felicidad», y esta palabra aparecerá en innumerables ocasiones, como si llevar un estilo de vida saludable fuera cosa de tristes, aburridos y amargados. La mayoría de los anuncios activarán tus circuitos emocionales para apagar los racionales, para ocultar que lo que de verdad estás comiendo es una basura.
- **Conocer a las personas mejor de lo que ellas mismas se conocen.** Como hemos visto, la industria nos lleva años de ventaja con sus avances en tecnología alimentaria, neurobiología o psicología del comportamiento; si crees que eres el único dueño de tus pensamientos, la estás subestimando.

## INFECTAN LA POLÍTICA

> Es difícil hacer que un hombre entienda algo cuando su salario depende de que no lo entienda.
>
> UPTON SINCLAIR

Cabe recordar las palabras de la doctora Margaret Chan, exdirectora general de la OMS, para contextualizar este apartado:

---

> Los esfuerzos para prevenir las enfermedades no transmisibles (ENT) van en contra de los intereses comerciales de los poderosos operadores económicos. En mi opinión, este es uno de los mayores desafíos a los que se enfrenta la promoción de la salud.
>
> Ya no es solo la industria del tabaco, también la de la comida, los refrescos y el alcohol. Todas estas industrias temen la regulación porque perjudica sus ganancias y usan las mismas tácticas. Grupos de presión, *lobbies*, demandas, promesas de autorregulación que no funcionan y la financiación de investigaciones que confunden la evidencia y mantienen a la población en duda. La duda es uno de los principales productos, y es muy efectiva. [...]

Cuando la industria está involucrada en la formulación de políticas, puede estar seguro de que las medidas de control más efectivas serán minimizadas o dejadas de lado por completo. Esto también está bien documentado y es peligroso.[563]

---

Como dice la doctora Chan, hay poderosas industrias con intereses que van en contra de nuestra salud. Para evaluar la magnitud de estas empresas que influyen en nuestra alimentación, cabe revisar la campaña de Oxfam «Tras la marca», que analiza el impacto social y medioambiental de las diez grandes multinacionales que se reparten la mayor cuota de mercado de los ultraprocesados a nivel mundial. Juntas generan unos ingresos de más de 1.100 millones de dólares al día, y conforman una industria valorada en 7 billones de dólares, lo que representa aproximadamente un 10 % de la economía mundial.[564] Casi nada.

Ya hemos visto que la industria alimentaria financia ciencia a su favor y compra a expertos. Con esta táctica llegan hasta los educadores y los medios de comunicación para difundir mitos y sembrar confusión entre la población. Esto a su vez consigue dos cosas: argumentos aparentemente científicos para la defensa de sus productos y una opinión pública ignorante y alienada. Con estas dos bazas a su favor es fácil convencer a cualquier político de las medidas que debe tomar en su periodo electoral para ganar, tanto los votos del pueblo como los de la industria. Pero los intereses de esta industria van radicalmente en contra de los intereses de la salud del pueblo. No pueden ganar ambos. Y esto sucede, no porque los accionistas de estas grandes multinacionales sean un grupo de villanos que conspiran contra nosotros, sino porque su crecimiento económico depende exclusivamente de cuántos productos ultraprocesados acabas comiendo tú, tus amigos, tu familia y, en definitiva, tu entorno. El daño a la salud pública no es su objetivo, sino tan solo un efecto colateral. Su verdadero objetivo es el económico, como cualquier otro negocio, ya sea de ropa o electrónica, pero con la diferencia de que sus productos acaban dentro de tu cuerpo.

Por si esto fuera poco, por si esta maquinaria fallara en alguno de sus engranajes, la industria se reserva un as en la manga: las puertas giratorias. La industria crea grupos de presión, los *lobbies*, con mucho poder político y de negociación, hasta el punto de colocar a varios de sus altos cargos en lugares sensibles de la toma de decisiones que afectan a toda la población. Y con esto se cierra el ciclo. Ellos producen, distribuyen y venden los productos que más dinero les hacen ganar, mientras que la población los compra y los consume sin ser consciente de su impacto. Sin despertar.

## EL COSTE DE OPORTUNIDAD

En cualquier caso, la epidemia de las ENT hace que los políticos tengan que tomar decisiones. Esta epidemia mortal demanda actuar, y, por supuesto, si algo saben hacer los políticos es «actuar», como buenos actores teatrales que son. Esos actos podrían resumirse así: «Hagamos algo para que no nos digan que no estamos haciendo nada». Este «hacer algo en lugar de nada» a veces supone un gran coste de oportunidad. El coste de oportunidad se refiere a la cantidad de beneficio que dejamos de obtener por elegir una opción en lugar de otra. En lo económico sería como si te ofrecen dos salarios, uno de 3.000 y otro de 1.000 euros, pero tú eliges el de 1.000. Aunque estés ingresando todos los meses ese sueldo, tu coste de oportunidad sería de 2.000 euros, que es el beneficio que estás dejando de obtener. Este ejemplo tan fácil en economía se vuelve bastante complejo cuando hablamos de sanidad, política y fondos públicos. Los recursos económicos que se destinan a la salud pública no son infinitos y, por tanto, por cada intervención que se realice, aunque se vea como positiva, hay que considerar las que se están dejando de hacer por elegir esa. Y a veces las que se están dejando de hacer pueden tener un precio de oportunidad muy alto.

La política actual en alimentación tiene el sello de la industria alimentaria, no de la salud pública. Los políticos implementan una serie de intervenciones políticas amistosas con la industria que suponen un coste de oportunidad para nuestros intereses. Veamos algunas de estas políticas y qué precio estamos pagando por ellas.

### Reformulación

El Ministerio de Sanidad español anunció en el año 2018 que más de 3.500 alimentos ultraprocesados deberán tener un perfil «más saludable» y reducir el 10 % en sal, azúcares y grasas antes del año 2020. Esta medida se incluye en el Plan de Colaboración para la Mejora de la Composición de los Alimentos, una de las estrategias que ha elaborado la AECOSAN en colaboración con la industria alimentaria. A la AECOSAN la supervisa la Administración General del Estado, y tiene funciones relacionadas con «la promoción y el fomento de los derechos de los consumidores y usuarios en bienes y servicios, así como la seguridad alimentaria y la nutrición saludable».

Sin embargo, la política actual de la AECOSAN no pasa por reducir la publicidad, disponibilidad o accesibilidad de los ultraprocesados para que la población los consuma en menor cantidad y frecuencia. La política se centra en cambiar estos ultraprocesados por versiones «mejoradas» para que sigas consumiéndolos y las empresas sigan vendiéndolos, pero supuestamente sin efectos tan devastadores como los que tienen ahora. Y digo «supuestamente» porque no hay ninguna evidencia de que sustituir el consumo de un producto cargado de ingredientes insanos por otro con menos signifique algo bueno para la población. Lo único que podríamos decir es que es algo «menos malo». No obstante, el comportamiento de la población ante esta medida de reformulación puede tener consecuencias no muy deseables. Tal y como advierten algunos estudios científicos, estas políticas de reformulación pueden servir para legitimar, respaldar e incluso promover el consumo de ultraprocesados.[565] Como si fuese otro método más de marketing, como ya pasó en su día con los productos bajos en grasa cargados de azúcar o los cigarrillos *light*. Porque como hemos visto, el problema del ultraprocesado no es un solo ingrediente, sino todos ellos, y a la vez, la ausencia del alimento entero cargado de nutrientes beneficiosos. Cada vez que comes alguno de sus productos supone un coste de oportunidad, esto es, tienes que contar los beneficios que estás dejando de obtener por no comer comida real. Sustituir azúcar por edulcorantes artificiales, grasas animales por grasas vegetales refinadas o harinas por otros almidones no arregla nada. En realidad, lo que crea es la percepción de que estamos mejorando nuestra alimentación sin cambiar nuestros hábitos, sin cambiar nuestro patrón de alimentación altamente procesado por uno más natural, fresco y real. Un parche que cubre mal y a corto plazo la verdadera herida, que sigue sin curar: no sabemos qué es comida y qué no lo es.

Por tanto, la reformulación de productos supone un coste de oportunidad. En lugar de esta medida, podríamos invertir tiempo y recursos en ayudar a la población a conocer bien estos productos y dejar de consumirlos. Por ejemplo, las guías alimentarias de países como Brasil y Uruguay ahora aconsejan explícitamente evitar consumirlos y reemplazarlos por comida real.[566] Sin embargo, en España, la industria alimentaria presiona para que este tipo de mensaje no llegue a la población. Como comenté anteriormente, hay una mentira que la industria quiere repetir hasta convertir en verdad: no hay alimentos buenos ni malos, lo importante es la dieta equilibrada.

## Promoción de una alimentación saludable..., ambigua e inefectiva

La promoción por parte de la AECOSAN de hábitos saludables pasa por su plan de acción principal: la Estrategia NAOS (Nutrición, Actividad Física y Prevención de la Obesidad). Esta se define como «una estrategia de salud que tiene como meta invertir la tendencia de la prevalencia de la obesidad mediante el fomento de una alimentación saludable y de la práctica de la actividad física, y, con ello, reducir sustancialmente las altas tasas de morbilidad y mortalidad atribuibles a las enfermedades no transmisibles (ENT)».

El primer problema que tiene esta estrategia es que centra su objetivo principal en la obesidad, cuando existe un problema mayor: la alimentación insana. El consumo de ultraprocesados contribuye enormemente al aumento de la prevalencia de obesidad, pero ¿qué pasa con todas aquellas personas que comen de un modo insano y no tienen sobrepeso u obesidad? ¿Quién las protege? Se sabe que la obesidad aumenta el riesgo de las ENT, pero también la mala alimentación lo hace, incluso en ausencia de sobrepeso. De hecho, recientemente se ha propuesto la definición de «obesidad de peso normal» para identificar a individuos que a pesar de estar en un índice de masa corporal normal, padecen comorbilidades asociadas a su mala alimentación, como exceso de grasa en los órganos (grasa visceral), o alteración del colesterol, de la glucosa, de la presión arterial, etcétera.[567] La obesidad es de origen multifactorial, de modo que para afrontarla no solo hay que solucionar problemas de alimentación, sino también de actividad física, descanso, falta de ayuda social, etcétera. Sin embargo, la mala alimentación tiene un culpable mucho más definido que son los ultraprocesados. Por tanto, la respuesta también debe ser más definida y concreta, y estar dirigida a ellos.

El problema llega cuando la respuesta para disminuir el consumo de estos productos choca con una estrategia de recomendaciones ambiguas, inexactas, no basadas en evidencias científicas y, en consecuencia, inefectivas. En el documento de dicha estrategia, disponible en la web de la AECOSAN, apenas podemos ver ninguna referencia bibliográfica que respalde sus argumentos. No obstante, seguro que os suena la siguiente frase extraída del documento: «La Estrategia NAOS debe apoyarse en una imagen positiva: no hay alimentos buenos o malos, sino una dieta bien o mal equilibrada. [...] De acuerdo con esta filosofía, la aplicación de la Estrategia NAOS se formalizará mediante recomendaciones, acuerdos voluntarios y autorregulación» (pág. 21).[568]

En todo el documento no hay rastro ni mención de la influencia en nuestra salud del grado de procesamiento en los alimentos. Esto último es algo normal, pues la estrategia es de 2005, y las publicaciones acerca del procesamiento no llegarán hasta diez años después. Aun así, puede que te resulte curioso que este libro de divulgación que ha llegado a tus manos esté más actualizado que las directrices que dirigen la alimentación de todo un país. Desde la puesta en marcha de la Estrategia NAOS en 2005, la tasa de obesidad en España ha aumentado un 9% en niños y jóvenes y un 4% en adultos en los últimos quince años, según el Estudio de Evaluación de los Hábitos Alimentarios y Estado Nutricional de la Población Española (ENPE). Y en cuanto a alimentación estamos aún peor, pues el porcentaje de ultraprocesados en nuestra dieta se ha ido incrementando. No hay nada que celebrar.

La pregunta es por qué no se actualiza esta estrategia. O cuánto tardará en actualizarse. Desde 2005 hasta la fecha que escribo estas líneas, 2018, ha pasado tiempo para poder hacerlo. No me imagino, por ejemplo, al Ministerio de Fomento cruzarse de brazos con un programa desactualizado que esté aumentando cada década el porcentaje de accidentes aéreos o de ferrocarril. El problema está en que, a diferencia de Fomento, el Ministerio de Salud tiene un conflicto de interés con otro ministerio del mismo gobierno, el de Agricultura. Este se encarga de velar también por los intereses comerciales de los ultraprocesados. De hecho, los ingredientes que los componen son materia prima agrícola: aceites vegetales refinados (girasol, maíz, soja, etcétera), harinas de cereales refinadas (harina de trigo) y almidones, azúcar (remolacha azucarera, caña de azúcar), etcétera. Estos ingredientes insanos los financia el propio gobierno con las subvenciones a estos cultivos.

Por eso jamás van a decir: «Evita los ultraprocesados», sino «Modera su consumo» dentro de una «dieta equilibrada consumiendo hidratos de carbono a un nivel de entre el 50 y 60 % de la energía consumida; en grasas no hay que superar el 30 %; las proteínas deben aportar entre el 10 y el 15 %». Y como ya he analizado en este libro, estos mensajes son ambiguos, de modo que la población no sabe diferenciar un ultraprocesado, desconoce sus efectos negativos, no sabe calcular el 30 % de grasas ni el 50 % de hidratos, no sabe moderar el consumo de estos productos insanos porque no tiene una guía ni una educación para ello; lo único que tiene es un entorno ultradisponible de productos adictivos.

Tal como decía el filósofo Guillermo de Ockham: «Cuando se ofrecen dos o más explicaciones para un fenómeno, la explicación completa más simple es la preferible». Para mejorar la salud de la población, el mensaje «Come comida real y evita los ultraprocesados» es más efectivo que cualquier cálculo de nutrientes en la dieta. Llevo veintisiete años sin saber qué porcentaje de nutrientes hay en mi alimentación, y saberlo no la va a mejorar.

## Autorregulación

Antes de que se cree una regulación real y efectiva para mejorar la alimentación de la población, la industria se ofrece a «ayudar» y propone medidas alternativas: la autorregulación. Estas medidas pasan por promesas de regulación leves y sin ningún organismo de control serio que vigile y haga cumplir lo prometido. El coste de oportunidad para la salud pública es el beneficio y oportunidad para el *lobby*, pues mantiene en el tiempo una serie de políticas «trampa» que retrasan las políticas efectivas. La industria alimentaria pone sus propias reglas del juego, decide lo que está bien o mal. La presión política que ejerce su poder económico es superior a la de cualquier grupo de investigación científica independiente, los cuales presentan serias dificultades de financiación y tienen mucha menos voz.

Ya hemos visto los poderosos efectos de la publicidad y el marketing en la decisión de compra, especialmente en los niños. Pues bien, en España, en lugar de existir una legislación que proteja de forma efectiva al consumidor, existe un acuerdo trampa, un acuerdo de autorregulación. Esta autorregulación es para la publicidad de alimentos y bebidas dirigida a menores, y se firmó en 2005 por el Ministerio de Sanidad, la AECOSAN, la FIAB y AUTOCONTROL. Es el llamado Código PAOS, que establece las reglas que rigen el desarrollo, la ejecución y la difusión de los mensajes publicitarios dirigidos a menores de doce años. La FIAB hace de *lobby* de los ultraprocesados y defiende sus intereses, una vez más, con el mensaje de que «hay que comer de todo, ¡no hay alimentos malos!».[569]

Este acuerdo presenta serias limitaciones. En primer lugar, no es obligatorio, sino que es de carácter voluntario para las empresas que quieran adherirse. En segundo lugar, no considera importante al resto de menores de edad, de doce a dieciocho años, lo cual ignora y subestima los efectos que tiene la publicidad en esta franja de edad. En tercer lugar, estas reglas impuestas por la industria no han demostrado su eficacia basada en la evidencia científica y son cuando menos puestas en duda por numerosos investigadores. Según una importante revisión sistemática de estudios, hasta la fecha, los códigos de autorregulación sobre comercialización responsable no han sido eficaces para reducir la exposición a ultraprocesados en la infancia.[570] Los niños están igual de expuestos o más. El incumplimiento es otra característica de estos códigos voluntarios. Diferentes estudios destacan esta falta de compromiso y honestidad, concretamente en el Código PAOS español.[571-572] Cualquier sanción económica por incumplir la normativa es ridícula e insignificante comparada con el volumen ganancial que manejan estas multinacionales. Una infracción leve puede costar 6.000 euros de multa, mientras que 20 segundos de anuncio en televisión durante el *prime time* (de 21.00 a 00.00 horas) puede llegar a costar hasta 25.000 euros, una franja horaria muy utilizada por estas empresas de comestibles.

Otra característica de la autorregulación es la implementación de campañas sobre nutrición de la mano de la industria alimentaria. Es el caso del Plan de Comunicación sobre Hábitos de Vida Saludables en la Población Española (HAVISA), una campaña llevada a cabo por el Ministerio de Sanidad en conjunto con empresas de ultraprocesados. También hay alguna empresa de comida real, como una marca de aceite de oliva, pero estas son mínimas.

Desde el año 2013, estas empresas se comprometen a poner durante unos segundos en sus anuncios televisivos, que ya hemos visto que son muy efectivos para sus ventas, una leyenda o mensaje en la parte inferior con frases, una vez más, ambiguas e inefectivas del tipo: «La mejor receta: alimentación equilibrada y ejercicio físico», «Come de forma variada, equilibrada y moderada» o «Desayuna todos los días».[573] Este último mensaje es curioso porque quizás aparece debajo de un anuncio con ultraprocesados dirigidos al desayuno, como galletas o cereales azucarados. Este tipo de campañas no conecta con la emoción del público, como sí lo hacen los anuncios que acaparan nuestra atención. Son mensajes invisibles, que no dicen nada concreto ni alertan de nada, sino que lo único que hacen es ocupar el lugar de otra medida que sí podría ser efectiva. Medidas como personajes famosos alertando de los perjuicios de las bebidas azucaras o la bollería, futbolistas recomendando frutas y verduras a diario, etcétera.

Además, estos mensajes que utiliza el Ministerio de Sanidad para la promoción de la salud no llegan a los más jóvenes, pues no utilizan los nuevos canales de difusión, las redes sociales, como sí lo hace la industria alimentaria. El Twitter del Plan HAVISA no llega ni a los 2.000 seguidores, mientras que cualquiera de mis historias de Instagram llega a más de 200.000 personas, la mayoría jóvenes de entre dieciocho y treinta años. Una vez más, deberíamos preguntar a los políticos qué dinero se está utilizando para promover la salud y, especialmente, de qué forma se está invirtiendo.

Estoy convencido de que todo este entramado de mensajes infectivos, campañas absurdas y políticas dudosas se explica por los conflictos de intereses, y tiene el fin de evitar que disminuyan las ventas de ultraprocesados, y favorecer a un sector empresarial que tiene mucho poder en España y en el mundo entero. Tal y como denuncia Justicia Alimentaria, las puertas giratorias entre la política y esta industria son más que evidentes. Uno de los casos más sonados fue la designación como directora de la AECOSAN de Ángela López de Sá, exdirectora de Asuntos Científicos y Normativos de una empresa de refrescos.[574] A día de hoy, ya no forma parte de la AECOSAN, pero como ya he comentado, los mensajes y las políticas de la Estrategia NAOS no se han actualizado, siguen aún en la línea obsoleta de cuando ella era directora y colaboró en la elaboración de la normativa española en asuntos alimentarios. Esto beneficia claramente a la industria alimentaria en la actualidad, la cual sigue infectada.

Capítulo 6

# CÓMO NOS MATAN LOS ULTRAPROCESADOS

> La enfermedad es la venganza de la naturaleza por la violación de sus leyes.
>
> CHARLES SIMMONS

## COCINANDO A LA RANA

Los ultraprocesados no son tóxicos agudos, sino productos insanos crónicos. Eso quiere decir que su consumo no provoca un daño inmediato, sino con el paso del tiempo, que puede abarcar meses, años o incluso décadas de consumo, de modo que lentamente van dañando nuestro cuerpo hasta desencadenar fallos orgánicos (llámese infarto de miocardio, ictus o cáncer de colon). El proceso es gradual: se empieza con un deterioro a nivel celular que luego va afectando poco a poco a los órganos y, por último, a los sistemas orgánicos completos. Este avance gradual, de cada día un poco peor, es lo que hace que sean tan letales, pues les confiere la habilidad de ser indetectables.

Cualquier infección aguda nos puede dejar postrados en la cama, sin energías y enfermos. Esto hace que seamos conscientes de dicha enfermedad, la percibamos como un peligro, luchemos por salir adelante y por prevenirla en un futuro. No obstante, la enfermedad de la mala alimentación atraviesa diferentes fases, las cuales te van alcanzando sin darte cuenta, pues son modificaciones pequeñas que aparecen día tras día, casi imperceptibles. Además, con cada nueva etapa te vas acostumbrando y vas normalizando la situación nueva que adquiere tu cuerpo. Casi nadie se habitúa a estar resfriado ni a tener fiebre, pues son situaciones agudas incómodas que debemos soportar hasta que desaparecen. Por el contrario, puedes acostumbrarte poco a poco a aumentar tu grasa corporal o tus niveles de colesterol, presión arterial, glucosa o triglicéridos en sangre. Vas cocinando tu enfermedad a fuego lento.

Dicen que si echas una rana en una olla de agua hirviendo, esta salta y se escapa. Sin embargo, si la echas en una olla de agua templada y poco a poco vas subiendo la temperatura... al final consigues cocinarla. De la misma forma, los ultraprocesados nos van «cocinando», y su consumo va incubando de forma silenciosa en nuestro cuerpo un aumento de citoquinas proinflamatorias, especies reactivas de oxígeno, alteraciones hormonales y alteraciones de la microbiota intestinal que no podemos detectar. Con el tiempo es posible que el médico te diga que debes tomar unas pastillas para el colesterol o para la hipertensión, o quizá sea un espejo o algún familiar el que te sugiera que debes adelgazar. De hecho, paradójicamente, el sobrepeso y obesidad es la salvación para muchos, porque supone su motor de cambio, su motivación para empezar a cuidar la alimentación, un cambio que miles de personas no realizan porque, al estar delgadas, consideran que eso ya es suficiente para no prestar atención a lo que comen. Estas personas no sienten malestar porque han normalizado el malestar de los ultraprocesados. Al igual que el fumador normaliza la tos, la falta de aire, el cansancio o la ansiedad por fumar.

El problema es que con el paso de los años te vas acercando más al desenlace final. Has ido comprando papeletas y añadiendo ingredientes al caldo de cultivo de tu propia enfermedad, sin ni siquiera haber sido consciente de ello. Has sido presa de Matrix sin darte cuenta, pues la mejor manera de evitar que escapes de tu enfermedad es asegurarse de que no sepas que estás enfermo. A continuación, intentaré explicar este proceso para que puedas entenderlo y solo así poder escapar de él.

## FASE INVISIBLE

La primera fase es invisible. En esta fase comes ultraprocesados ricos en ingredientes insanos, pero no te provoca ninguna sintomatología específica. Quizá puedas tener digestiones horribles o ardores de estómago, pero te acostumbrarás o no lo achacarás al consumo de estos productos. A nivel bioquímico, tus analíticas pueden salir perfectas, no hay parámetros alterados, ni anomalías que detecte tu médico. Esta es la fase más importante para realizar una prevención y concienciación de los hábitos de vida, porque prevenir se refiere a evitar que ocurran futuros desequilibrios

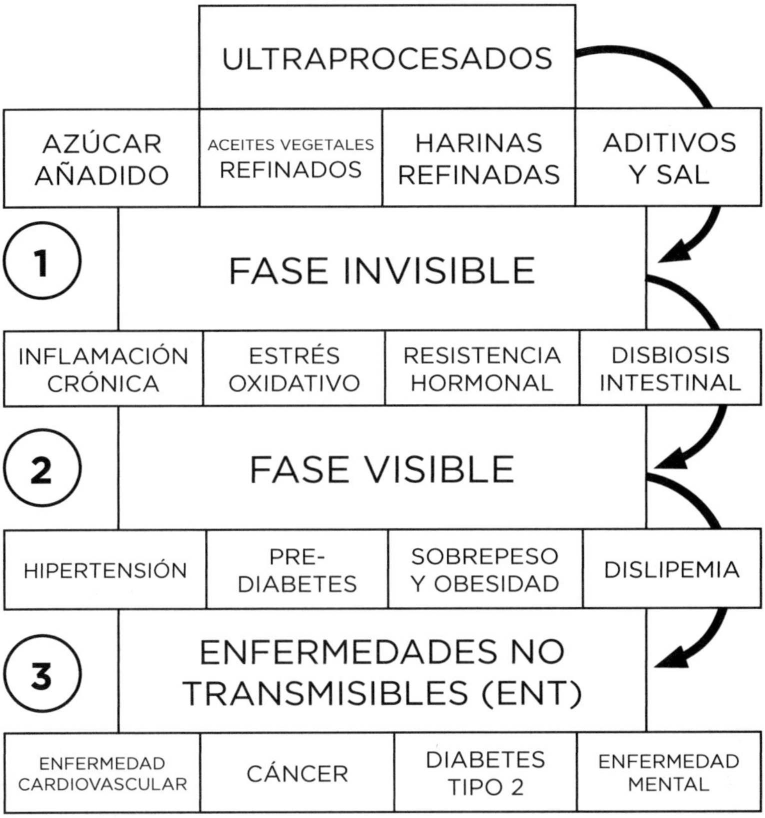


en tu organismo. El cuerpo se va a adaptar poco a poco a compensar los efectos perjudiciales de los ingredientes insanos, se va adaptando al malestar que vas acumulando. Como si estiraras una goma elástica y cada vez fuera más la tensión que debe aguantar.

Los datos más conservadores indican que, en promedio, el 30% de las calorías que ingieren los españoles vienen de los ultraprocesados, lejos del 10% aceptable para que no genere un impacto considerable en la salud de la población.[575] Ese 10% representaba el consumo en el siglo pasado, antes de su propagación con la globalización, la cual ha aumentado exponencialmente con las ventas de estos productos prácticamente en toda la superficie del planeta.[576-579] Encuestas realizadas en diferentes países revelan que entre un 25 y 50% del consumo diario total está constituido por ultraprocesados.[580]

Sin embargo, según datos de la Encuesta Europea de Salud de 2014, siete de cada diez españoles de quince años y mayores valoran su estado de salud como bueno o muy bueno.[581] Pero esto podría ser un error de medición, una falsa percepción de salud. A nivel celular y bioquímico podríamos detectar parámetros alterados que no se suelen analizar por los sistemas de salud actuales, como las citoquinas proinflamatorias, el estrés oxidativo, el número de hiperglucemias que acumulas a lo largo del mes o el daño a tu microbiota, es decir, la disbiosis intestinal. Por ejemplo, como ya hemos visto, el desequilibrio omega 3/omega 6 procedente del alto consumo de aceites refinados eleva nuestra inflamación crónica de bajo grado. Esta inflamación se caracteriza por una elevación en los niveles circulantes de moléculas con actividad inflamatoria, tales como la proteína C reactiva (PCR), el factor de necrosis tumoral alfa (TNF-$\alpha$) y las mencionadas citoquinas, así como células del sistema inmunitario (macrófagos y linfocitos T). Todos estos actores involucrados en la inflamación no provocan síntomas de dolor, de modo que la situación pasa desapercibida y se prolonga en el tiempo.

Un número creciente de evidencias científicas sugiere que la aterosclerosis, ese proceso por el cual se acumula placa de ateroma en los vasos sanguíneos, es consecuencia del proceso inflamatorio crónico, pues este afecta a nivel vascular, favoreciendo la acumulación de esta placa de ateroma.[582] Los vasos sanguíneos se ven dañados por las citoquinas inflamatorias, lo cual facilita la acumulación de lípidos y recluta a macrófagos y células inmunitarias para formar células espumosas (placa de ateroma). Además, los radicales libres que producen algunas células del sistema inmunitario, como los neutrófilos, hace que el colesterol LDL se oxide y sea más fácilmente acumulable en forma de placa de ateroma. Es decir, que la inflamación crónica contribuye a su vez al estrés oxidativo crónico.

Los radicales libres no son malos *per se*; los producimos de forma natural con la metabolización de los nutrientes energéticos. Sin embargo, un exceso de calorías procedentes de estos productos procesados muy energéticos dispara la producción de radicales libres por parte de las mitocondrias de nuestras células.[583] Además, estos productos, al no aportar antioxidantes naturales, como sí aporta la comida real, hace que el desequilibrio oxidativo sea mayor y se instaure en el cuerpo.[584] Este desequilibrio formado por muchos radicales y pocos antioxidantes empieza a dañar estructuras celulares, como membranas, lípidos, proteínas, lipoproteínas e incluso nuestro propio ADN. Estos daños pueden aparecer desde la infancia, aunque sean casi invisibles a nuestros ojos. Un estudio realizado en 571 niños de seis a ocho años recopiló muestras bioquímicas y encuestas de consumo de alimentos.[585] Los resultados mostraron que un alto consumo de ultraprocesados y un bajo consumo de frutas y verduras se correlacionaba con altos niveles de moléculas inflamatorias en niños, como la PCR. Estos resultados fueron independientes del peso de los niños, por lo que se confirma que la mala alimentación actúa por sí sola sin ayuda del peso corporal.

Por otra parte, el consumo paulatino de azúcares añadidos y harinas refinadas, junto con esta condición inflamatoria, aumenta una serie de resistencias hormonales. Está bien demostrado que la inflamación crónica aumenta la resistencia a la insulina y la resistencia hipotalámica a la leptina, es decir, que las hormonas empiezan a dejar de funcionar correctamente.[586-587] Estos productos están tan procesados que conllevan una digestión muy rápida, por lo que provocan una respuesta hiperglucémica alta sin capacidad saciante (estudio). Esto hace que cada vez sea más difícil disminuir los niveles de azúcar en sangre con la insulina o que la leptina pueda mandar un mensaje correcto de saciedad al cerebro, por lo que se retroalimenta la situación y comemos más ultraprocesados. Este aumento de su consumo dispara el exceso de energía, ya sea de grasa o de hidratos de carbono, y provoca que nuestro hígado produzca más colesterol y triglicéridos de la cuenta, mientras que nuestras mitocondrias generan más estrés oxidativo. En consecuencia, aparece el exceso de grasa oxidada en la sangre, la dislipemia aterogénica, la cual aumenta el riesgo de formar más placa de ateroma, dado que hay más colesterol circulando y en su forma más acumulable. Existen pruebas científicas que vinculan las harinas y los almidones altamente refinados con el impacto perjudicial en los niveles de colesterol en sangre.[588-589] Una dieta rica en azúcares añadidos triplica aproximadamente el riesgo de mortalidad por enfermedad cardiovascular.[590]

Lo mismo sucede con el envejecimiento. Como ya vimos, el exceso de azúcar y bebidas azucaradas acorta los telómeros, que son los que protegen nuestro material genético en el ADN. Estos telómeros se van acortando de forma natural con la edad, pero la mala alimentación acelera este acortamiento.[591] Los telómeros más cortos se han asociado con un mayor riesgo de enfermedades crónicas, incluidas las enfermedades cardiovasculares, la diabetes tipo 2 y algunos tipos de cáncer.[592-594]

Por último, los ultraprocesados producen un desequilibrio en nuestras bacterias del colon, la llamada disbiosis intestinal.[595] Entre los responsables de este desequilibrio están el bajo contenido en fibra soluble y almidones resistentes, junto con el alto contenido en azúcares, harinas ricas en gluten y aditivos como los edulcorantes y emulsionantes. Esta disbiosis se ha relacionado con una serie de problemas intestinales, que incluyen la enfermedad inflamatoria intestinal (EII), el síndrome del intestino irritable (SII) y la enfermedad celíaca.[596] Incluso puede contribuir a aumentar el riesgo de sobrepeso y obesidad.[597-598]

Los científicos han descubierto que las bacterias intestinales de las personas que comen comida real son diferentes de las que comen ultraprocesados. Podría decirse que cuanto más procesado, más comida le das a las bacterias malas para su supervivencia y reproducción. Tus huéspedes buenos se transforman en okupas malos. Esta disbiosis se ha relacionado con una amplia gama de enfermedades como la artritis, la diabetes tipo 2, las enfermedades cardíacas y el cáncer.[599]

## FASE VISIBLE

No percibimos ni la inflamación, ni el estrés oxidativo, ni la disbiosis, ni las resistencias hormonales, pero cuando aumentamos de peso o cuando nos diagnostican hipertensión, la cosa cambia. Es la llamada fase visible, donde parámetros bioquímicos y estéticos se alteran, y nos dan la primera señal de alarma. Señal que en muchos casos también pasa desapercibida o no se resuelve yendo a la raíz del problema, como son los hábitos de vida, sino con pastillas farmacológicas dirigidas a poner un parche en los síntomas, y con productos dietéticos milagrosos para conseguir perder peso rápido. Este enfoque seduce a muchos, pues te ahorra el esfuerzo y la molestia de instaurar cambios. Simplemente tienes que tener fe en que el producto resuelva tus problemas. No obstante, será un parche más hasta que el cuerpo aguante, pan para hoy y hambre para mañana. No quiero decir que los fármacos para el tratamiento de las enfermedades no transmisibles (ENT) no sean importantes; al contrario, ahora mismo son muy importantes debido a la poca importancia que se dedica a la prevención.

Desequilibrios que antes sucedían de forma inadvertida en tus células pasan ahora a la sangre, disparando los asteriscos de tu analítica. Glucosa, lípidos, enzimas hepáticas, sistema inmunitario o presión arterial entre otros. Como ya vimos, el bajo consumo de potasio y el alto consumo de sal y azúcar son los mayores responsables del aumento de la presión arterial, la cual daña a su vez todavía más los vasos sanguíneos, acelerando la aterosclerosis. La hipertensión también puede agravarse con el aumento de grasa corporal presente en el sobrepeso y la obesidad, cuyo origen multifactorial se explica a veces de forma reduccionista con la simple teoría de las calorías. Esta teoría es la que utiliza la industria alimentaria para protegerse de las críticas, comprando a científicos y financiando investigaciones para defenderla, como ya hemos visto.

Decir que la obesidad se debe a que ingerimos más calorías de las que quemamos, realmente no nos dice nada. Sería comparable a decir que nos arruinamos cuando gastamos más dinero del que ahorramos. Vale, pero ¿por qué te arruinaste? Es decir, ¿por qué seguiste gastando en lugar de ahorrar? ¿Qué es lo que te llevó a esa situación? Estas son las preguntas claves para plantear el problema de la obesidad. Sabemos que se ha acumulado más grasa de la que se ha quemado, pero ¿por qué se ha llegado a esa situación? Cuarenta kilos no se cogen de la noche a la mañana, porque si fuera así, nos asustaríamos muchísimo. La población va engordando gramo a gramo, kilo a kilo, hasta llegar a una situación de exceso de peso casi normalizada y aceptada. ¿Por qué no puso esa persona remedio cuando estaba engordando? ¿Qué le impulsó a seguir comiendo?

Cuando hacemos la pregunta adecuada, la respuesta de las calorías ya no nos vale. Los ultraprocesados provocan la obesidad a través de la ultrapalatabilidad, ya que rompen nuestras barreras naturales de saciedad. Con el tiempo, el consumo repetido de estos ultraprocesados contribuye a las resistencias hormonales que he mencionado antes, por lo que se establece así un círculo vicioso donde estas resistencias generan aún más hambre e incluso un cansancio que desmotiva para la práctica de ejercicio.

La persona obesa es víctima de su propia biología alterada, al igual que una persona depresiva o alcohólica es víctima de la suya. De la misma forma que no sirve de nada decirle a alguien con depresión que levante su ánimo o a un alcohólico que beba menos, tampoco sirve decirle a alguien con obesidad que coma menos o haga más ejercicio. Puedes decírselo, pero eso no le quitará las ganas de comer y las pocas ganas de hacer ejercicio. La pereza y el hambre excesivo no son solo la causa de la obesidad, son también su consecuencia, una consecuencia que deriva de un entorno ultradisponible de productos ultrapalatables y continuamente anunciados. Gran parte de las personas con sobrepeso u obesidad que visitan al dietista-nutricionista para perder peso se consideran adictos a estos productos, están atrapados en su consumo, se vuelven dependientes de ellos.[600] El paladar se va acostumbrando a los potentes ingredientes hipersabrosos, de tal forma que cuando le das un bocado a una manzana, te sabe a rayos. Incluso la inflamación crónica altera las papilas gustativas para que la persona prefiera estos sabores palatables, según recientes estudios.[601] En las últimas décadas se ha disparado la obesidad infantil, no por culpa de la genética, sino por culpa del entorno en el que nacen estos niños. El consumo de ultraprocesados es claramente el mayor culpable de este desequilibrio en el peso infantil.[602] En última instancia, la esperanza de vida de una persona con obesidad se reduce en unos cinco-veinte años.[603]

El porcentaje de ultraprocesados va incrementándose en la dieta, sustituyendo a la comida real, provocando un doble impacto: más ingredientes insanos y menos alimentos protectores en tu alimentación. Estudios longitudinales y transversales en varios países han encontrado una asociación positiva entre el consumo de alimentos ultraprocesados y la obesidad, la hipertensión, el síndrome metabólico y la dislipidemia.[604-609]

## FASE DE ENFERMEDAD NO TRANSMISIBLE (ENT)

El riesgo de padecer una ENT se multiplica con cada factor metabólico alterado: el aumento de la presión arterial, el sobrepeso y la obesidad, la hiperglucemia, la hiperlipidemia, la inflamación crónica, etcétera, es decir, con factores metabólicos que han dado la cara en la fase visible, pero que previamente se han gestado en la fase invisible. En términos de muertes atribuibles, el principal factor de riesgo metabólico es el aumento de la presión arterial (al que se atribuyen el 19 % de las muertes a nivel mundial), seguido por el sobrepeso y la obesidad y por el aumento de la glucosa sanguínea.[610] Estas muertes por ENT proceden de las enfermedades cardiovasculares (como los ataques cardíacos y los accidentes cerebrovasculares), varios tipos de cáncer, las enfermedades respiratorias crónicas (como la enfermedad pulmonar obstructiva crónica y el asma), la diabetes tipo 2 y enfermedades crónicas mentales.[611]

Especialmente preocupante es el aumento de la prevalencia del cáncer, ese conjunto de enfermedades relacionadas con la proliferación descontrolada de células del cuerpo, cuya causa es multifactorial. No obstante, la población tiene la percepción de que se trata de una «lotería» asociada a factores principalmente genéticos, es decir, que se debe a mala suerte». Si bien en muchos tipos de cáncer el componente genético es muy importante, de todas las muertes causadas, hasta un 35 % se asocia a la mala alimentación. En otras palabras, los ultraprocesados pueden ser potencialmente cancerígenos.[612] Según datos del año 2012, el cáncer supone una carga mundial de más de 14,1 millones de nuevos casos diagnosticados,[613] y según el Fondo Mundial para la Investigación del Cáncer y el Instituto Estadounidense para la Investigación del Cáncer, alrededor de un tercio de los cánceres más comunes podrían evitarse simplemente cambiando el estilo de vida y la alimentación.[614]

En enero de 2018 se publicó en el *British Medical Journal* el primer estudio que relacionaba el consumo de ultraprocesados con un mayor riesgo de cáncer en una gran población francesa (Estudio NutriNet-Santé).[615] Concretamente, el aumento del 10 % en el consumo de ultraprocesados se asoció a un aumento significativo del 12 % en el riesgo de cáncer general y del 11 % en el de cáncer de mama. Además, los autores comentaron que la asociación podía estar subestimada por varias razones. La primera porque al ser una población que realizaba el estudio de forma voluntaria, podía tener comportamientos más conscientes con respecto a la salud. La segunda es que el estudio empezó en 2009, por lo que el seguimiento fue relativamente corto, dado que algunos procesos carcinógenos pueden llevar varias décadas, como he comentado. Otro dato interesante que observaron fue la relación entre la comida real y la prevención del cáncer. El grupo de «alimentos mínimamente procesados» se asoció con un menor riesgos de cáncer general y de mama.

Los ultraprocesados pueden ser cancerígenos por varias razones. En primer lugar, sabemos que estos productos ricos en calorías, azúcares, harinas refinadas y aceites vegetales refinados aumentan el riesgo de sobrepeso y obesidad.[616] A su vez, se sabe que la obesidad promueve el desarrollo de varios tipos de cánceres, como el cáncer de mama, estómago, hígado, colon, esófago, páncreas, riñón, vesícula biliar, endometrio, ovario, tiroides, próstata, y algunas neoplasias hematológicas.[617] En un estudio observacional realizado en 8.984 mujeres durante un promedio de 9,5 años, con 207 casos de cáncer de mama durante ese tiempo, el patrón dietético con comida real se asoció a un riesgo significativamente menor de cáncer de mama, concretamente un 35 % más bajo. Para las mujeres de peso normal, este patrón saludable fue aún más protector: aproximadamente un 61 % menos de riesgo de cáncer de mama.[618] En segundo lugar, los ultraprocesados, al carecer de nutrientes protectores, favorecen la aparición de esta enfermedad, al mermar las defensas en nuestro cuerpo. Algunos estudios nos indican que una dieta saludable basada en comida real, principalmente vegetal, disminuye en un 60-70 % los casos de cánceres de mama, colorrectal y de próstata, e incluso de pulmón, además de reducir la probabilidad de otros tipos de cánceres.[619] Por último, al contener ingredientes insanos, pueden promover de forma directa la enfermedad por sus posibles efectos carcinógenos. Se sabe que un patrón dietético «occidental», basado en ultraprocesados, se asocia con un 46 % de aumento del riesgo relativo de padecer algunos cánceres como el de colon.[620] Componentes como los aceites vegetales refinados tienen efectos genotóxicos demostrados, es decir, dañan nuestro ADN a través de su actividad proinflamatoria y prooxidante.[621-625] También hay pruebas sólidas de que la alta carga glucémica de los ultraprocesados es una causa de cáncer de endometrio,[626] o el mayor consumo de bebidas azucaradas está relacionado con el cáncer de mama en mujeres posmenopáusicas.[627] Eso sin contar los tipos de cáncer relacionados con la diabetes tipo 2, relación lógica porque comparten alteraciones metabólicas.[628] En definitiva, hay suficiente evidencia científica para recomendar evitar el consumo de ultraprocesados para prevenir la aparición de algunos tipos de cáncer, de la misma forma que se recomienda evitar fumar para prevenir el cáncer de pulmón.[629]

Adultos, niños o ancianos, todos somos vulnerables a la alteración de los factores metabólicos que provocan los ultraprocesados. Cada vez aparecen antes, afectando especialmente a la esperanza y calidad de vida de la población de entre treinta y sesenta años de edad. La dieta insana no es la única responsable; también contribuyen otros hábitos como la inactividad física, la exposición al humo del tabaco o el uso nocivo del alcohol. Sin embargo, hemos visto que la alimentación insana puede elevar todos los factores de riesgo metabólicos (obesidad, presión arterial alta, glucosa, etcétera), por lo que estos factores combinados representan alrededor del 40 % de la carga de la enfermedad. Según los datos del macroestudio Global Burden of Disease (Carga Mundial de Morbilidad), publicado en la prestigiosa revista *The Lancet*, una dieta inadecuada es el factor de riesgo que más problemas causa en nuestra salud, y es responsable del 21 % de las muertes evitables. Además, el estudio deja caer que si se cuantificara por separado el impacto de la alimentación en la ganancia de peso, su responsabilidad en nuestra salud resultaría mucho mayor de lo estimado. En consecuencia, los ultraprocesados contribuyen a la mortalidad y morbilidad más que el tabaco, el alcohol y la inactividad física juntos.[630]

Según un informe de Justicia Alimentaria, en España, 11 millones de personas tienen problemas glucémicos, y 5,2 millones serían atribuibles a la alimentación insana.[631] Medio millón de casos de personas con problemas cardiovasculares y 220.000 casos de cáncer podrían ser atribuibles, estadísticamente, a la alimentación insana. En total, 6 millones de enfermos cuyo principal factor de riesgo ha sido la alimentación insana, es decir, el alto consumo de ultraprocesados y el bajo consumo de comida real. Si traducimos estos datos de enfermedad a mortalidad, hallamos que solo teniendo en cuenta estas tres enfermedades crónicas, unas 90.000 personas mueren al año, y su principal factor de riesgo ha sido la alimentación insana. Unas 246,5 muertes al día por la alimentación. Casi nada. Todos estos datos provienen del Institute for Health Metrics and Evaluation (IHME), la mayor base de datos independiente, cuyas cifras proceden de fuentes oficiales y de publicaciones científicas recopiladas y analizadas por un consorcio de más de 1.600 investigadores en 120 países.[632] Los ultraprocesados son los grandes causantes de estas muertes; por ejemplo, en España se calcula una muerte cada cinco horas por el consumo de bebidas azucaradas (aproximadamente 1.800 muertes al año), principalmente por estas ENT.[633]

Estos datos son abrumadores y casi no salen a la luz en comparación con otros problemas mucho más mediáticos. Según el Instituto Nacional de Estadística (INE), en todo el año 2016, en España murieron 1.890 personas por accidente de tráfico y 44 personas por violencia de género.[634] El peor año de gripe puede llevarse a más de 600 personas en total. Todos son víctimas igual de importantes que las de la alimentación, solo que en el caso de estas últimas no se da tanta importancia a su culpable, no se pone remedio para evitar la propagación de este «virus» que supone la mayor epidemia de la historia de nuestra especie. Una epidemia de ENT que provoca casi unos 40 millones de muertes al año en todo el mundo.[635] Por eso, con estas estadísticas de por medio, deberías preocuparte más por lo que hay en tu despensa que por un posible ataque terrorista en tu país (poco más de 13.000 muertes al año en todo el mundo).[636] Por primera vez en la historia, las ENT matan más que las enfermedades infecciosas, y lo que comemos mata más que la falta de comida.

Imagina por un momento un país, por ejemplo, Corea del Norte. Este país desarrolla una avanzada arma biológica capaz de provocar diabetes tipo 2, cáncer e infartos a nuestra población, incluso a nuestros hijos, provocándoles obesidad infantil y diversas dolencias crónicas. Obviamente, el bombardeo de esta potente arma biológica no llega a impactar a toda la población, pero sí a una de cada dos personas. ¿Crees que nuestro país se quedaría quieto ante esta amenaza? Ahora cambia el nombre de Corea del

Norte por el de industria de los ultraprocesados. Esta amenaza la estamos combatiendo mal, estamos derrochando miles de recursos en tratar a los heridos, sin hacer nada contra los que siguen atacando. No en vano, los medicamentos más vendidos en España son alivios sintomáticos de esta amenaza, pero no su cura. Según un informe del Ministerio de Sanidad, entre los fármacos más consumidos se encuentran precisamente los dirigidos a compensar estas alteraciones metabólicas provocadas por los hábitos de vida, especialmente la mala alimentación.[637] Fármacos contra el colesterol alto (simvastatina), contra la presión alta (enalapril), la glucosa (metformina), incluso antiácidos como el tan consumido omeprazol, que usan con mayor frecuencia personas obesas, fumadoras y que, en general, se cuidan menos.[638] Todo esto supone no solo un coste humano, sino también un gran coste económico a nuestra sociedad. La diabetes tipo 2 impone una carga económica para España que podría alcanzar el 2,5 % del PIB; la estimación es de 19.908,661 millones de euros, según un informe de la Fundación MAPFRE.[639] Mediante cambios en estilo de vida se podría ahorrar el 64,8 % de ese coste, en torno a 12.900,8 millones de euros. De ellos, el mayor ahorro se ganaría mejorando la alimentación, que es la responsable del 40 % de los costes sociales de la enfermedad. Con ese dinero podrían financiarse cientos de intervenciones en promoción de la salud que hoy quedan censuradas por el monopolio que manejan varias multinacionales de la industria alimentaria y farmacéutica. Esto no es una historia de conspiración peliculera, sino la realidad actual, intereses económicos que prevalecen ante la salud pública. Probablemente, tú harías lo mismo si se tratase de tu empresa, lucharías por tus intereses más allá de los intereses de los demás.

El gasto público sanitario español en 2014, con respecto a la prevención, fue de 1.875 millones de euros, frente a los 21.074 millones de euros invertidos en dispensar fármacos en ambulatorios.[640] Como ves, el desequilibrio no está solo en nuestra salud individual, sino también en la administración pública que vela por la salud poblacional. Quizás estemos preparados para evitar peligros inmediatos, tomando decisiones que garanticen nuestra supervivencia de forma eficaz, pero cuando se trata de elecciones y acciones con resultados a años vista, la cosa cambia. Tal vez nunca hemos estado diseñados para cuidar nuestra salud a largo plazo, porque ese esfuerzo nunca tuvo sentido, pero ahora sí lo tiene. Nuestro mayor reto está en las pequeñas acciones que hacemos hoy por nuestro futuro de dentro de algunos años.

SEGUNDA PARTE

# COME COMIDA REAL

# Capítulo 7
# *REALFOODING*

Más mercado y menos supermercado.
Más real y menos procesado.
Más local y menos de otro lado.

CARLOS RÍOS

Creamos los ultraprocesados hace apenas unas décadas, y nunca hubiéramos podido prever las consecuencias que esto traería consigo. Al principio no suponían ningún riesgo, se presentaban como otro avance más de la revolución tecnológica, pero en el ámbito alimentario. Ofrecían soluciones para el cambio que estábamos experimentando en nuestra nueva forma de vida, cada vez más globalizada, conectada, ocupada y hedónica. Pero poco a poco fueron ganando terreno y, sin darnos cuenta, adquirieron un poder que sería difícil quitarles después. Y es que todo lo que crece no quiere dejar de crecer. Por ello, para evitar su desaparición o decrecimiento, los ultraprocesados mantienen a sus creadores en un entorno perfectamente diseñado para que estos sigan consumiéndolos, de forma casi inconsciente y sin oponer resistencia. Como si se tratase de un sueño del que nunca despierta, la sociedad continúa su camino a ciegas hasta un final de pesadilla.

Las estadísticas nos están avisando, el consumo de ultraprocesados va en aumento y las enfermedades no transmisibles (ENT) van de la mano. Hemos visto que la población atrapada en Matrix muere por enfermedades cardiovasculares, diabetes tipo 2 o cáncer, y la mayoría muere ignorando las causas. Las soluciones que se ofrecen a la mala alimentación son peor remedio que la enfermedad: pastillas adelgazantes, batidos sustitutivos o dietas extremas, monótonas, con restricciones e invenciones absurdas carentes de evidencia científica.

Ante este panorama desolador que he detallado en el transcurso de este libro, necesitamos aportar soluciones. Se necesita un verdadero cambio en nuestro sistema alimentario, un cambio radical. Este cambio solo podrá llegar con un movimiento social, pues vivimos en una sociedad democrática y somos nosotros los que decidimos nuestro futuro. Pero ¿cómo movilizar a una población atrapada en Matrix? ¿Cómo guiarla hacia el cambio? Difícil respuesta. Por suerte, no todo está mal. Unos pocos rebeldes han escapado, han despertado de Matrix y luchan contra este sistema. Esos rebeldes de los que hablo son los que están en este preciso instante leyendo este texto, puesto que una vez que conoces la verdad, ya no hay vuelta atrás.

## ¿QUÉ ES EL *REALFOODING*?

El *Realfooding* es un estilo de vida basado en comer comida real y evitar los ultraprocesados. Es un movimiento que defiende el derecho a una alimentación saludable para la población. Es una revolución que lucha con conocimiento y conciencia contra el lado oscuro de la industria alimentaria. Porque juntos podemos acabar con el sistema alimentario dominado por los ultraprocesados para devolver la soberanía a la comida real, la comida de verdad que nunca debió ser reemplazada.

La alimentación se ha centrado en nutrientes y calorías, en lugar de alimentos o de comida. Los libros de dietas y las guías alimentarias hablan en términos de hidratos de carbono, grasas, proteínas, vitaminas o minerales, pero todo eso no tiene nada que ver con la salud, por lo menos no con lo que necesitamos en nuestra época actual. Tampoco es necesario ser dietista-nutricionista para llevar una alimentación saludable.

La ciencia de la nutrición nació con el descubrimiento de los nutrientes, como la vitamina C en el año 1932. A partir de entonces, esta ciencia se desarrolló para detectar qué déficits de nutrientes generaban los problemas propios de la desnutrición. El déficit de vitamina C provocaba el escorbuto; el déficit de vitamina B1, la enfermedad beriberi; la pelagra se debe al déficit de vitamina B3; el raquitismo, al de vitamina D, etcétera. Esto tuvo sentido y ayudó en el siglo pasado, en tiempos de guerra, escasez y penurias, pero no tiene lógica en nuestra época, no desde que los ultraprocesados se introdujeron en nuestro sistema alimentario. Las muertes por obesidad han superado con creces a las muertes por hambre, sin contar las muertes que provoca la mala alimentación. Ahora, la nutrición cree poder combatir las enfermedades de la mala alimentación centrándose de nuevo en nutrientes aislados como antaño; de este modo, se generan mitos como que las grasas saturadas del huevo o el azúcar de la fruta son malos. Sin embargo, la mala alimentación no es culpa de un ingrediente o un nutriente, sino de la suma de todos ellos en los productos ultraprocesados. Y lo malo de la alimentación no es un único ultraprocesado, sino la suma de todos ellos. El problema, en global, es el sistema alimentario, que utiliza ingredientes insanos en sus productos y promueve su consumo de forma abusiva en la población de manera que, al final, esta tiene una mala alimentación. Parece sencillo, pero no ha sido fácil llegar a esta conclusión.

Ahora, una vez que somos conscientes del problema de los ultraprocesados, vamos a conocer la solución de la comida real y, especialmente, cómo llevarla a la acción. Porque de nada sirve el conocimiento sin acción; esta última es la que cambia el mundo. Es por ello por lo que el *Realfooding* es un movimiento y está en gerundio, porque va dirigido a cambiar tus acciones y elecciones para que mejores tu alimentación y salud. El primer paso es comer comida, no productos. Todas las dietas saludables del planeta se han basado siempre en alimentos mínimamente procesados. Si quieres hacer una dieta tipo paleolítica, que excluye lácteos y cereales, deberás basar tu alimentación en comida real, al igual que si haces una dieta vegetariana que excluye alimentos de origen animal; el resto debe ser comida real. Si buscas adelgazar con una dieta baja en grasas o en carbohidratos, te adelanto una cosa: debe ser con comida real. Por tanto, cualquier patrón de alimentación saludable debe cumplir las siguientes tres reglas de la filosofía del *Realfooding*.

## LAS TRES REGLAS BÁSICAS DEL *REALFOODING*

1. Basa tu alimentación en alimentos mínimamente procesados, priorizando los de origen vegetal. Estos son los alimentos que llevan un solo ingrediente en la etiqueta o directamente no llevan etiqueta. Combina y cocina estos alimentos en comidas deliciosas que formen parte de tu alimentación diaria.

2. Complementa tu alimentación con buenos procesados, sin que sustituyan a los alimentos mínimamente procesados. El buen procesado suele estar envasado y lleva una etiqueta nutricional donde figu-

ran de uno a cinco ingredientes, entre los cuales no se encuentran cantidades significativas (menor o igual al 5-10 % del total) de azúcar añadido, harina refinada o aceite vegetal refinado. Estos productos deben ocupar un papel complementario en nuestra alimentación, y podemos incluirlos siempre que no desplacen el consumo de alimentos frescos. Por ejemplo, no debemos consumir más pescado enlatado que fresco, o comer más fruta desecada que fresca. Los buenos procesados ayudan a comer alimentos mínimamente procesados y llevar una alimentación más placentera y cómoda, por ejemplo cuando utilizamos aceite de oliva virgen extra (AOVE) para cocinar o mezclamos el yogur natural con frutos secos o fruta. La repostería casera saludable sigue siendo densa en energía y muy palatable; se considera un buen procesado gracias a sus ingredientes saludables, pero no debemos abusar de ella porque hay que priorizar los alimentos mínimamente procesados.

3. Evita los ultraprocesados (más de cinco ingredientes en la etiqueta, entre ellos azúcares, harinas y aceites vegetales refinados, aditivos y sal). El consumo debe ser ocasional, como alguna vez al mes. La recomendación es que cuanto menos, mejor. Se recomienda no comprarlos ni tenerlos en lugares habituales como en casa o en el trabajo. Los ultraprocesados pueden formar parte de un consumo ocasional voluntario y sin remordimientos, relacionado con eventos sociales y culturales (10 %), pero manteniendo una frecuencia baja, sin desplazar una alimentación basada en comida real (90 %).

## PATRÓN DE ALIMENTACIÓN DEL *REALFOODING*

La alimentación no puede ser una prescripción de nutrientes, calorías o alimentos concretos diarios, es decir, no hay justificación para llevar un control exacto de lo que comes. Esto no tiene una posología como si fuera un medicamento; la alimentación no requiere de ese grado de precisión que nos puede llevar a la obsesión. Algunos estudios empiezan a demostrar el error que ha sido centrarse en la dimensión cuantitativa de los nutrientes, en lugar de prestar atención a la dimensión cualitativa de los alimentos y al patrón de alimentación.[641] Los nutrientes y las calorías pueden ser de utilidad para las planificaciones dietéticas personalizadas de los dietistas-nutricionistas para mejorar el rendimiento deportivo, intervenir en alguna patología o abordar un planteamiento estético, aunque, en cualquier caso, habrá que educar al paciente en cuanto a alimentos y comidas.

El *Realfooding* nos empodera para saber cuáles son los alimentos saludables. Este conocimiento y filosofía hace que tus elecciones alimentarias mejoren y, con ello, tu salud, sin que necesariamente debas seguir unas cantidades fijas de alimentos, nutrientes o calorías. Sin embargo, es cierto que no basta con saber qué es comida y qué no lo es; hay que saber con qué frecuencia comer ciertos grupos de alimentos, dado su efecto protector o neutro en nuestro cuerpo. Para ello, utilizaré la mejor evidencia científica epidemiológica disponible, que a pesar de contar con ciertas limitaciones, es la mejor evidencia disponible que tengo en el momento en que escribo este libro. Esta evidencia nos indica qué grupos de alimentos deben tener mayor o menor presencia en nuestra alimentación.

- **Alimentos protectores.** Estos alimentos deben tener una frecuencia de consumo alta y diaria por su carácter protector de la salud. Por un lado, contienen fitoquímicos, unos compuestos bioactivos presenten solo en las plantas que tienen efectos antioxidantes, antiinflamatorios, reguladores hormonales y beneficiosos para la microbiota. Estos compuestos nos protegen contra la mayoría de las ENT que he mencionado. Por otro lado, también son ricos en fibra y con una alta capacidad saciante, cualidades que protegen del exceso calórico y la acumulación de grasa corporal y, de nuevo, previenen la aparición de las ENT. Estos son los aspectos que cabe destacar, aunque, no obstante, aportan mucho más. Estos alimentos son las verduras, las hortalizas, las frutas, los frutos secos y las legumbres. Con respecto a los cereales integrales, la evidencia no es tan clara; por tanto, aunque recomendaré su consumo, no me atrevo a decir que nos protejan de las ENT en el contexto actual.
- **Alimentos neutros.** Estos alimentos deben tener una frecuencia de consumo media, repartidos de forma semanal, para que no desplacen a los alimentos protectores. Son alimentos saludables, pero si se priorizara este grupo de alimentos o se consumieran en cantidades que sustituyeran a los alimentos protectores, el patrón de alimentación no sería saludable. Aportan macronutrientes importantes para construir y reparar tejidos, como las proteínas, y también energía importante para el organismo, como las grasas y los hidra-

tos de carbono. De nuevo, son estos aspectos que cabe destacar, pero hay mucho más. Estos alimentos son los tubérculos, los cereales integrales, el pescado, la carne, los huevos y los lácteos. Más allá de su contenido nutricional, hacen el patrón alimentario más variado, completo y fácil de llevar a cabo.

- **Alimentos complementarios.** Estos alimentos complementan la dieta, aportando valor nutricional y también gastronómico. Se utilizan como complementos, acompañando las comidas y no como ingrediente principal, pudiéndose repartir de forma tanto diaria como semanal. Estos alimentos son los aceites vírgenes, como el aceite de oliva virgen extra, y los condimentos, como las hierbas aromáticas y las especias. También podríamos incluir en este grupo las bebidas complementarias del agua, como el café y las infusiones. Por último, en este grupo pueden entrar algunos buenos procesados como el chocolate negro con un contenido en cacao del 85 % o más.
- **Productos ultraprocesados.** Los ultraprocesados deben tener una frecuencia de consumo baja. Pueden entrar en nuestro patrón de alimentación de forma ocasional. Esto significa que si los alimentos protectores se consumen a diario y los neutros de forma semanal, el consumo de los ultraprocesados debe ser mensual o anual. Es irreal pensar que jamás vamos a comer ultraprocesados, ni tampoco hay que tenerles miedo. Si unos amigos te invitan a comer a su casa, si vas a una fiesta, a una boda o a un cumpleaños, o si simplemente sales a cenar un viernes por la noche, siempre existe la posibilidad de hacer buenas elecciones, pero si no, comerás y disfrutarás sin remordimientos de esos ultraprocesados. No es la regla, es la excepción. No es habitual, es ocasional. No estás consumiéndolos de forma ignorante, diaria y descontrolada, sino consciente y deliberadamente. Recuerda esta sencilla proporción: el 90/10. El 90 % de tu alimentación está compuesta por comida real, y puedes dejar un 10 % para los ultraprocesados. Está demostrado que este porcentaje del 10 % es inocuo en el contexto global de una alimentación saludable.

## GUÍA DE COMPRA DE UN *REALFOODER*

Los *realfooders* son los consumidores de comida real. Los *realfooders* no «hacen dieta», no intentan pasar hambre para adelgazar, ni estar un mes comiendo lechuga y pechuga. Tampoco comen galletas 0 %, productos *light*, bajos en azúcares o en calorías, ni batidos sustitutivos proteicos. Los *realfooders* comen comida real, cuidan su salud y, lo mejor de todo, disfrutan con ello.

Esta revolución empieza en la cesta de la compra. Para que consigas realizar una compra *realfooder*, voy a detallar en el siguiente capítulo una pequeña guía con los diferentes grupos de alimentos, frecuencia, consejos y beneficios de su consumo. Utilízala y repásala antes de hacer la compra. Las recomendaciones tienen el objetivo de mejorar la salud y prevenir las ENT en la población general sana. Las cantidades y frecuencias son orientativas, pero pueden variar según el contexto de cada persona, especialmente en cuanto a las cantidades máximas de consumo, las cuales dependen en gran parte de las necesidades energéticas individuales.

Capítulo 8

# ALIMENTOS REALES PROTECTORES

## VERDURAS, HORTALIZAS Y FRUTAS

### VERDURAS Y HORTALIZAS

Clase: protector
Frecuencia: alta
Recomendación: al menos 3 raciones al día. Una ración de verduras y hortalizas equivale a 140-150 g en crudo y limpio

| COMIDA REAL | | |
|---|---|---|
| **MATERIA PRIMA** | **BUENOS PROCESADOS** | **ULTRAPROCESADOS** |
| Verduras y hortalizas frescas | • Verduras congeladas<br>• Gazpacho envasado con aceite de oliva virgen extra<br>• Caldos, cremas y purés de verdura<br>• Frutas desecadas<br>• Frutas deshidratadas<br>• Frutas congeladas<br>• Verduras en conserva<br>• Encurtidos<br>• Salteados de verduras congelados<br>• Ensaladas envasadas<br>• Salmorejo envasado en aceite de oliva<br>• Tomate triturado<br>• Guacamole envasado | • Sopa de sobre, pastillas de caldo deshidratado<br>• Tomate frito con aceite vegetal refinado<br>• Cremas con almidones y/o aceites refinados<br>• Masas, hojaldres, sándwiches rellenos de verduras<br>• Chips de verduras fritos con aceites refinados<br>• Ensaladas envasadas con salsas industriales<br>• Hamburguesas vegetales con aceites refinados |

| FRUTAS | | |
|---|---|---|
| Clase: protector<br>Frecuencia: alta<br>Recomendación: al menos 3 raciones al día. Una ración de frutas equivale a 140-150 g | | |
| **COMIDA REAL** | | |
| **MATERIA PRIMA** | **BUENOS PROCESADOS** | **ULTRAPROCESADOS** |
| Fruta fresca | • Frutas desecadas<br>• Frutas deshidratadas<br>• Frutas congeladas | • Zumos envasados<br>• Fruta en almíbar<br>• Mermelada<br>• Carne de membrillo<br>• Gelatina de fruta<br>• Puré de fruta envasado<br>• Fruta desecada azucarada<br>• Helados de frutas envasados |

## ¿Qué verduras, hortalizas y frutas comprar?

Cuanta más variedad de vegetales mejor, porque así no caemos en la monotonía o el aburrimiento y mantenemos su ingesta diaria con una buena adherencia. Cuantos más colores diferentes comamos a la semana mejor, pues significará que hemos variado nuestra ingesta y, por tanto, nos beneficiamos de los distintos fitoquímicos y nutrientes que aporta cada una de las diferentes frutas y verduras. Es importante apoyar los pequeños comercios locales y el consumo estacional de vegetales. Con esto ayudamos a que el sistema de producción sea más responsable con el medio ambiente y, además, en ocasiones suelen estar mejor de precio.

Por otro lado, es probable que las frutas y verduras que respetan su temporada de cultivo presenten un mayor contenido de nutrientes y una menor cantidad de pesticidas.[642] En cualquier caso, no hay que preocuparse por esto último, dado que los beneficios del consumo de vegetales están por encima de cualquier riesgo por el contenido de pesticidas.

Los vegetales ultraprocesados son los que han recibido un procesamiento que ha destruido su matriz alimentaria. Por ejemplo, los zumos de frutas envasados están desprovistos de su fibra y llevan menos compuestos antioxidantes y más azúcar añadido. Al quedar libre de su matriz alimentaria, estos azúcares provocarán un aumento rápido en sangre, con las consecuencias que ya hemos visto que conlleva. Su consumo frecuente podría aumentar el riesgo de diabetes tipo 2.[643] Que no te hagan pensar que un zumo sustituye a una pieza de fruta porque te están mintiendo.

Los vegetales congelados, envasados y deshidratados son buenos procesados. Los vegetales enlatados o en bote de cristal, al estar esterilizados con calor, pueden consumirse sin necesidad de cocinarse, aunque es conveniente eliminar el líquido de relleno. Nunca debemos consumirlos si observamos anomalías en el envase o, si una vez abiertos, tienen un olor o sabor extraños.

La fruta desecada es saludable, si bien es cierto que al llevar más concentración de azúcar, no debemos abusar de ella.[644] Tanto la fruta deshidratada (manzana, mango, etcétera) como la desecada (uvas pasas, ciruelas, etcétera) pueden ser una alternativa para sustituir de vez en cuando a las chucherías y gominolas ricas en azúcares y colorantes artificiales dirigidas a niños.

## Ideas y trucos para comer verduras y hortalizas

No te quedes con las técnicas culinarias que ya sabes. Busca y aprende nuevas formas de cocinar verduras y hortalizas. Si crees que no te gustan, prueba nuevas texturas y nuevas combinaciones. Quizá te estés perdiendo tu nueva comida favorita.

**Al vapor:** el vapor quizá sea el mejor método de cocción para conservar los nutrientes de las verduras en comparación con otras técnicas culinarias. De hecho, cocciones con abundante agua hacen que se pierdan algunos compuestos bioactivos por ser solubles en agua.[645] Por ejemplo, hay un grupo de compuestos anticancerígenos del brócoli, los glucosinolatos, que se conservan mejor cuando se cocina al vapor durante 8-10 minutos, según algunos estudios.[646-647]

**En sofrito:** la mayoría de los platos con los que se elaboran los guisos de la cocina mediterránea se hacen con un sofrito. Para hacer un buen sofrito tenemos que picar bien una cebolla y ponerla a calentar en una sartén, una cazuela o una olla con aceite de oliva virgen extra (AOVE). Una vez que empiece a dorarse la cebolla, se añade un tomate cortado a dados pequeños. Este es el sofrito básico, pero podemos añadir pimientos, ajo, zanahorias, etcétera. Se fríen junto a la cebolla y en último lugar se echa el tomate. El sofrito sirve de deliciosa salsa para guisos de pescado, carne, pasta o arroz. Todos estos ingredientes vegetales actúan en sinergia, amplificando los beneficios para la salud. De hecho, algunos compuestos bioactivos como el licopeno del tomate, al ser soluble en grasa, mejora su absorción cuando se combina con el AOVE. Esto hace que aumente sus concentraciones en sangre y reduzca el riesgo de enfermedades no transmisibles (ENT).[648-649]

**A la plancha, en wok, salteado, a la parrilla:** siempre que no se exceda con el tiempo y la temperatura, la mayoría de vegetales preservan bien sus nutrientes, e incluso algunos se potencian con el cocinado.[650-653] Espárragos verdes a la plancha, salteado de champiñones y cebolla, parrillada de pimientos, berenjena, calabacín..., ¡qué delicia!

**Al horno:** corta las verduras en rodajas o en bastones del mismo tamaño y grosor. Evita cortarlas muy finas. Ponlas en la bandeja con papel de horno. Cúbrelas con un poco de AOVE, sal y especias, y ponlas a hornear (previamente precalentado el horno). El tiempo y la temperatura dependerá del tipo de verduras, aunque por lo general se hacen bien a 200 °C durante 20-30 minutos. Si haces más cantidad de la cuenta, puedes guardarlas refrigeradas en un táper, y ya tienes comida o cena para el día siguiente.

**En puré o crema:** es una forma práctica para las personas a las que no les gusta la textura de las verduras. No obstante, para no caer en la monotonía y el aburrimiento, es conveniente introducir los vegetales poco a poco en otras formas culinarias para ir entrenando el paladar.

Lo bueno de los purés es que se puede hacer gran cantidad de comida y luego congelarla para así tener acceso rápido a más raciones durante la semana.

**En combinación:** la versatilidad de las verduras y hortalizas hace que puedan combinarse con la mayoría de los grupos de alimentos, formando la base del plato o bien como guarnición. Estas combinaciones aumentan la palatabilidad de las verduras y mejoran así la adherencia a su consumo. Por ejemplo: verduras gratinadas con queso; revueltas con huevo o en tortilla; crudas: bastones de pimiento rojo, zanahoria o apio combinados con guacamole o hummus, etcétera.

**En ensalada:** las ensaladas permiten combinar los vegetales con casi todos los alimentos reales.

- **Base:** lechuga iceberg, romana, espinaca, col rizada (*kale*), rúcula, cogollos o canónigos.
- **Con grasa:** aguacate, aceitunas, AOVE, frutos secos.
- **Con proteína:** lata de atún, huevo cocido, gambas, pollo troceado, etcétera.
- **Con hidratos de carbono:** arroz, quinoa, maíz, patata cocida, fruta, etcétera.
- **Condimento:** especias, sal, vinagre, limón exprimido, salsa de soja, hummus, guacamole, etcétera.

**Hervidas:** quizá sea el método de cocción por el que las verduras pierden más nutrientes. No obstante, si reutilizamos el caldo de las verduras para tomarlo como sopa o como base para otros guisos, estaremos salvando todos esos nutrientes.

**En batido:** con respecto a los batidos o *smoothies* de verduras, no debemos preocuparnos, porque no son iguales que los zumos comerciales de frutas. Su contenido en azúcar es menor y, además, mantienen la fibra y los compuestos beneficiosos. De hecho, el consumo del tradicional gazpacho andaluz se asocia a una menor prevalencia de hipertensión en poblaciones mediterráneas.[654] Lo único que hay que tener en cuenta es que aportará menos saciedad comparado con las verduras enteras. Sin embargo, en las personas que tengan unas necesidades calóricas muy elevadas, como los deportistas de alto rendimiento, los batidos de vegetales pueden ser una herramienta para incrementar el aporte de estos compuestos bioactivos saludables sin que se sacien tan rápido como lo harían con verduras enteras.[655] En este caso, los vegetales son un factor limitante para estas personas que necesitan ingerir gran cantidad de otros alimentos reales más energéticos, como los tubérculos o cereales integrales. Un caso particular es el batido de remolacha, el cual parece tener efectos ergogénicos, por lo cual reviste interés para los deportistas.[656-658]

**La *pimientaza*:** coge un pimiento rojo de buen tamaño. Ábrelo por un extremo y sácale las pepitas. Rellénalo de agua y bebe de ahí. ¡Hala!, ya tienes tu pimientaza.

**Otras técnicas:** *zoodles* o espaguetis de calabacín con salsa al pesto, gazpacho andaluz, pisto, picadillo, pimentada, menestra, etcétera.

**RECETA DEL GRUPO *REALFOODING***

**Calabacín a la parmesana**

**Ingredientes**

- 4 calabacines cortados longitudinalmente (con piel)
- ½ taza de queso parmesano rallado
- ½ cucharadita de tomillo
- ½ cucharadita de orégano
- ½ cucharadita de albahaca
- ¼ de cucharadita de ajo en polvo
- Sal y pimienta negra recién molida
- 2 cucharadas de aceite de oliva virgen extra
- 2 hojas de perejil fresco

**Preparación**

1. Mezclamos todos los ingredientes en un bol, menos el calabacín y el aceite. Precalentamos el horno a 180 °C.
2. Colocamos los calabacines en una bandeja, rociamos con el aceite de oliva y espolvoreamos la mezcla del parmesano.
3. Colocamos la bandeja en el horno y horneamos hasta que estén tiernos, 15 minutos aproximadamente.
4. Otra opción es hacerlos al microondas durante 10 minutos. No quedan tan crujientes, pero es más rápido y no se necesita horno.

## Ideas y trucos para comer frutas

**De *snack* entre comidas:** para comer a media mañana, merendar o en viajes, puedes cortar diferentes tipos de frutas y meterlas en un táper junto con un tenedor, y ya tienes una macedonia lista para consumir en cualquier parte. Un truco para evitar que se oxiden si van a estar mucho tiempo en el táper es añadirle por encima zumo de limón, que no solo evita que se oxiden, sino que le da un toque de sabor genial.

**En las comidas:** suele decirse que no es bueno tomar fruta en las comidas porque enlentece la digestión, y pueden «fermentar» en el estómago. Esto es incorrecto, porque, en nuestro estómago, las bacterias mueren por los jugos gástricos, no puede fermentar nada. También se dice que tomar fruta por la noche «engorda», pero tampoco es correcto, pues la capacidad para hacerte engordar no depende de un alimento concreto, sino de tu patrón (conjunto) de alimentación. Sin olvidar sus demostrados efectos antiobesogénicos.[659-660]

**Con yogur de postre:** las frutas por sí solas están bien, pero cuando se combinan con otros alimentos reales como el yogur natural o los frutos secos, los efectos sinérgicos amplifican los beneficios para la salud.[661] Por otro lado, esta combinación puede transmitir unas mejores señales sensoriales que si se consume la fruta de forma aislada. De esta manera, conseguimos facilitar la adherencia, mejorar la saciedad y, sobre todo, desplazar los ultraprocesados en situaciones de tentación como el postre de después de comer.[662] Debería priorizarse comer la fruta con piel y no pelada, ya que la mayoría de los compuestos fenólicos se encuentran en esta capa. Eso sí, hay que lavar bien la fruta antes de comerla.

### RECETA DEL GRUPO *REALFOODING*

#### Helados de frutas

**Ingredientes**

- 300 g de frutos rojos congelados (frambuesas, arándanos, fresas, etcétera), o el zumo de 2 limones recién exprimidos y la cáscara de un limón rallada
- 2 yogures naturales o griegos
- Una gotita de estevia (opcional)

**Preparación**

1. Mezclamos todos los ingredientes con una procesadora de alimentos y los metemos en un molde de helados.
2. Los dejamos 4 horas en el congelador, y a disfrutar de unos helados ricos y saludables.

## FRUTOS SECOS

| FRUTOS SECOS | | |
|---|---|---|
| Clase: protector<br>Frecuencia: alta<br>Recomendación: al menos 1 ración al día. Una ración de frutos equivale a 25-30 g | | |
| **COMIDA REAL** | | |
| **MATERIA PRIMA** | **BUENOS PROCESADOS** | **ULTRAPROCESADOS** |
| • Frutos secos naturales o tostados | • Crema de frutos secos | • Frutos secos fritos<br>• Frutos secos con miel o sabores añadidos<br>• Frutos secos con sal añadida<br>• Crema de frutos secos con aceites vegetales refinados y/o azúcar añadido<br>• Barritas de frutos secos industriales |

### ¿Qué frutos secos comprar?

Debemos priorizar los frutos secos naturales o crudos, ya que son los que tienen más poder saciante debido a su mayor tiempo de masticación. También conservan mejor todos sus nutrientes. En cuanto a los frutos secos tostados, el proceso de tostado aumenta su palatabilidad, por lo que son algo más irresistibles y crujientes que los crudos. Esto hace que sean más susceptibles de un mayor consumo, aunque siguen siendo muy saludables, dado que ese procesamiento no altera sus propiedades. Hay que evitar dar frutos secos a menores de cuatro-cinco años por riesgo de atragantamiento, y enseñar a los niños a masticar despacio y correctamente y no dejar que se rían y hablen mientras comen.

Con las cremas de frutos secos dejamos de masticar, por lo que son mucho menos saciantes, y puede provocar que termines comiéndote una ración mucho mayor. También son más aprovechables a nivel digestivo, de modo que el valor calórico puede ser más elevado en comparación con los frutos secos enteros. La crema de frutos secos puede ser una buena opción en personas que necesiten aumentar sus calorías diarias porque intentan ganar peso y llevan un entrenamiento físico para ello.

Los frutos secos que hay que evitar son los salados, dado que aportan un exceso de sal innecesaria a la alimentación y, además, inhiben la saciedad natural de los frutos secos. También los frutos secos fritos, dado que la fritura empeora sus grasas naturales y se reducen las propiedades saludables; además, añade ingredientes insanos como los aceites vegetales refinados de girasol, soja, maíz, etcétera. Por último, los frutos secos caramelizados aportan azúcares añadidos, al igual que la mayoría de las cremas de frutos secos industriales que llevan azúcar.

## Ideas y trucos para comer frutos secos

**Como *snack*:** si hacemos más de tres comidas al día, es probable que incluir frutos secos a modo de aperitivo (a media mañana o en la merienda) pueda ayudarnos a saciarnos, controlar las calorías totales del día y evitar el consumo de ultraprocesados tan recurrentes entre horas.[663-664] Si, además, adquirimos frutos secos con cáscara y al comerlos, dejamos las cáscaras a la vista, nos saciaremos antes. Visualizar estas cáscaras envía información al cerebro de cuánto hemos comido.[665] Además, no hay que preocuparse por sus calorías, ya que en varios estudios se asocian a un menor peso y a la pérdida de grasa corporal.[666-668]

**Como añadido:** otra forma de tomar frutos secos es añadiéndolos a las ensaladas.

### RECETAS DEL GRUPO *REALFOODING*

#### Crema de cacao y avellanas

**Ingredientes**

- 120 g de avellanas
- 6 dátiles
- 3 cucharadas soperas de cacao puro en polvo
- 1 cucharada sopera de aceite de coco (el aceite de oliva le da un sabor demasiado fuerte)

**Preparación**

1. En un robot de cocina o procesadora colocamos las avellanas y batimos hasta conseguir una textura homogénea.

2. Incorporamos el aceite de coco, el cacao en polvo y los dátiles.
3. Batimos de nuevo hasta que esté todo bien integrado.
4. Pasamos la crema a un tarro de cristal, y ya está lista para disfrutar.

Se puede conservar en el frigorífico, máximo un par de semanas.

**Galletas de avena y mantequilla de cacahuete**

**Ingredientes**

- 4 cucharadas de harina integral
- 5 cucharadas de copos de avena
- 3 cucharadas de mantequilla de cacahuete
- 6 cucharadas de bebida vegetal
- 1 cucharada pequeña de bicarbonato o medio sobre de levadura

**Preparación**

1. Mezclamos todo y amasamos con la mano.
2. Hacemos bolitas y damos la forma deseada a las galletas.
3. Ponemos en la bandeja del horno y horneamos durante 20 minutos.

## LEGUMBRES

**LEGUMBRES**

Clase: protector
Frecuencia: alta
Recomendación: al menos 3 raciones a la semana. Una ración de legumbre equivale a 80 g crudas, que representan unos 160-180 g ya cocidas.

| COMIDA REAL | | |
|---|---|---|
| **MATERIA PRIMA** | **BUENOS PROCESADOS** | **ULTRAPROCESADOS** |
| • Legumbres | • Legumbres en conserva<br>• Hummus<br>• Derivados de la soja (tofu, soja texturizada, bebida de soja sin azúcares, hamburguesa de soja sin aceite refinado)<br>• Hélices de legumbres | • Precocinados de guisos y hamburguesas con ingredientes insanos<br>• Chips o triángulos fritos de legumbres |

## ¿Qué legumbres comprar?

Las legumbres aportan carbohidratos complejos de lenta asimilación, y suelen contener un poco más de 20 gramos de proteína vegetal por cada 100 gramos de producto. Algunas como la soja superan los 30 gramos. Su aporte de fibra y fitoquímicos saludables concede a las legumbres la categoría de alimento protector. Es cierto que un pequeño grupo de la población con patología digestiva o con malabsorción de carbohidratos fermentables (FODMAP) puede verse beneficiado con la limitación de las legumbres, al igual que las personas intolerantes a su consumo, por presentar síntomas de pesadez o excesivas flatulencias. Las conservas son una opción rápida, fácil y económica de consumir legumbres, especialmente para los más iniciados que no dominan todavía su cocinado. No te preocupes por el líquido de relleno; escúrrelo y lávalas bien después de sacarlas del bote.

Los productos derivados de la soja, como el tofu, también son buenos procesados. Vemos en sus etiquetas que estos productos contienen agua y habas de soja junto con coagulantes, los cuales no son un problema. Un nuevo formato de esta legumbre es la soja texturizada, una forma muy cómoda de incorporarla a muchos platos, especialmente acompañada de verduras. El hummus suele contener aceite de girasol, pero si es en poca cantidad, no es problemático, pues la mayor parte se trata de legumbre.

Algunas hamburguesas de legumbres o precocinados de guisos y potajes industriales llevan un exceso de aditivos y aceites vegetales refinados.

## Ideas y trucos para comer legumbres

**Cocidas:** para su cocción, primero debemos rehidratar las legumbres. Esta rehidratación consiste en dejarlas en remojo durante un periodo de tiempo de 10 a 12 horas. Este remojo permite reducir en un 50 % el tiempo de cocción y elimina antinutrientes. En la cocción también podemos añadir verduras, haciendo de esta manera un guiso o potaje.

**En ensalada:** otra forma de consumir legumbres es en forma de ensaladas, acompañándolas de otras verduras y pudiendo así usar su versión de buen procesado, es decir, legumbres en conserva.

**En forma de pasta:** las legumbres pueden sustituir a la pasta en su versión de hélices. Por ejemplo, la pasta de lentejas.

**En hummus:** el hummus puede servir como primer plato frío o como guarnición. También de aderezo para ensaladas o vegetales crudos. Añádele pimentón picante si quieres potenciar su sabor.

### RECETA DEL GRUPO *REALFOODING*

#### *Snack* de garbanzos

**Ingredientes**

- 400 g de garbanzos cocidos
- 1 cucharada de aceite de oliva virgen extra
- 2-3 cucharadas de mezcla de especias al gusto (comino, pimienta, cayena, nuez moscada, cúrcuma, etcétera)

**Preparación**

1. Precalentamos el horno a 200 °C con el ventilador, y calor arriba y abajo. Si los garbanzos son de bote, los lavamos y los escurrimos bien.
2. Forramos una bandeja de horno con papel de horno y ponemos encima los garbanzos.
3. Vertemos la cucharada de aceite y removemos bien con las manos, consiguiendo que queden bien impregnados y sin miedo a mancharnos.
4. Espolvoreamos por encima las especias elegidas, y volvemos a mezclar bien con las manos, haciendo que queden todos bien especiados.
5. Ordenamos los garbanzos en la bandeja para que no queden amontonados.
6. Los metemos en el horno a 200 °C unos 45-50 minutos (hasta que estén crujientes). Dejamos enfriar y guardamos en un recipiente de cristal y hermético.

Capítulo 9
# ALIMENTOS REALES NEUTROS

## PESCADO Y MARISCO

| PESCADO Y MARISCO | | |
|---|---|---|
| Clase: neutro<br>Frecuencia: media<br>Recomendación: 0-4 raciones a la semana | | |
| **COMIDA REAL** | | |
| **MATERIA PRIMA** | **BUENOS PROCESADOS** | **ULTRAPROCESADOS** |
| • Pescados y mariscos | • Conservas de pescado<br>• Pescados y mariscos congelados<br>• Pescado en vinagre<br>• Salmón ahumado o marinado<br>• Sushi | • Surimis (palitos de cangrejo, gulas)<br>• Pescado precocinado<br>• Barritas de merluza<br>• Paté de pescado<br>• Conservas en aceites refinados o salsas<br>• Caldos precocinados de pescado |

### ¿Qué pescado y marisco comprar?

La mayoría de las revisiones observan los mayores beneficios cuando este alimento se consume un mínimo de 2-4 veces a la semana (incluyendo pescados azules, blancos y mariscos). Estos beneficios asociados al consumo de pescado son la prevención de la enfermedad cardiovascular y beneficios cognitivos. Habría que priorizar el pescado pequeño por su menor contenido en metales pesados, y evitar consumir con gran frecuencia pescados de mayor tamaño (como atún o pez espada) en embarazadas y niños. Sardinas, boquerones y caballa son los más ricos en omega 3. Altérnalos con pescado blanco y marisco. Además de reducir el consumo de omega 6, es interesante incrementar el de omega 3 a través de alimentos como el pescado.[669]

El pescado en conserva supone una forma rápida y barata de consumirlo, especialmente el pequeño como la sardina o caballa enlatada. También son buenos procesados los boquerones en vinagre. Este consumo no debería desplazar al pescado fresco. Es mejor que las latas de pescado sean al natural o en aceite de oliva, y evitar el aceite de girasol o las salsas con aceites refinados.

Los surimis suelen ser ultraprocesados de pescados, dado que llevan más de cinco ingredientes, entre ellos aceites refinados, almidones y algunos aditivos como los potenciadores del sabor o colorantes artificiales.

## IDEAS Y TRUCOS PARA COMER PESCADO

**Al horno:** aprovechemos el horno para cocinar los pescados azules, ya que gracias a su mayor contenido en grasa, quedarán más jugosos. Podemos acompañarlos de verduras y especias para darle un plus de sabor.

**En guisos:** son bien conocidos los famosos «guisos marineros», los cuales aportaban una gran variedad de nutrientes por la combinación de pescados, mariscos, verduras e incluso, en algunos platos, patatas o arroz.

**A la plancha:** quizás una de las formas de cocinarlos más utilizadas, pero no olvidemos aportar variedad de sabores con la adición de especias y otros aderezos (por ejemplo, el adobo) para no caer en la monotonía.

### RECETA DEL GRUPO *REALFOODING*

**Lubina al horno**

**Ingredientes (para 2 raciones grandes)**

- 2 lubinas
- 4 patatas
- 1 cebolla
- 2 pimientos verdes
- 1 limón
- 2 tomates
- aceite de oliva virgen extra (AOVE), sal y pimienta

**Preparación**

1. Pelamos las patatas y las cortamos a rodajas.
2. Picamos la cebolla en juliana y los pimientos, a rodajitas.
3. Ponemos AOVE en una sartén y sofreímos un poco las patatas sin llegar a freírlas del todo. Luego freímos un poco la cebolla, dejándola transparente.
4. Salpimentamos las lubinas por ambos lados. Hacemos dos rajitas en el lomo y le ponemos media rodaja de limón.
5. Ponemos a precalentar el horno a 200 °C por arriba y por abajo. En una bandeja de horno, ponemos en la base, formando una cama, las patatas, los pimientos y las cebollas. Colocamos encima las dos lubinas y el tomate a rodajas. Por último, echamos un buen chorro de AOVE y zumo de limón, y lo metemos al horno durante 25 minutos.

# TUBÉRCULOS

**TUBÉRCULOS**

Clase: neutro
Frecuencia: media
Recomendación: 0-4 raciones a la semana

| **COMIDA REAL** | | |
|---|---|---|
| **MATERIA PRIMA** | **BUENOS PROCESADOS** | **ULTRAPROCESADOS** |
| • Tubérculos como patata, boniato o yuca | • Tubérculos en conserva | • Puré de patata deshidratado<br>• Patatas fritas<br>• *Snacks* fritos de patatas u otros tubérculos |

## ¿Qué tubérculos comprar?

Los tubérculos son una fuente de carbohidratos complejos, vitaminas, minerales, fibra y algunos almidones resistentes a la digestión con acción prebiótica, es decir, que mejoran nuestra microbiota. Aunque recomiendo un consumo de 0-4 raciones a la semana, la cantidad dependerá de las necesidades energéticas de cada persona, por lo que es un poco difícil definirla.

Las patatas cocidas son bastante saciantes, por lo que nos ayudan a controlar el hambre y a no pasarnos de calorías a lo largo del día.[670] Hay ciertos tubérculos, como la patata cocida envasada, que nos pueden ayudar a hacernos algo de comer de forma rápida. Si vas a consumir patatas cocidas envasadas, elimina el líquido del envase y enjuágalas bien. Evita todo tipo de patatas fritas, precocinados, purés y otros ultraprocesados de este alimento, ya que suelen venir acompañados de aceites refinados, sal, aditivos e incluso azúcar.

## Ideas y trucos para comer tubérculos

**Al horno:** una opción genial para ponerlos de guarnición junto a platos de pescado, carnes o verduras. Si, además, añadimos especias, le daremos un toque diferente.

**En guisos:** hay muchos guisos en los que la combinación de tubérculos, verduras, carnes o pescados hace que tomemos un plato muy nutritivo a la vez que sabroso. Algunos ejemplos son las patatas guisadas con carne o con chocos, o los guisos marineros antes mencionados.

**En puré:** un plato muy habitual es el puré de patatas, aunque también se suele añadir la patata a otros purés de verduras para darles consistencia.

**Al microondas:** una opción muy sencilla, y sobre todo rápida, cuando queremos tomar patatas. En un recipiente para cocinar en microondas, añadiremos patatas cortadas, especias, sal y AOVE, y en 5 minutos tendremos una guarnición estupenda.

**En aliños:** la patata cocida fría tiene efectos prebióticos beneficiosos para nuestra microbiota gracias a su almidón resistente.

### RECETA DEL GRUPO *REALFOODING*

#### Patatas cajún

**Ingredientes**

- 500 g de patatas
- 1 cucharadita de pimentón dulce

- 1 cucharadita de orégano
- 1 cucharadita de romero
- ½ cucharadita de ají en polvo (picante)
- Un poco de pimienta negra y comino en polvo
- Aceite de oliva virgen extra

**Preparación**

1. Lavamos bien las patatas bajo el grifo para que no queden restos de tierra, ya que se cocinan con la piel.
2. Las cortamos en gajos, del mismo tamaño y grosor a ser posible.
3. Mezclamos las especias junto con un chorrito de aceite de oliva, y embadurnamos las patatas con ellas.
4. Precalentamos el horno a 200 °C. Ponemos las patatas en una bandeja forrada con papel vegetal y cocinamos durante 30-35 minutos o hasta que estén doradas a nuestro gusto.

## CEREALES INTEGRALES

**CEREALES INTEGRALES**

Clase: neutro
Frecuencia: media
Recomendación: 0-4 raciones a la semana

| COMIDA REAL | | |
|---|---|---|
| **MATERIA PRIMA** | **BUENOS PROCESADOS** | **ULTRAPROCESADOS** |
| • Cereales integrales como la avena, arroz, pasta, maíz, y seudocereales como la quinoa | • Derivados de cereales integrales<br>• Pan integral<br>• Harinas integrales<br>• Maíz en conserva<br>• Granos de maíz desecados<br>• Copos de maíz y muesli sin azúcar<br>• Vasitos de arroz al microondas<br>• Tortitas de cereales sin azúcares o aceites añadidos | • Panadería industrial<br>• Masas precocinadas<br>• Papillas de cereales infantiles<br>• Cereales y barritas de desayuno<br>• Galletas, repostería<br>• Productos dietéticos<br>• Bollería<br>• Pizzas precocinadas<br>• Fideos orientales |

## ¿Qué cereales integrales comprar?

Tómalos sin que desplacen a otros alimentos reales más protectores como frutas, verduras o frutos secos. De forma general, no utilices los cereales como plato principal, sino como un complemento del plato, acompañándolos con abundante verdura; así te saciarás más.

Al igual que en el caso de los tubérculos, la frecuencia de consumo de los cereales integrales podrá variar según las necesidades individuales de energía y preferencias. Ya he comentado que cuanto más alterada/procesada esté la estructura del alimento original, más anormal será la respuesta fisiológica. A pesar de ello, estas harinas de avena usadas sobre todo en el ámbito *fitness* no pueden compararse con los ultraprocesados a base de avena como galletas o *snacks*, dado que, además de presentar un porcentaje ínfimo de avena, llevan azúcar, grasas vegetales, etcétera. Podemos considerar estas harinas un buen procesado, aunque el alimento que debemos priorizar es el copo entero.

En cuanto a estudios, existe uno que compara un desayuno con harina de avena frente a un cereal ultraprocesado con avena. La harina de avena parece incrementar más la saciedad, reducir el hambre y el deseo de comer y, por tanto, la ingesta energética en una comida posterior. Tan importante es saber diferenciar un producto realmente integral del que no lo es como saber que por más «integral» que sea una galleta ultraprocesada no deja de ser un ultraprocesado. Además, casi todos los ultraprocesados derivados de cereales no solo no son integrales al 100 %, sino que llevan añadidos otros ingredientes insanos que hacen que la calidad del producto sea peor.

¿Es muy malo que el arroz, la pasta o el pan no sean integrales? Depende. Sabemos que estos cereales, cuando les retiramos la fibra, aumentan su índice glucémico. Sin embargo, en muy raras ocasiones los tomamos de forma aislada. Es decir, los combinamos con otros alimentos. Esto hace que aunque comas arroz blanco o pasta no integral, cuando lo combinas con verduras, alimentos de origen animal, grasas saludable o especias, aumenta considerablemente su valor nutricional. Además, como ya comenté, la proteína, la grasa o la fibra de estos otros alimentos que se añaden hace que, al final, el índice glucémico del plato no sea alto. Por tanto, no te preocupes excesivamente de si son integrales o no, preocúpate de con qué alimentos combinas estos cereales.

## Ideas y trucos para comer cereales integrales

**En ensaladas:** lo ideal para obtener un plato más nutritivo, y sobre todo más saciante, es que combinemos las pastas integrales con un abundante aporte de verduras. También podemos añadir alguna porción de pescado, carne o queso. La preparación más típica es, por ejemplo, la ensalada de pasta, quinoa, arroz, etcétera.

**En gachas:** otra forma de tomar cereales es en «dulce», en forma de gachas. En estas preparaciones se suele usar copos de avena integrales dejados previamente remojados o cocidos en leche o bebida vegetal, y aderezados con cacao puro o canela, o combinados con fruta o frutos secos.

### RECETA DEL GRUPO *REALFOODING*

#### Pan *realfooder*

**Ingredientes**

- 500 g de harina de espelta integral
- 300 g de agua (templada)
- 15 g de levadura fresca o 5 g de levadura seca para pan (elegir una de las dos; la venden en la mayoría de supermercados)
- 10 g de sal (una cucharadita)

**Preparación**

1. Disolvemos bien la levadura en el agua caliente. Añadimos la sal y la harina y amasamos la mezcla. Dejamos la mezcla en un bol, cubriéndola con un paño durante dos horas para que fermente.
2. Pasado ese tiempo, le damos forma y añadimos semillas o frutos secos si se quiere.
3. La metemos al horno a 220 °C durante 20 minutos y luego bajamos la temperatura a 170-180 °C y la dejamos otros 25-30 minutos para que se haga bien por dentro. Si se va a dejar la masa fermentando durante más tiempo, es mejor guardarla en la nevera para retrasar el proceso.

## HUEVOS

| HUEVOS | | |
|---|---|---|
| Clase: neutro<br>Frecuencia: media<br>Recomendación: 0-7 huevos a la semana | | |
| **COMIDA REAL** | | |
| **MATERIA PRIMA** | **BUENOS PROCESADOS** | **ULTRAPROCESADOS** |
| • Huevos | • Clara de huevo envasada<br>• Huevo en polvo<br>• Tortillas envasadas | • Mayonesa industrial<br>• Huevo hilado<br>• Flan de huevo y otros postres con huevo añadido |

### ¿Qué huevos comer?

El huevo no es malo para el colesterol. Las poblaciones sanas no experimentan ningún riesgo de desarrollar enfermedad coronaria al aumentar la ingesta de colesterol. Además, incluir el huevo en la dieta puede tener múltiples beneficios, incluso contra la enfermedad cardiovascular.[671] Los estudios reunidos en esta revisión muestran que tanto los resultados positivos como los negativos que acompañan al alto consumo de huevos están mediados por el estilo de vida general de las poblaciones estudiadas.[672]

En general, se pueden consumir de forma segura hasta 7 huevos a la semana, y en algunas revisiones se llega hasta 12; aunque siempre haciendo hincapié en establecer un estilo de vida saludable y un patrón alimentario basado en comida real. El máximo consumo de huevos estará regulado por factores como las necesidades energéticas y proteicas, los gustos, etcétera. En cuanto al mínimo, como no se trata de un alimento protector, lo dejaré a elección del consumidor.

El consumo de hasta 12 huevos por semana en personas con alto riesgo de presentar diabetes no tuvo impactos negativos en las concentraciones plasmáticas de colesterol total, colesterol LDL, triglicéridos, glucosa en ayunas, insulina o proteína C-reactiva. Como mencioné antes, en el contexto de una dieta a base de comida real, no parecen vislumbrarse efectos adversos.[673]

Si existe exceso de peso, una dieta hipocalórica con más de 12 huevos a la semana durante un largo periodo de tiempo (un año) tampoco parece impactar negativamente en ningún biomarcador.[674] En una dieta restringida en hidratos de carbono, el consumo de 3 huevos al día durante 12 semanas tampoco parece mostrar cambios negativos en ningún marcador. Contrariamente a esto, el colesterol HDL parece aumentar, pudiendo ejercer de factor protector.[675]

Con respecto a la clase de huevos, mejor priorizar los huevos de tipo 0 y 1 ecológicos o de gallinas camperas. Se ayuda con ello al bienestar animal y a la calidad del alimento que se acaba consumiendo.

Las claras pasteurizadas de huevo son un buen procesado, utilizándose como complemento a la dieta para la búsqueda de una proteína de calidad en objetivos de rendimiento físico o composición corporal. No obstante, algunos estudios han observado resultados similares en la ganancia muscular con un huevo entero y con la clara de huevo. Parece que los micronutrientes que contiene la yema de huevo también son muy importantes, así que no hay motivo para evitarla.

## Ideas y trucos para comer huevos

**Para desayunar:** además de no alterar negativamente los biomarcadores, la ingesta de huevos en una dieta hipocalórica baja en carbohidratos parece incrementar la saciedad subjetiva.[676] Mantener el hambre a raya es siempre bienvenido en cualquier intervención que busque mejorar la calidad de la dieta de toda persona. Aunque cuando se añaden fuentes de fibra como fruta, estos efectos sobre la saciedad pueden prolongarse aún más.[677]

**A la plancha:** añadiremos unas gotas de AOVE o un poco de mantequilla en una sartén antiadherente, verteremos el huevo y taparemos la sartén. Quedará como un huevo frito sin necesidad de freírlo.

**En tortilla o revueltos:** es una de las mejores formas, sobre todo porque se pueden combinar con muchísimos alimentos, dando lugar a decenas de platos distintos, por ejemplo, el revuelto de champiñones.

**Cocidos:** se utilizan sobre todo para añadirse a platos: salmorejo, ensaladas, cremas, etcétera.

**RECETA DEL GRUPO *REALFOODING***

**Tortilla de patatas y cebolla**

**Ingredientes**

- 6 huevos
- Aceite de oliva virgen extra (AOVE)
- Cebolla dulce
- Patatas
- Sal al gusto

**Preparación**

1. Cortamos y freímos las patatas en el AOVE.
2. A continuación, las colocamos encima de un papel absorbente para que suelten el exceso de aceite. Le añadimos sal.
3. Pochamos la cebolla en la sartén.
4. Lo mezclamos todo con los seis huevos batidos y cocinamos la tortilla a fuego medio hasta que quede hecha a nuestro gusto.
5. Podemos preparar la tortilla con otras verduras, como espárragos verdes o pimientos.

## CARNES

**CARNES**

Clase: neutro
Frecuencia: media-baja
Recomendación: 0-3 raciones a la semana. Una ración de carne contiene 150 g

| COMIDA REAL | | |
|---|---|---|
| **MATERIA PRIMA** | **BUENOS PROCESADOS** | **ULTRAPROCESADOS** |
| • Carne fresca | • Jamón ibérico curado<br>• Jamón cocido (carne 100 %)<br>• Hamburguesa (carne 100 %) | • Carnes procesadas, fiambres y embutidos (jamón york, chopped, salchichón, chorizo, salami, mortadela, beicon o morcilla)<br>• Sobrasada y patés<br>• Salchichas<br>• Productos cárnicos dietéticos<br>• Hamburguesas con mezclas de carne, aditivos y cereales refinados<br>• Caldos de carne envasados<br>• Precocinados cárnicos |

## ¿Qué carne comprar?

Una ingesta de carne total (tanto blanca como roja) de 0-3 raciones a la semana parece ser la mejor opción, siempre acompañada de una alta ingesta de vegetales.[678] Aun así, puesto que en la actualidad consumimos muchísimo más de esa cantidad, la recomendación general sería priorizar otras fuentes de proteína.

Si se toma carne, se recomienda consumir carne de ave, y mejor aún si es de corral, ya que la alimentación del animal influye notoriamente en la calidad de la carne.[679-680] La controversia en torno a los antibióticos siempre estará presente, aunque estos ya no se puedan usar con fines preventivos.[681-682] Comer la carne junto con alimentos ricos en antioxidantes como verduras o especias puede producir unos efectos sinérgicos sobre la carne y sobre los lípidos presentes en esta.[683] Además, una opción tanto alta como baja en carne puede ser acertada a la hora de perder peso y mejorar la composición corporal.[684] De vez en cuando podemos desayunar o merendar un poco de jamón curado en pan integral, con AOVE y tomate. Hay que evitar todo tipo de carne procesada y ultraprocesada, ya que es la que verdaderamente se asocia con el cáncer, sobre todo el colorrectal.[685]

## Ideas y trucos para comer carne

**Al horno:** podemos utilizar distintas partes de la carne para cocinarla al horno, especiarla o gratinarla.

**En guisos:** son numerosos los guisos con carnes: carne con patatas, arroz con pollo, puchero, potaje de garbanzos, etcétera. Lo importante es que siempre vaya acompañada de una buena ración de verdura.

**A la plancha:** puede que esta sea la preparación que tengamos más aborrecida por haber abusado de ella. Por ello, nuevamente, hay que aprovechar las especias para dar toques distintos a las preparaciones y así no aborrecerla. Marinar con limón y especias las carnes reduce la formación de compuestos tóxicos durante el cocinado.

## RECETA DEL GRUPO *REALFOODING*

### Pollo rebozado con salsa de yogur

**Ingredientes**

- Pollo
- Copos de maíz sin azúcar
- Leche
- Huevo
- Yogur natural
- Mostaza de Dijon
- 1 cucharada de AOVE
- ½ cucharada de miel cruda
- Orégano
- Sal y pimienta

**Preparación**

1. Dejamos el pollo a remojo en leche 40 minutos. Lo secamos y salpimentamos.
2. Trituramos sin pasarnos los cereales. Batimos un huevo y rebozamos el pollo con los copos de maíz.
3. Lo metemos al horno 20 minutos a 180 °C, encendido arriba y abajo. Cuando haya pasado la mitad del tiempo (10 minutos), le damos la vuelta.
4. Para la salsa, mezclar un yogur natural, una cucharada de mostaza de Dijon, una de AOVE, media de miel (opcional) y orégano al gusto.

# LÁCTEOS

| LÁCTEOS | | |
|---|---|---|
| Clase: neutro<br>Frecuencia: media<br>Recomendación: 0-2 raciones al día. Ejemplo: un yogur natural, un vaso de leche entera o 100 g de queso fresco | | |
| **COMIDA REAL** | | |
| **MATERIA PRIMA** | **BUENOS PROCESADOS** | **ULTRAPROCESADOS** |
| • Leche | • Yogur natural<br>• Queso fresco<br>• Queso curado<br>• Kéfir<br>• Queso Skyr<br>• Mantequilla<br>• Nata | • Lácteos azucarados<br>• Postres lácteos<br>• Leches infantiles azucaradas<br>• Leche condensada<br>• Quesos reconstituidos con muchos aditivos<br>• Margarinas (no son lácteos)<br>• Productos lácteos dietéticos azucarados<br>• Helados |

## ¿Qué lácteos comprar?

Partiendo de la base de que los lácteos no son necesarios o imprescindibles, pero sí mejores que cualquier ultraprocesado, dentro de una buena alimentación con comida real y con abundantes alimentos protectores, podríamos establecer de forma general una ingesta de dos raciones al día. Los lácteos son un caso excepcional en el que el buen procesado, como los lácteos fermentados, es incluso mejor que la leche sola. Por eso hay que priorizar estos lácteos fermentados, ya que durante la fermentación se producen una serie de péptidos bioactivos con efectos preventivos en algunas patologías como las enfermedades no transmisibles (ENT).[686] Los quesos, los yogures naturales y el kéfir son un buen ejemplo de estos. La mantequilla y la nata pueden utilizarse para algunas preparaciones culinarias basadas en comida real, aunque hay que considerar su alto aporte calórico.

Hay que evitar cualquier producto lácteo ultraprocesado, ya que además de conservar pocas características presentes en la matriz de este grupo de alimentos, están repletos de ingredientes insanos como los azúcares añadidos.

Estos son los consejos para elegir un buen lácteo:

- Prioriza la leche fresca antes que la leche UHT.
- Los ingredientes de un yogur saludable son la leche fresca y los fermentos lácticos. Estos se encuentran en el yogur tipo «natural». A veces puede llevar algo de leche en polvo, lo cual no es un problema. Lo más importante es que no lleve azúcares añadidos.
- Los yogures al estilo griego también son saludables. Elige los naturales sin endulzar.
- Si el lácteo garantiza el bienestar animal, al contener leche de animales de pasto o ganadería ecológica, mejor y mayor será la calidad del producto. También se ha visto que, en algunas personas, la proteína de la leche de cabra se tolera mejor que la de la leche de vaca.
- Los yogures naturales tipo «bífidus» pueden ser recomendables. Sin embargo, que sea «bífidus» no lo hace mejor que uno natural y, además, a veces es más caro.
- Si tomas lácteos desnatados o semidesnatados, que sea por gusto y no por miedo a la grasa láctea. Los lácteos enteros son más saciantes, llevan más vitaminas en su grasa y no se ha demostrado que engorden.[687]
- El kéfir es un potente probiótico que mejora nuestra microbiota intestinal.[688]
- Evita los quesos que lleven muchos aditivos espesantes, colorantes y emulsionantes con aceites vegetales refinados. Estos suelen ser los quesos tipo en lonchas o para fundir.

Capítulo 10

# ALIMENTOS REALES COMPLEMENTARIOS

## ACEITES VÍRGENES

**ACEITES VÍRGENES**

Clase: complementario
Frecuencia: media
Recomendación: 0-4 cucharadas soperas al día

| COMIDA REAL | | |
|---|---|---|
| **MATERIA PRIMA** | **BUENOS PROCESADOS** | **ULTRAPROCESADOS** |
| • Aceitunas | • Aceites vírgenes (aceite de oliva virgen extra [AOVE], aceite de coco virgen)<br>• Productos con aceites vírgenes | • Aceites refinados (aceite de girasol, de palma, de maíz, de algodón, de colza, de nabina, de semilla de uva, de soja, de cártamo y de sésamo) |

### ¿Qué aceite comprar?

Los aceites están en el grupo de complementarios porque complementan las comidas basadas en alimentos mínimamente procesados, es decir, que no ingieres el aceite de forma aislada, sino combinándolo con múltiples preparaciones para cocinar o aliñar. Por tanto, basaremos nuestro patrón alimentario en comida real y utilizaremos (si nos gusta) AOVE como complemento para dar sabor a los platos y mejorar la adherencia. El AOVE es el mejor aceite para una sola fritura. El consumo de AOVE se asocia a un menor riesgo de enfermedad cardiovascular y mortalidad en individuos con alto riesgo cardiovascular.[689]

También sabemos que la combinación de AOVE con ciertas verduras y proteínas potencia sus efectos para evitar la oxidación de grasas durante el cocinado. El aceite de coco virgen también es saludable y bueno para cocinar;[690] aporta un sabor más suave para el uso de repostería casera.

Capítulo 11

# TRANSFÓRMATE EN UN *REALFOODER*

Sé el cambio que quieres ver en el mundo.

GANDHI

La salud tiene que ver con los alimentos, que son mucho más que la suma de sus nutrientes y calorías. Los alimentos tienen una compleja matriz alimentaria, la cual es saludable en su forma natural y mínimamente procesada. Hemos pasado por alto el grado de procesamiento de estas materias primas, ignorando los posibles efectos que alteran al alimento y tienen repercusión en nuestra salud.

La alimentación se ha convertido en una prescripción de nutrientes, se ha centrado solo en su dimensión nutricional, pero la alimentación es mucho más. La alimentación es la ingestión de alimentos, pero también cómo se combinan entre sí en un patrón de alimentación, cómo los consumimos en compañía y cómo los cocinamos con amor. Hemos olvidado su dimensión social, gastronómica y cultural. Si comprendemos esto, lograremos una alimentación saludable a largo plazo que cuide de nosotros. De lo contrario, caeremos en dietas de una semana o de un mes, haciendo esfuerzos innecesarios para contabilizar nutrientes o calorías que no nos ayudarán. Es por ello por lo que la mayor parte de la población que «hace dieta» la acaba abandonando al poco tiempo, siguiendo un ciclo interminable de restricción, compensación y frustración.

La alimentación es algo que nos acompañará el resto de nuestra vida, así que no tiene sentido concebirla como algo pasajero, algo que se sufre y que tiene fecha de caducidad. Tampoco tiene sentido creer en una única dieta saludable o en una alimentación igual para todo el mundo. De hecho, ha sido cuando todos hemos empezado a comer de forma parecida, más procesada, cuando hemos empezado a enfermar. El patrón de alimentación es patrimonio de cada sociedad y cultura; no apareció en dos días ni tampoco en un solo lugar. La mayoría de las culturas se desarrollaron junto a unos alimentos y una forma de combinarlos, y lo hicieron de la mejor manera para mantener la salud y el medioambiente, porque esa es la única forma en que perduran de forma indefinida. Así pues, la alimentación mediterránea es diferente a la asiática, la nórdica o la tropical, pero todas ellas son la mejor alimentación para su región, y el denominador común de todas es la comida real. Cada una de ellas obtuvo sus alimentos de su entorno y evolucionó con ellos. Los conocimientos que guardan esos patrones alimentarios son los mejores para la salud y el entorno de sus habitantes, pues los mantuvieron durante miles de años. Es decir, que de forma empírica sabemos que eso fue lo mejor para ellos, así que no hay motivo para cambiarlo.

Como hemos visto, los ultraprocesados están acabando con este patrimonio en casi todas las regiones del planeta, ocupando su lugar. Algunos territorios, como Estados Unidos o Reino Unido, ya han exterminado la cultura alimentaria tradicional y, por tanto, todos los nuevos habitantes nativos crecen con la cultura ultraprocesada. Nacen y crecen en Matrix. Sin embargo, en España todavía hay una cultura alimentaria que se resiste a ser absorbida por las multinacionales del procesado. Esta cultura está distribuida por las diferentes comunidades autónomas, en las que podemos disfrutar de un patrimonio gastronómico de valor incalculable heredado por todas las diferentes culturas que pasaron por estas tierras: el gazpacho andaluz, la paella valenciana, el cocido madrileño, las migas extremeñas, la fabada asturiana, el pulpo a la gallega, el bacalao al pil-pil o la tan famosa tortilla de patatas. Por desgracia, la dieta mediterránea parece cosa de los libros de historia pasada, no de la actual. Una historia y cultura que ya ni se estudia, pues estos conocimientos se transmitían en las casas, de padres a hijos, no en las escuelas, de profesores a alumnos. Pero de la misma forma que aprendemos a leer y escribir desde pequeños, la educación en alimentación no debería retrasarse más.

El «analfabetismo alimentario» pasa factura desde el primer día, y tiene igual o más relevancia saber la historia de la alimentación que la geografía o lengua de nuestra región. La educación debe adaptarse a los nuevos tiempos, y si ahora es necesario enseñar informática, redes sociales o alimentación en las escuelas, es porque así lo demanda nuestro momento histórico. El *Realfooding* debe enseñarse en las instituciones públicas educativas, que deben asumir la responsabilidad de transmitir estos conocimientos que ya no están delegados a la familia. De lo contrario, los niños crecerán educados por Matrix, expuestos a su abusiva publicidad y disponibilidad, e influidos por la sociedad infectada que les rodea.

El *Realfooding* no es una dieta, sino un estilo de vida. El *Realfooding* es combinar los alimentos de verdad, si es posible, respetando la gastronomía propia y el comercio local. Porque además de ayudar a tu cuerpo, también ayudas a la alimentación de los demás, a la de tu pueblo y ciudad, a los productores locales y al medioambiente. Ya que entre todos decidimos cómo se reparte el dinero, qué tiendas se abren y cuáles se cierran. Si apoyamos las tiendas de comida real de pequeños productores y distribuidores, fomentamos su existencia y crecimiento. En lugar del oligopolio de la industria ultraprocesada, decidimos con nuestro dinero qué es lo que queremos apoyar. De hecho, los ultraprocesados serían mucho más caros si asumieran el impacto medioambiental y de salud que provocan. Los residuos plásticos del envasado de estos productos acaban en los océanos. Su excesiva producción y transporte está contaminando nuestro planeta de forma acelerada. Agotan los recursos de agua, talan bosques y selvas para la plantación de monocultivos, y destruyen la fauna y la flora del entorno, extinguiendo especies a su paso. Cualquier forma de producción de alimentos tiene un impacto ambiental, pero la de los ultraprocesados es la que más. Estas empresas externalizan los daños, es decir, que el gobierno es el que paga los costes de salud y medioambientales.

El gasto en salud pública de las enfermedades no transmisibles (ENT) es gigantesco, dado el mayor consumo de fármacos para paliar los síntomas que produce el alto consumo de ultraprocesados. Presión arterial alta, colesterol, glucosa, síntomas digestivos, tratamientos paliativos, operaciones quirúrgicas, días encamados y recursos hospitalarios, etcétera. Sin contar el daño a la economía del país por el mayor volumen de bajas laborales y la menor productividad. Todo ello lo paga el gobierno, y tu gobierno eres tú, con tus impuestos. La presión fiscal es solo una forma de justicia ante el daño y dolor producido por estas empresas.

El libre mercado de estas poderosas multinacionales mantiene a la población con la alimentación que les interesa para rendir cuentas a sus accionistas y aumentar el crecimiento económico, pero no para el bienestar de la población. El marketing engañoso, las etiquetas ambiguas, la subvención de las materias primas que conforman los ingredientes de sus productos, su disponibilidad de venta en cualquier lugar, público o privado, también la influencia en las guías que marcan las políticas alimentarias..., todo ello debería estar regulado. Las resistencias que pone el lado oscuro de la industria alimentaria para que esta regulación política no se lleve a cabo la podemos cambiar nosotros. Nuestro voto manda. Si todos despertamos de Matrix, no podrán resistirse al cambio. Los puestos de trabajo y los recursos económicos se redirigirán a empresas de comida real, a negocios que crecen mejorando la salud de la población y su bienestar.

Al igual que pasó en su día con el tabaco, estas empresas morirán o deberán adaptarse a otro mercado, el mercado de la comida real. Pero como ya he comentado, esta regulación política no va a llegar sin un movimiento social. Las altas esferas están dominadas por el poder de presión de estas multinacionales, los *lobbies* de la comida insana. Por tanto, el cambio no va a suceder de arriba (política) abajo (población), sino de abajo arriba. Nosotros decidiremos lo que cambien ahí arriba para que revolucione el sistema alimentario actual. Y lo vamos a hacer con el mayor poder a nuestro alcance: el conocimiento.

## EL CONOCIMIENTO ES PODER

En 1796, Edward Jenner, conocido como el padre de la inmunología, desarrolló la que sería la primera vacuna contra el virus de la viruela. Se dice que su trabajo «ha salvado más vidas que el trabajo de cualquier otro hombre», pero esto no hubiese sido posible sin los conocimientos de miles de científicos que, generación tras generación, fueron acumulando y divulgando sus avances científicos en medicina. De la misma forma, si la solución de las enfermedades infecciosas fue la vacunación contra los virus, la solución de las ENT será la divulgación contra los ultraprocesados. La divulgación que promueva comer comida real. Proteger a la población y empoderarla con los conocimientos que hemos heredado de nuestros antepasados y los nuevos avances que descubrimos en el presente, para liberarla del engaño de Matrix y que pueda elegir de forma honesta, responsable y conveniente para su salud.

Tenemos los conocimientos necesarios y la tecnología disponible para poder divulgar y llegar a un mayor número de población. Podéis crear un blog o un canal de YouTube, difundir el mensaje en las redes sociales o simplemente divulgarlo entre vuestra familia, amigos y allegados. Los ultraprocesados podrán comprar a los expertos, a los *influencers*, a los catedráticos de nutrición, a los medios de comunicación, pero no os podrán comprar a vosotros, o por lo menos no a los que hayáis decidido mejorar este mundo. Porque puede que ellos sean más grandes, pero nuestros motivos son más grandes que ellos.

# NOTAS

1. Cunnane, S. C., Crawford, M. A., «Energetic and Nutritional Constraints on Infant Brain Development: Implications for Brain Expansion During Human Evolution», *Journal of Human Evolution*, 77 (2014).
2. Harari, Y. N., *Sapiens (de animales a dioses)*, Editorial Debate, Barcelona, 2015.
3. Organización Mundial de la Salud, Plague, 31 de octubre de 2017. Disponible en: <www.who.int/en/news-room/fact-sheets/detail/plague>.
4. Kinealy, C., *This Great Calamity: The Irish Famine 1845-52*, Gill & Macmillan Ltd, Dublín, 1994.
5. OMS, *Enfermedades no transmisibles*, junio de 2018. Disponible en: <www.who.int/es/news-room/fact-sheets/detail/noncommunicable-diseases>.
6. Monteiro, C. A., «Nutrition and Health. The Issue Is Not Food, Nor Nutrients, So Much As Processing», *Public Health Nutrition*, 12 (2009), pp. 729-731.
7. Ibídem.
8. Jacobs, D. R., Tapsell, L. C., «Food Synergy: The Key to a Healthy Diet», *Proceedings of the Nutrition Society*, 72 (2013), pp. 200-206.
9. Azqueta, A, Collins, A., «Polyphenols and DNA Damage: A Mixed Blessing», *Nutrients*, 8 (2016), p. 785.
10. Miller, E. R., Pastor-Barriuso, R., Dalal, D., Riemersma, R. A., Appel, L. J., Guallar, E., «Meta-Analysis: High-Dosage Vitamin E Supplementation May Increase All-Cause Mortality», *Annals of Internal Medicine*, 142 (2005), pp. 37-46.
11. Bjelakovic, G., Nikolova, D., Gluud, L. L., Simonetti, R.G., Gluud, C., «Mortality in Randomized Trials of Antioxidant Supplements for Primary and Secondary Prevention: Systematic Review and Meta-analysis», *Journal of the American Medical Association*, 299(2008), pp. 765-766.

12. Monteiro, C. A., Cannon, G., Moubarac, J. C., Levy, R. B., Louzada, M. L. C., Jaime, P. C., «The UN Decade of Nutrition, the NOVA Food Classification and the Trouble with Ultra-processing», *Public Health Nutrition* 21 (2018), pp. 5-17.

13. Drewnowski, A., Popkin, B. M., «The Nutrition Transition: New Trends in the Global Diet», *Nutrition Reviews*, 55 (1997), pp. 31-43.

14. Bentley, J., *U.S. Trends in Food Availability and a Dietary Assessment of Loss-Adjusted Food Availability, 1970-2014*, United States Department of Agriculture, 2017. Disponible en: <www.ers.usda.gov/webdocs/publications/82220/eib166%20summary.pdf?v=42762>.

15. Blasbalg, T. L., Hibbeln, J. R., Ramsden, C. E., Majchrzak, S. F., Rawlings, R. R., «Changes in Consumption of Omega-3 and Omega-6 Fatty Acids in the United States During the 20th Century», *The American Journal of Clinical Nutrition*, 93 (2011), pp. 950-962.

16. Wang, Z., Zhai, F., Du, S., Popkin, B., «Dynamic Shifts in Chinese Eating Behaviors», *Asia Pacific Journal of Clinical Nutrition*, 17 (2008), pp. 123-130.

17. Ministerio de Agricultura, Pesca y Alimentación, *Informe del Consumo Alimentario en España 2017*, 2017. Disponible en: <www.mapa.gob.es/es/alimentacion/temas/consumo-y-comercializacion-y-distribucion-alimentaria/panel-de-consumo-alimentario/ultimos-datos>.

18. Baylin, A., Kabagambe, E. K., Siles, X., Campos, H., «Adipose Tissue Biomarkers of Fatty Acid Intake», *The American Journal of Clinical Nutrition*, 76(2002), pp. 750-757.

19. Guyenet, S. J., Carlson, S. E., «Increase in Adipose Tissue Linoleic Acid of US Adults in the Last Half Century», *Advances in Nutrition*, 6 (2015), pp. 660-664.

20. Dayton, S., Hashimoto, S., Dixon, W., Pearce, M. L., «Composition of Lipids in Human Serum and Adipose Tissue During Prolonged Feeding of a Diet High in Unsaturated Fat», The Journal of Lipid Research, 7 (1966), pp. 103-111.

21. Simopoulos, A. P., «Evolutionary Aspects of Diet, the Omega-6/Omega-3 Ratio and Genetic Variation: Nutritional Implications for Chronic Diseases», *Biomedicine & Pharmacotherapy*, 60 (2006), pp. 502-507.

22. Ortega Anta, R. M., González Rodríguez, L. G., Villalobos Cruz, T. K., Perea Sánchez, J. M., Aparicio Vizuete, A., López Sobaler, A. M., «Food Sources and Adequacy of Intake of Omega-3 and Omega-6 Fatty Acids in a Representative Sample of Spanish Adults», *Nutrición Hospitalaria*, 28 (2013), pp. 2236-2245.

23. Calder, P. C., «Fatty Acids and Inflammation: The Cutting Edge Between Food and Pharma, *European Journal of Pharmacology*, 668 (2011), pp. S50-S58.

24. Yang, L. G., Song, Z. X., Yin, H., Wang, Y. Y., Shu, G. F., Lu, H. X., Wang, S. K., Sun, G. J., «Low n-6/n-3 PUFA Ratio Improves Lipid Metabolism, Inflammation, Oxidative Stress and Endothelial Function in Rats Using Plant Oils as n-3 Fatty Acid Source», Lipids, 51 (2016), pp. 49-59.

25. Laugerette, F., Furet, J. P., Debard, C., Daira, P., Loizon, E., Géloën, A., Soulage, C. O., Simonet, C., Lefils-Lacourtablaise, J., Bernoud-Hubac, N., Bodennec, J., Peretti, N., Vidal, H., Michalski, M. C., «Oil Composition of High-Fat Diet Affects Metabolic Inflammation Differently in Connection with Endotoxin Receptors in Mice», *American Journal of Physiology-Endocrinology and Metabolism*, 302 (2012), E374-E386.

26. Okręglicka, K., «Health Effects of Changes in the Structure of Dietary Macronutrients Intake in Western Societies», *Roczniki Państwowego Zakładu Higieny*, 66 (2015), pp. 97-105.

27. Tamma, S. M., Shorter, B., Toh, K. L., Moldwin, R., Gordon, B., «Influence of Polyunsaturated Fatty Acids on Urologic Inflammation», *International Urology and Nephrology*, 47 (2015), pp. 1753-1761.

28. Hecker, M., Linder, T., Ott, J., Walmrath, H. D., Lohmeyer, J., Vadász, I., Marsh, L. M., Herold, S., Reichert, M., Buchbinder, A., Morty, R. E., Bausch, B., Fischer, T., Schulz, R., Grimminger, F., Witzenrath, M., Barnes, M., Seeger, W., Mayer, K., «Immunomodulation by Lipid Emulsions in Pulmonary Inflammation: A Randomized Controlled Trial», *Critical Care*, 19 (2015), p. 226.

29. Yang, L. G., Song, Z. X., Yin, H., Wang, Y. Y., Shu, G. F., Lu, H. X., Wang, S. K., Sun, G. J., «Low n-6/n-3 PUFA Ratio Improves Lipid Metabolism, Inflammation, Oxidative Stress and Endothelial Function in Rats Using Plant Oils as n-3 Fatty Acid Source», *Lipids*, 51 (2016), pp. 49-59.

30. Toborek, M., Lee, Y. W., Garrido, R., Kaiser, S., Hennig, B., «Unsaturated Fatty Acids Selectively Induce an Inflammatory Environment in Human Endothelial Cells», *The American Journal of Clinical Nutrition*, 75 (2002), pp. 119-125.

31. Ghosh, S., Novak, E. M., Innis, S. M., «Cardiac Proinflammatory Pathways Are Altered with Different Dietary N-6 Linoleic to N-3 Alpha-Linolenic Acid Ratios in Normal, Fat-Fed Pigs», *American Journal of Physiology-Heart and Circulatory Physiology*, 293 (2007), H2919-H2927.

32. Birben, E., Sahiner, U. M., Sackesen, C., Erzurum, S., Kalayci, O., «Oxidative

Stress and Antioxidant Defense», *World Allergy Organization Journal*, 5 (2012), pp. 9-19.

33. Reuter, S., Gupta, S. C., Chaturvedi, M. M., Aggarwal, B. B., «Oxidative Stress, Inflammation, and Cancer: How Are They Linked?», *Free Radical Biology and Medicine*, 49 (2010), pp. 1603-1616.

34. Ganesan, K., Sukalingam, K., Xu, B., «Impact of Consumption of Repeatedly Heated Cooking Oils on the Incidence of Various Cancers- A Critical Review», *Critical Reviews in Food Science and Nutrition*, 2017, pp. 1-18.

35. Redondo-Cuevas, L., Castellano, G., Torrens, F., Raikos, V., «Revealing the Relationship Between Vegetable Oil Composition and Oxidative Stability: A Multifactorial Approach», *Journal of Food Composition and Analysis*, 66 (2018), pp. 221-229.

36. Grootveld, M., Silwood, C. J. L., Addis, P., Claxson, A., Bonet Serra, B., Viana, M., «Health Effects of Oxidized Heated Oils», *Journal of Foodservice*, 13 (2006).

37. Rangel-Zuñiga, O. A., Haro, C., Pérez-Martínez, P., Delgado-Lista, J., Marín, C., Quintana-Navarro, G. M., Tinahones, F. J., Malagón, M. M., López-Segura, F., López-Miranda, J., Pérez-Jiménez, F., Camargo, A., «Effect of Frying Oils on the Postprandial Endoplasmic Reticulum Stress in Obese People», *Molecular Nutrition & Food Research*, 58 (2014), pp. 2239-2242.

38. Fang, J. L., Vaca, C. E., Valsta, L. M., Mutanen, M., «Determination of DNA Adducts of Malonaldehyde in Humans: Effects of Dietary Fatty Acid Composition», *Carcinogenesis*, 17 (1996), pp. 1035-1040.

39. Turpeinen, A. M., Basu, S., Mutanen, M., «A High Linoleic Acid Diet Increases Oxidative Stress in Vivo and Affects Nitric Oxide Metabolism in Humans», *Prostaglandins, Leukotrienes and Essential Fatty Acids*, 59 (1998), 229-233.

40. Naseem, K. M., «The Role of Nitric Oxide in Cardiovascular Diseases», *Molecular Aspects of Medicine*, 26 (2005), pp. 33-65.

41. Endemann, D. H., Schiffrin, E. L., «Endothelial Dysfunction», *Journal of the American Society of Nephrology*, 15 (2004), 1983-1992.

42. Hooper, L., Martin, N., Abdelhamid, A., Davey Smith, G., «Effect of cutting down on the saturated fat we eat on our risk of heart disease», *Cochrane*, 2015. Disponible en: <www.cochrane.org/CD011737/VASC_effect-of-cutting-down-on-the-saturated-fat-we-eat-on-our-risk-of-heart-disease>.

43. Harcombe, Z., Baker, J. S., DiNicolantonio, J. J., Grace, F., Davies, B., «Eviden-

ce from Randomised Controlled Trials Does Not Support Current Dietary Fat Guidelines: A Systematic Review and Meta-Analysis», *Open Heart*, 2016, p. e000409.

44. Hamley, S., «The Effect of Replacing Saturated Fat with Mostly N-6 Polyunsaturated Fat on Coronary Heart Disease: A Meta-Analysis of Randomised Controlled Trials», *Nutrition Journal*, 16 (2017), p. 30.

45. Ramsden, C. E., Hibbeln, J. R., Majchrzak, S. F., Davis, J. M., «N-6 Fatty Acid-Specific and Mixed Polyunsaturate Dietary Interventions Have Different Effects on CHD Risk: A Meta-Analysis of Randomised Controlled Trials», *British Journal of Nutrition*, 104 (2010), pp. 1586-1600.

46. Sacks, F. M., Katan, M., «Randomized Clinical Trials on the Effects of Dietary Fat and Carbohydrate on Plasma Lipoproteins and Cardiovascular Disease», *The American Journal of Medicine*, 113 (2002), pp. 13-24.

47. Ravnskov, U., Diamond, D. M., Hama, R., Hamazaki, T., Hammarskjöld, B., Hynes, N., Kendrick, M., Langsjoen, P. H., Malhotra, A., Mascitelli, L., McCully, K. S., Ogushi, Y., Okuyama, H., Rosch, P. J., Schersten, T., Sultan, S., Sundberg, R., «Lack of an Association or an Inverse Association Between Low-Density-Lipoprotein Cholesterol and Mortality in the Elderly: A Systematic Review», *BMJ Open*, 6 (2016), e010401.

48. Li, D., Mehta, J. L., «Oxidized LDL, A Critical Factor in Atherogenesis», *Cardiovascular Research*, 68 (2005), pp. 353-354.

49. Silaste, M. L., Rantala, M., Alfthan, G., Aro, A., Witztum, J. L., Kesäniemi, Y. A., Hörkkö, S., «Changes in Dietary Fat Intake Alter Plasma Levels of Oxidized Low-Density Lipoprotein and Lipoprotein(a)», *Arteriosclerosis, Thrombosis, and Vascular Biology*, 24 (2004), pp. 498-503.

50. Mata, P., Alonso, R., López-Farré, A., Ordovas, J. M., Lahoz, C., Garces, C., Caramelo, C., Codoceo, R., Blázquez, E., De Oya, M., «Effect of Dietary Fat Saturation on LDL Oxidation and Monocyte Adhesion to Human Endothelial Cells in Vitro», *Arteriosclerosis, Thrombosis, and Vascular Biology*, 16 (1996), pp. 1347-1355.

51. Ramsden, C. E., Ringel, A., Feldstein, A. E., Taha, A. Y., MacIntosh, B. A., Hibbeln, J. R., Majchrzak-Hong, S. F., Faurot, K. R., Rapoport, S. I., Cheon, Y., Chung, Y. M., Berk, M., Mann, J. D., «Lowering Dietary Linoleic Acid Reduces Bioactive Oxidized Linoleic Acid Metabolites in Humans», *Prostaglandins, Leukotrienes and Essential Fatty Acids*, 87 (2012), pp. 135-141.

52. DiNicolantonio, J. J., O'Keefe, J. H., «Omega-6 Vegetable Oils as a Driver of Coronary Heart Disease: The Oxidized Linoleic Acid Hypothesis», *Open Heart*, 2 (2018), e000898.

53. Boateng, L., Ansong, R., Owusu, W. B., Steiner-Asiedu, M., «Coconut Oil and Palm Oil's Role in Nutrition, Health and National Development: A Review», *Ghana Medical Journal*, 50 (2016), pp. 189-196.

54. Odia, J., Ofori, S., Maduka, O., «Palm Oil and the Heart: A Review», *World Journal of Cardiology*, 7 (2015), pp. 144-149.

55. Chong, Y. H., Ng, T. K., «Effects of Palm Oil on Cardiovascular Risk», *Medical Journal of Malaysia*, 46 (1991), pp. 41-50.

56. Ismail, S. R., Maarof, S. K., Siedar Ali, S., Ali, A., «Systematic Review of Palm Oil Consumption and the Risk of Cardiovascular Disease», *PLoS One*, 13 (2018), p. e0193533.

57. Utarwuthipong, T., Komindr, S., Pakpeankitvatana, V., Songchitsomboon, S., Thongmuang, N., «Small Dense Low-Density Lipoprotein Concentration and Oxidative Susceptibility Changes After Consumption of Soybean Oil, Rice Bran Oil, Palm Oil and Mixed Rice Bran/Palm Oil in Hypercholesterolaemic Women», *Journal of International Medical Research*, 37 (2009), pp. 96-104.

58. Bautista, L. E., Herrán, O. F., Serrano, C., «Effects of Palm Oil and Dietary Cholesterol on Plasma Lipoproteins: Results from a Dietary Crossover Trial in Free-Living Subjects», *European Journal of Clinical Nutrition*, 55 (2001), pp. 748-754.

59. Vega-López, S., Ausman, L. M., Jalbert, S. M., Erkkilä, A. T., Lichtenstein, A. H., «Palm and Partially Hydrogenated Soybean Oils Adversely Alter Lipoprotein Profiles Compared with Soybean and Canola Oils in Moderately Hyperlipidemic Subjects», *The American Journal of Clinical Nutrition*, 84 (2006), pp. 54-62.

60. Tholstrup, T., Hjerpsted, J., Raff, M., «Palm Olein Increases Plasma Cholesterol Moderately Compared with Olive Oil in Healthy Individuals, *The American Journal of Clinical Nutritionf*, 94 (2011), pp. 1426-1432.

61. Hamilton, J. A., Hillard, C. J., Spector, A. A., Watkins, P. A., «Brain Uptake and Utilization of Fatty Acids, Lipids and Lipoproteins: Application to Neurological Disorders», *The Journal of Molecular Neuroscience*, 33(2007), pp. 2-11.

62. Dyall, S. C., «Long-Chain Omega-3 Fatty Acids and the Brain: A Review of

the Independent and Shared Effects of EPA, DPA and DHA», *Frontiers in Aging Neuroscience*, 7 (2015), p. 52.

63. Benton, D., «Do Low Cholesterol Levels Slow Mental Processing?», *Psychosomatic Medicine*, 57 (1995), pp. 50-53.

64. Muldoon, M. F., Ryan, C. M., Matthews, K. A., Manuck, S. B., «Serum Cholesterol and Intellectual Performance», *Psychosomatic Medicine*, 59 (1997), pp. 382-387.

65. Zhang, J., Muldoon, M. F., McKeown, R. E., «Serum Cholesterol Concentrations Are Associated with Visuomotor Speed in Men: Findings from the Third National Health and Nutrition Examination Survey, 1988-1994», *The American Journal of Clinical Nutrition*, 80 (2004), pp. 291-298.

66. Elias, P. K., Elias, M. F., D'Agostino, R. B., Sullivan, L. M., Wolf, P. A., «Serum Cholesterol and Cognitive Performance in the Framingham Heart Study», *Psychosomatic Medicine*, 67 (2005), pp. 24-30.

67. Sinclair, A. J., Begg, D., Mathai, M., Weisinger, R. S., «Omega 3 Fatty Acids and the Brain: Review of Studies in Depression», *Asia Pacific Journal of Clinical Nutrition*, 16 (2007), pp. 391-397.

68. Innis, S. M., «Dietary (n-3) Fatty Acids and Brain Development», *Journal of Nutrition*, 137 (2007), pp. 855-859.

69. Tan, Z. S., Harris, W. S., Beiser, A. S., Au, R., Himali, J. J., Debette, S., Pikula, A., Decarli, C., Wolf, P. A., Vasan, R. S., Robins, S. J., Seshadri, S., «Red Blood Cell Omega-3 Fatty Acid Levels and Markers of Accelerated Brain Aging», *Neurology*, 78 (2012), pp. 658-664.

70. Bremmer, M. A., Beekman, A. T., Deeg, D. J., Penninx, B. W., Dik, M. G., Hack, C. E., Hoogendijk, W. J., «Inflammatory Markers in Late-Life Depression: Results from a Population-Based Study», *Journal* of Affective *Disorders* 106 (2008), pp. 249-255.

71. Gimeno, D., Kivimäki, M., Brunner, E. J., Elovainio, M., De Vogli, R., Steptoe, A., Kumari, M., Lowe, G. D., Rumley, A., Marmot, M. G., Ferrie, J. E., «Associations of C-Reactive Protein and Interleukin-6 with Cognitive Symptoms of Depression: 12-Year Follow-Up of the Whitehall II Study», *Psychological Medicine*, 39 (2009), pp. 413-423.

72. Hayley, S., Poulter, M. O., Merali, Z., Anisman, H., «The Pathogenesis of Clinical Depression: Stressor- And Cytokine-Induced Alterations of Neuroplasticity», *Neuroscience*, 135 (2005), pp. 659-678.

73. Karege, F., Vaudan, G., Schwald, M., Perroud, N., La Harpe, R., «Neurotrophin Levels in Postmortem Brains of Suicide Victims and the Effects of Antemortem Diagnosis and Psychotropic Drugs», *Molecular Brain Research*, 136 (2005), pp. 29-37.

74. Zoladz, J. A., Pilc, A., «The Effect of Physical Activity on the Brain Derived Neurotrophic Factor: From Animal to Human Studies», *Journal of Physiology and Pharmacology*, 61 (2010), pp. 533-541.

75. Craft, L. L., Perna, F. M., «The Benefits of Exercise for the Clinically Depressed», *The Primary Care Companion to The Journal of Clinical Psychiatry*, 6 (2004), pp. 104-111.

76. Kiecolt-Glaser, J. K., Belury, M. A., Porter, K., Beversdorf, D. Q., Lemeshow, S., Glaser, R., «Depressive Symptoms, Omega-6:Omega-3 Fatty Acids, and Inflammation in Older Adults», *Psychosomatic Medicine*, 69 (2007), pp. 217-224.

77. Wolfe, A. R., Ogbonna, E. M., Lim, S., Li, Y., Zhang, J., «Dietary Linoleic and Oleic Fatty Acids in Relation to Severe Depressed Mood: 10 Years Follow-Up of a National Cohort», *Progress in Neuro-Psychopharmacology & Biological Psychiatry*, 33 (2009), pp. 972-977.

78. Vaz, J. S., Kac, G., Nardi, A. E., Hibbeln, J. R., «Omega-6 Fatty Acids and Greater Likelihood of Suicide Risk and Major Depression in Early Pregnancy», *Journal of Affective Disorders*, 2014, pp. 76-82.

79. Jadoon, A., Chiu, C. C., McDermott, L., Cunningham, P., Frangou, S., Chang, C. J., Sun, I. W., Liu, S. I., Lu, M. L., Su, K. P., Huang, S. Y., Stewart, R., «Associations of Polyunsaturated Fatty Acids with Residual Depression Or Anxiety in Older People with Major Depression», *Journal of Affective Disorders*, 136 (2012), pp. 918-925.

80. *Adolescentes: riesgos para la salud y soluciones*, febrero de 2018. Disponible en: <www.who.int/es/news-room/fact-sheets/detail/adolescents-health-risks-and-solutions>.

81. Jacka, F. N., Pasco, J. A., Mykletun, A., Williams, L. J., Hodge, A. M., O'Reilly, S. L., Nicholson, G. C, Kotowicz, M. A, Berk, M., «Association of Western and Traditional Diets with Depression and Anxiety in Women», *American Journal of Psychiatry*, 167 (2010), pp. 305-311.

82. Akbaraly, T. N., Brunner, E. J., Ferrie, J. E., Marmot, M. G., Kivimaki, M., Singh-Manoux, A., «Dietary Pattern and Depressive Symptoms in Middle Age», *British Journal of Psychiatry*, 195 (2009), pp. 408-413.

83. Jacka, F. N., Cherbuin, N., Anstey, K. J., Sachdev, P., Butterworth, P., «Western Diet is Associated with a Smaller Hippocampus: A Longitudinal Investigation», *BMC Medicine*, 13 (2015), pp. 215.

84. Instituto Nacional de Estadística, *Defunciones según la causa de muerte, año 2016*, diciembre de 2017. Disponible en: <www.ine.es/prensa/edcm_2016.pdf>.

85. Hibbeln, J. R., Nieminen, L. R., Lands, W. E., «Increasing Homicide Rates and Linoleic Acid Consumption Among Five Western Countries, 1961-2000», *Lipids*, 39 (2004), pp. 1207-1213.

86. Wang, L., Manson, J. E., Rautiainen, S., Gaziano, J. M., Buring, J. E., Tsai, M. Y., Sesso, H. D., «A Prospective Study of Erythrocyte Polyunsaturated Fatty Acid, Weight Gain, and Risk of Becoming Overweight or Obese in Middle-Aged and Older Women», *European Journal of Nutrition*, 55 (2016), pp. 687-697.

87. Das, U. N., «Essential Fatty Acids: Biochemistry, Physiology and Pathology», *Biotechnology Journal*, 1 (2006), pp. 420-439.

88. Schmitz, G., Ecker, J., «The Opposing Effects of n-3 and n-6 Fatty Acids», *Progress in Lipid Research*, 47 (2008), pp. 147-155.

89. Patterson, E., Wall, R., Fitzgerald, G. F., Ross, R. P., Stanton, C., «Health Implications of High Dietary Omega-6 Polyunsaturated Fatty Acids», *Journal of Nutrition and Metabolism*, 2012, p. 539426.

90. Alvheim, A. R., Torstensen, B. E., Lin, Y. H., Lillefosse, H. H., Lock, E. J., Madsen, L., Frøyland, L., Hibbeln, J. R., Malde, M. K., «Dietary Linoleic Acid Elevates the Endocannabinoids 2-AG and Anandamide and Promotes Weight Gain in Mice Fed a Low Fat Diet», *Lipids*, 49 (2014), pp. 59-69.

91. Cheng, L., Yu, Y., Zhang, Q., Szabo, A., Wang, H., Huang, X. F., «Arachidonic Acid Impairs Hypothalamic Leptin Signaling and Hepatic Energy Homeostasis in Mice», *Molecular and Cellular Endocrinology*, 412 (2015), pp. 12-18.

92. Phillips, C. M., Goumidi, L., Bertrais, S., Field, M. R., Ordovas, J. M., Cupples, L. A., Defoort, C., Lovegrove, J. A., Drevon, C. A., Blaak, E. E., Gibney, M. J., Kiec-Wilk, B., Karlstrom, B., López-Miranda, J., McManus, R., Hercberg, S., Lairon, D., Planells, R., Roche, H. M., «Leptin Receptor Polymorphisms Interact with Polyunsaturated Fatty Acids to Augment Risk of Insulin Resistance and Metabolic Syndrome in Adults», *The Journal of Nutrition*, 140 (2010), pp. 238-244.

93. Masi, L. N., Martins, A. R., Rosa Neto, J. C., Do Amaral, C. L., Crisma, A. R.,

Vinolo, M. A., De Lima Júnior, E. A., Hirabara, S. M., Curi, R., «Sunflower Oil Supplementation Has Proinflammatory Effects and Does Not Reverse Insulin Resistance in Obesity Induced by High-Fat Diet in C57BL/6 Mice», *Journal of Biomedicine and Biotechnology*, 2012, p. 945131.

94. Byrne, C. D., «Fatty Liver: Role of Inflammation and Fatty Acid Nutrition», *Prostaglandins, Leukotrienes and Essential Fatty Acids*, 82 (2010), pp. 265-271.

95. Madigan, C., Ryan, M., Owens, D., Collins, P., Tomkin, G. H., «Dietary Unsaturated Fatty Acids in Type 2 Diabetes: Higher Levels of Postprandial Lipoprotein on a Linoleic Acid-Rich Sunflower Oil Diet Compared with an Oleic Acid-Rich Olive Oil Diet», *Diabetes Care*, 23 (2000), pp. 1472-1477.

96. Ruiz, E., Rodríguez, P., Valero, T., Ávila, J. M., Aranceta-Bartrina, J., Gil, Á., González-Gross, M., Ortega, R. M., Serra-Majem, L., Varela-Moreiras, G., «Dietary Intake of Individual (Free and Intrinsic) Sugars and Food Sources in the Spanish Population: Findings from the ANIBES Study», *Nutrients*, 9 (2017), p. e275.

97. Latasa, P., Louzada, M. L. D. C., Martínez Steele, E., Monteiro, C. A., «Added Sugars and Ultra-Processed Foods in Spanish Households (1990-2010)», *European Journal of Clinical Nutrition*, 72 (2018), pp. 1404-1412.

98. OMS, *Nota informativa sobre la ingesta de azúcares recomendada en la directriz de la OMS para adultos y niños*, 2015. Disponible en: <www.who.int/nutrition/publications/guidelines/sugar_intake_information_note_es.pdf>.

99. DiNicolantonio, J. J., Lucan, S. C., «The Wrong White Crystals: Not Salt But Sugar As Aetiological in Hypertension and Cardiometabolic Disease», *Open Heart*, 2014, p. e000167.

100. Ruiz, E., Rodríguez, P., Valero, T., Ávila, J. M., Aranceta-Bartrina, J., Gil, Á., González-Gross, M., Ortega, R. M., Serra-Majem, L., Varela-Moreiras, G., «Dietary Intake of Individual (Free and Intrinsic) Sugars and Food Sources in the Spanish Population: Findings from the ANIBES Study», *Nutrients*, 9(2017), p. E275.

101. Fundación Española de la Nutrición, *Ingesta dietética de azúcares (añadidos e intrínsecos) y fuentes alimentarias en la población española: resultados del estudio científico ANIBES*. Disponible en: <www.fen.org.es/anibes/archivos/documentos/ANIBES_numero_15.pdf>.

102. Pérez Verdú, M. N., Pérez Verdú, M., «El gasto en refrescos 2016», *Boletín de Investigación de Constanza Business & Protocol School*, junio de 2016. Disponible

en: <www.constanza.org/wp-content/uploads/2016/06/Bolet%C3%ADn-de-Investigaci%C3%B3n-VI-2016-Gasto-en-refrescos.pdf>.

103. Singh, R., Barden, A., Mori, T., Beilin, L., «Advanced Glycation End-Products: A Review», *Diabetologia*, 44 (2001), pp. 129-146.

104. <www.sinazucar.org/foto/galletas-principe-maxichoc>.

105. Conlee, R. K., Lawler, R. M., Ross, P. E., «Effects of Glucose or Fructose Feeding on Glycogen Repletion in Muscle and Liver After Exercise or Fasting», *Annals of Nutrition and Metabolism*, 31 (1987), pp. 126-132.

106. Faeh, D., Minehira, K., Schwarz, J. M., Periasamy, R., Park, S., Tappy, L., «Effect of Fructose Overfeeding and Fish Oil Administration on Hepatic De Novo Lipogenesis and Insulin Sensitivity in Healthy Men», *Diabetes*, 54 (2005), pp. 1907-1913.

107. Jegatheesan, P., De Bandt, J. P., «Fructose and NAFLD: The Multifaceted Aspects of Fructose Metabolism», *Nutrients*, 9 (2017), E230.

108. Ouyang, X., Cirillo, P., Sautin, Y., McCall, S., Bruchette, J. L., Diehl, A. M., Johnson, R. J., Abdelmalek, M. F., «Fructose Consumption as a Risk Factor for Non-Alcoholic Fatty Liver Disease», *Journal of Hepatology*, 48 (2008), pp. 993-999.

109. Zelber-Sagi, S., Nitzan-Kaluski, D., Goldsmith, R., Webb, M., Blendis, L., Halpern, Z., Oren, R., «Long Term Nutritional Intake and the Risk for Non-Alcoholic Fatty Liver Disease (NAFLD): A Population Based Study», *Journal of Hepatology*, 47 (2007), pp. 711-717.

110. Uppal, V., Mansoor, S., Furuya, K. N., «Pediatric Non-alcoholic Fatty Liver Disease», *Current Gastroenterology Reports*, 18 (2016), p. 24.

111. Mattson, M. P., Longo, V. D., Harvie, M., «Impact of Intermittent Fasting on Health and Disease Processes», *Ageing Research Reviews*, 39 (2017), pp. 46-58.

112. Bucher Della Torre, S., Keller, A., Laure Depeyre, J., Kruseman, M., «Sugar-Sweetened Beverages and Obesity Risk in Children and Adolescents: A Systematic Analysis on How Methodological Quality May Influence Conclusions», *Journal of the Academy of Nutrition and Dietetics*, 116 (2016), pp. 638-659.

113. InterAct Consortium, Romaguera, D., Norat, T., Wark, P. A., Vergnaud, A. C., Schulze, M. B., van Woudenbergh, G. J., Drogan, D., Amiano, P., Molina-Montes, E., Sánchez, M. J., Balkau, B., Barricarte, A., Beulens, J. W., Clavel-Chapelon, F., Crispim, S. P., Fagherazzi, G., Franks, P. W., Grote, V. A., Huybrechts, I., Kaaks, R., Key, T. J., Khaw, K. T., Nilsson, P., Overvad, K., Pa-

lli, D., Panico, S., Quirós, J. R., Rolandsson, O., Sacerdote, C., Sieri, S., Slimani, N., Spijkerman, A. M., Tjonneland, A., Tormo, M. J., Tumino, R., van den Berg, S. W., Wermeling, P. R., Zamara-Ros, R., Feskens, E. J., Langenberg, C., Sharp, S. J., Forouhi, N. G., Riboli, E., Wareham, N. J., «Consumption of Sweet Beverages and Type 2 Diabetes Incidence in European Adults: Results From EPIC-InterAct», *Diabetologia*, 56 (2013), pp. 1520-1530.

114. Goran, M. I., Ulijaszek, S. J., Ventura, E. E., «High Fructose Corn Syrup and diabetes Prevalence: A Global Perspective», *Global Public Health*, 8 (2013), pp. 55-64.

115. Stanhope, K. L., Bremer, A. A., Medici, V., Nakajima, K., Ito, Y., Nakano, T., Chen, G., Fong, T. H., Lee, V., Menorca, R. I., Keim, N. L., Havel, P. J., «Consumption of Fructose and High Fructose Corn Syrup Increase Postprandial Triglycerides, LDL-Cholesterol, and Apolipoprotein-B in Young Men and Women», *Journal of Clinical Endocrinology and Metabolism*, 96 (2011), E1596-1605.

116. Miller, M., Stone, N. J., Ballantyne, C., Bittner, V., Criqui, M. H., Ginsberg, H. N., Goldberg, A. C., Howard, W. J., Jacobson, M. S., Kris-Etherton, P. M., Lennie, T. A., Levi, M., Mazzone, T., Pennathur, S., American Heart Association Clinical Lipidology, Thrombosis, and Prevention Committee of the Council on Nutrition, Physical Activity, and Metabolism; Council on Arteriosclerosis, Thrombosis and Vascular Biology; Council on Cardiovascular Nursing; Council on the Kidney in Cardiovascular Disease, «Triglycerides and Cardiovascular Disease: A Scientific Statement from the American Heart Association», *Circulation*, 123 (2011), pp. 2292-2333.

117. Schmidt, A. M., Hori, O., Brett, J., Yan, S. D., Wautier, J. L., Stern, D., «Cellular Receptors for Advanced Glycation End Products. Implications for Induction of Oxidant Stress and Cellular Dysfunction in the Pathogenesis of Vascular Lesions», *Arteriosclerosis, Thrombosis, and Vascular Biology*, 14 (1994), pp. 1521-1528.

118. Arcidiacono, B., Iiritano, S., Nocera, A., Possidente, K., Nevolo, M. T., Ventura, V., Foti, D., Chiefari, E., Brunetti, A., «Insulin Resistance and Cancer Risk: An Overview of the Pathogenetic Mechanisms», *Experimental Diabetes Research*, 2012, p. 789174.

119. Boyd, D. B., «Insulin and cancer», *Integrative Cancer Therapies*, 2 (2003), pp. 315-329.

120. Wang, M., Hu, M. Y., Wu, H. B., Pan, J., Gong, W. W., Guo, L. H., Zhong, J. M., Fei, F. R., Yua, M., «Cancer Risk Among Patients with Type 2 Diabetes

Mellitus: A Population-Based Prospective Study in China», *Scientific Reports*, 5 (2015), p. 11503.

121. De Souza, A., Irfan, K., Masud, F., Saif, M. W., «Diabetes Type 2 and Pancreatic Cancer: A History Unfolding», *Journal of the Pancreas*, 17 (2016), pp. 144-148.

122. Silva, F. M., Giatti, L., De Figueiredo, R. C., Molina, M. D. C. B., De Oliveira Cardoso, L., Duncan, B. B., Barreto, S. M., «Consumption of Ultra-Processed Food and Obesity: Cross Sectional Results from the Brazilian Longitudinal Study of Adult Health (ELSA-Brasil) Cohort (2008-2010)», *Public Health Nutrition*, 21 (2018), pp. 2271-2279.

123. Instituto Nacional del Cáncer, Obesidad y cáncer. Disponible en: <www.cancer.gov/espanol/cancer/causas-prevencion/riesgo/obesidad/hoja-informativa-obesidad?redirect=true>.

124. Laguna, J. C., Alegret, M., Roglans, N., «Simple Sugar Intake and Hepatocellular Carcinoma: Epidemiological and Mechanistic Insight», *Nutrients*, 6 (2014), pp. 5933-5954.

125. Larsson, S. C., Giovannucci, E. L., Wolk, A., «Sweetened Beverage Consumption and Risk of Biliary Tract and Gallbladder Cancer in a Prospective Study», *Journal of the National Cancer Institute*, 8 (2016), pp. 108-110.

126. Fuchs, M. A., Sato, K., Niedzwiecki, D., Ye, X., Saltz, L. B., Mayer, R. J., Mowat, R. B., Whittom, R., Hantel, A., Benson, A., Atienza, D., Messino, M., Kindler, H., Venook, A., Ogino, S., Wu, K., Willett, W. C., Giovannucci, E. L., Meyerhardt, J. A., «Sugar-Sweetened Beverage Intake and Cancer Recurrence and Survival in CALGB 89803 (Alliance)», *PLoS One*, 17 (2014), p. e99816.

127. Hodge, A. M., Bassett, J. K., Milne, R. L., English, D. R., Giles, G. G., «Consumption Of Sugar-Sweetened and Artificially Sweetened Soft Drinks and Risk Of Obesity-Related Cancers», *Public Health Nutrition*, 21 (2018), pp. 1618-1626.

128. Bostick, R. M., Potter, J. D., Kushi, L. H., Sellers, T. A., Steinmetz, K. A., McKenzie, D. R., Gapstur, S. M., Folsom, A. R., «Sugar, Meat, and Fat Intake, and Non-Dietary Risk Factors for Colon Cancer Incidence in Iowa Women (United States), *Cancer Causes & Control*, 5 (1994), pp. 38-52.

129. Singh, G. M., Micha, R., Khatibzadeh, S., Lim, S., Ezzati, M., Mozaffarian, D., «Global Burden of Diseases Nutrition and Chronic Diseases Expert Group (NutriCoDE), Estimated Global, Regional, and National Disease Burdens Related to Sugar-Sweetened Beverage Consumption in 2010», *Circulation*, 132 (2015), pp. 639-666.

130. Barua, R., Templeton, A. J., Seruga, B., Ocana, A., Amir, E., Ethier, J. L., «Hyperglycaemia and Survival in Solid Tumours: A Systematic Review and Meta-analysis», *Clinical Oncology*, 30 (2018), pp. 215-224.

131. O'Reilly, G. A., Belcher, B. R., Davis, J. N., Martínez, L. T., Huh, J., Antúnez-Castillo, L., Weigensberg, M., Goran, M. I., Spruijt-Metz, D., «Effects of High Sugar and High Fiber Meals on Physical Activity Behaviors in Latino and African American Adolescents», *Obesity (Silver Spring)*, 23 (2015), pp. 1886-1894.

132. Danby, F. W., «Nutrition and Aging Skin: Sugar and Glycation», *Clinics in Dermatology*, 28 (2010), pp. 409-411.

133. Nguyen, H. P., Katta, R., «Sugar Sag: Glycation and the Role of Diet in Aging Skin», *Skin Therapy Letter*, 20 (2015), pp. 1-5.

134. Lee, D., Hwang, W., Artan, M., Jeong, D. E., Lee, S. J., «Effects of Nutritional Components on Aging», *Aging Cell*, 14 (2015), pp. 8-16.

135. Boccardi, V., Paolisso, G., Mecocci, P., «Nutrition and Lifestyle in Healthy Aging: The Telomerase Challenge», *Aging* (Albany NY), 8 (2016), pp. 12-15.

136. Leung, C. W., Laraia, B. A., Needham, B. L., Rehkopf, D. H., Adler, N. E., Lin, J., Blackburn, E. H., Epel, E. S., «Soda and Cell Aging: Associations Between Sugar-Sweetened Beverage Consumption and Leukocyte Telomere Length in Healthy Adults From the National Health and Nutrition Examination Surveys», *American Journal of Public Health*, 104 (2014), pp. 2425-2431.

137. Crane, P. K., Walker, R., Larson, E. B., «Glucose Levels and Risk of Dementia», *The New England Journal of Medicine*, 369 (2013), pp. 1863-1864.

138. Sridhar, G. R., Lakshmi, G., Nagamani, G., «Glucose Levels and Risk of Dementia», *World Journal of Diabetes*, 6 (2015), pp. 744-751.

139. Karalius, V. P., Shoham, D. A., «Dietary Sugar and Artificial Sweetener Intake and Chronic Kidney Disease: A Review», *Advances in Chronic Kidney Disease*, 20 (2013), pp. 157-164.

140. Hu, Y., Costenbader, K. H., Gao, X., Al-Daabil, M., Sparks, J. A., Solomon, D. H., Hu, F. B., Karlson, E. W., Lu, B., «Sugar-Sweetened Soda Consumption and Risk of Developing Rheumatoid Arthritis in Women», *The American Journal of Clinical Nutrition*, 100 (2014), pp. 959-967.

141. Dixon, L. J., Kabi, A., Nickerson, K. P., McDonald, C., «Combinatorial Effects of Diet and Genetics on Inflammatory Bowel Disease Pathogenesis», *Inflammatory Bowel Disease*, 21 (2015), pp. 912-922.

142. Sheiham, A., James, W. P., «Diet and Dental Caries: The Pivotal Role of Free Sugars Reemphasized», *Journal of Dental Research*, 94 (2015), pp. 1341-1347.

143. Bernabé, E., Vehkalahti, M. M., Sheiham, A., Aromaa, A., Suominen, A. L., «Sugar-Sweetened Beverages and Dental Caries in Adults: A 4-Year Prospective Study», *Journal of Dentistry*, 42 (2014), pp. 952-958.

144. Marshall, T. A., Levy, S. M., Broffitt, B., Warren, J. J., Eichenberger-Gilmore, J. M., Burns, T. L., Stumbo, P. J., «Dental Caries and Beverage Consumption in Young Children», *Pediatrics*, 112 (2003), e184-191.

145. Wojcicki, J. M., Heyman, M. B., «Reducing Childhood Obesity by Eliminating 100% Fruit Juice», *The American Journal of Public Health*, 102 (2012), pp. 1630-1633.

146. <www.fao.org/faostat/en/#home>.

147. Harvard School of Public Health, *Carbohydrates and Blood Sugar*. Disponible en: <www.hsph.harvard.edu/nutritionsource/carbohydrates/carbohydrates-and-blood-sugar>.

148. Holt, S. H., Miller, J. B., «Particle Size, Satiety and the Glycaemic Response», *European Journal of Clinical Nutrition*, 48 (1994), pp. 496-502.

149. Barr, S., B., Wright, J. C., «Particle Size, Satiety and the Glycaemic Response», *European Journal of Clinical Nutrition*, 48 (1994), pp. 496-502.

150. Aston, L. M., Gambell, J. M., Lee, D. M., Bryant, S. P., Jebb, S. A., «Determination of the glycaemic Index of Various Staple Carbohydrate-Rich Foods in the UK diet», *European Journal of Clinical Nutrition*, 62 (2008), pp. 279-285.

151. Roberts, S. B., «Glycemic index and satiety», *Nutrition in Clinical Care*, 6 (2003), pp. 20-26.

152. Schwingshackl, L., Hoffmann, G., «Long-Term Effects of Low Glycemic Index/Load Vs. High Glycemic Index/Load Diets on Parameters of Obesity and Obesity-Associated Risks: A Systematic Review and Meta-Analysis», *Nutrition, Metabolism and Cardiovascular Diseases*, 23 (2013), pp. 699-706.

153. Livesey, G., Taylor, R., Hulshof, T., Howlett, J., «Glycemic Response and Health–A Systematic Review and Meta-Analysis: Relations Between Dietary Glycemic Properties and Health Outcomes», *The American Journal of Clinical Nutrition*, 87 (2008), pp. 258S-268S.

154. Thomas, D. E., Elliott, E. J., Baur, L., «Low Glycaemic Index or Low Glycae-

mic Load Diets for Overweight and Obesity», *Cochrane Database of Systematic Reviews*, 18 (2007), CD005105.

155. Fardet, A., «Minimally Processed Foods are More Satiating and Less Hyperglycemic Than Ultra-Processed Foods: A Preliminary Study with 98 Ready-to-Eat Foods», *Food & Function*, 18 (2016), pp. 338-346.

156. Haber, G. B., Heaton, K. W., Murphy, D., Burroughs, L. F., «Depletion and Disruption of Dietary Fibre. Effects on Satiety, Plasma-Glucose, and Serum-Insulin», *Lancet*, 2 (1977), pp. 679-682.

157. Gustafsson, K., Asp, N. G., Hagander, B., Nyman, M., Schweizer, T., «Influence of Processing and Cooking of Carrots in Mixed Meals on Satiety, Glucose and Hormonal Response», *International Journal of Food Sciences and Nutrition*, 46 (1995), pp. 3-12.

158. Bligh, H. F., Godsland, I. F., Frost, G., Hunter, K. J., Murray, P., MacAulay, K., Hyliands, D., Talbot, D. C., Casey, J., Mulder, T. P., Berry, M. J., «Plant-Rich Mixed Meals Based On Palaeolithic Diet Principles Have a Dramatic Impact on Incretin, Peptide YY and Satiety Response, But Show Little Effect on Glucose and Insulin Homeostasis: An Acute-Effects Randomised Study», *British Journal of Nutrition*, 113 (2015), pp. 574-584.

159. Ruiz, E., Ávila, J. M., Valero, T., del Pozo, S., Rodríguez, P., Aranceta-Bartrina, J., Gil, Á., González-Gross, M., Ortega, R. M., Serra-Majem, L., Varela-Moreiras, G., «Energy Intake, Profile, and Dietary Sources in the Spanish Population: Findings of the ANIBES Study», *Nutrients*, 12 (2015), pp. 4739-4762.

160. Bautista-Castaño, I., Sánchez-Villegas, A., Estruch, R., Martínez-González, M. A., Corella, D., Salas-Salvadó, J., Covas, M. I., Schroder, H., Álvarez-Pérez, J., Quilez, J., Lamuela-Raventós, R. M., Ros, E., Arós, F., Fiol, M., Lapetra, J., Muñoz, M. A., Gómez-Gracia, E., Tur, J., Pintó, X., Ruiz-Gutiérrez, V., Portillo-Baquedano, M. P., Serra-Majem, L., PREDIMED Study Investigators, «Changes in Bread Consumption and 4-Year Changes in Adiposity in Spanish Subjects at High Cardiovascular Risk», *British Journal of Nutrition*, 110 (2013), pp. 337-346.

161. De la Fuente-Arrillaga, C., Martínez-González, M. A., Zazpe, I., Vázquez-Ruiz, Z., Benito-Corchón, S., Bes-Rastrollo, M., «Glycemic Load, Glycemic Index, Bread and Incidence of Overweight/Obesity in a Mediterranean Cohort: The SUN Project», *BMC Public Health*, 14 (2014), 1091.

162. Holt, S. H., Brand-Miller, J. C., Stitt, P. A., «The Effects of Equal-Energy Portions of Different Breads on Blood Glucose Levels, Feelings of Fullness

and Subsequent Food Intake», *Journal of the American Dietetic Association*, 101 (2001), pp. 767-773.

163. Schulte, E. M., Avena, N. M., Gearhardt, A. N., «Which Foods May Be Addictive? The Roles of Processing, Fat Content, and Glycemic Load», *PLoS One* 10 (2015), e0117959.

164. Mofidi, A., Ferraro, Z. M., Stewart, K. A., Tulk, H. M., Robinson, L. E., Duncan, A. M., Graham, T. E., «The Acute Impact of Ingestion of Sourdough and Whole-Grain Breads on Blood Glucose, Insulin, and Incretins in Overweight and Obese Men», *Journal of Nutrition and Metabolism*, 2012, p. 184710.

165. Spreadbury, I., «Comparison with Ancestral Diets Suggests Dense Acellular Carbohydrates Promote an Inflammatory Microbiota, and May Be the Primary Dietary Cause of Leptin Resistance and Obesity», *Diabetes, Metabolic Syndrome and Obesity*, 5 (2012), pp. 175-189.

166. Freire, R. H., Fernandes, L. R., Silva, R. B., Coelho, B. S., De Araújo, L. P., Ribeiro, L. S., Andrade, J. M., Lima, P. M., Araújo, R. S., Santos, S. H., Coimbra, C. C., Cardoso, V. N., Álvarez-Leite, J. I., «Wheat Gluten Intake Increases Weight Gain and Adiposity Associated with Reduced Thermogenesis and Energy Expenditure in an Animal Model of Obesity», *International Journal of Obesity*, 40 (2016), pp. 479-486.

167. Soares, F. L., De Oliveira Matoso, R., Teixeira, L. G., Menezes, Z., Pereira, S. S., Alves, A. C., Batista, N. V., De Faria, A. M., Cara, D. C., Ferreira, A. V., Alvarez-Leite, J. I., «Gluten-Free Diet Reduces Adiposity, Inflammation and Insulin Resistance Associated with the Induction of PPAR-Alpha and PPAR-Gamma Expression», *Journal of Nutritional Biochemistry*, 24 (2013), pp. 1105-1111.

168. EFSA, «Scientific Opinion on Dietary Reference Values for Carbohydrates and Dietary Fibre», EFSA Journal, 8 (2010), p. 1462. Disponible *en:* <https://efsa.onlinelibrary.wiley.com/doi/pdf/10.2903/j.efsa.2010.1462>.

169. Fardet, A., «New Hypotheses for the Health-Protective Mechanisms of Whole-Grain Cereals: What Is Beyond Fibre?», *Nutrition Research Reviews*, 23 (2010), pp. 65-134.

170. Saris, W. H. M., Foster, G. D., «Simple Carbohydrates and Obesity: Fact, Fiction and Future», *International Journal of Obesity*, 30 (2006), pp. S1-S3.

171. López-Alarcón, M., Perichart-Perera, O., Flores-Huerta, S., Inda-Icaza, P., Rodríguez-Cruz, M., Armenta-Álvarez, A., Bram-Falcón, M. T., Mayorga-Ochoa, M., «Excessive Refined Carbohydrates and Scarce Micronutrients Intakes

Increase Inflammatory Mediators and Insulin Resistance in Prepubertal and Pubertal Obese Children Independently of Obesity», *Mediators of Inflammation*, 2014, p. 849031.

172. Febles, C. I., Arias, A., Hardisson, A., Rodríguez-Álvarez, C., Sierra, A., «Phytic Acid Level in Wheat Flours», *Journal of Cereal Science*, 36 (2002), pp. 19-23.

173. Walter Lopez, H., Leenhardt, F., Coudray, C., Remesy, C., «Minerals and Phytic Acid Interactions: Is It a Real Problem for Human Nutrition?», *Food Science + Technology*, 37 (2002), pp. 727-739.

174. Iqbal, T. H., Lewis, K. O., Cooper, B. T., «Phytase Activity in the Human and Rat Small Intestine», *Gut* 35 (1994), pp. 1233-1236.

175. Nelsen, D. A., «Gluten-Sensitive Enteropathy (Celiac Disease): More Common Than You Think», *American Family Physician*, 66 (2002), pp. 2259-2266.

176. Fan, M. S., Zhao, F. J., Fairweather-Tait, S. J., Poulton, P. R., Dunham, S. J., McGrath, S. P., «Evidence of Decreasing Mineral Density in Wheat Grain Over the Last 160 Years», *Journal of Trace Elements in Medicine and Biology*, 22 (2008), pp. 315-324.

177. Cordain, L., Eaton, S. B., Sebastian, A., Mann, N., Lindeberg, S., Watkins, B. A., O'Keefe, J. H., Brand-Miller, J., «Origins and Evolution of the Western Diet: Health Implications for the 21st Century», *American Journal of Clinical Nutrition*, 81 (2005), pp. 341-354.

178. Kaline, K., Bornstein, S. R., Bergmann, A., Hauner, H., Schwarz, P. E., «The Importance and Effect of Dietary Fiber in Diabetes Prevention with Particular Consideration of Whole Grain Products», *Hormone and Metabolic Research*, 39 (2007), pp. 687-693.

179. Maćkowiak, K., Torlińska-Walkowiak, N., Torlińska, B., «Dietary Fibre as an Important Constituent of the Diet», *Postepy higieny i medycyny doswiadczalnej* (online), 70 (2016), pp. 104-109.

180. Biesiekierski, J. R., «What Is Gluten?», *Journal of Gastroenterology and Hepatology*, 32 (2017), pp. 78-81.

181. Van den Broeck, H. C., De Jong, H. C., Salentijn, E. M., Dekking, L., Bosch, D., Hamer, R. J., Gilissen, L. J., Van der Meer I. M., Smulders, M. J., «Presence of Celiac Disease Epitopes in Modern and Old Hexaploid Wheat Varieties: Wheat Breeding May Have Contributed to Increased Prevalence of Celiac Disease», *Theoretical and Applied Genetics*, 121 (2010), pp. 1527-1539.

182. Sofi, F., Whittaker, A., Cesari, F., Gori, A. M., Fiorillo, C., Becatti, M., Marotti, I., Dinelli, G., Casini, A., Abbate, R., Gensini, G. F., Benedettelli, S., «Characterization of Khorasan Wheat (Kamut) and Impact of a Replacement Diet on Cardiovascular Risk Factors: Cross-Over Dietary Intervention Study», *European Journal of Clinical Nutrition*, 67 (2013), pp 190-195.

183. Sapone, A., Bai, J. C., Ciacci, C., Dolinsek, J., Green, P. H. R., Hadjivassiliou, M., Kaukinen, K., Rostami, K., Sanders, D. S., Schumann, M., Ullrich, R., Villalta, D., Volta, U., Catassi, C., Fasano, A., «Spectrum of Gluten-Related Disorders: Consensus on New Nomenclature and Classification», *BMC Medicine*, 10 (2012), p. 13.

184. DiGiacomo, D. V., Tennyson, C. A., Green, P. H., Demmer, R. T., «Prevalence of Gluten-Free Diet Adherence among Individuals without Celiac Disease in the USA: Results from the Continuous National Health and Nutrition Examination Survey 2009-2010», *Scandinavian Journal of Gastroenterology*, 48 (2013), pp. 921-925.

185. Sapone, A., *op. cit.*

186. Biesiekierski, J. R., Newnham, E. D., Irving, P. M., Barrett, J. S., Haines, M., Doecke, J. D., Shepherd, S. J., Muir, J. G., Gibson, P. R., «Gluten causes gastrointestinal symptoms in subjects without celiac disease: a double-blind randomized placebo-controlled trial», *American Journal of Gastroenterology*, 106 (2011), pp. 508-514.

187. Doherty, M., Barry, R. E., «Gluten-Induced Mucosal Changes in Subjects without Overt Small-Bowel Disease», *Lancet*, 1 (1981), pp. 517-520.

188. Carroccio, A., Mansueto, P., Iacono, G., Soresi, M., D'Alcamo, A., Cavataio, F., Brusca, I., Florena, A. M., Ambrosiano, G., Seidita, A., Pirrone, G., Rini, G. B., «Non-Celiac Wheat Sensitivity Diagnosed by Double-Blind Placebo-Controlled Challenge: Exploring a New Clinical Entity», *The American Journal of Gastroenterology*, 107 (2012), pp. 1898-1906.

189. Drago, S., El Asmar, R., Di Pierro, M., Grazia Clemente, M., Tripathi, A., Sapone, A., Thakar, M., Iacono, G., Carroccio, A., D'Agate, C., Not, T., Zampini, L., Catassi, C., Fasano, A., «Gliadin, Zonulin and Gut Permeability: Effects on Celiac and Non-Celiac Intestinal Mucosa and Intestinal Cell Lines», *Scandinavian Journal of Gastroenterology*, 41 (2006), pp. 408-419.

190. Fasano, A., «Zonulin, Regulation of Tight Junctions, and Autoimmune Diseases», *Annals of the New York Academy of Sciences*, 1258 (2012), pp. 25-33.

191. Volta, U., De Giorgio, R., «New Understanding of Gluten Sensitivity», *Nature Reviews Gastroenterology & Hepatology*, 9 (2012), 295-299.

192. Volta, U., Bardella, M. T., Calabrò, A., Troncone, R., Corazza, G. R., «Study Group for Non-Celiac Gluten Sensitivity, An Italian Prospective Multicenter Survey on Patients Suspected of Having Non-Celiac Gluten Sensitivity», *BMC Medicine*, 12 (2014), p. 85.

193. Guandalini, S., Polanco, I., «Nonceliac Gluten Sensitivity or Wheat Intolerance Syndrome?», *The Journal of Pediatrics*, 166 (2015), pp. 805-811.

194. Biesiekierski, J. R., Peters, S. L., Newnham, E. D., Rosella, O., Muir, J. G., Gibson, P. R., «No Effects of Gluten in Patients with Self-Reported Non-Celiac Gluten Sensitivity After Dietary Reduction of Fermentable, Poorly Absorbed, Short-Chain Carbohydrates», *Gastroenterology*, 145 (2013), pp. 320-328.

195. Carroccio, A., Rini, G., Mansueto, P., «Non-Celiac Wheat Sensitivity is a More Appropriate Label than Non-Celiac Gluten Sensitivity», *Gastroenterology*, 146 (2014), pp. 320-321.

196. Junker, Y., Zeissig, S., Kim, S. J., Barisani, D., Wieser, H., Leffler, D. A., Zevallos, V., Libermann, T. A., Dillon, S., Freitag, T. L., Kelly, C. P., Schuppan, D., «Wheat Amylase Trypsin Inhibitors Drive Intestinal Inflammation Via Activation of Toll-Like Receptor 4», *Journal of Experimental Medicine*, 209 (2012), pp. 2395-2408.

197. De Punder, K., Pruimboom, L., «The Dietary Intake of Wheat and other Cereal Grains and Their Role in Inflammation», *Nutrients*, 5 (2013), pp. 771-787.

198. Viana, L. V., Gross, J. L., Azevedo, M. J., «Dietary Intervention in Patients with Gestational Diabetes Mellitus: A Systematic Review and Meta-Analysis of Randomized Clinical Trials on Maternal and Newborn Outcomes», *Diabetes Care*, 37 (2014), pp. 3345-3355.

199. Livesey, G., Taylor, R., Livesey, H., Liu, S., «Is There a Dose-Response Relation of Dietary Glycemic Load to Risk of Type 2 Diabetes? Meta-Analysis of Prospective Cohort Studies, *The American Journal of Clinical Nutrition*, 97 (2013), pp. 584-596.

200. Greenwood, D. C., Threapleton, D. E., Evans, C. E., Cleghorn, C. L., Nykjaer, C., Woodhead, C., Burley, V. J., «Glycemic Index, Glycemic Load, Carbohydrates, and Type 2 Diabetes: Systematic Review and Dose-Response Meta-Analysis of Prospective Studies, *Diabetes Care*, 36 (2013), pp. 4166-4171.

201. Dong, J. Y., Zhang, L., Zhang, Y. H., Qin, L. Q., «Dietary Glycaemic Index and Glycaemic Load in Relation to the Risk of Type 2 Diabetes: A Meta-Analysis of Prospective Cohort Studies», *British Journal of Nutrition*, 106 (2011), pp. 1649-1654.

202. Choi, Y., Giovannucci, E., Lee, J. E., «Glycaemic Index and Glycaemic Load in Relation to Risk of Diabetes-Related Cancers: A Meta-Analysis», *British Journal of Nutrition*, 108 (2012), pp. 1934-1947.

203. Ma, Y., Li, Y., Chiriboga, D. E., Olendzki, B. C., Hebert, J. R., Li, W., Leung, K., Hafner, A. R., Ockene, I. S., «Association Between Carbohydrate Intake and Serum Lipids», *Journal of the American College of Nutrition*, 25 (2006), pp. 155-163.

204. Yu, D., Shu, X. O., Li, H., Xiang, Y. B., Yang, G., Gao, Y. T., Zheng, W., Zhang, X., «Dietary Carbohydrates, Refined Grains, Glycemic Load, and Risk of Coronary Heart Disease in Chinese Adults», *American Journal of Epidemiology*, 178 (2013), pp. 1542-1549.

205. Fleming, P., Godwin, M., «Low-Glycaemic Index Diets in the Management of Blood Lipids: A Systematic Review and Meta-Analysis», *Family Practice*, 30 (2013), pp. 485-491.

206. Dong, J. Y., Zhang, Y. H., Wang, P., Qin, L. Q., «Meta-Analysis of Dietary Glycemic Load and Glycemic Index in Relation to Risk of Coronary Heart Disease», *American Journal of Cardiology*, 109 (2012), pp. 1608-1613.

207. Goff, L. M., Cowland, D. E., Hooper, L., Frost, G. S., «Low Glycaemic Index Diets and Blood Lipids: A Systematic Review and Meta-Analysis of Randomised Controlled Trials», *Nutrition, Metabolism and Cardiovascular Diseases*, 23 (2013), pp. 1-10.

208. Kelly, S., Frost, G., Whittaker, V., Summerbell, C., «Low Glycaemic Index Diets for Coronary Heart Disease», *Cochrane Database of Systematic Reviews*, 4 (2004), CD004467.

209. Bowers, L. W., Rossi, E. L., O'Flanagan, C. H., deGraffenried, L. A., Hursting, S. D., «The Role of the Insulin/IGF System in Cancer: Lessons Learned from Clinical Trials and the Energy Balance-Cancer Link», *Frontiers in Endocrinology*, 6 (2015), p. 77.

210. Frasca, F., Pandini, G., Sciacca, L., Pezzino, V., Squatrito, S., Belfiore, A., Vigneri, R., «The Role of Insulin Receptors and IGF-I Receptors in Cancer and Other Diseases», *Archives of Physiology and Biochemistry*, 114 (2008), pp. 23-37.

211. Nagle, C. M., Olsen, C. M., Ibiebele, T. I., Spurdle, A. B., Webb, P. M., Australian National Endometrial Cancer Study Group; Australian Ovarian Cancer Study Group, «Glycemic Index, Glycemic Load and Endometrial Cancer Risk: Results from the Australian National Endometrial Cancer Study and an Updated Systematic Review and Meta-Analysis», *European Journal of Nutrition*, 52 (2013), pp. 705-715.

212. Sieri, S., Agnoli, C., Pala, V., Grioni, S., Brighenti, F., Pellegrini, N., Masala, G., Palli, D., Mattiello, A., Panico, S., Ricceri, F., Fasanelli, F., Frasca, G., Tumino, R., Krogh, V., «Dietary Glycemic Index and Glycemic Load and Risk of Colorectal Cancer: Results from the EPIC-Italy Study», *International Journal of Cancer*, 136 (2015), pp. 2923-2931.

213. Vigneri, P. G., Tirrò, E., Pennisi, M. S., Massimino, M., Stella, S., Romano, C., Manzella, L., «The Insulin/IGF System in Colorectal Cancer Development and Resistance to Therapy», *Frontiers in Oncology*, 5 (2015), p. 230.

214. Ibídem.

215. Ríos, Carlos, *No más ultraprocesados en los hospitales*, diciembre de 2017. Disponible en: <https://realfooding.com/ultraprocesados-en-hospitales>.

216. Bressan, P., Kramer, P., «Bread and Other Edible Agents of Mental Disease», *Frontiers in Human Neuroscience*, 10 (2016), p. 130.

217. Hadjivassiliou, M., Grünewald, R., Sharrack, B., Sanders, D., Lobo, A., Williamson, C., Woodroofe, N., Wood, N., Davies-Jones, A., «Gluten Ataxia in Perspective: Epidemiology, Genetic Susceptibility and Clinical Characteristics», *Brain*, 126 (2003), pp. 685-691.

218. Gordon, N., «Cerebellar Ataxia and Gluten Sensitivity: A Rare But Possible Cause of Ataxia, Even in Childhood», *Developmental Medicine & Child Neurology*, 42 (2000), pp. 283-286.

219. Bürk, K., Bösch, S., Müller, C. A., Melms, A., Zühlke, C., Stern, M, Besenthal, I., Skalej, M., Ruck, P., Ferber S., Klockgether, T., Dichgans J., «Sporadic Cerebellar Ataxia Associated with Gluten Sensitivity», *Brain*, 124 (2001), pp. 1013-1019.

220. Hadjivassiliou, M., Sanders, D. S., Woodroofe, N., Williamson, C., Grünewald, R. A., «Gluten Ataxia», *Cerebellum*, 7 (2008), pp. 494-498.

221. Hadjivassiliou, M., Davies-Jones, G. A. B., Sanders, D. S., Grünewald, R. A., «Dietary Treatment of Gluten Ataxia», *Journal of Neurology, Neurosurgery & Psychiatry*, 74 (2003), pp. 1221-1224.

222. Curtis Dohan, F., «Genetic Hypothesis of Idiopathic Schizophrenia: Its Exorphin Connection», *Schizophrenia Bulletin*, 14 (1988), pp. 489-494.

223. Dickerson, F., Stallings, C., Origoni, A., Vaughan, C., Khushalani, S., Leister, F., Yang, S., Krivogorsky, B., Alaedini, A., Yolken, R., «Markers of Gluten Sensitivity and Celiac Disease in Recent-Onset Psychosis and Multi-Episode Schizophrenia», *Biological Psychiatry*, 68 (2010), pp. 100-104.

224. Samaroo, D., Dickerson, F., Kasarda, D. D., Green, P. H., Briani, C., Yolken, R. H., Alaedini, A., «Novel Immune Response to Gluten in Individuals with Schizophrenia», *Schizophrenia Research*, 118 (2010), pp. 248-255.

225. Dohan, F. C., Grasberger, J. C., Lowell, F. M., Johnston, H. T., Arbegast, A. W., «Relapsed Schizophrenics: More Rapid Improvement on a Milk- and Cereal-free Diet», *The British Journal of Psychiatry*, 115 (1969), pp. 595-596.

226. Vlissides, D. N., Venulet, A., Jenner, F. A., «A Double-Blind Gluten-Free/Gluten-Load Controlled Trial in a Secure Ward Population», *British Journal of Psychiatry*, 148 (1986), pp. 447-452.

227. De Santis, A., Addolorato, G., Romito, A., Caputo, S., Giordano, A., Gambassi, G., Taranto, C., Manna, R., Gasbarrini, G., «Schizophrenic Symptoms and SPECT Abnormalities in a Coeliac Patient: Regression After a Gluten-Free Diet», *Journal of Internal Medicine*, 242 (1997), pp. 421-423.

228. Severance, E. G., Alaedini, A., Yang, S., Halling, M., Gressitt, K. L., Stallings, C. R., Origoni, A. E., Vaughan, C., Khushalani, S., Leweke, F. M., Dickerson, F. B., Yolken, R. H., «Gastrointestinal Inflammation and Associated Immune Activation in Schizophrenia», *Schizophrenia Research*, 138 (2012), pp. 48-53.

229. Severance, E. G., Prandovszky, E., Castiglione, J., Yolken, R. H., «Gastroenterology Issues in Schizophrenia: Why the Gut Matters», *Current Psychiatry Reports*, 17 (2015), p. 27.

230. Jackson, J. R., Eaton, W. W., Cascella, N. G., Fasano, A., Kelly, D. L., «Neurologic and Psychiatric Manifestations of Celiac Disease and Gluten Sensitivity», *Psychiatric Quarterly*, 83 (2012), pp. 91-102.

231. Knivsberg, A. M., Reichelt, K. L., Høien, T., Nødland, M., «A Randomised, Controlled Study of Dietary Intervention in Autistic Syndromes», *Nutritional Neuroscience*, 5 (2002), pp. 251-261.

232. Whiteley, P., Rodgers, J., Savery, D., Shattock, P., «A Gluten-Free Diet as an Intervention for Autism and Associated Spectrum Disorders: Preliminary Findings», *Autism*, 3 (1999), pp. 45-65.

233. Hernández, M. A., Colina, G., Ortigosa, L., «Epilepsy, Cerebral Calcifications and Clinical or Subclinical Coeliac Disease. Course and Follow Up with Gluten-Free Diet, *Seizure*, 7 (1998), pp. 49-54.

234. Mavroudi, A., Karatza, E., Papastavrou, T., Panteliadis, C., Spiroglou, K., «Successful Treatment of Epilepsy and Celiac Disease with a Gluten-Free Diet», *Pediatric Neurology*, 33 (2005), pp. 292-295.

235. Fukudome, S., Yoshikawa, M., «Opioid Peptides Derived from Wheat Gluten: Their Isolation and Characterizatio»n, *FEBS Letters*, 296 (1992), pp. 107-111.

236. Schusdziarra, V., Henrichs, I., Holland, A., Klier, M., Pfeiffer, E. F., «Evidence for an Effect of Exorphins on Plasma Insulin and Glucagon Levels in Dogs», *Diabetes*, 30 (1981), pp. 362-364.

237. Fanciulli, G., Dettori, A., Demontis, M. P., Tomasi, P. A., Anania, V., Delitala, G., «Gluten Exorphin B5 Stimulates Prolactin Secretion Through Opioid Receptors Located Outside the Blood-Brain Barrier», *Life Sciences*, 76 (2005), pp. 1713-1719.

238. Takahashi, M., Fukunaga, H., Kaneto, H., Fukudome, S., Yoshikawa, M., «Behavioral and Pharmacological Studies on Gluten Exorphin A5, A Newly Isolated Bioactive Food Protein Fragment, in Mice», *Japanese Journal of Pharmacology*, 84 (2000), pp. 259-265.

239. Zioudrou, C., Streaty, R. A., Klee, W.A., «Opioid Peptides Derived from Food Proteins. The Exorphins», *Journal of Biological Chemistry*, 254 (1979), pp. 2446-2449.

240. Miner-Williams, W. M., Stevens, B. R., Moughan, P. J., «Are Intact Peptides Absorbed from the Healthy Gut in the Adult Human?», *Nutrition Research Reviews*, 27 (2014), pp. 308-329.

241. Söderholm, J. D., Perdue, M. H., «Stress and Gastrointestinal Tract. II. Stress and Intestinal Barrier Function», *American Journal of Physiology-Gastrointestinal and Liver Physiology*, 280 (2001), pp. G7-G13.

242. Ulluwishewa, D., Anderson, R. C., McNabb, W. C., Moughan, P. J., Wells, J. M., Roy, N. C., «Regulation of Tight Junction Permeability by Intestinal Bacteria and Dietary Components», *Journal of Nutrition*, 141 (2011), pp. 769-776.

243. Purohit, V., Bode, J. C., Bode, C., Brenner, D. A., Choudhry, M. A., Hamilton, F., Kang, Y. J., Keshavarzian, A., Rao, R., Sartor, R. B., Swanson, C., Turner, J. R., «Alcohol, Intestinal Bacterial Growth, Intestinal Permeability to Endo-

toxin, and Medical Consequences: Summary of a Symposium, *Alcohol*, 42 (2008), pp. 349-361.

244. Smale, S., Bjarnason, I., «Determining Small Bowel Integrity Following Drug Treatment», *British Journal of Clinical Pharmacology*, 56 (2003), pp. 284-291.

245. Keser, A., Yüksel, A., Yeşiltepe-Mutlu, G., Bayhan, A., Özsu, E., Hatun, Ş., «A New Insight into Food Addiction in Childhood Obesity», *The Turkish Journal of Pediatrics*, 57 (2015), pp. 219-224.

246. Frieden, T., R., «Sodium Reduction—Saving Lives by Putting Choice Into Consumers' Hands», *Journal of the American Medical Association*, 316 (2016), pp. 579-580.

247. Mozaffarian, D., Fahimi, S., Singh, G. M., Micha, R., Khatibzadeh, S., Engell, R. E., Lim, S., Danaei, G., Ezzati, M., Powles, J., «Global Burden of Diseases Nutrition and Chronic Diseases Expert Group, Global Sodium Consumption and Death from Cardiovascular Causes», *The New England Journal of Medicine*, 371 (2014), pp. 624-634.

248. Ortega, R. M., López-Sobaler, A. M., Ballesteros, J. M., Pérez-Farinós, N., Rodríguez-Rodríguez, E., Aparicio, A., Perea, J. M., Andrés, P., «Estimation of Salt Intake by 24 h Urinary Sodium Excretion in a Representative Sample of Spanish Adults», *British Journal of Nutrition*, 105 (2011), pp. 787-794.

249. Aparicio, A., Rodríguez-Rodríguez, E., Cuadrado-Soto, E., Navia, B., López-Sobaler, A. M., Ortega, R. M., «Estimation of Salt Intake Assessed by Urinary Excretion of Sodium over 24 H in Spanish Subjects Aged 7-11 Years», *European Journal of Nutrition*, 56 (2017), pp. 171-178.

250. AECOSAN, *Contenido de sal de los alimentos en España*, 2012. Disponible en: <www.aecosan.msssi.gob.es/AECOSAN/docs/documentos/nutricion/estudio_contenido_sal_alimentos.pdf>.

251. <www.ars.usda.gov/ARSUserFiles/80400530/pdf/1314/Table_1_NIN_GEN_13.pdf>.

252. Elliott, P., Stamler, J., Nichols, R., Dyer, A. R., Stamler, R., Kesteloot, H., Marmot, M., «Intersalt Revisited: Further Analyses of 24 Hour Sodium Excretion and Blood Pressure within and across Populations», *BMJ*, 312 (1996), pp. 1249-1253.

253. Mancilha-Carvalho, J. J., Souza e Silva, N. A., «The Yanomami Indians in the INTERSALT Study», *Arquivos Brasileiros de Cardiologia*, 80 (2003), pp. 289-300.

254. Valdés, G., Cruz Coke, R., Lagos, J., Lorenzoni, J., Concha, R., Berrios, X., «Risk Factors for Arterial Hypertension in the Natives of Easter Island», *Revista Médica de Chile*, 118 (1990), pp. 1077-1084.

255. Mendonça, R. D., Lopes, A. C., Pimenta, A. M., Gea, A., Martínez-González, M., Bes-Rastrollo, M., «Ultra-Processed Food Consumption and the Incidence of Hypertension in a Mediterranean Cohort: The Seguimiento Universidad de Navarra Project», *American Journal of Hypertension*, 30 (2017), pp. 358-366.

256. Lajous, M., Bijon, A., Fagherazzi, G., Rossignol, E., Boutron-Ruault, M. C., Clavel-Chapelon, F., «Processed and Unprocessed Red Meat Consumption and Hypertension in Women», *The American Journal of Clinical Nutrition*, 100 (2014), pp. 948-952.

257. Jayalath, V. H., De Souza, R. J., Ha, V., Mirrahimi, A., Blanco-Mejia, S., Di Buono, M., Jenkins, A. L., Leiter, L. A., Wolever, T. M., Beyene, J., Kendall, W., Jenkins, D. J., Sievenpiper, J. L., «Sugar-Sweetened Beverage Consumption and Incident Hypertension: A Systematic Review and Meta-Analysis of Prospective Cohorts», *The American Journal of Clinical Nutrition*, 102 (2015), pp. 914-921.

258. Poti, J. M., Braga, B., Qin, B., «Ultra-processed Food Intake and Obesity: What Really Matters for Health-Processing or Nutrient Content?», *Current Obesity Reports*, 6 (2017), pp. 420-431.

259. Jiang, S. Z., Lu, W., Zong, X. F., Ruan, H. Y., Liu, Y., «Obesity and Hypertension», *Experimental and Therapeutic Medicine*, 12 (2016), pp. 2395-2399.

260. Zehnder, C., «Sodio, potasio e hipertensión arterial», *Revista Médica Clínica Las Condes*, 21 (2010), pp. 508-515.

261. Zehnder, C., *op. cit.*

262. Loh, J. T., Torres, V. J., Cover, T. L., «Regulation of Helicobacter Pylori CagA Expression in Response to Salt», *Cancer Research*, 67 (2007), pp. 4709-4715.

263. Peleteiro, B., Lopes, C., Figueiredo, C., Lunet, N., «Salt Intake and Gastric Cancer Risk According to *Helicobacter pylori* Infection, Smoking, Tumour Site and Histological Type», *British Journal of Cancer*, 104 (2011), pp. 198-207.

264. D'Elia, L., Rossi, G., Ippolito, R., Cappuccio, F. P., Strazzullo, P., «Habitual Salt Intake and Risk of Gastric Cancer: A Meta-Analysis of Prospective Studies», *Clinical Nutrition*, 31 (2012), pp. 489-498.

265. Farez, M. F., Fiol, M. P., Gaitán, M. I., Quintana, F. J., Correale, J., Sodium Intake is Associated with Increased Disease Activity in Multiple Sclerosis, *The Journal of Neurology, Neurosurgery, and Psychiatry*, 86 (2015), pp. 26-31.

266. Manzel, A., Muller, D. N., Hafler, D. A., Erdman, S. E., Linker, R. A., Kleinewietfeld, M., «Role of "Western Diet" in Inflammatory Autoimmune Diseases», *Current Allergy and Asthma Reports*, 14 (2014), p. 404.

267. Lerner, A., Matthias, T., «Changes in Intestinal Tight Junction Permeability Associated with Industrial Food Additives Explain the Rising Incidence of Autoimmune Disease», *Autoimmunity Reviews*, 14 (2015), pp. 479-489.

268. Wang, M., Moran, A. E., Liu, J., Qi, Y., Xie, W., Tzong, K., Zhao, D., «A Meta-Analysis of Effect of Dietary Salt Restriction on Blood Pressure in Chinese Adults», *Global Heart*, 10 (2015), pp. 291-299.

269. Garg, R., Williams, G. H., Hurwitz, S., Brown, N. J., Hopkins, P. N., Adler, G. K., «Low-Salt Diet Increases Insulin Resistance in Healthy Subjects», *Metabolism*, 60 (2011), pp. 965-968.

270. O'Donnell, M. J., Yusuf, S., Mente, A., Gao, P., Mann, J. F., Teo, K., McQueen, M., Sleight, P., Sharma, A. M., Dans, A., Probstfield, J., Schmieder, R. E., «Urinary Sodium and Potassium Excretion and Risk of Cardiovascular Events, *Journal of the American Medical Association*, 306 (2011), pp. 2229-2238.

271. Jürgens, G., Graudal, N. A., «Effects of Low Sodium Diet Versus High Sodium Diet on Blood Pressure, Renin, Aldosterone, Catecholamines, Cholesterols, and Triglyceride», *Cochrane Database of Systematic Reviews*, 1 (2003), CD004022.

272. <https://iiacmx.com/wp-content/uploads/2017/02/nitratos-y-nitrosaminas.pdf>.

273. Loh, Y. H., Jakszyn, P., Luben, R. N., Mulligan, A. A., Mitrou, P. N., Khaw, K. T., «N-Nitroso Compounds and Cancer Incidence: The European Prospective Investigation into Cancer and Nutrition (EPIC)-Norfolk Study», *The American Journal of Clinical Nutrition*, 93 (2011), pp. 1053-1061.

274. Tricker, A. R., «N-Nitroso Compounds and Man: Sources of Exposure, Endogenous Formation and Occurrence in Body Fluids», *European Journal of Cancer Prevention*, 6 (1997), pp. 226-268.

275. OMS, Carcinogenicidad del consumo de carne roja y de la carne procesada, octubre de 2015. Disponible en: <www.who.int/features/qa/cancer-red-meat/es>.

276. Instituto Nacional de Estadística, *op. cit.*

277. SEOM, *Las cifras del cáncer en España, 2018*. Disponible en: <https://seom.org/seomcms/images/stories/recursos/Las_Cifras_del_cancer_en_Espana2018.pdf>.

278. EFSA, *Scientific Opinion on the Re-Evaluation of Benzoic Acid (E 210), Sodium Benzoate (E 211), Potassium Benzoate (E 212) and Calcium Benzoate (E 213) as Food Additives*, marzo de 2016. Disponible en: <www.efsa.europa.eu/en/efsajournal/pub/4433>.

279. Beezhold, B. L., Johnston, C. S., Nochta, K. A., «Sodium Benzoate-Rich Beverage Consumption is Associated with Increased Reporting of ADHD Symptoms in College Students: A Pilot Investigation», *Journal of Attention Disorders*, 18 (2014), pp. 236-141.

280. Salviano Dos Santos, V. P., Medeiros Salgado, A., Guedes Torres, A., Signori Pereira, K., «Benzene as a Chemical Hazard in Processed Foods», *International Journal of Food Science*, 2015 (2015), p. 545640.

281. Huff, J., «Benzene-Induced Cancers: Abridged History and Occupational Health Impact», *International Journal of Occupational and Environmental Health*, 13 (2007), pp. 213-221.

282. International Council of Beverages Associations (ICBA), *ICBA Guidance Document to Mitigate the Potential for Benzene Formation in Beverages, abril de 2006*. Disponible en: <www.fsai.ie/uploadedFiles/guidance_benzene.pdf>.

283. Fleming-Jones, M. E., Smith, R. E., «Volatile Organic Compounds in Foods: A Five Year Study», *Journal of Agricultural and Food Chemistry*, 51 (2003), pp. 8120-8127.

284. Piper, J. D., Piper, P. W., «Benzoate and Sorbate Salts: A Systematic Review of the Potential Hazards of These Invaluable Preservatives and the Expanding Spectrum of Clinical Uses for Sodium Benzoate», *Comprehensive Reviews in Food Science and Food Safety*, 16 (2017), pp. 868-880.

285. Taghavi, F., Moosavi-Movahedi, A. A., Bohlooli, M., Hadi Alijanvand, H., Salami, M., Maghami, P., Saboury, A. A., Farhadi, M., Yousefi, R., Habibi-Rezaei, M., Sheibani, N., «Potassium Sorbate as an AGE Activator for Human Serum Albumin in the Presence and Absence of Glucose», *International Journal of Biological Macromolecules*, 62 (2013), pp. 146-154.

286. Raposa, B., Pónusz, R., Gerencsér, G., Budán, F., Gyöngyi, Z., Tibold, A., Hegyi, D., Kiss, I., Koller, Á., Varjas, T., «Food Additives: Sodium Benzoate, Potassium Sorbate, Azorubine, and Tartrazine Modify the Expression of NFκB, GADD45α, and MAPK8 Genes», *Physiology international*, 103 (2016), pp. 334-343.

287. Mamur, S., Yüzbaşioğlu, D., Unal, F., Yilmaz, S., «Does Potassium Sorbate Induce Genotoxic or Mutagenic Effects in Lymphocytes?», *Toxicology in Vitro*, 24 (2010), pp. 790-794.

288. Cleveland Clinic, *Sulfite Sensitivity*. Disponible en: <https://my.clevelandclinic.org/health/articles/11323-sulfite-sensitivity>.

289. Arnold, L. E., Lofthouse, N., Hurt, E., «Artificial Food Colors and Attention-Deficit/Hyperactivity Symptoms: Conclusions to Dye for», *Neurotherapeutics*, 9 (2012), pp. 599-609.

290. Potera, C., «Diet and Nutrition: The Artificial Food Dye Blues», *Environmental Health Perspectives*, 118 (2010), p. A428.

291. Vojdani, A., Vojdani, C., «Immune Reactivity to Food Coloring», *Alternative Therapies, Health and Medicine*, 21 (2015), pp. 52-62.

292. García Peñas, J. J., Domínguez Carral, J., «¿Existe un sobrediagnóstico del trastorno de déficit de atención e hiperactividad (TDAH)?», *Evidencias en Pediatría*, 8 (2012), p. 51.

293. Spence, D., «Bad Medicine: Adult Attention-Deficit/Hyperactivity Disorder», *BMJ*, 343 (2011), p. d7244.

294. Arnold, L. E., *op. cit.*

295. Schab, D. W., Trinh, N. H., «Do Artificial Food Colors Promote Hyperactivity in Children with Hyperactive Syndromes? A Meta-Analysis of Double-Blind Placebo-Controlled Trials», *Journal of Developmental & Behavioral Pediatrics*, 25 (2004), pp. 423-434.

296. Stevenson, J., Sonuga-Barke, E., McCann, D., Grimshaw, K., Parker, K. M., Rose-Zerilli, M. J., Holloway, J. W., Warner, J. O., «The Role of Histamine Degradation Gene Polymorphisms in Moderating the Effects of Food Additives on Children's ADHD Symptoms», *American Journal of Psychiatry*, 167 (2010), pp. 1108-1115.

297. Nigg, J. T., Lewis, K., Edinger, T., Falk, M., «Meta-Analysis of Attention-Deficit/Hyperactivity Disorder or Attention-Deficit/Hyperactivity Disorder Symptoms, Restriction Diet, and Synthetic Food Color Additives», *Journal of the American Academy of Child and Adolescent Psychiatry*, 51 (2012), pp. 86-97.

298. Kobylewski, S., Jacobson, M. F., «Toxicology of Food Dyes», *International Journal of Occupational and Environmental Health*, 18 (2012), pp. 220-246.

299. Vojdani, A., Vojdani, C., «Immune Reactivity to Food Coloring», *Alternative Therapies, Health and Medicine*, 21 (2015), pp. 52-62.

300. Ardern, K. D., Ram, F. S., «Tartrazine Exclusion for Allergic Asthma», *Cochrane Database of Systematic Reviews*, 4 (2001), p. CD000460.

301. Rowe, K. S., Rowe, K. J., «Synthetic Food Coloring and Behavior: A Dose Response Effect in a Double-Blind, Placebo-Controlled, Repeated-Measures Study», *The Journal of Pediatrics*, 125 (1994), pp. 691-698.

302. Michaëlsson, G., Juhlin, L., «Urticaria Induced by Preservatives and Dye Additives in Food and Drugs, *British Journal of Dermatology*, 88 (1973), pp. 525-532.

303. Sasaki, Y. F., Kawaguchi, S., Kamaya, A., Ohshita, M., Kabasawa, K., Iwama, K., Taniguchi, K., Tsuda, S., «The Comet Assay with 8 Mouse Organs: Results with 39 Currently Used Food Additives», *Mutation Research*, 519 (2002), pp. 103-119.

304. Borzelleca, J. F., Hogan, G. K., Koestner, A., «Chronic Toxicity/Carcinogenicity Study of FD & C Blue No. 2 in Rats», *Food and Chemical Toxicology*, 23 (1985), pp. 551-558.

305. Borzelleca, J. F., Capen, C. C., Hallagan, J. B., Lifetime Toxicity/Carcinogenicity Study of FD & C Red No. 3 (Erythrosine) in Rats, 25 (1987), pp. 723-733.

306. Potera, C., *op. cit.*

307. Kazmi, Z., Fatima, I., Perveen, S., Malik, S. S., «Monosodium Glutamate: Review on Clinical Reports, *International Journal of Food Properties*, 20 (2017), pp. 1807-1815.

308. Sharma, A., «Monosodium Glutamate-Induced Oxidative Kidney Damage and Possible Mechanisms: A Mini-Review», *Journal of Biomedical Science*, 22 (2015), p. 93.

309. Quines, C. B., Rosa, S. G., Da Rocha, J. T., Gai, B. M., Bortolatto, C. F., Duarte, M. M., Nogueira, C. W., «Monosodium Glutamate, a Food Additive, Induces Depressive-Like and Anxiogenic-Like Behaviors in Young Rats», *Life Sciences*, 27 (2014), pp. 27-31.

310. Ataseven, N., Yüzbaşıoğlu, D., Keskin, A. Ç., Ünal, F., «Genotoxicity of Monosodium Glutamate», *Food and Chemical Toxicology*, 91 (2016), p. 8-18.

311. Sanacora, G., Rothman, D. L., Mason, G., Krystal, J. H., «Clinical Studies Implementing Glutamate Neurotransmission in Mood Disorders», *Annals of the New York Academy of Sciences*, 1003 (2003), pp. 292-308.

312. Xiong, J. S., Branigan, D., Li, M., «Deciphering the MSG Controversy», *International Journal of Clinical and Experimental Medicine*, 2 (2009), pp. 329-336.

313. Allen, D. H., Delohery, J., Baker, G., «Monosodium L-glutamate-induced asthma», *Journal of Allergy and Clinical Immunology*, 80 (1987), pp. 530-537.

314. Lee, J. M., Jin, H. J., Noh, G., Lee, S. S., «Effect of Processed Foods on Serum Levels of Eosinophil Cationic Protein Among Children with Atopic Dermatitis», *Nutrition Research and Practice*, 5 (2011), pp. 224-229.

315. EFSA, *EFSA Reviews Safety of Glutamates Added to Food*, julio de 2017. Disponible en: <www.efsa.europa.eu/en/press/news/170712>.

316. Chassaing, B., Koren, O., Goodrich, J. K., Poole, A. C., Srinivasan, S., Ley, R. E., Gewirtz, A. T., «Dietary Emulsifiers Impact the Mouse Gut Microbiota Promoting Colitis and Metabolic Syndrome», *Nature*, 519 (2015), pp. 92-96.

317. Roberts, C. L., Keita, A. V., Duncan, S. H., O'Kennedy, N., Söderholm, J. D., Rhodes, J. M., Campbell, B. J., «Translocation of Crohn's Disease Escherichia coli across M-Cells: Contrasting Effects of Soluble Plant Fibres and Emulsifiers», *Gut*, 59 (2010), pp. 1331-1339.

318. Cani, P., «Dietary Emulsifiers—Sweepers of the Gut Lining?», *Nature Reviews Endocrinology*, 11 (2015), pp. 319-320.

319. Cani, P. D., Osto, M., Geurts, L., Everard, A., «Involvement of Gut Microbiota in the Development of Low-Grade Inflammation and Type 2 Diabetes Associated with Obesity», *Gut Microbes*, 3 (2012), pp. 279-288.

320. Arthur, J. C., Jobin, C., «The Complex Interplay Between Inflammation, the Microbiota and Colorectal Cancer», *Gut Microbes*, 4 (2013), pp. 253-258.

321. Viennois, E., Merlin, D., Gewirtz, A. T., Chassaing, B., «Dietary Emulsifier-Induced Low-Grade Inflammation Promotes Colon Carcinogenesis», *Cancer Research*, 77 (2017), p. 27-40.

322. Nickerson, K. P., McDonald, C., «Crohn's Disease-Associated Adherent-Invasive Escherichia coli Adhesion Is Enhanced by Exposure to the Ubiquitous Dietary Polysaccharide Maltodextrin», *PLoS One*, 7 (2012), p. e52132.

323. Shpigelman, A., Lesmes, U., «Revisiting the Carrageenan Controversy: Do We Really Understand the Digestive Fate and Safety of Carrageenan in our Foods?», *Food & Function*, 1 (2018), pp. 1344-1352.

324. Carrigan, A., Klinger, A., Choquette, S. S., Luzuriaga-McPherson, A., Bell, E. K., Darnell, B., Gutiérrez, O. M., «Contribution of Food Additives to Sodium and Phosphorus Content of Diets Rich in Processed Foods», *Journal of Renal Nutrition*, 24 (2014), pp. 13-19.

325. Ritz, E., Hahn, K., Ketteler, M., Kuhlmann, M. K., Mann, J., «Phosphate Additives in Food—A Health Risk», *Deutsches Ärzteblatt international*, 109 (2012), pp. 49-55.

326. Chang, A. R., Anderson, C., «Dietary Phosphorus Intake and the Kidney», *Annual Review of Nutrition*, 37 (2017), pp. 321-346.

327. Noori, N., Sims, J. J., Kopple, J. D., Shah, A., Colman, S., Shinaberger, C. S., Bross, R., Mehrotra, R., Kovesdy, C. P., Kalantar-Zadeh, K., «Organic and Inorganic Dietary Phosphorus and Its Management in Chronic Kidney Disease», *Iranian Journal of Kidney Diseases*, 4 (2010), pp. 89-100.

328. Gutiérrez, O. M., Luzuriaga-McPherson, A., Lin, Y., Gilbert, L. C., Ha, S. W., Beck, G. R., «Impact of Phosphorus-Based Food Additives on Bone and Mineral Metabolism», *The Journal of Clinical Endocrinology and Metabolism*, 100 (2015), pp. 4264-4271.

329. Kemi, V. E., Rita, H. J., Kärkkäinen, M. U., Viljakainen, H. T., Laaksonen, M. M., Outila, T. A., Lamberg-Allardt, C. J., «Habitual High Phosphorus Intakes and Foods with Phosphate Additives Negatively Affect Serum Parathyroid Hormone Concentration: A Cross-Sectional Study on Healthy Premenopausal Women», *Public Health Nutrition*, 12 (2009), pp. 1885-1892.

330. Takeda, E., Yamamoto, H., Yamanaka-Okumura, H., Taketani, Y., «Increasing Dietary Phosphorus Intake from Food Additives: Potential for Negative Impact on Bone Health», *Advances in Nutrition*, 5 (2014), pp. 92-97.

331. Foley, R. N., Collins, A. J., Herzog, C., A., Ishani, A., Kalra, P. A., «Serum Phosphorus Levels Associate with Coronary Atherosclerosis in Young Adults», *Journal of the American Society of Nephrology*, 20 (2009), pp. 397-404.

332. Yamada, S., Tokumoto, M., Tatsumoto, N., Taniguchi, M., Noguchi, H., Nakano, T., Masutani, K., Ooboshi, H., Tsuruya, K., Kitazono, T., «Phosphate Overload Directly Induces Systemic Inflammation and Malnutrition as Well as Vascular Calcification in Uremia», *American Journal of Physiology-Renal Physiology*, 306 (2014), pp. F1418-1428.

333. Sugihara, K., Masuda, M., Nakao, M., Abuduli, M., Imi, Y., Oda, N., Okahisa, T., Yamamoto, H., Takeda, E., Taketani, Y., «Dietary Phosphate Exacerbates

Intestinal Inflammation in Experimental Colitis», *Journal of Clinical Biochemistry and Nutrition*, 61 (2017), pp. 91-99.

334. Suez, J., Korem, T., Zilberman-Schapira, G., Segal, E., Elinav, E., Non-Caloric Artificial Sweeteners and the Microbiome: Findings and Challenges, *Gut Microbes*, 6 (2015), pp. 149-155.

335. Abou-Donia, M. B., El-Masry, E. M., Abdel-Rahman, A. A., McLendon, R. E., Schiffman, S. S., «Splenda Alters Gut Microflora and Increases Intestinal P-Glycoprotein and Cytochrome P-450 in Male Rats», *Journal of Toxicology and Environmental Health, Part A*, 71 (2008), pp. 1415-1429.

336. Bian, X., Chi, L., Gao, B., Tu, P., Ru, H., Lu, K., «The Artificial Sweetener Acesulfame Potassium Affects the Gut Microbiome and Body Weight Gain in CD-1 Mice», *PLoS One*, 12 (2017), p. e0178426.

337. Palmnäs, M. S., Cowan, T. E., Bomhof, M. R., Su, J., Reimer, R. A., Vogel, H. J., Hittel, D. S., Shearer, J., «Low-Dose Aspartame Consumption Differentially Affects Gut Microbiota-Host Metabolic Interactions in the Diet-Induced Obese Rat», *PLoS One*, 9 (2014), p. e109841.

338. Suez, J., Korem, T., Zeevi, D., Zilberman-Schapira, G., Thaiss, C. A., Maza, O., Israeli, D., Zmora, N., Gilad, S., Weinberger, A., Kuperman, Y., Harmelin, A., Kolodkin-Gal, I., Shapiro, H., Halpern, Z., Segal, E., Elinav, E., «Artificial Sweeteners Induce Glucose Intolerance by Altering the Gut Microbiota», *Nature*, 514 (2014), pp. 181-186.

339. Nettleton, J. E., Reimer, R. A., Shearer, J., «Reshaping the Gut Microbiota: Impact of Low Calorie Sweeteners and the Link to Insulin Resistance?», *Physiology & Behavior*, 164 (2016), pp. 488-493.

340. Suez, J., *op. cit.*

341. Fagherazzi, G., Vilier, A., Saes Sartorelli, D., Lajous, M., Balkau, B., Clavel-Chapelon, F., «Consumption of Artificially and Sugar-Sweetened Beverages and Incident Type 2 Diabetes in the Etude Epidemiologique aupres des femmes de la Mutuelle Generale de l'Education Nationale-European Prospective Investigation into Cancer and Nutrition cohort», *The American Journal of Clinical Nutrition*, 97 (2013), pp. 517-523.

342. Nettleton, J. A., Lutsey, P. L., Wang, Y., Lima, J. A., Michos, E. D., Jacobs, D. R., «Diet Soda Intake and Risk of Incident Metabolic Syndrome and Type 2 Diabetes in the Multi-Ethnic Study of Atherosclerosis (MESA)», *The American Journal of Clinical Nutrition*, 97 (2013), pp. 517-523.

343. Pepino, M. Y., Tiemann, C. D., Patterson, B. W., Wice, B. M., Klein, S., «Sucralose Affects Glycemic and Hormonal Responses to an Oral Glucose Load», *Diabetes Care*, 36 (2013), pp. 2530-2535.

344. Pepino, M. Y., *op. cit.*

345. Choudhary, A. K., Pretorius, E., «Revisiting the Safety of Aspartame», *Nutrition Reviews*, 75 (2017), pp. 718-730.

346. EFSA, *EFSA Completes Full Risk Assessment on Aspartame and Concludes It Is Safe at Current Levels of Exposure*, diciembre de 2013. Disponible en: <www.efsa.europa.eu/en/press/news/131210>.

347. Kroger, M., Meister, M., Kava, R., «Low-Calorie Sweeteners and Other Sugar Substitutes: A Review of the Safety Issues», *Comprehensive Reviews in Food Science and Food Safety*, 5 (2006), pp. 35-47.

348. Bosetti, C., Gallus, S., Talamini, R., Montella, M., Franceschi, S., Negri, E., La Vecchia, C., «Artificial Sweeteners and the Risk of Gastric, Pancreatic, and Endometrial Cancers in Italy», *Cancer Epidemiology, Biomarkers & Prevention*, 18 (2009), pp. 2235-2238.

349. Magnuson, B. A., Burdock, G. A., Doull, J., Kroes, R. M., Marsh, G. M., Pariza, M. W., Spencer, P. S., Waddell, W. J., Walker, R., Williams, G. M., «Aspartame: A Safety Evaluation Based On Current Use Levels, Regulations, and Toxicological and Epidemiological Studies», *Critical Reviews in Toxicology*, 37 (2007), pp. 629-727.

350. Gallus, S., Scotti, L., Negri, E., Talamini, R., Franceschi, S., Montella, M., Giacosa, A., Dal Maso, L., La Vecchia, C., «Artificial Sweeteners and Cancer Risk in a Network of Case-Control Studies», *Annals of Oncology*, 18 (2007), pp. 40-44.

351. Mishra, A., Ahmed, K., Froghi, S., Dasgupta, P., «Systematic Review of the Relationship Between Artificial Sweetener Consumption and Cancer in Humans: Analysis of 599,741 Participants», *International Journal of Clinical Practice*, 69 (2015), pp. 1418-1426.

352. Valenzuela, R., Ronco, A. M., «Acrilamida en los alimentos», *Revista Chilena de Nutrición*, 34 (2007), pp. 8-16.

353. Pelucchi, C., Bosetti, C., Galeone, C., La Vecchia, C., «Dietary Acrylamide and Cancer Risk: An Updated Meta-Analysis», *International Journal of Cancer*, 136 (2015), pp. 2912-2922.

354. Diario Oficial de la Unión Europea, *Reglamento (UE) 2017/2158 de la Comisión de*

*20 de noviembre de 2017 por el que se establecen medidas de mitigación y niveles de referencia para reducir la presencia de acrilamida en los alimentos*, noviembre de 2017. Disponible *en:* <https://eur-lex.europa.eu/legal-content/ES/TXT/PDF/?uri=CELEX:32017R2158&from=FR>.

355. <www.aecosan.msssi.gob.es/AECOSAN/web/seguridad_alimentaria/subdetalle/acrilamida.htm>.

356. Mesías, M., Morales, F. J., «Acrylamide in Commercial Potato Crisps from Spanish Market: Trends from 2004 to 2014 and Assessment of the Dietary Exposure», *Food and Chemical Toxicology*, 81 (2015), pp. 104-110.

357. Chandon, P, Wansink, B., «Does Food Marketing Need to Make Us Fat? A Review and Solutions, *Nutrition Reviews*, 70 (2012), pp. 571-593.

358. Lee, L., Frederick, S., Ariely, D., «Try It, You'll Like It: The Influence of Expectation, Consumption, and Revelation on Preferences for Beer», *Psychological Science*, 17 (2006), pp. 1054-1058.

359. Oakes, M. E., «Stereotypical Thinking about Foods and Perceived Capacity to Promote Weight Gain», *Appetite*, 44 (2005), pp. 317-324.

360. Irmak, C., Vallen, B., Robinson, S. R., «The Impact of Product Name on Dieters' and Nondieters' Food Evaluations and Consumption», *Journal of Consumer Research*, 38 (2011), pp. 390-405.

361. Wikipedia, *Percepción selectiva.* Disponible en: <https://es.wikipedia.org/wiki/Percepci%C3%B3n_selectiva>.

362. Lee, L., *op. cit.*

363. Oakes, M. E., Slotterback, C. S., «Too Good to be True: Dose Insensitivity and Stereotypical Thinking of Foods' Capacity to Promote Weight Gain», *Food Quality and Preference*, 16 (2005), pp. 675-681.

364. Grunert, K. G., Bolton, L. E., Raats, M. M., «Processing and Acting upon Nutrition Labeling on Food: The State of Knowledge and New Directions for Transformative Consumer Research». En: *Transformative Consumer Research for Personal and Collective Well-Being*, Routledge Academic, Nueva York, 2011, pp. 333-351.

365. Kozup, J. C., Creyer, E. H., Burton, S., «Making Healthful Food Choices: The Influence of Health Claims and Nutrition Information on Consumers' Evaluations of Packaged Food Products and Restaurant Menu Items, *Journal of Marketing*, 67 (2003), pp. 19-34.

366. Wansin, B., «Can “Low-Fat” Nutrition Labels Lead to Obesity?», *Journal of Marketing Research*, 43 (2006), pp. 605-617.

367. Tangari, A. H., Burton, S., Howlett, E., Cho, Y. N., Thyroff, A., «Weighing in on Fast Food Consumption: The Effects of Meal and Calorie Disclosures on Consumer Fast Food Evaluations», *The Journal of Consumer Affairs*, 44 (2010), pp. 431-462.

368. Shide, D. J., Rolls, B. J., «Information about the Fat Content of Preloads Influences Energy Intake in Healthy Women», *Journal of the American Dietetic Association*, 95 (1995), pp. 993-998.

369. Wikipedia, *Efecto halo*. Disponible en: <https://es.wikipedia.org/wiki/Efecto_halo>.

370. Baker, W. E., «When Can Affective Conditioning and Mere Exposure Directly Influence Brand Choice?», *Journal of Advertising*, 28 (1999), pp. 31-46.

371. Chernev, A., Gal, D., «Categorization Effects in Value Judgments: Averaging Bias in Evaluating Combinations of Vices and Virtues», *Journal of Marketing Research*, 47 (2010), pp. 738-747.

372. Chandon, P., Wansink, B., «The Biasing Health Halos of Fast Food Restaurant Health Claims: Lower Calorie Estimates and Higher Side-Dish Consumption Intentions», *Journal of Consumer Research*, 34 (2007), pp. 301-314.

373. Schuldt, J. P., «Does Green Mean Healthy? Nutrition Label Color Affects Perceptions of Healthfulness», *Health Communication*, 28 (2013), pp. 814-821.

374. Kaur, A., Scarborough, P., Rayner, M., «A Systematic Review, and Meta-Analyses, of the Impact of Health-Related Claims on Dietary Choices», *International Journal of Behavioral Nutrition and Physical Activity*, 14 (2017), p. 93.

375. Bowen, D., Green, P., Vizenor, N., Vu, C., Kreuter, P., Rolls, B., «Effects of Fat Content on fat Hedonics: Cognition or Taste?», *Physiology & Behavior*, 78 (2003), pp. 247-253.

376. Provencher, V., Polivy, J., Herman, C. P., «Perceived Healthiness of Food. If It’s Healthy, You Can Eat More!», *Appetite*, 52 (2009), pp. 340-344.

377. Baig, S. A., Byron, M. J., Lazard, A. J., Brewer, N. T., «“Organic”, “Natural”, and “Additive-Free” Cigarettes: Comparing the Effects of Advertising Claims and Disclaimers on Perceptions of Harm», *Nicotine & Tobacco Research*, 2018.

378. Anderson, S. J., Ling, P. M., Glantz, S. A., «Implications of the Federal Court

Order Banning the Terms "Light" and "Mild": What Difference Could It Make?», *Tobacco Control*, 16 (2007), pp. 275-279.

379. Mandel, N., Brannon, D., «Sugar, Perceived Healthfulness, and Satiety: When Does a Sugary Preload Lead People to Eat More?», *Appetite*, 114 (2017), pp. 338-349.

380. <www.boe.es/doue/2011/304/L00018-00063.pdf>.

381. Andrews, J. C., Netemeyer, R. G., Burton, S., «Consumer Generalization of Nutrient Content Claims in Advertising», *Journal of Marketing*, 62 (1998), pp. 62-75.

382. Verrill, L., Wood, D., Cates, S., Lando, A., Zhang, Y., «Vitamin-Fortified Snack Food May Lead Consumers to Make Poor Dietary Decisions», *Journal of the Academy of Nutrition and Dietetics*, 117 (2017), pp. 376-385.

383. Schuldt, J. P., Pearson, A. R., «Nutrient-Centrism and Perceived Risk of Chronic Disease», *Journal of Health Psychology*, 20 (2015), pp. 899-906.

384. Fernan, C., Schuldt, J. P., Niederdeppe, J., «Health Halo Effects from Product Titles and Nutrient Content Claims in the Context of "Protein" Bars», *Health Communication*, 33 (2018), pp. 1425-1433.

385. Schuldt, J. P., Schwarz, N., «The "Organic" Path to Obesity? Organic Claims Influence Calorie Judgments and Exercise Recommendations», *Judgment and Decision Making*, 5 (2010), pp. 144-150.

386. Lee, W. J., Shimizu, M., Kniffin, K. M., Wansink, B., «You Taste What You See: Do Organic Labels Bias Taste Perceptions?», *Food Quality and Preference*, 29 (2013), pp. 33-39.

387. Breiter, H. C., Block, M., Blood, A. J., Calder, B., Chamberlain, L., Lee, N., Livengood, S., Mulhern, F. J., Raman, K., Schultz, D., Stern, D. B., Viswanathan, V., Zhang, F. Z., «Redefining Neuromarketing as an Integrated Science of Influence», *Frontiers in Human Neuroscience*, 8 (2015), p. 1073.

388. Soria Morillo, L. M., Álvarez-García, J. A., González-Abril, L., Ortega Ramírez, J. A., «Discrete Classification Technique Applied to TV Advertisements Liking Recognition System Based on Low-Cost EEG Headsets», *BioMedical Engineering OnLine*, 15 (2016), p. 75.

389. Ouazzani Touhami, Z., Benlafkih, L., Jiddane, M., Cherrah, Y., El Malki, H. O., Benomar, A., «Neuromarketing: When Marketing Meet Neurosciences», *Revue Neurologique*, 167 (2011), pp. 135-140.

390. <http://merco.info/la/ranking-merco-empresas?edicion=2017>.

391. Cantor, J., Dowrick, P., Linn, S., Palmer, E., «Report of the APA Task Force on Advertising and Children», 2004. Disponible en: <www.apa.org/pi/families/resources/advertising-children.pdf>.

392. Harris, J. L., Brownell, K. D., Bargh, J. A., «The Food Marketing Defense Model: Integrating Psychological Research to Protect Youth and Inform Public Policy», *Social Issues and Policy Review*, 3 (2009), pp. 211-271.

393. Desrochers, D. M., Holt, D. J., «Children's Exposure to Television Advertising: Implications for Childhood Obesity», *Journal of Public Policy & Marketing*, 26 (2007), pp. 182-201.

394. Powell, L. M., Schermbeck, R. M., Szczypka, G., Chaloupka, F. J., Braunschweig, C. L., «Trends in the Nutritional Content of Television Food Advertisements Seen by Children in the United States: Analyses by Age, Food Categories, and Companies», *Archives of Pediatrics and Adolescent Medicine*, 165 (2011), pp. 1078-1086.

395. Batada, A., Seitz, M. D., Wootan, M. G., Story, M., «Nine Out of 10 Food Advertisements Shown During Saturday Morning Children's Television Programming Are for Foods High in Fat, Sodium, or Added Sugars, or Low in Nutrients», *The Journal of the American Dietetic Association*, 108 (2008), pp. 673-678.

396. Whalen, R., Harrold, J., Child, S., Halford, J., Boyland, E., «Children's Exposure to Food Advertising: The Impact of Statutory Restrictions», *Health Promotion International*, 2017.

397. Cooke, L., «The Importance of Exposure for Healthy Eating in Childhood: A Review», *Journal of Human Nutrition and Dietetics*, 20 (2007), pp. 294-301.

398. Vandewater, E. A., Wartella, E. A., «Food Marketing, Television, and Video Games». En: *The Oxford Handbook of the Social Science of Obesity*, Oxford University Press, Oxford, 2012.

399. Institute of Medicine, *Food Marketing to Children and Youth: Threat or Opportunity?*. The National Academies Press, Washington D. C., 2006.

400. Livingstone, S., «Does TV Advertising Make Children Fat?», *Public Policy Research*, 13 (2006), pp. 54-61.

401. Sadeghirad, B., Duhaney, T., Motaghipisheh, S., Campbell, N. R., Johnston, B. C., «Influence of Unhealthy Food and Beverage Marketing on Children's

Dietary Intake and Preference: A Systematic Review and Meta-Analysis of Randomized Trials», *Obesity Reviews*, 17 (2016), pp. 945-959.

402. Robinson, T. N., Borzekowski, D. L., Matheson, D. M., Kraemer, H. C., «Effects of Fast Food Branding on Young Children's Taste Preferences», *The Archives of Pediatrics & Adolescent Medicine*, 161 (2007), pp. 792-797.

403. McClure, S. M., Li, J., Tomlin, D., Cypert, K. S., Montague, L. M., Montague, P. R., «Neural Correlates of Behavioral Preference for Culturally Familiar Drinks», *Neuron*, 44 (2004), pp. 379-387.

404. Gorn, G., J., Goldberg, M. E., «Behavioral Evidence of the Effects of Televised Food Messages on Children», *Journal of Consumer Research*, 9 (1982), pp. 200-205.

405. Berry, B., McMullen, T., «Visual Communication to Children in the Supermarket Context: Health Protective or Exploitive?», *Agriculture and Human Values*, 25 (2008), pp. 333-348.

406. McNeal, J. U., *The Kids Market: Myths and Realities*, Paramount Market Publishing, Rochester, NY, 1999.

407. Cicchirillo, V., Lin, J. S., «Stop Playing with Your Food. A Comparison of For-Profit and Non-Profit Food-Related Advergames», *Journal of Advertising Research*, 51 (2011), pp. 484-498.

408. Hye-Jin, P., Elizabeth, T. C., Sookyong, K., Weatherspoon, J., Lorraine, J. Rifon Nora, Mira, L, «Characteristics of Food Advergames That Reach Children and the Nutrient Quality of the Foods They Advertise», *Internet Research*, 24 (2014), pp. 63-81.

409. Henry, H. K., Borzekowski, D. L., «Well, That's What Came with it. A Qualitative Study of U.S. Mothers' Perceptions of Healthier Default Options for Children's Meals at Fast-Food Restaurants», *Appetite*, 87 (2015), pp. 108-115.

410. Longacre, M. R., Drake, K. M., Titus, L. J., Cleveland, L. P., Langeloh, G., Hendricks, K., Dalton, M. A., «A Toy Story: Association between Young Children's Knowledge of Fast Food Toy Premiums and their Fast Food Consumption», *Appetite*, 96 (2016), pp. 473-480.

411. Thomas, C., Hooper, L., Petty, R., Thomas, T., Rosenberg, G., Vohra, J., *10 Years On: New Evidence on TV Marketing and Junk Food Eating Amongst 11-19 Year Olds 10 Years After Broadcast Regulations*, 2018. Disponible en: <www.cancerresearchuk.org/sites/default/files/10_years_on_full_report.pdf>.

412. Bragg, M. A., Miller, A. N., Elizee, J., Dighe, S., Elbel, B. D., «Popular Music Celebrity Endorsements in Food and Nonalcoholic Beverage Marketing», *Pediatrics*, 138 (2016), p. e20153977.

413. Gobierno de España, *Publicidad en Internet, en el correo electrónico y en otros medios análogos*. Disponible en: <www.lssi.gob.es/la-ley/aspectos-basicos/Paginas/publicidad-internet.aspx>.

414. Schulz, L. O., Bennett, P. H., Ravussin, E., Kidd, J. R., Kidd, K. K., Esparza, J., Valencia, M. E., «Effects of Traditional and Western Environments on Prevalence of Type 2 Diabetes in Pima Indians in Mexico and the U.S.», *Diabetes Care*, 29 (2006), pp. 1866-1871.

415. Smith, C. J., Nelson, R. G., Hardy, S. A., Manahan, E. M., Bennett, P. H., Knowler, W. C., «Survey of the Diet of Pima Indians Using Quantitative Food Frequency Assessment and 24-Hour Recall, Diabetic Renal Disease Study», *Journal of The American Dietetic Association*, 96 (1996), pp. 778-784.

416. Smith, C. J., *op. cit.*

417. Swinburn, B. A., Sacks, G., Hall, K. D., McPherson, K., Finegood, D. T., Moodie, M. L., Gortmaker, S. L., «The Global Obesity Pandemic: Shaped by Global Drivers and Local Environments, *Lancet*, 378 (2011), pp. 804-814.

418. Larson, D. E., Rising, R., Ferraro, R. T., Ravussin, E., «Spontaneous Overfeeding with a 'Cafeteria Diet' in Men: Effects on 24-Hour Energy Expenditure and Substrate Oxidation», *International Journal of Obesity and Related Metabolic Disorders*, 19 (1995), pp. 331-337.

419. Carter, M. A., Swinburn, B., «Measuring the 'Obesogenic' Food Environment in New Zealand Primary Schools», *Health Promotion International*, 19 (2004), pp. 15-20.

420. Timmermans, J., Dijkstra, C., Kamphuis, C., Huitink, M., Van der Zee, E., Poelman, M., «'Obesogenic' School Food Environments? An Urban Case Study in The Netherlands», *International Journal of Environmental Research and Public Health*, 15 (2018), p. 619.

421. Shimotsu, S. T., French, S. A., Gerlach, A., F., Hannan, P. J., «Worksite Environment Physical Activity and Healthy Food Choices: Measurement of the Worksite Food and Physical Activity Environment at Four Metropolitan Bus Garages», *Int J Behav Nutr Phys Act*, 4 (2007), p. 17.

422. Engbers, L. H., Van Poppel, M. N., Chin, A., Paw, M. J., Van Mechelen, W., «Worksite Health Promotion Programs with Environmental Chan-

ges: A Systematic Review», *American Journal of Preventive Medicine*, 29 (2005), pp. 61-70.

423. Schulte, P. A., Wagner, G. R., Ostry, A., Blanciforti, L. A., Cutlip, R. G, Krajnak, K. M., Luster, M., Munson, A. E., O'Callaghan, J. P., Parks, C. G, Simeonova, P. P., Miller, D. B., «Work, Obesity, and Occupational Safety and Health», *American Journal of Public Health*, 97 (2007), pp. 428-436.

424. Kudel, I., Huang, J. C., Ganguly, R., «Impact of Obesity on Work Productivity in Different US Occupations: Analysis of the National Health and Wellness Survey 2014 to 2015», *Journal of Occupational and Environmental Medicine*, 60 (2018), pp. 6-11.

425. Beccutia, G., Pannain, S., «Sleep and Obesity», *Current Opinion in Clinical Nutrition & Metabolic Care*, 2011 Jul; 14(4), pp. 402-412.

426. Bechtel, W., «Circadian Rhythms and Mood Disorders: Are the Phenomena and Mechanisms Causally Related?», *Frontiers in Psychiatry*, 6 (2015), p. 118.

427. Peck, J., Childers, T. L., «If I Touch It I Have to Have It: Individual and Environmental Influences on Impulse Purchasing», *Journal of Business Research*, 59 (2006), pp. 765-769.

428. Chandon, P., Wansink, B., «When Are Stockpiled Products Consumed Faster? A Convenience-Salience Framework of Postpurchase Consumption Incidence and Quantity», *Journal of Marketing Research*, 39 (2002), pp. 321-335.

429. Painter, J. E., Wansink, B., Hieggelke, J., B., «How Visibility and Convenience Influence Candy Consumption, *Appetite*, 38 (2002), pp. 237-238.

430. Currie, J., DellaVigna, S., Moretti, E., Pathania, V., «The Effect of Fast Food Restaurants on Obesity and Weight Gain», *American Economic Journal*, 2 (2010), pp. 32-63.

431. Maddock, J., «The Relationship Between Obesity and the Prevalence of Fast Food Restaurants: State-Level Analysis», *The American Journal of Health Promotion*, 19 (2004), pp. 137-143.

432. Prentice, A. M., Jebb, S. A., «Fast Foods, Energy Density and Obesity: A Possible Mechanistic Link», *Obesity Reviews*, 4 (2003), pp. 187-194.

433. Burns, C., Jackson, M., Gibbons, C., Stoney, R. M., «Foods Prepared Outside the Home: Association with Selected Nutrients and Body Mass Index in Adult Australians», *Public Health Nutrition*, 5 (2002), pp. 441-448.

434. Cummins, S., Macintyre, S., «Food Environments and Obesity—Neighbourhood or Nation?», *International Journal of Epidemiology*, 35 (2006), pp. 100-104.

435. Keenan, G. S., Brunstrom, J. M., Ferriday, D., «Effects of Meal Variety on Expected Satiation: Evidence for a 'Perceived Volume' Heuristic», *Appetite*, 89 (2015), pp. 10-15.

436. Burgoine, T., Forouhi, N., Griffin, S. J., Wareham, N. J., Monsivais, P., «Associations Between Exposure to Takeaway Food Outlets, Takeaway Food Consumption, and Body Weight in Cambridgeshire, UK: Population Based, Cross Sectional Study», *BMJ*, 348 (2014).

437. Smith, K. J., Blizzard, L., McNaughton, S. A., Gall, S. L., Dwyer, T., Venn, A. J., «Takeaway Food Consumption and Cardio-Metabolic Risk Factors in Young Adults», *European Journal of Clinical Nutrition*, 266 (2012), pp. 577-584.

438. Pereira, M. A., Kartashov, A. I., Ebbeling, C. B., Van Horn, L., Slattery, M. L., Jacobs, D. R., Ludwig, D. S., «Fast-Food Habits, Weight Gain, and Insulin Resistance (the CARDIA Study): 15-Year Prospective Analysis», *Lancet*, 365 (2005), pp. 36-42.

439. Odegaard AO1, Koh WP, Yuan JM, Gross MD, Pereira MA., «Western-Style Fast Food Intake and Cardiometabolic Risk in an Eastern Country», *Circulation*, 126 (2012), pp. 182-188.

440. Smith, K. J., McNaughton, S. A., Gall, S. L., Blizzard, L., Dwyer, T., Venn, A. J., «Takeaway Food Consumption and Its Associations with Diet Quality and Abdominal Obesity: A Cross-Sectional Study of Young Adults», *International Journal of Behavioral Nutrition and Physical Activity*, 6 (2009), p. 29.

441. Burgoine, T., Forouhi, N. G., Griffin, S. J., Brage, S., Wareham, N. J., Monsivais, P., «Does Neighborhood Fast-Food Outlet Exposure Amplify Inequalities in Diet and Obesity? A Cross-Sectional Study», *The American Journal of Clinical Nutrition*, 103 (2016), pp. 1540-1547.

442. Thompson, O. M., Ballew, C., Resnicow, K., Must, A., Bandini, L. G., Cyr, H., Dietz, W. H., «Food Purchased Away from Home as a Predictor of Change in BMI z-Score Among Girls», *International Journal of Obesity and Related Metabolic Disorders*, 28 (2004), pp. 282-289.

443. Fraser, L. K., Edwards, K. L., «The Association Between the Geography of Fast Food Outlets and Childhood Obesity Rates in Leeds, UK», *Health & Place*, 16 (2010), pp. 1124-1128.

444. Austin, S. B., Melly, S. J., Sánchez, B. N., Patel, A., Buka, S., Gortmaker, S. L. «Clustering of Fast-Food Restaurants Around Schools: A Novel Application of Spatial Statistics to the Study of Food Environments», *American Public Health Association*, 95 (2005), pp. 1575-1581.

445. Powell, L. M., Auld, M. C., Chaloupka, F. J., O'Malley, P. M., Johnston, L. D., «Associations between access to Food Stores and Adolescent Body Mass Index», *American Journal of Preventive Medicine*, 33 (2007), pp. S301-307.

446. Thorndike, A. N., Sonnenberg, L., Riis, J., Barraclough, S., Levy, D. E., «A 2-Phase Labeling and Choice Architecture Intervention to Improve Healthy Food and Beverage Choices», *American Public Health Association*, 102 (2012), pp. 527-533.

447. <www.mcdonalds.es/?gclid=EAIaIQobChMIo4augdvE2wIV2fhRChox1Q85EAAYASAAEgK-qvD_BwE>.

448. Europa Press, *Coca-Cola gana 6.105 millones en 2016, un 11% menos*, 2017. Disponible en: <www.expansion.com/empresas/distribucion/2017/02/09/589c73ace5fdea7c358b45b0.html>.

449. Coca-Cola, *La historia de Coca-Cola: cuando el 94% del planeta conoce tu nombre*, 2014. Disponible en: <www.cocacolaespana.es/informacion/origen-coca-cola>.

450. <http://preguntasyrespuestas.cocacolaespana.es/coca-cola-espana-ventas#.W-x8d8Qo-Ul>.

451. Chandon, P., «When Are Stockpiled Products Consumed Faster? A Convenience-Salience Framework of Postpurchase Consumption Incidence and Quantity», *op. cit.*

452. Brunstrom, J. M., Mitchell, G. L., «Effects of Distraction on the Development of Satiety», *British Journal of Nutrition*, 96 (2006), pp. 761-769.

453. Robinson, E., Nolan, S., Tudur-Smith, C., Boyland, E. J., Harrold, J. A., Hardman, C. A., Halford, J. C., «Will Smaller Plates Lead to Smaller Waists? A Systematic Review and Meta-Analysis of the Effect that Experimental Manipulation of Dishware Size Has on Energy Consumption», *Obesity Reviews*, 15 (2014), pp. 812-821.

454. Brownell, K. D., Frieden, T. R., «Ounces of Prevention — The Public Policy Case for Taxes on Sugared Beverages», *The New England Journal of Medicine*, 360 (2009), pp. 1805-1808.

455. Comisión Europea, EU Sugar Market Observatory. Disponible en: <https://ec.europa.eu/agriculture/market-observatory/sugar/statistics_en>.

456. Castro, N., *La dictadura de los supermercados: cómo los grandes distribuidores deciden lo que consumimos*, Ediciones Akal, Madrid, 2017.

457. Miller, J. C., Coble, K. H., «Cheap Food Policy: Fact or Rhetoric?» Disponible en: <https://ageconsearch.umn.edu/bitstream/19310/1/sp05mi01.pdf>.

458. Hollands, G. J., Shemilt, I., Marteau, T. M., Jebb, S. A., Lewis, H. B., Wei, Y., Higgins, J. P. T., Ogilvie. D., «Tamaño de la porción, el envase o la vajilla para el cambio en la selección y el consumo de alimentos, bebidas alcohólicas y tabaco», *Cochrane*, 2015. Disponible en: <www.cochrane.org/es/CD011045/tamano-de-la-porcion-el-envase-o-la-vajilla-para-el-cambio-en-la-seleccion-y-el-consumo-de-alimentos>.

459. Young, L. R., Nestle M., «Expanding Portion Sizes in the US Marketplace: Implications for Nutrition Counseling, *The Journal of the American Dietetic Association*, 103 (2003), pp. 231-234.

460. Young, L. R., *The Portion Teller: Smartsize Your Way to Permanent Weight Loss*, Morgan Road Books, Nueva York, 2008.

461. Schwartz, J., Byrd-Bredbenner, C., «Portion Distortion: Typical Portion Sizes Selected by Young Adults, *Journal of the American Dietetic Association*, 106 (2006), pp. 1412-1418.

462. Wansink, B., Payne, C. R., «The Joy of Cooking Too Much: 70 Years of Calorie Increases in Classic Recipes, *Annals of Internal Medicine*, 4 (2009), pp. 291-292.

463. Marchiori, D., Corneille, O., Klein, O., «Container Size Influences Snack Food Intake Independently of Portion Size», *Appetite*, 58 (2012), pp. 814-817.

464. Wansink, B., Van Ittersum, K., Painter, J. E., «Ice Cream Illusions Bowls, Spoons, and Self-Served Portion Sizes», *American Journal of Preventive Medicine*, 31 (2006), pp. 240-243.

465. Raghubir, P., Krishna, A., «Vital Dimensions in Volume Perception: Can the Eye Fool the Stomach?», *Journal of Marketing Research*, 36 (1999), pp. 313-326.

466. Van Ittersum, K., Wansink, B., «Plate Size and Color Suggestibility: The Delboeuf Illusion's Bias on Serving and Eating Behavior», *Journal of Consumer Research*, 39 (2012), pp. 215-228.

467. Geier, A. B., Rozin, P., Doros, G., «Unit bias. A New Heuristic That Helps Explain the Effect of Portion Size on Food Intake», *Psychological Science*, 17 (2006), pp. 521-525.

468. Van Kleef, E., Kavvouris, C., Van Trijp, H. C., «The Unit Size Effect of Indulgent Food: How Eating Smaller Sized Items Signals Impulsivity and Makes Consumers Eat Less», *Psychology & Health*, 29 (2014), pp. 1081-1103.

469. Brunstrom, J. M., Burn, J. F., Sell, N. R., Collingwood, J. M., Rogers, P. J., Wilkinson, L. L., Hinton, E. C., Maynard, O. M., Ferriday, D., «Episodic Memory and Appetite Regulation in Humans», *PLoS One*, 7 (2012), p. e50707.

470. Hollands, G. J., *op. cit.*

471. Wansink, B., Sobal, J., «Mindless Eating. The 200 Daily Food Decisions We Overlook», *Environment and Behavior*, 39 (2007), pp. 106-123.

472. Pronin, E., Berger, J., Molouki, S., «Alone in a Crowd of Sheep: Asymmetric Perceptions of Conformity and Their Roots in an Introspection Illusion», *Journal of Personality and Social Psychology*, 92 (2007), pp. 585-595.

473. Avena, N. M., Rada, P., Hoebel, B. G., «Evidence for Sugar Addiction: Behavioral and Neurochemical Effects of Intermittent, Excessive Sugar Intake», *Neuroscience & Biobehavioral Reviews*, 32 (2008), pp. 20-3.

474. Rada, P., Avena, N. M., Hoebel, B. G., «Daily Bingeing on Sugar Repeatedly Releases Dopamine in the Accumbens Shell», *Neuroscience*, 134 (2005), pp. 737-744.

475. Ceresana, *Market Study: Flavors*, 2018. Disponible en: <www.ceresana.com/en/market-studies/chemicals/flavors>.

476. Zampini, M., Spence, C., «The Role of Auditory Cues in Modulating the Perceived Crispness and Staleness of Potato Chips», *Journal of Sensory Studies*, 19 (2004), pp. 347-363.

477. Grabenhorst, F., Rolls, E. T., «The Representation of Oral Fat Texture in the Human Somatosensory Cortex, *Human Brain Mapping*, 35 (2014), pp. 2521-2530.

478. Moss, M., *Adictos a la comida basura,* Deusto, Barcelona, 2016.

479. Gillette, M., *Flavor Effects of Sodium Chloride*, 1985. Disponible en: <http://agris.fao.org/agris-search/search.do?recordID=US8629343>.

480. Hutton, T., «Sodium Technological Functions of Salt in the Manufacturing of Food and Drink Products», *British Food Journal*, 104 (2002), pp. 126-152.

481. OMS, *Obesidad y sobrepeso*, febrero de 2018. Disponible en: <www.who.int/es/news-room/fact-sheets/detail/obesity-and-overweight>.

482. Oginsky, M. F., Goforth, P. B., Nobile, C. W., López-Santiago, L. F., Ferrario, C. R., «Eating 'Junk-Food' Produces Rapid and Long-Lasting Increases in NAc CP-AMPA Receptors: Implications for Enhanced Cue-Induced Motivation and Food Addiction», *Neuropsychopharmacology*, 41 (2016), pp. 2977-2986.

483. Institute for Quality and Efficiency in Health Care, «How does our sense of taste work?», *Informed Health Online*, 2006. Disponible en: <www.ncbi.nlm.nih.gov/books/NBK279408>.

484. Nakadate, K., Motojima, K., Kamata, S., Yoshida, T., Hikita, M., Wakamatsu, H., «Pathological Changes in Hepatocytes of Mice with Obesity-Induced Type 2 Diabetes by Monosodium Glutamate», *Yakugaku Zasshi*, 134 (2014), pp. 829-838.

485. Tsuneyama, K., Nishida, T., Baba, H., Taira, S., Fujimoto, M., Nomoto, K., Hayashi, S., Miwa, S., Nakajima, T., Sutoh, M., Oda, E., Hokao, R., Imura, J., «Neonatal Monosodium Glutamate Treatment Causes Obesity, Diabetes, and Macrovesicular Steatohepatitis with Liver Nodules in DIAR Mice», *Journal of Gastroenterology and Hepatology*, 29 (2014), pp. 1736-1743.

486. He, K., Du, S., Xun, P., Sharma, S., Wang, H., Zhai, F., Popkin, B., «Consumption of Monosodium Glutamate in Relation to Incidence of Overweight in Chinese Adults: China Health and Nutrition Survey (CHNS)», *The American Journal of Clinical Nutrition*, 93 (2011), pp. 1328-1336.

487. He, K., Zhao, L., Daviglus, M. L., Dyer, A. R., Horn, L. V., Garside, D., Zhu, L., Guo, D., Wu, Y., Zhou, B., Stamler, J., INTERMAP Cooperative Research Group, «Association of Monosodium Glutamate Intake with Overweight in Chinese Adults: the INTERMAP Study», *Obesity (Silver Spring)*, 2008 (16), pp. 1875-1880.

488. Insawang, T., Selmi, C., Cha'on, U., Pethlert, S., Yongvanit, P., Areejitranusorn, P., Boonsiri, P., Khampitak, T., Tangrassameeprasert, R., Pinitsoontorn, C., Prasongwattana, V., Gershwin, M. E., Hammock, B. D., «Monosodium Glutamate (MSG) Intake is Associated with the Prevalence of Metabolic Syndrome in a Rural Thai Population», *Nutrition & Metabolism (London)*, 9 (2012), p. 50.

489. Masic, U., Yeomans, M. R., «Does Acute or Habitual Protein Deprivation Influence Liking for Monosodium Glutamate?», *Physiology & Behavior*, 171 (2017), pp. 79-86.

490. Niaz, K., Zaplatic, E., Spoor, J., «Extensive Use of Monosodium Glutamate: A Threat to Public Health?», *EXCLI Journal*, 17 (2018), pp. 273-278.

491. Pepino, M. Y., Finkbeiner, S., Beauchamp, G. K., Mennella, J. A., «Obese Women Have Lower Monosodium Glutamate Taste Sensitivity and Prefer Higher Concentrations Than Do Normal-Weight Women», *Obesity (Silver Spring)*, 18 (2010), pp. 959-965.

492. Fernández-Tresguerres Hernández, J. A., «Effect of Monosodium Glutamate Given Orally on Appetite Control (a New Theory for the Obesity Epidemic)», *Anales de la Real Academia Nacional de Medicina (Madrid)*, 122 (2005), pp. 341-355.

493. Yeomans, M. R., Gould, N. J., Mobini, S., Prescott, J., «Acquired Flavor Acceptance and Intake Facilitated by Monosodium Glutamate in Humans», *Physiology & Behavior*, 93 (2008), pp. 958-966.

494. Piernas, C., Ng, S. W., Popkin, B., «Trends in Purchases and Intake of Foods and Beverages Containing Caloric and Low-Calorie Sweeteners over the Last Decade in the United States», *Pediatric Obesity*, 8 (2013), pp. 294-306.

495. Mattes, R. D., Popkin, B. M., «Nonnutritive Sweetener Consumption in Humans: Effects on Appetite and Food Intake and Their Putative Mechanisms», *The American Journal of Clinical Nutrition*, 89 (2009), pp. 1-14.

496. Green, E., Murphy, C., «Altered Processing of Sweet Taste in the Brain of Diet Soda Drinkers», *Physiology & Behavior*, 107 (2012), pp. 560-567.

497. Rudenga, K. J., Small, D. M., «Amygdala Response to Sucrose Consumption is Inversely Related to Artificial Sweetener Use», *Appetite*, 58 (2012), pp. 504-507.

498. Frank, G. K., Oberndorfer, T. A., Simmons, A. N., Paulus, M. P., Fudge, J. L., Yang, T. T., Kaye, W. H., «Sucrose Activates Human Taste Pathways Differently from Artificial Sweetener», *Neuroimage*, 39 (2008), pp. 1559-1569.

499. Maersk, M., Belza, A., Stødkilde-Jørgensen, H., Ringgaard, S., Chabanova, E., Thomsen, H., Pedersen, S. B., Astrup, A., Richelsen, B., «Sucrose-Sweetened Beverages Increase Fat Storage in the Liver, Muscle, and Visceral Fat Depot: A 6-Mo Randomized Intervention Study», *The American Journal of Clinical Nutrition*, 95 (2012), pp. 283-289.

500. Miller, P. E., Pérez, V., «Low-Calorie Sweeteners and Body Weight and Composition: A Meta-Analysis of Randomized Controlled Trials and Prospective Cohort Studies», *The American Journal of Clinical Nutrition*, 100 (2014), pp. 765-777.

501. Bes-Rastrollo, M., Schulze, M. B., Ruiz-Canela, M., Martínez-González, M. A., «Financial Conflicts of Interest and Reporting Bias Regarding the Association between Sugar-Sweetened Beverages and Weight Gain: A Systematic Review of Systematic Reviews», *PLoS Medicine*, 10 (2013), p. e1001578.

502. Tryon, M. S., Carter, C. S., Decant, R., Laugero, K. D., «Chronic Stress Exposure May Affect the Brain's Response to High Calorie Food Cues and Predispose to Obesogenic Eating Habits», *Physiology & Behavior,* 15 (2013), pp. 233-242.

503. Singh, M., «Mood, food, and Obesity», *Frontiers in Psychology*, 5 (2014), p. 925.

504. Jacka, F. N., Pasco, J. A., Mykletun, A., Williams, L. J., Hodge, A. M., O'Reilly, S. L., Nicholson, G. C., Kotowicz, M. A., Berk, M., «Association of Western and Traditional Diets with Depression and Anxiety in Women», *American Journal of Psychiatry*, 167 (2010), pp. 305-311.

505. Jacka, F. N., Mykletun, A., Berk, M., Bjelland, I., Tell, G. S., «The Association Between Habitual Diet Quality and the Common Mental Disorders in Community-Dwelling Adults: The Hordaland Health Study», *Psychosomatic Medicine*, 73 (2011), pp. 483-490.

506. Hosseinzadeh, M., Vafa, M., Esmaillzadeh, A., Feizi, A., Majdzadeh, R., Afshar, H., Keshteli, A. H., Adibi, P., «Empirically Derived Dietary Patterns in Relation to Psychological Disorders», *Public Health Nutrition*, 19 (2016), pp. 204-217.

507. Oddy, W. H., Allen, K. L., Trapp, G. S. A., Ambrosini, G. L., Black, L. J., Huang, R. C., Rzehak, P., Runions, K. C., Pan, F., Beilin, L. J., Mori, T. A., «Dietary Patterns, Body Mass Index and INFLAMMATION: Pathways to Depression and Mental Health Problems in Adolescents», *Brain, Behavior, and Immunity*, 69 (2018), pp. 428-439.

508. Woo Y. S., Bahk, W. M., «The Link Between Obesity and Depression: Exploring Shared Mechanisms». En: Kim, Y. K. (ed.), *Understanding Depression*, Springer, Singapur, 2018.

509. Aubin, H. J., Farley, A., Lycett, D., Lahmek, P., Aveyard, P., «Weight Gain in Smokers After Quitting Cigarettes: Meta-Analysis», *BMJ*, 345 (2012), p. e4439.

510. Sánchez-Hervás, E., Molina Boua, N., Del Olmo Gurrea, N., Tomás Gradolí, B., Morales Gallús, E., «Craving y adicción a drogas», *Trastornos Adictivos*, 3 (2001), pp. 235-321.

511. «Un descuento del 70% en botes de Nutella provoca destrozos y peleas en supermercados franceses», *El País*, 26 de enero de 2018. Disponible en: <https://elpais.com/internacional/2018/01/26/mundo_global/1516967673_884440.html>.

512. Gallant, M. P., «The Influence of Social Support on Chronic Illness Self-Management: A Review and Directions for Research», *Health Education & Behavior*, 30 (2003), pp. 170-195.

513. Mekemson, C., Glantz, S. A., «How the Tobacco Industry Built its Relationship with Hollywood», *Tobacco Control* 11 (2002), pp. i81-i91.

514. Lindeberg, S., «Who Wants to be Normal?», *European Heart Journal*, 26 (2005), pp. 2605-2606.

515. Lindeberg, S., Eliasson, M., Lindahl, B., Ahrén, B., «Low Serum Insulin in Traditional Pacific Islanders–The Kitava Study», *Metabolism*, 48 (1999), pp. 1216-1219.

516. Lindeberg, S., Söderberg, S., Ahrén, B., Olsson, T., «Large Differences in Serum Leptin Levels Between Nonwesternized and Westernized Populations: The Kitava Study», *Journal of Internal Medicine*, 249 (2001), pp. 553-558.

517. Lindeberg, S., Lundh, B., «Apparent Absence of Stroke and Ischaemic Heart Disease in a Traditional Melanesian Island: A Clinical Study in Kitava», *Journal of Internal Medicine*, 233 (1993), pp. 269-275.

518. Flores-Pena, Y., Trejo-Ortiz, P. M., Gallegos-Cabriales, Esther, C., Cerda-Flores, Ricardo, M., «Validez de dos pruebas para evaluar la percepción materna del peso del hijo», *Salud Pública de México*, 51 (2009), pp. 489-495.

519. Burke, M. A., Heiland, F. W., Nadler, C. M., «From "Overweight" to "About Right": Evidence of a Generational Shift in Body Weight Norms», *Obesity (Silver Spring)*, 18 (2010), pp. 1226-1234.

520. Plous, S., *The Psychology of Judgment and Decision Making*, McGraw-Hill, Nueva York, 1993.

521. Wikipedia, *Heurística de disponibilidad*. Disponible en: <https://es.wikipedia.org/wiki/Heur%C3%ADstica_de_disponibilidad>.

522. Wiss, D. A., Criscitelli, K., Gold, M., Avena, N., «Preclinical Evidence for the Addiction Potential of Highly Palatable Foods: Current Developments Related to Maternal Influence», *Appetite*, 115 (2017), pp. 19-27.

523. Donkin, I., Barrès, R., «Sperm Epigenetics and Influence of Environmental Factors», *Molecular Metabolism*, 14 (2018), pp. 1-11.

524. Christakis, N. A., Fowler, J. H., The Spread of Obesity in a Large Social Network Over 32 Years, *The New England Journal of Medicine*, 357 (2007), pp. 370-379.

525. Sust, T., «La esperanza de vida en la BCN pobre es hasta 11 años menor que en la rica», *El Periódico*, 23 de octubre de 2015. Disponible en: <www.elperiodico.com/es/barcelona/20151022/la-esperanza-de-vida-en-la-bcn-pobre-es-hasta-11-anos-menor-que-en-la-rica-4610930>.

526. Darmon, N., Drewnowski, A., «Does Social Class Predict Diet Quality?», *The American Journal of Clinical Nutrition*, 87 (2008), pp. 1107-1117.

527. Larson, N., Story, M., «A review of environmental influences on food choices», *Annals of Behavioral Medicine*, 38 (2009), pp. S56-73.

528. Dubowitz, T., Acevedo-García, D., Salkeld, J., Lindsay, A. C., Subramanian, S. V., Peterson, K. E., «Lifecourse, Immigrant Status and Acculturation in Food Purchasing and Preparation Among Low-Income Mothers», *Public Health Nutrition*, 10 (2007), pp. 396-404.

529. Fonseca, P. C. A., Ribeiro, S. A. V., Andreoli, C. S., De Carvalho, C. A., Pessoa, M. C., De Novaes, J. F., Priore, S. E., Franceschini, S. D. C. C., Association of Exclusive Breastfeeding Duration with Consumption of Ultra-Processed Foods, Fruit and Vegetables in Brazilian Children, *European Journal of Nutrition*, 2018, pp. 1-8.

530. De Lauzon-Guillain, B., Jones, L., Oliveira, A., Moschonis, G., Betoko, A., Lopes, C., Moreira, P., Manios, Y., Papadopoulos, N. G., Emmett, P., Charles, M. A., «The Influence of Early Feeding Practices on Fruit and Vegetable Intake Among Preschool Children in 4 European Birth Cohorts», *The American Journal of Clinical Nutrition*, 98 (2013), pp. 804-812.

531. Möller, L. M., De Hoog, M. L., Van Eijsden, M., Gemke, R. J., Vrijkotte, T. G., «Infant Nutrition in Relation to Eating Behaviour and Fruit and Vegetable Intake at Age 5 Years», *British Journal of Nutrition*, 109 (2013), pp. 564-571.

532. Bortolini, G. A., Gubert, M. B., Santos, L. M. P., «Consumo alimentar entre crianças brasileiras com idade de 6 a 59 meses», *Cadernos de Saúde Pública*, 28 (2012), pp. 1759-1771.

533. Burnier, D., Dubois, L., Girard, M., «Exclusive Breastfeeding Duration and Later Intake of Vegetables in Preschool Children», *European Journal of Clinical Nutrition*, 65 (2011), pp. 196-202.

534. Grieger, J. A., Scott, J., Cobiac, L., «Dietary Patterns and Breast-Feeding in Australian Children», *Public Health Nutrition*, 14 (2011), pp. 1939-1947.

535. Grimm, K. A., Kim, S. A., Yaroch, A. L., Scanlon, K. S., «Fruit and Vegetable Intake During Infancy and Early Childhood, *Pediatrics*, 134 (2014), pp. S63-69.

536. Larson, N., Story, M., «A Review of Environmental Influences on Food Choices», *Annals of Behavioral Medicine*, 38 (2009), p. S56-73.

537. Jago, R., Baranowski, T., Baranowski, J. C., «Fruit and Vegetable Availability:

A Micro Environmental Mediating Variable?», *Public Health Nutrition*, 10 (2007), pp. 681-689.

538. «Sir Richard Doll, epidemiólogo que demostró que el tabaco causa cáncer y enfermedades de corazón», *Salud Pública de México*, 47 (2005).

539. DiNicolantonio, J. J., Lucan, S. C., O'Keefe, J. H., «The Evidence for Saturated Fat and for Sugar Related to Coronary Heart Disease», *Progress in Cardiovascular Diseases*, 58 (2016), pp. 464-472.

540. Kearns, C. E., Schmidt, L. A., Glantz, S. A., «Sugar Industry and Coronary Heart Disease Research: A Historical Analysis of Internal Industry Documents», *JAMA Internal Medicine*, 176 (2016), pp. 1680-1685.

541. McGandy, R. B., Hegsted, D. M., Stare, F. J., «Dietary Fats, Carbohydrates and Atherosclerotic Vascular Disease», *The New England Journal of Medicine*, 277 (1967), pp. 245-247.

542. Sánchez, A., *Mi dieta cojea*, Paidós, Barcelona, 2016.

543. Coca-Cola Journey, *Actividades de colaboración y de ayudas a la investigación*. Disponible en: <www.cocacolaespana.es/historias/actividades-colaboracion-ayudas-investigacion>.

544. Rey-López, J. P., González, C. A., «Research Partnerships Between Coca-Cola and Health Organizations in Spain, *European Journal of Public Health*, 2018.

545. Bes-Rastrollo, M., Schulze, M. B., Ruiz-Canela, M., Martínez-González, M. A., «Financial Conflicts of Interest and Reporting Bias Regarding the Association between Sugar-Sweetened Beverages and Weight Gain: A Systematic Review of Systematic Reviews», *PLoS Medicine*, 10 (2013), p. e1001578.

546. Millares, R. F., «La AEP cobró más de dos millones de euros en cinco años por prestar su logotipo a productos infantiles», *El Salto*, 5 de junio de 2018. Disponible en: <www.elsaltodiario.com/alimentacion/la-aep-cobro-mas-de-2-millones-de-euros-en-5-anos-por-prestar-su-logotipo-a-productos-infantiles>.

547. Lesser, L. I., Ebbeling, C. B., Goozner, M., Wypij, D., Ludwig, D. S., «Relationship between Funding Source and Conclusion among Nutrition-Related Scientific Articles», *PLoS Medicine*, 4 (2007), p. e5.

548. Gibney, M. J., Forde, C. G., Mullally, D., Gibney, E. R., «Ultra-Processed Foods in Human Health: A Critical Appraisal», *The American Journal of Clinical Nutrition*, 106 (2017), pp. 717-724.

549. Nestle, M., «Conflicts of interest in nutrition societies: American Society of

Nutrition», *Food Politics*, 20 de noviembre de 2013. Disponible en: <www.foodpolitics.com/2013/11/conflicts-of-interest-in-nutrition-societies-american-society-of-nutrition>.

550. Brownell, K. D., Warner, K. E., «The Perils of Ignoring History: Big Tobacco Played Dirty and Millions Died. How Similar Is Big Food?», *Milbank Q*, 87 (2009), pp. 259-294.

551. <https://justiciaalimentaria.org/sites/default/files/docs/informe_lobby_lobo_0.pdf>.

552. Bellatti, A., «The Academy of Nutrition and Dietetics, Corporate Sponsorship and the Alternative: Dietitians for Professional Integrity, *British Journal of Sports Medicine*, 2018.

553. McCullough, M. L., Feskanich, D., Stampfer, M. J., Giovannucci, E. L., Rimm, E. B., Hu, F. B., Spiegelman, D., Hunter, D. J., Colditz, G. A., Willett, W. C., «Diet Quality and Major Chronic Disease Risk in Men and Women: Moving Toward Improved Dietary Guidance», *The American Journal of Clinical Nutrition*, 76 (2002), pp. 1261-1271.

554. De Koning, L., Chiuve, S. E., Fung, T. T., Willett, W. C., Rimm, E. B., Hu, F. B., «Diet-Quality Scores and the Risk of Type 2 Diabetes in Men», *Diabetes Care*, 34 (2011), pp. 1150-1156.

555. Otto, M. C., Padhye, N. S., Bertoni, A. G., Jacobs, D. R., Mozaffarian, D., «Everything in Moderation–Dietary Diversity and Quality, Central Obesity and Risk of Diabetes», *PLoS One*, 10 (2015), p. e0141341.

556. Aaron, D. G., Siegel, M. B., «Sponsorship of National Health Organizations by Two Major Soda Companies», *American Journal of Preventive Medicine*, 1 (2017), pp. 20-30.

557. Jackson, C. L., Hu, F. B., «Long-Term Associations of Nut Consumption with Body Weight and Obesity», *The American Journal of Clinical Nutrition*, 100 (2014), pp. 408S-411S.

558. Silva, F. M., Giatti, L., De Figueiredo, R. C., Molina, M. D. C. B., De Oliveira Cardoso, L., Duncan, B. B., Barreto, S. M., «Consumption of Ultra-Processed Food and Obesity: Cross Sectional Results from the Brazilian Longitudinal Study of Adult Health (ELSA-Brasil) cohort (2008-2010)», *Public Health Nutrition*, 21 (2018), pp. 2271-2279.

559. <www.youtube.com/watch?v=9GKAgxt_IiQ&t=2s>.

560. Ventas, L., «Balance energético, la polémica teoría para combatir la obesidad que promueve Coca-Cola», *BBC News*, 17 de marzo de 2016. Disponible en: <www.bbc.com/mundo/noticias/2016/03/160315_salud_teoria_balance_energetico_obesidad_coca_cola_lv>.

561. <www.labellaeaso.es/weikis-desayunos>.

562. McKee, M., «The Tobacco Industry: The Pioneer of Fake News», *Journal of Public Health Research*, 2017; 6(1), p. 878.

563. Chan, *WHO Director-General Addresses Health Promotion Conference*, Organización Mundial de la Salud, 10 de junio de 2013. Disponible en: <www.who.int/dg/speeches/2013/health_promotion_20130610/en>.

564. <www.behindthebrands.org>.

565. Scrinis, G., Monteiro, C. A., «Ultra-Processed Foods and the Limits of Product Reformulation», *Public Health Nutrition*, 21 (2018), pp. 247-252.

566. Monteiro, C. A., Cannon, G., Moubarac, J. C., Martins, A. P., Martins, C. A., Garzillo, J., Canella, D. S., Baraldi, L. G., Barciotte, M., Louzada, M. L., Levy, R. B., Claro, R. M., Jaime, P. C., «Dietary Guidelines to Nourish Humanity and the Planet in the Twenty-First Century. A Blueprint from Brazil», *Public Health Nutrition*, 18 (2015), pp. 2311-2322.

567. Franco, L. P., Morais, C. C., Cominetti, C., «Normal-Weight Obesity Syndrome: Diagnosis, Prevalence, and Clinical Implications, *Nutrition Reviews*, 74 (2016), pp. 558-570.

568. *Estrategia para la nutrición, actividad física y prevención de la obesidad*, 2005. Disponible en: <www.aecosan.msssi.gob.es/AECOSAN/docs/documentos/nutricion/observatorio/26_2005.pdf>.

569. FIAB, *declaraciones nutricionales y de propiedades saludables*. Disponible en: <http://fiab.es/fiab-presentacion/areas-de-trabajo/politica-alimentaria-nutricion-y-salud-de-fiab/politica-alimentaria/declaraciones>.

570. Galbraith-Emami, S., Lobstein, T., «The Impact of Initiatives to Limit the Advertising of Food and Beverage Products to Children: A Systematic Review», *Obesity Reviews*, 14 (2013), pp. 960-974.

571. Menéndez García, M., A., Franco Díez, F. J., «Publicidad y alimentación: influencia de los anuncios gráficos en las pautas alimentarias de infancia y adolescencia», *Nutrición Hospitalaria*, 24 (2009), pp. 318-325.

572. León-Flández, K., Rico-Gómez, A., Moya-Geromin, M. A., Romero-Fernán-

dez, M., Bosqued-Estefanía, M. J., Damián, J., López-Jurado, L., Royo-Bordonada, M. A., «Evaluation of Compliance with the Spanish Code of Self-Regulation of Food and Drinks Advertising Directed at Children under the Age of 12 Years in Spain, 2012», *Public Health*, 150 (2017), pp. 121-129.

573. AECOSAN, *Plan HAVISA*. Disponible en: <www.aecosan.msssi.gob.es/AECOSAN/web/nutricion/campanyas/aecosan_campanya_3.htm>.

574. Europa Press, *Sanidad nombra a Ángela López de Sá como directora ejecutiva de la nueva AECOSAN*. Disponible en: <www.lainformacion.com/salud/politica-de-atencion-de-salud/sanidad-nombra-a-angela-lopez-de-sa-como-directora-ejecutiva-de-la-nueva-aecosan_RxmxO7qxHsVGFjs3b4LLf/>.

575. Latasa, P., Louzada, M. L. D. C., Martínez Steele, E., Monteiro, C. A., «Added Sugars and Ultra-Processed Foods in Spanish Households (1990-2010)», *European Journal of Clinical Nutrition*, 72 (2018), pp. 1404-1412.

576. Monteiro, C. A., Moubarac, J. C., Cannon, G., Ng, S. W., Popkin, B., «Ultra-Processed Products Are Becoming Dominant in the Global Food System, *Obesity Reviews*, 14 (2013), pp. 21-28.

577. Moubarac, J. C., Batal, M., Martins, A. P., Claro, R., Levy, R. B., Cannon, G., Monteiro, C., «Processed and Ultra-Processed Food Products: Consumption Trends in Canada from 1938 to 2011», *Canadian Journal of Dietetic Practice and Research*, 75 (2014), pp. 15-21.

578. Monteiro, C. A., Cannon, G., Moubarac, J. C., Levy, R. B., Louzada, M. L. C., Jaime, P. C., «The UN Decade of Nutrition, the NOVA Food Classification and the Trouble with Ultra-Processing», *Public Health Nutrition*, 21 (2018), pp. 5-17.

579. Pan American Health Organization, *Ultra-Processed Food and Drink Products in Latin America: Trends, Impact on Obesity, Policy Implications*, 2015. Disponible en: <www.aprifel.com/imagesUp/news/64.pdf>.

580. Luiten, C. M., Steenhuis, I. H., Eyles, H., Ni Mhurchu, C., Waterlander, W. E., «Ultra-Processed Foods Have the Worst Nutrient Profile, Yet They Are The Most Available Packaged Products in a Sample of New Zealand Supermarkets», *Public Health Nutrition*, 19 (2016), pp. 530-538.

581. INE, *Encuesta Nacional de Salud. Año 2006*. Disponible en: <www.ine.es/prensa/np494.pdf>.

582. Steinberg, D., «Atherogenesis in Perspective: Hypercholesterolemia and Inflammation as Partners in Crime», *Nature Medicine*, 8 (2002), pp. 1211-1217.

583. Valko, M., Leibfritz, D., Moncol, J., Cronin, M. T., Mazur, M., Telser, J., «Free Radicals and Antioxidants in Normal Physiological Functions and Human Disease», *The International Journal of Biochemistry & Cell Biology*, 39 (2007), pp. 44-84.

584. Pizzino, G., Irrera, N., Cucinotta, M., Pallio, G., Mannino, F., Arcoraci, V., Squadrito, F., Altavilla, D., Bitto, A., «Oxidative Stress: Harms and Benefits for Human Health», *Oxidative Medicine and Cellular Longevity*, 2017 (2017), p. 8416763.

585. Navarro, P., De Dios, O., Jois, A., Gavela-Pérez, T., Gorgojo, L., Martín-Moreno, J. M., Soriano-Guillen, L., Garcés, C., «Vegetable and Fruit Intakes Are Associated with hs-CRP Levels in Pre-Pubertal Girls», *Nutrients*, 9 (2017), p. 224.

586. Chen, L., Chen, R., Wang, H., Liang, F., «Mechanisms Linking Inflammation to Insulin Resistance», *International Journal of Endocrinology*, 2015 (2015), p. 508409.

587. Martin, S. S., Qasim, A., Reilly, M. P., «Leptin Resistance: A Possible Interface of Inflammation and Metabolism in Obesity-Related Cardiovascular Disease», *Journal of the American College of Cardiology*, 52 (2008), pp. 1201-1210.

588. Aune, D., Keum, N., Giovannucci, E., Fadnes, L. T., Boffetta, P., Greenwood, D. C., Tonstad, S., Vatten, L. J., Riboli, E., Norat, T., «Whole Grain Consumption and Risk of Cardiovascular Disease, Cancer, and All Cause and Cause Specific Mortality: Systematic Review and Dose-Response Meta-Analysis of Prospective Studies», *BMJ*, 353 (2016), p. i2716.

589. McKeown, N. M., Meigs, J. B., Liu, S., Wilson, P. W., Jacques, P. F., Whole-Grain Intake Is Favorably Associated with Metabolic Risk Factors for Type 2 Diabetes and Cardiovascular Disease in the Framingham Offspring Study, *The American Journal of Clinical Nutrition*, 76 (2002), pp. 390-398.

590. Yang, Q., Zhang, Z., Gregg, E. W., Flanders, W. D., Merritt, R., Hu, F. B., «Added Sugar Intake and Cardiovascular Diseases Mortality Among US Adults», *JAMA Internal Medicine*, 174 (2014), pp. 516-524.

591. Leung, C. W., Laraia, B. A., Needham, B. L., Rehkopf, D. H., Adler, N. E., Lin, J., Blackburn, E. H., Epel, E. S., «Soda and Cell Aging: Associations Between Sugar-Sweetened Beverage Consumption and Leukocyte Telomere Length in Healthy Adults From the National Health and Nutrition Examination Surveys», *American Journal of Public Health*, 104 (2014), pp. 2425-2431.

592. Fitzpatrick, A. L., Kronmal, R. A., Gardner, J. P., Psaty, B. M., Jenny, N. S., Tra-

cy, R. P., Walston, J., Kimura, M., Aviv, A., «Leukocyte Telomere Length and Cardiovascular Disease in the Cardiovascular Health Study», *American Journal of Epidemiology*, 165 (2007), pp. 14-21.

593. Murillo-Ortiz, B., Albarrán-Tamayo, F., Arenas-Aranda, D., Benítez-Bribiesca, L., Malacara-Hernández, J. M., Martínez-Garza, S., Hernández-González, M., Solorio, S., Garay-Sevilla, M. E., Mora-Villalpando, C., «Telomere Length and Type 2 Diabetes in Males, a Premature Aging Syndrome», *Aging Male*, 15 (2012), pp. 54-58.

594. Willeit, P., Willeit, J., Mayr, A., Weger, S., Oberhollenzer, F., Brandstätter, A., Kronenberg, F., Kiechl, S., «Telomere Length and Risk of Incident Cancer and Cancer Mortality», *JAMA*, 304 (2010), pp. 69-75.

595. Selber-Hnatiw, S., Rukundo, B., Ahmadi, M., Akoubi, H., Al-Bizri, H., Aliu, A. F., Ambeaghen, T. U., Avetisyan, L., Bahar, I., Baird, A., Begum, F., Ben Soussan, H., Blondeau-Éthier, V., Bordaries, R., Bramwell, H., Briggs, A., Bui, R., Carnevale, M., Chancharoen, M., Chevassus, T., Choi, J. H., Coulombe, K., Couvrette, F., D'Abreau, S., Davies, M., Desbiens, M. P., Di Maulo, T., Di Paolo, S. A., Do Ponte, S., Dos Santos Ribeiro, P., Dubuc-Kanary, L. A., Duncan, P. K., Dupuis, F., El-Nounou, S., Eyangos, C. N., Ferguson, N. K., Flores-Chinchilla, N. R., Fotakis, T., Gado Oumarou, H. D. M., Georgiev, M., Ghiassy, S., Glibetic, N., Grégoire Bouchard, J, Hassan, T., Huseen, I., Ibuna Quilatan, M. F., Iozzo, T., Islam, S., Jaunky, D. B., Jeyasegaram, A., Johnston, M. A., Kahler, M. R., Kaler, K., Kamani, C., Karimian Rad, H., Konidis, E., Konieczny, F., Kurianowicz, S., Lamothe, P., Legros, K., Leroux, S., Li, J., Lozano Rodríguez, M. E., Luponio-Yoffe, S., Maalouf, Y., Mantha, J., McCormick, M., Mondragon, P., Narayana, T., Neretin, E., Nguyen, T. T. T., Niu, I., Nkemazem, R. B., O'Donovan, M., Oueis, M., Paquette, S., Patel, N., Pecsi, E., Peters, J., Pettorelli, A., Poirier, C., Pompa, V. R., Rajen, H., Ralph, R. O., Rosales-Vásquez, J., Rubinshtein, D., Sakr, S., Sebai, M. S., Serravalle, L., Sidibe, F., Sinnathurai, A., Soho, D., Sundarakrishnan, A., Svistkova, V., Ugbeye, T. E., Vasconcelos, M. S., Vincelli, M., Voitovich, O., Vrabel, P., Wang, L., Wasfi, M., Zha, C. Y., Gamberi, C., «Human Gut Microbiota: Toward an Ecology of Disease», *Frontiers in Microbiology*, 17 (2017), p. 1265.

596. Carding, S., Verbeke, K., Vipond, D. T., Corfe, B. M., Owen, L. J., «Dysbiosis of the Gut Microbiota in Disease», *Microbial Ecology in Health and Disease*, 26 (2015), p. 26191.

597. Ridaura, V. K., Faith, J. J., Rey, F. E., Cheng, J., Duncan, A. E., Kau, A. L., Griffin, N. W., Lombard, V., Henrissat, B., Bain, J. R., Muehlbauer, M. J., Ilkayeva,

O., Semenkovich, C. F., Funai, K., Hayashi, D. K., Lyle, B. J., Martini, M. C., Ursell, L. K., Clemente, J. C., Van Treuren, W., Walters, W. A., Knight, R., Newgard, C. B., Heath, A. C., Gordon, J. I., «Gut Microbiota from Twins Discordant for Obesity Modulate Metabolism in Mice», *Science*, 341 (2013), p. 1241214.

598. Halmos, T., Suba, I., «Physiological Patterns of Intestinal Microbiota. The Role of Dysbacteriosis in Obesity, Insulin Resistance, Diabetes and Metabolic Syndrome», *Orvosi Hetilap*, 157 (2016), pp. 13-22.

599. Patterson, E., Ryan, P. M., Cryan, J. F., Dinan, T. G., Ross, R. P., Fitzgerald, G. F., Stanton, C., «Gut Microbiota, Obesity and Diabetes», *Postgraduate Medical Journal*, 92 (2016), pp. 286-300.

600. Eichen, D. M., Lent, M. R., Goldbacher, E., Foster, G. D., «Exploration of "Food Addiction" in Overweight and Obese Treatment-Seeking Adults», *Appetite*, 67 (2013), pp. 22-24.

601. Kaufman, A., Choo, E., Koh, A., Dando, R., «Inflammation Arising from Obesity Reduces Taste Bud Abundance and Inhibits Renewal», *PLoS Biology*, 16 (2018), p. e2001959.

602. Costa, C. S., Rauber, F., Leffa, P. S., Sangalli, C. S., Campagnolo, P. D., B., Vitolo, M. R., «Ultra-Processed Food Consumption and Its Effects on Anthropometric and Glucose Profile: A Longitudinal Study During Childhood», *Nutrition, Metabolism and Cardiovascular Diseases*, 2018, en prensa.

603. Abdelaal, M., Le Roux, C. W., Docherty, N. G., «Morbidity and Mortality Associated with Obesity», *Annals of Translational Medicine*, 5 (2017), p. 161.

604. Canella, D. S., Levy, R. B., Martins, A. P., Claro, R. M., Moubarac, J. C., Baraldi, L. G., Cannon, G., Monteiro, C. A., «Ultra-Processed Food Products and Obesity in Brazilian Households (2008-2009)», *PLoS One*, 9 (2014), p. e92752.

605. Louzada, M. L., Baraldi, L. G., Steele, E. M., Martins, A. P., Canella, D. S., Moubarac, J. C., Levy, R. B., Cannon, G., Afshin, A., Imamura, F., Mozaffarian, D., Monteiro, C. A., «Consumption of Ultra-Processed Foods and Obesity in Brazilian Adolescents and Adults», *Preventive Medicine*, 81 (2015), pp. 9-15.

606. Juul, F., Hemmingsson, E., «Trends in Consumption of Ultra-Processed Foods and Obesity in Sweden between 1960 and 2010», *Public Health Nutrition*, 17 (2015), pp. 3096-3107.

607. Mendonça, R. D., Pimenta, A. M., Gea, A., De la Fuente-Arrillaga, C., Martínez-González, M. A., Lopes, A. C., Bes-Rastrollo, M., «Ultraprocessed Food

Consumption and Risk of Overweight and Obesity: The University of Navarra Follow-Up (SUN) Cohort Study», *The American Journal of Clinical Nutrition*, 104 (2016), pp. 1433-1440.

608. Mendonça, R. D., Lopes, A. C., Pimenta, A. M., Gea, A., Martínez-González, M. A., Bes-Rastrollo, M., «Ultra-Processed Food Consumption and the Incidence of Hypertension in a Mediterranean Cohort: The Seguimiento Universidad de Navarra Project», *American Journal of Hypertension*, 30 (2017), pp. 358-366.

609. Rauber, F., Campagnolo, P. D., Hoffman, D. J., Vitolo, M. R., «Consumption of Ultra-Processed Food Products and Its Effects on Children's Lipid Profiles: A Longitudinal Study», *Nutrition, Metabolism and Cardiovascular Diseases*, 25 (2015), pp. 116-122.

610. GBD 2015 Risk Factors Collaborators, «Global, Regional, and National Comparative Risk Assessment of 79 Behavioural, Environmental and Occupational, And Metabolic Risks or Clusters of Risks, 1990-2015: A Systematic Analysis for the Global Burden of Disease Study 2015», *Lancet*, 388 (2016), pp. 1659-1724.

611. OMS, *Enfermedades no transmisibles*, 1 de junio de 2018. Disponible en: <www.who.int/es/news-room/fact-sheets/detail/noncommunicable-diseases>.

612. Anand, P., Kunnumakkara, A. B., Sundaram, C., Harikumar, K. B., Tharakan, S. T., Lai, O. S., Sung, B., Aggarwal, B. B., «Cancer is a Preventable Disease that Requires Major Lifestyle Changes», *Pharmaceutical Research*, 25 (2008), pp. 2097-2116.

613. Ferlay, J., Soerjomataram, I., Dikshit, R., Eser, S., Mathers, C., Rebelo, M., Parkin, D. M., Forman, D., Bray, F., «Cancer Incidence and Mortality Worldwide: Sources, Methods and Major Patterns in GLOBOCAN 2012, *International Journal of Cancer*, 136 (2015), pp. E359-386.

614. World Cancer Research Fund, *Cancer Prevention Recommendations*. Disponibles en: <www.wcrf.org/dietandcancer/recommendations-about>.

615. Fiolet, T., Srour, B., Sellem, L., Kesse-Guyot, E., Allès, B., Méjean, C., Deschasaux, M., Fassier, P., Latino-Martel, P., Beslay, M., Hercberg, S., Lavalette, C., Monteiro, C. A., Julia, C., Touvier, M., «Consumption of Ultra-Processed Foods and Cancer Risk: Results from NutriNet-Santé Prospective Cohort», *BMJ*, 360 (2018), p. k322.

616. Mendonça, R. D., «Ultraprocessed Food Consumption and Risk of Over-

weight and Obesity: The University of Navarra Follow-Up (SUN) Cohort Study», *op. cit.*

617. National Cancer Institute, *Obesity and Cancer,* 17 de enero de 2017. Disponible en: <www.cancer.gov/about-cancer/causes-prevention/risk/obesity/obesity-fact-sheet>.

618. Sieri, S., Krogh, V., Pala, V., Muti, P., Micheli, A., Evangelista, A., Tagliabue, G., Berrino, F., «Dietary Patterns and Risk of Breast Cancer in the ORDET Cohort», *Cancer Epidemiology, Biomarkers & Prevention*, 13 (2004), pp. 567-572.

619. Donaldson, M. S., «Nutrition and Cancer: A Review of the Evidence for an Anti-Cancer Diet», *Nutrition Journal,* 3 (2004), p. 19.

620. Fung, T., Hu, F. B., Fuchs, C., Giovannucci, E., Hunter, D. J., Stampfer, M. J., Colditz, G. A., Willett, W. C., «Major Dietary Patterns and the Risk of Colorectal Cancer in Women», *Archives of Internal Medicine,* 163 (2003), pp. 309-314.

621. De Lorgeril, M., Salen, P., «New Insights into the Health Effects of Dietary Saturated and Omega-6 and Omega-3 Polyunsaturated Fatty Acids», *BMC Medicine*, 10 (2012), p. 50.

622. Gago-Domínguez, M., Yuan, J. M., Sun, C. L., Lee, H. P., Yu, M. C., «Opposing Effects of Dietary n-3 and n-6 Fatty Acids on Mammary Carcinogenesis: The Singapore Chinese Health Study», *British Journal of Cancer*, 89 (2003), pp. 1686-1692.

623. Murff, H. J., Shu, X. O., Li, H., Yang, G., Wu, X., Cai, H., Wen, W., Gao, Y. T., Zheng, W., «Dietary Polyunsaturated Fatty Acids and Breast Cancer Risk in Chinese Women: A Prospective Cohort Study», *International Journal of Cancer,* 128 (2011), pp. 1434-1441.

624. Chajès, V., Torres-Mejía, G., Biessy, C., Ortega-Olvera, C., Angeles-Llerenas, A., Ferrari, P., Lazcano-Ponce, E., Romieu, I., «ω-3 and ω-6 Polyunsaturated Fatty Acid Intakes and the Risk of Breast Cancer in Mexican Women: Impact of Obesity Status», *Cancer Epidemiology, Biomarkers & Prevention*, 21 (2012), pp. 319-326.

625. Sonestedt, E., Ericson, U., Gullberg, B., Skog, K., Olsson, H., Wirfält, E., «Do Both Heterocyclic Amines and Omega-6 Polyunsaturated Fatty Acids Contribute to the Incidence of Breast Cancer in Postmenopausal Women of the Malmö Diet and Cancer Cohort?», *International Journal of Cancer*, 123 (2008), pp. 1637-1643.

626. World Cancer Research Fund, *Limit 'fast foods'*. Disponible en: <www.wcrf.org/dietandcancer/recommendations/limit-fast-foods-fat-sugar>.

627. Romanos-Nanclares, A., Toledo, E., Gardeazabal, I., Jiménez-Moleón, J. J., Martínez-González, M. A., Gea, A., «Sugar-Sweetened Beverage Consumption and Incidence of Breast Cancer: The Seguimiento Universidad de Navarra (SUN) Project», *European Journal of Nutrition*, 2018, pp. 1-12.

628. Cannata, D., Fierz, Y., Vijayakumar, A., LeRoith, D., «Type 2 Diabetes and Cancer: What Is the Connection?», *Mount Sinai Journal of Medicine*, 77 (2010), pp. 197-213.

629. World Cancer Research Fund, *Limit 'fast foods'*, *op. cit.*

630. Lozano, R., Naghavi, M., Foreman, K., Lim, S., Shibuya, K., Aboyans, V., Abraham, J., Adair, T., Aggarwal, R., Ahn, S. Y., Alvarado, M., Anderson, H. R., Anderson, L. M., Andrews, K. G., Atkinson, C., Baddour, L. M., Barker-Collo, S., Bartels, D. H., Bell, M. L., Benjamin, E. J., Bennett, D., Bhalla, K., Bikbov, B., Bin Abdulhak, A., Birbeck, G., Blyth, F., Bolliger, I., Boufous, S., Bucello, C., Burch, M., Burney, P., Carapetis, J., Chen, H., Chou, D., Chugh, S. S., Coffeng, L. E., Colan, S. D., Colquhoun, S., Colson, K. E., Condon, J., Connor, M. D., Cooper, L. T., Corriere, M., Cortinovis, M., De Vaccaro, K. C., Couser, W., Cowie, B. C., Criqui, M. H., Cross, M., Dabhadkar, K. C., Dahodwala, N., De Leo, D., Degenhardt, L., Delossantos, A., Denenberg, J., Des Jarlais, D. C., Dharmaratne, S. D., Dorsey, E. R., Driscoll, T., Duber, H., Ebel, B., Erwin, P. J., Espindola, P., Ezzati, M., Feigin, V., Flaxman, A. D., Forouzanfar, M. H., Fowkes, F. G., Franklin, R., Fransen, M., Freeman, M. K., Gabriel, S. E., Gakidou, E., Gaspari, F., Gillum, R. F., González-Medina, D, Halasa, Y. A., Haring, D., Harrison, J. E., Havmoeller, R., Hay, R. J., Hoen, B., Hotez, P. J., Hoy, D., Jacobsen, K. H., James, S. L., Jasrasaria, R., Jayaraman, S., Johns, N., Karthikeyan, G., Kassebaum, N., Keren, A., Khoo, J. P., Knowlton, L. M., Kobusingye, O., Koranteng, A., Krishnamurthi, R., Lipnick, M., Lipshultz, S. E., Ohno, S. L., Mabweijano, J., MacIntyre, M. F., Mallinger, L., March, L., Marks, G. B., Marks, R., Matsumori, A., Matzopoulos, R., Mayosi, B. M., McAnulty, J. H., McDermott, M. M., McGrath, J., Mensah, G. A., Merriman, T. R., Michaud, C., Miller, M., Miller, T. R., Mock, C., Mocumbi, A. O., Mokdad, A. A., Moran, A., Mulholland, K., Nair, M. N., Naldi, L., Narayan, K. M., Nasseri, K., Norman, P., O'Donnell, M., Omer, S. B., Ortblad, K., Osborne, R., Ozgediz, D., Pahari, B., Pandian, J. D., Rivero, A. P., Padilla, R. P., Pérez-Ruiz, F., Perico, N., Phillips, D., Pierce, K., Pope, C. A., Porrini, E., Pourmalek, F., Raju, M., Ranganathan, D., Rehm, J. T., Rein, D. B., Remuzzi, G., Rivara, F. P., Roberts, T., De León, F.

R., Rosenfeld, L. C., Rushton, L., Sacco, R. L., Salomon, J. A., Sampson, U., Sanman, E., Schwebel, D. C., Seguí-Gómez, M., Shepard, D. S., Singh, D., Singleton, J., Sliwa, K., Smith, E., Steer, A., Taylor, J. A., Thomas, B., Tleyjeh, I. M., Towbin, J. A., Truelsen, T., Undurraga, E. A., Venketasubramanian, N., Vijayakumar, L., Vos, T., Wagner, G. R., Wang, M., Wang, W., Watt, K., Weinstock, M. A., Weintraub, R., Wilkinson, J. D., Woolf, A. D., Wulf, S., Yeh, P. H., Yip, P., Zabetian, A., Zheng, Z. J., López, A. D., Murray, C. J., AlMazroa, M. A., Memish, Z. A., «Global and Regional Mortality from 235 Causes of Death for 20 Age Groups in 1990 and 2010: A Systematic Analysis for the Global Burden of Disease Study 2010», *Lancet*, 380 (2012), pp. 2095-2128.

631. Justicia Alimentaria Global, *Viaje al centro de la alimentación que nos enferma*, 2016. Disponible en: <https://justiciaalimentaria.org/sites/default/files/campaign/informe_dameveneno.pdf>.

632. <www.healthdata.org>.

633. Singh, G. M., Micha, R., Khatibzadeh, S., Lim, S., Ezzati, M., Mozaffarian, D., Global Burden of Diseases Nutrition and Chronic Diseases Expert Group (NutriCoDE), «Estimated Global, Regional, and National Disease Burdens Related to Sugar-Sweetened Beverage Consumption in 2010», *Circulation*, 132 (2015), pp. 639-666.

634. INE, *Defunciones según la Causa de Muerte. Año 2016*, 21 de diciembre de 2017. Disponible en: <www.ine.es/prensa/edcm_2016.pdf>.

635. <https://ourworldindata.org/causes-of-death#causes-of-death-in-recent-decades>.

636. <https://ourworldindata.org/terrorism>.

637. Ministerio de Sanidad, Servicios Sociales e Igualdad, *Informe anual del Sistema Nacional de Salud 2013. Situación de salud, sistema sanitario y opinión de los ciudadanos*, 2014. Disponible en: <www.mscbs.gob.es/organizacion/sns/planCalidadSNS/pdf/equidad/Informeanual2013/Informe_2013_SNS_WEB.pdf>.

638. Hvid-Jensen, F., Nielsen, R. B., Pedersen, L., Funch-Jensen, P., Drewes, A. M., Larsen, F. B., Thomsen, R. W., «Lifestyle Factors Among Proton Pump Inhibitor Users and Nonusers: A Cross-Sectional Study in a Population-Based Setting», *Clinical Epidemiology*, 5 (2013), pp. 493-499.

639. Fundación MAPFRE, *El coste de la enfermedad potencialmente prevenible en España*, 2017. Disponible en: <www.grupoaseguranza.com/adjuntos/fichero_22844_20171114.pdf>.

640. Ministerio de Sanidad, Servicios Sociales e Igualdad, *Gasto Sanitario. Informe Anual del Sistema Nacional de Salud 2016*. Disponible en: <www.mscbs.gob.es/estadEstudios/estadisticas/sisInfSanSNS/tablasEstadisticas/InfAnualSNS2016/7Gast_Sanit.pdf>.

641. San Mauro Martin, I., Bermejo de las Heras, S., Garicano Vilar, E., «Is the Design of Dietary Based Studies Enough with a Quantitative Description?». *Progress in Nutrition*, 20 (2018), pp. 473-482.

642. Wunderlich, S. M., Feldman, C., Kane, S., Hazhin, T., «Nutritional Quality of Organic, Conventional, and Seasonally Grown Broccoli Using Vitamin C as a Marker», *International Journal of Food Sciences and Nutrition*, 59 (2008), pp. 34-45.

643. Muraki, I., Imamura, F., Manson, J. E., Hu, F. B., Willett, W. C., Van Dam, R. M., Sun, Q., «Fruit Consumption and Risk of Type 2 Diabetes: Results from Three Prospective Longitudinal Cohort Studies», *BMJ*, 347 (2013), p. f5001.

644. Fulgoni, V. L., Painter, J., Carughi, A., «Association of Raisin Consumption with Nutrient Intake, Diet Quality, and Health Risk Factors in US Adults: National Health and Nutrition Examination Survey 2001-2012», *Food & Nutrition Research*, 61 (2017), p. 1378567.

645. Raiola, A., Errico, A., Petruk, G., Monti, D. M., Barone, A., Rigano, M. M., «Bioactive Compounds in Brassicaceae Vegetables with a Role in the Prevention of Chronic Diseases», *Molecules*, 23 (2017), p. 15.

646. Abdull Razis, A. F., Noor, N. M., «Cruciferous Vegetables: Dietary Phytochemicals for Cancer Prevention», *Asian Pacific Journal of Cancer Prevention*, 14 (2013), p. 1565-1570.

647. Mahn, A., Reyes, A., «An Overview of Health-Promoting Compounds of Broccoli (Brassica Oleracea Var. Italica) and the Effect of Processing», *Food Science and Technology International*, 18 (2012), pp. 503-514.

648. Perdomo, F., Cabrera Fránquiz, F., Cabrera, J., Serra-Majem, L., «Influence of Cooking Procedure on the Bioavailability of Lycopene in Tomatoes», *Nutrición Hospitalaria*, 27 (2012), pp. 1542-1546.

649. Ahuja, K. D., Pittaway, J. K., Ball, M. J., «Effects of Olive Oil and Tomato Lycopene Combination on Serum Lycopene, Lipid Profile, and Lipid Oxidation», *Nutrition*, 22 (2006), pp. 259-265.

650. Lo Scalzo, R., Fibiani, M., Mennella, G., Rotino, G. L., Dal Sasso, M., Culici, M., Spallino, A., Braga, P. C., «Thermal Treatment of Eggplant (*Solanum Melongena L.*) Increases the Antioxidant Content and The Inhibitory Effect on

Human Neutrophil Burst», *Journal of Agricultural and Food Chemistry*, 58 (2010), pp. 3371-3379.

651. Uchida, K., Tomita, H., Takemori, T., Takamura, H., «Effects of Grilling on Total Polyphenol Content and Antioxidant Capacity of Eggplant (*Solanum melongena L.*)», *Journal of Food Science*, 82 (2017), pp. 202-207.

652. Howard, L. A., Wong A. D., Perry A. K., Klein B. P., «β-Carotene and Ascorbic Acid Retention in Fresh and Processed Vegetables», *Journal of Food Science*, 64 (1999), pp. 929-936.

653. Jiménez-Monreal, A. M., García-Diz, L., Martínez-Tomé, M., Mariscal, M., Murcia, M. A., «Influence of Cooking Methods on Antioxidant Activity of Vegetables», *Journal of Food Science*, 74 (2009), pp. H97-H103.

654. Medina-Remón, A., Vallverdú-Queralt, A., Arranz, S., Ros, E., Martínez-González, M. A., Sacanella, E., Covas, M. I., Corella, D., Salas-Salvadó, J., Gómez-Gracia, E., Ruiz-Gutiérrez, V., Lapetra, J., García-Valdueza, M., Arós, F., Saez, G. T., Serra-Majem, L., Pinto, X., Vinyoles, E., Estruch, R., Lamuela-Raventós, R. M., Gazpacho Consumption is Associated with Lower Blood Pressure and Reduced Hypertension in a High Cardiovascular Risk Cohort. Cross-Sectional Study of the PREDIMED Trial, *Nutrition, Metabolism & Cardiovascular Diseases*, 23 (2013), pp. 944-952.

655. Lamprecht, M., «Supplementation with Mixed Fruit and Vegetable Concentrates in Relation to Athlete's Health and Performance: Scientific Insight and Practical Relevance», *Medicine and Sport Science*, 59 (2012), pp. 70-85.

656. Domínguez, R., Garnacho-Castaño, M. V., Cuenca, E., García-Fernández, P., Muñoz-González, A., De Jesús, F., Lozano-Estevan, M. D., Fernandes da Silva, S., Veiga-Herreros, P., Maté-Muñoz, J. L., «Effects of Beetroot Juice Supplementation on a 30-s High-Intensity Inertial Cycle Ergometer Test», *Nutrients*, 9 (2017), p. E1360.

657. Wylie, L. J., Mohr, M., Krustrup, P., Jackman, S. R., Ermıdis, G., Kelly, J., Black, M. I., Bailey, S. J., Vanhatalo, A., Jones, A. M., «Dietary Nitrate Supplementation Improves Team Sport-Specific Intense Intermittent Exercise Performance», *European Journal of Applied Physiology*, 113 (2013), pp. 1673-1684.

658. Nyakayiru, J., Jonvik, K. L., Trommelen, J., Pinckaers, P. J., Senden, J. M., Van Loon, L. J., Verdijk, L. B., «Beetroot Juice Supplementation Improves High-Intensity Intermittent Type Exercise Performance in Trained Soccer Players», *Nutrients*, 9 (2017), p. E314.

659. Sharma, S. P., Chung, H. J., Kim, H. J., Hong, S. T., «Paradoxical Effects of Fruit on Obesity», *Nutrients*, 8 (2016), p. E633.

660. Schwingshackl, L., Hoffmann, G., Kalle-Uhlmann, T., Arregui, M., Buijsse, B., Boeing, H., «Fruit and Vegetable Consumption and Changes in Anthropometric Variables in Adult Populations: A Systematic Review and Meta-Analysis of Prospective Cohort Studies», *PLoS One*, 10 (2015), p. e0140846.

661. Fernandez, M. A., Marette, A., «Potential Health Benefits of Combining Yogurt and Fruits Based on Their Probiotic and Prebiotic Properties», *Advances in Nutrition*, 8 (2017), pp. 155S-164S.

662. Fernandez, M. A., *op. cit.*

663. Njike, V. Y., Smith, T. M., Shuval, O., Shuval, K., Edshteyn, I., Kalantari, V., Yaroch, A. L., «Snack Food, Satiety, and Weight», *Advances in Nutrition*, 7 (2016), pp. 866-878.

664. Njike, V. Y., Kavak, Y., Treu, J. A., Doughty, K., Katz, D. L., «Snacking, Satiety, and Weight: A Randomized, Controlled Trial», *American Journal of Health Promotion*, 31 (2017), pp. 296-301.

665. Kennedy-Hagan, K., Painter, J. E., Honselman, C., Halvorson, A., Rhodes, K., Skwir, K., «The Effect of Pistachio Shells as a Visual Cue in Reducing Caloric Consumption, *Appetite*, 57 (2011), pp. 418-420.

666. Tapsell, L. C., Batterham, M. J., Teuss, G., Tan, S. Y., Dalton, S., Quick, C. J., Gillen, L. J., Charlton, K. E., «Long-Term Effects of Increased Dietary Polyunsaturated Fat from Walnuts on Metabolic Parameters in Type II Diabetes», *European Journal of Clinical Nutrition*, 63 (2009), pp. 1008-1015.

667. Neale, E. P., Tapsell, L. C., Martin, A., Batterham, M. J., Wibisono, C., Probst, Y. C., «Impact of Providing Walnut Samples in a Lifestyle Intervention for Weight Loss: A Secondary Analysis of the HealthTrack Trial», *Food & Nutrition Research*, 61 (2017), p. 1344522.

668. Dhillon, J., Tan, S. Y., Mattes, R. D., «Almond Consumption during Energy Restriction Lowers Truncal Fat and Blood Pressure in Compliant Overweight or Obese Adults», *The Journal of Nutrition*, 146 (2016), pp. 2513-2519.

669. Harris, W. S., «The Omega-6:Omega-3 Ratio: A Critical Appraisal and Possible Successor», *Prostaglandins, Leukotrienes and Essential Fatty Acids*, 132 (2018), pp. 34-40.

670. Anderson, G. H., Soeandy, C. D., Smith, C. E., «White Vegetables: Glycemia and Satiety», *Advances in Nutrition*, 4 (2013), pp. 356S-367S.

671. Fernández, M. L., «Effects of Eggs on Plasma Lipoproteins in Healthy Populations, *Food & Function*, 1 (2010), pp. 156-160.

672. Geiker, N. R. W., Larsen, M. L., Dyerberg, J., Stender, S., Astrup, A., «Egg Consumption, Cardiovascular Diseases and Type 2 Diabetes», *European Journal of Clinical Nutrition*, 72 (2018), pp. 44-56.

673. Richard, C., Cristall, L., Fleming, E., Lewis, E. D., Ricupero, M., Jacobs, R. L., Field, C. J., «Impact of Egg Consumption on Cardiovascular Risk Factors in Individuals with Type 2 Diabetes and at Risk for Developing Diabetes: A Systematic Review of Randomized Nutritional Intervention Studies», *Canadian Journal of Diabetes*, 41 (2017), pp. 453-463.

674. Fuller, N. R., Sainsbury, A., Caterson, I. D., Denyer, G., Fong, M., Gerofi, J., Leung, C., Lau, N. S., Williams, K. H., Januszewski, A. S., Jenkins, A. J., Markovic, T. P., «Effect of a High-Egg Diet on Cardiometabolic Risk Factors in People with Type 2 Diabetes: The Diabetes and Egg (DIABEGG) Study-Randomized Weight-Loss and Follow-Up Phase», *The American Journal of Clinical Nutrition*, 107 (2018), pp. 921-931.

675. Mutungi, G., Ratliff, J., Puglisi, M., Torres-González, M., Vaishnav, U., Leite, J. O., Quann, E., Volek, J. S., Fernández, M. L., «Dietary Cholesterol from Eggs Increases Plasma HDL Cholesterol in Overweight Men Consuming a Carbohydrate-Restricted Diet, *The Journal of Nutrition*, 138 (2008), pp. 272-276.

676. Ratliff, J., Mutungi, G., Puglisi, M. J., Volek, J. S., Fernández, M. L., «Carbohydrate Restriction (with or without Additional Dietary Cholesterol Provided by Eggs) Reduces Insulin Resistance and Plasma Leptin Without Modifying Appetite Hormones in Adult Men», *Nutrition Research*, 29 (2009), pp. 262-268.

677. Bonnema, A. L., Altschwager, D. K., Thomas, W., Slavin, J. L., «The Effects of the Combination of Egg and Fiber on Appetite, Glycemic Response and Food Intake in Normal Weight Adults – A Randomized, Controlled, Crossover Trial», *International Journal of Food Sciences and Nutrition*, 67 (2016), pp. 723-731.

678. Wyness, L., «The Role of Red Meat in the Diet: Nutrition and Health Benefits», *Proceedings of the Nutrition Society*, 75 (2016), pp. 227-232.

679. Beynen, A. C., «Fatty Acid Composition of Eggs Produced by Hens Fed Diets Containing Groundnut, Soya Bean or Linseed», *NJAS - Wageningen Journal of Life Sciences*, 52 (2004), pp. 3-10.

680. Tavaniello, S., Maiorano, G., Stadnicka, K., Mucci, R., Bogucka, J., Bednarczyk, M., «Prebiotics Offered to Broiler Chicken Exert Positive Effect on Meat Quality Traits Irrespective of Delivery Route», *Poultry Science*, 97 (2018), pp. 2979-2987.

681. Muaz, K., Riaz, M., Akhtar, S., Park, S., Ismail, A., «Antibiotic Residues in Chicken Meat: Global Prevalence, Threats, and Decontamination Strategies: A Review», *Journal of Food Protection*, 81 (2018), pp. 619-627.

682. OMS, *Dejemos de administrar antibióticos a animales sanos para prevenir la propagación de la resistencia a los antimicrobianos*, 7 de noviembre de 2017. Disponible en: <www.who.int/es/news-room/detail/07-11-2017-stop-using-antibiotics-in-healthy-animals-to-prevent-the-spread-of-antibiotic-resistance>.

683. Jiang, J., Xiong, Y. L., «Natural Antioxidants as Food and Feed Additives to Promote Health Benefits and Quality of Meat Products: A Review, *Meat Science*, 120 (2016), pp. 107-117.

684. Sayer, R. D., Speaker, K. J., Pan, Z., Peters, J. C., Wyatt, H. R., Hill, J. O., «Equivalent Reductions in Body Weight During the Beef WISE Study: Beef's Role in Weight Improvement, Satisfaction and Energy», *Obesity Science & Practice*, 3 (2017), pp. 298-310.

685. Cross, A. J., Ferrucci, L. M., Risch, A., Graubard, B. I., Ward, M. H., Park, Y., Hollenbeck, A. R., Schatzkin, A., Sinha, R., «A Large Prospective Study of Meat Consumption and Colorectal Cancer Risk: An Investigation of Potential Mechanisms Underlying This Association», *Cancer Research*, 70 (2010), pp. 2406-2414.

686. Domínguez González, K. N., Cruz Guerrero, A. E., Márquez, H. G., Gómez Ruiz, L. C., García-Garibay, M., Rodríguez Serrano, G. M., «The Antihypertensive Effect of Fermented Milks», *Revista Argentina de Microbiología*, 46 (2014), pp. 58-65.

687. Van der Gaag, E. J., Wieffer, R., Van der Kraats, J., «Advising Consumption of Green Vegetables, Beef, and Full-Fat Dairy Products Has No Adverse Effects on the Lipid Profiles in Children», *Nutrients*, 9 (2017), pp. E518.

688. Disponible en: <https://www.ncbi.nlm.nih.gor/pubmed/29336590>.

689. Guasch-Ferré, M., Hu, F. B., Martínez-González, M. A., Fitó, M., Bulló, M., Estruch, R., Ros, E., Corella, D., Recondo, J., Gómez-Gracia, E., Fiol, M., Lapetra, J., Serra-Majem, L., Muñoz, M. A., Pintó, X., Lamuela-Raventós, R. M., Basora, J., Buil-Cosiales, P., Sorlí, J. V., Ruiz-Gutiérrez, V., Martínez, J. A.,

Salas-Salvadó, J., «Olive Oil Intake and Risk of Cardiovascular Disease and Mortality in the PREDIMED Study», *BMC Medicine*, 12 (2014), p. 78.

690. Chinwong, S., Chinwong, D., Mangklabruks, A., «Daily Consumption of Virgin Coconut Oil Increases High-Density Lipoprotein Cholesterol Levels in Healthy Volunteers: A Randomized Crossover Trial», *Evidence-Based Complementary and Alternative Medicine*, 2017 (2017), p. 7251562.

# AGRADECIMIENTOS

Agradezco este libro a todos los *Realfooders* que con su cariño me han ayudado a no rendirme por esta causa.

Especialmente a Sabela Álvarez por su apoyo incondicional en los buenos y en los malos momentos. Como ella me recuerda: «Al final todo saldrá bien. Y si no sale bien, es que aún no es el final».

# 2

# People, houses and homes

> Rachaidh mise, rachaidh tusa síos go Fine Gall;
> íosaidh mise, íosaidh tusa, gach ni dhá bhfuighe mé ann.[1]

These lines from a sixteenth-century quatrain encapsulate one of the most vivid images of early modern Fingal, that of the constant movement of people. Travellers, many of them Irish-speaking, journeyed along the Fingal roads described in the previous chapter between the Gaelic world of the north and west and the English-speaking capital. During the seventeenth century these travellers included armies and refugees, scholars and soldiers, chapmen and clergymen, drovers and debt-collectors. But they also included local people such as landlords visiting their properties, servants going to market to sell their masters' corn and men, women and children walking a mile or two to the nearest mass-house, school or holy well. In this chapter some surviving evidence of the way of life and material well-being of the people who lived in seventeenth-century Fingal will be examined. The topics to be dealt with include population, housing, the hearth, furniture and furnishings, food and drink, the use of tobacco and snuff, dress, jewellery and ornaments, weapons, occupations, transport and travel, illness and poverty.

An analysis of housing and population led me to the conclusion that the number of dwellings in the area was of the order of 2,500 and the population in the region of 15,000 or perhaps somewhat higher.[2] An interesting feature which emerged from the analysis was the high proportion (80 per cent) of the population of Fingal classified as 'Irish' at the end of the Commonwealth period (figure 2.1).

Descriptions of the construction and appearance of dwelling houses in Fingal at this period are also difficult to find. Allowing for underreporting the number of houses built of stone was probably not much greater than the total number of castles, mills, malt-houses and stone houses identified in the Civil Survey and probably amounted to well under 10 per cent of the total housing stock. The information on roof types is patchy but it suggests that the number of tiled or slated roofs was small. There is no information in the Civil Survey on doors or windows. Many houses had gardens or orchards attached to them.

1 Gerard Murphy, 'A folksong traceable to Elizabethan times' in *Éigse*, vii, part 2, pp 117–20. The full quatrain reads as follows in normalized spelling: 'Rachaidh mise, rachaidh tusa síos go Fine Gall; / íosaidh mise, íosaidh tusa, gach ni dhá bhfuighe mé ann. / Crochfaidhear mise agus crochfaidhear tusa, agus cad 'a-ghean[f]aid ar gclann? / Nuair ásfaid fiacla acu féin, éirghid féin fén ghleann.' The translation in Gerard Murphy's modernized spelling reads: 'You and I will go to Fingall; / You and I will eat such meat as we find there. / I shall be hanged and you shall be hanged, [and] what shall our children do? When teeth do grow unto themselves, let them go to the glens!' 2 For a detailed discussion of this analysis see 'Fingal 1603–60', i, pp 42–3 and ii, appendix E, pp 39–58.

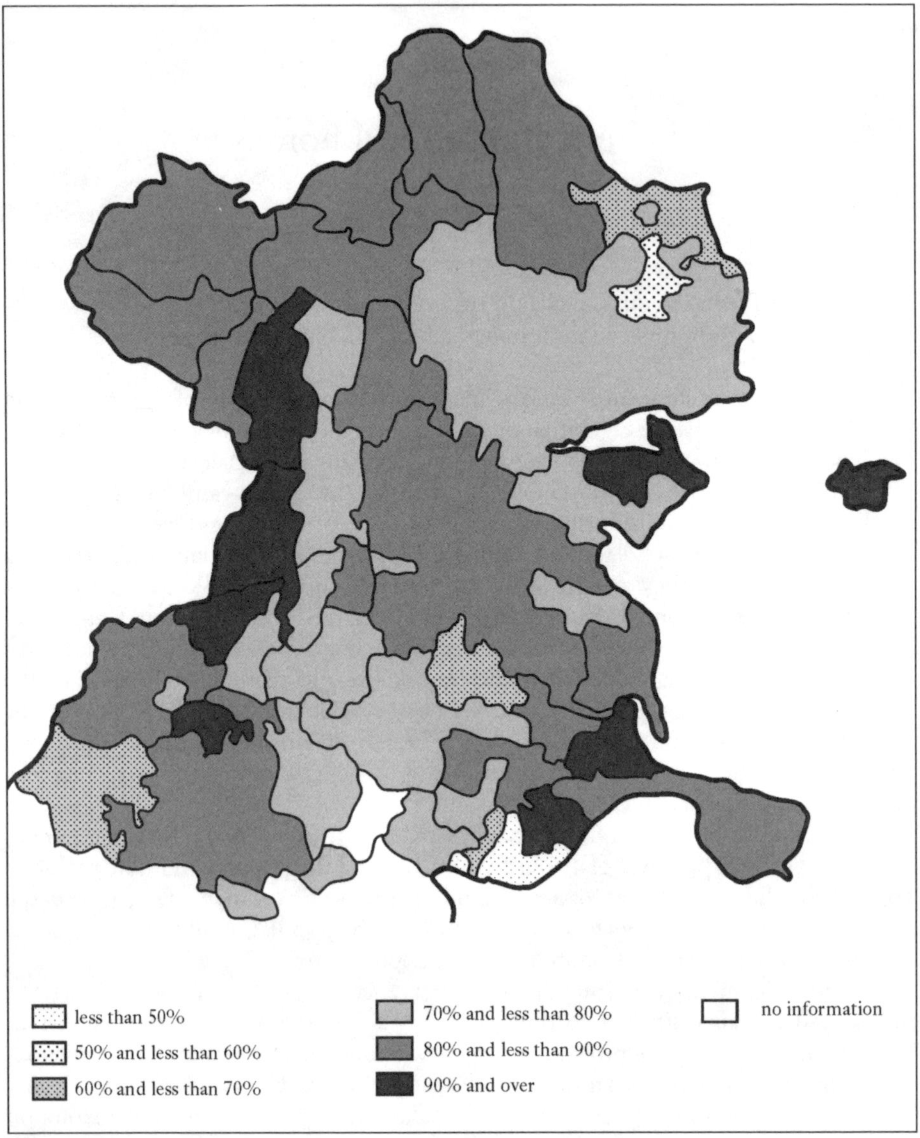


Fig. 2.1 Percentage of Fingal residents assessed for poll tax, classified as Irish, by parish, 1660

Information on the number of hearths, and by extension on the general quality of housing, can be obtained from the hearth money roll for Co. Dublin for 1664.[3] Single-hearth houses amounted to 92 per cent of the total. This preponderance of single-hearth houses (generally the poorest or the lowest class of house within the

3 'Hearth money roll for County Dublin, 1664' (second part), *Journal of the County Kildare Archaeological Society*, xi (1930–33), pp 386–466.

taxation net) listed in the hearth money roll may have been exaggerated somewhat because of attempts at tax evasion by occupiers who reported houses with two or more hearths as houses with a single hearth.[4] On the other hand the houses of the very poor were exempt from tax and were excluded from the roll.[5] If they could have been quantified they would have boosted the number of 'poorer' houses. In proportional terms this would have compensated, in part at least, for the reporting of multiple-hearth households as single-hearth households. All in all, therefore, this survey is likely to have reflected the general *pattern* of housing quality, if not the actual number of houses. Geographically, the parishes of Clontarf, Chapelizod, Finglas and St Michan's, all close to Dublin city, had the highest percentages of multiple-hearth houses (figure 2.2). This was probably a reflection of the number of wealthy officials, merchants and professional men who worked in the city and lived or had a second home in the adjoining countryside.

For further information about the type of housing in the area it is necessary to look at contemporary accounts as well as modern descriptions of surviving buildings or those recently demolished. Travellers occasionally made passing references to the buildings. In July 1635 Sir William Brereton wrote that at the sign of the Boot in Swords he and his party 'found far better accommodation in so mean a village than could be expected'.[6] He also noted that about 'two or three mile from Swords my lord chief baron [Sir Richard Bolton] hath a dainty, pleasant, high-built wood house, and much rich and brave land about it, this placed on the right hand ...'. Perhaps this was one of the lesser Bolton homes as it was about this time that the main residence, a stone and brick house at Brazil, was being built.[7] It seems unlikely that Brereton saw Brazil on his route from Drogheda to Dublin since it was situated some distance to the west of Swords. If, on the other hand, Brereton did travel by Brazil and saw a wooden house there it is possible that, following the burning of the house by Eoghan Rua O'Neill in 1647, the house was rebuilt in the more solid form in which it survived into the twentieth century.[8] About half a mile further along the road Brereton noted another 'gallant pleasant seat' but did not record the owner's name. In the early 1650s Gerard Boate, basing his account on information supplied by his brother and others noted that Sir William Ussher had 'a fine little castle of freestone' on Lambay Island.[9] In 1666 Jorevin de Rocheford travelling from Dublin to Drogheda in the

4 *Heads and hearths: The hearth money rolls and poll tax returns for Co. Antrim 1660–69*, ed. S.T. Carleton (Belfast, 1991), pp 178 and 180. 5 *Heads and hearths: The hearth money rolls and poll tax returns for Co. Antrim 1660–69*, ed. S.T. Carleton (Belfast, 1991), p. xii. 6 William Brereton, *Travels in Holland, the United Provinces, England, Scotland and Ireland, M.DC.XXXIV–M.DC.XXXV*, ed. Edward Hopkins (Manchester, 1844), p. 136. 7 Maurice Craig, *Classic Irish houses of the middle size* (London and New York, 1976), pp 5–8, 19 and 55; the Knight of Glin, David J. Griffin and Nicholas K. Robinson, *Vanishing country houses of Ireland* (2nd ed., Dublin, Antrim, 1989), p. 59. 8 H.C., *News from Dublin in Ireland relating how Colonell Jones ... fell upon the rebells ...* (London, 1647), p. 3 (NLI, Lough Fea pamphlet no. 221). 9 Gerard Boate, *Ireland's naturall history, being a true and ample description of its situation, greatness, shape and nature; of its hills, woods, heaths, bogs; of its fruitful parts and profitable grounds, with the several ways of manuring and improving the same: with its heads or promontories, harbours, roads and bays; of its springs and fountains, brooks, rivers, loughs; of its metals, minerals, freestone, marble, sea-coal, turf, and other things that are taken out of the ground, and lastly, of the nature and temperature of its air and season, and what diseases it is free from, or subject unto, conducing to the advancement of navigation, husbandry and other profitable arts and possessions* (London, 1652), p. 33.

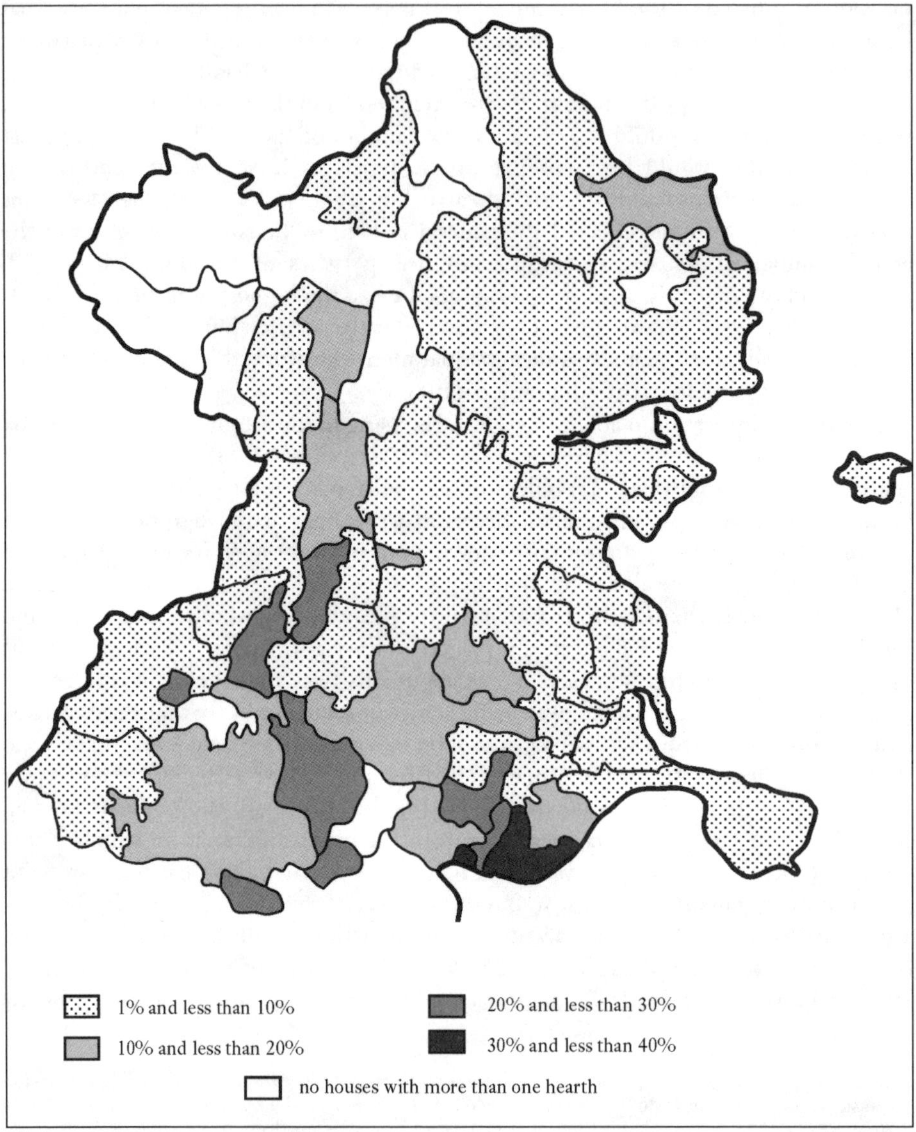


Fig. 2.2 Percentage of Fingal houses assessed on more than one hearth by parish, *c.*1664

opposite direction to that taken by Brereton noted the ruined castle at Swords as well as 'several of these small castles, all ruined in the last wars'.[10]

Among the few detailed contemporary accounts there are two contained in grants to the earl of Thomond which described the manor house of Holmpatrick in the

10 Jorevin de Rocheford, 'Description of England and Ireland after the Restoration' in C. Litton Falkiner (ed.), *Illustrations of Irish history and topography* (London, 1904), p. 417.

early years of the seventeenth century.[11] The house, on the site of the former priory, was built of stone and had three turrets. It had one hall with six chambers and four cellars and one kitchen. There was a bake-house near the house, as well as a stone granary and a haggard or bawn. Other out-buildings included two stone stables and two stone granaries, both covered with tiles, three houses for heifers, sheep and swine, a kiln and a pigeon house. The precinct also included six cottages as well as a garden and orchard. Not far away stood the water-mill. Some of the buildings were described as ruinous in the earlier grant, though not in the later. On the outbreak of the rising of 1641 the occupants and chief tenants of the earl of Thomond, the Verveer family, were warned to leave the house as a priest was coming to say Mass there, 'it being an old abbey', which suggests that the house, whether it was original or had been rebuilt, was, like the adjoining church, part of the priory complex which dated from pre-reformation times.[12] By the time of the Civil Survey only the walls of the church remained, the house was in ruins and some of the out-buildings had disappeared.[13] It is not clear if the house at Holmpatrick, which was assessed on six hearths in 1664, was the same house or a completely new building.[14]

Few dwellings built in the early seventeenth century survive in Fingal. There are, of course, some castles and many tower houses which date from an earlier period as, for example, Malahide and Howth Castles, and tower houses at Balrothery and Dunsoghly. One building which almost certainly contains an early seventeenth-century wing is the late eighteenth-century vernacular house, Tankard Ville, in the townland of Tankardstown, now within the town of Balbriggan.[15] According to a survey carried out by the Dublin Heritage Group in 1992–3 the house was probably that shown on the Down Survey maps and described in the Civil Survey as a farmhouse.[16] In 1641 the owner was Thomas Delahide of Loughshinny. Another interesting complex which may date from the seventeenth century is the mill complex at Killossery.[17] Yet another possible candidate for inclusion in the short list of surviving vernacular buildings is the White Hart Inn, a two-storey building with seven bays, at Stephenstown, on the old main road north of Balrothery.[18] It is impossible to say with certainty that these buildings survive from the seventeenth century since vernacular buildings are notoriously difficult to date.

It is, perhaps, worthy of note that the Bolton residence described by Sir William Brereton was a wooden structure and the surviving farmhouse at Tankardstown is a mud-walled building. The use of perishable materials for construction partly explains why so few seventeenth-century buildings survive while so many stone-built

11 *A repertory of the inrolments on the patent rolls in chancery in Ireland; commencing with the reign of King James I*, ed. John Caillard Erck (2 pts, Dublin, 1846–52), i, part i, pp 220–1 and i, part ii, pp 732–3. 12 Deposition of Margaret Huiberts, 14 March 1644 (TCD, MS 810, ff 238–9). 13 *Civil Survey, vii, county of Dublin*, p. 54. 14 'Hearth money roll for County Dublin, 1664' (second part), *Journal of the County Kildare Archaeological Society*, xi (1930–33), p. 404. 15 A note on Dúchas – the Heritage Service, County Dublin, file no. DU002–011 reads: 'At Tankardville in this townland the west end of L-shaped building incorporates a mud-walled structure. The building itself dates from 1785 so it is likely that the earlier structure is the dwelling marked on the Down Survey 1650 and described in the *Civil Survey*, 1654, p. 4, as one 'farme house' in Tankerstown. Ext. dms. 11.10m. N-S, 5m. E-W, thickness of wall 0.60m. It is steeply gabled.'. 16 Dublin Heritage Group, *Vernacular buildings of east Fingal* (Dublin, 1993), pp 19–20. 17 Dúchas – the Heritage Service, County Dublin, file no. DU011–05702. 18 Dúchas – the Heritage Service, County Dublin, file no. DU005–005.

structures of earlier centuries can still be seen in the area. Further evidence for the use of wood and other perishable materials can be found in the verse of the period, which, of course, must be treated with some caution. The description of the 'high and mighty edifice' in 'Purgatorium Hibernicum' refers to a gate with wooden hinges, bars of oak and bolts of wood, the sides of the building of mud and the house itself built of 'hay and straw confirmed with usual lime and mortar'.[19] The author no doubt used his imagination but the materials he mentioned are likely to have been familiar to his readers or listeners.

The hearth was an important feature of Fingal homes and inns since fires were essential in the cold seventeenth-century climate. Margaret Cooper described how she discussed the Dublin city defences while chatting with one of the Darcys of Platten sitting by the fire in the lower room of her husband's inn at Oxmantown.[20] Some months later a visitor to Carrickmines in south Co. Dublin found the Fingallian, 'old Mr Fagan of Feltrim' sitting by the fire.[21] 'Purgatorium Hibernicum' contained a description of an open fireplace in a mortuary building which gives some idea of what might have been found in the poorer households. It reads as follows (spelling modernized):

On either side there was a door
Extent from roof unto the floor
Which they like hedgehogs stopped with straw
Or open as the wind does blow.
Betwixt which two there was a spot
I' the middle to hang o'er the pot
Pendent in wattle free from roof
And pothooks of the self same stuff
And hath an engine in the nick
For pair of legs a broken stick
A pair of bellows on each side
I mean the door to open wide.[22]

At the other end of the social scale, Walter Segrave had four iron grates and two sets of handirons (probably andirons) as well as a pair of iron-racks in his home at Little Cabragh in 1619 while fifty years later Sir James Ware mentioned the iron grates for the chimneys of his house at Meakstown near Santry in his will.[23]

There are several references in the 1641 depositions to fuel which, as has been explained in the previous chapter, was one of the few essential commodities permanently in short supply in the area. The local people were prepared to go to great lengths to get coal. A Liverpool barque ran aground at Clontarf on 11 December 1641.[24] One of the inhabitants of the village, David Powell, accused the local fish-

19 Purgatorium Hibernicum …, *c.*1670 (NLI, MS 470, pp 106–8). 20 Examination of Margaret Cooper, 8 November 1641 (TCD, MS 809, f. 138). 21 Examination of John Brackenbury, 27 May 1642 (TCD, MS 810, f. 198). 22 Purgatorium Hibernicum …, *c.*1670 (NLI, MS 470, p. 47). 23 Abstract of will of Walter Segrave, 9 March 1619 (RSAI, Elrington Ball MSS, vol xii, f. 27); will of Sir James Ware, 10 August 1669 (NAI, Prerogative will book, 1664–84, f. 178). 24 Examination of David Powell,

ermen of taking away coals from it on 14 December and promptly reported the robbery. This was almost certainly the same incident as that seen by Edward Leech as he passed through Clontarf on his way to Dublin after his expulsion from Lambay Island.[25] He described it as follows:

> He also saith that at the same time as he passed by Clontarf, he saw some coals carried away by some of the inhabitants there adjoining from aboard a ship that came into the harbour with coals which they pillaged, but whither they carried the coals he knoweth not. All this was performed before the burning of Clontarf, and (as he conceiveth) was one of the causes thereof, he having upon the said fourteenth of December showed the said pass to some near friends of the Lords Justices and related the said proceedings ...

The theft of timber, fuel or firing was mentioned in some of the 1641 depositions.[26] Turf was listed once, significantly by William Tedder, vicar of Garristown.[27] This suggests that there was some turf still available in the 'turf moor or bog, commonly called the Moor of Garristown'.[28] Furze was also used as fuel.[29] Though it is not possible to be certain of this, it seems probably that furze was used to make the fire which signalled to the fishermen of Rush that Lambay was about to be invaded on 12 December 1641.[30] The presence of furze ricks in the suburbs of Dublin city was a serious cause of concern to the inhabitants of the area.[31] Writing to his brother in February 1642 Robert Bysse, junior, mentioned that, in the opinion of some people, the wood at Artaine, which could have provided a refuge for wood-kernes, must come down 'to prevent mischief and serve for fuel'.[32]

Detailed records of house furnishings in the early seventeenth century are difficult to find. Fortunately, one inventory, an abstract from the will of Walter Segrave of Little Cabragh, has been preserved in the Elrington Ball manuscripts in the library of the Royal Society of Antiquaries of Ireland.[33] This represents a listing of only those items of furniture which Walter Segrave wished to ensure would not be dispersed after his death. Bearing in mind that some thirty-five years after he made his will Little Cabragh was valued in the Civil Survey at £1,400, that is, far and away the most valuable building complex in the whole Fingal area, the furnishings cannot be regarded as in any way typical of the ordinary household but they do indicate what was considered desirable when it could be afforded.

Straw and rushes were commonly used for bedding in the seventeenth century and at much later periods.[34] Yet there is evidence for the widespread use of bedsteads in

14 December 1641 (TCD, MS 809, f. 214). **25** Deposition of Edward Leech, 18 March 1644 (TCD, MS 810, f. 245). **26** Deposition of John Smith, 19 January 1642 (TCD, MS 809, f. 222); deposition of John Husband, 11 March 1642 (TCD, MS 809, f. 281); deposition of Anthony Huiberts, 29 January 1642 (TCD, MS 809, f. 310); deposition of Thomas Waller, 29 March 1642 (TCD, MS 810, f. 187). **27** Deposition of William Tedder, 25 January 1642 (TCD, MS 809, f. 332). **28** *Civil Survey, vii, county of Dublin*, p. 16. **29** Deposition of Darby Lea, 25 January 1642 (TCD, MS 809, f. 288); deposition of William Fleming, 7 November 1643 (TCD, MS 810, f. 233). **30** Deposition of Edward Leech, 18 March 1644 (TCD, MS 810, f. 244). **31** Examination of Margaret Cooper, 8 November 1641 (TCD, MS 809, f. 138); examination of Anthony Pile, 29 June 1643 (TCD, MS 810, f. 282). **32** Robert Bysse, junior, to John Bysse, 16 February 1642 (TCD, MS 840, f. 9). **33** 'Fingal 1603–60', ii, appendix F, table F.1. **34** Edward MacLysaght, *Irish life in the seventeenth century* (paperback ed., Dublin, 1979) pp 66–7

Fingal, at least among the more affluent members of society. As early as 1615 Ambrose Browne of Grangegorman left a bedstead to his sister Ellen, in 1619 Little Cabragh had at least twelve bedsteads while on 27 August 1621 Anthony Delahide of Loughshinny cited in his will a bedstead left him by the dowager lady of Howth.[35] Another dowager lady of Howth, Cecily Finglas, left a feather bed to her cousin in 1635, specifying at the same time that her other beds were to be sold.[36] Thomas Luttrell of Luttrellstown bequeathed four feather beds to his wife and bedsteads to his son, Simon, in 1633.[37] In 1641 the rebels stole bedding from the elderly Grallagh couple, James Smith and his wife.[38] Henry Partington of Killelane in the parish of Balrothery reported that Thomas Daly of the nearby townland of Darcystown had 'carried away his bedsteads' about the same time.[39] In 1665 Sir James Ware left his 'purple bed' and the furniture in his bedchamber to his daughter-in-law while in the following year Christian Purfield of the Ward bequeathed 'a feather bed' to her son, Thomas.[40] Bequests such as these probably created a demand for such items of furniture. A description of a mortuary building in which 'the floors and rooms with rushes laid 'stead of tapestry, no bed or bedstead' in 'Purgatorium Hibernicum' also suggests that, while rushes as bedding were still known and probably used in Fingal, beds and bedsteads were by no means uncommon by the middle of the seventeenth century.[41]

Items of wooden furniture, such as tables, were mentioned in the depositions and in wills.[42] Early in 1642 Robert Benyon described how he saw 'about the quantities of six car-loads of tables, chests and other wooden ware' belonging to himself, his mother and Sir Samuel Mayart (who also lived at Santry) taken away by a John Joyner.[43] The limited evidence which remains to us suggests that seating was in the form of stools rather than chairs even in great houses.[44] Locked chests and trunks were the normal means of storing valuables. Eleven chests and trunks were listed in the will of Walter Segrave as compared with eight cupboards which probably reflects the balance in mansions at the period.[45] Walter Segrave used one of the chests for 'his evidence', that is documents belonging to himself and his son and was careful to specify in his will who should hold the keys to this chest. Security in Luttrellstown may have been even tighter for, as well as storing his 'evidences' in a 'cupboard counter or press', Thomas Luttrell kept evidence concerning his son, John, together with ready money in silver and gold, intended for legacies, in an iron-plated trunk or

and 104–6. 35 Abstracts of wills of Ambrose Browne, 3 March 1615 and Anthony Delahide, 27 August 1621 (NLI, Fisher will abstracts, GO MS 290, pp 21and 133); abstract of will of Walter Segrave, 9 March 1619 (RSAI, Elrington Ball MSS, vol xii, f. 27); Francis Elrington Ball, *Southern Fingal* ... (originally published 1920, reprinted Dublin, 1995), p. 92. 36 Abstract of will of Cecilia, dowager lady of Howth, 1 August 1635 (RSAI, Elrington Ball MSS, vol ix, f. 94). 37 Abstract of will of Thomas Luttrell, 20 March 1633 (RSAI, Elrington Ball MSS, vol vii, f. 17). 38 Deposition of James Smith, 26 April 1642 (TCD, MS 810, f. 104). 39 Deposition of Henry Partington, 9 June 1642 (TCD, MS 810, f. 171). 40 Wills of Sir James Ware, 10 August 1665 and Christian Purfield, 23 April 1666 (NAI, Prerogative will book, 1664–84, ff 178 and 117). 41 Purgatorium Hibernicum ..., *c.*1670 (NLI, MS 470, p. 47). 42 Abstract of will of Anthony Delahide (NLI, Fisher will abstracts, GO MS 290, p. 133); will of Sir James Ware, 10 August 1665 (NAI, Prerogative will book, 1664–84, f. 178); abstract of will of Cecilia, dowager lady of Howth, 1 August 1635 (RSAI, Elrington Ball MSS, vol ix, f. 94). 43 Examination of Robert Benyon, 21 January 1642 (TCD, MS 809, f. 230). 44 'Fingal 1603–60', ii, appendix F. 45 Abstract of will of Walter Segrave, 9 March 1619 (RSAI, Elrington Ball MSS, vol xii, f. 27).

chest and evidence concerning his wife in a little black trunk.[46] Patrick Gough of Sutton also kept his money in a chest.[47] When the rebels arrived at the home of Margaret Huiberts Verveer and her husband in Holmpatrick in 1641 Captain Cusack called for the keys of the house and the trunks 'and broke open several trunks and took what pleased them'.[48] In 1669 Thomas Bourke of the city of Dublin, who asked to be buried in Raheny, listed in his will a number of items to be found in his 'brown chest'.[49] Furniture mentioned in the verse of the period included stools, tables, kishes and creels.[50]

Metal goods were also used. Brass and pewter were among the items taken from the homes of Darby Lea of Balrothery and Anthony Huiberts of Ballimad during the 1641 rising while the same items, as well as gold, silver and rings, were listed in Anthony Huiberts's account of the attack on the home of his late father at Holmpatrick.[51] Pots and pans, in particular, brewing pans and brass pans, were often left as legacies.[52] 'A copper to brew, with all the necessary vessels' appeared in the Segrave inventory.[53] Items of silver mentioned included bowls, cups, a tankard inscribed with a coat of arms, an *aqua vitae* cup, salts (salt-cellars), spoons, a knife, a fruit dish and basins and ewers.[54] Michael Caddell left his eldest son a candlestick in 1635.[55] Books, pictures and musical instruments were mentioned in a few cases.[56]

Household linen and woollen goods were occasionally referred to in the depositions and bequests of these goods were frequently made. Among the items specified were carpets, curtains, tapestry, hangings, rugs, including caddows (rough woollen mantles or coverings), bolsters, coverlets, a counterpane, sheets, pillow-covers, blankets, table cloths, napkins and, in one instance, a towel.[57]

46 Abstract of will of Thomas Luttrell, 20 March 1633 (RSAI, Elrington Ball MSS, vol vii, f. 17); Francis Elrington Ball, *A history of the County Dublin ... part fourth* (originally published 1906, reprinted Dublin, 1995), pp 10–11. 47 Abstract of will of Patrick Gough, 24 July 1624 (RSAI, Elrington Ball MSS, vol x, f. 29); Francis Elrington Ball, *Howth and its owners ...* (originally published 1917, reprinted Dublin, 1995), p. 116. 48 Deposition of Margaret Huiberts, 14 March 1644 (TCD, MS 810, f. 238). 49 Will of Thomas Bourke, 6 April 1669 (NAI, Prerogative will book, 1664–84, f. 166). 50 Purgatorium Hibernicum ..., *c.*1670 (NLI, MS 470, pp 4, 9 and 48). 51 Deposition of Darby Lea, 25 January 1642 (TCD, MS 809, f. 288); depositions of Anthony Huiberts, 29 January 1642 (TCD, MS 809, ff 310 and 311). 52 Will of Christian Purfield, 23 April 1666 (NAI, Prerogative will book, 1664–84, f. 117); abstracts of wills of Edward Adale (or O'Dale), 16 May 1623, William Corbally, 19 September 1636 and Anthony Delahide (NLI, Fisher will abstracts, GO MS 290, pp 4, 91 and 133); abstract of will of Thomas Luttrell, 20 March 1633 (RSAI, Elrington Ball MSS, vol vii, f. 17); Francis Elrington Ball, *A history of the County Dublin ... part fourth* (originally published 1906, reprinted Dublin, 1995), p. 10; abstract of will of Bartholomew Talbot, 13 November 1616 (RSAI, Elrington Ball MSS, vol xi, f. 73. 53 Abstract of will of Walter Segrave, 9 March 1619 (RSAI, Elrington Ball MSS, vol xii, f. 27). 54 Wills of Christian Purfield, 23 April 1666, Thomas Bourke, 6 April 1669 and Sir James Ware, 10 August 1665 (NAI, Prerogative will book, 1664–84, ff 117, 166 and 178); abstract of will of Thomas Luttrell, 20 March 1633 (RSAI, Elrington Ball MSS, vol vii, f. 17); Francis Elrington Ball, *A history of the County Dublin ... part fourth* (originally published 1906, reprinted Dublin, 1995), p. 10; will of Richard Nettervill, 11 April 1607 (NAI, Deeds and wills extracted from inquisitions, exchequer series, vol 1, Carlow and County Dublin, RC 10/1, p. 354). 55 Abstract of will of Michael Caddell, 15 May 1635 (NLI, Fisher will abstracts, GO MS 290, p. 73). 56 Wills of Thomas Bourke, 6 April 1669 and Sir James Ware, 10 August 1665 (NAI, Prerogative will book, 1664–84, ff 166, 178); abstracts of wills of Richard Berford, proved 21 November 1662, and Bennett Arthur, dated 18 July 1673 (RSAI, Elrington Ball MSS, vol xi, ff 41 and 43); abstract of will of Walter Segrave, 9 March 1619 (RSAI, Elrington Ball MSS, vol xii, f. 26); Francis Elrington Ball, *Southern Fingal ...* (originally published 1920, reprinted Dublin, 1995), pp 25, 27 and 92. 57 Deposition of Darby Lea, 25 January 1642 (TCD, MS 809, f. 288); deposition of Anthony Huiberts, 29 January 1642 (TCD, MS 809, f. 310); deposition of Edward Leech,

No detailed description of the Fingallian diet has been found. However it has been possible to reconstruct the diet of those who were reasonably prosperous by occasional references to meals and by looking at what was readily available on the farm. For many Fingallians their nearest market was in Dublin city. This meant that a wide variety of foodstuffs was available to them. The main meals were dinner, in the middle of the day, and supper, which was an evening meal. Margaret Huiberts (Verveer) described how the rebels came to her home at Holmpatrick in December 1641 at dinner time and stayed till evening.[58] A supper, attended by Nicholas Darcy of Platten, which subsequently attracted the attention of the authorities, took place at Cooper's tavern at Oxmantown, on the boundaries of Fingal, on the 7 November 1641.[59] It began sometime after six o'clock and finished before ten o'clock in the evening. Some references to the food consumed at meals are to be found in a manuscript poems 'The Fingallian hunting of the hare' and 'Purgatorium Hibernicum'. Further information about the availability of food comes from the 1641 depositions and has been generally derived from the lists of items taken from individual deponents. Meat and fowl appear to have been plentiful. In 1607 Richard Nettervill asked in his will that beef, mutton and pork, as well as bread and drink, be provided on the occasions of his month's mind and year's mind.[60] In 'The Fingallian hunting of the hare' the three gentlemen who went hunting were given 'hot waters, good meat and strong ale' at Howth before they set out on their expedition and, at the end of the day, consumed a meal of salt pork and yellow bacon, 'which they then just cut down from the smoke', together with good bread and liquor at Baldoyle.[61] 'Purgatorium Hibernicum' contained references to beef, bacon, pork, ham, mutton, black pudding, puttoges, hens, ducks and geese.[62] Cattle, veals (calves), sheep, hogs, sows and poultry were mentioned in the 1641 depositions.[63]

There were some references to seafood in the depositions. Thomas Benet of Johnstown and Irishtown (near Lusk) lost some barrels of herrings during the rising of 1641.[64] Edward Leech referred to the lands of Clontarf as 'the usual place of salting herrings'.[65] Another deposition recorded the adventures of a Sligo man, Bryan O'Hara, who travelled through Fingal from Navan to Dublin 'with purpose to get his living by catching and making up of herrings and that upon Thursday was fortnight he went to the place where herrings were taken and there made up two barrels of herrings and got a pennyworth of tobacco for his labour and came back to his lodging on Friday at night and on Saturday morning was apprehended'.[66] While it is

18 March 1644 (TCD, MS 810, f. 244); wills of Christian Purfield, 23 April 1666, Thomas Bourke, 6 April 1669 (NAI, Prerogative will book, 1664–84, ff 117, 166); abstract of will of Alice Segrave, 13 October 1660 (RSAI, Elrington Ball MSS, vol xii, f. 40). **58** Deposition of Margaret Huiberts, 14 March 1644 (TCD, MS 810, f. 238). **59** Examination of Margaret Cooper, 8 November 1641 (TCD, MS 809, f. 138); examination of Nicholas Darcy, 8 November 1641 (TCD, MS 809, f. 140). **60** Will of Richard Nettervill, 11 April 1607 (NAI, Deeds and wills extracted from inquisitions, Exchequer series, vol 1, Carlow and County Dublin, RC 10/1, p. 354). **61** The Fingallian hunting of the hare (BL, Sloane MS 900, ff 54–5). **62** Purgatorium Hibernicum ..., *c.*1670 (NLI, MS 470, pp 4, 26, 42, 54–6, 84 and 118). **63** For example, deposition of Mary Bucklie, 17 February 1642 (TCD, MS 809, f. 234); deposition of Nicholas Barry, 5 March 1642 (TCD, MS 809, f. 241); deposition of Henry Mawdesley, 22 April 1642 (TCD, MS 810, f. 167); deposition of Henry Partington, 9 June 1642 (TCD, MS 810, f. 171). **64** Deposition of Thomas Benet, 26 February 1642 (TCD, MS 809, f. 243). **65** Deposition of Edward Leech, 18 March 1644 (TCD, MS 810, f. 244). **66** Examination of Bryan O'Hara, 6 November 1641 (TCD, MS 809, f. 122).

not possible to be certain that Bryan O'Hara worked north of the Liffey his experiences were probably similar to those of many who did. Scaddan ore (*scaddán ór*), presumably a form of herring, was mentioned in the verse.[67] Another type of fish available locally was ling. In 1638 the tenant, then Thomas Fitzsimons, of the Grange of Baldoyle, which was Dublin corporation property, was obliged to pay 'one dozen of good large ling at Christmas to the mayor'.[68] Fish were also available from the inland salmon weirs at Chapelizod and Luttrellstown and probably also from some of the smaller rivers.[69] The deposition of Edward Leech suggests that cockle-gathering was an important industry on the coast between Howth and Dublin.[70]

The vegetable crops recorded in the depositions were peas and beans.[71] The same foodstuffs were mentioned in 'Purgatorium Hibernicum' as well as nuts, leek and onions 'preserved on hurdles and in kesh to serve our friends instead of flesh'.[72] The poem also contained a reference to 'nettles tall, beans and cabash' (probably from the Irish *cabáiste* meaning cabbage).[73] The wild fruits, 'froghans' (probably *fraocháin* or bilberries) and 'bogberries' were also mentioned.[74] No doubt these were used to supplement the fruit and vegetables grown in the many orchards and gardens mentioned in the Civil Survey. Allowing for the fact that the 1641 depositions were generally, though not exclusively, made by the more prosperous members of society it is, nevertheless, rather surprising that no specific claims for the loss of potatoes have been found, particularly as potatoes were mentioned several times in the burlesque, 'Purgatorium Hibernicum'.[75] References to 'potato plots five acres long', to a valley 'planted with galleries of pleasure and orchards rich with Irish treasure' (with a marginal note explaining that this meant potatoes) and to the fact that potatoes served instead of 'peas and bacon, beef and bread' appear to confirm a change of diet towards potatoes in the middle of the seventeenth century.[76]

Cereals were usually returned in the depositions under 'corn' or 'grain' but there were also reports specifying wheat, oats, barley and bear.[77] Needless to say bread was a major item in the diet in this rich grain-growing area. The large number of windmills and water-mills in the area has been noted in the previous chapter. Evidence that the quern was still used is contained in 'Purgatorium Hibernicum'.[78] It appears that those living just outside Dublin tried to sell not just corn but also bread within the city limits. In October 1622 Dublin corporation imposed a ban on unfree bakers living within a mile of the franchises of the city selling bread within the city.[79] Strict controls were placed on the sale of bread in the city by these so-called 'foreign' bakers.[80]

67 Purgatorium Hibernicum ..., *c.*1670 (NLI, MS 470, p. 118). 68 *Anc. rec. Dublin*, iii, p. 350. 69 *Civil Survey, vii, county of Dublin*, pp 223 and 231. 70 Deposition of Edward Leech, 18 March 1644 (TCD, MS 810, f. 245). 71 Deposition of Nicholas Barry, 5 March 1642 (TCD, MS 809, f. 241); deposition of John Husband, 11 March 1642 (TCD, MS 809, f. 281). 72 Purgatorium Hibernicum ..., *c.*1670 (NLI, MS 470, p. 56). 73 Purgatorium Hibernicum ..., *c.*1670 (NLI, MS 470, p. 4). 74 Purgatorium Hibernicum ..., *c.*1670 (NLI, MS 470, p. 55). 75 Purgatorium Hibernicum ..., *c.*1670 (NLI, MS 470, pp 4, 8, 9, 46, 102 and 150). 76 Purgatorium Hibernicum ..., *c.*1670 (NLI, MS 470, pp 4, 9 and 150); Austin Bourke, *'The visitation of God?': the potato and the great Irish famine*, ed. Jacqueline Hill and Cormac Ó Gráda (Dublin, 1993), p. 12. 77 Deposition of Henry Baker, 19 February 1642 (TCD, MS 809, f. 240); deposition of Nicholas Barry, 5 March 1642 (TCD, MS 809, f. 241), deposition of Ann Foreside, 5 January 1642 (TCD, MS 809, f. 279); deposition of John Husband, 11 March 1642 (TCD, MS 809, f. 281); deposition of Darby Lea, 25 January 1642 (TCD, MS 809, f. 288). 78 Purgatorium Hibernicum ..., *c.*1670 (NLI, MS 470, p. 57). 79 *Anc. rec. Dublin*, iii, pp 150–1. 80 *Anc. rec. Dublin*, iii, p. 177.

Alan Bliss provided an interesting commentary on the social, as well as the linguistic, information obtainable from seventeenth and early eighteenth-century Irish texts in English.[81] He noted the frequency with which dairy products, particularly a form of souring milk known as *bainne clabair*, were mentioned in the English-language texts of the period.[82] As well as mentioning bannyclap (*bainne clabair*) 'Purgatorium Hibernicum' contains references to banyrower (*bainne reamhair*), boiled milk, buttermilk, clotted cream and butter.[83] An interesting reference to butter that was 'years buried in the bog' raises questions as to whether dairy produce had to be brought in from outside the area or whether the practice of burying butter was still known in the few remaining bogs in Fingal in the seventeenth century.[84] The importance of dairy produce is confirmed by the many reports of the taking of cows in the depositions.[85] In several of these cases the number of cows in the herd appears to have been quite small. Perhaps farmers kept just enough cows to supply the household's needs. Another possibility is that the rebels did not carry off the whole stock but left some with their owners.

Exotic imported foodstuffs were also known in the area. William Hollis, a soldier captured near Swords and taken as a prisoner to Co. Kildare, described how an Englishman, whose wife was 'one of the rebellious Walshs' brought a number of goods, including fruit, spice and cheese from Dublin to his captors.[86] Spice and sugar were also mentioned in 'Purgatorium Hibernicum'.[87] Fingallians enjoyed special treats at festive times.[88] Eggs and preserved Fingal beef were eaten at Easter and pies were consumed at Christmas.

As well as milk, in its various forms, the people of Fingal drank beer, wine and *aqua vitae*.[89] Brandy was also popular.[90] References in the depositions to the carrying off of malt may indicate the presence of inns or small ale-houses owned by Protestants at Lusk, Johnstown, Coolock, Killelane and Stormanstown.[91] The subject of social drinking, which was clearly important in the area, will be considered in part II, chapter 6.

While there was undoubtedly hardship at certain times during the wars, no reference to actual starvation in Fingal during the period 1603–60 has been found. Elizabeth Parr, whose husband had been killed on the way to Swords while fighting against the rebels 'in the beginning of the present rebellion', claimed that she and her three children 'were like to perish for want of means', while a labourer, Thomas

81 Alan Bliss, *Spoken English in Ireland 1600–1740* (Dublin, 1979), pp 265–76. 82 Alan Bliss, *Spoken English in Ireland 1600–1740* (Dublin, 1979), pp 271–2. 83 Purgatorium Hibernicum . . ., *c.*1670 (NLI, MS 470, pp 55–7, 118 and 144). 84 Purgatorium Hibernicum . . ., *c.*1670 (NLI, MS 470, p. 118). 85 For example, deposition of John Smith, 19 January 1642 (TCD, MS 809, f. 222); deposition of Mary Bucklie, 17 February 1642 (TCD, MS 809, f. 234); deposition of Huibart Cromphouts, 2 March 1642 (TCD, MS 809, f. 268). 86 Deposition of William Hollis, 27 April 1643 (TCD, MS 810, f. 236). 87 Purgatorium Hibernicum . . ., *c.*1670 (NLI, MS 470, p. 56). 88 Purgatorium Hibernicum . . ., *c.*1670 (NLI, MS 470, p. 26). 89 Examination of William Stowell, 8 November 1641 (TCD, MS 809, f. 145); examination of Richard Delahide, 19 November 1641 (TCD, MS 809, f. 198); deposition of Darby Lea, 25 January 1642 (TCD, MS 809, f. 288). 90 Purgatorium Hibernicum . . ., *c.*1670 (NLI, MS 470, pp 58,103 and 109). 91 Deposition of Mary Bucklie, 17 February 1642 (TCD, MS 809, f. 234); deposition of Thomas Benet, 26 February 1642 (TCD, MS 809, f. 243); deposition of Ann Foreside, 5 January 1642 (TCD, MS 809, f. 279); deposition of Henry Partington, 9 June 1642 (TCD, MS 810, f. 171); deposition of William Fleming, 7 November 1643 (TCD, MS 810, f. 233).

Williams of Santry, although claiming that he had been robbed of certain goods and his house destroyed by the rebels at the beginning of December 1641, reserved his main criticisms for the authorities saying that he 'hath for two years been a soldier against the rebels under Captain Smith, but, having been since sick and weak, got none of his pay or entertainment for near half a year last past: and now with his wife and children is like to starve as they had done if the charity of good people had not relieved them'.[92] Those held in custody in Fingal also had problems but, while there were some threats of starvation, no evidence has been found to suggest that these were carried out.[93]

Tobacco and snuff were popular. As already mentioned, the Sligo man, Bryan O'Hara, who travelled to Dublin to earn his living 'by catching and the making up of herrings', was paid a pennyworth of tobacco for making up two barrels.[94] 'Sneezing' (snuff) was mentioned in two depositions, though in neither case was a Fingallian directly involved.[95] However the popularity of both snuff and tobacco is attested by several references in 'Purgatorium Hibernicum'.[96]

*Dress in Ireland* by Mairead Dunlevy is the standard work on the history of clothes in Ireland.[97] In this study I attempt to discover if it is possible to throw any additional light on attitudes to dress and the type of clothing worn in Fingal during the period 1603–60 using contemporary documents. The 1641 depositions provided little information. Many deponents reported the theft of apparel, without giving any further details. Others described how they or their friends were stripped naked during attacks. Andrew Mainwaring, a former ensign, described how he had been stripped of his clothes and property and left for dead at Smithstown, Co. Meath, after the battle of Julianstown on the 29 November 1641.[98] A few days later Margaret Huiberts and her sister-in-law were stripped naked on a particularly cold and frosty night at Hacketstown, near Skerries.[99] James Smith of the Grallagh and his wife, who were both very old, were stripped of their clothes about the same time.[100] The deaths of both Margaret Huiberts's sister-in-law and James Smith's wife were attributed in part to these events. In November 1642 Robert Arundell and several companions were ambushed near Castleknock and stripped.[101] The soldier, William Hollis, also reported that he had been stripped of his clothes, money and weapons after an ambush near Swords in March 1643.[102] Following the killing of six people, including Captain Charles Blundell, by a band of tories at the Forrest near Swords in July 1650, five of the corpses were stripped. One of the witnesses, Patrick Maguire of the Ward, recounted how he met one of the tories, Robert Boylan, 'who rid upon

**92** Deposition of Elizabeth Parr, 7 January 1644 (TCD, MS 810, f. 237); deposition of Thomas Williams, 10 January 1644 (TCD, MS 810, f. 269). **93** Deposition of Daniel Barwick, 23 May 1642 (TCD, MS 810, f. 114). **94** Examination of Bryan O'Hara, 6 November 1641 (TCD, MS 809, f. 122). **95** Examination of Edmund O Murrohye, 8 November 1641 (TCD, MS 809, f. 146); deposition of William Hollis, 27 April 1643 (TCD, MS 810, f. 236). **96** Purgatorium Hibernicum ..., *c.*1670 (NLI, MS 470, pp 4, 58, 59, 97 and 172). **97** Mairead Dunlevy, *Dress in Ireland* (2nd ed., Cork, 1999). **98** Deposition of Andrew Mainwaring, 15 February 1642 (TCD, MS 809, f. 297). **99** Deposition of Huibart Cromphouts, 2 March 1642 (TCD, MS 809, f. 268); deposition of Anthony Huiberts, 29 January 1642 (TCD, MS 809, f. 311); deposition of Margaret Huiberts, 14 March 1644 (TCD, MS 810, f. 239). **100** Deposition of James Smith, 26 April 1642 (TCD, MS 810, f. 104). **101** Examination of Robert Arundell, 22 November 1642 (TCD, MS 810, f. 203). **102** Deposition of William Hollis, 27 April 1643 (TCD, MS 810, f. 235).

a roan horse, which was the horse of William Donnellan's that was killed, and the said Boylan asked this deponent whether Justice Donnellan [William Donnellan's uncle] had no better horse than this, and when he met the said Boylan he was beating the horse about the head with a pair of boots he had in his hand, which were the boots of them that was killed in the ambush ...'.[103] Another who described this event, Thomas Waltryn of the Forrest, reported that 'the several persons so killed were all stripped by the said tories (except Richard Cooke) who had but ordinary clothes on him'.[104] Such evidence as can be found in the local depositions seems to suggest that stripping, whether of the living or the dead, was carried out for gain and perhaps by a desire to obtain new or fashionable clothes rather than in order to cause humiliation. Soldiers, who often had new clothes, were frequently stripped. One witness, John Heard, claimed that he had recognized 'Captain Blundell's clothes' being worn by one of the tories.[105] The stripping of the two wealthy women near Skerries is likely to have been prompted by the quality of their garments as well as by the fact that they were found to be carrying large sums of money. The partial stripping of Edward St Lawrence, prior to his murder by a group of tories 'near the bridge of Turvey commonly called the Nine streams' in 1651 was described by Arland Ussher of Termonfeckin, Co. Louth, and his servant, Richard Randall.[106] Both recounted how the tories stripped St Lawrence to his shirt and drawers before killing him with his own sword. One of the tories Thomas O Rannahie, otherwise known as Thomas Ne-Muck (or O Muck), while admitting his part in the attack, made no mention of the stripping in his own deposition.[107]

In order to get some idea of the type of clothing favoured in Fingal it may be useful to examine first the articles of clothing worn by both sexes. Mairead Dunlevy described the importance of the mantle in medieval and early modern Ireland, pointing out that woollen weather-proof mantles were worn by everyone in Ireland, 'Irish, English-Irish and English; adult and child; male and female, rich and poor ...'[108] One incident, which suggests that very long cloaks were still being worn in Fingal in the mid-seventeenth century, was described by John Lukey, minister of Ballyboghil.[109] During the rising a man called Horish of Ballyboghil set some mastiff dogs on him and chased him from the church 'which dogs fastened their feet on this deponent's cloak'. Lukey had to rescue himself by using a knife and a small cudgel. William Hollis, the soldier captured near Swords and brought as a prisoner to Co. Kildare, described how, on his return to Dublin, he saw a Captain Fottrell wearing the cloak which had been taken from him (Hollis) in the initial attack.[110] Cloaks were occasionally mentioned in bequests.[111] Thomas White, a fisherman of

**103** Examination of Patrick Maguire, not dated (TCD, MS 810, f. 379). **104** Examination of Thomas Waltryn, 1 February 1653 (TCD, MS 810, f. 375). **105** Examination of John Heard, 24 November 1652 (TCD, MS 810, f. 380). **106** Examination of Arland Ussher, not dated (TCD, MS 810, f. 355); examination of Richard Randall, not dated (TCD, MS 810, f. 399). **107** Examination of Thomas O Rannahie, 23 April 1653 (TCD, MS 810, f. 397). **108** Mairead Dunlevy, *Dress in Ireland* (2nd ed., Cork, 1999), pp 39–42 and 78–81. **109** Deposition of John Lukey, 2 March 1643 (TCD, MS 810, f. 168). **110** Deposition of William Hollis, 27 April 1643 (TCD, MS 810, f. 236). **111** Abstract of will of Leonard St Lawrence, 6 November 1608 (RSAI, Elrington Ball MSS, vol ix, f. 94); abstract of will of Henry Burnell, 17 July 1614 (RSAI, Elrington Ball MSS, vol xi, f. 34); Francis Elrington Ball, *Southern Fingal*... (originally published 1920, reprinted Dublin, 1995), p. 21; will of Thomas Bourke, 6 April 1669 (NAI, Prerogative will book, 1664–84, f. 166). **112** Abstract of will of Thomas White, 12 August 1629

Howth, left his daughter Alson his best mantle in 1629.[112] In 'Purgatorium Hibernicum', Nees (*Aeneas*) was described as wearing 'blue bracan' (*breacán* or woollen cloth which was speckled, striped, plaid or checkered) about his shoulders.[113] McChary (*Charon* – the ferryman), the Irish kerne, also wore a blue mantle, in his case fringed, and Shela (*Sibylla*) described in a marginal note as 'an Irish woman' also wore a cloak.[114]

Footwear was worn in Fingal by both sexes. Boots, stolen from the corpses of those killed in the tories' ambush at the Forrest in 1650 were mentioned in the deposition of Patrick Maguire.[115] Brogues were referred to several times in 'Purgatorium Hibernicum'.[116] According to Mairead Dunlevy stockings were worn, even by the poor, in the seventeenth century. A reference in the verse to a pair of stockings 'made of straw' worn by the ferryman McChary, described in a marginal note as 'an Irish kerne', may represent a poetic flight of fancy but a mention of 'suggaun (*súgán*) garters' worn by a woman suggests a poorer version of the garters made of strips of felt in the Tawnamore (Co. Sligo) find described by Dunlevy.[117]

As far as men's attire is concerned there is some pictorial evidence of the dress worn by Fingal men in the early modern period. Unfortunately from the point of view of this study a contemporary (1637) memorial of James Bermingham of Ballough and his wife, Ellinor, daughter of Nicholas Fitzwilliam of Holmpatrick and Baldongan, shows only an image of James, clad in armour of a period almost two centuries earlier than the reign of Charles I.[118] The following caption given to an illustration in *Dress in Ireland* is perhaps more relevant:

> Dancing figures on a whalebone book cover from Donabate, Co. Dublin, late sixteenth century. The figures wear sleeveless jerkins with long skirts over doublets with padded sleeves and chest, decorative detail visible at neck, trunk-hose with canions and codpieces, and halo-brim hats.[119]

As the author made clear, the illustration showed that the soldier-dancers wore introduced styles which had been fashionable in England at an earlier date. In the early seventeenth century a mixture of English and Irish dress appears to have been worn in Fingal. What is rather surprising is that the medieval gown, worn by men, persisted in the district until at least 1621, when Nicholas Begg of Borranstown bequeathed a gown to his brother.[120] The other references to men's gowns found in wills predated 1621. Leonard St Lawrence left a gown to his wife in 1608.[121] Henry Burnell of Castleknock left a broadcloth gown to a woman, Margaret Feakins, who

(RSAI, Elrington Ball MSS, vol x, f. 2). **113** Purgatorium Hibernicum ..., *c.*1670 (NLI, MS 470, p. 6); Mairead Dunlevy, *Dress in Ireland* (2nd ed., Cork, 1999), p. 187. **114** Purgatorium Hibernicum ..., *c.*1670 (NLI, MS 470, pp 70 and 83). **115** Examination of Patrick Maguire, not dated (TCD, MS 810, f. 379). **116** Purgatorium Hibernicum ..., *c.*1670 (NLI, MS 470, pp 34, 54, 70, 83, 95, 137, 138 and 141). **117** Purgatorium Hibernicum ..., *c.*1670 (NLI, MS 470, p. 70; Mairead Dunlevy, *Dress in Ireland* (2nd ed., Cork, 1999), pp 81–2. **118** Edward Fitzgerald, 'Lusk' in *Journal for the preservation of memorials of the dead in Ireland*, viii, no. 1 (1910), p. 52; Mary McMahon, *Medieval church sites of north Dublin: a heritage trail* (Dublin, 1991), p. 10. **119** Mairead Dunlevy, *Dress in Ireland* (2nd ed., Cork, 1999), p. 63. **120** Abstract of will of Nicholas Begg, proved 24 September 1621 (NLI, Fisher will abstracts, GO MS 290, p. 23). **121** Abstract of will of Leonard St Lawrence, 6 November 1608 (RSAI, Elrington Ball MSS, vol ix, f. 94). **122** Abstract of will of Henry Burnell, 17 July 1614 (RSAI, Elrington Ball MSS, may have been a relative or servant.[122] It is not clear whether these gifts were intended to be worn as they were or remodelled to suit the new female owners. A short time later in 1619 Walter Segrave, as well as leaving mourning gowns to the poor of St John's Hospital, left 'his three best gowns' and wrought velvet coat to be sold to provide money for 'pious uses'.[123] Perhaps Walter's choice of his gowns, from among his many possessions, as the items which were intended for sale, was an indication that this item of male attire was at last going out of fashion, except as legal or mourning dress. There are several references to the wearing of trouses (trews) and breeches in the 'Purgatorium Hibernicum'.[124] Nees was described as wearing 'trouses of blue frieze'.[125] The ferryman (or Irish kerne), McChary, was 'like Satan dressed in yellow stuff and trouses made of blanket proof' and on his head he wore 'a red barrade'.[126] Men's hats were occasionally mentioned in the depositions. William Hollis described how the Englishman, George Laibourne, brought a hat and feather from Dublin to a Friar Walsh in Co. Kildare.[127] In his account of the incident near Turvey in 1651 Arland Ussher told how one of the tory attackers, Thomas O Rannahie, removed St Lawrence's new castor (beaver) hat and 'clapped on him an old coloured hat in lieu thereof'.[128]

There was, of course, a great difference in the number and variety of garments owned by men at different social levels. Despite the paucity of documentary evidence some idea of the gulf between life-styles can be gauged from just two wills. In 1650 Joseph Woolley of Grangegorman, who described himself as a yeoman, bequeathed his shirt and coat and a pair of new boots to his brother-in-law.[129] The will of Thomas Bourke, on the other hand, made shortly after the end of the period covered by this study, gives a good idea of the range of clothing which a gentleman possessed.[130] His wardrobe included a velvet cap and riding staff, several cloaks, including one of broadcloth, a broadcloth suit, a 'clerk suit', several shirts and half-shirts, a pair of pearl coloured silk stockings, a camlet coat, a cassock and breeches of a whitish-coloured broadcloth and a hat.

Men, in particular, frequently travelled abroad to study, on business or to serve in foreign armies. In the course of these journeys they managed to buy clothes and this was one of the ways in which new fashions were introduced into Ireland. One such traveller was the young William Dongan, who later became recorder of Dublin, and who inherited some property in Ballyboghil as well as a considerable amount of land in counties Kildare and Laois (then Queen's County).[131] In April 1609 while a student at Lincoln's Inn Dongan was detained at Chester on suspicion of attempting to bring 'papistical' books, other books, manuscripts, letters and superstitious relics

vol xi, f. 34); Francis Elrington Ball, *Southern Fingal* ... (originally published 1920, reprinted Dublin, 1995), p. 21. **123** Abstract of will of Walter Segrave, 9 March 1619 (RSAI, Elrington Ball MSS, vol xii, f. 27); Francis Elrington Ball, *Southern Fingal* ... (originally published 1920, reprinted Dublin, 1995), p. 92. **124** Purgatorium Hibernicum ..., *c.*1670 (NLI, MS 470, pp 6, 51, 69 and 171). **125** Purgatorium Hibernicum ..., *c.*1670 (NLI, MS 470, p. 6). **126** Purgatorium Hibernicum ..., *c.*1670 (NLI, MS 470, p. 69). **127** Deposition of William Hollis, 27 April 1643 (TCD, MS 810, f. 236). **128** Examination of Arland Ussher, not dated (TCD, MS 810, f. 355). **129** Will of Joseph Woolley, 10 July 1650 (NAI, Prerogative will book, 1664–84, f. 118). **130** Will of Thomas Bourke, 6 April 1669 (NAI, Prerogative will book, 1664–84, f. 166). **131** Abstract of will of William Dongan, 8 December 1622 (NLI, Fisher will abstracts, GO MS 290, p. 146). **132** Quarter sessions examinations, 1609 (Cheshire Record Office, QSE/8/11–12).

to Ireland.[132] Since both Dongan himself and another witness were required to account for the contents of his two trunks it is possible to gain some impression of the wardrobe of a reasonably prosperous young man. Among the items in the luggage were a black satin doublet, a black serge doublet, a doublet of black fustian cut upon a green sarcenet, a pair of hose of Flanders serge, a pair of hose of black cloth, a cloak of broad cloth in a sad (possibly a dark green) colour with a cape of velvet and lined with russet baize and two laces broad about it, together with boots, shoes, pantoffles, stockings and a hat. The young Dongan clearly favoured the English form of dress.

Details of women's dress are lacking in the depositions relating to Fingal. The surviving wills contain but few references to women's dress. Nevertheless these are of great interest, although they all record bequests made by society women. Elizabeth Ussher (formerly Gough and Berford) of Sutton left her silk gown and petticoat to her sister, Gernon, a curled hood and small scarf to her sister, Cecilia, and a lawn handkerchief to her sister, Bridget.[133] She left her gorget, her old cap, gown and petticoat, and her holland smock to certain named friends or servants but, most significantly, she bequeathed her red waistcoat to her maid, thus indicating one way in which fashion consciousness spread through the community. In the same year Alice Segrave (Alice Noble) mentioned her new gown and petticoat as well as silk gown and silk petticoat with gold lace in her will.[134] Perhaps the most interesting of the three wills is that of Lady Bath (Barbara Gough), who left a golden hatband, a pearl hatband and a hatband with smaller golden buttons.[135] These hatbands were probably used to brighten up the distinctive turban-like linen rolls worn by women in Fingal from the sixteenth to the eighteenth century.[136] Her bequest to provide mourning clothes for forty poor children and thirty poor women will be discussed later but it is worth noting at this point that she made provision for gowns, stockings, bands and hats for these poor mourners. There is a description of 'an Irish woman', Shela, wading through the bogs, in 'Purgatorium Hibernicum'.[137] Her apparel consisted of coats, a voluminous smock, a gown of 'richest scarlet frieze', a cloak, stockings and brogues

The soldier, William Hollis, noticed that an English man named George Laibourne or Laibrum, 'who is now in the city of Dublin ... his wife being one of the rebellious Walshs, doth ordinarily go and pass from hence to and amongst the rebels and had the rebels' pass' and that he supplied the rebels with woollen cloth.[138] The rebels had other ways of obtaining cloth. Giles Dewhurst, a Dublin clothworker, described how, when his barque, which had been driven ashore by tempest at

133 Abstract of will of Elizabeth Ussher, 1 May 1660 (RSAI, Elrington Ball MSS, vol x, f. 29); Francis Elrington Ball, *Howth and its owners ...* (originally published 1917, reprinted Dublin, 1995), p. 116. 134 Abstract of will of Alice Segrave, 13 October 1660 (RSAI, Elrington Ball MSS, vol xii, f. 40). 135 Abstract of will of Barbara Gough (Lady Bath), 23 February 1642 (RSAI, Elrington Ball MSS, vol xii, f. 188); Francis Elrington Ball, *Southern Fingal ...* (originally published 1920, reprinted Dublin, 1995), p. 164. 136 Mairead Dunlevy, *Dress in Ireland* (2nd ed., Cork, 1999), pp 62–3. 137 Purgatorium Hibernicum ..., *c.*1670 (NLI, MS 470, pp 82–3). 138 Deposition of William Hollis, 27 April 1643 (TCD, MS 810, f. 236). 139 Deposition of Giles Dewhurst, 7 February 1642 (TCD, MS 809, f. 273).

Clontarf at the beginning of December 1641 and pillaged by unknown rebels, he lost woollen cloth which had cost him £208 sterling in Yorkshire.[139]

The limited evidence which survives suggests that the Irish love of bright colours persisted in Fingal despite the change to a more sombre form of dress among certain of the upper classes in Ireland which was inspired by changes in England and the continent prior to 1660.[140] Vivid colours, such as red, blue and yellow, were mentioned in the documents. An exception was made in the case of funerals where black predominated. No early seventeenth-century description has been found which details the exact form which mourning clothes took in Fingal. However, it is possible to get some idea of this type of dress from certain of the wills and will abstracts which survive. Early in 1643 Robert Bysse, senior, of Pelletstown, a Protestant, made a will specifying that mourning should be limited to a black velvet cloth on his coffin and pennants with his arms, and mourning for his son and daughter and two of his servants.[141] In 1662 James White of the city of Dublin (formerly of the Ward), who was probably, although not certainly, a Catholic, expressed a wish that there should be no great solemnity at his funeral except that mourning suits and cloaks should be given to three of his friends and ribbons should be bestowed on his dearest and next friends.[142] Walter Segrave, an ardent Catholic, left everyone of the poor of St John's Hospital (in Dublin city) a frieze gown to be worn on the day of his funeral.[143] In 1635 Cecily, dowager lady of Howth, who died a Catholic, specified that gowns were to be given to the poor at her burial and Barbara Gough, Lady Bath, of Drumcondra, also a Catholic, in her will made in 1642, stipulated that thirty poor children and forty poor women were to have mourning gowns, stockings, bands and hats.[144] Her grandson, John Arthur, of the city of Dublin and Hacketstown, near Skerries, left 'so much of black broadcloth ... as will make him a mourning cloak and suit' to his estranged father-in-law, Dr Thomas Arthur of Limerick.[145] He also left money for mourning clothes for his wife and children.[146] Both Catholics and Protestants wore mourning but the scanty evidence that remains to us suggests that, in Fingal at least, Catholics tended to participate in a more elaborate and, perhaps, ostentatious ceremonial.

Priests and students often travelled in disguise. When Luke (later Father Edward) Bath of Drumcondra travelled through England to France to enter the Capuchin order in 1606, he wore 'rich apparel', while his companion, 'another Irish gentleman' attended on him as a serving man and 'two young lads', his half-brother, Humphrey (later Father Paul) Warren and Christopher (later Father Nicholas) Archbold, whom he was escorting to school in Douai, were disguised as pages.[147] When Fathers

140 Mairead Dunlevy, *Dress in Ireland* (2nd ed., Cork, 1999), pp 67–8. 141 Abstract of will of Robert Bysse, senior, 27 January 1643 (RSAI, Elrington Ball MSS, vol xi, f. 44). 142 Abstract of will of James White, 5 September 1662 (RSAI, Elrington Ball MSS, vol xi, f. 87). 143 Abstract of will of Walter Segrave, 9 March 1619 (RSAI, Elrington Ball MSS, vol xii, f. 27); Francis Elrington Ball, *Southern Fingal* ... (originally published 1920, reprinted Dublin, 1995), p. 92. 144 Abstract of will of Cecilia, dowager lady of Howth, 1 August 1635 (RSAI, Elrington Ball MSS, vol ix, f. 94); abstract of will of Barbara Gough (Lady Bath), 23 February 1642 (RSAI, Elrington Ball MSS, vol xii, f. 188). 145 Will of John Arthur, 4 October 1666 (NAI, Prerogative will book, 1664–84, f. 74). 146 Will of John Arthur, 4 October 1666 (NAI, Prerogative will book, 1664–84, f. 74). 147 Nicholas Archbold, The historie of the Irish Capucins, 1643 (Bibliothèque Municipale de Troyes, MS 1103, pp 93 and 133). 148 Nicholas Archbold, Brief records of the beginning, progress and institution of the Capucins in Ireland (Bibliothèque Municipale de Troyes, MS 1103, f. 7).

Nicholas Archbold and Paul Warren returned to Ireland as missionaries in 1626, Nicholas travelled as serving man to Paul.[148]

Early modern Fingallians were fond of jewellery, especially rings. A gold ring worth twenty shillings was taken from Darby Lea of Balrothery in 1641.[149] There were rings among the goods appropriated from Holmpatrick about the same time.[150] Bequests of rings or of money to buy rings occurred frequently in the wills of the period, particularly among the rich.[151] Sometimes a particular ring was specified, for example, a diamond ring, an enamelled ring, a great seal ring, a signet ring.[152] Thomas Luttrell of Luttrellstown left his son Simon the gold ring on his signet finger, whereon his coat of arms was engraved.[153] The wealthy Walter Segrave left his wife a half ring with a heart and death's head as a token of a joyful meeting in eternity.[154] He also left money to buy death's-head rings for his male relatives. Other types of jewellery were also mentioned in bequests: Robert Arthur of Hacketstown left to his wife 'her gold chains and jewels';[155] Thomas Luttrell left his son a gold chain;[156] Alice Segrave left a chain and jewels.[157] Walter Segrave's unusual bequests included the brass flower which he had worn as sheriff of Dublin.[158] Catholics in Dublin city appear to have worn rosary beads as an adornment and, as Fingal was part of the same archdiocese, the practice probably existed there also.[159] George Bursan, a Dublin glover, told how a certain butcher, Patrick Bee, advised him to tell his master, Peter Fletcher, 'that it would be a safe way for him to carry beads either in his pocket or about his arm' in view of the common danger the Protestants were in.

**149** Deposition of Darby Lea, 25 January 1642 (TCD, MS 809, f. 288). **150** Deposition of Anthony Huiberts, 29 January 1642 (TCD, MS 809, f. 311). **151** Will of Thomas Bourke, 6 April 1669 (NAI, Prerogative will book, 1664–84, f. 166); abstract of will of Alexander Aylmer, July 1650 (NLI, Fisher will abstracts, GO MS 290, p. 7); abstract of will of Thomas St Lawrence, 27 March 1638 (RSAI, Elrington Ball MSS, vol x, f. 22); Francis Elrington Ball, *Howth and its owners …* (originally published 1917, reprinted Dublin, 1995), p. 108; abstract of will of Alice Segrave, 13 October 1660 (RSAI, Elrington Ball MSS, vol xii, f. 40); Francis Elrington Ball, *Southern Fingal …* (originally published 1920, reprinted Dublin, 1995), p. 99. **152** Will of Sir James Ware, 10 August 1665 (NAI, Prerogative will book, 1664–84, f. 178); abstract of will of Elizabeth Ussher, 1 May 1660 (RSAI, Elrington Ball MSS, vol x, f. 29); Francis Elrington Ball, *Howth and its owners …* (originally published 1917, reprinted Dublin, 1995), p. 116; abstract of will of William St Lawrence, baron of Howth, 14 May 1671 (RSAI, Elrington Ball MSS, vol x, f. 37); Francis Elrington Ball, *Howth and its owners …* (originally published 1917, reprinted Dublin, 1995), p. 124; abstract of will of Alice Segrave, 13 October 1660 (RSAI, Elrington Ball MSS, vol xii, f. 40); Francis Elrington Ball, *Southern Fingal …* (originally published 1920, reprinted Dublin, 1995), p. 99. **153** Abstract of will of Thomas Luttrell, 20 March 1633 (RSAI, Elrington Ball MSS, vol vii, f. 17); Francis Elrington Ball, *A history of the County Dublin … part fourth* (originally published 1906, reprinted Dublin, 1995), p. 10. **154** Abstract of will of Walter Segrave, 9 March 1619 (RSAI, Elrington Ball MSS, vol xii, f. 27); Francis Elrington Ball, *Southern Fingal …* (originally published 1920, reprinted Dublin, 1995), p. 92. **155** Will of Robert Arthur, 4 June 1648 (NAI, Prerogative will book, 1664–84, f. 274). **156** Abstract of will of Thomas Luttrell, 20 March 1633 (RSAI, Elrington Ball MSS, vol vii, f. 17); Francis Elrington Ball, *A history of the County Dublin … part fourth* (originally published 1906, reprinted Dublin, 1995), p. 10. **157** Abstract of will of Alice Segrave, 13 October 1660 (RSAI, Elrington Ball MSS, vol xii, f. 40); Francis Elrington Ball, *Southern Fingal …* (originally published 1920, reprinted Dublin, 1995), p. 99. **158** Abstract of will of Walter Segrave, 9 March 1619 (RSAI, Elrington Ball MSS, vol xii, f. 27); Francis Elrington Ball, *Southern Fingal …* (originally published 1920, reprinted Dublin, 1995), p. 92. **159** Examination of George Bursan, 11 December 1641 (TCD, MS 809, f. 211). **160** Abstract of will of Matthew Cusack, 4 November 1667 (NLI, Fisher will abstracts, GO MS 290, p. 105). **161** Abstracts of wills of Richard Berford, proved 21 November 1662 and Bennett Arthur, dated 18 July 1673 (RSAI, Elrington Ball MSS, vol xi, ff 41and 43); Francis Elrington Ball, *Southern Fingal …*

Watches appeared as bequests in a few instances. Matthew Cusack of Rush left one to John Hollywood of Lusk in 1667.[160] Although he was described as a gentleman, his other individual bequests suggest that he was not a particularly rich man. Richard Berford left a watch to William Warren in 1662, while Bennett Arthur of Cabragh left his 'great clock watch' to his son in 1673.[161] Since these bequests were of rather late date, it seems likely that watches and clocks, as personal possessions, were still rather rare in Fingal in the early seventeenth century.

The carrying of weapons was a normal feature of life in seventeenth-century Fingal and, just occasionally they appeared in bequests. Joseph Woolley, a Grangegorman yeoman, left his sword to his brother-in-law in 1650.[162] The wealthy Thomas Bourke bequeathed his 'black hilt sword and belt' to his nephew.[163] The rounding-up of suspects at the outbreak of the 1641 rising disclosed that many ordinary people, especially travellers going through Fingal on the way to Dublin, had weapons, often skenes (from *scian*) or knives, in their possession. Shane O'Mahon, a Tyrone drover, when apprehended, claimed that he had 'no weapons' but a little skene about him.[164] A more serious case was that of Richard Birt, possibly a conspirator, who was found drawing his sword in a tavern in Oxmantown.[165] Some weapons were officially sanctioned. The sentinels at the city gates were, not surprisingly perhaps, armed with muskets.[166] In January 1642 Thomas Sevier of Ballymadun reported that, while returning home from market he and his companions were attacked at Stormanstown by a group, 'all of them armed with half-pikes and one of them had a skene'.[167] These may have been rebels or they may simply have been highwaymen, but there is no doubt that those who assaulted and hanged Henry Mawdesley, clerk of the peace for the counties of Dublin and Louth, at the church of Clonmethan in September 1642 were rebels, 'being horsemen and armed with pistols and swords'.[168] Thomas Clitheroe, vicar of Balrothery, was wounded by one of his neighbours, Michael Murphy, with 'a dart, which he borrowed of ... Walter St Lawrence of Dubber'.[169] John Lukey, minister of Ballyboghil, managed to rescue himself from pursuing dogs with the aid of 'a knife and a small cudgel'.[170] Since the date of this incident is not recorded it is impossible to say if the clergyman normally protected himself with these weapons or if he was taking extra precautions because of the dangerous state of the country. During the Commonwealth period, tories and their pursuers were recorded as using a variety of weapons such as swords, fowling

(originally published 1920, reprinted Dublin, 1995), pp 25 and 27. **162** Will of Joseph Woolley, 10 July 1650 (NAI, Prerogative will book, 1664–84, f. 118). **163** Will of Thomas Bourke, 6 April 1669 (NAI, Prerogative will book, 1664–84, f. 166). **164** Examination of Shane O'Mahon, 6 November 1641 (TCD, MS 809, f. 118). **165** Examination of Henry Smith and Robert Caulfield, 8 November 1641 (TCD, MS 809, f. 134); examination of Nicholas Darcy, 8 November 1641 (TCD, MS 809, f. 140); examination of William Stowell, 8 November 1641 (TCD, MS 809, f. 145). **166** Examination of Henry Smith and Robert Caulfield, 8 November 1641 (TCD, MS 809, f. 134); examination of Laughlin Flood, 8 November 1641 (TCD, MS 809, f. 136). **167** Examination of Thomas Sevier, 29 January 1642 (TCD, MS 809, f. 232). **168** Deposition of George Cashell (copy only), 29 February 1644 (TCD, MS 810, f. 25). **169** Deposition of Thomas Clitheroe, 26 May 1642 (TCD, MS 810, f. 126). **170** Deposition of John Lukey, 2 March 1643 (TCD, MS 810, f. 168). **171** Examination of Richard Greg, 16 December 1652 (TCD, MS 810, f. 388); examination of Richard Raymond, 20 December 1652 (TCD, MS 810, f. 390); examination of John Talbot, 11 November 1652 (TCD, MS 810, f. 391); examination of Patrick Tankard, 27 May 1653 (TCD, MS 810, f. 395); examination of Richard Randall, not dated (TCD, MS 810, f. 399). **172** Purgatorium Hibernicum ..., *c.*1670 (NLI, MS 470, p. 80).

pieces and pistols.[171] There are few references to weapons in 'Purgatorium Hibernicum' since the anti-hero, Nees, 'never yet drew sword in anger'.[172] But even he buckled on his skene at one point in the narrative – suggesting that the carrying of weapons by men was the norm in early modern Fingal.[173]

The principal occupations of Fingallians were associated with agriculture. As already mentioned, a wide variety of farm animals was kept. Horses figured again and again in the depositions, with the type of horse seized, for example, nag, gelding, mare, colt, garron or ploughgarron often specified.[174] It is not possible to estimate the total number or value of the horses stolen, since only the total number and/or value of all types of animals appropriated is specified in most cases. However, a few examples will give some idea of the variation as between farmers. A single gelding, worth £5, together with other goods, was taken from James Smith of the Grallagh, five horses or ploughgarrons worth £10 sterling were seized from John Huxley of Rush, and three garrons worth £8 were removed from Thomas Lloyd, minister of Swords, by the rebels.[175] Thomas Benet of Johnstown, on the other hand, lost an unspecified number of horses worth 'three score pounds or thereabouts' and Huibart Cromphouts of Milverton reported that nine ploughgarrons valued at £31 10*s.* had been taken from him.[176] The large number of reports of horses stolen indicated both their importance in the economic life of the area and their attraction as military spoil. Not all the horses were taken by rebels. Thomas Waller of Finglas complained that he lost a mare and cart taken away by Captain Raleigh when the 600 'now lost' were going to Drogheda, his mare being pressed for that journey about 29 November 1641.[177] This was clearly a reference to the soldiers lost at the battle of Julianstown. Catholics as well as Protestants were forced to contribute to the needs of the rebel army, although in a somewhat different way. Contributions were levied by the rebel leaders on Catholic landowners and horses formed an important item in these assessments.[178]

173 Purgatorium Hibernicum . . ., *c.*1670 (NLI, MS 470, p. 129). 174 Examination of Richard Dunn, 7 January 1642 (TCD, MS 809, f. 220); deposition of Thomas Smith, 20 January 1642 (TCD, MS 809, f. 224); examination of Thomas Sevier, 29 January 1642 (TCD, MS 809, f. 232); deposition of Mary Bucklie, 17 February 1642 (TCD, MS 809, f. 234); deposition of Nicholas Barry, 5 March 1642 (TCD, MS 809, f. 241); deposition of Thomas Benet, 26 February 1642 (TCD, MS 809, f. 243); deposition of Huibart Cromphouts, 2 March 1642 (TCD, MS 809, f. 268); deposition of Ann Foreside, 5 January 1642 (TCD, MS 809, f. 279); deposition of Christopher Hewetson, 5 March 1642 (TCD, MS 809, f. 280); deposition of John Husband, 11 March 1642 (TCD, MS 809, f. 281); deposition of Darby Lea, 25 January 1642 (TCD, MS 809, f. 288); deposition of Robert Benion (copy only), 25 July 1645 (TCD, MS 810, f. 62); deposition of James Smith, 26 April 1642 (TCD, MS 810, f. 104); deposition of Tabitha Eccles, 3 April 1642 (TCD, MS 810, f. 135); deposition of John Huxley, 21 May 1642 (TCD, MS 810, f. 158); deposition of Henry Mawdesley, 22 April 1642 (TCD, MS 810, f. 167); deposition of Richard Powell, 17 November 1642 (TCD, MS 810, f. 175); deposition of Thomas Waller, 29 March 1642 (TCD, MS 810, f. 187); deposition of Samuel Filgate, 8 January 1644 (TCD, MS 810, f. 232); deposition of William Fleming, 7 November 1643 (TCD, MS 810, f. 233); deposition of Thomas Williams, 10 January 1644 (TCD, MS 810, f.269); deposition of John Geny, 23 July 1645 (TCD, MS 810, f. 313); examination of Robert Boylan, 6 November 1652 (TCD, MS 810, f. 334); examination of Andrew Gyraght, 2 February 1653 (TCD, MS 810, f. 357); examination of Richard Greg, 16 December 1652 (TCD, MS 810, f. 388). 175 Deposition of James Smith, 26 April 1642 (TCD, MS 810, f. 104); deposition of John Huxley, 21 May 1642 (TCD, MS 810, f. 158); deposition of Thomas Lloyd, 18 June 1642 (TCD, MS 810, f. 165). 176 Deposition of Thomas Benet, 26 February 1642 (TCD, MS 809, f. 243); deposition of Huibart Cromphouts, 2 March 1642 (TCD, MS 809, f. 268). 177 Deposition of Thomas Waller, 29 March 1642 (TCD, MS 810, f. 187). 178 Deposition of Daniel Barwick, 23 May 1642 (TCD, MS 810, f. 114).

The presence of a large number of horses in the area gave rise to ancillary trades and industries. While the hearth money roll did not usually identify the occupations of taxpayers three forges are listed for the town of Swords, indicating that even in peace-time there was plenty of work for smiths.[179] There were also forges listed for Finglas (two), Skephubble (one), Kilshane (one) and Harristown (one).[180] All of these were situated in the central part of the area. Since the number of kilns specifically identified as such in the hearth money roll is far less than the number shown in the Civil Survey it seems likely that the number of forges was also understated. John Locke of Swords, who claimed that he had lost goods worth over £300 in December 1641 appears to have owned or operated a smithy, since his losses included smith tools worth £13 10*s.* 4*d.* and harness and other goods worth £20.[181]

Another interesting factor which emerges in particular from the depositions is that several landowners employed 'servants' who would be described as farm managers at the present time. Nicholas Barry, who deposed on behalf of his brother, Alderman Richard Barry of Santry, who also had a home in High Street, Dublin, gave evidence about tithes, rentals and debts while the alderman's servant, Robert Church, gave details about the farm losses suffered by his master 'by reason of the foresaid rebellion'.[182] The same pattern can be seen in the case of Henry Mawdesley, clerk of the peace for counties Dublin and Louth, who made a general deposition about his losses while his servant, Katherine Magee, spinster, detailed the goods stolen from his farm and listed the names of those believed to have taken part in the raid.[183]

The wide range of occupations closely associated with agriculture mentioned in the depositions illustrated the varied nature of the farming carried on in the area. While many of the drovers, cowherds and carters who travelled the roads of Fingal came from distant parts of the country, others were employed locally.[184] Butchers were also to be found, specifically at Finglas and Balscaddan.[185] A Dublin city butcher, John Geny, managed to combine two trades as he had a farm at Belgree, near Castleknock.[186] John Sephton of Jamestown near Finglas was a dairyman.[187] Two known millers, an unnamed man at Clontarf and Owen Hely at Chapelizod, were killed in 1641 and 1652, respectively.[188]

Other occupations noted in the depositions included servants and labourers, fishermen (at Clontarf), a pawnbroker (at Ballybough), a weaver, a carpenter, innkeepers,

179 'Hearth money roll for County Dublin, 1664' (second part), *Journal of the County Kildare Archaeological Society*, xi (1930–33), pp 418–20. **180** 'Hearth money roll for County Dublin, 1664' (second part), *Journal of the County Kildare Archaeological Society*, xi (1930–33), pp 386 and 420–2. **181** Deposition of John Locke, 20 January 1642 (TCD, MS 809, f. 289). **182** Deposition of Nicholas Barry, 5 March 1642 (TCD, MS 809, f. 241); deposition of Robert Church, 5 March 1642 (TCD, MS 809, f. 241–2); Colm Lennon, *The lords of Dublin in the age of reformation* (Dublin, 1989), p. 230. **183** Deposition of Henry Mawdesley, 22 April 1642 (TCD, MS 810, f. 167); deposition of Katherine Magee, 22 April 1642 (TCD, MS 810, f. 174). **184** Examination of Tirlogue McMahon, 2 November 1641 (TCD, MS 809, f. 67); examination of Shane O'Mahon, 6 November 1641 (TCD, MS 809, f. 118); examination of Thomas Sevier, 29 January 1642 (TCD, MS 809, f. 232). **185** Examination of John Sephton, 15 November 1641 (TCD, MS 809, f. 176); examination of William Rowen, 19 November 1641 (TCD, MS 809, f. 188); deposition of Katherine Magee, 22 April 1642 (TCD, MS 810, f. 174). **186** Deposition of John Geny, 23 July 1645 (TCD, MS 810, f. 313). **187** Examination of John Sephton, 15 November 1641 (TCD, MS 809, f. 176). **188** Examination of David Powell, 14 December 1641 (TCD, MS 809, f. 214); examination of Richard Greg, 16 December 1652 (TCD, MS 810, f. 388). **189** Examination of David Powell, 14 December 1641 (TCD, MS 809, f. 214); examination of Thomas

a surgeon (at Tobersool, near Balscaddan), a postboy, a postmaster, a clerk of the courts, a clerk of the peace and a provost-marshal.[189] Accounts prepared in 1657 for repairing the church and the little stone bridge at Finglas noted the occupations of mason, plasterer, glazier, carpenter, joiner, carter and labourer in the list of payments made.[190] While it is not possible to be certain that all of these men were local people there is no indication in the accounts that they were brought in from outside the area. Finglas also had a constable at this period. The employment of constables and other public officials will be discussed further in chapter 4. The various lists of outlaws prepared during and after the 1641 rising, while listing occupations, are somewhat disappointing since most of those listed are shown as 'gentleman', 'esquire' or 'yeoman'. These lists, however, have identified a second surgeon, Nicholas Bellew, who lived at Balrothery and another miller, John Burley, who resided at Westpalstown.[191] Another source of information is the surviving Court book of the liberty of Saint Sepulchre which covered the period 1586–90.[192] Mentioned in this were cobblers or shoemakers in Kilreesk, Finglas and Lusk, a tanner in Swords, a fisherman in Portraine, a butcher in Lispopple, a glazier whose residence was not stated precisely but which appears to have been Swords and a lime-maker in Castleknock.[193] While the period covered by the court records is a little earlier than that covered by this study it is likely that the same occupations and perhaps even some of the same people were still to be found in the area after 1603. The day-to-day needs of the people for material goods and services appear to have been well catered for. In addition, many aldermen and merchants who lived or worked in Dublin city had homes or property in Fingal where they generated and provided employment for local people.

How did people travel about? Undoubtedly many of those who lived near the coast made short journeys by sea, but land travel along the roads in the area was the norm. Fynes Moryson, writing in 1617 about Ireland in general, pointed out that the roads were good and that there were few or no thieves robbing by the wayside.[194] He also pointed out that there were few or no coaches and that people rode for the most part upon their own horses.[195] This was still the general pattern in Fingal in the 1640s.

Sevier, 29 January 1642 (TCD, MS 809, f. 232); deposition of Francis Eccles, 17 January 1642 (TCD, MS 809, f. 277); deposition of Darby Lea, 25 January 1642 (TCD, MS 809, f. 288); deposition of Richard Price, 9 February 1642 (TCD, MS 809, f. 321); deposition of George Cashell (copy only), 29 February 1644 (TCD, MS 810, f. 25); deposition of Robert Benion (copy only), 25 July 1645 (TCD, MS 810, f. 62); deposition of Thomas Clitheroe, 26 May 1642 (TCD, MS 810, f. 126); deposition of Henry Mawdesley, 22 April 1642 (TCD, MS 810, f. 167); deposition of Katherine Magee, 22 April 1642 (TCD, MS 810, f. 174); deposition of Samuel Filgate, 8 January 1644 (TCD, MS 810, f. 232); deposition of Edward Leech, 18 March 1644 (TCD, MS 810, f. 244). **190** William Cotter Stubbs, 'Finglas, County Dublin, vestry books' in *Journal of the Royal Society of Antiquaries of Ireland*, xlvi (1916), p. 28. **191** John T. Gilbert (ed.), *History of the Irish confederation and the war in Ireland*, 1643–4 (7 vols, Dublin, 1882–91), iii, pp 344 and 349; R.C. Simington and John MacLellan, 'Oireachtas Library, List of outlaws, 1641–1647', in *Analecta Hibernica*, no. 23 (1966), p. 337. **192** *Court book of the liberty of Saint Sepulchre* ..., ed. Herbert Wood (Dublin, 1930). I am grateful to Dr Raymond Gillespie for drawing my attention to this reference. **193** *Court book of the liberty of Saint Sepulchre* ..., ed. Herbert Wood (Dublin, 1930), pp 7, 9, 37, 53, 59, and 66. **194** Fynes Moryson, *An itinerary* ... (London, 1617), part iii, book 1, ch. 2, p. 29. **195** Fynes Moryson, *An itinerary* ... (London, 1617), part iii, book 2, ch. 1, p. 62. **196** Examination of William Rowen, 19 November 1641 (TCD, MS 809, f. 188); examination of Edmund Archbold, 31 December 1641 (TCD, MS 810, f. 99).

However, by that time there were some coaches in the area, for example, those belonging to Sir Henry Tichborne and Mrs Barnewall (Countess of Tirconnell).[196] Cars and carts were frequently mentioned. The two women driven from Holmpatrick in December 1641 walked six miles, probably at least as far as the main road from the north, before they found a car to take them to Dublin.[197] Andrew Mainwaring, the wounded soldier who survived the battle of Julianstown, travelled hidden under straw in a car from Gormanstown to Dublin.[198] Twelve of the thirteen people who were expelled from Lambay in December 1649 travelled on foot from Howth to Dublin, 'having their goods at their backs and upon one car'.[199] The fact that Edward Leech mentioned that they travelled this distance suggests that such a journey on foot was rather unusual. Further evidence that Fingallians liked to travel even short distances on horseback is found in the deposition of William Rowen, who suggested to John Sephton that they should go to Santry to see if it was true that there was a large force of rebels there.[200] Sephton replied that 'if he had a horse he would bear him company for his own horse was fallen lame'. It is not surprising that their efforts to borrow a horse to travel the short distance from Finglas to Santry aroused the suspicions of the authorities about their motives in undertaking the journey. Both women and men were fond of riding, and the wealthier women, in particular, tended to ride in some style. Thomas Luttrell left his wife the horse he had appointed for her, together with three of his geldings to carry her waiting servants.[201] Alice Segrave left a horse to both her daughters 'to carry them on their journey and up and down'.[202] In 1660 Elizabeth Ussher bequeathed to her mother her long riding scarf and saddle cloth and cushion.[203] Travellers were accustomed to ride in groups or, if travelling alone, tended to join other groups of riders.[204] Another feature of seventeenth-century travel was that servants accompanying their masters might travel either on horseback or on foot. Tirlogue McGillarowe described how Lord Maguire, on his fateful journey to Dublin through Fingal in October 1641, was accompanied by five servants, three of whom travelled on horseback and two on foot.[205] An interesting insight into distances travelled was given by Francis McMurrohye, a thirteen-year-old boy, who was employed as a courier in 1641.[206] He travelled from Dundalk to the friary at Drogheda on a Tuesday. On the following day he went to Hollywood of Artaine with a letter which he had brought from Dundalk. On Thursday he travelled to the friary of Kildare with another letter. On Saturday

**197** Deposition of Huibart Cromphouts, 2 March 1642 (TCD, MS 809, f. 268); deposition of Margaret Huiberts, 14 March 1644 (TCD, MS 810, f. 239). **198** Deposition of Andrew Mainwaring, 15 February 1642 (TCD, MS 809, f. 297). **199** Deposition of Edward Leech, 18 March 1644 (TCD, MS 810, f. 245). **200** Examination of William Rowen, 19 November 1641 (TCD, MS 809, f. 188). **201** Abstract of will of Thomas Luttrell, 20 March 1633 (RSAI, Elrington Ball MSS, vol vii, f. 17); Francis Elrington Ball, *A history of the County Dublin ... part fourth* (originally published 1906, reprinted Dublin, 1995), p. 10. **202** Abstract of will of Alice Segrave, 13 October 1660 (RSAI, Elrington Ball MSS, vol xii, f. 40); Francis Elrington Ball, *Southern Fingal ...* (originally published 1920, reprinted Dublin, 1995), p. 99. **203** Abstract of will of Elizabeth Ussher, 1 May 1660 (RSAI, Elrington Ball MSS, vol x, f. 29); Francis Elrington Ball, *Howth and its owners ...* (originally published 1917, reprinted Dublin, 1995), p. 116. **204** Examination of Redmond Maguire, 1 November 1641 (TCD, MS 809, f. 46); examination of Tirlogue McMahon, 2 November 1641 (TCD, MS 809, f. 67). **205** Examination of Tirlogue McGillarowe, 2 November 1641 (TCD, MS 809, f. 74). **206** Examination of Francis McMurrohye, 8 November 1641 (TCD, MS 809, f. 144).

he returned to a place 'he knoweth not' within five miles of Dublin and on Sunday he was apprehended in Dublin. Francis made his mark on the deposition, so it is probable that he could not write. He claimed he did not know the contents of the various letters he carried 'but only about the putting of a young friar into the house'. There is no mention of a horse in this deposition, and the journeys appear to have been too long to have been undertaken entirely on foot. It seems likely that the senders and recipients of the various letters arranged transport for him for part of the journey at least or that he managed to obtain lifts from carters. By the 1650s, travellers were no longer as safe as they had been when Fynes Moryson wrote his *Itinerary*. By then tories were a great threat, as the murders of Edward St Lawrence near Turvey, James Brandon, a hat-maker, at Ballymaguire and Owen Hely, miller, near Chapelizod show.[207]

There is very little local information available about the health of the people. Plague broke out in Ireland in October 1603 and lasted well into 1605.[208] Fingal was less affected than Dublin city and the court consequently moved to Howth.[209] Plague broke out again in Dublin in 1650 and lasted until 1652.[210] However these were abnormal events. There is little information about the medical practitioners who lived in Fingal during the period apart from the two surgeons already mentioned, George Cashell of Balscaddan and Nicholas Bellew of Balrothery. One well-known physician, Dr Thomas Arthur of Limerick, who practised in Dublin for many years, spent a great deal of his time treating Fingal patients. He listed in Latin the names of his patients (or the heads of households), dates of consultation and fees paid to him at his practices in Limerick and Dublin from 1619 to 1669 in an entry-book or fee-book.[211] The earlier section of this fee-book, dealing mainly with the Limerick practice, has been published.[212] The addresses of Dr Arthur's patients, particularly if they came from outside the cities of Dublin and Limerick, were occasionally noted. In some instances, particularly in the later years, the illness from which the patient suffered was also recorded. Almost all his patients came from well-known gentry families, and a large proportion of these were Fingal families, both Catholic and Protestant. The same names appeared over and over again and included such well-known names as Bolton, Bysse, Howth, Mainwaring, Mayart, Ussher and Ware among the Protestant families and Barnewall, Bath, Chamberlain, Delahide, Fagan, Hollywood, Hore, Luttrell, Segrave and Talbot among the Catholic families. While Dr Arthur's patients were mainly members of the aristocracy and gentry, just occa-

**207** Examination of Arland Ussher, not dated (TCD, MS 810, f. 355); examination of Richard Greg, 16 December 1652 (TCD, MS 810, f. 388); examination of Giles Curran, 16 December 1652 (TCD, MS 810, f. 389); examination of Richard Raymond, 20 December 1652 (TCD, MS 810, f. 390); examination of John Talbot, 11 November 1652 (TCD, MS 810, f. 391); examination of Thomas Berry, 21 September 1653 (TCD, MS 810, f. 393); examination of Patrick Tankard, 27 May 1653 (TCD, MS 810, f. 395); examination of Thomas O Rannahie, 23 April 1653 (TCD, MS 810, f. 397); examination of Richard Randall, not dated (TCD, MS 810, f. 399). **208** *Cal. S. P. Ire., 1603–06*, pp 95, 111, 117, 142, 162, 245, 250 and 331–4. **209** *Cal. S. P. Ire., 1603–06*, pp 331–4; Francis Elrington Ball, *Howth and its owners ...* (originally published 1917, reprinted Dublin, 1995), p. 92. **210** Joseph Robins, *The miasma: epidemic and panic in nineteenth century Ireland* (Dublin, 1995), pp 23–4. **211** Entry Book of Thomas Arthur, 1619–1669 (BL, Add. MS 31,885). **212** Maurice Lenihan, 'Ancient *Liaghs* and *Ollamhs*: the fee-book of a physician of the seventeenth century' in *The Journal of the Kilkenny and South-east of Ireland Archaeological Society*, vi (1867), pp 10–33, 139–176 and 239–248.

sionally he noted that a particular patient was the servant of a well-known client. There is one series of entries for a certain fisherman (*piscator*) of Malahide whom he attended three times in October and November 1633 at a fee of 5*s.* (a relatively modest fee) per consultation.[213] Perhaps there was something about this man's case which particularly interested Dr Arthur. He attended another (or perhaps the same) Malahide fisherman in March 1638, and a Malahide cook, called Bryan Michael, in September of the same year.[214] He clearly made several visits to Malahide but whether he had a special connection with the town or whether the Talbots of Malahide were particularly caring landlords is not known. While no apothecaries have been identified in Fingal, there is a possibility that the apothecary, Adrian Huybarts, who was admitted to the franchise in Dublin city in December 1639, was related to the Huiberts Verveer family, who lived in Holmpatrick.[215] There were, no doubt, other trained doctors, surgeons and apothecaries in the area. Practice in the medical profession called for a high level of competence and it was necessary for Catholic doctors, in particular, to go abroad for formal training. One such candidate was Nicholas Luttrell of Luttrellstown, who made his will in 1609 preparatory to his departure abroad to study medicine and who died not long afterwards.[216] Other occupations, which demanded specialized education and/or training, such as those of clergyman, lawyer and musician, will be considered in later chapters.

Some of those who became ill in the period were at the mercy of charlatans. The Capuchin historian, Nicholas Archbold, described how, when the notable preacher, Luke (Father Edward) Bath fell ill in 1634, 'among several remedies, he took a powder from a certain Scots mountebank whom he found at his sister's house, the viscountess of Ballygarth, taking upon him the office of extraordinarily curing of maladies. This powder, in lieu of prolonging his life, hastened his death'.[217]

Home remedies were also used. Luce Spell of Drogheda, together with her fellow-passengers, was taken prisoner when their barque from Liverpool was forced to land in Skerries in December 1641.[218] Her goods were seized and taken to Mathew Barnewall's house at Bremore and she was subsequently imprisoned in a number of places including John Passmore's inn at Balrothery, where she spent three weeks. She went on to say:

> And the said Passmore's wife complaining of a sore leg, this examinant told her that she had balsam amongst her goods at Bremore and would help her if she had it. Whereupon a messenger being sent thither the said messenger brought a box of balsam which the deponent saw and knew to be her own.

As well as relying on home medicine many people had a great faith in the efficacy of the water from holy wells which was used to treat a wide variety of ailments. As

**213** Entry Book of Thomas Arthur, 1619–1669 (BL, Add. MS 31,885, f. 46). **214** Entry Book of Thomas Arthur, 1619–1669 (BL, Add. MS 31,885, ff 58 and 62). **215** *Anc. rec. Dublin*, iii, p. 365. **216** Abstract of will of Nicholas Luttrell, 22 June1609 (RSAI, Elrington Ball MSS, vol vii, f. 14). **217** Nicholas Archbold, The historie of the Irish Capucins, 1643 (Bibliothèque Municipale de Troyes, MS 1103, p. 94). **218** Deposition of Luce Spell, 5 February 1642 (TCD, MS, 834, f. 6); 'County Louth depositions, 1641', ed. Thomas Gogarty in *Journal of the County Louth Archaeological Society*, iii, no. 1 (1912), pp 71–2. **219** Caoimhín Ó Danachair, 'The holy wells of County Dublin' in *Repertorium*

Caoimhín Ó Danachair put it: 'Water from the wells was drunk and applied to sore eyes, ears and limbs, and in many cases the use of water for curative purposes continued after the saying of prayers at the wells had ceased.'[219]

This chapter has so far been concerned with material welfare and goods. How were these goods distributed amongst the population? Since many of the records which have survived have been concerned with the more affluent in society, it is difficult to discover just what level of poverty existed among the people. There are, however, occasional references, direct or indirect, to the poor, notably a reference in the Civil Survey to the sandy banks or hills of Rush 'on which common the poor fishermen and other inhabitants do graze their cattle for which a small sum or duty is paid'.[220] Even this does not suggest abject poverty since the men involved had an occupation – albeit precarious – possessed cattle and were able to pay a small duty. The probability that many people, particularly in the northern part of the area, were not even liable for the hearth tax is also an indication that poverty existed. There is little evidence of institutionalized help for the poor of Fingal although there is an intriguing reference to the 'poor house' of Corrstown (parish of Kilsallaghan) in the Civil Survey.[221] It is possible that some Fingallians obtained help in city institutions such as St John's Hospital, which, by the seventeenth century, had the character of a poorhouse.[222] It is not known if the bequest of £100 sterling left by Richard Nettervill of Corballis in 1607 to have a hospital built upon his land in Balrothery for the lodging of twelve poor men was used for that purpose since he gave his overseers discretion to employ the legacy for 'some other good and godly work'.[223] Individuals often made bequests designed to help the poor: Henry Burnell of Castleknock left £10 for charitable purposes in 1614;[224] in 1635, James Hussey, priest, of Smarmore, Co. Louth, left 10*s.* to the poor of Skerries and Holmpatrick, where he had expressed a wish to be buried;[225] Thomas St Lawrence, a relative of the lord of Howth, left a generous £100 in 1638 'to clothe the door-beggars' specifying that the poor of Howth were to be served first;[226] Sir James Ware left £30 to be distributed among the poor housekeepers in the city and suburbs of Dublin.[227] In 1607 Richard Nettervill wrote the following in his will: 'Item my will is that my funeral's month and year's mind or memory be kept in good sort for such friends as shall be there present and specially for the relief of the poor.' In a codicil dated 12 August 1636 to her will Cecily, dowager lady of Howth, directed her executrix to keep her month's mind and her year's mind according to the usual custom of the country and to bestow some alms

*Novum*, ii, no. 1 (1957–8), p. 68. **220** *Civil Survey, vii, county of Dublin*, pp 61–2. **221** *Civil Survey, vii, county of Dublin*, p. 237. **222** Charles McNeill, 'Hospital of S. John without the New Gate, Dublin' in *Journal of the Royal Society of Antiquaries of Ireland*, lv (1925), p. 64. **223** Will of Richard Nettervill, 11 April 1607 (NAI, Deeds and wills extracted from inquisitions, exchequer series, vol 1, Carlow and County Dublin, RC 10/1, pp 367–9.) **224** Abstract of will of Henry Burnell, 17 July 1614 (RSAI, Elrington Ball MSS, vol xi, f. 34). **225** L.P. Murray, 'The will of James Hussey of Smarmore, Co. Louth, "priest" (A. D. 1635)', in *The Journal of the County Louth Archaeological Society*, viii, no. 4 (1936), p. 304. **226** Abstract of will of Thomas St Lawrence, 27 March 1638 (RSAI, Elrington Ball MSS, vol x, f. 22); Francis Elrington Ball, *Howth and its owners …* (originally published 1917, reprinted Dublin, 1995), p. 109. **227** Will of Sir James Ware, 10 August 1665 (NAI, Prerogative will book, 1664–84, f. 178). **228** Abstract of will of Cecilia, dowager lady of Howth, 1 August 1635 and codicil dated 12 August 1636 (RSAI, Elrington Ball MSS, vol ix, f. 94); Francis Elrington Ball, *Howth and its owners …* (originally published 1917, reprinted Dublin, 1995), p. 78.

at those terms upon the poor.[228] This custom, if generally observed, must have resulted in the transfer of sums of money from rich to poor on a fairly regular basis and over an extended period. Bequests were sometimes made in kind. Elizabeth Ussher, widow of William Gough of Sutton, left three barrels of corn to be distributed among the poor.[229] The bequests of money to buy mourning made by Walter Segrave, Cecily, dowager lady of Howth, and Lady Bath have already been mentioned. This custom, while it gave an opportunity to display family wealth, may have been regarded as a considerate and tactful way of helping the poor since a service, namely, attendance at the funeral, was expected in return. Lady Bath's bequest gives an indication of where poverty was likely to be found, that is, among women, especially widows, and children. Apart from women and children, another group who suffered a great deal of poverty were discharged and wounded soldiers and others who supplied services to the government army for which payment was frequently delayed or not made at all. Mention has already been made of the case of Thomas Williams of Santry who complained that he had not been paid by the authorities for his army service.[230] Another sad story was told to the commissioners by Elizabeth, widow of Roger Parr, who had been one of the clerks in the court of exchequer and who had lost his employment:

> in the beginning of the present rebellion and by means thereof ... and having a charge of wife and three small children to maintain, he took up arms against the rebels and going out upon a party to the town of Swords was there slain in the way to the utter undoing of her and her poor infants, who are like to perish for want of means.[231]

Further confirmation of the existence of pockets of poverty is to be found in the earliest surviving Finglas vestry book which recorded the choice of four overseers for the poor of the parish and two persons to collect for the poor of the parish.[232] In the context of an attempt to determine the extent of poverty this is an important minute for the contemporary surveys suggest that Finglas was among the wealthiest parishes in the whole area. While the records cited here do not constitute a great deal of evidence for poverty, there is enough to show that such poverty as existed was not confined to any one part of Fingal. The general impression gleaned from the surviving documents is that, while there was some poverty in the area, the people of Fingal in general, except in times of epidemic or war, lived reasonably comfortable lives during the early seventeenth century.

The proximity of Fingal to Dublin city and to Drogheda as well as its numerous harbours (mentioned in chapter 1) ensured that it could be easily supplied with fuel and other material goods which otherwise might have been in short supply. Dublin city was, in fact, the nearest market town for much of the area.

229 Abstract of will of Elizabeth Ussher, 1 May 1660 (RSAI, Elrington Ball MSS, vol x, f. 29); Francis Elrington Ball, *Howth and its owners ...* (originally published 1917, reprinted Dublin, 1995), p. 116. 230 Deposition of Thomas Williams, 10 January 1644 (TCD, MS 810, f. 269). 231 Deposition of Elizabeth Parr, 7 January 1644 (TCD, MS 810, f. 237). 232 William Cotter Stubbs, 'Finglas, County Dublin, vestry books' in *Journal of the Royal Society of Antiquaries of Ireland*, xlvi (1916), p. 27.

3

# The Hoar Stone and the Lady Bush

'... she hath credibly heard that there was a stone set up upon the edge whereon was written Roman letters setting forth the meres between Diswellstown and the land of Stagob, and that she likewise heard that Justice Luttrell in the night time by moonlight did remove the said stone and cast it into some part of the Liffey but where she knoweth not'.[1]

This quotation, from the testimony of Ellen Hackett, widow, given in a suit taken by the dean and chapter of Christ Church against Simon Luttrell of Clonsilla, is a reminder of the intense attachment of the people of Fingal to their land. As Richard Stanihurst put it, in a passage already quoted, the race or sept of the English or strangers there were solely seized of that part of the island 'gripping with their talons so firmly that warm nest that ... the Irish enemy could never rouse them from thence'.[2] Any interference with the recognized boundaries of land was frowned on in this intensely traditional society. The story that Ellen Hackett heard may or may not have been true but she clearly believed it since she was prepared to include it as part of her sworn deposition in a suit against Simon Luttrell even though the proceedings did not affect her directly. Land formed the foundation of the seventeenth-century Fingal economy.

Because of the shortage of documentary sources it is difficult to obtain an overview of economic life in the early seventeenth century at a county or even at a national level. When one tries to do so at a sub-county level, the task becomes even more difficult. For example, the creeks and harbours of Fingal were all considered as part of the port of Dublin, a fact which makes the discussion of external trade particularly difficult. Writing about the sixteenth century, Raymond Gillespie pointed out that 'such evidence as does exist has not been fully sifted by historians'.[3] The same is true of the early seventeenth century. Because of the paucity of material for Fingal it is necessary to build up a picture, by using a series of case studies and by supplementing these with evidence from other sources which were not primarily intended for economic or fiscal purposes. For example, the papers relating to the suit

1 Deposition of Ellen Hackett, 16 April 1639 (RCBL, Christ Church cathedral records, Papers relating to the lands of Simon Luttrell and Dominic White, 1637–71, Interrogatory to be administered to the dean and chapter's witnesses together with their depositions, C6/1/26/15/5, f. 20). 2 Richarde Stanyhurst, *A treatise contayning a playne and perfect description of Irelande* ... in Raphaell Holinshed and Richarde Stanyhurst, *Holinshed's Irish chronicle* ..., ed. Liam Miller and Eileen Power (London, 1577, republished Dublin, 1979), p. 13. 3 Raymond Gillespie, *The transformation of the Irish economy, 1550–1700* (Dublin, 1991), p. 5.

against Simon Luttrell, and the Christ Church records in general, in the Representative Church Body Library, Dublin, are a fortunate survival and a rich source of information for an area of the country where estate papers and documents relating to the economy for the period 1603–60 are in short supply.

A study of land quality and land usage in Fingal as a whole led to tentative general conclusions that the Civil Survey data related to land potential rather than land usage and that livestock production was a far more important element in the rural economy of Fingal in 1641 than the Civil Survey figures for 1654–6, taken in isolation, might have suggested. In order to examine further the ownership and distribution of land two case studies were examined in detail. The first of these, relating to the Clonsilla area, demonstrated how the law and traditional practice were used to ensure the rights of proprietors over time while the second, a study of Glasnevin, highlighted the complicated leasing system which existed in the area.

In July 1637 Alson Luttrell, formerly St Lawrence, widow of Thomas Luttrell of Luttrellstown, petitioned the dean and chapter of Christ Church for a lease of the lands of Astagob (then known as Stagob) and Diswellstown for a period of twenty-one years.[4] These lands had been leased for sixty-one years to the Castleknock lawyer, Henry Burnell, on 25 October 1573 at an annual rent of £1 14*s*. 4*d*. Irish, 'in consideration of his giving the best council and advice in law'.[5] This lease was to come into effect on the expiration of an existing lease to Sir Thomas Luttrell. The Christ Church copy of the lease to Sir Thomas Luttrell appears to have been missing from the Christ Church records even in the seventeenth century. A list 'copied from the small old register' by the eighteenth-century copyist, John Lyon, included a lease made in the first year of the reign of Edward VI to Sir Thomas Luttrell of all the lands and tenements in Astagob for sixty-one years.[6] If the period of tenure was calculated from the actual date of the lease the lease would have been due to expire in the period 28 January 1608 to 27 January 1609, at which point the lease to Henry Burnell would have taken effect. In any event Henry Burnell, probably towards the end of the sixteenth century, transferred the tenancy to the Luttrell family since Alson Luttrell stated in 1637 that she and her late husband had 'continued possessors thereof this forty years'.[7] The dean and chapter had some misgivings about granting the lease to Alson since they conceived that Simon Luttrell, son and heir of Thomas Luttrell and Alson's stepson, 'claimeth some interest in the premises'.[8] They required him to produce two leases, one to Burnell and one to Sir Thomas Luttrell and, when he omitted to do so, they made a lease to Alson Luttrell at £10 sterling per annum 'and after eviction a lease for twenty-one years at the halfendeale of the value according to the statute'.[9] It transpired later that, when the lease to Alson Luttrell was granted, Simon Luttrell 'was sick and could not look out his writ-

4 Second chapter act book (copy) (RCBL, Christ Church cathedral records, C6/1/8/2, p. 60). 5 Abstract of lease to Henry Burnell, 25 October 1573 (RCBL, Christ Church cathedral records, C6/1/17/4, p. 112); *Christ Church deeds*, ed. M.J. McEnery and Raymond Refaussé (Dublin, 2001), no. 1337. 6 List of leases copied from 'the small old register' (RCBL, Christ Church cathedral records, C6/1/17/4, p. 107). 7 Second chapter act book (copy) (RCBL, Christ Church cathedral records, C6/1/8/2, p. 60). 8 Second chapter act book (copy) (RCBL, Christ Church cathedral records, C6/1/8/2, p. 60). 9 Second chapter act book (copy) (RCBL, Christ Church cathedral records, C6/1/8/2, p. 66); *Christ Church deeds*, ed. M.J. McEnery and Raymond Refaussé (Dublin, 2001), no.

ings'.[10] While the dean and chapter may have wished to use the opportunity to obtain a substantially increased rent from the property, the immediate cause for the setting up of a commission of investigation appears to have been Alson Luttrell's complaint that her stepson, Simon, had ploughed up one of the boundaries of the property *c.*1636.[11] There were two examinations of witnesses for the defendant, Simon Luttrell. On the first occasion (January 1638) the plaintiff was cited as Alson St Lawrence, but on the second occasion, in April 1639, the defence witnesses gave evidence against the dean and chapter of the cathedral church of the Holy Trinity as plaintiff.[12] It emerged during the course of the investigation that there was a difference of opinion about the boundaries between the estate of Simon Luttrell and the adjoining lands, which belonged to Christ Church cathedral, for which Alson Luttrell then held the lease. The quarrel hinged on whether two parcels of land, Ballystrowan and Tirmullen, were part of the Luttrell or of the Christ Church estate. The actual terms of the judgment are not known, but the Civil Survey listed 'Luttrellstown, Kellystown, Ballystrowan, Skirmullin' as a single denomination in the ownership of Simon Luttrell in 1641, which suggests that the decision was in his favour.[13] However, when, in July 1661, the dean and chapter of Christ Church finally granted a lease of Astagob and Diswellstown for twenty-one years to Thomas Luttrell, son of Simon, the terms were a fine of £5 and £10 rent yearly.[14] The Luttrells had secured the tenancy of the land but the dean and chapter had won for themselves a greatly increased rent.

The legal proceedings, which lasted from 1637 to at least 1640, represented a suit between two of the most powerful landowners in Fingal who were both in a position to call on the best legal advice and several witnesses. Although Alson Luttrell was the daughter and half-sister of lords of Howth she was probably a Catholic since she was adjudged 'innocent' in 1663.[15] Religion, therefore, does not appear to have been a major factor in the case but the large number of local witnesses on whom Simon Luttrell found himself able to call suggests that, indirectly, his Catholicism may have been of some advantage in the dispute with Christ Church. All in all, the documents relating to what was initially a disagreement about a relatively small piece of land, perhaps not more than twenty acres, affords a remarkable insight into landholding and rural life in southern Fingal during the early seventeenth century as well as illustrating how a family quarrel could escalate into a major dispute which demanded the attention of the lord deputy and council.

Simon Luttrell managed to summon eleven witnesses to speak on his behalf, of whom not more than two or three were tenants of his at the time of the hearing.[16]

1536. 10 Deposition of Thomas Howell, 16 April 1639 (RCBL, C6/1/26/15/5, f. 10). 11 Deposition of Alson Luttrell, 16 April 1639 (RCBL, C6/1/26/15/5, f. 18). 12 Papers relating to the lands of Simon Luttrell and Dominic White, 1637–71, Interrogatories to be administered to witnesses to be examined on the part and behalf of Simon Luttrell, Esq., defendant, against Alson St Lawrence, widow, plaintiff, January 1638 (RCBL, Christ Church cathedral records,, C6/1/26/15/6); Interrogatories to be administered to witnesses to be examined on the part and behalf of Simon Luttrell, Esq., defendant, against the dean and chapter of the cathedral church of the Holy Trinity, Dublin, April 1639 (RCBL, Christ Church cathedral records, C6/1/26/15/7). 13 *Civil Survey, vii, county of Dublin,* p. 230. 14 Second chapter act book (copy) (RCBL, Christ Church cathedral records, C6/1/8/2, p. 209). 15 'Abstract of the decrees of the court of claimes for the tryall of Innocents' in Deputy keeper of public records in Ireland, *Nineteenth report* (Dublin, 1887), appendix, p. 43. 16 'Fingal 1603–60', i, table 3.3,

Seven of these witnesses took part in the case taken by Alson Luttrell, while eight men (who included four of those who had deposed on the previous occasion) spoke in the case taken by Christ Church. They were of various ages and represented several walks of life. Several had Gaelic-Irish surnames. All appear to have been either natives of the area or to have resided there for some considerable time. Their depositions, as well as providing additional evidence for population movement between Fingal and Dublin city on the one hand, and Fingal and Meath on the other, also suggest that there was some population movement between the barony of Castleknock and that part of Co. Dublin lying south of the Liffey. The five witnesses for Christ Church included three (Alson Luttrell, George Hackett and his mother, Ellen) from the Sutton/Howth area, as well as one, Thomas Howell, the chapter clerk, who resided in Dublin and who may have been Welsh.[17] While the term 'of Stagob' was used to describe the residence of the Hacketts, Ellen Hackett herself tended to refer to her late husband as 'Hackett of Sutton'.[18] The only local Christ Church witness was the eighty-year old, Clonsilla-born, Richard Lock, whose testimony was hardly helpful to Alson Luttrell's cause.[19]

While the testimony of the defence witnesses was remarkably consistent regarding the estate boundaries there were, not surprisingly, given the fact that these men were speaking from memory about happenings many years previously, discrepancies in their ages and in some of their attempts at dating the merings, a fact which did not go unnoticed on the Christ Church side.[20] If, however, one makes the assumption that some witnesses were describing a sixteenth-century mering and others a second, early seventeenth-century mering, the evidence makes much more sense.

In the early-modern period, boundaries were not simply set down in writing. They were also 'trodden' in an elaborate ritual described by several of the defence witnesses. The boundaries between the lands of the Luttrells and those of Christ Church had an added significance. They were also the boundaries between the parishes of Clonsilla and Castleknock. Surprisingly, only one of the witnesses, Richard Braghall, collector for the barony of Castleknock and a local farmer, mentioned this fact. In what may have proved to be the clinching argument for the defence, he stated that the small and great tithes of Tirmullen and Ballystrowan (the areas in dispute) lay with the parish of Clonsilla and that the were not 'any part of the lands of Stagob nor of the parish where Stagob layeth' (Castleknock).[21] The fact that the disputed boundaries were parish boundaries may have been the reason for the elaborate mering ritual – one could almost describe it as a ceremonial – described by nine of the defence witnesses, three of whom had participated in it as small boys. The evidence suggests that there were within the memories of the witnesses at least two such merings of the same boundaries, the first of which took place 'in old Mr Simon Luttrell's time', that

p. 87. **17** 'Fingal 1603–60', i, table 3.2, p. 86; Raymond Gillespie, *Thomas Howell and his friends: serving Christ Church cathedral, Dublin, 1570–1700* (Dublin, 1997), p. 5. **18** Deposition of Ellen Hackett, 16 April 1639 (RCBL, C6/1/26/15/5, f. 19). **19** Deposition of Richard Lock, 16 April 1639 (RCBL, C6/1/26/15/5, ff 11–13). **20** Papers relating to the lands of Simon Luttrell and Dominic White, 1637–71, Notes of the evidence arising from records and the depositions of witnesses concerning the right of the church to said lands (RCBL, Christ Church cathedral records, C6/1/26/15/2). **21** Deposition of Richard Braghall, 22 January 1638 (RCBL, C6/1/26/15/6, ff 32–5); deposition of Richard Braghall, 16 April 1639 (RCBL, C6/1/26/15/7, ff 30–1).

is, before his death on 12 September 1596.[22] The second mering, remembered by the younger witnesses, appears to have taken place during the first decade of the seventeenth century.

The earlier mering was described by the elderly witnesses for the defence – Richard Malone, Nicholas Crenan (or Crynan) and William Maguire.[23] According to their accounts, Simon Luttrell's grandfather, also called Simon, was present together with the dean of Christ Church, 'Mr Burnell, the lawyer' (Henry Burnell of Castleknock), 'Mr Caddell, the lawyer' or 'Caddell of Mooretown' (probably John Caddell of Mooretown whose will was dated 28 March 1603 and who was closely related to many prominent Fingal families).[24] According to Richard Malone 'the meres were trodden by ancient men to the number of five or six'.[25] William Maguire corroborated the evidence that Simon Luttrell, the dean and the two lawyers were present, while Nicholas Crenan identified three of the ancient men as Nicholas Hunt of Kellystown, Nicholas Scanlon and Laurence Clarke.[26] Crenan's evidence is particularly interesting since he claimed that 'he was whipped at Hoar Stone upon mering of the said land with other boys in his parish when he was about ten years of age'.[27] Confirming this at the 1639 hearing he said that the mering had taken place 'forty-five years since' suggesting that the first mering took place about 1594.[28] The whipping of young boys also took place at the second mering which was described by James and Richard Braghall, John and Nicholas Coraghan, William Dollard and Patrick Mullen.[29] James Braghall deposed that 'Mr Burnell, the lawyer' had 'obtained a lease of the then dean of Christ Church of the dean's land in Stagob'.[30] Richard Braghall said that the events occurred 'upon a meeting of a mering upon a lease of reversion from the then dean of Christ Church unto Mr Burnell of Castleknock of the dean's land in Stagob'.[31] On this occasion the meres were trodden by Henry Burnell of Castleknock, Oliver Fitzgerald of Ashtown, Nicholas Hunt of Lucan, Henry Kerredan of Astagob, John Luttrell of Killeek, Thomas Luttrell (father of the defendant, Simon) and Nicholas Scanlon of Kellystown in the presence of Sir Christopher Plunket.[32] The participation of Henry Burnell, Nicholas

22 Deposition of Nicholas Crenan, 22 January 1638 (RCBL, C6/1/26/15/6, ff 29–30); Griffith, *Inquisitions*, p. 307. 23 Depositions of Richard Malone, 22 January 1638 and 16 April 1639 (RCBL, C6/1/26/15/6, ff 9–14 and C6/1/26/15/7, ff 5–9); deposition of William Maguire, 16 April 1639 (RCBL, C6/1/26/15/7, ff 13–16); depositions of Nicholas Crenan (or Crynan), 22 January 1638 and 16 April 1639 (RCBL, C6/1/26/15/6, ff 27–31 and C6/1/26/15/7, ff 23–6). 24 Abstract of will of John Caddell, 28 March 1603 (NLI, Fisher will abstracts, GO MS 290, p. 83). 25 Deposition of Richard Malone, 22 January 1638 (RCBL, C6/1/26/15/6, f. 12). 26 Deposition of William Maguire, 16 April 1639 (RCBL, C6/1/26/15/7, f. 15); deposition of Nicholas Crenan, 16 April 1639 (RCBL, C6/1/26/15/7, f. 25). 27 Deposition of Nicholas Crenan, 22 January 1638 (RCBL, C6/1/26/15/6, ff 29–30). 28 Deposition of Nicholas Crenan, 16 April 1639 (RCBL, C6/1/26/1/15/7, f. 26). 29 Deposition of James Braghall, 22 January 1638 (RCBL, C6/1/26/15/6, ff 22–7); depositions of Richard Braghall, 22 January 1638 and 16 April 1639 (RCBL, C6/1/26/15/6, ff 31–6 and C6/1/26/15/7, ff 29–33); deposition of John Coraghan, 22 January 1638 (RCBL, C6/1/26/15/6, ff 14–18); deposition of Nicholas Coraghan, 16 April 1639 (RCBL, C6/1/26/15/7, ff 17–20); deposition of Patrick Coraghan, 22 January 1638 (RCBL, C6/1/26/15/6, ff 7–9); depositions of William Dollard, 22 January 1638 and 16 April 1639 (RCBL, C6/1/26/15/6, ff 18–21 and C6/1/26/15/7, ff 20–23); deposition of Patrick Mullen, 16 April 1639 (RCBL, C6/1/26/15/7, ff 26–9). 30 Deposition of James Braghall, 22 January 1638 (RCBL, C6/1/26/15/6, f. 25). 31 Deposition of Richard Braghall, 22 January 1638 (RCBL, C6/1/26/15/6, ff 34–5). 32 Deposition of James Braghall, 22 January 1638 (RCBL, C6/1/26/15/6, f. 25); depositions of Richard Braghall, 22 January 1638 and 16 April 1639

Hunt and Nicholas Scanlon provided a degree of continuity from one mering to the other. Apparently some of the witnesses to the later mering were questioned about the presence of the dean of Christ Church since William Dollard, one of the younger witnesses, insisted that 'he saw not nor heard that the dean of Christ Church was at that mering or any other mering', implying that such merings were not unusual occurrences.[33] Speaking of another boundary, that leading from Astagob to Porterstown, one of the witnesses for the plaintiff, the thirty-six-year-old George Hackett, mentioned 'that he had seen it trodden out by ancient men within this few years as the true mere between the plaintiff's and defendant's several lands'.[34] The treading of boundaries was clearly something that happened fairly frequently, though not all merings may have been conducted as seriously and carefully as those which delineated the boundary between Astagob and Ballystrowan/Tirmullen as leading from the Lady Bush (in the highway between Diswellstown and Luttrellstown) to the Three Acres, from thence to the Hoar Acre and from there by an old ditch or trench to the Liffey. The Lady Bush was a focal point in the area, known to all witnesses on both sides, with the possible exception of the chapter clerk, Thomas Howell.

The mering ritual resembled the medieval English custom of the beating of the bounds which has been described as follows:

> A ceremony common in medieval England, and associated with the Rogationtide procession round the parish. When written maps, showing parish boundaries, were hardly known, this annual perambulation was a means of impressing these limits on the minds of the young. The bounds were solemnly beaten with willow rods, and on occasion boys of the parish were also beaten or bumped on the ground at the boundary. The custom is known to date back to the end of the 9th or beginning of the 10th cent. and lasted on long after the religious part of the procession was abolished under Elizabeth.[35]

In January 1638 William Dollard, the smith, stated that 'Sir Christopher Plunket and Mr Thomas Luttrell were then present and sent for this examinant and divers other children that were at school at Clonsilla and were whipped at the mering. But the cause of the mering he knoweth not'.[36] In his second deposition he made it clear that, while he may not have known the cause of the mering, he knew that he had been whipped 'to the end that he might take notice of the mering aforesaid'.[37] Nicholas Coraghan, who attended the second hearing, deposed that 'he, being at school at

(RCBL, C6/1/26/15/6, f. 34 and C6/1/26/15/7, f. 32); deposition of John Coraghan, 22 January 1638 (RCBL, C6/1/26/15/6, f. 16); deposition of Nicholas Coraghan, 16 April 1639 (RCBL, C6/1/26/15/7, f. 19); depositions of William Dollard, 22 January 1638 and 16 April 1639 (RCBL, C6/1/26/15/6, f. 20 and C6/1/26/15/7, f. 22); deposition of Patrick Mullen, 16 April 1639 (RCBL, C6/1/26/15/7, f. 28). 33 Deposition of William Dollard, 16 April 1639 (RCBL, C6/1/26/15/7, f. 22). 34 Deposition of George Hackett, 16 April 1639 (RCBL, C6/1/26/15/5, f. 32). 35 F.L. Cross and E.A. Livingstone (eds), *The Oxford dictionary of the Christian Church* (3rd ed., Oxford, 1997), p. 174. 36 Deposition of William Dollard, 22 January 1638 (RCBL, C6/1/26/15/6, ff 20–1). 37 Deposition of William Dollard, 16 April 1639 (RCBL, C6/1/26/15/7, f. 23).

Clonsilla, was brought to the said mering and was whipped thereat to the end that he should take notice thereof and that there was one William Dollard then also whipped and hath also seen and known what he deposeth to be true'.[38]

Merings were not confined to Fingal but were carried out also in other parts of the country where the common law prevailed. Richard Boyle, earl of Cork, noted merings in his diary on 1 July 1615 and 12 June 1621.[39] On the second of these occasions he recorded the occasion from the landowner's point of view:

> I was present when the bounds and meres between the lands of Affane, called Cooleeryn, and Coolgortbwy belonging to me, and the lands of Farnham belonging to John Fitzgerald of the same, were laid out and cleared, by fourteen of the ancient men and serjeants in those borders, and myself and the said John sworn on a book, to stand to those bounds so laid out, and agreed upon in both our presence, whereunto we did consent.[40]

Alson Luttrell's deposition, supported by those of Richard Lock, Ellen Hackett and her son, George, would have placed the disputed boundaries somewhat further to the west and would have thereby deprived Simon Luttrell of a considerable part of Tirmullen. Richard Lock described the mere as a 'bater (*bóthar*) or lane' running between the lands.[41] Alson Luttrell claimed that the mere ran from the Liffey to a waterway called Tobermatoule, from there to the Tirlagh Bush, from there to 'a new ditch cast up by Alderman Dowde upon the land of Porterstown' and from there to the Lady Bush.[42] Ellen Hackett also claimed that Tobermatoule was the boundary, while George Hackett admitted that he did not know the 'ancient meres and bounds'.[43] Much of the Christ Church case was based on issues relating to place-names, particularly that of Tirmullen, for which a knowledge of Irish was needed. The exact significance of the testimony is unclear since the defendant's lawyers' comments on the plaintiff's evidence are not available. Alson Luttrell clearly did not know Irish but the evidence suggests that the Hacketts, in particular, Ellen, had a competent knowledge of the language.[44] It is of interest that the lawyers for Christ Church assumed that the witnesses would be able to answer questions which required a knowledge of Irish.

Some evidence of land use emerges from the depositions in this case. The area had been mainly used for pasture for cattle and sheep and it was a change of land use to arable farming that sparked off the original complaint of Alson Luttrell when, about three years prior to her testimony (*c.*1636), a mere leading from Tobermatoule to the

38 Deposition of Nicholas Coraghan, 16 April 1639 (RCBL, C6/1/26/15/7, f. 20). 39 Richard Boyle, earl of Cork, *The Lismore papers (first series) viz. autobiographical notes, remembrances and diaries of Sir Richard Boyle, first and 'great' earl of Cork, never before printed*, ed. Alexander B. Grossart (5 vols, London, 1886), i, p. 77 and ii, pp 17–18. 40 Richard Boyle, earl of Cork, *The Lismore papers (first series) viz. autobiographical notes, remembrances and diaries of Sir Richard Boyle, first and 'great' earl of Cork, never before printed*, ed. Alexander B. Grossart (5 vols, London, 1886), ii, pp 17–18. 41 Deposition of Richard Lock, 16 April 1639 (RCBL, C6/1/26/15/5, f. 12). 42 Deposition of Alson Luttrell, 16 April 1639 (RCBL, C6/1/26/15/5, f. 15). 43 Deposition of Ellen Hackett, 16 April 1639 (RCBL, C6/1/26/15/5, f. 20); deposition of George Hackett, 16 April 1639 (RCBL, C6/1/26/15/5, f. 27). 44 Deposition of Ellen Hackett, 16 April 1639 (RCBL, C6/1/26/15/5, f. 24); deposition of George Hackett, 16 April 1639 (RCBL, C6/1/26/15/5, f. 30).

Tirlagh Bush was ploughed up 'by the defendant's servants and oats sowed therein'.[45] The general trend in agriculture in the early years of the seventeenth century was to change from arable farming to pasture.[46] The change in the opposite direction in Luttrellstown was probably prompted by the growing demand for food in the rapidly expanding city of Dublin. The earlier pastoral nature of farming in the area was shown by the response to one of the queries put by the lawyers when several witnesses spoke of the impounding of straying cattle. The young herds spent a good deal of time keeping sheep and cattle from encroaching on neighbours' land in circumstances where the fencing was bad. For example, Nicholas Kelly, speaking of one of the disputed areas called the Cargines, described how he had seen the Astagob tenants' cattle 'sundry times driven off the said Cargines by the defendant's father and grandfather their servants, and that the tenants of Stagob did endeavour to keep their cattle out of the said lands but could not for that there was no ditch between the said several lands to keep out their said cattle'.[47] The local tenants also knew how to exploit their familiarity with the local boundaries to outwit the law. Arguing that the Cargines belonged to Tirmullen (Simon Luttrell's land), Patrick Mullen described how

> about forty-five years sithence he saw the sheriff of the county of Dublin endeavouring to distrain upon the lands of Stagob for some arrears belonging to the church land but the tenants did remove their cattle from thence over the mere of Stagob as belonging to Tirmullen. And further than the mere between Tirmullen and Stagob the said sheriff did not follow the said cattle for he conceived the said lands did not belong to Stagob.[48]

The Fingal landowners took no chances when establishing the boundaries of their lands. In the days before map-making was generally practised, they made use of both eminent lawyers and traditional methods to ensure that the correct boundaries would be properly documented and known to the local community. But the merings had a deeper significance. They forged a bond of interdependence between the landlord and the community. While Simon Luttrell had leases to prove his entitlement to Astagob, he was dependent on those who had witnessed the merings to testify on oath to the precise boundaries to the land, which, to judge by the tone of their depositions, they were quite happy to do. These men were no doubt proud of their standing in the community, and there is no evidence of obsequiousness or a consciousness of subservience in their testimony as it has survived. The presence of a village school in Clonsilla in the early years of the seventeenth century doubtless contributed to their ability to migrate to take up employment elsewhere as adults while, at the same time, fostering a sense of loyalty to their home community. It does not seem altogether too far-fetched to suggest that the absence of Clonsilla names on the lists of outlaws drawn up after the rising of 1641, in which Simon Luttrell played

45 Deposition of Alson Luttrell, 16 April 1639 (RCBL, C6/1/26/15/5, ff 18–19). 46 Raymond Gillespie, *The transformation of the Irish economy, 1550–1700* (Dublin, 1991), p. 33. 47 Deposition of Nicholas Kelly, 16 April 1639 (RCBL, C6/1/26/15/7, ff 12–13). 48 Deposition of Patrick Mullen, 16 April 1639 (RCBL, C6/1/26/15/7, ff 28–9).

no active part, may be a further indication of community solidarity. Of those in Clonsilla parish who were outlawed, Edward Bermingham and Richard Ingle of Coolmine lived in a townland owned by the Protestant, Sir Edward Bolton, while the proprietor of Blakestown (Little Stahenny), where George Fleming, another outlaw, resided, was Mathew Barnewall of Bremore.[49]

Some further evidence of a close relationship between landlord and tenant in Clonsilla is found in one of the early 1641 depositions.[50] The precise circumstance in which the smith, William Dollard, was examined are not known, but he may have been suspected of having information about the rising because of his trade or he may even have volunteered to testify. No evidence has been found to suggest that he himself was involved in the rising, and his name does not appear on the lists of outlaws. On 30 December 1641 William Dollard

> being examined, saith that being in the house of one Richard Braghall of Clonsilla about the middle of this present month there came unto the said house Mr Edward Bermingham of Coolmine and one Best of Tullagh called Colonel Best, who there demanded of the said Braghall's wife what the reason was why her landlord, Mr Luttrell of Luttrellstown, did not ride in arms with the rest of the country gentlemen. And the woman making answer that the said Luttrell her master had reasons known unto himself for his forbearing that course; the said Bermingham and Best replied that he had better part with all he was worth than do as he did by giving up and restoring the king's arms which he once had in his hands. And they further said that the said Mr Luttrell was now making buttons for fear and durst not do as other men did which he would report him of.

Given the circumstances which existed in Fingal at the end of 1641 the answer given by Mrs Braghall to the rebels was highly circumspect. Despite having stood up to the rebels the Braghall family survived the rising. The name of Richard Braghall, gentleman, appeared as a titulado for Clonsilla in the so-called 'census of 1659'.[51] His death occurred before 17 April 1662.[52]

Despite the accusations of cowardice made by Bermingham and Best Simon Luttrell strove to maintain a neutral stance, which was not unhelpful to the rebels, during the conflict. A soldier, Daniel Conway, accused him of having prevented him entering the grounds of Luttrellstown in pursuit of a rebel who had sought refuge there.[53] This action may have contributed to the subsequent decision to transplant Thomas Luttrell, son of Simon, to Connaught, though, according to Francis Elrington Ball, the Luttrell family managed to remain in Dublin during the Commonwealth.[54] Neutrality was no insurance against transplantation. Another

49 R.C. Simington and John MacLellan, 'Oireachtas Library, List of outlaws, 1641–1647' in *Analecta Hibernica*, no. 23 (1966), pp 337 and 340; *Civil Survey, vii, county of Dublin*, pp 232–3. 50 Examination of William Dollard, 30 December 1641 (TCD, MS 809, f. 218). 51 *A census of Ireland* circa *1659* ..., ed. S. Pender (Dublin, 1939), p. 391. 52 Abstract of will of Richard Braghall, proved 17 April 1662 (NAI, Betham genealogical abstracts, prerogative wills, series I, vol 10, p. 156). 53 Examination of Daniel Conway, April 1642 (TCD, MS 810, f. 97). 54 Robert C. Simington, *The transplantation to Connacht 1654–58* (Dublin, 1970), p. 84; Francis Elrington Ball, *A history of the County Dublin ... part*

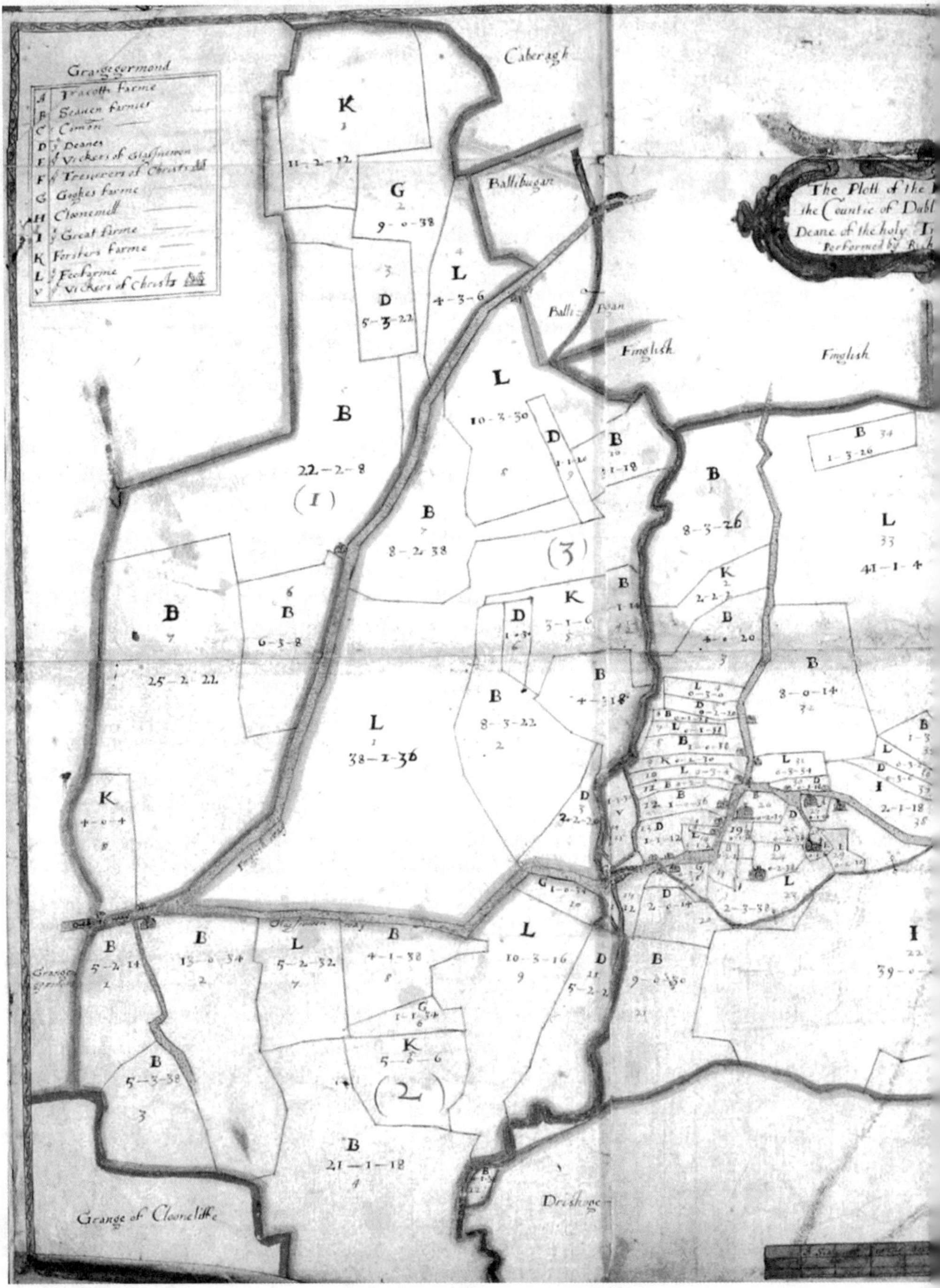


Fig. 3.1 Map of Glasnevin parish, 1640, by Richard Francis

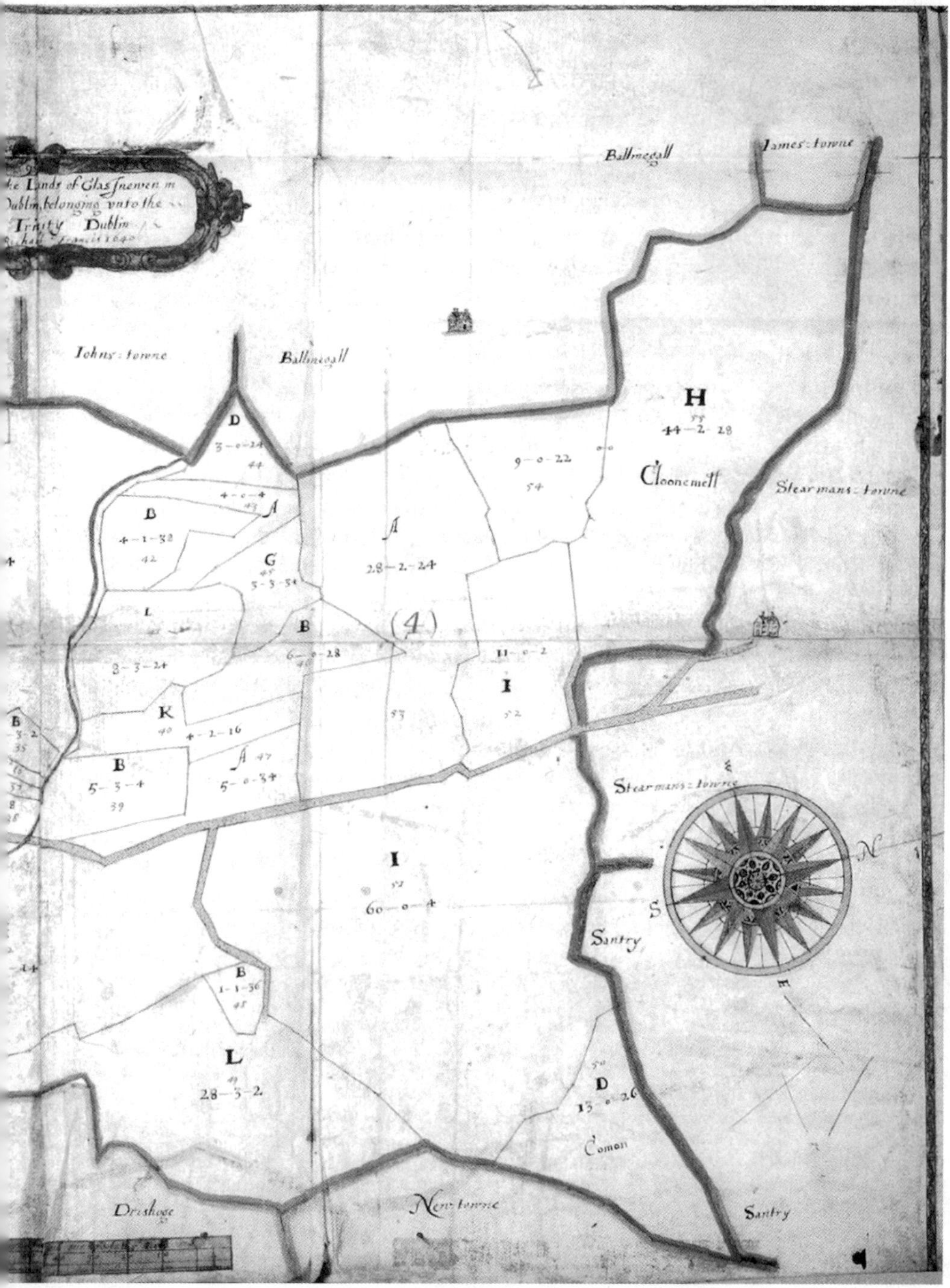
Ballmegall
James: towne
Johns: towne
Ballmegall
H
44—2—28
Cloonemett
Stearmans: towne
(4)
Stearmans: towne
N
S
Santry
L
28—3—2
D
13—0—26
Comon
Drishoge
New: towne
Santry

major Fingal landowner, the Catholic John Talbot of Malahide, whose demesne area remained relatively peaceful during the rising, was outlawed and transplanted to Connaught.[55]

At almost exactly the same time as the disputants in the Clonsilla/Castleknock area and their lawyers were using traditional procedures to resolve a dispute relating to landholding the Christ Church authorities were employing highly sophisticated methods to solve another problem in Glasnevin. The survey of the lands of Glasnevin carried out in 1640 by Richard Francis for the dean and chapter of Christ Church affords us another rare insight into the pattern of early seventeenth-century landholding.[56] This survey was almost certainly carried out in connection with a commission appointed to conduct of valuation of certain lands held by the cathedral.[57] It followed the leasing by the dean to Abraham Tilson, yeoman, of twelve acres of common of pasture in Glasnevin which had been enclosed by John Fagan, tenant to the dean, without his licence and against the covenants of his lease.[58] The Glasnevin lands to be valued included the Great Farm and Seven Farms held by John Fagan, Foster's Farm held by William Ball and the Glasnevin lands held by James Bath. In each of these farms, with the exception of the Great Farm which was situated north of the river, there were lands on both sides of the Tolka. The survey by Richard Francis was extended to include the whole parish of Glasnevin. The survey itself is very detailed and lends itself readily to analysis by means of a computer database. The accompanying map, a reduced copy of which is included as figure 3.1, has a set of alphabetic and numeric keys which facilitate reference to the manuscript tables. The orientation of this map is west-east instead of the more usual north-south. Figure 3.2 is a detail from this map which shows the village of Glasnevin.

The division of land by farm in the Richard Francis survey was compared with that shown in the later Civil Survey.[59] This showed certain discrepancies between the acreages given in the two surveys. The biggest discrepancy arose in the case of the Fee Farm held by James Bath. One possible explanation for this is that the jury contributing to the Civil Survey used a different measure of land from that used by Richard Francis in the case of James Bath's land. An insight into the problem of varying land measures was afforded in 1639 by the testimony of an eighty-year old

*fourth* (originally published 1906, reprinted Dublin, 1995), p. 13. 55 Joseph Byrne, *War and peace: the survival of the Talbots of Malahide 1641–1671* (Dublin, 1997), pp 37–47. 56 Richard Francis, A survey of the lands of Glassnwen in the county of Dublin belonging unto the deane of the holy trinity Dublin shewing the quantity of acres in every parcel of each severall farme thereof, with the tenantes names, and undertenantes holding the same with the contentes of the lands in their severall divisions, retaineing their true forme and situation in a plot annexed unto the end of this book, distinguished by colours, and letters particular unto each severall farme, with numbers referring unto the divisions thereof, and figures referring likewise unto each particular of the severall farmes therein contained, setting forth the highways and rivers thereof with the true forme of the towne and places of habitation, wth the bounding townes and lands of the bordering neighbours distinguished by their colours, 1640 (RCBL, Christ Church cathedral records, C6/3/1/2). 57 A commission 22 Feb. 15 Charles I [1640] for enquiring into the extent and value of some lands at Glasnevin, the great tithes of Brenanstown and Dalkey and ten acres in Salcock's Wood (RCBL, Christ Church cathedral records, Guard book 7, C6/1/26/7/24). 58 Abstract of lease to Abraham Tilson, 1 May 1639 (RCBL, Christ Church cathedral records, C6/1/17/2, p. 4a); *Christ Church deeds*, ed. M.J. McEnery and Raymond Refaussé (Dublin, 2001), no. 1539. 59 *Civil Survey, vii, county of Dublin*, pp 181–3; 'Fingal 1603–60', i, table 3.4, p. 98.

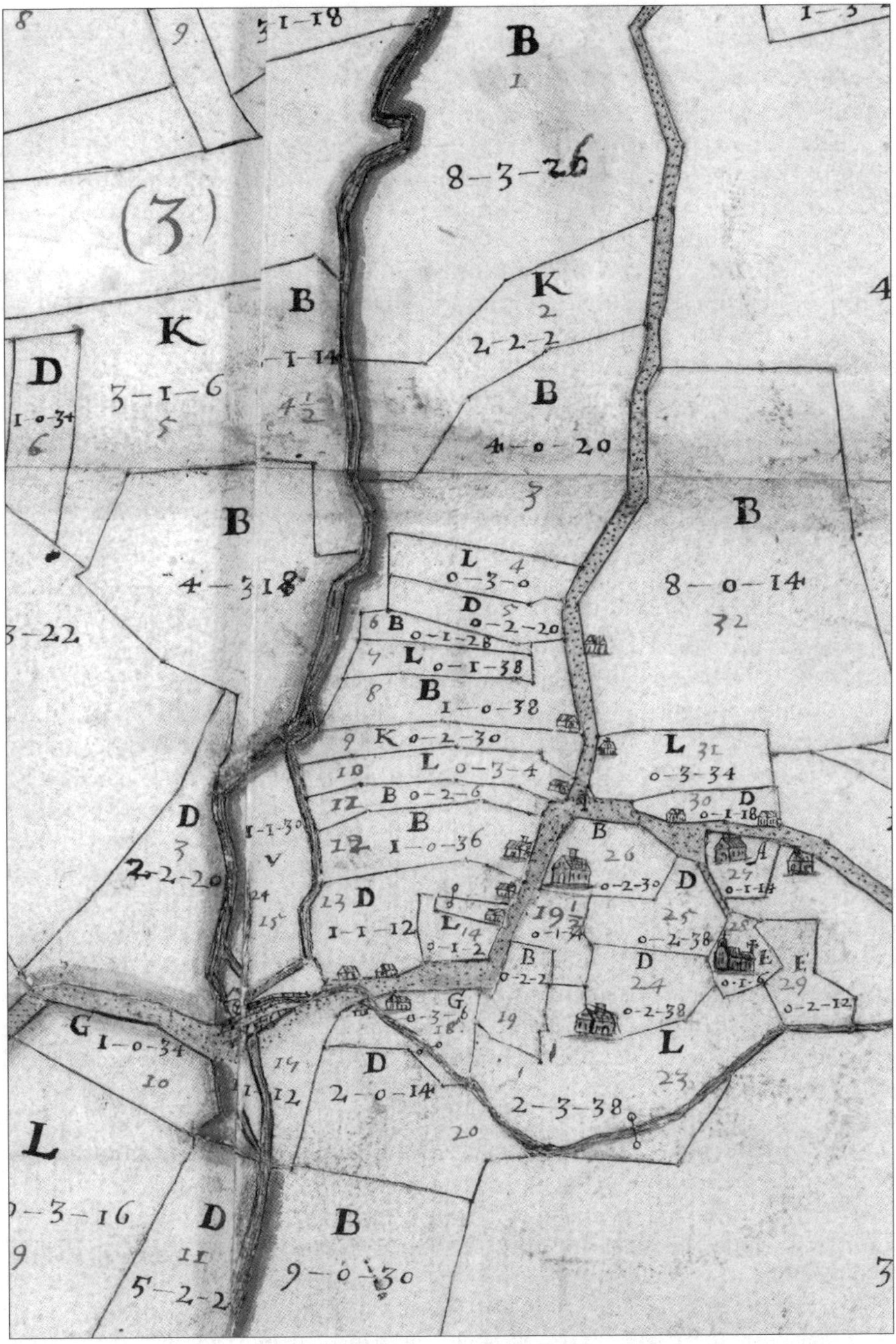


Fig. 3.2 Extract from map of Glasnevin parish, 1640, by Richard Francis showing Glasnevin village

Clonsilla witness, Richard Lock, in the case of Astagob already discussed, who deposed that 'the town and lands of Stagob aforesaid do contain six score acres of land but whether of English or Irish measure he knoweth not'.[60] With the exception of the Dean's Farm, each farm in Glasnevin was leased to a single person.

On the ground the situation was very different. Richard Francis gave each farm an alphabetic key and, as can be seen from his map (fig. 3.1) the parcels which made up the various named farms, with the exception of three of the four parcels which made up Draycott's Farm (A), the two Clonmel parcels (H), and the four parcels which formed the Great Farm (I), were widely scattered and interspersed with parcels which belonged to other farms. It is not possible to say for certain that a parcel was equivalent to a field but this seems likely. The central portion of the parish appears to have been originally composed of a series of strip fields linking the river Tolka with the main highway leading west towards Finglas. Most of the houses were situated on either side of this highway. The shape of some of these strips suggests that some of them may have been subdivided, perhaps to facilitate house building, at an earlier period. As one moved further from the centre of the village towards the parish boundaries the parcels, on the whole, became larger and more irregular in shape. Just beyond the centre of the village there was a fork in the road, as a second highway led north toward Stormanstown and Ballymun. At the southern end of the village, just west of the bridge over the Tolka, the river divided, forming a mill-race. The field enclosed by the river (Clerk's Meadow, V15) was the only area, apart from two small parcels of common land (C17 and C191/2), the churchyard (E28) and the mill land (F16), which was not sub-let. The mill stood just to the west of the bridge at the southern end of the town. The controversial holding which prompted the investigation was almost certainly the Dean's Common (D50) at the extreme north-eastern end of the parish. At the southern (Dublin) end of the parish a road forked east to the Grange of Clonliffe, while a second led west towards Finglas. This southern highway to Finglas by-passed Glasnevin village. Despite its small size, Glasnevin was the centre of a good communications network.

In his description of the survey Richard Francis claimed to have mapped the true form of the town and places of habitation. The houses in the parish can be classified into five groups, a single house on the eastern side of the parish, houses near the southern (Dublin) end of the parish, those on lands close to the church, houses at the western area of the village and those situated in the central area. The single house (L49) on the eastern side was shown in the rural area near the boundary with Santry parish.

At the southern (Dublin) end of the parish, which was also rural, on the eastern side close to the road leading to the Grange of Clonliffe, stood a house let to Robert Bath (B2). On the opposite side of the road there were two houses, one held by George Carruther (B7) and the other, at the parish boundary, on property held by William Ball (K8). William Ball inherited extensive lands, including those in Glasnevin, from his father, Robert, who was listed as proprietor of Ballygall (parish of Finglas) in the Civil Survey, although he had died in 1636 and had left the

60 Deposition of Richard Lock, 16 April 1639 (RCBL, C6/1/26/15/5, f. 13).

Ballygall property to his second wife, Margaret, for life.[61] According to the family history William Ball was living at Ballygall when his marriage to Ellinor, daughter of Christopher Bysse and sister of John, recorder of Dublin, and Robert, took place.[62] The date of this marriage is uncertain, but it certainly took place before August 1642.[63] If William Ball resided at Ballygall, who occupied his house in Glasnevin? This raises the more general question as to whether all the families or, indeed, all the houses in the parish have been accounted for by the survey and map. Two houses were situated on the southern highway to Finglas. One of these (L8), the most westerly house in the parish, was let to Edward Wickam, while Thomas Fleming was the occupier of a house (B1) on the southern side of the road about midway between Wickam's house (L8) and Carruther's (B7).

At the northern end of the village there were five house close to the church. One of these (L23), an isolated house on a parcel bounded to the south by a stream, was leased to, and almost certainly the residence of, Edward Wickam. This stream, which flowed from Ballygall and joined the Tolka near Glasnevin Bridge, forming a natural boundary for several parcels, was still to be seen on John Rocque's map of 1760.[64] The drawing of the house on the map suggests that this may have been a tiled house. Two other houses, on the eastern side of the road leading to Stormanstown, were held respectively by Jenico Preston (A27) and John Richards (I22). On the other side of the road Edward Wickam held two small buildings situated in the same parcel of land (D30).

There were four houses on the more northerly of the two roads leading west to Finglas. Those on the northern side of the road were held by Edward Wickam (L31) and John Coghlan (B32) while those on the southern side were let to Edward Wickam (L10) and Patrick Stronge (B8).

Within the central area of the village there were five houses on the western side of the highway and three to the east. Four of the houses on the western side (D13) were leased to Edward Wickam while the fifth was occupied by Patrick Stronge (B12). On the eastern side two buildings were held by the Widow Gough (G18). The third (B26), probably the largest house in the parish (if the houses were drawn to scale) and which appears to have had a loft, a tiled roof and a brick chimney, was occupied by Patrick Stronge. In fact, this was almost certainly his residence, since Richard Francis identified one of the parcels of common land (C191/2) as 'lying between the houses of Wickam and Stronge'. The second, smaller, parcel of common land (C17) was situated 'on both sides the ford by the mill'.

It seems clear that, despite the detail in Richard Francis's survey, he was concerned mainly with land and that not all the occupants of the houses were accounted for. The survey evidence suggests that Edward Wickam and Patrick Stronge were prominent men within the community who were sub-letting houses. It is also possible, though unlikely, that some houses were leased (separately from the adjoining

61 William Ball Wright, *Ball family records* (York, 1908), pp 24–8 and appendix, pp xx–xxi. 62 William Ball Wright, *Ball family records* (York, 1908), p. 29. 63 Abstract of will of Robert Bysse, junior, 20 August 1642 (NAI, Betham genealogical abstracts, prerogative wills, series I, vol 10, p. 138). 64 *The A to Z of Georgian Dublin: John Rocque's maps of the city in 1756 and the county in 1760*, ed. Paul Ferguson (Lympne Castle, Kent, 1998), p. 26Ca.

land) directly by Christ Church to tenants whose names are unknown. We are, however, faced with a problem. What happened to the two houses with their backsides which were leased directly by Christ Church to Abraham Tilson for 21 years on 3 March 1638?[65] The name of Abraham Tilson does not appear anywhere in Richard Francis's survey. As Henry Tilson held the office of dean in 1638 could this lease and the lease of the disputed Dean's Common have been purely technical or 'paper' leases to a relative, perhaps for legal reasons?

Apart from the church and the mill Richard Francis drew twenty-three buildings, probably all houses, in the parish of Glasnevin. For no apparent reason other than, perhaps, to put the Glasnevin houses into perspective, he also drew Sir James Barry's fine tiled two-storey house at Stormanstown (parish of Santry) on the right-hand side of the map and a second two-storey house, that of Robert Ball, further to the west in Ballygall (parish of Finglas). Robert Ball's 'stone house' was valued by the jury in the Civil Survey at £100 as was Sir James Barry's house, together with its 'one thatched house and some few cottages'.[66] There is no information about the Glasnevin buildings in the Civil Survey but, by 1664 there were ten occupiers only listed in the hearth money roll each assessed on a single hearth, but after a lapse of twenty-four years not one of the surnames identified by Richard Francis remained in the parish or, if they did, those who bore them were either very poor or were tax evaders.[67] In *Southern Fingal* Francis Elrington Ball gave some support to the latter interpretation. Using sources in the Public Record Office which no longer survive he commented:

> ... in 1667 the householders are stated to have increased to twenty-four, and three houses were rated for two hearths and an oven each, and three for two hearths each. For the former three Alderman Hutchinson was rated, but in the case of the latter three William Cooper, John Griffin, and John Allen are returned as the occupants.[68]

If the two sets of hearth money rolls represent a true reflection of the situation, Glasnevin must have undergone a remarkable transformation both in the quality and quantity of its buildings within the space of three years. It seems much more likely that the area was under-assessed in 1664 and that some small improvement in quality had taken place between 1640 and 1667.

Little further is known about those who lived or held property in Glasnevin in 1640 apart from William Ball, whose career has been documented and who died in 1649.[69] 'Richard Stronge of Glasnevin', who was probably the son of Patrick Stronge, was accused by Robert Benion of Dublin of being involved, together with other rebels, including the Longs of Abbotstown and the Freinds of Dunsink, in

65 Abstract of lease to Abraham Tilson, 3 March 1638 (RCBL, Christ Church cathedral records, C6/1/17/2, p. 4a); *Christ Church deeds*, ed. M.J. McEnery and Raymond Refaussé (Dublin, 2001), no. 1537. 66 *Civil Survey, vii, county of Dublin,* pp 146 and 200. 67 'Hearth money roll for County Dublin, 1664' (second part), *Journal of the County Kildare Archaeological Society*, xi (1930–33), p. 398. 68 Francis Elrington Ball, *Southern Fingal* ... (originally published 1920, reprinted Dublin, 1995), p. 128. 69 William Ball Wright, *Ball family records* (York, 1908), pp 26 and 28–30.

taking twenty English cows, one mare and a nag worth about £40 from him on Trinity Sunday 1642 and of participation in several other raids.[70] A much more serious accusation was made by Richard Swinson that, in January 1643 at Meakstown, several named rebels including 'Walter Clench and Richard Stronge, then both of Cappagh, farmers, but the said Richard Stronge now liveth with his mother at Glasnevin', had blinded him in one eye and later shot an Irishman and hanged three Englishmen at Piercetown leaving them unburied.[71] Richard Stronge's name does not appear on the lists of outlaws probably because the accusations were not made formally until 1645. Even worse was to follow. Richard Stronge was one of the ring leaders in the raid at the Forrest near Swords in 1650 in which several men, including the son and nephew of Justice Donnellan, were killed.[72] His fate is unknown. Patrick Stronge of Glasnevin, described as a 'farmer', died intestate in or before 1662.[73]

Three further residents of Glasnevin, Elizabeth Doyle, William Robban and Garrett Toole, who were outlawed at Kilmainham on 18 November 1643, have not been identified.[74] The name 'Garrett Toole' may provide a link with a James Toole who, according to the Christ Church deeds was resident in Glasnevin in 1572.[75] Other residents mentioned in the same deed had the surnames, Doyne, Webb, Quatermas, Swane and Man. A striking feature of early-modern Glasnevin is the turnover of surnames over a relatively short period. The surname, Toole, is a notable exception. This lack of continuity in family names suggests that the population actually resident in Glasnevin, especially at the lower levels of the social scale, was, if anything, even more mobile than that in Clonsilla.

The Richard Francis survey showed that the leasing pattern in general was extraordinarily complex and led to situations where the actual occupiers of the land were not those who had leased it from Christ Church.[76] Religion does not appear to have been a major factor in the leasing or sub-letting of land in Glasnevin before 1640.

Since Glasnevin parish belonged in its entirety to Christ Church, the land was classified in the Down Survey as 'unforfeited'.[77] Therefore no further information about land quality can be obtained from that source. It is, however, possible to form a picture of the economic life of the area by examining some of the Christ Church deeds. While many of the leases mentioned were drawn up in the sixteenth century, in most cases they extended into the seventeenth century. The shortage of timber in Glasnevin as in Fingal in general, was reflected in some of these deeds. For example,

70 Deposition of Robert Benion, 25 July 1645 (copy only) (TCD, MS 810, f. 62). 71 Deposition of Richard Swinson, 28 July 1645 (TCD, MS 810, f. 325). 72 Examination of Robert Boylan, 6 November 1652 (TCD, MS 810, f. 334); examination of Nicholas Bellew, 17 November 1652 (TCD, MS 810, f. 351); examination of Andrew Gyraght, 2 February 1653 (TCD, MS 810, f. 357); examination of Thomas Waltryn, 1 February 1653 (TCD, MS 810, f. 375); examination of John Confy, 1 February 1653 (TCD, MS 810, f. 377); examination of Patrick Maguire, not dated (TCD, MS 810, f. 379); examination of John Heard, 24 November 1652 (TCD, MS 810, f. 380). 73 Deputy keeper of public records in Ireland, *Appendix to the twenty-sixth report* (Dublin, 1894), p. 819. 74 R.C. Simington and John MacLellan, 'Oireachtas Library, List of outlaws, 1641–1647' in *Analecta Hibernica*, no. 23 (1966), pp 340, 343 and 345. 75 *Christ Church deeds*, ed. M.J. McEnery and Raymond Refaussé (Dublin, 2001), no. 1325. 76 For a full discussion see 'Fingal 1603–60', i, pp 103–12. 77 Map of the barony of Coolock, Down Survey parish maps ... (NLI, MS 714).

even in the first half of the sixteenth century, a general lease of the manor constrained the dean to allow yearly to the tenants two ash-trees for making cartwheels.[78] In return the tenants were required to plant twenty ash trees every year in convenient places of the manor, none of which, or other great trees, were to be cut down without leave of the dean or his successors. John Raghty (or Raghter), a shearman, who received a lease for thirty-one years in 1585 for two houses and just two acres of land with pasturage rights on the common was required to 'set one hundred of ashes in the backside and about the said ground and premises within [the first] four years of this term'.[79] Richard Fagan who received a lease of the Great Farm in 1592 for 119 years was required to plant six ash-trees yearly.[80]

Tenants were also required to supply men to work for Christ Church on lands which were reserved and which had not been let. Giollachríost O Cane, a tailor, who had the lease of a property near Glasnevin bridge was required to supply two men to reap the dean's harvest for one day each year and to supply them with meat and drink.[81] The provision of men to work for the landlord at harvest either by contributing a certain number of days or by reaping one or more ridges was frequently specified in leases.[82] A variation on this practice is found in the archbishop's leases of land in Finglas. For example, in a lease dated 1 February 1594 to Robert Leycester it was specified that he should 'send unto the said lord archbishop and his successors at their pleasure to the manor of Tallaght six able men to reap corn one day in harvest every year during the said term if they be demanded'.[83]

The Christ Church authorities also prescribed some of the work that had to be carried out on the tenant's land in order that tillage might be maximized. Kerrol Doyne was required to sow his nine acres for three seasons so that tithes might grow to the vicar as had grown from them in times past.[84] When Richard Fagan received a lease of the Seven Farms in 1592 for ninety-one years he was required to plough and manure as much land as was then ploughed.[85] Provisions to ensure tillage were also made in 1594 in leases of Draycott's Farm and Foster's Farm for ninety-nine years to Arland Ussher and Alderman John Foster.[86] A more precise indication of the

78 Abstract of lease to Thomas, Alson and Oliver Stephens, 10 June 1542 (RCBL, Christ Church cathedral records, C6/1/17/2, p. 2). **79** Abstract of lease to John Raghty, 12 February 1585 (RCBL, Christ Church cathedral records, C6/1/17/2, p. 3); *The first chapter act book of Christ Church cathedral, Dublin 1574–1634*, ed. Raymond Gillespie (Dublin, 1997), p. 49; *Christ Church deeds*, ed. M.J. McEnery and Raymond Refaussé (Dublin, 2001), no. 1369. **80** Abstract of lease to Richard Fagan, 6 June 1592 (RCBL, Christ Church cathedral records, C6/1/17/2, p. 4); *The first chapter act book of Christ Church cathedral, Dublin 1574–1634*, ed. Raymond Gillespie (Dublin, 1997), p. 79; *Christ Church deeds*, ed. M.J. McEnery and Raymond Refaussé (Dublin, 2001), no. 1404. **81** Abstract of lease to Giollachríost O Cane, 10 October 1558 (RCBL, Christ Church cathedral records, C6/1/17/2, p. 2); *Christ Church deeds*, ed. M.J. McEnery and Raymond Refaussé (Dublin, 2001), no. 1256. **82** *Christ Church deeds*, ed. M.J. McEnery and Raymond Refaussé (Dublin, 2001), nos. 1263, 1355, 1358, 1369 and 1426. **83** Copy lease to Robert Leycester, 1 February 1594 (RCBL, Records of the archbishop of Dublin, D6/76/10/3). **84** Abstract of lease to Kerrol Doyne, 20 November 1581(RCBL, Christ Church cathedral records, C6/1/17/2, p. 3); *The first chapter act book of Christ Church cathedral, Dublin 1574–1634*, ed. Raymond Gillespie (Dublin, 1997), p. 39; *Christ Church deeds*, ed. M.J. McEnery and Raymond Refaussé (Dublin, 2001), no. 1358. **85** Abstract of lease to Richard Fagan, 12 February 1592 (RCBL, Christ Church cathedral records, C6/1/17/2, p. 4). **86** Abstracts of leases to Arland Ussher, 31 July 1594 and John Foster, 21 December 1594 (RCBL, Christ Church cathedral records, C6/1/17/2, p. 5); *The first chapter act book of Christ Church cathedral, Dublin, 1574–1634*, ed. Raymond Gillespie (Dublin, 1997), p. 89; *Christ Church deeds*, ed. M.J. McEnery and Raymond Refaussé (Dublin, 2001), nos. 1417 and 1426.

type of cereal produce grown can be found in the lease of the Great Farm to Richard Fagan for 119 years in 1592.[87] The great tithes of the farm were also demised to Richard Fagan but he was required to pay for them 'twenty pecks of good sound corn, viz., ten pecks of good sound wheat and bearmalt, and ten pecks of good sweet sound oatmalt of like measure as now they use to receive of other farmers …'

The almost invariable inclusion in leases of a provision for the payment of watch hens at Christmas indicates the importance of poultry-keeping in the Glasnevin economy. In leases made in 1581 and 1638 to Laurence Enos and Abraham Tilson, yeoman, of the same two messuages and backsides, the tenants were required to pay yearly, in addition to the watch hens, four capons on Trinity Sunday.[88] Perhaps this reflected a specialization in poultry-keeping on this holding. While the keeping of other livestock was permitted it does not seem to have been encouraged except on the common land. In this respect Glasnevin differed considerably from the Castleknock/Clonsilla area.

The other major holdings of Christ Church in Grangegorman and Balscaddan displayed a similar pattern. There was a similar emphasis on the conservation of trees.[89] In Balscaddan geese and capons tended to be substituted for watch hens.[90] Many leases contained clauses which constrained tenants to find accommodation for men or boys and horses for one or two nights at Christmas.[91] This may suggest the lease of a tavern or alehouse but in no case has this been confirmed. Sometimes the demands made on tenants were more onerous. For example, in a fee-farm grant of Tobertown and other properties John Finglas of Tobersool (Balscaddan) was required to find meat drink and lodging for the dean and seneschal of Christ Church and their horses during such convenient time as they should come and remain there for keeping court twice a year.[92]

A high proportion of the land in Fingal was held by the established church. Raymond Gillespie has discussed the measures taken by the authorities of Christ Church Cathedral to tackle two economic problems which beset the authorities of the established church in the early seventeenth century, namely, long leases and low rents.[93] An attempt was made to analyze and quantify the position as regards church

87 Abstract of lease to Richard Fagan, 6 June 1592 (RCBL, Christ Church cathedral records, C6/1/17/2, p. 4); *The first chapter act book of Christ Church cathedral, Dublin 1574–1634*, ed. Raymond Gillespie (Dublin, 1997), pp 78–9; *Christ Church deeds*, ed. M.J. McEnery and Raymond Refaussé (Dublin, 2001), no. 1404. 88 Abstracts of leases to Laurence Enos, 1 July 1581 and Abraham Tilson, 3 March 1638 (RCBL, Christ Church cathedral records, C6/1/17/2, pp 4a and 13); *Christ Church deeds*, ed. M.J. McEnery and Raymond Refaussé (Dublin, 2001), nos. 1355 and 1537. 89 For example, copy of lease to Mathew King, 31 December 1543 (RCBL, Christ Church cathedral records, C6/1/26/1, f. 3); abstract of lease to George Taaffe, 10 February 1547 (RCBL, Christ Church cathedral records, C6/1/17/2, p. 41). 90 For example, abstract of lease to George Taaffe, 10 February 1547 (RCBL, Christ Church cathedral records, C6/1/17/2, p. 41); abstract of lease to John Kelly, 1 March 1559 (RCBL, Christ Church cathedral records, C6/1/17/2, p. 42). 91 For example, abstract of lease to John Raghty, 12 February 1585 (RCBL, Christ Church cathedral records, C6/1/17/2, p. 3); *The first chapter act book of Christ Church cathedral, Dublin 1574–1634*, ed. Raymond Gillespie (Dublin, 1997), p. 49; *Christ Church deeds*, ed. M.J. McEnery and Raymond Refaussé (Dublin, 2001), no. 1369. 92 Abstract of lease to John Finglas, 17 February 1575 (RCBL, Christ Church cathedral records, C6/1/17/2, p. 44); *Christ Church deeds*, ed. M.J. McEnery and Raymond Refaussé (Dublin, 2001), no. 1342. 93 Raymond Gillespie, 'The crisis of reform, 1625–60' in Kenneth Milne (ed.), *Christ Church cathedral, Dublin: a history* (Dublin, 2000), pp 200–1.

lands in Fingal.[94] This analysis was biased towards the Christ Church lands since more information has survived concerning these than exists for the other major clerical landholder in the region, the archbishop of Dublin. Much of the material relating to the Christ Church property is contained in the published volume of *Christ Church Deeds*.[95] This can be supplemented from other information in the Representative Church Body Library such as the summary extracts from a volume which no longer exists and which is referred to as 'the small old register'.

If, however, the leases are divided into those which were granted before the accession of James I and those granted after that date the position is even more stark.[96] On 28 February 1603 the lords of the council in England wrote to Lord Mountjoy and the Irish council expressing concern about 'the great wrong which hath been done unto the cathedral church of the blessed Trinity commonly called Christ Church in Dublin in the aliening and granting away, and long leasing, without the founders' consent or licence of a great part of the land and titles and duties thereof by the former deans and chapters'.[97] This marked the start of a change of practice as far as Christ Church was concerned. Whereas only 9 per cent of the leases in the sample granted during the Elizabethan period were for less than forty years, 79 percent of those granted during the Stuart period were for less than forty years. In fact, all but five of the leases granted during the Stuart period were for twenty-one years or less, and, of the five which exceeded twenty-one years four related to the archbishop's lands. This shortening of leases represented a diminution of security of tenure, not just for those immediately affected, but also for the many tenants whose leases were due to run out in what was for them the foreseeable future.

The position regarding rents is even more difficult to quantify since, not only were there few renewals but where these occurred, they did not always represent exactly the same properties. For example, the first lease may have been in respect of one particular farm but in the second lease the original farm may have been combined with a second farm for which earlier particulars no longer exist or cannot be identified with certainty. If, as was usual, the rents were aggregated on the second occasion it is not possible to compare like with like. For the purpose of ascertaining if there were significant rent increases in Fingal such grants have had to be discarded. This leaves a very small usable sample restricted to Astagob and Diswellstown (674 per cent increase), Glasnevin – Joye's holdings (55 per cent increase), Finglas – Kilshane (311 per cent increase) and Finglas – Barrett's Land (no increase).[98]

The tenant of Kilshane when the rent was raised was Richard Bellings, who later became secretary to the Catholic confederation.[99] Alson Luttrell, with whom the 1637 lease of Astagob and Diswellstown was concluded, was declared an 'innocent' in 1663.[100] Dudley Boswell, to whom the lease of Barrett's Land was granted, was prebendary of St John's.[101]

94 'Fingal 1603–60', i, table 3.13, p. 116. 95 *Christ Church deeds*, ed. M.J. McEnery and Raymond Refaussé (Dublin, 2001). 96 'Fingal 1603–60', i, table 3.14, p. 117. 97 Lords of the council in England to Lord Mountjoy and the council in Ireland, 28 February 1603 (RCBL, Christ Church cathedral records, C6/1/26/2/6). 98 'Fingal 1603–60', i, table 3.15, p. 118. 99 Second chapter act book (copy) (RCBL, Christ Church cathedral records, C6/1/8/2, p. 80). 100 'Abstract of the decrees of the court of claimes for the tryall of Innocents' in Deputy keeper of public records in Ireland, *Nineteenth report* (Dublin, 1887), appendix, p. 43. 101 *The first chapter act book of Christ Church cathedral, Dublin,*

The state papers listed the names of others affected by rent increases on the Fingal estates belonging to the archbishop of Dublin calculated *c.*1637.[102] The percentage rent increases ranged from 122 per cent to 1,500 per cent. An interesting feature of this list was that it contained the names of several persons subsequently outlawed for their part in the 1641 rising, namely, Laurence Bellings, George Blackney, John Finglas, Thomas Fitzsimons and Richard Jorden.[103] James Plunket was almost certainly the son of Sir Christopher Plunket of Dunsoghly.[104] Though he did not himself appear on the list of outlaws, his brother, Richard, who was a prominent officer in the confederate army, appeared on the list published by John Gilbert.[105] William Horish was granted a sixty-one year lease of parcels of land in Swords and Lusk in 1607.[106] These parcels have not been identified for 1641 in the Civil Survey. It is possible that William died before that date. Several members of the Horish family of Ballyboghil, though none with the Christian name, William, appeared on the list of outlaws.[107] Mary Taylor and Pat Kennedy have not been identified.

Given the low base of the rents set in the original leases, the rent increases shown in the foregoing tables may not have been unreasonable. However, in the eyes of those who had to pay them they must have appeared excessive and, taken together with the shortening of the length of Christ Church leases, they must have had a severe effect on the morale, as well as the standard of living, of tenants over a wide area of Fingal.

Tithes were another source of grievance to those who owned and worked the land. Prior to 1641, the overwhelmingly Catholic population of Fingal had to support two groups of clergy, the clergy of the established church and their own pastors. As the number of Catholic priests increased due to the success of seminaries on the continent as well as the missionary work of the regular clergy, the financial burden became even greater. Where the owners of the tithes were Catholics, they could use some at least of the proceeds to support their own clergy. The position as regards tithes in 1630 and 1654–6 was examined.[108] The 1630 data were derived from the report on Archbishop Bulkeley's visitation of 1630.[109] A striking feature of this report was the large number of parishes for which no information was available or, if available, was not stated. The Civil Survey returns of 1654–6 showed that Catholic proprietors had an interest in tithes in something over one-third of the parishes but in some of these cases the interest was shared with Protestant proprietors.[110] The conclusion is that, while tithes in general were a burden, they represented a significant drain on the resources of Catholics in about two-thirds of the parishes.

One of the most important benefits of the rich land of Fingal was the employment

*1574–1634*, ed. Raymond Gillespie (Dublin, 1997), p. 193. **102** 'A true note of the ancient rent received by the archbishop of Dublin and of the increase of rent upon composition by virtue of a reference of the lord deputy to the bishop of Derry, dated 17 Feb. 1637' 4 August 1637 in *Cal. S. P. Ire., 1633–47*, pp 165–6; 'Fingal 1603–60', i, table 3.16, p. 119. **103** R.C. Simington and John MacLellan, 'Oireachtas Library, List of outlaws, 1641–1647' in *Analecta Hibernica*, no. 23 (1966), pp 337, 338, 340 and 342. **104** Griffith, *Inquisitions*, pp 456–8. **105** John T. Gilbert (ed.), *History of the Irish confederation and the war in Ireland, 1641–3 ...* (7 vols, Dublin, 1882–91), iii, p. 376. **106** *The first chapter act book of Christ Church cathedral, Dublin, 1574–1634*, ed. Raymond Gillespie (Dublin, 1997), pp 121–2. **107** R.C. Simington and John MacLellan, 'Oireachtas Library, List of outlaws, 1641–1647' in *Analecta Hibernica*, no. 23 (1966), p. 341. **108** 'Fingal 1603–60', i, tables 3.17 and 3.18, pp 121–2. **109** 'Archbishop Bulkeley's visitation of Dublin, 1630', ed. M.V. Ronan in *Archivium Hibernicum*, viii (1941), pp 56–98. **110** *Civil Survey, vii, county of Dublin*, ed. R.C. Simington (Dublin, 1945).

which it provided. Apart from the occasional reference to 'servants' in the 1641 depositions, it is difficult to obtain any kind of picture of the level of employment. What, for example, was the ratio of permanent employees to seasonal workers? Did the pattern of employing seasonal workers from south Ulster at harvest time, which obtained in later centuries, exist in the seventeenth century? How dependent was the economy on the contribution of women and children? It has not been possible to arrive at answers to these questions. Just one indicator of how important people were to the land-based economy has been found for Fingal. A single document in the Representative Church Body Library lists the distribution of the effects of Henry Freind (or Frend) of Dunsink, who died in or prior to 1645.[111] This document raises a number of question, not least of which is how it found its way into the Christ Church papers. Henry Freind was not a proprietor in his own right in Fingal nor does his name appear as a proprietor in Esker parish in the Civil Survey.[112] It is possible that he rented land south of the Liffey from Christ Church although his name cannot be traced in the *Christ Church deeds.* He belonged to a well-known Dunsink family, whose members played a prominent part in the 1641 rising and were among the most frequently mentioned rebels in the 1641 depositions.[113] Two Christian names, Henry (gentleman) and Richard (yeoman), appeared on the list of outlaws, while two names, Lieutenant Richard and Nicholas (farmers), were mentioned in the depositions. In two of the depositions, the expression 'Freind of Dunsink' was deemed sufficient to identify the person referred to, and in one case there was a reference to 'Freind and his son of Dunsink, farmers', while in another deposition they were described as 'tenants to the honourable Sir George Wentworth'.[114] This is somewhat puzzling, as the Civil Survey designated Sir Robert Loftus as the proprietor of Dunsink.[115] The property may have been sub-let to Sir George Wentworth. Since Henry Freind was described as a 'gentleman', it seems likely that he was head of the household and that at least one of the two, Richard or Nicholas, was a son of his. The Civil Survey stated that there were five or six small cottages in Dunsink in 1654–6.[116] There was no mention of houses of office or of ruined buildings which might have suggested an off-farm enterprise. Had Henry or a member of his family had an occupation other than that of farmer, it is likely that it would have been mentioned in the list of outlaws. The evidence suggests that Henry Freind was no higher in the landed hierarchy than a sub-tenant, but nevertheless he employed at least ten people, some of whom may have been relatives.[117]

111 Account of the distribution of the effects of Henry Freind (RCBL, Christ Church cathedral records, C6/1/26/6/42, f. 42). 112 *Civil Survey, vii, county of Dublin,* p. 307. 113 Deposition of John Smith, 19 January 1642 (TCD, MS 809, f. 222); deposition of Thomas Smith, 20 January 1642 (TCD, MS 809, f. 224); deposition of Robert Cullen, 7 February 1642 (TCD, MS 809, f. 270); deposition (copy) of Robert Benion, 25 July 1645 (TCD, MS 810, f. 62); deposition of Thomas Waller, 29 March 1642 (TCD, MS 810, f. 187); deposition of Richard Swinson, 28 July 1645 (TCD, MS 810, f. 325); John T. Gilbert (ed.), *History of the Irish confederation and the war in Ireland, 1641–3 ...* (7 vols, Dublin, 1882–91), iii, p. 361; R.C. Simington and John MacLellan, 'Oireachtas Library, List of outlaws, 1641–1647' in *Analecta Hibernica*, no. 23 (1966), pp 340–1. 114 Deposition of John Smith, 19 January 1642 (TCD, MS 809, f. 222); deposition of Thomas Smith, 20 January 1642 (TCD, MS 809, f. 224); deposition of Thomas Waller, 29 March 1642 (TCD, MS 810, f. 187); deposition of Richard Swinson, 28 July 1645 (TCD, MS 810, f. 325). 115 *Civil Survey, vii, county of Dublin,* p. 249. 116 *Civil Survey, vii, county of Dublin,* p. 249. 117 'Fingal 1603–60', i, table 3.19, p. 125.

Some of the agricultural produce of Fingal was consumed by the farmers, their families and their servants. Some was surrendered to the landlords or to holders of tithes. Some was exported. It seems reasonable, however, to suggest that the vast bulk of it was disposed of at the various fairs which took place occasionally or at weekly markets.

The rural economy of Fingal was traditional and highly complex. There is evidence not just of estates made up of widely-scattered holdings but also of large-scale sub-letting of property to such an extent that, in the Civil Survey, lay people were described as the 'proprietors' of what were clearly church lands. The success of the economy depended on mutual cooperation between landlord and tenant, supported by a system of manor courts, as well on as the availability of external markets. As Dublin city grew so did the prospects for greater economic prosperity for rural Fingal. Relationships between landlords and tenants were generally good where they were of the same religion. Where there was a difference it was usually possible to find a *modus operandi* as happened in Glasnevin but there existed an underlying tension which surfaced when the 1641 rising broke out. While the shortening of leases of church lands and the general raising of rents in the late 1630s was somewhat mitigated by the fact that few leases actually fell due for renewal during that period, the threat to security of tenure was enormous since many more proprietors than those immediately affected faced the prospect of rent increases within a short time. Tithes were a significant burden for Catholic tenants, in particular. However, the war which broke out in 1641 and the confiscations which followed interrupted the relatively peaceful coexistence between landlord and tenant families which had lasted for centuries in many cases. The outcome of the 1641 rising brought uncertainty in place of stability to Fingal.

# 4

# 'Neptune's neighbour'

> Whereas Edward Hollywood, customer of the country shambles, hath been an humble petitioner unto the said assembly, praying that the free butchers of this city that repair to the country shambles on market days to sell flesh, might be compelled to pay such customs as the country butchers do: it is therefore agreed, by the said authority, that all such free butchers as resort to the country shambles to sell any flesh shall pay all such custom as foreign butchers do ...[1]

This quotation from the Dublin assembly roll, 1622, one of the records of the meetings of the corporation of Dublin, is a reminder of the close relationship that existed between Dublin city and its hinterland in early modern Ireland. Fingal and Dublin city were interdependent. The city relied on supplies from Fingal and regulated its affairs in such a way as to accommodate the needs of farmers and others bringing goods from the countryside while Dublin city was one of the conduits through which goods as well as ideas from abroad reached Fingal.

As has been shown in chapter 2, Fingal towns were small by modern standards. Swords, Lusk and Balrothery were ancient towns, and by the seventeenth century Swords had borough status with the privilege of sending two members to parliament. Both Swords and Lusk were manor towns and came within the purview of the archbishop of Dublin. Apart from a seneschal who presided over the manor court on behalf of the archbishop the towns had a structure of officials to ensure that the law and civic regulations were enforced. The late sixteenth-century Court book of the liberty of Saint Sepulchre provides some insight into this structure. The following is a modernized version of an entry which appeared in the Court book for December 1587:

> Presented by Patrick Blackney, bailiff, that he, distraining a garron for the lord's rent arrear upon Francus's messuage, that William Maghery of Swords contemptuously did rescue the said distress from the bailiff and sergeant. The said Patrick called for aid to the portreeve, Robert Dowding, who likewise refused to assist him.[2]

While cooperation between the elected and appointed officials may have left something to be desired the turnover of personnel suggests that the corporation of the

1 Dublin assembly roll, 1622, *Anc. rec. Dublin*, iii, p. 148. 2 *Court book of the liberty of Saint Sepulchre* ..., ed. Herbert Wood (Dublin, 1930), p. 46.

borough of Swords was reasonably active. Only three years later, in April 1590, the portreeve (or mayor) of Swords was Thomas Bellings while the bailiff (or sheriff) was William Horish.[3] They were supported by six constables: John Gavin and Patrick Dowde for Swords, Nicholas Butrbey and Michael Fleming for the north of Swords and Richard Foster and Richard Motten for the south part. In 1586 two bailiffs, the 'churchon' (churchwarden?) and John Field, the younger, as well as two constables, John Gower of Rathluckstown (probably Rallekaystown) and John Dermot of the Rowans were listed for Lusk.[4] By April 1590 Lusk had four constables: James Humphrey and Richard Wade for the east side and Patrick Harford and Nicholas Donnell for the west side. James Humphrey and John Farnelle were listed as bailiffs of Lusk at another meeting of the manor court on the same day.[5] In April 1589 John Patrick was listed as constable of Finglas while at the same court session James Regan appears to have been appointed to replace him.[6] The constables of Clonmethan (Richard Quatermas) and Portraine (Martin Giblin) were present at the manor court in Swords on 27 April 1590. There was also a gaol in Swords but it is not clear if a gaoler was employed or if the office was discharged by one of the other functionaries.[7]

While the archbishop of Dublin was the ultimate proprietor of much of the town of Swords, the borough appears to have encroached on the lands of other proprietors by the seventeenth century, although the precise boundaries of this unwalled town have not been determined. Propertyholding within the town was at least as complex as that shown for Glasnevin in the previous chapter. Some idea of this complexity can be gained by examining details of contemporary maps (see figures 4.1 and 4.2).[8]

Even outside the lands that fell within the jurisdiction of institutions of the established church, local government in Fingal was no doubt influenced by the expertise provided by the many Dublin aldermen who had homes or property within the territory. Information on the Fingal lands owned by aldermen in the late sixteenth and early seventeenth centuries has been provided by Colm Lennon.[9] The names of those who held land in 1641 included Sir James Barry, Robert Arthur, Patrick Gough and Charles Foster.[10] During the period 1603–60 certain recorders (chief legal officers) or former recorders of Dublin city, such as Richard Bolton, William Dongan and John Bysse, also held land in the area. Newcomers to the area, such as English and Welsh Protestant clergymen, as well as Catholic priests returning from the Continent, in particular, the Jesuits and the Capuchins, brought with them rich and diverse experiences of urban life which they had acquired abroad, often in large

3 *Court book of the liberty of Saint Sepulchre ...*, ed. Herbert Wood (Dublin, 1930), p. 68. 4 *Court book of the liberty of Saint Sepulchre ...*, ed. Herbert Wood (Dublin, 1930), p. 4. 5 *Court book of the liberty of Saint Sepulchre ...*, ed. Herbert Wood (Dublin, 1930), p. 59. 6 *Court book of the liberty of Saint Sepulchre ...*, ed. Herbert Wood (Dublin, 1930), pp 51 and 54. 7 *Court book of the liberty of Saint Sepulchre ...*, ed. Herbert Wood (Dublin, 1930), p. 69. 8 The barrony of Nethercross in the county of Dublin (Down Survey baronial maps, 1657, reproduced Ordnance Survey Office, 1908, from the originals in the Bibliothèque Nationale, Paris); The plott of severall farmes in ye county of Dublin, Barrony Neithercross and parish of Swords called by the severall names of Fitzsimmons his farme, Gough his farme, Damgood Meade, Nevingstowne, with a Farme called Gillingstowne performed by John Tormer, 1656 (RCBL, Records of the archbishop of Dublin, D6, map no. 3). 9 Colm Lennon, *The lords of Dublin in the age of reformation* (Dublin, 1989), appendix 2, pp 223–76. 10 *Civil Survey, vii, county of Dublin,* pp 34, 59, 71 and 201.

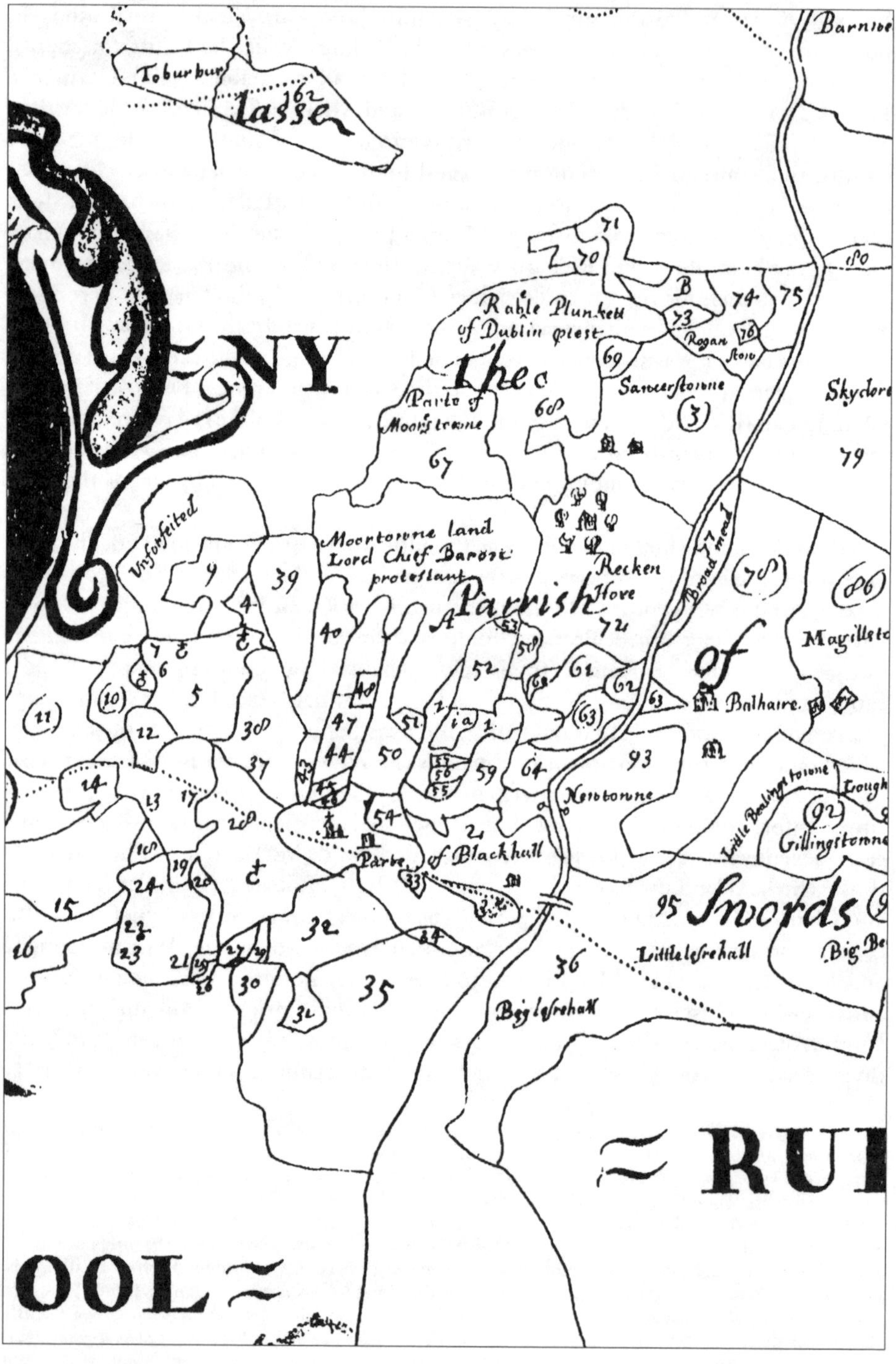


Fig. 4.1 The barony of Nethercross in the county of Dublin, Down Survey, 1657 (detail)

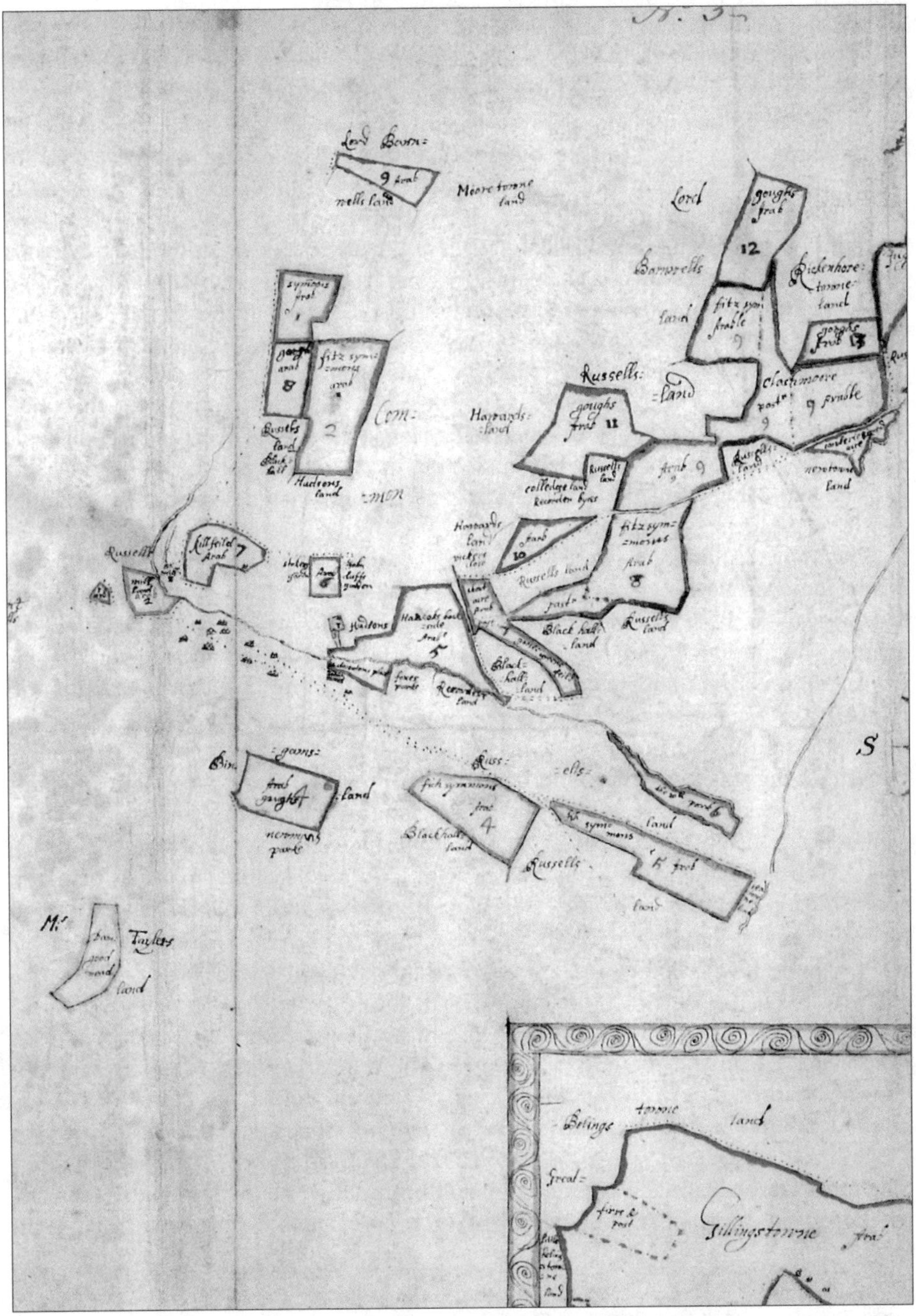


Fig. 4.2 Detail of map of part of the archbishop's lands in and near the town of Swords by John Tormer, 1656

cities. Many lay Protestants had been educated in English universities while members of the Catholic gentry had frequently studied in other countries or in the inns of court in London. While the records of local government for the area have been lost there is no reason to suspect that it did not function efficiently.

One of the functions of local government was to ensure the smooth operation of fairs and markets. A late (nineteenth-century) commission defined a market as 'an authorised public concourse of buyers and sellers of commodities meeting at a place, more or less strictly limited or defined, at an appointed time'.[11] A fair was described as a larger market. The commission considered that the specific differences between a fair and a market was that the fair was held less frequently, generally extended over a longer continuous period and was of a more miscellaneous character than a market. It also pin-pointed three characteristic and essential elements of both markets and fairs, namely, an authority conceded, a place more or less defined and a time specified. Market owners derived benefits from three sources – tolls (charges for bringing animals or goods into the market area), stallages (duties for the liberty of having stalls in a fair or market, or for removing them from one place to another) and rents (similar to stallages but applied where the accommodation was more fixed and substantial or where the hiring was for a more extended period).[12]

These fairs and markets were highly popular since, as well as providing an outlet for the local producers, they brought trade into a town or village. Just how important they were to the local economy and to the prestige of the local landlord can be judged from an angry letter sent by Robert Brian to the dean of Christ Church – St Doolagh's was part of the lands of Christ Church – protesting that his neighbour, John Bath of Balgriffin, had sent 'certain of his men here to St Doolagh's in arms to molest the fair of St Doolagh's' which had been held there 'in times out of mind'.[13] We learn from this letter that John Bath had enlisted his tenants to establish the fair 'partly in the king's majesty's highway and another part in the land of Balgriffin which is manifestly to be seen, which do appear by the places where these men lodge'. Robert Brian made it clear that, if necessary, he was willing to justify his claim before the lord deputy and council. It is clear from a postscript that the fair continued for two days and that Robert Brian was concerned 'to keep the possession of the fair and customs thereto belonging' in his possession. An interesting feature about this fair was that it was timed to coincide with the local patron (or Lughnasa festival).[14] Lammas Day fell on a Saturday in 1607 and no doubt exceptionally large crowds were expected on the Sunday (2 August). The outcome of Brian's protest is not known. Neither Balgriffin nor St Doolagh's figured among the fairs which were granted patents in the seventeenth century. Patents were granted for fairs in three Fingal centres – Garristown, St Margaret's and Swords during the period 1603–60.[15] The great fair at Swords was timed to begin on the feast of the local patron, as was the fair at St Margaret's. The parish of Garristown was dedicated to the Virgin

11 *Royal commission on market rights and tolls: final report of the commission*, H.C. 1890–1 (6268) xxxvii, 2. 12 *Royal commission on market rights and tolls: final report of the commission*, H.C. 1890–1 (6268) xxxvii, 44 and 47. 13 Robert Brian to the dean of Christ Church, 1 August 1607 (RCBL, Christ Church cathedral records, C6/1/26/2/8). 14 Máire Mac Neill, *The festival of Lughnasa* (Oxford, 1962), p. 640. 15 *Appendix to report of the commissioners appointed to inquire into the state of the fairs and markets in Ireland* (Dublin, 1853), H.C.1852/3 (1674), xli, 79–80 and 129–30; 'Fingal 1603–60', i, table 4.1, p. 133.

Mary, and the fair on the feast of the Assumption happily coincided with the Marian devotion of the Talbot family.[16]

The listing by the commissioners of a grant of fairs at Clonturk to Sir John Coghill in 1614 is somewhat puzzling, as the Coghill family came to Ireland after the Restoration.[17] It is quite possible, however, that there was already some type of fair at Clonturk since that property had been leased by Dublin corporation to John Bath, who was so keen to transfer the fair of St Doolagh's to Balgriffin.[18] The fair of St Doolagh's was one of the fairs that was not noted in the report of the nineteenth-century commission since there was apparently no trace of a patent. It is likely that there were many other such fairs in Fingal which, if granted patents at all, received them much later. During the second half of the seventeenth century patents were granted for fairs and markets in Ballyboghil (1669), Balrothery (1669), Clontarf (1675), Fieldstown (1684), Kilsallaghan (1669), Lusk (1700), Luttrellstown (1674 and 1696) and Swords (second patent, 1700) some or all of which may have been functioning at a much earlier date.[19] Fingal fairs and markets granted patents in the eighteenth century were Balbriggan (1766), Balrothery (1751), Finglas (1718), Garristown (additional fairs, 1776), Rush (1755) and Skerries (1788) and, possibly, also Clonturk.[20] While the late grants to Balbriggan and Skerries may be an indication of the spectacular rise in size and importance of the coastal towns during the eighteenth century some of the other grants may have been in respect of ancient fairs and markets. The later grants were less obviously associated with local religious festivals. There may have been practical reasons for this. Fieldstown (parish of Clonmethan) and Rush both had associations with St Catherine, whose feast was 25 November, while Kilsallaghan was dedicated to St David, whose feast was on 1 March. The preferred dates, particularly for single fairs, were the summer and early autumn. The earlier grant for Balrothery retained 29 June (feast of SS Peter and Paul) as one of the fair days but this was omitted in the later grant.[21] The fair-days cited in other late grants, for example, those in Balbriggan and Skerries, had no obvious connection with local religious festivals.

The relatively small number of local fairs and markets for which formal patents were granted during the early seventeenth century may be explained by the fact that Fingal fairs and markets had to compete with the large markets which were held in Dublin and Drogheda. There were certain risks in travelling to market in Dublin even in peace time. One drover, a Co. Tyrone man, Shane O'Mahon, described his experiences when driving cattle to Dublin during the week preceding the outbreak of the rising in October 1641.[22] His evidence, to which he appended his mark, was as follows:

16 Joseph Byrne, 'A rhapsody on the carved oak chimney-piece of the Assumption of the Blessed Virgin in the Oak Room at Malahide Castle' in *Archivium Hibernicum*, lii (1998), pp 24–9. 17 *Appendix to report of the commissioners appointed to inquire into the state of the fairs and markets in Ireland* (Dublin, 1853), H.C.1852/3 (1674), xli, 129; Francis Elrington Ball, *Southern Fingal* ... (originally published 1920, reprinted Dublin, 1995), p. 167. 18 Robert Brian to the dean of Christ Church, 1 August 1607 (RCBL, Christ Church cathedral records, C6/1/26/2/8); *Anc. rec. Dublin*, iii, p. 164. 19 *Appendix to report of the commissioners appointed to inquire into the state of the fairs and markets in Ireland* (Dublin, 1853), H.C.1852/3 (1674), xli, 79–80 and 129–30. 20 *Appendix to report of the commissioners appointed to inquire into the state of the fairs and markets in Ireland* (Dublin, 1853), H.C.1852/3 (1674), xli, 79 and 129–30. 21 *Appendix to report of the commissioners appointed to inquire into the state of the fairs and markets in Ireland* (Dublin, 1853), H.C.1852/3 (1674), xli, 129–30. 22 Examination of Shane O'Mahon, 6 November 1641 (TCD, MS 809, f. 118).

> The said examinant saith that he was born at Glan in the county of Tyrone upon the lord of Howth his land and lived there with his mother a poor widow woman and saith that he came to this city of Dublin upon Thursday was fortnight and saith that his business of coming to town at that time was that one Tirlagh McCarroll, a drover, hired him to help him to drive cattle to the Navan, and that he being at the Navan, a butcher that bought those cattle, whose name he knoweth not, hired him to drive the same beasts to Dublin and agreed to give him two shillings for his pains and saith that upon Wednesday he drove the beeves from the Navan within six miles of Dublin but the name of the place he knoweth not and that night the butcher drove the beeves to Dublin and left this examinant behind him and that next morning after, being Thursday was fortnight, this examinant came to Dublin after the butcher to seek his money but he knows not the butcher's name nor where he dwells and after he came to this town he was looking for the butcher until Saturday morning when he was apprehended having no weapons but a little skene about him.

While it is not possible to be certain where the meeting with the butcher took place it cannot have been far from Mulhuddart.

Local men were equally vulnerable. There was another market in Dublin on Saturday, 29 January 1642 to which Thomas Sevier and four named companions, all employees of Robert Preston of Ballymadun, travelled to sell corn.[23] Both the authorities in Dublin city and the landlords in Fingal, even at the height of an extremely difficult period were trying to maintain normal trading. How dangerous this was is shown by the fact that the men were attacked at Stormanstown while returning home by six men armed with half-pikes who took some money and five horses from them. The fact that Robert Preston was a Catholic was no protection against the attackers, but it may account for why, although the theft was reported immediately to Sir William Ryves, 'one of his majesty's justices of the court of king's bench', the names of those attackers who were recognized do not appear on the lists of outlaws.

Markets were needed not only to trade in meat, corn and agricultural produce but also, particularly in Fingal, to buy and sell fish. While it is clear that the sea was important to the Fingal economy, it is difficult to obtain a detailed and coherent picture of how exactly the maritime economy operated. This is not solely due to the loss of records although their disappearance is a significant factor. Part of the difficulty lies in the fact that the Fingal ports were part of the port of Dublin and maritime activities relating to Fingal tended to be included with those of the city.

The creeks and harbours of Fingal have been discussed in chapter 1. Here I summarize the situation with regard to the sea fisheries insofar as it is possible to do so. Newhaven, part of the denomination of Bremore in the parish of Balrothery owned by Mathew Barnewall, was described as 'a fishing town on the said land' in the Civil Survey and 'a considerable place of fishing' in the Down Survey.[24] In Holmpatrick the proprietor, who, for almost the whole period, was the earl of Thomond, was

23 Examination of Thomas Sevier, 29 January 1642 (TCD, MS 809, f. 232). 24 *Civil Survey, vii, county of Dublin*, p. 4; Down Survey parish maps ... (NLI, MS 714).

entitled to receive the 'tithe fish and custom fish, being the best of each boat'.[25] In Rush, the proprietor (the earl of Ormond) was entitled to the 'second best fish of each boat commonly called the custom fish' while there are two references to the 'poor fishermen'.[26] They had to pay a small sum or duty to graze their cattle on the common and pay a chief rent to the lord of the manor through fishes or 'caatts' (catches?), with twenty shillings or thereabouts as chief rent. If there was any interest in fishing in the barony of Nethercross, which contained Rogerstown, Portraine and the island of Lambay, it was not recorded in the Civil Survey, although the Down Survey noted the potential for fishing in the area.[27] In the barony of Coolock, Baldoyle had 'several fishing boats out of which the landlord [Alderman Preston by lease from the corporation of Dublin] at their coming in had his choice fish', while at Clontarf, where the proprietor was George King, there was 'a fishing belonging to the premises', and Malahide, whose proprietor was John Talbot, had 'a fishing harbour'.[28] The Civil Survey gave a fairly comprehensive description of the industry at Howth:

> There is upon the premises a harbour for small barques to which there belongs several fishing boats that take such fish as is usual on that coast, whereof the lord of Howth hath of every boat the choice fish which is called the lord's fish.[29]

The landlords who owned these fishing ports were likely to benefit in prestige as well as financially by running a successful fishery. The custom of the lord's fish was taken seriously. In July 1637 the corporation of Dublin, proprietors of Baldoyle, strenuously objected when 'Master Fitzsimons, of the Grange of Baldoyle, ... without any colour of right' detained the lord's fish from the city.[30] They prayed that it might be collected for the use of the mayor of the city towards the maintenance of hospitality and ordered 'Mr Recorder, Mr Alderman Foster and Mr Sheriff Smith' to go to Fitzsimons to demand possession of the lord's fish. He seems to have complied with this demand for, one year later, he was granted a lease of sixty-one years of Baldoyle and the Grange of Baldoyle at the yearly rent of £240 sterling together with 'one dozen of good large ling at Christmas, or, in lieu thereof, fifty shillings sterling'.[31] As in the case of Alison Luttrell's complaint about the meres of Astagob and the unauthorized enclosure by John Fagan of common land in Glasnevin there is a suspicion here that the demand for the 'lord's fish' may simply have been a ruse to facilitate the raising of the rent. Dublin corporation was less successful than Christ Church cathedral. By 1644 Thomas Fitzsimons had accumulated substantial arrears, failed to take up his new lease and was petitioning for a reduction in rent.[32] The corporation offered to consider his petition if he paid the arrears and took out his new lease. As he failed to comply the corporation then came to an arrangement with the new mayor, William Smyth, in whose debt the city then was, to lease him Baldoyle and

25 *Civil Survey, vii, county of Dublin*, p. 54. 26 *Civil Survey, vii, county of Dublin*, pp 61–2. 27 Down Survey parish maps ... (NLI, MS 714). 28 *Civil Survey, vii, county of Dublin*, pp 174, 176 and 195. 29 *Civil Survey, vii, county of Dublin*, p. 169. 30 *Anc. rec. Dublin*, iii, p. 332. 31 *Anc. rec. Dublin*, iii, p. 350. 32 *Anc. rec. Dublin*, iii, pp 422–3.

the Grange for seven years at a rent of £120, sterling, per annum.[33] Later, in the spring of 1654, five individuals, John Eastwoode, Samuel Weston, Richard Heydon, Thomas Springham and John Tottie, with whom the corporation had contracted for Baldoyle and the Grange, found they were unable to pay the rent and surrendered their interest.[34] When, it was brought to the attention of the corporation that the castle, town and lands of Baldoyle were lying waste and of no profit to the city and that George Surdevele, a tailor, wished to lease them at a yearly rent of £120, the corporation agreed to let him have them at a rent of £145 provided he paid £5 to the curate and provided one dozen and a half of ling to the mayor at Christmas.[35] In October 1656 it transpired that Surdevele's application had been made on behalf of Alderman John Preston who then applied to have the lease made out in his own name.[36] The corporation agreed to his request to alter the lease to ninety-nine years but refused to reduce the rent. The stability of the area and its fisheries had been disrupted not just by the war but also by the continuing attempts to raise rents.

Here and there one can find a hint that not all fishermen were as poor as those living in decayed dwellings at Rush. The Irish statute staple books recorded, for example, that Nicholas Bryan, a fisherman at Howth obtained security of £200 when he made a loan on 1 August 1637 while the fact that Thomas Lynam, a fishmonger, also of Howth, obtained security of £1,000 for a loan on 2 June 1630 suggests that the wider fishing industry was also prospering.[37] Nicholas Bryan held a thatched house with several houses of office, valued at 20*s*., in the town of Howth in 1641, indicating that he had gone into business in a big way.[38] Thomas Lynam appears to have been related to a prominent family of fishermen in Howth, the father and son, Thomas and Matthew White.[39] James Lynam, who received small legacies from both men was, apparently, married to Thomas's daughter, Alson, while Thomas Lynam was one of the witnesses to the will of Matthew, the other being the local Catholic priest, William Shergold, who also received small legacies from both men. The fishing industry, operated by Catholic fishermen, functioned successfully in the 1630s under the Protestant landlord, the lord of Howth. The main bequest in Matthew's will, made in 1633, was his 'great fishing boat with all things thereunto belonging' which he left to his son, Thomas.[40] Some fishermen clearly owned their own boats. However, in Skerries the situation was somewhat different since the local chief tenant, Dirrick Huiberts Verveer owned at least 'five fishing boats and the half of one fishing boat and all tackle and furniture to the same belonging to the value of one hundred pounds' which were seized during the rising of 1641.[41]

Another indirect piece of evidence of the success of the Fingal fisheries can be found in the records of Dublin corporation. At its meeting in January 1621 the commons 'prayed a speedy remedy for the preventing of the intolerable exactions used

33 *Anc. rec. Dublin*, iii, pp 428 and 434. 34 *Anc. rec. Dublin*, iv, pp 54–5. 35 *Anc. rec. Dublin*, iv, pp 55–6. 36 *Anc. rec. Dublin*, iv, p. 105. 37 *The Irish statute staple books, 1596–1687*, ed. Jane Ohlmeyer and Éamonn Ó Ciardha (Dublin, 1998), pp 73 and 120. 38 *Civil Survey, vii, county of Dublin*, p. 167; Francis Elrington Ball, *Howth and its owners ...* (originally published 1917, reprinted Dublin, 1995), p. 114. 39 Abstract of will of Thomas White, 12 August 1629.(RSAI, Elrington Ball MSS, vol x, f. 2); abstract of will of Matthew White, 16 June 1633 (RSAI, Elrington Ball MSS, vol x, f. 2). 40 Abstract of will of Matthew White, 16 June 1633 (RSAI, Elrington Ball MSS, vol x, f. 2). 41 Deposition of Anthony Huiberts, 29 January 1642 (TCD, MS 809, f. 311).

by George King of Clontarf, who taketh of the free citizens of this city three pence, English, upon every barrel of herring, contrary to the statute ...'[42] The corporation decided to pursue the matter. They took the somewhat drastic decision 'for the utility of the common wealth, to draw the herring fishing and the access of fishers and merchants' to Ringsend which was situated a little to the south of the city.[43] They made it clear that they hoped to make the facilities at Ringsend 'as convenient as Clontarf' which suggests that they believed that Clontarf had certain advantages. The regulations made to develop Ringsend specified some of the advantages that it was hoped would accrue to that area from the change; for example, 'strangers and merchants' would bring in additional coopers to the port area, particularly during the herring fishing season when the city merchants were unable to cope with the volume of work, bakers, butchers and cooks and their companies would sell bread and flesh and rent space to do so; and ships coming to the harbour would pay tithe fish.[44] There was an implication that Clontarf would lose out as a result of the move to Ringsend particularly as Ringsend would charge a quarter tithe as compared with the half tithe then charged by Clontarf.[45] This was clearly a threat to the livelihood of several people in southern Fingal.

Safe harbours and good seamen provided other opportunities for economic activity. Skerries, because of the quality and safety of its harbour was a recognized auxiliary port for Dublin in the eighteenth century.[46] The evidence suggests that this was equally true for the early seventeenth century after the quay had been repaired under the stewardship of the earl of Thomond.[47] In 1621 the small village of Skerries, even then described as a 'town', was granted a charter of the staple under the name of the 'Mayor, Constables and Society of the Merchants' Staple of the Town and Islands of Skerries'.[48] The members of the original body corporate, described by Victor Treadwell as 'officially inspired', were the earl of Thomond, then president of Munster, his son, Sir Barnaby O'Brien, Sir Francis Dudley, Sir Henry Power, Sir Thomas Roper, Sir Robert Newcomen, Sir Richard Bolton, solicitor-general, Egidius Rawlins, Francis White, Walsingham Cooke, Robert Cogan, William Massam, Henry Jones, Mathew de Renzi, Thomas Cave and Dirrick Huiberts Verveer.[49] Henry Jones was nominated as the first mayor and Thomas Cave and Dirrick Huiberts Verveer as the first constables of the staple at Skerries. The complete absence of members of the old Fingal families in the corporation is striking. Donough O'Brien, earl of Thomond and his son, Sir Brian (or Barnaby) represented the interests of the proprietors of the port. Several of the members of the company, in particular, Thomas Cave, Robert Cogan, Mathew de Renzi and William Massam, had associations with the customs.[50] Sir Robert Newcomen and his

42 *Anc. rec. Dublin*, iii, p. 132. 43 *Anc. rec. Dublin*, iii, p. 146. 44 *Anc. rec. Dublin*, iii, p. 147. 45 *Anc. rec. Dublin*, iii, pp 147–8. 46 Maighréad Ní Mhurchadha, *The customs and excise service in Fingal, 1684–1765: sober, active and bred to the sea* (Dublin, 1999), p. 22. 47 *A repertory of the inrolments on the patent rolls in chancery in Ireland; commencing with the reign of King James I*, ed. John Caillard Erck (2 pts, Dublin, 1846–52), i, part ii, pp 732–3. 48 *Irish patent rolls of James I*, ed. M.C. Griffith (Dublin, 1966), p. 498. 49 Victor Treadwell, *Buckingham and Ireland, 1616–1628: a study in Anglo-Irish politics* (Dublin, 1998), p. 52. 50 *Patentee officers in Ireland 1173–1826 including high sheriffs, 1661–1684 and 1761–1816*, ed. James L.J. Hughes (Dublin, 1960), pp 25 and 29; Victor Treadwell, *Buckingham and Ireland, 1616–1628: a study in Anglo-Irish politics* (Dublin, 1998), pp 51–2, 93, 95.

son-in-law, Francis White, were part of a family network of officials.[51] Sir Richard Bolton was then solicitor-general.[52] Walsingham Cooke was the son of Sir Richard Cooke, chancellor of the exchequer.[53] Sir Henry Power (at Chapelizod) and Sir Thomas Roper (at Dolphin's Barn) were involved in the cloth-making industry.[54] Earlier in 1614, William Massam had noted that Dirrick Huiberts Verveer had set up a venture in Cork which had drawn over forty Dutch cloth-workers to join him.[55] By 1621 Verveer was a merchant and chief tenant of the earl of Thomond at Skerries. There is little information about the mayor, Henry Jones. He may have been the Henry Jones who enjoyed a pension from the government and he was probably the Henry Jones, on whose behalf the king wrote to the lord deputy and council in 1627 'recommending Jones's petition to their care, that he may have an indifferent and speedy trial in the matter of 500*l.* which one Derrick Hubart [Dirrick Huiberts] owes him'.[56] Henry Jones of Dublin city, who used the Dublin staple to make six loans during the period 1613–25, was probably the same man.[57]

The reasons for the grant of this charter and that of New Ross at about the same time were stated to be as follows:

> that the wool and flocks in Ireland had not been properly worked up for the manufacture of cloth, but had been exported in a bad state to other countries, in foreign bottoms, or wrought into caddows, blankets, friezes, coarse rugs, and other fabrics of little value; and therefore, for the better manufacture of such wools and flocks, and for the encouragement of the people of Ireland, to breed and rear sheep, and to stock and depasture their waste lands therewith, and for the increase of shipping and sailors therein, the crown grants to said town the right of exporting and importing at said town and port, all kinds of wool, flocks, sheepskins, mortkins, woollen yarns, sherlings, pelts and lambskins . . .[58]

Fingal was not noted as a wool-producing area. There may have been plans to export some of the cloth being made in Fingal through Skerries, though this could just as easily have been exported through Dublin or Drogheda but it would seem that the main reason for the setting up of the staple at Skerries was that it was intended to use Skerries as a recognized alternative port when, as happened fairly frequently, ships intending to land at Dublin or Drogheda were forced into Skerries by contrary winds. For example, the lord deputy, Sir Oliver St John landed at Skerries 'with much contrary wind' on 26 August 1616 and had to proceed from there to Dublin.[59]

51 Victor Treadwell, *Buckingham and Ireland, 1616–1628: a study in Anglo-Irish politics* (Dublin, 1998), p. 323, n. 18. 52 *Patentee officers in Ireland 1173–1826 including high sheriffs, 1661–1684 and 1761–1816*, ed. James L.J. Hughes (Dublin, 1960), p. 13. 53 *Cal. S. P. Ire., 1615–25*, pp 1 and 287. 54 *Civil Survey, vii, county of Dublin*, p. 223; *Cal. S. P. Ire., 1615–25*, p. 361; *Anc. rec. Dublin*, iii, p.251; Francis Elrington Ball, *A history of the County Dublin . . . part fourth* (originally published 1906, reprinted Dublin, 1995), pp 153–4; Michael MacCarthy-Morrogh, *The Munster plantation: English migration to southern Ireland 1583–1641* (Oxford, 1986), p. 233; Victor Treadwell, *Buckingham and Ireland, 1616–1628: a study in Anglo-Irish politics* (Dublin, 1998), p. 53. 55 Michael MacCarthy-Morrogh, *The Munster plantation: English migration to southern Ireland 1583–1641* (Oxford, 1986), p. 234. 56 *Cal. S. P. Ire., 1615–25*, p. 447; *Cal. S. P. Ire., 1625–32*, p. 233. 57 *The Irish statute staple books, 1596–1687*, ed. Jane Ohlmeyer and Éamonn Ó Ciardha (Dublin, 1998), p. 113. 58 *Irish patent rolls of James I*, ed. M.C. Griffith (Dublin, 1966), p. 498. 59 *Cal. S. P. Ire., 1615–25*, pp 134–5; *Irish patent rolls of James I*, ed. M.C. Griffith

The port was already involved in the coastal trade for on 9 June 1615 Jasper Hurlston, the Drogheda merchant, brought 2 tons of French wine from Skerries and landed them in one of the Co. Louth ports (Drogheda, Dundalk or Carlingford).[60] He paid duty of £3 on the wine which would place the value of the cargo at £30.[61] The ship which carried the wine was the *Bryde* of Skerries and its master, whose name was not listed, was also from Skerries.[62] At the same period Dirrick Huiberts Verveer was already importing sack and muscatel into Dublin, or perhaps even into Skerries.[63] The various harbours and creeks in the port of Dublin were not listed separately but were treated as part of that port. Alderman Jasper Hurlston of Drogheda died *c.*1623 but the Dutch merchant, Dirrick Huiberts Verveer, went on to become a rich and successful businessman.[64] From the point of view of maritime history Verveer's connection with Lambay Island is of interest. In 1618, he was granted a licence to keep taverns and to sell wine and ardent spirits in Skerries and the manor of Holmpatrick and 2½ miles around the same (excluding Balrothery and Lusk) and in the island of Lambay.[65] Following the attack on his home in December 1641 he 'resolved to go to Lambay for succour' and in a report of his murder the lords justices and council in a letter to the earl of Leicester described him as 'the gentleman that held the island of Lambay'.[66] The proprietor of Lambay, which was situated in the parish of Portraine, was listed in the Civil Survey as Sir William Ussher.[67] In the absence of further evidence one must conclude that Verveer had either leased the island from Ussher or that he held some office perhaps that of constable or custodian of the castle there. In any event his position as chief tenant of Holmpatrick and his interest in Lambay placed him in an influential position in relation to shipping on the north Fingal coast.

Another indication that Skerries was already an important harbour can be found in the fragmentary accounts of the customs service that survive. In 1624 James I granted the office of 'customer, collector and receiver of all the customs, subsidies and imposts, great and small, within the ports of Dublin, Skerries, and Malahide, Dublin County, and within the port of Wicklow, and in all the bays, ports and creeks within same; with a fee of £10 annually' to Edward Bagshaw.[68] There may be some significance in the fact that Skerries and Malahide were described as ports. Similar terminology was used when Bagshaw was reappointed in 1626, together with John Bagshaw, with an annual fee of £40, and on the occasion of a further reappointment in 1627.[69] These were not the first nor the only occasions on which Skerries and

(Dublin, 1966), p. 307. **60** H.F. Kearney, 'The Irish wine trade, 1614–15' in *IHS*, ix, no. 36 (September 1955), p. 411. **61** H.F. Kearney, 'The Irish wine trade, 1614–15' in *IHS*, ix, no. 36 (September 1955), p. 408. **62** H.F. Kearney, 'The Irish wine trade, 1614–15' in *IHS*, ix, no. 36 (September 1955), p. 411. **63** H.F. Kearney, 'The Irish wine trade, 1614–15' in *IHS*, ix, no. 36 (September 1955), pp 408 and 410. **64** Arthur Vicars, *Index to the prerogative wills of Ireland, 1536–1810* (Dublin, 1897, reprinted 1997), p. 242; Maighréad Ní Mhurchadha, Skerries and the 'execrable Irish rebellion', December 1991 (Skerries Historical Society Archives, unpublished paper no. 161, pp 9–12). **65** *Irish patent rolls of James I*, ed. M.C. Griffith (Dublin, 1966), p. 362. **66** Deposition of Anthony Huiberts, 29 January 1642 (TCD, MS 809, f. 311); Historical Manuscripts Commission, *Calendar of the manuscripts of the marquess of Ormonde ...* (new series, 8 vols, London, 1902–20), ii, p. 33. **67** *Civil Survey, vii, county of Dublin*, p. 151. **68** *Irish patent rolls of James I*, ed. M.C. Griffith (Dublin, 1966), p. 591. **69** *Calendar of the patent and close rolls of chancery in Ireland of the reign of Charles the first: first to eighth year, inclusive*, ed. James Morrin (London, 1863), p. 266.

Malahide were described as ports. To quote just one other example Colley Phillipps and Richard Heathe were appointed to the office of searcher and gauger in the ports of Dublin city, Skerries, Malahide and Wicklow in 1613.[70] The appointment of Sir Edward Bagshaw was particularly interesting since he based himself, at least part-time, at Skerries and prepared some of the few extant reports of customs activities there during the period. On 4 February 1628 he wrote from Dublin to Secretary Nicholas seeking advice on a problem which had arisen:

> Eight days ago there arrived at the Skerries, twelve miles from this town, a ship of 80 tons (commander Roger Deane), with two prizes of French wines. Deane petitioned the deputy to be allowed to unload and sell one here, saying she was too leaky to go to England. The commissioners appointed to examine the matter (including Sir Beverly Newcomen and myself) found this to be the case with one. The other was a good Flemish ship, with French wine, but the four feet of chestnuts which covered the wine will make it sour, colourless, and unsaleable in a short time. The lord deputy gave leave to sell the ships, but I fear they will not be good prize unless they can be proved to be derelict, which there is some ground to expect ...[71]

It is clear, therefore, that in 1628 Skerries could handle, at the very least, three ships, one of which was of 80 tons. In a further letter dated 8 March from Skerries he gave some more information about the matter, indicating that there was considerable customs activity at Skerries:

> The two Dutch ships which were brought into Skerries were not sold there owing to the orders of the deputy, but were taken to Strangford, and there the goods and ships were sold to one Valentine Payne, his majesty's customer. He gave them £500 and provisions, and said they should have more, and a fair share of the purchase money. The wine was sent up by sea to Dublin to be sold, and passed by here [Skerries]. As it paid no tonnage I seized what came here and sent down an officer to do the same at Strangford.[72]

Another piece of evidence for the importance of Skerries harbour during the 1640s was the presence of a full-time waiter (a customs employee) in the 'creek at Skerries' in the summer of 1641.[73] When the rising broke out later that year, the harbour of Skerries was a hive of activity. The fishing boats owned by Dirrick Huiberts Verveer have already been mentioned. Early in December Luce Spell and several other Drogheda people in 'a barque of Liverpool with intent to land in the harbour of Drogheda were by contrary winds driven into the harbour of Skerries' and cast anchor there.[74] Christopher Hampton reported that he had run ashore at Skerries on

70 *Irish patent rolls of James I*, ed. M.C. Griffith (Dublin, 1966), p. 256. 71 *Cal. S. P. Ire., 1625–32*, p. 307. 72 *Cal. S. P. Ire., 1625–32*, p. 317. 73 *Journals of the house of commons of the kingdom of Ireland* ... (19 vols, Dublin, 1796–1800), i, pp 253 and 272. 74 Deposition of Luce Spell, 5 February 1642 (TCD, MS, 834, f. 6); 'County Louth depositions, 1641' ed. Thomas Gogarty in *Journal of the County Louth Archaeological Society*, iii, no. 1 (1912), pp 71–2.

5 December 1641.[75] Whether or not he was the master of the 'barque of Liverpool' or another vessel is unclear. Another ship carrying prisoners from Carlingford to Dublin was also driven into Skerries.[76] The presence of so many ships and boats in the vicinity of the harbour would have required skilled boatmen to service them since it is unlikely that all of them would have been small enough to land at the quay. Some idea of what was involved can be found in the examinations of Leonard Graves, a gabbardman of Dublin city, who operated with a second boatman, and of one of his passengers, William Shepherd.[77] These boatmen charged a fee to carry letters, goods and salesmen selling provisions, as well as passengers, to and from the ships anchored off shore.

According to Francis Elrington Ball, Howth was less used as a port during the seventeenth century than it had been previously.[78] But it remained popular with travellers. Like Skerries, Howth had an opportunity to welcome lords deputy during the period 1603–60. Lord Falkland arrived at Howth on 6 September 1622.[79] On 2 June 1636 Sir Thomas Wentworth (later earl of Strafford) left Howth in the *Ninth Whelp*, having knighted two men on his way from Dublin.[80] There are several references to the embarkation and disembarkation of family members at Howth in the diaries of Sir Richard Boyle, earl of Cork.[81] Howth had certain advantages. It was much closer to Dublin city than Skerries and its fishermen had acquired a reputation for seamanship.[82] This reputation enabled them to supplement their earnings. On 20 July 1630 Richard Boyle wrote a passage which noted that not all dangers encountered in the Irish Sea were due to the vagaries of the weather;

> White of Howth, being by me employed in his open boat, is from Howth to Holyhead to carry my letters to the earl of Kildare, and my son, expressing they should be very careful how they took their passage hither, for that the pirates were in the channel, delivered my letters there, brought me a certificate, and returned this day, to whom, Henry Staynes, his man, gave by my order £5 ...[83]

By 1633 the pirates were in the ascendant and there are vivid accounts of their activities which included the burning of a vessel off Howth, the *Tomine* of Hoorn, the flames of which were seen as far away as the centre of Dublin city in June of that

75 Examination of Christopher Hampton, 11 December 1641 (TCD, MS 809, f. 212). 76 Deposition of Roger Holland, 4 March 1642 (TCD, MS 834, f. 63); Thomas Fitzpatrick, *The bloody bridge and other papers relating to the insurrection of 1641 (Sir Phelim O'Neill's rebellion)* (first published Dublin, 1903, reissued New York and London, 1970), pp 22–3 and 170. 77 Examination of William Shepherd, 14 February 1646 (TCD, MS 810, f. 331); examination of Leonard Graves, 14 February 1646 (TCD, MS 810, ff 331–2). 78 Francis Elrington Ball, *Howth and its owners ...* (originally published 1917, reprinted Dublin, 1995), p. 88. 79 *Cal. S. P. Ire., 1615–25*, p. 345. 80 Richard Boyle, earl of Cork, *The Lismore papers (first series) viz. autobiographical notes, remembrances and diaries of Sir Richard Boyle, first and 'great' earl of Cork, never before printed*, ed. Alexander B. Grossart (5 vols. London, 1886), iv, p. 192. 81 Richard Boyle, earl of Cork, *The Lismore papers (first series) viz. autobiographical notes, remembrances and diaries of Sir Richard Boyle, first and 'great' earl of Cork, never before printed*, ed. Alexander B. Grossart (5 vols. London, 1886), iii, pp 47 and 84; iv, p. 46. 82 Francis Elrington Ball, *Howth and its owners ...* (originally published 1917, reprinted Dublin, 1995), p. 89. 83 Richard Boyle, earl of Cork, *The Lismore papers (first series) viz. autobiographical notes, remembrances and diaries of Sir Richard Boyle, first and 'great' earl of Cork, never before printed*, ed. Alexander B. Grossart (5 vols, London, 1886), iii, pp 44–5.

year.[84] Shortly before this incident took place, George Radcliffe had written to Viscount Wentworth: 'I hope this letter will come to your lordship: it is sent over by a boat of Howth, for no man else dares stir out.'[85]

Little is known about the harbour of Malahide. Like Skerries it was described as a 'port' in the patents appointing customs officers and Joseph Byrne has suggested that it contained a formal quayside.[86] It is not known if a serious dispute which arose between Dublin city and Malahide in 1609 and which was referred to the arbitration of the lord chancellor, related to the question of shipping or customs.[87] It was undoubtedly another instance of tension between Dublin city and Fingal.

In attempting to ascertain the type of tonnage the Fingal harbours could handle we find that a ship of 160 tons, the *Triall* of London, put into Clontarf in 1607.[88] The *Unicorne* of Clontarf, whose master was from Bristol, was one of the ships in which wine was imported in 1615.[89] The pillaging of a barque at Clontarf and the subsequent stealing, mainly by local fishermen, of any coals, salt and rope remaining on board, was one of the incidents which led to the burning of that town in 1641.[90] Clontarf also provided the only detailed account which has been found of maritime economic activity within Fingal at this period. The *Trinity* of Clontarf, owned by Christopher Browne, set out on a voyage in 1622.[91] In February of that year some goods, which had been loaded in the *Trinity* at Clontarf, were seized by local Cornish people when the ship ran aground near Padstow Bay. John Lynch, one of the ship's company, deposed as follows: (James Nugent and Adam Talbot, referred to in the deposition were Dublin merchants.)

> That about 1 February last the bark was laden with these several merchandizes, vizt. 422 salted cow hides, whereof 30 were great bull or ox hides, 112 tanned hides, 18 tanned hides of a smaller sort, 6 tanned hides of the smallest sort, 6 calf skins, 3 fardels of sheepskins wrought and tanned into white leather, 8 bags of feathers, 6 barrels of tallow, 12 barrels of beef, 1 box of candles, 6 sides of bacon, 1 new caddow, 1 flockhead, 1 half barrel of beef, 3 dozen neat's tongues, 12 fox cases, 3 checkers, 1 canvas tick, and 1 chest belonging to James Nugent. And also 407 salt hides, 1 trunk containing 1 cloak, 1 pair of hose, and 1 portmanteau with certain linens belonging to Adam Talbot. And 8 salt hides, 2 barrels of beef, and 1 barrel of herrings belonging to Christopher Browne.

84 The manuscripts of the Earl Cowper, KG, preserved at Melbourne Hall, Derbyshire, ii, in Historical Manuscripts Commission, *Twelfth report*, appendix, part ii (London, 1888), pp 10–11; *A calendar of material relating to Ireland from the high court of admiralty examinations, 1536–1641*, ed. John C. Appleby (Dublin, 1992), pp 213–14. 85 The manuscripts of the Earl Cowper, KG, preserved at Melbourne Hall, Derbyshire, ii, in Historical Manuscripts Commission, *Twelfth report*, appendix, part ii (London, 1888), p. 11. 86 Joseph Byrne, *War and peace: the survival of the Talbots of Malahide 1641–1671* (Dublin, 1997), p. 19. 87 Transcript of Monday Books, 28 January 1609 (Dublin City Council Archives, Gilbert Library, Dublin, MS 44). 88 *A calendar of material relating to Ireland from the high court of admiralty examinations, 1536–1641*, ed. John C. Appleby (Dublin, 1992), pp 116–17. 89 H.F. Kearney, 'The Irish wine trade, 1614–15' in *IHS*, ix, no. 36 (September 1955), p. 411. 90 Examination of David Powell, 14 December 1641 (TCD, MS 809, f. 214). 91 *A calendar of material relating to Ireland from the high court of admiralty examinations, 1536–1641*, ed. John C. Appleby (Dublin, 1992), pp 299–300.

The impression given by this list is that the merchants, or at least Adam Talbot, were travelling with the goods, which were predominantly the products of one or more tanneries. Christopher Browne of Clontarf, possibly the same man who been a ship-owner in 1622, was the master of a ship called the *Lion* of Fairlie, believed to have been built in Belfast in the 1630s, which was arrested at Portsmouth in 1640.[92] A dispute arose about the ownership of the vessel which had been engaged in the export of herrings and the import of malt. The general conclusion that one arrives at from the scanty evidence is that, rather surprisingly, given its proximity to the city, Clontarf, unlike Howth, specialized in the transport of goods rather than people. One of the minor Fingal ports, Portraine, is mentioned in the wine list as the port of registry for a ship called the *Saviour*, which brought sack into Carrickfergus in September 1615.[93] In general there is enough evidence to suggest that there was lively maritime activity in Fingal throughout the period, that each of the four main ports, Skerries, Malahide, Howth and Clontarf had its own character and that the sea supplied employment, directly and indirectly, to many people in the area throughout the year.

There is no evidence of large-scale industry, apart from agriculture and seafaring in Fingal. One small craft industry which was certainly carried on in the area was the building industry. The only clue which the Civil Survey gave to the existence of this industry at Chapelizod was the reference to 'one open quarry of stone'.[94] The industry may have declined by 1654–6, but it certainly flourished prior to 1641.[95] According to Francis Elrington Ball, the King's House at Chapelizod was erected by Lord Valentia but it is not known for certain if he used local builders.[96] It may have been built by Edmond Tingham, who operated a business there.[97] There is one account which throws light on the building industry in Fingal in the period 1603–60, namely, the repair of the church and the stone bridge at Finglas.[98] There had been considerable building activity in Finglas earlier in the century. A lease dated 1602 recorded that Lucas Challoner 'hath heretofore builded a strong stone house ... and hath already begun to build a stone castle upon the said land where none was ever formerly known to have to have been built'.[99] A note on another document in the Representative Church Body Library stated that Challoner's castle was destroyed in 1641 and that the stones were used afterwards to build the house of Colonel Bridges.[100] No doubt there was a great deal of rebuilding following the destruction of the town. In the case of the church and bridge, the work appears to have been supervised by the churchwardens rather than by a single master-builder, and the various tasks were contracted out to individual craftsmen and labourers. The surviving

**92** *A calendar of material relating to Ireland from the high court of admiralty examinations, 1536–1641*, ed. John C. Appleby (Dublin, 1992), pp 275–6. **93** H.F. Kearney, 'The Irish wine trade, 1614–15' in *IHS*, ix, no. 36 (September 1955), p. 438. **94** *Civil Survey, vii, county of Dublin,* p. 223. **95** Francis Elrington Ball, *A history of the County Dublin ... part fourth* (originally published 1906, reprinted Dublin, 1995), pp 168–9. **96** Francis Elrington Ball, *A history of the County Dublin ... part fourth* (originally published 1906, reprinted Dublin, 1995), p. 167. **97** Francis Elrington Ball, *A history of the County Dublin ... part fourth* (originally published 1906, reprinted Dublin, 1995), p. 168. **98** Finglas parish combined vestry book and registers, 1657–1758 (RCBL, P.307/1/1, pp 4 and 6); William Cotter Stubbs, 'Finglas, County Dublin, vestry books' in *Journal of the Royal Society of Antiquaries of Ireland*, xlvi (1916), p. 28. **99** Copy lease to Luke Challoner, 10 June 1602 (RCBL, Records of the archbishop of Dublin, D6/76/10/11). **100** A lawyer's notes on the documents of title for Cardiff's Castle, etc. (not dated) (RCBL, Records of the archbishop of Dublin, D6/75/9).

accounts enable us to obtain some idea of the wage rates paid to tradesmen *c.*1657. Based on an arbitrary estimate of 250 working days a year to allow for absences on Sundays and holy days and for sickness the annual wage rates have been calculated at £12.50 for a labourer, £16.67 for a carter (including horse and cart), £20.83 for a joiner and £25.00 for a mason.[101] The tradesmen's names were also recorded in the vestry book.[102] John and Nicholas Chute were employed to carry timber from Dublin so they may not have been local men.[103] The names of the slater, John Rely (two chimneys), the smith, Peter Read (two chimneys and one forge), and the joiner, George Wadsworth (one chimney), appeared in the hearth money roll of 1664.[104] John Bochell who was assessed for one chimney may have been the labourer whose name is difficult to decipher in the vestry book. Some of the others had names which are not found in the hearth money roll for Finglas but which occurred in other parishes in Fingal which were reasonably near to Finglas. It seems likely, therefore, that the Finglas workforce was supplemented by travelling tradesmen from other parts of the area.

There were other small industries in Fingal in the period 1654–6. There was, for example, a tuck mill (or fulling-mill) in Chapelizod.[105] Nothing further is known about this mill, but it was probably no accident that Chapelizod was chosen by the duke of Ormond and the council of trade for the establishment of a linen, woollen and worsted factory there under Colonel Richard Lawrence during the Restoration period, since it is likely that the village had a suitable skills base.[106] This would not have been surprising, for Thomas Wentworth had commented when establishing a linen manufactory among his own tenants elsewhere in the country *c.*1635 that 'the women are all bred to spinning'.[107] Luttrellstown (parish of Clonsilla) also had a tuck-mill in use in 1654–6 which, no doubt, added to the reservoir of cloth-making skills in the barony of Castleknock.[108] It is not clear if the mill in Castleknock (the only mill listed in the town of Castleknock), described as a 'waste mill' in the Civil Survey, is identical with the 'Baron's Mill' listed in the hearth money roll for 1664 or if it was used for woollen manufacture prior to 1660.[109] According to Francis Elrington Ball, its owner in 1664, John Sprotton, who described himself as a clothier, was engaged in the woollen manufacture.[110] There is a suggestion here of a corridor of textile manufacture extending along the northern bank of the river Liffey. Perhaps at some future date more light may be thrown on the history of this part of Fingal by industrial archaeologists. There was also a tuck mill near the northern end of Fingal, close to the river Delvin at Westown (parish of the Naul).[111]

**101** 'Fingal 1603–60', i, table 4.2, p. 148. **102** 'Fingal 1603–60', i, table 4.3, p. 149. **103** Finglas parish combined vestry book and registers, 1657–1758 (RCBL, P.307/1/1, p. 3). **104** 'Hearth money roll for County Dublin, 1664' (second part), *Journal of the County Kildare Archaeological Society*, xi (1930–33), pp 420–1. **105** *Civil Survey, vii, county of Dublin,* p. 223. **106** Francis Elrington Ball, *A history of the County Dublin ... part fourth* (originally published 1906, reprinted Dublin, 1995), p. 171. **107** Lord deputy to Sir Christopher Wandesford, 25 July 1636, in *The earl of Strafforde's letters and dispatches ...* ed. William Knowler (2 vols, Dublin, 1740), ii, p. 19. **108** *Civil Survey, vii, county of Dublin,* p. 231. **109** *Civil Survey, vii, county of Dublin,* p. 242; 'Hearth money roll for County Dublin, 1664' (second part), *Journal of the County Kildare Archaeological Society*, xi (1930–33), p. 436. **110** Abstract of will of John Sprotton, 30 September 1670 (RSAI, Elrington Ball MSS, vol xi, f. 38); Francis Elrington Ball, *Southern Fingal ...* (originally published 1920, reprinted Dublin, 1995), p. 23. **111** *Civil Survey, vii, county of Dublin,* p. 32.

Where the type of mill was not specified in the Civil Survey, it was assumed that the mill in question was a corn mill. As has been shown in chapter 1, there were many such mills in Fingal – reflecting the universal need for corn and flour. Occasionally mills were shown on contemporary maps as, for example, on the 1668 copy of a map of the archbishop's lands at Lusk originally drawn in 1656 (figure 4.3).[112] Neither of the windmills shown prominently near Ballough and Tyrrelstown on the map, the original of which was exactly contemporary with the Civil Survey, was mentioned in that document which prompts the question as to whether there were even more mills in the area than the large number listed in the Civil Survey. One windmill mentioned in the Civil Survey, at Knockdromin, was not shown on the map. Apart from the windmill at Knockdromin, an old mill (in use) at Gracedieu, a horse-mill (out of use) at Kenure and two watermills, at Whitestown and Corduff, were listed in the Civil Survey for the parish of Lusk.[113] No evidence of the practice of 'milling soke' (the feudal custom, by which, under common law, tenants were compelled to support mills set up by their landlords) has been found for early seventeenth-century Fingal. Since the custom was widely observed in Fingal in the eighteenth century it seems likely that it existed, in some areas at least, at an earlier date.[114]

One notable feature of seventeenth-century economic life was the level of money-lending by individuals. Nicholas Canny has drawn attention to the prevalence of money-lending by the clergy of the established church.[115] An attempt was made to analyze the situation which obtained among the Protestant clergy in Fingal.[116] The losses reported by nine clergymen in the 1641 depositions have been used for this purpose. Needless to say the reports did not follow any standard pattern so that the assignment of some of the losses to specific categories must be regarded as tentative. The amounts owing to Randall Dimmock (St Doolagh's and Clontarf), for example, were all from landowners with property in parishes in which he had an interest and for this reason are listed as 'tithes'.[117] On the other hand, the 'debts' for Thomas Lloyd (Swords) listed the names of some local residents and may, therefore, have included outstanding tithes.[118] None of the names of the nine deposing clergymen appeared in the list of creditors in *The Irish statute staple books, 1596–1687*.[119] The Irish statute staple books have also been examined to see if there was any evidence that other members of the clergy, while serving in Fingal, had engaged in lending money using the staple. Only one example, that of John Credland (or Credlan) of Coolock, has been found.[120] He obtained security on a small bond of £40 in respect

112 John Turmor, The plotts of Feilds farme, Humphrys farme, Walter Dermotts farme, Blackhall farme, the Stewards land, Charles Mease, Rathany, Terrels Towne, the gleabe land and the Burgage Cottages in Luske, in the Barony of Nethercross, Parish of Luske, and Con. Dublin, as also Knockdromin made in 1656, abstracted in 1668 by El. Arnoldi (RCBL, Records of the archbishop of Dublin, D6, map no. 12). 113 *Civil Survey, vii, county of Dublin*, pp 56, 61, 63 and 65. 114 Maighréad Ní Mhurchadha, The mills of Stephenstown, research project for the College Diploma in Local History, St Patrick's College, Maynooth, 1996 (Skerries Historical Society Archives, unpublished paper no. 203). 115 Nicholas Canny, *Making Ireland British, 1580–1650* (Oxford, 2001), pp 378, 388–9, 476. 116 'Fingal 1603–60', i, table 4.4, p. 154. 117 Deposition of Randall Dimmock, 1 March 1642 (TCD, MS 809, f. 276). 118 Deposition of Thomas Lloyd, 18 June 1642 (TCD, MS 810, f. 165). 119 *The Irish statute staple books, 1596–1687*, ed. Jane Ohlmeyer and Éamonn Ó Ciardha (Dublin, 1998), pp 56–161. 120 *The Irish statute staple books, 1596–1687*, ed. Jane Ohlmeyer and Éamonn Ó Ciardha (Dublin, 1998), pp 84 and 213. 121 Deposition of Francis Eccles, 17 January 1642 (TCD, MS 809, f. 277); deposition of Tabitha Eccles,

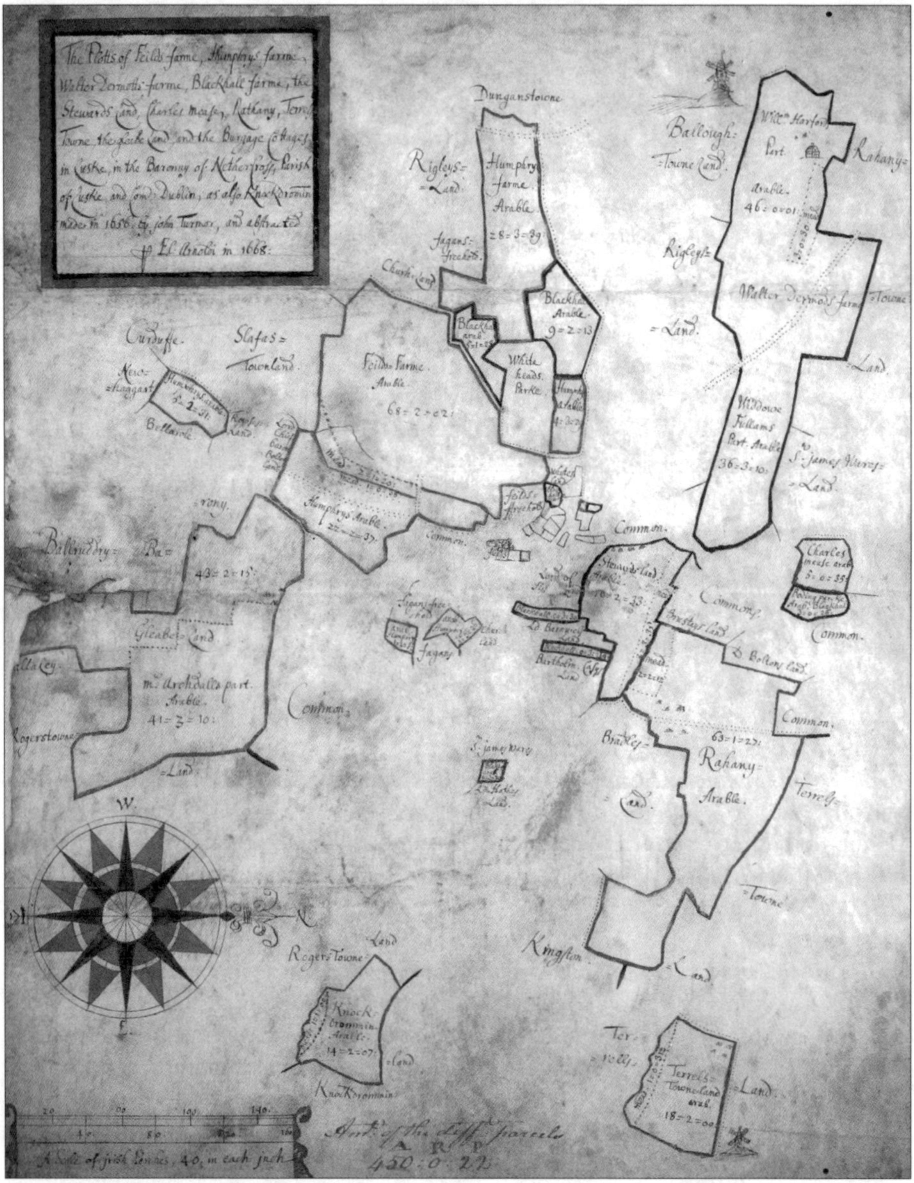


Fig. 4.3 Map of the archbishop of Dublin's lands at Lusk, abstracted by El. Arnoldi in 1668 from an original map of 1656 by John Turmor

of a loan to Richard English of Dublin in 1627. One must conclude, therefore, that, apart from the possible case of Thomas Lloyd, there is little evidence for widespread money-lending by clergy of the established church in Fingal in the early seventeenth century. Such fierce and widespread animosity as they aroused is more likely to have been caused by their demands for tithes, and in the case of church institutions, for rents and customs.

That money-lending was not a major problem associated with the clergy in Fingal is probably due to the fact that there were many other opportunities to acquire loans. At one end of the scale were the Ballybough pawnbrokers, Francis and Tabitha Eccles.[121] At the other end were those who were accustomed to use the staple, for example, prosperous local Catholic merchants and gentry such as Robert Arthur (22 loans, 1623–37), Philip Conran (18 loans, 1597–1613) and Philip Hore (17 loans, 1598–1609) or Protestant laymen with Fingal connections such as Richard Barry (10 loans, 1614–30), Robert Bysse (8 loans, 1616–30) and Chidley Coote (14 loans, 1653–78).[122] Many other Fingallians made use of the staple both as borrowers and lenders.

As far as one can judge from the scanty information at our disposal, trade and commerce flourished in the area. This was almost inevitable as the population of the city of Dublin continued to grow and to become more dependent on the fertile hinterland of Fingal. Fisheries and maritime trade prospered despite a major threat of pirates, and the Fingal ports took on a new importance. This was probably helped by new merchant families from Dublin city, such as the Fagans and the Arthurs, who purchased or leased land north of the Liffey. While most of the gentry families had lived in or near Fingal for several generations, the ordinary people were surprisingly mobile. There were a number of small industries in the area, based to a large extent on local raw materials and skills. It is noticeable, however, that many of the major entrepreneurs were English or Dutch. Coupled with the intellectual stimulus which local families, both Catholic and Protestant, received through widespread contact with the continent, the overall material prosperity of the area promised a bright future for Fingal.

3 April 1642 (TCD, MS 810, f. 135). **122** *The Irish statute staple books, 1596–1687*, ed. Jane Ohlmeyer and Éamonn Ó Ciardha (Dublin, 1998), pp 61, 65, 76, 81–3 and 110.

# Part II

## *Expressing community values*

# 5

# 'The race of the English'

> The word Fingal countervaileth in English, the race or sept of the English or strangers, for that they were solely seized of that part of the island, gripping with their talons so firmly that warm nest, that from the conquest to this day the Irish enemy could never rouse them from thence.
>
> Richard Stanihurst on the Fingallians (1577)[1]

In the words just quoted Richard Stanihurst, a member of a Fingallian family, set out, in general terms, his view of the history of Fingal. Who were the Fingallians? What kind of people were they? How did they regard themselves and how did their contemporaries view them?

It must be emphasized that Fingallians, like others, behaved differently in times of peace and in time of war. The various social and cultural groups in Fingal normally managed to control their differences by using the force of law. They lived together in relative harmony as long as the country was at peace. The underlying tensions between the sub-communities surfaced, however, when civil war threatened and, eventually materialized. In these circumstances, certain less attractive qualities such as cruelty manifested themselves.

Stanihurst was convinced that, after the Norman conquest, 'the empaled dwellers did sunder themselves, as well in land as in language from the Irish' bringing civility, good laws and loyalty to the Pale.[2] Later, in his view, with the infiltration of the Irish language to the Pale 'the canker took such deep root, as the body that before was whole and sound, was by little and little festered, and in manner wholly putrefied.' He clearly believed that a cultural change had taken place. In *Ireland under Elizabeth* published in 1621 Don Philip O'Sullivan Bear saw things rather differently.[3] Equating Fingal with the English province he stated that 'the majority of the inhabitants ... although they are Catholics, yet are not only of English descent, but also preserve the English laws and institutions and the English language, albeit in a crude and archaic form'. While he believed that the majority of the people of the Pale were

1 Richarde Stanyhurst, *A treatise contayning a playne and perfect description of Irelande* ... in Raphaell Holinshed and Richarde Stanyhurst, *Holinshed's Irish chronicle* ..., ed. Liam Miller and Eileen Power (London, 1577, republished Dublin, 1979), p. 13. 2 Richarde Stanyhurst, *A treatise contayning a playne and perfect description of Irelande* ... in Raphaell Holinshed and Richarde Stanyhurst, *Holinshed's Irish chronicle* ..., ed. Liam Miller and Eileen Power (London, 1577, republished Dublin, 1979), pp 13–14. 3 Philip O'Sullivan Bear, *Ireland under Elizabeth: chapters towards a history of Ireland in the reign of Elizabeth being a portion of the history of Catholic Ireland by Don Philip O'Sullivan Bear*, translated from the Latin by Matthew J. Byrne (Dublin, 1903, originally published Lisbon, 1621), p. 50.

Catholics who were also English in culture and outlook, it is not clear from this passage whether he regarded the minority as Catholics of Irish descent or as English Protestants.

Turning to modern historians we find that the views of the sixteenth and seventeenth-century writers have generally been accepted by them. Aidan Clarke wrote as follows:

> The seventeenth-century distribution of the descendants of these early colonists, both rural and urban, conformed of course to a pattern easily predictable in terms of the density of the original settlements and the vicissitudes of English rule in Ireland. Thus the greatest concentration was in the five counties of the Pale – Dublin, Meath, Louth, Kildare and Kilkenny – and in the counties of Westmeath, Wexford and Galway, while incidence in Ulster was confined to a handful on the Ards peninsula and a sprinkling in County Monaghan. Elsewhere they were present in proportionately significant numbers in every county except Clare and Leitrim ... To plot the distribution of the old English in this way, on the evidence of descent provided by surnames, is however, very largely to beg the seventeenth-century question, for by this stage membership of the group was polarized between two criteria: though the denotation of the term was demographic, historical and racial, its connotation was political and religious.[4]

An analysis of the surnames in the hearth money roll, *c.*1664 has led to the conclusion that those with a Gaelic-Irish background may well have been in the majority in the area.[5] The distribution of Gaelic-Irish surnames by parish has been mapped in figure 5.1. It is also possible to conclude from this analysis that there were two broad social groups in Fingal, a group which included officials and landed proprietors, who generally conformed to the traditional view of Fingallians as mainly 'Old English' and what might be termed an underclass of persons who had much in common with the Gaelic-Irish who lived outside the Pale. Fingal and Gaelic Ireland were linked by more than just roads. There were also ties of culture and relationships. But as these ties existed at the lower social levels of society they appear to have gone unnoticed, or at least unmentioned, until Sir William Petty and others initiated a more scientific approach to population analysis. But, by that time, as Mícheál Ó Siochrú succinctly put it: 'Place of birth, rather than blood, now provided the essential criterion for membership of the Irish nation'.[6]

An examination of Fingal surnames listed by Sir William Petty together with a classification of Christian names which appeared in the hearth money roll *c.*1664 also supports this view.[7]

While it is evident that a high proportion, perhaps even a majority, of the people of Fingal could be classed as 'Gaelic-Irish' by 1664, it is not possible to say how this came about. Many, such as the O'Casey family, were undoubtedly in the area since

4 Aidan Clarke, *The Old English in Ireland, 1625–42* (paperback ed., Dublin, 2000), pp 15–16. 5 For details see 'Fingal 1603–60', i, pp 156–61. 6 Mícheál Ó Siochrú, *Confederate Ireland 1642–1649* (Dublin, 1999), p. 240. 7 'Fingal 1603–60', i, pp 161–5.

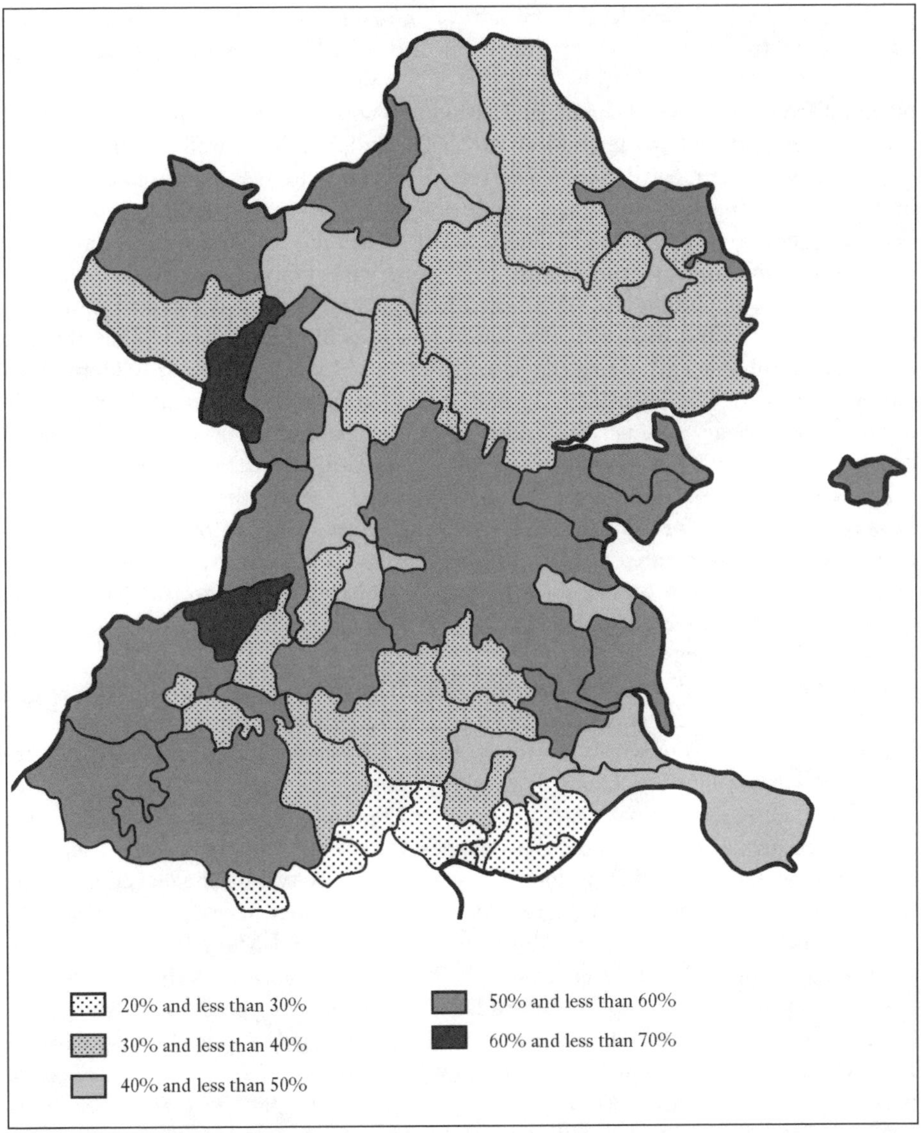


Fig. 5.1 Percentage of Fingal occupants with Gaelic-Irish surnames by parish, *c*.1664

pre-Norman times. Others may have moved in originally as labourers and perhaps married in the area. Yet others may have fled from Dublin city during the 1640s or perhaps left as a result of Dublin corporation's laws of 1657 against the Irish language and Irish dress.[8]

Other clues about the makeup of a community may be found in their marriage

8 *Anc. rec. Dublin*, iv, pp 118–9.

patterns. There is a considerable amount of information available concerning marriage among the élite groups in Fingal but a detailed analysis of such patterns is outside the scope of this study. However, a certain amount of information can be obtained from published primary and secondary sources. Donald Jackson analyzed the marriage patterns of the children of Sir Christopher Barnewall of Turvey (died 1607) and of his heir, Sir Patrick.[9] Thirteen of Sir Christopher's children contracted between them fourteen marriages while six of Sir Patrick's children contracted between them seven marriages.[10] One-third of these marriages were contracted with spouses within Fingal while almost half were with marriage partners from the adjoining areas of Dublin city, Meath and Kildare. Only one of the twenty-one marriages was contracted with a family which was possibly Gaelic-Irish. This was the marriage of Sir Patrick's daughter, Jane, to Roger Moore of Ballina, Kildare. This pattern seems to have been fairly typical of landed families in Fingal. Further evidence on marriage among the Fingal élite can be found in published funeral records.[11] These are not as satisfactory as genealogical records since they provided information only on children who had married before their parents' deaths. However, examples for Fingal provide even stronger evidence of the tendency to marry people from the area or from adjoining areas, at least in the case of older surviving children.[12] Of the twenty-six marriages contracted prior to the death of the parent twenty-three were to spouses with settler surnames and three to spouses with Gaelic-Irish surnames.

It is much more difficult to obtain information on the ordinary people as the single exclusively Fingal register which survives for the period is the Finglas Protestant register which covers only the last few years of the period under review.[13] The earliest entry, a baptism, dates from 1654 and the latest in the book, also a baptism, dates from 1684. Only eleven marriages are recorded for the period and all of these took place in the period 1666 to 1670. This suggests that there may have been a separate register for marriages which no longer survives. In only two of the eleven marriage entries are the addresses of the parties given. James Spooner married Anne Wagstaff, both of Finglas, in March 1667 while Robert Griffith and Mary Hawkins, both of 'Dunshaglin' (possibly Dunshaughlin, Co. Meath, but more probably Dunsoghly) married in July 1669.[14] Dunsoghly was listed as part of the parish of St Margaret's by the Civil Survey which cited the names 'Dunsaghlin' and 'Donsoughly'.[15] However, the civil parish of St Margaret's was regarded as part of the ecclesiastical parish of Finglas by Archbishop Bulkeley in 1630.[16] The parish of St Michan's lay partly within Fingal and partly within Dublin city. Most entries, even where addresses were given, stated simply the name of the parish. However, there were a few which gave information which is relevant to this study. For example, on 17 April 1654 Nicholas Doyle of Drumcondra (Clonturk parish) married Jane Flood of St

9 Donald Jackson, *Intermarriage in Ireland, 1550–1650* (Montreal, 1970), pp 31–4. 10 'Fingal 1603–60', i, pp 165–6. 11 Association for the Preservation of Memorials of the Dead, *Some funeral entries of Ireland* (Dublin, 1907–12). 12 'Fingal 1603–60', i, pp 166–7. 13 Finglas parish combined vestry book and registers, 1657–1758 (RCBL, P.307/1/1). 14 Finglas parish combined vestry book and registers, 1657–1758 (RCBL, P.307/1/1, pp 311 and 314). 15 *Civil Survey, vii, county of Dublin*, pp 209–10. 16 'Archbishop Bulkeley's visitation of Dublin, 1630', ed. M.V. Ronan in *Archivium Hibernicum*, viii (1941), pp 74–6.

Michan's.[17] Two further entries concerned the reading of banns but it is not possible to say if and where the couples were married. The first of these related to Edmond Brangan and Juhan Fitzharris, 'both of the barony of Balrothery', whose banns were read in St Michan's church in September and October 1654.[18] The second, which showed that marriage was a matter of public interest which concerned the whole community, read as follows:

> The banns of matrimony were published three several market days in the open market of Dublin by the register of Michan's parish between Christopher Dowdall and Jane Geragh, both of the town of Swords, vizt., on the twenty-seventh day of September 1656, and on the fourth and eleventh days of October next following.[19]

These entries suggest that young people sought their marriage partners locally but there is too little evidence to arrive at definite conclusions.

Little is known of the precise arrangements for betrothal and marriage that existed in Fingal. There are, however, one or two clues which suggest that, among the gentry at least, society gave firm control to the parents and those appointed by them to adjudicate in these matters. In 1644 Dr Thomas Arthur of Limerick, the eminent physician, wrote to his cousin, Robert Arthur of Hacketstown (parish of Lusk) as follows:

> Gentle cousin Robert, your son, John, came hither from Galway to see us, to whom he was heartily welcome, and being pleased to an affection upon my second daughter Dymphna, moved me and her mother earnestly in that behalf, to whose honest suit (though we had others nearer home) we are consented, as well in regard that both he now, and your son-in-law, Mr James Lynham, formerly persuaded us that the motion originally did proceed from you his parents, by consent of friends whom we always much loved and respected, as also for name's sake in hope that God be graciously pleased to raise us a hopeful posterity in them ...[20]

There were examples in Robert Arthur's will of how sanctions against marrying people whom the family considered unsuitable were imposed not just on children but also on servants.[21] He specified that bequests to his three unmarried daughters should be substantially reduced if they 'will not be directed and shall happen to marry any one contrary to the advice and good liking of my wife, my sons, John and Ignatius, and my said overseers, or the greater part of them ...' He left ten pounds to his servant, Catherine Walsh, on condition 'that she be ruled and demean herself

17 *The registers of the church of St Michan, Dublin, 1636–1685*, ed. Henry F. Berry (Dublin, 1907), p. 42.
18 *The registers of the church of St Michan, Dublin, 1636–1685*, ed. Henry F. Berry (Dublin, 1907), p. 44.
19 *The registers of the church of St Michan, Dublin, 1636–1685*, ed. Henry F. Berry (Dublin, 1907), p. 51.
20 J.D.H. Widdess, 'A notable Irish physician', in *The Irish Journal of Medical Science* (seventh series), no. 373 (Jan. 1957), p. 30. 21 Will of Robert Arthur, 4 June 1648 (NAI, Prerogative will book, 1664–84, ff 274–5).

as my wife shall advise her and especially if she shall marry such husband as my wife shall direct and think fit'. Joseph Woolley, a yeoman of Grangegorman, also placed some restrictions on the payment of legacies to his daughters if they married before reaching the age of twenty without the consent of their mother and brother.[22]

There is some evidence for the survival of the Gaelic practice of fosterage, or at least familiarity with it, in Fingal. Margaret Huiberts Verveer referred to 'a foster-brother of the said Alderman Arthur named Edward Walsh'.[23] Since she was a near neighbour of Robert Arthur, her testimony in this respect is likely to have been accurate. However, Robert Arthur, who had been brought up in Dublin city, was a relative newcomer to Fingal in 1641. A more pertinent example of the practice of fosterage was found in the case of Simon Corbally of Jordanstown (parish of Clonmethan) who left 48*s.* to his foster-son, James Preston, in his will which was proved in 1638.[24] There is a further reference in 'Purgatorium Hibernicum' to 'a troop of foster-brothers'.[25]

While the family was the principal vehicle for transmitting community values and norms the formal education system could also be employed for this purpose. Little is known about the type of education available within Fingal during the period 1603–60. However, Archbishop Bulkeley's visitation of the diocese of Dublin in 1630, although it was principally concerned with the state of the Protestant church, provided a considerable amount of information about the Catholic community in the diocese and even gave a glimpse of what the education system was like at that period.[26] The visitation report mentioned only four Catholic schools in Fingal together with a single school in the parish of St Catherine in Dublin city.[27] The Fingal schools were situated in Swords, Santry, Baldongan and Clonsilla. The schools in Swords and Baldongan were conducted by priests, Fathers Doyle and Clarke. The schoolmasters in Dublin city, Santry and Clonsilla were laymen – James Dunn, Patrick Drake and Thady Duffe. The four Fingal schools were, apparently, protected and supported by prominent local families – the Taylors of Swords, the Hollywoods of Artaine, the Fitzwilliams of Baldongan and the Luttrells of Clonsilla.

Even if there were no other elementary schools in the area, figure 5.2 shows that, assuming that schools could serve the population within a three-mile radius, there was wide coverage of the more populated areas, at least in theory. As there were chaplains in several great houses in the area, it is likely that other schools existed of which the authorities were unaware. It is also likely that, as the number of priests working in the area increased during the 1630s and 1640s, the number of Catholic schools also increased. Protestant children, apart from those living close to the city, were less well served. Since the Protestant population was low and almost non-existent in many areas it would have been difficult to sustain schools. It seems likely that private education was available, perhaps from the well-educated clergymen in

22 Will of Joseph Woolley, 10 July 1650 (NAI, Prerogative will book, 1664–84, f. 118). 23 Deposition of Margaret Huiberts, 14 March 1644 (TCD, MS 810, f. 238). 24 Abstract of will of Simon Corbally, proved 1638 (NLI, Fisher will abstracts, GO MS 290, p. 90). 25 Purgatorium Hibernicum . . ., *c.*1670 (NLI, MS 470), p. 5. 26 'Archbishop Bulkeley's visitation of Dublin, 1630', ed. M.V. Ronan in *Archivium Hibernicum*, viii (1941), pp 36–98. 27 'Archbishop Bulkeley's visitation of Dublin, 1630', ed. M.V. Ronan in *Archivium Hibernicum*, viii (1941), pp 61–4, 70 and 77.

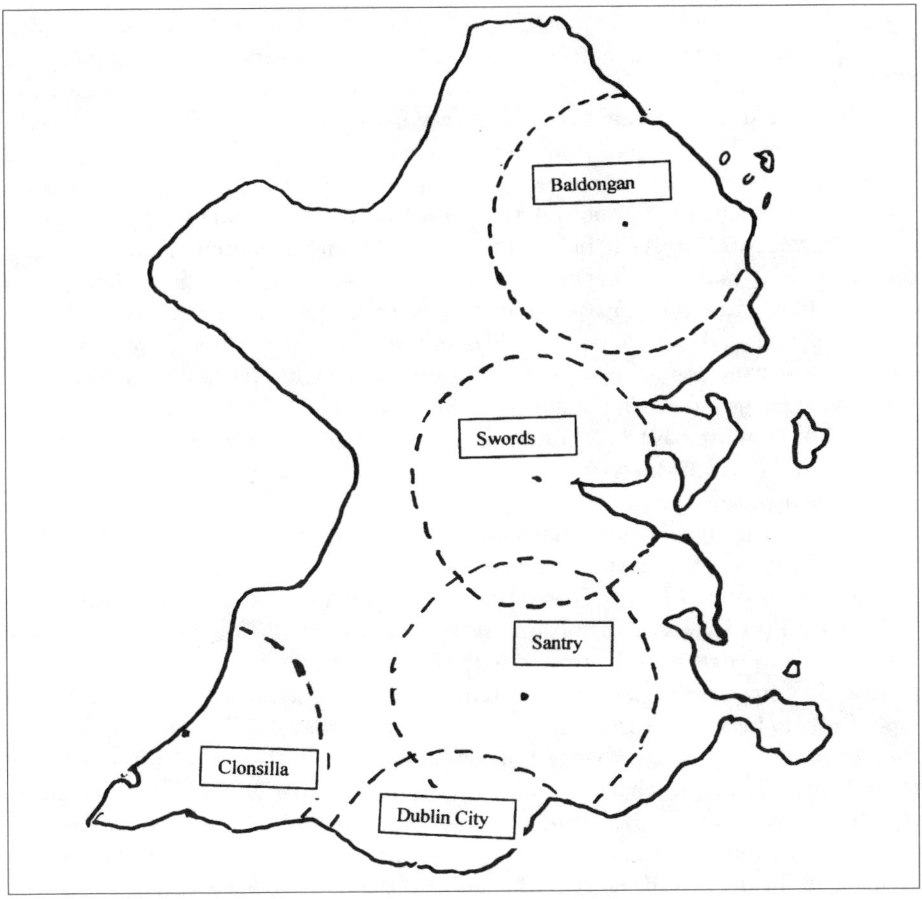


Fig. 5.2 Areas of Fingal situated within three miles of a known Catholic school, *c.*1630

the area, and there is evidence of a reasonably high literacy rate among Protestants. For those with access to Dublin city there was a choice of at least three schools, Christ Church Cathedral School, St Patrick's Cathedral School and the City Free School where arithmetic and writing were taught in 1608.[28] It is possible that Thomas Coffey, who taught in the Free School from 1643 to 1651 and who became minister of Finglas in 1654, took private pupils there.[29] William Hill, a former master at St Patrick's School, was known to have kept a private boarding school for the children of gentlemen at Finglas in the 1660s.[30]

It is difficult to gauge how effective this education system was. Since little private correspondence and few accounts, original wills or other similar documents have

28 Michael Quane, 'City of Dublin Free School' in *The Journal of the Royal Society of Antiquaries in Ireland*, xc, part ii (1960), p. 179. 29 Michael Quane, 'City of Dublin Free School' in *The Journal of the Royal Society of Antiquaries in Ireland*, xc, part ii (1960), pp 180–1. 30 Michael Quane, 'City of Dublin Free School' in *The Journal of the Royal Society of Antiquaries in Ireland*, xc, part ii (1960), p. 182.

survived for the area the only practical approach was to attempt to ascertain to what extent people signed documents or made their marks. This approach has limitations. While it is reasonable to conclude that those who were able to append their signatures were also able to read it is not possible to say if their writing skills extended much beyond signing their names. In the absence of any more reliable indicator an attempt was made to glean some information about literacy by examining the 1641 depositions for Co. Dublin (MSS 809 and 810) for those deponents and examinants known to have resided in Fingal (including three in suburban Oxmantown) before or after the rising up to and including 1653. Sixty-seven cases in all were identified in this category. In one case the signature or mark was indecipherable. In two cases the original depositions did not survive and it is impossible to determine from the copies whether or not the deponents signed the originals. In eight other cases the presiding commissioners or judges do not appear to have insisted on signatures or, if they did, the signatures must have been noted elsewhere. This leaves a sample of fifty-six usable cases of which thirty-four were signed, while in the other twenty-two cases the deponents made their marks.

An analysis by occupation/status has pin-pointed some rather surprising features.[31] Darby Lea, the postmaster of Balrothery, made his mark as did Katherine Magee, who managed Henry Mawdesley's farm. Of the five women whose names appeared in the fifty-six cases only one, Margaret Cooper of Oxmantown, signed her name. While the data must be treated with caution because the sample is so small, in general they suggest that ability to write increased with social status, that men were more likely to be able to write than women and that urban dwellers were more likely to possess writing skills than rural dwellers though the possibility that any rural/urban divide may have resulted from the existence of a different language (Irish) in rural areas, rather than a lack of writing skills, cannot be overlooked. Nevertheless an overall figure of more than 60 per cent who could sign their names seems high for the period. Despite the fact that examinants, for example, those who were suspected of plotting and those who had witnessed crimes, have been included, the preponderance of conventional deponents reporting losses gives an undue weighting to gentlemen and clergymen in the data. A certain amount of information on literacy can also be derived from the Finglas vestry books.[32] In 1661 three of the eight vestrymen present made their marks, while on 1 April 1662 five out of nine did so. Attendances were small in subsequent years but in 1667, when twelve attended, five vestrymen made their marks. While this is later than the period under review it seems to be a fair reflection of elementary education in what was probably the most prosperous area in Fingal in the pre-1660 period.

Higher education was a different matter. For Catholics who could afford it, there was by the year 1603 a network of Catholic colleges on the continent to which young men could be sent. However, most of the surviving published information concerns those who studied for the priesthood and, in particular, those whose names have been recorded by religious orders, a topic which will be examined in a later chapter. While

31 'Fingal 1603–60', i, pp 173–4. 32 Finglas parish combined vestry book and registers, 1657–1758 (RCBL, P.307/1/1).

education in Oxford or Cambridge had been available in earlier times, by the seventeenth century young Catholic men who wished for a good general education and, in particular, those with aspirations towards the professions, had to seek higher education on the Continent. The Protestant archbishop of Dublin and the bishop of Meath wrote in March 1604 to the council concerning the Catholics in their dioceses as follows:

> And they [the archbishop and bishop] now promise, if any order be taken that these people shall send their children to be taught by a religious schoolment and not to send their children out of the land to Dowa [Douai], and to Rhemes [Rheims], where their hearts are poisoned with idolatry, which is a thing easily done by the gentry of the Pale, both to provide and place a sufficient schoolment, and to maintain it according to the statute.[33]

One way in which the authorities could ensure that Catholic young men were educated in a Protestant environment in Ireland was by means of the court of wards. H.F. Kearney and Victor Treadwell have written about the activities of this court during the reigns of James I and Charles I.[34] Both historians concentrated on the administrative and financial aspects of the topic. As Treadwell has pointed out, the business of the wards was founded on the king's feudal tenures.[35] Those who held land by knight service, and this included many Fingal proprietors, were subject to a number of financial charges. Treadwell pointed out the particular difficulties which ensued when the heir was a minor.

> If the heir was a minor, the king assumed the wardship of his body and of his lands till he came of age. The heir then had to sue forth his livery of the lands from the king before he could enjoy his estate. According to the acts of supremacy of England and Ireland, he had also to take the oath of supremacy. If he failed to comply, his lands might be leased out to some other's profit.[36]

The impact of the educational provisions of the court of wards on Fingal does not appear to have been very great but it remained a threat. At least two local men, Thomas Bellings of Belinstown and Bartholomew Russell of Seatown were admitted to Trinity College.[37] In these two cases, the efforts of the authorities, in the long-term, were unsuccessful. In the Civil Survey Bartholomew Russell was listed as an 'Irish Papist' as was Laurence Bellings who had, according to the survey, inherited Belinstown.[38]

33 *Cal. S. P. Ire., 1603–06*, p. 153. 34 H.F. Kearney, 'The court of wards and liveries in Ireland, 1622–1641' in *Proceedings of the Royal Irish Academy*, lvii, section C, no. 2 (1955), pp 29–68; Victor Treadwell, 'The Irish court of wards under James I' in *IHS*, xii, no. 45 (March 1960), pp 1–27. 35 Victor Treadwell, 'The Irish court of wards under James I' in *IHS*, xii, no. 45 (March 1960), p. 2. 36 Victor Treadwell, 'The Irish court of wards under James I' in *IHS*, xii, no. 45 (March 1960), pp 2–3. 37 *A repertory of the inrolments on the patent rolls of chancery in Ireland, commencing with the reign of James I*, ed. John Caillard Erck (2 pts, Dublin, 1846–52), i, part ii, p. 356; G.D. Burtchaell and T.U. Sadleir, *Alumni Dublinenses: a register of the students, graduates, professors and provosts of Trinity College in the University of Dublin* (2nd ed., Dublin, 1935), pp 55 and 720. 38 *Civil Survey, vii, county of Dublin*, pp

Protestant young men in Fingal were in a particularly favourable position in the early seventeenth century. The new University of Dublin provided them with higher education on their doorstep. It is not clear how many actually availed of this facility since the records, where they gave any information about the place of an entrant's birth, tended to show it as 'Dublin' or 'County Dublin'.

One area of education in which both Catholics and Protestants mingled, at least at the start of the period was the law. Both confessional groups subscribed to the same legal system based on the common law. They met, not only in the higher courts, but also in the quarter sessions and manor courts which will be considered further in chapter 6. An interesting feature of these courts was that they were a means of bringing together the various social groups as well as people of different persuasions.

In 1970 Donal F. Cregan published detailed lists of Catholic Irishmen admitted to the English inns of court in the reigns of Elizabeth and James I.[39] Protestants were excluded from these lists. Colum Kenny has written an account of the King's Inns in Dublin which includes a detailed list of admissions during the period 1607–49.[40] With the help of the King's Inns admission papers and other lists of admissions it is possible to identify a number of members of Fingallian families and others who lived or had property in the area either before or after the date of their admission to one of the London inns or to the King's Inns.[41] It has also been possible to re-examine and extend these lists to cover the period to 1660 and to include Protestants known to have had associations with Fingal. The admissions during the reign of Elizabeth as well as those for the years 1603–60 were tabulated.[42] While the earlier list showed men who began their law studies prior to the period 1603–60, it is useful for a number of reasons. First, it showed a small number of students who were probably still in training in 1603. Secondly, it gave some idea of the number of trained lawyers in the area at the start of the period. However, a few of those listed had probably died before 1603, and at least one, William Bath of Drumcondra, had entered another walk of life, the priesthood. Thirdly, it provided a basis for comparison with the later list.

The strong traditional family associations with the law noted by Cregan was particularly obvious in the earlier (Elizabethan) list.[43] Almost all of those listed belonged to old Fingal families and, as has been pointed out by Colum Kenny, many of these families were related by marriage.[44] The later list showed a much greater variety.[45] It shows fewer representatives of the old families and a large number of Protestant newcomers to the area. The second list is probably incomplete. A few of the names

90 and 92. **39** Donal F. Cregan, 'Irish Catholic admissions to the English inns of court, 1558–1625' in *The Irish Jurist*, v. (n. s., 1970), pp 95–114. **40** Colum Kenny, *King's Inns and the kingdom of Ireland: the Irish 'inn of court' 1541–1800* (Blackrock, County Dublin, 1992), pp 275–81. **41** *Students admitted to the Inner Temple* (London, 1887); *The register of admissions to Gray's Inn, 1521–1889, together with the register of marriages in Gray's Inn Chapel,1695–1754*, ed. Joseph Foster (London, 1889); *The records of the Honourable Society of Lincoln's Inn*, i, Admissions from A. D. 1420 to 1799 (London, 1896); H.A.C. Sturgess, *Register of admissions to the Honourable Society of the Middle Temple from the fifteenth century to the year 1944* (3 vols, London, 1949), i; *King's Inns admission papers, 1607–1867*, ed. Edward Keane, P. Beryl Phair and Thomas U. Sadleir (Dublin, 1982). **42** 'Fingal 1603–60', i, pp 177–9. **43** Donal F. Cregan, 'Irish Catholic admissions to the English inns of court, 1558–1625' in *The Irish Jurist*, v. (n. s., 1970), pp 99–101; 'Fingal 1603–60', i, p 178. **44** Colum Kenny, *King's Inns and the kingdom of Ireland: the Irish 'inn of court' 1541–1800* (Blackrock, 1992), p. 34. **45** 'Fingal 1603–60', i, p. 179.

of those admitted to the King's Inns in Dublin, particularly those of attorneys, corresponded to the names of Fingal tituladoes in the so-called census of 1659.[46] However, in the absence of details about residence in the *King's Inns admission papers, 1607–1867* it is not possible to be certain that those listed were, in fact, the Fingal tituladoes. The information available shows that there was a nucleus of highly-educated lawyers in Fingal in the early part of the seventeenth century, several of whom attained prominent positions in the legal system and in the administration. The restrictions on the practice of law by Catholics undoubtedly played a major part in the decline of representation in the profession by the older Fingal families.[47]

Little is known about the participation of Fingallians in other professions. The will of Nicholas Luttrell dated 22 June 1609 gives a tantalizing glimpse of how young men approached these matters. The extract from the will in the Elrington Ball papers reads as follows:

> Nicholas Luttrell of Luttrellstown in Co. Dublin, gent., having made a former will in perfect health and memory purposing to depart the realm of Ireland to apply his study towards Oxford, thereafter to the inns of court, though want of means altered his course, now purposing by the leave of God presently to go into other countries where he may attain the faculty of physic, in respect his means are short to accomplish the law, being at perfect health, wit and memory, makes his will ...[48]

Since the will was proved less than a year later it is not possible to say how Nicholas would have prospered. The success of Dr Thomas Arthur of Limerick, referred to in chapter 2, suggests that well-trained Catholic doctors were in great demand.

A striking feature of Fingal in the early seventeenth century is the number of distinguished writers who lived at one time or another in the area. Many of the authors and their works were listed in Walter Harris's eighteenth-century compilation, *The whole works of Sir James Ware.*[49] Since this is an extensive topic which merits discussion in a separate study, only brief reference will be made to some of these writers and their works here. Many of them, though not all, were members of local families and some were probably natives of the area. Richard Stanihurst, historian and member of a Corduff family, and William Bath of Drumcondra, an authority on music and linguistics, were both priests living abroad at the beginning of the seventeenth century. Stanihurst's major works had already been published as had Bath's

46 *A census of Ireland* circa *1659* ... ed. S. Pender (Dublin, 1939), pp 382–92. 47 Donal F. Cregan, 'Irish Catholic admissions to the English inns of court, 1558–1625' in *The Irish Jurist*, v (n. s., 1970), pp 95–114; Donal F. Cregan, 'Irish recusant lawyers in politics in the reign of James I' in *The Irish Jurist*, v, part ii (n. s., 1970), pp 306–20; Colum Kenny, *King's Inns and the kingdom of Ireland: the Irish 'inn of court' 1541–1800* (Blackrock, 1992), pp 70–139. 48 Abstract of will of Nicholas Luttrell, 22 June1609 (RSAI, Elrington Ball MSS, vol vii, f. 14); Francis Elrington Ball, *A history of the County Dublin ... part fourth* (originally published 1906, reprinted Dublin, 1995), p. 8. 49 James Ware, *The whole works of Sir James Ware concerning Ireland, revised and improved*, ed. Walter Harris (2 vols, Dublin, 1764), ii.

works on music.[50] Bath's *Ianua Linguorum* was not published, until 1611 however.[51] His later works, in Latin and Spanish have been discussed by Seán P. Ó Mathúna.[52] James Ussher, archbishop of Armagh, a nephew of Stanihurst, who had somewhat more tenuous connections with Fingal, also wrote extensively. Sir Richard Bolton, a native of Stafford in England, who became recorder of Dublin in 1618 and lord chancellor in 1639 and who lived much of his life at Brazil near Swords, wrote an important book on law entitled *A justice of peace for Ireland*.[53] His near neighbour, Sir Samuel Mayart of Dubber, wrote a reply to 'A declaration setting forth how and by what means the laws and statutes of England, from time to time, came to be of force in Ireland' although this reply was not published for more than a century'.[54] The question of the real authorship of the original declaration (at one time attributed to Sir Richard Bolton) has been discussed by Aidan Clarke.[55] Sir James Barry of Santry, later chief justice of the king's bench, was another who contributed a legal work.[56] Sir James Ware, historian and antiquary, who had a home in Meakstown, Santry, wrote a number of books in Latin.[57] Catholic writers included Henry Fitzsimon, a Corduff Jesuit, who wrote two books.[58] Richard Bellings of Tyrrelstown, Mulhuddart, chronicled the recent history of the confederate wars in his *History of the Irish confederation and the war in Ireland*.[59] Another historian who had associations with Fingal was Nicholas Archbold of Mountainfoot (believed to be Shankill), son of the Baldoyle lawyer, George Archbold, a close friend and probably a relative of the Bath and Warren families of Drumcondra, who wrote two unpublished histories of the Capuchin mission to Ireland, including Fingal, in which he himself participated.[60] Another priest who was closely associated with the Bath family of Drumcondra and the Arthur family of Hacketstown, Walter Enos, was commis-

50 Richarde Stanyhurst, *A treatise contayning a playne and perfect description of Irelande* ... in Raphaell Holinshed and Richarde Stanyhurst, *Holinshed's Irish chronicle* ..., ed. Liam Miller and Eileen Power (London, 1577, republished Dublin, 1979); Richard Stanihurst, *De rebus in Hibernia gestis* (originally published Antwerp, 1584), translated from the Latin by Colm Lennon, in *Richard Stanihurst the Dubliner* (Dublin, 1981); William Bathe, *A briefe introduction to the true art of musicke* (London, 1584); William Bathe, *A briefe introduction to the skill of song, c. 1587*, introduced by Bernarr Rainbow (facsimile edition, Kilkenny, 1982). 51 William Bathe, *Ianua Linguarum, sive modus maxime accommodatus, quo patefit aditus ad omnes linguas intelligendas* (Salamanca, 1611). 52 Seán P. Ó Mathúna, *An tAthair William Bathe, C.Í., 1564–1614* (Dublin, 1980), pp 207–12. 53 Richard Bolton, *A justice of peace for Ireland* ... (Dublin, 1638). 54 Samuel Mayart, 'The answer of Sir Samuel Mayart, serjeant at law, and second judge of the common pleas in Ireland, to a book intitled, a declaration setting forth how and by what means the laws and statutes of England, from time to time, came to be of force in Ireland' in Walter Harris (ed.), *Hibernica or, some antient pieces relating to Ireland, never hitherto made publick (no. VI excepted)* (2 vols, Dublin, 1747–50), ii, pp 23–131. 55 Aidan Clarke, 'Patrick Darcy and the constitutional relationship between Ireland and Britain' in Jane H. Ohlmeyer (ed.), *Political thought in seventeenth-century Ireland: kingdom or colony* (Cambridge, 2000), p. 49. 56 James Barry, *The case of tenures upon the commission of defective title* (Dublin, 1637). 57 James Ware, *De scriptoribus Hiberniae libri duo* ... (Dublin, 1639); James Ware, *De Hibernia et antiquitatibus eius disquisitions* ... (London, 1654); James Ware, *Rerum Hibernicarum annales* ... *1485–1558* (Dublin, 1664); James Ware, *De praesulibus Hiberniae commentarius* (Dublin, 1665). 58 Henry Fitzsimon, *The justification and exposition of the divine sacrifice of the Masse* ... ([Douai], 1611); Henry Fitzsimon, *Words of comfort ... letters from a cell ... and diary of the Bohemian war of 1620*, ed. Edmund Hogan (Dublin, 1881). 59 Richard Bellings, *History of the Irish confederation and the war in Ireland, 1641–3* ... ed. John T. Gilbert (7 vols, Dublin, 1882–91). 60 Nicholas Archbold, The historie of the Irish Capucins, 1643 (Bibliothèque Municipale de Troyes, MS 1103); Nicholas Archbold, The evangelicall fruict of the Seraphicall Franciscan order, centur 5, ab Anno Domini 1600, 1628, continued to 1645 (BL, Harleian MS 3888).

sioned by the papal nuncio, Rinuccini, to write a book presenting the case of the pro-Rinuccini faction in the Catholic Confederation.[61] The playwright, Henry Burnell of Castleknock, was the author of *Landgartha*.[62] Finally, it would be appropriate to include in this list of writers associated with Fingal the unknown author of 'Purgatorium Hibernicum' who contributed something rather unique to the history of the area in the form of burlesque.[63] While no authors in the Irish language have been identified the list of those who wrote in Latin, Spanish and English, and whose work survives, is impressive and testifies to the fact that, at the very least, an élite group of men in the area had access to a high standard of education. Not all of them left printed or even manuscript records. Nicholas Archbold paid the following tribute to the abilities of one of his colleagues, George Blackney of Rickenhore, whose baptismal name has not been identified:

> At our coming out of Germany to Charleville into France, by the general of the order's ordinance, Father George and Father Paul [Humphrey Warren] remained in Germany from whence afterwards they went to Rome the jubilean year of 1625. Whereunto did flock great numbers of pilgrims out of all parts of Christendom: for the receiving of whose confessions Father George, by papal authority, is ordained *penitentiary apostolicus*: having, so to say, the gift of tongues, for he heard confessions in the Irish, English, Latin, French, Spanish, Italian, Germanian and Flemish tongues.[64]

Luke Bath preached in French at Cologne.[65] The linguistic abilities of other Capuchin missionaries stood them in good stead when travelling to and from Ireland, particularly when they were forced to travel through England. Nicholas Archbold related how, on one occasion, Humphrey Warren pretended to be German and spoke Italian while in England and how he himself pretended to be French.[66]

The literary output of early seventeenth-century Fingallians was undoubtedly impressive but without more comprehensive research it is not possible to say that it was any richer than the work produced by natives or residents of other, particularly Irish-speaking, parts of the country. While the output in Fingal was varied there was a noticeable concentration on history and politics, reflecting perhaps the Fingallians' need to explain and come to terms with their own unique mixed culture during a time of change as well as their access to a variety of educational experiences.

No information has been found about the kind of education available to women. For ordinary women in the area public education seems to have been virtually non-existent. No doubt the daughters, as well as the sons, of the rich had the advantage of private tuition or were able to go abroad for education. It seems inconceivable that

61 Walter Enos, *A survey of the articles of the late rejected peace …*, the first part (Kilkenny, 1646). 62 Henry Burnell, *Landgartha: a tragie-comedie, as it was presented in the new theatre in Dublin, with good applause, being an ancient story* (Dublin, 1641); Francis Elrington Ball, *Southern Fingal …* (originally published 1920, reprinted Dublin, 1995), p. 21. 63 Purgatorium Hibernicum …, c. 1670 (NLI, MS 470). 64 Nicholas Archbold, The historie of the Irish Capucins, 1643 (Bibliothèque Municipale de Troyes, MS 1103), p. 130. 65 Nicholas Archbold, The historie of the Irish Capucins, 1643 (Bibliothèque Municipale de Troyes, MS 1103), p. 94. 66 Nicholas Archbold, The historie of the Irish Capucins, 1643 (Bibliothèque Municipale de Troyes, MS 1103), p. 138.

less than seventy years after the suppression of the famous girls' school at Gracedieu, near Lusk, they were left entirely without education.

A common language helps to define a community. The evidence suggests that all of the people were able to speak English either as a first or second language. But as far back as 1577 Richard Stanihurst drew attention to the existence of an unusual dialect of English in Fingal which no doubt acted as a further distinguishing and unifying factor.[67] As Alan Bliss has shown, this dialect was spoken over a considerable period of time (written examples of the dialect date with certainty from *c.*1650 to 1689 but there is a high probability that works written as early as *c.*1596 and as late as 1705 were also written in Fingallian).[68] Bliss's definition of Fingal, which he extended to include the south-eastern part of Co. Meath, is somewhat wider than that used for the purpose of the present study. He defined the Fingallian dialect as a regional variety of Hiberno-English characterized by three features: 'rare words found also in the dialect of Forth, postponed stress in polysyllabic words, and a high proportion of Irish words and phrases'.[69] Bliss summarized the linguistic situation in Fingal as follows

> If we piece together all the evidence about Fingal and its dialect, we arrive at the following picture. Originally Fingal, at the heart of the English Pale, had been more completely English in language and customs than any other part of Ireland. Gradually it was penetrated by the Irish language, to such an extent that Stanihurst could be worried about the possible extinction of English. Subsequently, however, the English language underwent some revival; yet it remained so distinguished by the archaic character found also in Forth and Bargy, and by the survival of extensive Irish influence, that it could reasonably be described as a distinct language. What none of the writers specifically mentions is the existence of bilingualism in this area, and the ebb and flow of English and Irish is best explained in terms of a bilingual population preferring now one of their languages and now the other, as external influences made each of them more useful or acceptable.[70]

Some evidence, admittedly scanty, to support Bliss's argument for bilingualism in Fingal can be found in the 1641 depositions in Trinity College Dublin and in other sources. Just two direct references have been found in the depositions to support the argument that bilingualism occurred in Fingal. In the first of these Edward Leech vividly described his own experiences and those of his family and companions, who had been driven from Lambay in December 1641.[71] As they walked along the road 'by the sea-side' from Howth, where they had landed, to Dublin 'there were many of

67 Richarde Stanyhurst, *A treatise contayning a playne and perfect description of Irelande* ... in Raphaell Holinshed and Richarde Stanyhurst, *Holinshed's Irish chronicle* ..., ed. Liam Miller and Eileen Power (London, 1577, republished Dublin, 1979), pp 14–15. 68 Alan Bliss, *Spoken English in Ireland 1600–1740* (Dublin, 1979), pp 319–20. 69 Alan Bliss, *Spoken English in Ireland 1600–1740* (Dublin, 1979), pp 318–9. 70 Alan Bliss, *Spoken English in Ireland 1600–1740* (Dublin, 1979), pp 28–9. 71 Deposition of Edward Leech, 18 March 1644 (TCD, MS 810, ff 244–5).

the women of the villages thereabouts gathering cockles (as usually they do) who shouted aloud saying *Siggy Sassinagh, Siggy Sassinagh*, that is, there comes English ...' The second reference occurred in the Commonwealth examinations when Francis Dillon of Spricklestown in the parish of the Ward (barony of Castleknock) hailed a group of tories in Irish, calling to them to stand off.[72] The expectation that witnesses would be familiar with Irish place-names, which emerged in a suit concerning land boundaries in Clonsilla, has been noted in chapter 3. Perhaps the most telling pieces of evidence for the survival of Irish were those recorded by the Capuchins. The ability of the local Capuchin priest, George Blackney, to hear confessions in Irish in Rome in 1625 has already been mentioned.[73] During the Cromwellian period another Capuchin priest, Father Stephen, preached in Irish at Swords.[74] Some Irish words, for example, 'skene' (*scian*), 'garron' (*garrán*), 'tory' (*tórai*) occurred from time to time in the depositions but since these words were not translated or defined in the text they may already have been assimilated into the Fingallian dialect of Hiberno-English or into Hiberno-English in general. Of more interest, perhaps, is the occurrence of the technical term 'slow begg' (*slua beag*), in a deposition made by a soldier, William Hollis, in April 1643.[75] He described how he went with his captain and the rest of his troop 'out of the town of Swords in the territory of Fingal upon a party to meet with and (if possible) to surprise the slow begg or small running army of the rebels then very frequent and dangerous to the king's loyal subjects in the country'. The deponent, or clerk, obviously found it necessary to explain the term, which suggests that it was not one familiar to most monolingual English speakers. Reference has been made in chapter 1 to the use of the words 'bater' and 'booter' in the Civil Survey and to the existence of a street known as the 'Irish Street' in Swords. As already noted, several typically Irish first names, for example, Donnogh, Teige, Phelim, are to be found in the hearth money roll for Co. Dublin.[76]

'Purgatorium Hibernicum' is particularly rich in Irish words.[77] These range from terms of endearment to the names of plants and birds. In some cases, the words were used as if they were English words, for example, with English plurals. In other cases complete Irish phrases were incorporated in the text. The fluency with which such words and phrases were used suggests a familiarity with the Irish language beyond that of a dilettante or learner. The later texts, based on the same theme, contained far fewer Irish words.[78] *The Irish Hudibras* was probably designed with the English market in mind and 'The Fingallian travesty' may well have been an earlier draft also intended for publication in England. The existence of a unique dialect no doubt helped to promote a sense of separate identity among the Fingallians, marking them

72 Examination of John Heard, 24 November 1652 (TCD, MS 810, f. 380). 73 Nicholas Archbold, The historie of the Irish Capucins, 1643 (Bibliothèque Municipale de Troyes, MS 1103), p. 130. 74 Nicholas Donnelly, *Short histories of Dublin parishes* (17 parts, Dublin, 1904–17), part xv, p. 73. 75 Deposition of William Hollis, 27 April 1643 (TCD, MS 810, f. 235). 76 'Hearth money roll for County Dublin, 1664' (second part), *Journal of the County Kildare Archaeological Society*, xi (1930–33), pp 386–466. 77 Purgatorium Hibernicum ..., c. 1670 (NLI, MS 470). 78 The Fingallian travesty: or the Sixt Book of Virgills Aenaeids A la mode de Fingaule (BL, Sloane MS 900); James Farewell (?), *The Irish Hudibras or Fingallian prince, taken from the sixth book of Virgil's Aeneids, and adapted to the present times* (London, 1689).

off from both the Gaelic-Irish and from speakers of other forms of Hiberno-English. Although the dialect disappeared many years ago, the existence of traces of it in a few glossaries of locally-used words shows that up to the twentieth century there was a folk memory of the former distinctiveness of the area.[79] Some contributions from these sources have been included in recently published dictionaries of Anglo-Irish and Hiberno-English.[80]

In most cases people used conventional terms to describe time (reasonably precise dates and hours) and distance (miles). Sir Richard Bolton set out the official position on the citation of dates as follows: 'If it be Anno Domini 1599, the year shall be accounted after the computation of the Church of England and not *stilo novo*, as it is now at Rome, and other countries abroad'.[81] In *The whole works of Sir James Ware* the following paragraph appeared;

> Another measure was anciently in use in that part of the county of Dublin lying north of the river Liffey, which was called the Fingal measure. An act of parliament passed 13th Eliz., empowering Thomas Lancaster, archbishop of Armagh, to set some of his lands which lay out of the English Pale for any term not exceeding 100 years at 4*d.* an acre, according to the Fingal measure. This Fingal measure, was the English statute measure, containing 16 feet and half to the perch, which was introduced by the English, who planted themselves early in that country after the first English invasion.[82]

Some insight into the practices used by ordinary people is given in a series of depositions made in December 1652 in connection with the killing of the miller, Owen Hely, near Chapelizod by John Talbot of Belgard in February 1651. For example, Richard Greg, 'a husbandman aged twenty-three years or thereabouts' said that the incident took place 'one Sunday morning about Candlemas in the year one thousand six hundred and fifty' and mentioned that Knockvary was 'distant about a quarter of a mile from Chapelizod'.[83] The use of the term 'Candlemas' during the Commonwealth period is striking and suggests that there was little editing of the depositions. Giles Curran, also a husbandman, used a similar method of dating, 'about Candlemas last was a twelvemonth, upon a Sunday', but a more modern method of describing time and distance 'about eleven or twelve of the clock in the day time' and 'Knockvary, being about the distance of a quarter of a mile from the said Chapelizod'.[84] On the same occasion another deponent, Richard Raymond, a servant, used much the same method of dating but described Knockvary as 'being about the reach of musket shot from the said town of Chapelizod'.[85] John Talbot of

79 Patrick C. O'Neill, 'A north-County Dublin glossary' in *Béaloideas*, xvii (1947), pp 262–83; Patrick Halpin, 'English as we speak it in Skerries' (Skerries Historical Society Archives, unpublished paper no. 24, 1950); Patrick Archer, 'Gaelic and non-English words in use in Fingall' in *Fair Fingall* (2nd ed., Dublin, 1975), pp 129–42. 80 *A dictionary of Hiberno-English*, ed. Terence Patrick Dolan (Dublin, 1999); Diarmaid Ó Muirithe, *A dictionary of Anglo-Irish* (Dublin, 2000). 81 Richard Bolton, *A justice of peace for Ireland ...* (Dublin, 1638), part II, p. 17. 82 James Ware, *The whole works of Sir James Ware concerning Ireland, revised and improved*, ed. Walter Harris (Dublin, 1764), ii, p. 225. 83 Examination of Richard Greg, 16 December 1652 (TCD, MS 810, f. 388). 84 Examination of Giles Curran, 16 December 1652 (TCD, MS 810, f. 389). 85 Examination of Richard Raymond, 20 December 1652

Belgard, leader of the band of attackers, who was accused of the murder and who was probably a Catholic, said the incident took place 'in or about February 1650'.[86] This use of this method of dating suggests that the old style practice of denoting the year continued among all sections of the local population, not just the government authorities and Protestants. Evidence from other depositions shows that, at a time when watches and clocks were still luxuries, people often referred to time in a general way, for example, 'bedtime', 'early in the morning', 'falling of the night', 'about dinner time', 'till towards evening'.[87] Richard Swinson, who used a mixture of conventional and traditional dating methods, such as 'in harvest 1642' and 'on Friday at night next before the rebels were about to have taken the castle of Dublin', showed how major events impinged on the perceptions of the people.[88] Feast-days were used to denote dates by a number of deponents. As might have been expected, Christmas and Easter were mentioned.[89] Besides Candlemas (2 February) and Christmas day, fixed feast-days mentioned included St Luke's day (18 October, in a deposition made by Redmond Maguire of Enniskillen), St Thomas's Day (probably 21 December, in a south Co. Dublin deposition) and All-Hallows day (1 November).[90] More surprising, perhaps was the use of moveable feast-days (apart from Easter), such as Trinity Sunday, Shrovetide and Ash Wednesday.[91] As far as calculating distance was concerned the term 'musket shot' was used by a second deponent, in this case, Thomas O Rannahie, one of the accused, in his description of the attack on Edward St Lawrence near Turvey in 1651, which suggests that it may have been a normal way of measuring short distances.[92]

The 1641 depositions provide a few clues as to how the Fingallians saw themselves. Perhaps the most interesting is the account given by John Sephton of Finglas on 15 November 1641.[93] Part of his deposition reads as follows:

> This examinant saith that he knoweth Robert Davy of Jamestown aforesaid and that he and this examinant are sister's children and that he likewise knoweth William Rowan of Finglas and Bartholomew Walsh and John Copeland and Richard Delahide of Chapelmidway in the said county of Dublin and he further saith that William Rowen is a butcher and a papist and that Copeland is an Englishman, a Protestant, and Delahide is a gentleman and a papist but of what religion Walsh is he knoweth not but saith that his father hath cast him off by reason of his disobedience and lewd courses which

(TCD, MS 810, f. 390). **86** Examination of John Talbot, 11 November 1652 (TCD, MS 810, f. 391). **87** Examination of John Sephton, 15 November 1641 (TCD, MS 809, f. 176); examination of Richard Delahide, 19 November 1641 (TCD, MS 809, f. 198); deposition of Margaret Huiberts, 14 March 1644 (TCD, MS 810, f. 238). **88** Deposition of Richard Swinson, 28 July 1645 (TCD, MS 810, f. 325). **89** Deposition of Ann Cappar, 4 January 1642 (TCD, MS 809, f. 261); examination of John Coppinger, 4 May 1642 (TCD, MS 810, f. 199); deposition of William Hollis, 27 April 1643 (TCD, MS 810, f. 235); examination of Thomas Berry, 21 September 1653 (TCD, MS 810, f. 393). **90** Examination of Redmond Maguire, 1 November 1641 (TCD, MS 809, f. 46); deposition of Alice Poore, 23 January 1644 (TCD, MS 810, f. 248); examination of Patrick Tankard, 27 May 1653 (TCD, MS 810, f. 395). **91** Deposition of Robert Benion (copy only), 25 July 1645 (TCD, MS 810, f. 62); examination of Anthony Pile, 29 June 1643 (TCD, MS 810, f. 281); examination of Patrick Tankard, 27 May 1653 (TCD, MS 810, f. 395). **92** Examination of Thomas O Rannahie, 23 April 1653 (TCD, MS 810, f. 397). **93** Examination of John Sephton, 15 November 1641 (TCD, MS 809, f. 176).

> he followeth. And this examinant saith of himself that he is a dairyman and a Protestant and so hath been all his life and that he is tenant to Sir James Ware, knight . . .

During the early days of the rising this group of friends had been drinking together and discussing political affairs with the result that they had become suspects, even though there had been, as yet, no outbreak in Fingal. There are several interesting points about Sephton's description. All the surnames mentioned are settler names with the possible exception of 'Rowen', which may be either Gaelic or English. The socially-mixed group included men of different religions. The fact that Copeland was specifically described as an Englishman suggests that the others regarded themselves as Irish. Robert Church, servant to the Protestant alderman, Richard Barry of Santry, reported that some property had been burnt 'by the English'.[94] Robert Booth of Swords also had property burnt by 'the English army'.[95] Darby Lea, postmaster, of Balrothery, reported that 'English Protestants' had been murdered in the area.[96] Sarah Doughtie of Balcunnin described her neighbour, Dirrick Huiberts Verveer, as a 'Dutch man' even though he had been resident in nearby Skerries for many years.[97] It appears that the ordinary people, unlike some writers such as Richard Stanihurst and Richard Bellings and members of the gentry, were beginning to classify people by place of birth rather than by descent. However, they were becoming conscious of a conflict of identity which needed to be resolved. This was well expressed in the deposition of Susanna Stockdale, who gave the following account of her cousin, Nicholas Barnewall of Turvey, who had fled to Wales with 'the countess, his wife, and several priests and others of his family' when the rising of 1641 broke out.[98] Nicholas Barnewall had been potentially the most influential Fingallian of his age as he was descended from an old and respected line, he had extensive family connections, he was one of the largest landowners in the area, he had been a member of parliament and he was a Catholic. However, because of his departure to Wales at a critical time he remained a relatively minor figure in the history of Fingal. Susanna Stockdale met him while he was returning to Ireland in 1644 and, having 'asked him why those gentlemen of the gentlemen of the Pale, that were anciently descended of the English, could for pity rob and destroy the English Protestants as they did' he answered (according to Susanna's best recollection):

> that the poor Irish had the blame of all, but if the papists in England had but had as much power amongst themselves in England as the Irish had in Ireland, the English papists would have risen against the Protestants in England first, so as the poor Irish (as he called them) should not have been put to begin their quarrel there the first, further saying to this deponent the words: 'Do you think, cousin, that the Irish durst begin as they did, but that they conceived themselves sure of the like rising about the same time in

94 Deposition of Robert Church, 5 March 1642 (TCD, MS 809, f. 242). 95 Deposition of Robert Booth, 8 July 1642 (TCD, MS 810, f. 119). 96 Deposition of Darby Lea, 25 January 1642 (TCD, MS 809, f. 288). 97 Deposition of Sarah Doughtie, 20 January 1642 (TCD, MS 809, f. 275). 98 Deposition of Susanna Stockdale (copy only), not dated (TCD, MS 810, f. 94).

> England, according to the plot that the papists of both kingdoms had amongst them. So as there could come no aid or assistance out of England to the Protestants in Ireland' or to that effect. And then also the said Mr Barnewall seemed and expressed in word himself to be vexed for so leaving his countrymen and friends, the papists in Ireland, as he did, and going into Wales where he had spent so much money, further saying if he had stayed still in Ireland he might have done his countrymen, the papists of Ireland, more good there than he did by going into Wales and, besides, might have saved his own estates from the English, but said he: 'I feared because I lived as in the mouth of the state of Dublin. I should never have been quiet if I had stayed unless I should have been of the English Protestant party against my poor countrymen, the Irish, who were of my own religion and therefore I went away into Wales' or words to that purpose, to this deponent's now best remembrance.[99]

Can one derive any picture of the Fingallian character from the surviving evidence? Certain traits were alluded to in the records, but it is sometimes difficult to determine whether these traits were peculiar to Fingallians or whether they were typical of society in general in the early seventeenth century. When reading the 1641 depositions one cannot help but be struck by the reported cruelty of many of the inhabitants. The depositions were an important source of information but they were also generally one-sided and did not necessarily reflect the totality of normal human behaviour. The violence and cruelty which clearly emerged during and after 1641 may have been wartime manifestations of underlying tensions between neighbours and divisions within the community which had existed in peacetime and which boiled over under the pressure of war.

Eyewitness accounts survive of the killings of Henry Mawdesley and Dirrick Huiberts Verveer.[100] In the case of Verveer, the killing in December 1641 followed the stripping and robbing of his wife and sister when, in the words of his widow, the rebels 'compelled them to follow them, as they said, towards their colonel. And as they followed them, one of the said rebels, with a skene cut the said Dirrick in his head and stabbed him several times in his body till he fell dead down and when he departed he looked back to see if the said Dirrick did stir'.[101] The hanging of Henry Mawdesley in September 1642, witnessed by the young Balscaddan surgeon, George Cashell, was a much more deliberate affair and appears to have been in the nature of an execution. Having been brought first to the church of Clonmethan where he unsuccessfully attempted to send letters through Cashell to obtain ransom money, Henry Mawdesley was taken by the rebels to Mooretown, where 'they bade him prepare himself for he should die. But although the said Henry Mawdesley then and there begged earnestly for his life and told them that he had a wife and many small children, and done them no wrong nor hurt, yet the several rebels then and there present (by general consent amongst them), said he should be hanged, and instantly

99 Deposition of Susanna Stockdale (copy only), not dated (TCD, MS 810, ff 94–50). **100** Deposition of George Cashell (copy only), 29 February 1644 (TCD, MS 810, f. 25); deposition of Margaret Huiberts, 14 March 1644 (TCD, MS 810, f. 239). **101** Deposition of Margaret Huiberts, 14 March 1644 (TCD, MS 810, f. 239).

then and there most barbarously and without mercy hanged him accordingly'.[102] Cashell named twelve of the rebels and indicated that there were 'divers others whom he cannot name'. Despite his protestations Mawdesley and his servant, Katherine Magee, had made depositions about his losses some time earlier.[103] Katherine Magee had named twenty-eight rebels in her deposition though they were not, as far as can be ascertained, those involved in Mawdesley's execution.[104] One of those involved in Mawdesley's killing, Patrick Conran of Wyanstown, was, himself, later executed in Dublin.[105] The execution, if such it was, of Henry Mawdesley may have been part of a pattern. About 'harvest 1642' two ministers, a father and son, Ambrose and Robert Burton, who were travelling towards Drogheda, were captured near Skerries by what was later described as 'a company of tories'.[106] The two men were taken by a priest, Robert Passmore of Balrothery, a member of the troop of John Finglas (described by Passmore in his evidence under his later title of 'Lieutenant-Colonel') and brought to his commanding officer. The two ministers were taken to Mooretown where they were hanged on 20 August 1642 at a place called the 'English Green', apparently under Finglas's orders.[107] At Passmore's trial, which took place in 1653, witnesses to the capture and hanging gave evidence. There were certain similarities between the hangings of Mawdesley and the Burtons. They took place within a short time of each other. Both executions took place at Mooretown in the parish of Clonmethan, an area which was owned by the archbishop of Dublin, but which was leased to Luke Nettervill, leader of the Co. Dublin rebels in 1641.[108] Patrick Conran was involved in both captures. However, while the reason for Mawdesley's capture and execution was not clear, Passmore at his trial offered a plausible explanation for the capture of the ministers which was confirmed by another witness, Elizabeth Taylor.[109] He claimed that he had captured the Burtons in the hope that they might be used in an exchange of prisoners and also asserted that he was not present at their execution. Despite this plea he was found guilty of murder.[110]

Of the killings by tories which took place in the area somewhat later, those of the men killed at Forrest, near Swords, in 1650 and that of Owen Hely, the Chapelizod miller, took place in the course of skirmishes.[111] The death in 1651 of James

**102** Deposition of George Cashell (copy only), 29 February 1644 (TCD, MS 810, f. 25). **103** Deposition of Henry Mawdesley, 22 April 1642 (TCD, MS 810, f. 167); deposition of Katherine Magee, 22 April 1642 (TCD, MS 810, f. 174). **104** Deposition of Katherine Magee, 22 April 1642 (TCD, MS 810, f. 174). **105** Deposition of George Cashell (copy only), 29 February 1644 (TCD, MS 810, f. 25). **106** Proceedings of the high court of justice held at Dublin and Cork in 1652, 1653 and 1654 (TCD, MS 866, ff 30–1). **107** Proceedings of the high court of justice held at Dublin and Cork in 1652, 1653 and 1654 (TCD, MS 866, ff 30–1 and 77). **108** *Civil Survey, vii, county of Dublin*, p. 157. **109** Proceedings of the high court of justice held at Dublin and Cork in 1652, 1653 and 1654 (TCD, MS 866, f. 31). **110** Proceedings of the high court of justice held at Dublin and Cork in 1652, 1653 and 1654 (TCD, MS 866, f. 31). **111** Examination of Andrew Gyraght, 2 February 1653 (TCD, MS 810, f. 357); examination of Thomas Waltryn, 1 February 1653 (TCD, MS 810, f. 375); examination of John Confy, 1 February 1653 (TCD, MS 810, f. 377); examination of Patrick Maguire, not dated (TCD, MS 810, f. 379); examination of John Heard, 24 November 1642 (TCD, MS 810, f. 380); examination of Richard Greg, 16 December 1652 (TCD, MS 810, f. 388); examination of Giles Curran, 16 December 1652 (TCD, MS 810, f. 389); examination of Richard Raymond, 20 December 1652 (TCD, MS 810, f. 390); examination of John Talbot, 11 November 1652 (TCD, MS 810, f. 391).

Brandon, the haberdasher or hat-maker, though probably premeditated and planned, also appears to have been swift.[112] The murder of Edward St Lawrence near Turvey in July 1651 was particularly brutal, involving humiliation and torture before the actual killing.[113] While the names of the perpetrators were given by the deponents, who included one of the accused, there was no mention of where they were from. They were described as a troop under the command of a Captain Francis Fleming. The attackers were under the command of a Patrick Dempsey, corporal of the troop, and numbered six or seven in all.[114] They may have been remnants of the confederate army. Two of the deponents stated that the corpse remained unburied, a fact also noted in the case of Dirrick Huiberts Verveer, whose body was left unburied from 'Thursday morning till Saturday night following ... for they denied him to be buried either in the church or churchyard' and in the case of three Englishmen, hanged in January 1643, possibly in Co. Meath, although the alleged perpetrators were from Fingal.[115] Richard Swinson of Meakstown, who described the latter incident, also stated that a fourth man, an Irishman, John Browne, had been shot, rather than hanged, and that he himself had been blinded in one eye and left for dead by the rebels.[116] As supporting evidence he claimed that he and others had found their bodies three or four months afterwards. It is not clear why the rebels should have made a distinction between the type of death penalty inflicted on Irish and English prisoners. A later incident, on this occasion clearly a military ambush by the rebels on a group of soldiers near Swords in March 1643, was described by William Hollis.[117] Following their capture two prisoners, William Murphy (probably an Irishman) and Henry Shelton were both hanged. Hollis himself escaped death 'earnestly pressing the rebels for the life they promised him upon his quarter'. Another of the eyewitness accounts concerned the murder in August 1642 of a man called Patrick, the servant of Samuel Filgate of Grangegorman, who described Patrick's death as well as the serious wounding of his maidservant, Margaret Boys.[118]

There were other accounts of murders in Fingal during the rising but some of these, at least, appear to have been based on hearsay evidence. Thomas Clitheroe, minister of Balrothery reported that he had been 'reliably informed that the rebels within the town of Balrothery aforesaid about that time most cruelly and barbarously murdered one, Mr Pardoe, a minister, and threw him into a dunghill water where he lay until the swine fed upon his head, and they also murdered one, Tom Rymmer, postboy for the packet'.[119] These alleged murders also appeared as hearsay evidence in the depositions of Darby Lea of Balrothery and Anthony Huiberts of Ballimad.[120]

112 Examination of Thomas Berry, 21 September 1653 (TCD, MS 810, f. 393); examination of Patrick Tankard, 27 May 1653 (TCD, MS 810, f. 395); examination of Peter Burnell, 23 June 1653 (TCD, MS 816, f. 302). 113 Examination of Arland Ussher, not dated (TCD, MS 810, f. 355); examination of Thomas O Rannahie, 23 April 1653 (TCD, MS 810, f. 397); examination of Richard Randall, not dated (TCD, MS 810, f. 399). 114 Examination of Thomas O Rannahie, 23 April 1653 (TCD, MS 810, f. 397); examination of Richard Randall, not dated (TCD, MS 810, f. 399). 115 Deposition of Margaret Huiberts, 14 March 1644 (TCD, MS 810, f. 239); deposition of Richard Swinson, 28 July 1645 (TCD, MS 810, f. 325); examination of Arland Ussher, not dated (TCD, MS 810, f. 355); examination of Thomas O Rannahie, 23 April 1653 (TCD, MS 810, f. 397). 116 Deposition of Richard Swinson, 28 July 1645 (TCD, MS 810, f. 325). 117 Deposition of William Hollis, 27 April 1643 (TCD, MS 810, f. 235). 118 Deposition of Samuel Filgate, 8 January 1644 (TCD, MS 810, f. 232). 119 Deposition of Thomas Clitheroe, 26 May 1642 (TCD, MS 810, f. 126). 120 Deposition of Darby Lea, 25 January

As well as the killings described previously, Richard Swinson alleged that in the autumn of 1642 the rebels murdered 'one Richard Synnott of Meakstown ... a Protestant, by cutting his throat'.[121] He also stated that that about July 1642 at Dubber they 'slew and murdered one, Patrick Mangan, that kept the cattle of Sir Samuel Mayart, knight, and others of the English'. The circumstances surrounding the death of Edward Cappar of Finglas are unclear.[122] His widow alleged that four members of Captain Barnewall's company murdered him. But it is not clear from her deposition that she actually witnessed the murder.

There were also allegations that victims had died as a result of the treatment meted out to them by the rebels. This is well documented in the case of Catherine Cromphouts, sister of Dirrick Huiberts Verveer.[123] James Smith of Grallagh claimed that he and his wife 'who, being very old, were also by the rebels stripped and robbed of their clothes, apparel and of their bedding whereby and by a wound which the rebels gave her in her throat, by cold and want, his wife died ...'[124] The depositions contain some reports of physical injuries inflicted by the rebels. John Lukey, minister of Ballyboghil, survived an attack by dogs which had been set on him.[125] Sarah Doughtie, widow of the minister of Lusk, having described the losses sustained as a result of the attack on her home at Balcunnin went on to say:

> And at the same time the said rebel whose name as she is informed was Cruise [of the Naul] drew his sword and held the same unto her breast swearing most horrid oaths that he would kill her unless she would deliver to him her money and threatened to kill her children unless they would cease to cry out. And also the said Cruise or some of his company hurt two of the deponent's servants very dangerously and turned her, and her four poor children out of the doors; since which time she and they are ready to starve were it not for the charity of well-disposed people.[126]

Several deponents reported death threats.[127] However, while many deponents described how they had been forcibly and cruelly deprived of their goods, few, apart from those already mentioned, cited specific instances of physical cruelty. During the early stages of the war the rebels, on the whole, appear to have been more interested in spoil than in revenge. The people of Fingal were inured to suffering as they were used to witnessing severe punishments for crimes. Hanging (including, in certain cases, drawing and quartering) for men and burning for women were the prescribed punishments for many crimes.[128] The rebels followed the same pattern as the author-

1642 (TCD, MS 809, f. 288); deposition of Anthony Huiberts, 29 January 1642 (TCD, MS 809, f. 311). **121** Deposition of Richard Swinson, 28 July 1645 (TCD, MS 810, f. 325). **122** Deposition of Ann Cappar, 4 January 1642 (TCD, MS 809, f. 261). **123** Deposition of Huibart Cromphouts, 2 March 1642 (TCD, MS 809, f. 268); deposition of Margaret Huiberts, 14 March 1644 (TCD, MS 810, ff 238–9). **124** Deposition of James Smith, 26 April 1642 (TCD, MS 810, f. 104). **125** Deposition of John Lukey, 2 March 1643 (TCD, MS 810, f. 168). **126** Deposition of Sarah Doughtie, 20 January 1642 (TCD, MS 809, f. 275). **127** For example, deposition of Ann Foreside, 5 January 1642 (TCD, MS 809, f. 279); deposition of Anthony Huiberts, 29 January 1642 (TCD, MS 809, f. 310); deposition of John Huxley, 21 May 1642 (TCD, MS 810, f. 158). **128** Richard Bolton, *A justice of peace for Ireland ...* (Dublin, 1638), book I.

ities. Randall Dimmock, minister of St Doolagh's, described how a gallows was set up in Swords in December 1641 to hang his son together with a Dutch man, 'yet they both escaped by God's providence'.[129] Daniel Barwick, commander of the pinnace, *The Swan,* was threatened with hanging during his imprisonment in Baldongan.[130] This threat was not carried out.

There were a few reports of help given by neighbours and others during the 1641 rising. Sarah Doughtie of Balcunnin was helped by the 'charity of well-disposed people'.[131] Ann Foreside of Coolock reported that, following death threats to her husband, he 'to shun the danger, hid himself in a ditch of water from twelve o'clock in the night till eight in the morning, by which he got a sickness which she thinks will kill him'.[132] She also reported that 'the rebels swore they would hang this deponent because they could not meet with her husband, and had done it as she thinks: but that some women, her neighbours, privately conveyed her away'. Thomas Williams, a labourer of Santry, told in 1644 that, though he had served against the rebels for two years, 'having been since sick and weak, got none of his pay or entertainment for near half a year last past: and now with his wife and children is like to starve, as they had done if the charity of good people had not relieved him'.[133]

Other characteristics have been noted that have, perhaps, less to do with the temporary influences of war. Richard Stanihurst wrote of the addiction to husbandry and the continual drudgery of the Fingallians as well as their expertise in agricultural matters.[134] An anonymous seventeenth-century writer described Co. Dublin, apart from the mountainous area to the south as 'rich and plenteous, the people of a stately port and garb, in genteel neatness and carriage surpassing all the rest of Ireland ...'[135] He also found Fingal 'very well husbanded' noting that 'this place discovers the idleness of the other counties, which would equally answer the industry of the labourer, if it were employed.'[136] The ability of Fingallians to work hard was well-attested but another side of their character appeared in the deposition of Revd George Creichton of Virginia in 1643.[137] Creichton certainly exaggerated when he said that 'all the inhabitants of the county of Dublin, Meath and Louth fled with all their goods into the county of Cavan'.[138] Most of the leaders he mentioned in his account were from Fingal and several of these were from the area around Swords. The refugees brought with them 'great droves of cattle of all sorts, great carts laden with trunks and all kinds of good household stuff, great store of wheat and malt'.

**129** Deposition of Randall Dimmock, 1 March 1642 (TCD, MS 809, f. 276). **130** Deposition of Daniel Barwick, 23 May 1642 (TCD, MS 810, f. 115). **131** Deposition of Sarah Doughtie, 20 January 1642 (TCD, MS 809, f. 275). **132** Deposition of Ann Foreside, 5 January 1642 (TCD, MS 809, f. 279). **133** Deposition of Thomas Williams, 10 January 1644 (TCD, MS 810, f. 269). **134** Richarde Stanyhurst, *A treatise contayning a playne and perfect description of Irelande* ... in Raphaell Holinshed and Richarde Stanyhurst, *Holinshed's Irish chronicle* ..., ed. Liam Miller and Eileen Power (London, 1577, republished Dublin, 1979), p.13; Richard Stanihurst, *De rebus in Hibernia gestis* (originally published Antwerp, 1584), translated from the Latin by Colm Lennon, in *Richard Stanihurst the Dubliner* (Dublin, 1981), p. 143. **135** G.N., *A geographicall description of the kingdom of Ireland* ... (London, 1642), p. 14. **136** G.N., *A geographicall description of the kingdom of Ireland* ... (London, 1642), p. 17. **137** Deposition of George Creichton, 15 April 1643 (TCD, MS 832, ff 145–60; MS 833, ff 227–39); John T. Gilbert (ed.), *A contemporary history of affairs in Ireland from A. D. 1641 to 1652* ... (3 vols, Dublin, 1879–80), i, part ii, pp 525–46. **138** Deposition of George Creichton, 15 April 1643 (TCD, MS 832, f. 152); John T. Gilbert (ed.), *A contemporary history of affairs in Ireland from A. D. 1641 to 1652* ... (3 vols, Dublin, 1879–80), i, part ii, p. 536.

They were generous with their supplies and as Creichton went on to say: 'With these there came such plenty of corn that by God's providence we got some relief, the liberality of the deponent's own parishioners proving most scant and beggarly'. Creichton also said

> And this was most manifest in (almost) all the Pale gentlemen (and greater eagerness did show itself in the gentlewomen than in the men) that they were irreconcilable enemies to the English nation, for such were their words, they were sorry that they had let any English pass safe to Dublin. And in their discourse, speaking what number of English were killed in the several counties of the kingdom, the men of Fingal mentioned that they had killed far more than any other counties ...[139]

This extract gives a rare insight into the attitudes of Fingal women as well as suggesting an unusual degree of arrogance in the men. Creichton commented further on this tendency to brag saying: 'And then they would brag what great matters they would do to the heavy heeled English, with stones and skenes, if ever they should see them come within their county, and yet how would they run away from their commanders upon a false alarum'.[140] Creichton also noted that the Fingallians tended to lie and to place little trust in outsiders saying:

> And why might not they as well lie in that, as in anything else, it being so common a thing, and so well known, that he perceived none of those people believed others what they said; at least the Pale people believed not the O'Reillys and the O'Reillys believed not the Pale.[141]

Creichton also commented on the Fingallians' ability to enjoy themselves, even in adversity. This aspect of their character will be considered in the next chapter.

The problem of attempting to define a seventeenth-century Fingallian is a daunting one. It is highly probable that the vast majority of the people who lived in the area in the period 1603–60 had been born there. The difficulty lies in establishing this fact in individual cases. Fingal then, as now, was a melting-pot. The concept of Fingallian has been broadened here to include not only people such as William Bath, Christopher Hollywood and Richard Bellings who, in all probability, were natives of Fingal but also those who, like Richard Stanihurst, belonged to Fingal families but were born elsewhere, those who, like James Ussher, spent a limited time in the area but displayed an affinity with and affection for it and newcomers such as Richard Bolton and Samuel Mayart, who had come from England to make their homes there.

139 Deposition of George Creichton, 15 April 1643 (TCD, MS 833, f. 236); John T. Gilbert (ed.), *A contemporary history of affairs in Ireland from A. D. 1641 to 1652 ...* (3 vols, Dublin, 1879–80), i, part ii, p. 541. 140 Deposition of George Creichton, 15 April 1643 (TCD, MS 833, f. 237); John T. Gilbert (ed.), *A contemporary history of affairs in Ireland from A. D. 1641 to 1652 ...* (3 vols, Dublin, 1879–80), i, part ii, p. 542. 141 Deposition of George Creichton, 15 April 1643 (TCD, MS 833, f. 237); John T. Gilbert (ed.), *A contemporary history of affairs in Ireland from A. D. 1641 to 1652 ...* (3 vols, Dublin, 1879–80), i, part ii, p. 543.

Those just mentioned were writers, but the same interesting mix of natives and newcomers can be found in lists of lawyers, politicians and clergymen associated with the area. However, it must be emphasized that a great number of the people of Fingal, perhaps even the majority, had inherited and, to some extent, still shared a culture which predated that of the oldest settler families and which linked them to parts of Ireland with which the élite families in Fingal had little or no affinity.

# 6

## 'Drinking, piping and dancing'

> A sort of profane wretches, after they had chopped up their Mass in the morning, they spent all their time in playing at tennis (the deponent hath observed above 200 able men together) in drinking, piping and dancing ...
>
> Revd George Creichton on the Fingallians (1643)[1]

In the quotation cited above Revd George Creichton, while showing a certain amount of sympathy for the plight of a group of Fingallian refugees, regarded them as a people who spent much of their time in vain pursuits. Was this a valid criticism of the people of Fingal? How did they generally interact with each other and with outsiders? This chapter explores social life and relationships in seventeenth-century Fingal.

The people of Fingal came together and interacted with each other in many ways. Perhaps the most important of these was the workplace. Certain aspects of the relationships between landlords and tenants have been discussed in chapter 3. As has been shown in chapter 4, farm workers met on their way to market and travelled together as much for company as for safety. The principal industries of the area, farming and fishing were labour-intensive and demanded a high degree of cooperation, particularly at certain times of the year, such as harvest in the case of farm labourers and Lent in the case of the fishermen. Forges, and there were several of them in Fingal, provided another setting for socializing in the course of a day's work. Markets and fairs, a topic examined in chapter 4, presented a pleasant opportunity for meeting others as well as for trade. A further activity which brought people together in an organized way was the repair of roads. In 1612 an act came into force which required the constables and churchwardens of every parish to call together a number of parishioners in Easter week to elect 'two honest persons of the parish, to be surveyors and orderers of the works for the amendment of the high ways, cashes, and paces in their parish, leading to any market town'.[2] Six days were to be set aside for the work between Easter week and the feast of St John the Baptist (24 June). Every person with specified land in the parish and every other person keeping a draught or plough was to supply one wain or cart, suitably equipped, together with two able men, while every householder, cottier and labourer of the parish, who was

1 Deposition of George Creichton, 15 April 1643 (TCD, MS 833, ff 236–7); John T. Gilbert (ed.), *A contemporary history of affairs in Ireland from A. D. 1641 to 1652* ... (3 vols, Dublin, 1879–80), i, part ii, p. 542. 2 An act for repayring and amending of high-ways and cashes, and cutting or clearing of paces, 11, 12 and 13 J.I, c.7, *Stat. Ire.* (1786), i, pp 444–8.

not a hired servant, had to take part in the work or arrange for someone else to substitute for him on each of the six days. Even the types of tools (shovels, spades, pickaxes, mattocks and axes) which the workers were required to bring with them were specified. Among the powers given to supervisors was permission to carry away rubbish or small broken stones from quarries and also underwood found within the parish, the owners to be compensated by the parish.[3] Given the number of highways leading to market towns this act was important for Fingal. In 1657, as the surviving Finglas parish vestry book recorded, the vestrymen selected William Johnson of Finglas and Nicholas Fitzpatrick of Broghan to act as 'supervisors of the highways within the said parish, and to see that the same be well and sufficiently repaired and amended and cleared of bushes and trees according to law'.[4] The same two men continued in office in 1658 and 1659.[5] It is interesting to note that the vestry used the term 'Midsummer Day' rather than the 'Feast of Saint John the Baptist' as the date by which the work should be completed in 1658. There are no records for 1660. It seems likely that, given the importance of the roads leading to Dublin, that the authorities would have enforced the 1612 act in relation to these roads, resulting in the coming together of a large number of men each year to carry out the work and, no doubt, to meet and drink in one of the Finglas alehouses when it had been completed.

The courts also provided an opportunity for people to meet. There were two types of court operating within the area, the quarter sessions, presided over by justices of the peace, and the manor courts which were operated by certain landowners or their deputies, who were known as seneschals. There are few surviving references to the practical operation of the legal system in Fingal in the period covered by this study. One indirect reference can be found in the deposition of Richard Delahide of Chapelmidway, dated 19 November 1641, which fell on a Friday.[6] This deposition was made before the lord chancellor, Sir Richard Bolton, and the lord chief justice of the common pleas, Sir Gerard Lowther, who would, no doubt, have been able to challenge any inaccuracy in Delahide's reference to the proceedings. He deposed that 'upon Thursday last was fortnight [4 November] upon the general sessions for the county of Dublin he, among others of the county, appeared upon the Abbey Green, where they continued until it was about the falling of the night and then repairing homewards in the way towards Finglas he met with William Rowen …'. The Abbey Green appears to have been the green adjacent to the former abbey of the Blessed Virgin Mary in Dublin, called 'the Abbey-green' and described in a grant of 1604.[7] It would seem that the sessions for Co. Dublin were held close to the city boundaries, were well attended and lasted all day.

The general question of the role of the justices of the peace and the quarter ses-

3 An act for repayring and amending of high-ways and cashes, and cutting or clearing of paces, 11, 12 and 13 J.I, c.7, *Stat. Ire.* (1786), i, p. 445. 4 Finglas parish combined vestry book and registers, 1657–1758 (RCBL, P.307/1/1, p. 1); William Cotter Stubbs, 'Finglas, County Dublin, vestry books' in *Journal of the Royal Society of Antiquaries of Ireland*, xlvi (1916), p. 27. 5 Finglas parish combined vestry book and registers, 1657–1758 (RCBL, P.307/1/1, pp 11 and 14). 6 Examination of Richard Delahide, 19 November 1641 (TCD, MS 809, f. 198). 7 *A repertory of the inrolments on the patent rolls of chancery in Ireland; commencing with the reign of King James I*, ed. John Caillard Erck (2 pts, Dublin, 1846–52), i, part i, p. 124.

sions, has been discussed, in relation to the early seventeenth century, by Raymond Gillespie and, in relation to the eighteenth century, by Neil Garnham.[8] Of particular interest for Fingal is the contemporary work, *A justice of peace for Ireland*, by the English-born chancellor, Sir Richard Bolton, who lived at Brazil, near Swords. He wrote concerning the commissions to a justice of the peace:

> These two commissions do somewhat differ in the second *Assignavimus*, for by that for the county of Dublin, the justices of the peace have power to hear and determine felonies, but in the other they have no power given them thereby to hear and determine of any felony, and the reason of this difference is twofold. First, because no justices of assize and gaol delivery go into the county of Dublin. Secondly, because at the quarter sessions of the peace there is always one or more of the judges or of the king's counsel present.[9]

All Fingal cases, apart from cases of treason, could be dealt with at local level. This resulted in the assignment of a wide range of powers to local justices. The names of a few of these justices of the peace are known. One such was James, son of Robert Bermingham of Ballough, who lived in the 1630s.[10] Another justice of the peace for Co. Dublin was Sir Robert Meredith who carried out several examinations in the period 1641–2.[11] Others mentioned in St Michan's parish register as justices of the peace for the city and county of Dublin were Captain William Ivery or Every, Alderman George Gilbert and Alderman Robert Mills.[12] Sir Richard Bolton gave a number of examples of documents showing how justices of the peace should operate in certain circumstances. While the names contained in these examples were almost certainly imaginary the proceedings they described were probably based on actual cases. Many of them mentioned Co. Dublin and some specified Swords.[13]

Of more immediate concern to the local people were the manor courts, consisting of courts leet and baron which were held in various parts of Fingal. A list of these courts derived from the published Civil Survey is probably incomplete.[14] No mention is made of the court known to have been held in the archbishop's manor of Finglas in the late sixteenth century.[15] At least two other courts were mentioned in grants, one of which was a grant of the lands of Saint Mary's abbey, which included Grangegorman and other areas in Fingal, to John Wakeman who was also granted a court leet.[16] The second was a grant of the lands of Hacketstown and various other lands to Theobald Bourke.[17] This grant mentioned a court leet and baron. It is not

8 Raymond Gillespie, *Colonial Ulster: the settlement of east Ulster 1600–1641* (Cork, 1985), pp 102–3; Neil Garnham, *The courts, crime and criminal law in Ireland 1692–1760* (Dublin, 1996), pp 81–2. 9 Richard Bolton, *A justice of peace for Ireland* ... (Dublin, 1638), book I, p. 14. 10 Association for the Preservation of Memorials of the Dead, *Some funeral entries of Ireland* (Dublin, 1907–12), p. 83. 11 For example, examination of Daniel Conway, April 1642 (TCD, MS 810, f. 97); examination of Edmund Archbold, 31 December 1641 (TCD, MS 810, f. 99). 12 *The registers of the church of St Michan, Dublin, 1636–1685*, ed. Henry F. Berry (Dublin, 1907), pp 41 and 43–4. 13 Richard Bolton, *A justice of peace for Ireland* ... (Dublin, 1638), book I, pp 285 ff. 14 'Fingal 1603–60', i, pp 202–4. 15 *Court book of the liberty of Saint Sepulchre* ..., ed. Herbert Wood (Dublin, 1930), pp 9, 54–6 and 70–1. 16 *A repertory of the inrolments on the patent rolls in chancery in Ireland; commencing with the reign of King James I*, ed. John Caillard Erck (2 pts, Dublin, 1846–52), i, part ii, p. 3. 17 *A repertory of the inrolments on the patent rolls in chancery in Ireland; commencing with the reign of King James I*, ed. John Caillard Erck (2 pts,

known if either of these courts was actually held in Fingal. Rather surprisingly two of the larger urban areas, Lusk and Balrothery, do not appear to have had separate manor courts. It is clear that the archbishop's tenants in Lusk attended the court in Swords.[18] By 1641 Balrothery lacked a dominant proprietor and the inhabitants may have attended courts elsewhere.[19] The wording in the Civil Survey suggests that the lord of Howth held separate courts in Howth and in the parish of Lusk and that the earl of Ormond held a separate court in Balscaddan for his Whitestown tenants.[20] The court at Reynoldstown appears to have originated as a court originally held by the Abbey of Kilmainham.[21] It adjoins the townland of the Naul where there was also a manor court.[22] Raymond Gillespie has pointed out that a large number of courts still survived in the barony of Balrothery in the mid-seventeenth century.[23] With two courts in Balscaddan parish and two in the Naul the extreme north of the barony was particularly well supplied. In addition the Balscaddan and Balrothery tenants of Viscount Gormanston may have been required to attend a court situated close by at Gormanstown in Co. Meath. Since a court leet was held on behalf of Lord Gormanston in Athboy in 1664, it is likely that he also held a court at Gormanstown.[24] However, neither court is recorded in the Civil Survey for Co. Meath.[25] Figure 6.1 shows the approximate location of the Fingal courts.

Joseph Byrne has provided a rare insight into the operation of a manor court, specifically a court baron, at Garristown in 1612.[26] Unfortunately little else is known about the workings of manor courts in Fingal during the period 1603–60. The initial grant of the manor of Holmpatrick on 20 June 1605 to the earl of Thomond empowered him 'to hold courts baron in the townland of Skerries aforesaid'.[27] The later, more comprehensive, grant of 1609 confirmed this grant but also included a general statement confirming his right to hold manor courts.[28] The relevant section reads as follows:

> Also, licence to said earl of Thomond, his heirs and assigns, to hold and enjoy, for ever a court-leet and view of frankpledge, and all things to court-leet and of frankpledge belonging, within the aforesaid respective manors of Clare, Bunratty, Clonrowan, Kilrush, Moy, Ibrackan and Danganbulke in County Clare; in the manor of Cowlenogonagh in counties Limerick and Tipperary; in the manor of Enniskeen in County Cork; in the manor of Carlow in County

Dublin, 1846–52), i, part ii, p. 126. 18 *Civil Survey, vii, county of Dublin,* pp 117–33. 19 *Civil Survey, vii, county of Dublin,* pp 13 and 15. 20 *Civil Survey, vii, county of Dublin,* pp 64, 73 and 169. 21 *Civil Survey, vii, county of Dublin,* p. 34. 22 *Civil Survey, vii, county of Dublin,* p. 30. 23 Raymond Gillespie, 'A manor court in seventeenth century Ireland' in *Irish economic and social history*, xxv (1998), p. 82. 24 John Ainsworth, 'Survey of documents in private keeping' in *Analecta Hibernica*, no. 25 (1967), pp 159–60; Raymond Gillespie, 'A manor court in seventeenth century Ireland' in *Irish economic and social history*, xxv (1998), p. 81. 25 *Civil Survey, v, county of Meath with returns of tithes for the Meath baronies*, pp 10 and 210. 26 Joseph Byrne, *War and peace: the survival of the Talbots of Malahide 1641–1671* (Dublin, 1997), pp 22–3: Joseph Byrne 'Garristown and the Talbots of Malahide' in Garristown Historical Society, *Olden times in Garristown* (Garristown, 2000), pp 19–20. 27 *A repertory of the inrolments on the patent rolls in chancery in Ireland; commencing with the reign of King James I,* ed. John Caillard Erck (2 pts, Dublin, 1846–52), i, part i, p. 221. 28 *A repertory of the inrolments on the patent rolls in chancery in Ireland; commencing with the reign of King James I*, ed. John Caillard Erck (2 pts, Dublin, 1846–52), i, part ii, pp 733 and 739.

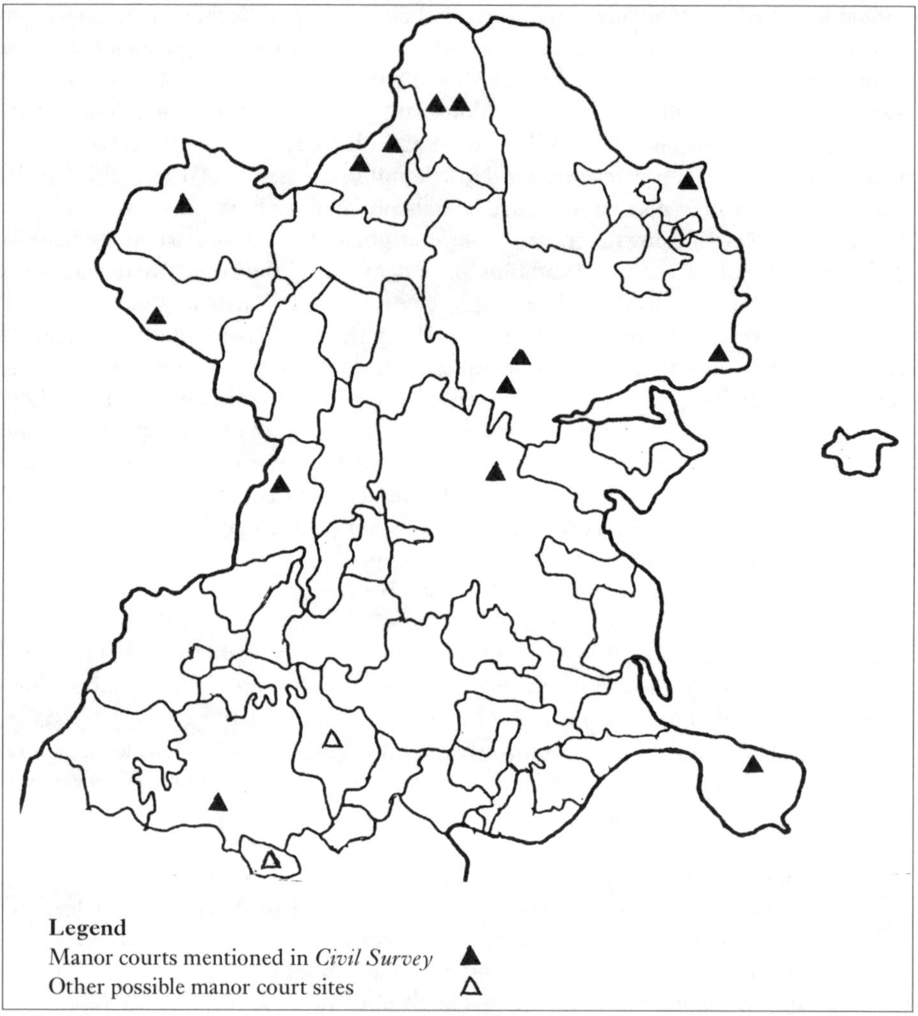


Fig. 6.1 Seventeenth-century manor courts in Fingal

> Carlow; and within the manors of Holmpatrick and Skerries, in County Dublin; to be held, twice in each year, for ever, before the seneschal or seneschals to be appointed, from time to time, by said earl, his heirs and assigns, according to the form of the statute in such case made and provided; with all jurisdictions, pre-eminences, privileges, liberties, perquisites, advantages, amercements, fines and emoluments thereto belonging.

Raymond Gillespie has published a charge given to the earl's seneschal for the manor of Croverghan and Kilrush which dates from *c.*1670.[29] Pointing out that not every-

29 Raymond Gillespie, 'A manor court in seventeenth century Ireland' in *Irish economic and social history*, xxv (1998), pp 86–7.

thing listed in the charge was applicable to every manor court, Gillespie went on to note that the court at Bunratty on the Thomond estate in 1667 'limited itself to dealing with suit and service to the court, heriots, mills, waste in woods, waifs and strays, alienations, hawking and hunting, concealed land and recovering arrears of rent from dead tenants'.[30] The activities mentioned were those which happened to occur in a particular year and, as might be expected, represented a much narrower range of activities than those listed in the charge, which, in addition, covered violent crimes and a large number of crimes likely to have been committed by merchants, retailers and tradesmen. It seems unlikely that the charge differed significantly from that given to the unknown seneschal at Holmpatrick.

Many of the types of crime mentioned in the Thomond charge of *c.*1670 appeared in the records of the court of Saint Sepulchre almost a century earlier. The *Court book of the liberty of Saint Sepulchre*, edited by Herbert Wood, provided information about courts within the jurisdiction of the archbishop of Dublin for the period, 1586–90.[31] Though this preceded the period covered by this study, taken together with the Garristown court baron and the Thomond charge, it gave some idea of what manor courts were like in the early seventeenth century. Wood described the seneschal's jurisdiction as follows:

> The seneschal's jurisdiction consisted in holding a court leet every Easter and Michaelmas, for the cognisance of criminal matters or pleas of the crown, when grand and market juries were sworn in and presentments made; for the view of frankpledge at which every freeborn man who had arrived at the age of fourteen had to produce neighbours to give security for his truth; and for the appointment of constables of the ward, clerk of the market, coroners and other officials. He also held a court baron, usually on the same day as the court leet, in which the homage jury enquired to see that their lord did not lose the services due to him but that the tenants made their suit of court. The chief business of this court was to administer the custom of the manor and to admit fresh tenants who had acquired copyholds by inheritance or purchase, and who had to pay, for so doing, a fine to the lord of the manor and do fealty ...

An attempt was made to quantify the participation of Fingal residents in these courts by comparing the total number of cases mentioned with the number in which one or more Fingal people took part.[32] Cases were defined arbitrarily. Appointments to office and straightforward cases concerning the appraisal of the value of goods were omitted. Inheritance cases were included. The number of cases shown as being those in which Fingal residents were involved must be regarded as a minimum, since place of residence was not always stated in the records. The data covered four years only (1586–7 and 1589–90). Records for the year 1588 are not available. The analysis showed that, at the very least, just under one fifth of all cases had one or more litigants

30 Raymond Gillespie, 'A manor court in seventeenth century Ireland' in *Irish economic and social history*, xxv (1998), p. 83. 31 *Court book of the liberty of Saint Sepulchre ...*, ed. Herbert Wood (Dublin, 1930). 32 'Fingal 1603–60', i, pp 207–8.

from Fingal. It also indicates that while there was a reasonably high participation rate in courts held in Dublin city there was little, if any, Fingal activity in courts held in the south county. These cases do not tell the whole story, however. The aspects of the court relating to the court baron, or manorial rather than criminal activities, showed that a number of Fingal residents held land in the south county and were required to do homage for their land at courts held there. The free tenants listed for the court held at Tallaght at Easter 1587 included such well-known Fingal family names as Chamberlain, Howth, Ussher, Fitzsimon, Taylor, Barnewall, Stanihurst, Luttrell and Russell.[33] A similar pattern has been observed in the royal court of Esker and Crumlin, although the number of Fingal proprietors holding land in that area was not as great.[34] There were also opportunities for the creation of networks of friends and acquaintances at a lower level of society. A jury listed for Saint Sepulchre's at Easter 1589 included six men from the city, one from Churchtown, three (Simon Cardon, Thomas Desmond and Tirlagh Dempsey) from Finglas and two (William Purple, perhaps Purfield, and Simon Regan) from Kilshane (parish of Finglas).[35] It appears, however, that jurors were usually recruited locally.

The sixty-four 'Fingal' cases were also broken down using five headings, 'debt and unjust detention of property' (twenty-five examples), 'trespass' (eleven examples), 'covenant' (four examples), 'death of a tenant' (three examples) and 'other' (twenty-one examples).[36]

A number of the cases labelled under the heading 'other' involved violence. One such was a memorandum of an incident which took place in 1582 when 'J.W. of Lusk, shoemaker' was accused of entering Swords within the cross and liberty with force and arms.[37] The court held at Finglas in May 1590 had to deal with a number of cases of affray and/or battery, several of which involved women.[38] One such was described as follows: 'It is presented by James Regan that Hugh Gormley and his wife, Ellen did make a fray by chiding, scolding and slanderous words unto the said James being constable'. A case of right of way was considered at the court held at Swords in April 1590 as was a case in which Nicholas O'Donnell of the Nevitt accused a neighbour, Patrick Kenna, of defaming and slandering him by calling him a thief and false knave.[39] The manor courts of the archbishop dealt with a wide range of problems, though perhaps few of those listed in the surviving court-book were of a very serious nature.

Punishment was also often administered in public and, no doubt, attracted many spectators. Mention has been made of the punishments for serious crimes in chapter 5. The place name, 'Gallows Hill' near Swords provided a constant reminder to local people about the threat of hanging.[40] The archbishop was permitted to retain pillories, tumbrels and thewen (an instrument of punishment for women) at Swords and

33 *Court book of the liberty of Saint Sepulchre ...*, ed. Herbert Wood (Dublin, 1930), pp 10–11. 34,'The court book of Esker and Crumlin, 1592–1600' ed. Edmund Curtis in *Journal of the Royal Society of Antiquaries of Ireland*, lix (1929), pp 45–64, 128–48 and lx (1930), pp 38–51, 137–49. 35 *Court book of the liberty of Saint Sepulchre ...*, ed. Herbert Wood (Dublin, 1930), p. 49. 36 'Fingal 1603–60', i, p. 209. 37 *Court book of the liberty of Saint Sepulchre ...*, ed. Herbert Wood, p. 37. 38 *Court book of the liberty of Saint Sepulchre ...*, ed. Herbert Wood, pp 54–6. 39 *Court book of the liberty of Saint Sepulchre ...*, ed. Herbert Wood, pp 58 and 69. 40 *Civil Survey, vii, county of Dublin,* p. 89.

Finglas.[41] At the Finglas vestry meeting of 13 April 1658 the following items of expenditure, suggesting that the stocks were frequently used, were recorded:

> More for a fair new pair of stocks with clock and a seat (?), the old being altogether decayed and unserviceable, was paid to the carpenter as by his acquittance produced, the sum of twenty-six shillings, ster. And more to Peter Read for fitting the old staple, hasp and hinges to the said new stocks and for a good padlock for the same for two shillings six pence.[42]

There were also stocks, guarded by a sentinel, close to St Michan's church with which the rural inhabitants of the parish would have been familiar.[43] As well as these public forms of punishment there were, of course, prisons, including one in the Plunket tower-house at Dunsoghly.[44] The castle at Baldongan also served as a prison during the 1641 rising.[45] A vivid description of the plight of prisoners is given in 'Purgatorium Hibernicum':

> And as a pair of Newgate guests
> that had a long time made their nests
> within a dungeon whose litter
> was bed and close stool too, together
> when once enlarged hence would prize
> the open air a paradise
> and though but to the gallows hurled
> would think them in another world.[46]

Alehouses, taverns and inns were important meeting places for Fingallians as they were for other Irish people, particularly those living in towns. Elizabeth Malcolm has pointed out that 'much popular recreation and ritual in Gaelic Ireland took place out of doors, while in the Pale and the port towns, dominated by settlers of English descent, there were already special indoor spaces set aside for drinking and the recreational activities that accompanied it'.[47] While the use of the word 'dominated' in relation to Fingal might have to be questioned, there is no doubt that social drinking and dining in company were very popular in the area. However, social drinking was not just an indoor activity which took place in specially designated areas such as alehouses. The people also participated in social drinking in their own homes, for example, at wakes and outdoors on special occasions such as patterns. A decree aimed at controlling drink shops was issued in 1611 and proclamations were published in 1620 and 1631, but by the 1630s alehouses were causing such problems to

41 *Court book of the liberty of Saint Sepulchre* ..., ed. Herbert Wood, p. viii. 42 Finglas parish combined vestry book and registers, 1657–1758 (RCBL, P.307/1/1, p. 13). 43 Examination of Henry Smith and Robert Caulfield, 8 November 1641 (TCD, MS 809, f. 134). 44 Harold G. Leask, *Irish castles and castellated houses* (2nd ed., 1944, revised 1946 and 1951, reprinted Dundalk, 1999), p. 121. 45 Depositions of Daniel Barwick, 21 and 23 May 1642 (TCD, MS 810, ff 112 and 114–5). 46 Purgatorium Hibernicum ..., *c.*1670 (NLI, MS 470, pp 131–2). 47 Elizabeth Malcolm, 'The rise of the pub: a study in the disciplining of popular culture' in J.S. Donnelly and Kerby A. Miller (eds), *Irish popular culture, 1650–1850* (Dublin, 1999), p. 55.

the authorities that legislation had to be introduced to curb them.[48] The nature of these difficulties is neatly summed up in the preamble to an act passed in 1635 which reads as follows:

> Forasmuch as it is found by daily experience, that many mischiefs and inconveniences do arise from the excessive number of alehouses, from the erection of them in woods, bogs, and other unfit places, and many of them not in townships, but dispersedly, and in dangerous places, and kept by unknown persons not undertaken for, whereby many times they become receptacles for rebels and other malefactors, and harbours for gamesters, and other idle, disordered and unprofitable livers, and that those that keep those alehouses for the most part, are not fitted or furnished to lodge or entertain travellers in any decent manner ...[49]

To 'redress these inconveniences ... and to reduce those needless multitudes of alehouses to a fewer number, to more fit persons, and to more convenient places' the government introduced a licensing system based on the issue of annual licences. A number of conditions for the granting of a licence were specified. Those licensed were to be 'of good behaviour and report' and 'able to entertain travellers'. Their dwellings were to be 'in convenient places, as in market towns, in villages on roadways' or 'in towns, wherein are parish churches'. The making or uttering of 'unwholesome, bread, beer, ale, or victuals' was forbidden, and the licensee was required to keep at least two beds for the lodging of strangers. Drunkenness, excessive drinking, dicing, carding and unlawful games were forbidden, as was the harbouring of suspected persons, or any of ill behaviour or any of the neighbours' servants. No stranger was permitted to remain in the alehouse for more than twenty-four hours, except in case of sickness. One concession to the Irish custom of drinking in the open may be seen in the proviso that 'such persons as shall sell ale or beer only in places where the general assizes or quarter-sessions shall be kept, during the time of the assize or sessions, or at fairs during the time of the fairs, shall not be impeached for keeping the same without licence'.[50] It was also prescribed that the act should be published by public proclamation in every market town.[51] The act was not a success, at least as far as the Dublin area, was concerned. In 1640 the government had to introduce another act to punish offenders within the city and county of Dublin.[52] This extended the range of courts which might try offences as well as prescribing that, in the event of a successful prosecution, the informer responsible for it should have a third part of the fine. The following lines from Henry Burnell's play, *Landgartha*, spoken by one of two bumpkins on a visit to the city, which, despite the

48 Elizabeth Malcolm, 'The rise of the pub: a study in the disciplining of popular culture' in J.S. Donnelly and Kerby A. Miller (eds), *Irish popular culture, 1650–1850* (Dublin, 1999), pp 60–2. **49** An act for keepers of ale-houses to be bound by recognizances, 10 & 11 C.I, c.5, paragraph I, *Stat. Ire.* (1786), ii, p. 151. **50** An act for keepers of ale-houses to be bound by recognizances, 10 & 11 C.I, c.5, paragraph III, *Stat. Ire.* (1786), ii, p. 152. **51** An act for keepers of ale-houses to be bound by recognizances, 10 & 11 C.I, c.5, paragraph VI, *Stat. Ire.* (1786), ii, p. 153. **52** An act for punishing of offenders within the county of Dublin, and county of the City of Dublin, against the act for keepers of alehouses to be bound by recognizances, 15 C.I, c.8, *Stat. Ire.* (1786), ii, p. 202.

play's exotic setting, would have had some resonance for the Dublin audience of 1640, implied that the government's earlier efforts had been in vain:

> ... we are very near
> As good drinkers, as you be here in the city.
> For you see, when we come to town, we do
> Nothing but run from tavern to tavern;
> Oft to blind ale-houses, to visit the fine
> Wenches, of purpose there placed, to draw custom ...[53]

The outbreak of war in 1641 changed the context in which alehouses operated as did the introduction of an excise duty in 1643.[54]

It is not possible to calculate how many inns, taverns and alehouses there were in Fingal. The two acts of 1635 and 1640 would seem to imply that contemporaries had the same difficulty. It is likely that many of the houses of office listed in the Civil Survey were places where liquor could be obtained.[55] In April 1618 licences were granted to certain persons to keep taverns and to sell wine and ardent spirits, among whom was 'Dirrick Huiberts of Dublin city, gent., during the lives of Daniel Adrianson and Abraham Cornellison of Dublin, within the town of Skerries, and the manor of Holmpatrick and two and a half miles round the same, except Balrothery and Lusk, and within the island of Lambay'.[56] This suggests that, while the Skerries licence may have been new, there were already in existence licensed premises in Balrothery and Lusk. A small number of premises can be identified with certainty. In July 1635 Sir William Brereton on his way through Swords 'lodged at the sign of the Boot, a tavern, and were well used, and found far better accommodation in so mean a village than could be expected'.[57] He noted his satisfaction with the Boot once again in his summary of his journey through Ireland.[58] Patrick Browne of Corduff, innkeeper, made a will on 3 May 1677.[59] He was assessed for two hearths in the hearth money roll *c.*1664.[60] In some instances the existence of licensed premises can be inferred from the 1641 depositions. The losses of Darby Lea of Balrothery, described as a postmaster, suggest that he was also an innkeeper.[61] In addition to a quantity of drink he claimed for the loss of leases to various pieces of property including stables. Another Balrothery man, John Passmore, was listed among the rebels as an innkeeper by Thomas Clitheroe, the local minister, who would have been expected to know Passmore's status.[62] According to the deposition of Henry

53 Henry Burnell, *Landgartha: a tragie-comedie, as it was presented in the new theatre in Dublin, with good applause, being an ancient story* (Dublin, 1641), p. 19. 54 T.C. Barnard, *Cromwellian Ireland: English government and reform in Ireland 1649–1660* (2nd ed., Oxford, 2000), p. 28. 55 *Civil Survey, vii, county of Dublin,* ed. R.C. Simington (Dublin, 1945). 56 *Irish patent rolls of James I*, ed. M.C. Griffith (Dublin, 1966), p. 362. 57 William Brereton, *Travels in Holland, the United Provinces, England, Scotland and Ireland, M.DC.XXXIV–M.DC.XXXV*, ed. Edward Hopkins (Manchester, 1844), p. 136. 58 William Brereton, *Travels in Holland, the United Provinces, England, Scotland and Ireland, M.DC.XXXIV–M.DC.XXXV*, ed. Edward Hopkins (Manchester, 1844), p. 190. 59 Abstract of will of Patrick Browne, 3 May 1677 (NLI, Fisher will abstracts, GO MS 290, p. 51). 60 'Hearth money roll for County Dublin, 1664' (second part), *Journal of the County Kildare Archaeological Society*, xi (1930–33), p. 414. 61 Deposition of Darby Lea, 25 January 1642 (TCD, MS 809, f. 288). 62 Deposition of Thomas Clitheroe, 26 May 1642 (TCD, MS 810, f. 126).

Partington of Killelane, there were two men called John Passmore, both of whom were involved in the raid on his property.[63] They were John Passmore the elder and John Passmore the younger, who was described in his deposition as an innkeeper. Christopher Cruise of the Naul was described by Katherine Magee of Balscaddan, servant of Henry Mawdesley, who would also have had local knowledge, as an innkeeper.[64] Two taverns in Finglas, owned by John England and Patrick Browne, and one in Oxmantown, owned by Patrick McEnally, were mentioned in John Sephton's deposition.[65] As pointed out in chapter 2 the carrying off of quantities of malt from certain premises by the rebels suggests that there were alehouses in Lusk, Johnstown, Coolock, Killelane and Stormanstown.[66] Further confirmation of the existence of an alehouse in Lusk can be found in the deposition of the minister of Ballyboghil, John Lukey.[67] In the case of Johnstown the position is less clear. Thomas Benet submitted a large claim for losses amounting to £2,000.[68] He may, however, have been supplying malt rather than using it himself for brewing. The same applies to Ann Foreside of Coolock.[69] The description of the goods seized from Henry Partington of Killelane would indicate that he kept an alehouse.[70] William Fleming, late of Stormanstown, filed a short deposition describing how Simon Jorden of Barberstown took away his malt and other goods.[71] The relatively high valuation of the buildings in Stormanstown (£100) in the Civil Survey together with its situation straddling the main road to the Naul suggest that there may have been an inn or tavern there.[72] Alice Segrave left two houses to her daughters in 1660.[73] One of these was called Saracen's Head and the other the Horse Shoe but their location is not known. It is rather surprising that there is not more information available about inns in the coastal towns, particularly Malahide, Howth and Clontarf, where one would have expected to find inns serving travellers or alehouses for seamen and fishermen. One coastal village which almost certainly did have an alehouse or tavern was Baldoyle, to which the men engaged in hunting the hare retired at the end of the day.[74] The situation regarding drink shops, insofar as it could be verified or inferred, has been mapped in figure 6.2.[75]

While it is difficult to be certain where the Fingal taverns and alehouses were located it is possible to derive some information about the pattern of social drinking and dining out. Peter Clark, in his book *The English alehouse* has provided a picture of drinking in England at the period with which the Fingal situation may usefully be

**63** Deposition of Henry Partington, 9 June 1642 (TCD, MS 810, f. 171). **64** Deposition of Katherine Magee, 22 April 1642 (TCD, MS 810, f. 174). **65** Examination of John Sephton, 15 November 1641 (TCD, MS 809, f. 176). **66** Deposition of Mary Bucklie, 17 February 1642 (TCD, MS 809, ff 234); deposition of Thomas Benet, 26 February 1642; (TCD MS 809, f. 243); deposition of Ann Foreside, 5 January 1642 (TCD, MS 809, f. 279); deposition of Henry Partington, 9 June 1642 (TCD, MS 810, f. 171); deposition of William Fleming, 7 November 1643 (TCD, MS 810, f. 233). **67** Deposition of John Lukey, 2 March 1643 (TCD, MS 810, f. 168). **68** Deposition of Thomas Benet, 26 February 1642 (TCD, MS 809, f. 243). **69** Deposition of Ann Foreside, 5 January 1642 (TCD, MS 809, f. 279). **70** Deposition of Henry Partington, 9 June 1642 (TCD, MS 810, f. 171). **71** Deposition of William Fleming, 7 November 1643 (TCD, MS 810, f. 233). **72** *Civil Survey, vii, county of Dublin,* p. 200. **73** Abstract of will of Alice Segrave, 13 October 1660 (RSAI, Elrington Ball MSS, vol xii, f. 40); Francis Elrington Ball, *Southern Fingal* ... (originally published 1920, reprinted Dublin, 1995), p. 99. **74** The Fingallian hunting of the hare (BL, Sloane MS 900, ff 54–5); Francis Elrington Ball, *Howth and its owners* ... (originally published 1917, reprinted Dublin, 1995), pp 119–20. **75** 'Fingal 1603–60', i, pp 214–6.

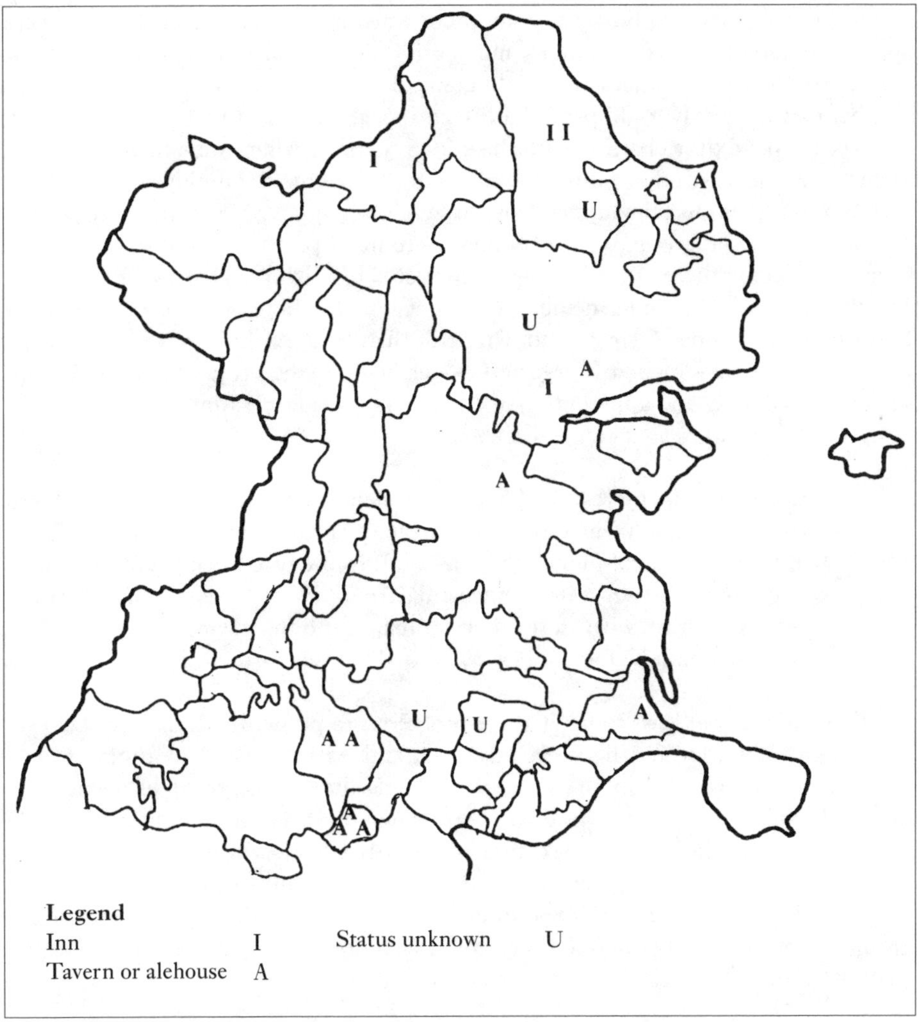


Fig. 6.2 Some inns, taverns and alehouses in seventeenth-century Fingal

compared.[76] Clark pointed out that, in England, women probably formed only a small proportion of alehouse customers.[77] That a similar situation existed in Fingal is suggested by the evidence which survives.[78]

Oxmantown, close to the Dublin city/Fingal boundaries, was a popular place of assembly. As well as Cooper's tavern in Oxmantown there were at least two other drinking house in the area, one at the sign of the White Horse in Stony Booter which

76 Peter Clark, *The English alehouse: a social history, 1200–1830* (London and New York, 1983).
77 Peter Clark, *The English alehouse: a social history, 1200–1830* (London and New York, 1983), p. 131.
78 Examination of John Sephton, 15 November 1641 (TCD, MS 809, f. 176); deposition of John Lukey, 2 March 1643 (TCD, MS 810, f. 168).

had facilities for stabling horses and another owned by Patrick McEnally.[79] Cooper's appears to have been a commodious and comfortable establishment with at least two storeys (there are references to people going downstairs into a lower room) and a number of rooms.[80] It could proved a fire and meals. The fact that the owner's wife was free to spend time chatting with the guests, some of whom were members of the gentry, suggests that other family members or servants were employed there. What was to prove an important supper took place in Cooper's on 7 November 1641. The composition of the group, some of whom were in all probability conspirators, who spent the evening there, is interesting. It consisted of Nicholas Darcy of Platten, Co. Meath, later a prominent member of the Confederation of Kilkenny, his son, Edward, two friends, George and Richard Birt, and Nicholas's servant, Oliver Darcy.[81] When they invited Margaret Cooper, wife of the proprietor to join them, she did so willingly and apparently joined fully in the conversation.

In *The English alehouse* Peter Clark stated:

> In the eyes of many respectable folk the alehouse posed a threat to the fabric of the family in four main ways: by attracting grown children and servants to spend their time and money there away from the tutelage of parents or masters at home; by separating husbands from wives; by encouraging family members to drink with all sorts of company; and by serving as a place where prostitutes could be met and casual sexual liaisons formed.[82]

Confirmation that at least some of these problems, in particular difficulties between parents and children and between husbands and wives, existed in Fingal can be found in the reports of drinking sessions in Finglas in which a group of friends participated. Some statements made by them about the time of the outbreak of the rising in the north in October 1641 came to the notice of the authorities and gave rise to the suspicion that some of them, at least, were conspirators though, naturally, this was denied. As has been mentioned in chapter 3 the social and religious mix of this group was described by one of them, John Sephton, during his examination. He went on to describe their drinking habits saying:

> that he, this examinant, divers times since the discovery of this present rebellion hath lain abroad out of his own house at the houses of one John England and Patrick Browne in Finglas and he saith that divers times when he, this examinant, lay out of his own house that said Rowen was in his company until bedtime and sometimes Patrick Dillon and Henry Merrick were with him, likewise until that time, and that Richard Delahide and John Copeland, Bartholomew Walsh and John England were also sometimes with him until bedtime. This examinant further saith that he lay out of his own house five

79 Examination of Tirlogue McMahon, 2 November 1641 (TCD, MS 809, f. 67); examination of John Sephton, 15 November 1641 (TCD, MS 809, f. 176). 80 Examination of Margaret Cooper, 8 November 1641 (TCD, MS 809, f. 138). 81 Examination of Margaret Cooper, 8 November 1641 (TCD, MS 809, ff 138); examination of Nicholas Darcy, 8 November 1641 (TCD, MS 809, f. 140). 82 Peter Clark, *The English alehouse: a social history, 1200–1830* (London and New York, 1983), p. 147.

> nights, two nights at John England's, two nights at Patrick Browne's and one night at Patrick McEnally in Oxmantown.[83]

John England, Patrick Browne and Patrick McEnally appear to have been keepers of taverns or alehouses. Robert Davy, William Rowen and Richard Delahide, who were also examined, confirmed the drinking pattern.[84] Delahide explained that, having attended the general sessions for the county of Dublin upon the Abbey Green until nightfall, he met Rowen on the way to Finglas and both called into England's house.[85] As in the case of Cooper's of Oxmantown, England's of Finglas had at least two storeys. According to Delahide's report there were at least two rooms available there for drinking, a 'room below' and 'an inner room' where the suspicious conversation took place. Thomas Waring, to whom John Sephton owed some money, also submitted a statement, saying that 'he heard the said John Sephton's wife say that of late, since the said John Sephton did keep continual company with William Rowen and such others, the said John Sephton did use her very hardly if at any time she refused to give him money to keep company with them'.[86] This statement, together with Sephton's account of Bartholomew Walsh's break with his father, supply evidence that, as happened in England, the pattern of excessive drinking was seen as having a detrimental effect on family life.[87] The alleged conspiratorial aspects of the meetings will be considered in a later chapter. At this point it is interesting to note that the friendship of the group crossed the social, religious and ethnic divisions of the period. There is other evidence of socializing which crossed these barriers if, indeed, they were perceived as such, prior to the outbreak of the war. John Lukey, a minister at Ballyboghil, in his deposition described how, 'nine months before the rebellion began' while he was at supper with Sebastian Finglas of the Murragh near Ballyboghil, Finglas 'being a wilful papist' tried to convert him to Catholicism.[88] He also told how William Bucklie, the clerk at Lusk, told him that he heard Mr Fitzwilliam of Baldongan say that 'he hoped shortly to see every minister's neck as long as his arm'. Interestingly, this conversation reportedly took place 'in an alehouse of Lusk'. William Bucklie or his wife may well have been proprietor of the ale-house as Mary Bucklie, 'widow and late wife to William Bucklie, bailiff of Lusk ..., gentleman', reported that malt and drink worth 50*s.*, as well as several other items, had been taken away from her by the rebels about 1 December 1641.[89] These accounts supply evidence of cross-community social interaction, particularly in taverns and alehouses, in Fingal prior to the rising. They also suggest that there was a greater mixing of classes in Irish taverns and alehouses than in their English counterparts, perhaps because top-quality inns were harder to find.

While the partially controlled indoor drinking spaces which existed widely in Fingal are evidence of the permeation of English values into the area, drinking out

83 Examination of John Sephton, 15 November 1641 (TCD, MS 809, f. 176). 84 Examination of Robert Davy, 4 November 1641 (TCD, MS 809, f. 99); examination of William Rowen, 19 November 1641 (TCD, MS 809, f. 188); examination of Richard Delahide, 19 November 1641 (TCD, MS 809, f. 198). 85 Examination of Richard Delahide, 19 November 1641 (TCD, MS 809, f. 198). 86 Examination of Thomas Waring, 23 November 1641 (TCD, MS 809, f. 208). 87 Examination of John Sephton, 15 November 1641 (TCD, MS 809, f. 176). 88 Deposition of John Lukey, 2 March 1643 (TCD, MS 810, f. 168). 89 Deposition of Mary Bucklie, 17 February 1642 (TCD, MS 809, f. 234).

of doors, the norm in Gaelic Ireland, was also widely practised as was described by the Revd George Creichton of Virginia.[90] He noted that the Fingal people, unlike the Ulstermen who 'followed only drink', combined their drinking with other activities such as music, dancing and sport. Creichton, in another context, referred to an alehouse in Virginia but it seems highly unlikely, given the number of refugees in the town and the severe overcrowding which resulted, that the 'drinking, piping and dancing' referred to at the beginning of this chapter could have taken place indoors.[91] Although there are several allusions to drinking in 'Purgatorium Hibernicum', the consumption of drink was not specifically mentioned in the references to patterns at Lusk and Tubber Shane.[92]

One of the most popular meeting place for the Catholic community in seventeenth-century Ireland was the local holy well or pattern site. Fingal was no exception to this. Fortunately, as a result of the work of historians and others, and, in particular, by that of Caoimhín Ó Danachair in relation to Co. Dublin, it is possible to plot the distribution of traditional well sites.[93] As well as listing 'holy wells' Ó Danachair specified certain wells as 'doubtful wells', defining these as wells 'about which there is some doubt as to existence or location or sacred character'.[94] He also noted some other wells which could not be identified or about which vague traditions existed.[95] For the purpose of this study 'doubtful wells' and 'other wells' have been included where the dedication to a particular saint is known or where the prefix 'Tober-' is included in either the name of the well or of the townland in which it is situated. Also included in this analysis are a small number of wells not in Ó Danachair's list but which appear in the records of Dúchas – the Heritage Service.

The religious importance of wells and pattern sites will be considered in the chapter 8. Here we are concerned with these sites as meeting places. But can we assume that the wells listed by Ó Danachair in the mid-twentieth century were pattern sites in the seventeenth century? References to a small number of these sites can be found in contemporary or near-contemporary records. For the others we are dependent on tradition. While, in most cases, there is no absolute proof that these sites existed in the seventeenth-century there are two factors that strongly support the belief that most of these sites are ancient sites. In the first place holy wells were frowned on by church and state authorities from the seventeenth to the nineteenth centuries so that it is unlikely that many 'new' wells would have attracted public attention during this period. Secondly, none of the Fingal wells are dedicated to post-Tridentine saints, and in fact, many of them are very ancient dedications. One must, however, enter a caveat. It is possible that some more modern domestic wells became associated with popular early saints. The 'doubtful well' in Skerries (parish

90 Deposition of George Creichton, 15 April 1643 (TCD, MS 833, ff 236–7); John T. Gilbert (ed.), *A contemporary history of affairs in Ireland from A. D. 1641 to 1652* ... (3 vols, Dublin, 1879–80), i, part ii, p. 542. 91 Deposition of George Creichton, 15 April 1643 (TCD, MS 832, f. 152; MS 833, ff 233 and 236–7); John T. Gilbert (ed.), *A contemporary history of affairs in Ireland from A. D. 1641 to 1652* ... (3 vols, Dublin, 1879–80), i, part ii, pp 534, 536 and 542. 92 Purgatorium Hibernicum ..., *c.*1670 (NLI, MS 470, pp 133–6 and 150–1). 93 Caoimhín Ó Danachair, 'The holy wells of County Dublin' in *Reportorium Novum*, ii, no.1, pp 68–87 and ii, no. 2, pp 233–5. 94 Caoimhín Ó Danachair, 'The holy wells of County Dublin' in *Reportorium Novum*, ii, no.1, p. 71. 95 Caoimhín Ó Danachair, 'The holy wells of County Dublin' in *Reportorium Novum*, ii, no.1, p. 87.

of Holmpatrick), dedicated to St Patrick, is a case in point.[96] The distribution of wells and pattern sites has been mapped in figure 6.3.[97]

Twenty-eight of the forty-one parishes had at least one well site. Those in which no wells have, as yet, been identified are Baldongan, Baldoyle, Ballymadun, Chapelizod, Cloghran-huddart, Clonsilla, Glasnevin, Killeek, Killester, Killossery, Kilsallaghan, Naul and Westpalstown. One well, in the parish of Clonsilla, which has not been traced on the modern lists, is that of St Mochon at Kellystown. This well was mentioned by Meredith Hanmer in *The chronicle of Ireland in 1571*.[98] There are six Fingal townlands with names beginning with the prefix 'Tober-', which would suggest that any wells in those townlands were very ancient indeed. In four of these, Toberbunny (Cloghran), Tobergregan (Garristown) and Tobersool and Tobertown (Balscaddan) there are known wells. Wells have not been traced in Toberburr (Finglas) or Tobertaskin (Balscaddan). As noted in chapter 3 there was a placename, Tobermatoule, in the Astagob area of Clonsilla which did not rank as a townland. It is likely that other placenames with the prefix 'Tober-' remain unrecorded. Two parishes, in which no wells are listed, had pattern sites which may have been of a different type. There is an early eighteenth-century reference to the visit of an excise officer, Thomas Skellern, to a 'patron' at Stradbally on 2 March 1729.[99] The area then known as Stradbally was situated in the parish of Kilsallaghan at the time of the Civil Survey.[100] The Grand Jury presentment books for Co. Dublin for Easter 1817 mention the 'pattern-bank of Baldongan in the parish of Baldongan'.[101] The actual site of the pattern bank has not been identified with certainty. Baldongan is, however, situated on a low hill, with an extensive view of the countryside. It thus fulfils one of the conditions suggested by Máire MacNeill for a Lughnasa site, although it is not one of those listed in her study, *The festival of Lughnasa*.[102] Two well-known Fingal well sites, those at St Doolagh's and Grallagh have, however, been identified as traditional sites.[103]

Of the two pattern sites mentioned in 'Purgatorium Hibernicum' one is undoubtedly Lusk.[104] Ó Danachair did not specify the date of the pattern but the feast of the local patron, St Maccullin, fell on 6 September. The activities on 'patron's eve', described in the poem would, therefore, have taken place at harvest-time. The second pattern mentioned in 'Purgatorium Hibernicum', Tubber Shane, is more difficult to identify.[105] It may have been St John's Well located at Grallagh by Ó Danachair but placed at Cottrelstown in the parish of Palmerstown by Dúchas staff.[106] Another possibility is that it is the well called 'Church Well' in Kilshane in the western part of the parish of Finglas, which does not appear on Ó Danachair's list but which has

**96** Caoimhín Ó Danachair, 'The holy wells of County Dublin' in *Reportorium Novum*, ii, no. 1, p. 74. **97** 'Fingal 1603–60', i, pp 220–2. **98** Meredith Hanmer, *The chronicle of Ireland collected by Meredith Hanmer in the year 1571* (Dublin 1633, republished 1809), pp 81–2. **99** Minutes of the revenue commissioners, 7 March 1729 (PRO, Kew, CUST 1/21); Maighréad Ní Mhurchadha, *The customs and excise service in Fingal 1684–1765: sober, active and bred to the sea* (Dublin, 1999), p. 36. **100** *Civil Survey, vii, county of Dublin*, pp 236–7. **101** The Grand Jury presentment books for County Dublin, Easter 1817 (Fingal County Council Archives, pp 44–5). **102** Máire MacNeill, *The festival of Lughnasa* (Oxford, 1962), p. 67. **103** Máire MacNeill, *The festival of Lughnasa* (Oxford, 1962), p. 640. **104** Purgatorium Hibernicum . . ., *c.*1670 (NLI, MS 470, pp 133–6). **105** Purgatorium Hibernicum . . ., *c.*1670 (NLI, MS 470, pp 150–1). **106** Caoimhín Ó Danachair, 'The holy wells of County Dublin' in *Reportorium Novum*, ii, no.1, p. 74; Dúchas – the Heritage Service, County Dublin, file no. DU007–002.

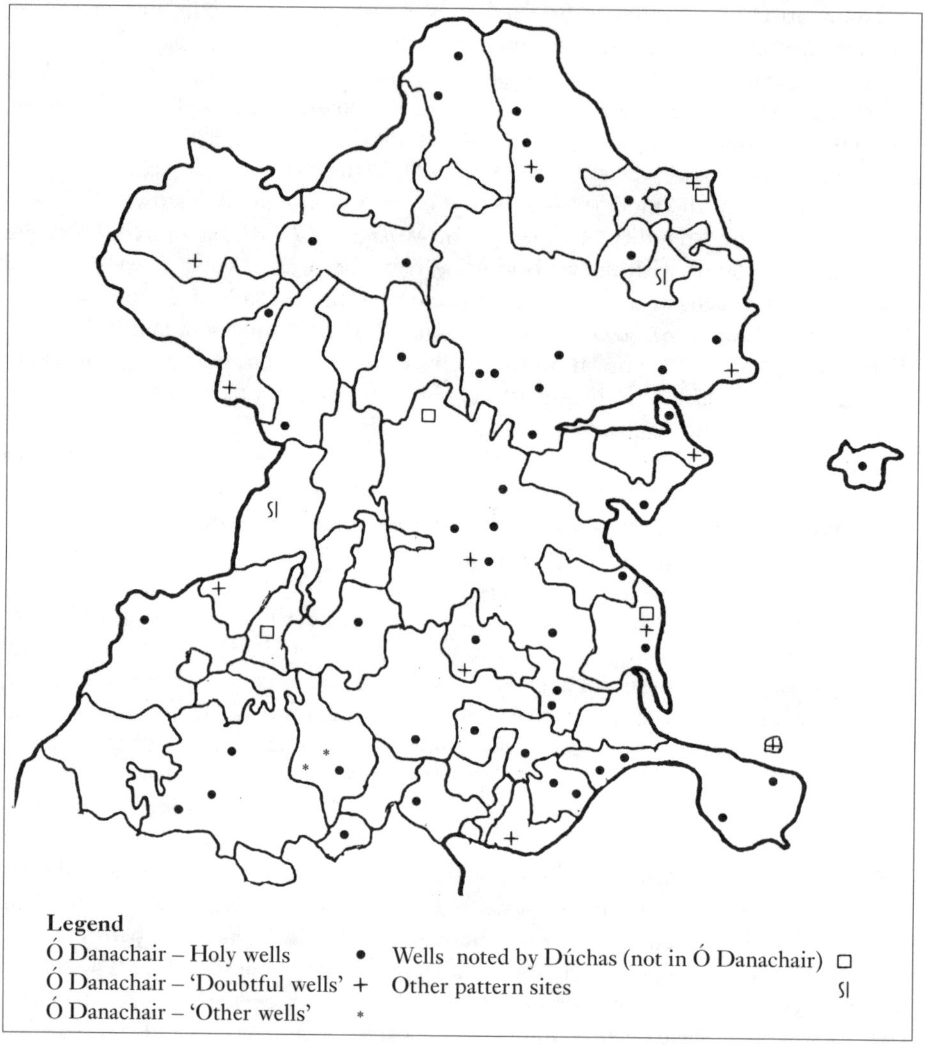


Fig. 6.3 Holy wells and other pattern sites in Fingal

been located by the staff of Dúchas.[107] The well is not shown on a plot of Kilshane drawn in 1656 though, as the buildings in the townland were also omitted, this may not be significant.[108] (See figure 6.4.) It is possible that further historical and/or archaeological research will unearth wells or other sites in parishes in which there are no known wells. It is also possible that the parish may not be the most appropriate unit to use when analysing the distribution of these very ancient sites and that the

**107** Dúchas – the Heritage Service, County Dublin, file no. DU014–01203. **108** The plott of Killshane in the parish of Finglass, barony of Uppcross & county of Dublin, made by John Turmor, 1656, & abstracted El. Arnoldi, 1668 (RCBL, Records of the archbishop of Dublin, D6, map no. 13).

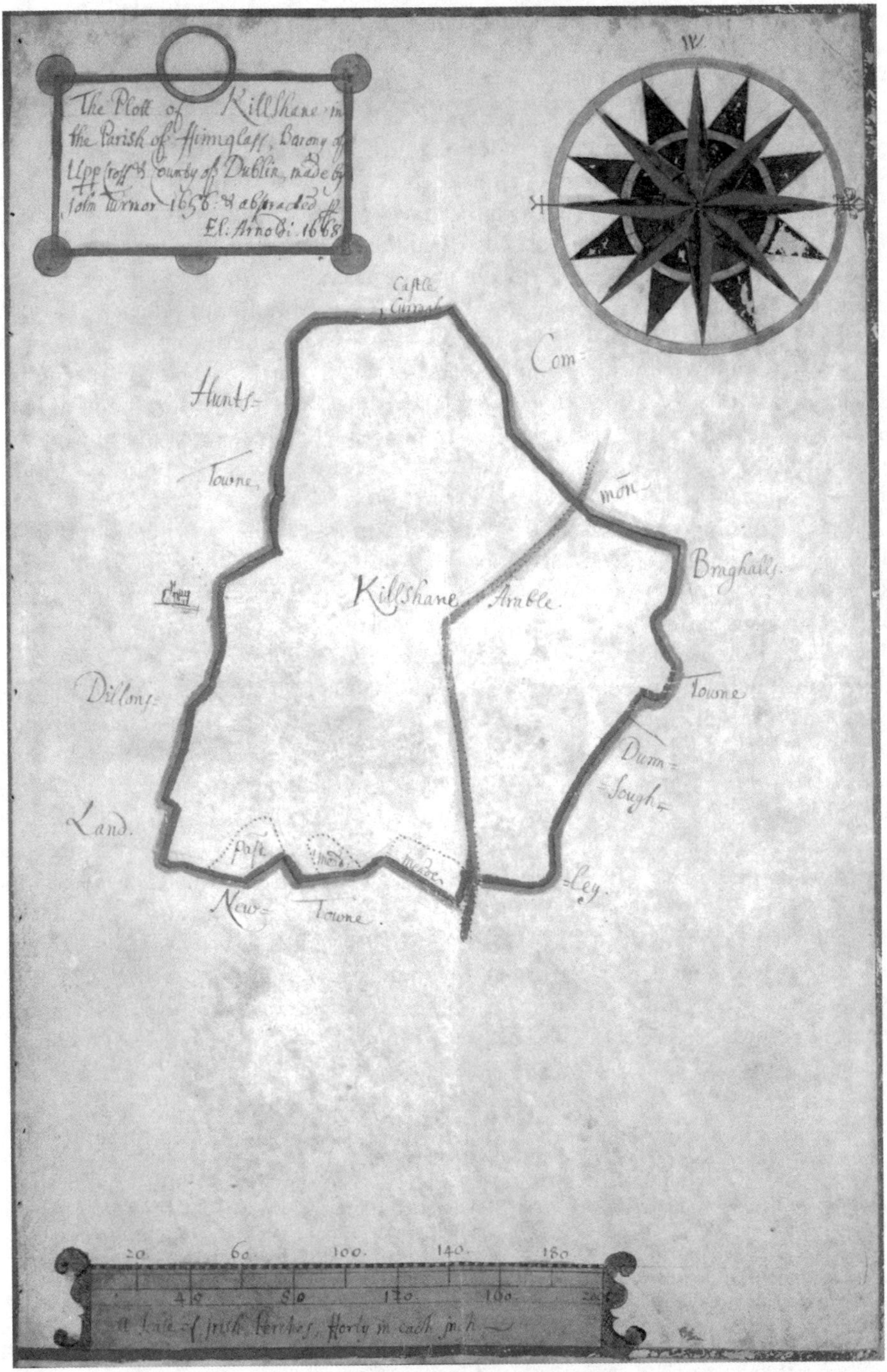


Fig. 6.4 Plot of Killshane, parish of Finglas, abstracted by El. Arnoldi in 1668 from an original map of 1656 by John Turmor

location of the sites themselves may, at some future date, give clues to ancient boundaries. In any event, even allowing for the fact that the list may not be complete, it is clear that everyone in Fingal lived within easy reach of a holy well, although, in general, the east of the district had rather more wells than the west.

Patterns may have been centred on religious ceremonies but they also provided opportunities for many leisure activities such as music, dancing and sport.

People in seventeenth-century Fingal enjoyed music. There was a strong church music tradition in Dublin city, particularly in the earlier part of the seventeenth century, which was exemplified in the music of the two cathedrals.[109] In 1606 the organist of St Patrick's Cathedral was Thomas Taylor, brother of Alderman Francis Taylor of the Swords family.[110] He was counted a 'skilful musician'. Dublin corporation also employed musicians during this period.[111] In 1598 Henry Fitzsimon, a Jesuit and member of a Swords family, had high mass celebrated in the house of a Dublin nobleman 'with full orchestra, composed of harps, lute, and all kinds of instruments except the organ'.[112] According to a contemporary account this was the first solemn mass celebrated for forty years.[113] It is noteworthy that Henry Fitzsimon was able to assemble a full orchestra and choristers in Dublin at that period. It seems likely that Fingal residents attended this and other services in Dublin city. References in 'Purgatorium Hibernicum' to the 'ceremonies of the Tenebrae', to the office of matins and to the chanting of *Salve Reginas* and *Kyrie Eleisons* suggest that they became increasingly familiar with the more elaborate rituals of the Catholic church during the period covered by this study.[114] Another Fingallian Jesuit who distinguished himself in the field of serious music was William Bath of Drumcondra (1564–1614) who published two books on music, *A brief introduction to the true art of musicke* and *A briefe introduction to the skill of song* in the late sixteenth century.[115] The lord of Howth kept a group of musicians who substituted on occasion for the Dublin corporation musicians under Mr Huggard.[116] The guild of tailors paid them 3*s.* in 1609 for standing in for Mr Huggard's group who were engaged at 'Mr Mayor's' and a further sum of 3*s.* in 1610 when the Corporation group was 'at the Circuit'. Henry Burnell's stage directions in the play *Landgartha* provided clues to musical taste in the early 1640s. A mask was performed to 'no music, or at most, to a single violin'.[117] Nymphs sang 'a song in four or five parts, to a pleasing tune' and the 'sweet solemn music of recorders' was heard.[118] This was the music of 'polite society' in Dublin and Fingal. Further evidence of the interest of the wealthier Fingallians in music is to be

109 Barra Boydell, 'The establishment of the choral tradition, 1480–1647' in Kenneth Milne (ed.), *Christ Church Cathedral Dublin: a history* (Dublin, 2000), pp 244–51. 110 Visitations, Dublin, 1607 (NLI, GO 48, p. 11). 111 For example, *Anc. rec. Dublin*, ii, pp 424, 427, 462, 464 and 502. 112 Edmund Hogan, *Distinguished Irishmen of the sixteenth century* (London, 1894), pp 199 and 208–9. 113 Edmund Hogan, *Distinguished Irishmen of the sixteenth century* (London, 1894), p. 209. 114 Purgatorium Hibernicum . . ., *c.*1670 (NLI, MS 470, pp 59 and 61). 115 William Bathe, *A briefe introduction to the true art of musicke* (London, 1584); William Bathe, *A briefe introduction to the skill of song, c.1587*, introduced by Bernarr Rainbow (facsimile edition, Kilkenny, 1982); Seán P. Ó Mathúna, *An tAthair William Bathe, C.Í., 1564–1614* (Dublin, 1980), pp 195–207. 116 Extract from account book, Guild of Tailors, Dublin (RSAI, Elrington Ball MSS, vol x, f. 1). 117 Henry Burnell, *Landgartha: a tragie-comedie, as it was presented in the new theatre in Dublin, with good applause, being an ancient story* (Dublin, 1641), p. 20. 118 Henry Burnell, *Landgartha: a tragie-comedie, as it was presented in the new theatre in Dublin, with good applause, being an ancient story* (Dublin, 1641), pp 5, 21 and 33.

found in the will of Walter Segrave of Little Cabragh, made in 1619.[119] He listed a viol and a pair of virginals with a frame among the items which he wished to remain in his house after his death. Richard Berford of Blanchardstown also bequeathed a bass viol in 1662.[120] It is likely that other gentlemen and ladies in the area possessed musical instruments which were not listed separately in their wills. It must also be emphasized that few wills from north Fingal and mid-Fingal have been preserved. Therefore the surviving evidence concerning serious music comes from the wills of persons who could easily have participated in the musical life of Dublin city.

There is more widespread evidence for popular music, especially in the verse of the period. Music seems to have afforded the Fingallians an opportunity to express the Gaelic element in their culture. The Fingallian refugees who fled to Virginia after they were defeated at Kilsallaghan spent their time in 'drinking, piping and dancing', according to a deposition made to the commissioners in April 1643 by the local minister, Revd George Creichton.[121] The text of the play *Landgartha* contained references to the bag-pipe and to town-fiddlers.[122] 'Purgatorium Hibernicum' indicated that the Fingallians were familiar with a number of musical instruments. Nees carved a 'bag-pipe rampant on a fiddle' on MacShane's monument.[123] MacShane's death at the hands of a sneezing harper was mentioned.[124] Drums and trumpets were also referred to.[125] The instruments called 'melancholy knockles' on which the mourners tuned 'their doleful notes' have not been identified.[126] As the deposition of Revd George Creichton made clear, piping was also popular. This is confirmed at various points in 'Purgatorium Hibernicum'. As in the documented case in Virginia, piping was closely associated with dancing and the term 'sing' (as well as the terms 'whistle', 'blow' and 'play') appears to have been used frequently in connection with the playing of dance tunes.[127] Orpheus was described as playing a port (*port* or lilt) to raise the devil.[128] MacShane, the piper, went 'to sing a port in Purgatory.[129] The poem also provides the names of a number of dance tunes played by the piper:

> To improve his time could play Mageen,
> Whip of Dunboyne and Dance a Myeen
> and dance Balrothery. I that he
> could sing Portlaughrim and Bunratty
> and Machilmone ...

119 Abstract of will of Walter Segrave, 9 March 1619 (RSAI, Elrington Ball MSS, vol xii, f. 27). 120 Abstract of will of Richard Berford, proved 21 November 1662 (RSAI, Elrington Ball MSS, vol xi, f. 41); Francis Elrington Ball, *Southern Fingal* ... (originally published 1920, reprinted Dublin, 1995), p. 25. 121 Deposition of George Creichton, 15 April 1643 (TCD, MS 833, ff 236–7); John T. Gilbert (ed.), *A contemporary history of affairs in Ireland from A. D. 1641 to 1652* ... (3 vols, Dublin, 1879), i, part ii, p. 542. 122 Henry Burnell, *Landgartha: a tragie-comedie, as it was presented in the new theatre in Dublin, with good applause, being an ancient story* (Dublin, 1641), pp 19 and 34. 123 Purgatorium Hibernicum ..., *c.*1670 (NLI, MS 470, p. 53). 124 Purgatorium Hibernicum ..., *c.*1670 (NLI, MS 470, p. 36). 125 Purgatorium Hibernicum ..., *c.*1670 (NLI, MS 470, pp 39, 50, 135). 126 Purgatorium Hibernicum ..., *c.*1670 (NLI, MS 470, p. 49). 127 Purgatorium Hibernicum ..., *c.*1670 (NLI, MS 470, pp 34, 38, 39, 40). 128 Purgatorium Hibernicum ..., *c.*1670 (NLI, MS 470, p. 29). 129 Purgatorium Hibernicum ..., *c.*1670 (NLI, MS 470, p. 34).

Of the tunes mentioned it is evident from Fynes Moryson's fourth itinerary, written sometime before 1626, that 'Balrothery' and the 'Whip of Dunboyne' were the names of dances.[130] In *Landgartha* two of the comic characters, Hubba and Marsissa, danced 'the whip of Dunboyne' merrily.[131] This was followed by a 'grand dance', probably a more formal dance, in four couples.[132] 'Dance a Mween' (*Damhsa i mbuíon* ?) was almost certainly a dance tune and it seems probable that the other airs mentioned were also used for dancing. A further description of the musicians and their tunes can be found in the poet's comparison of the activities in the underworld with those in Lusk on 'patron's eve'. It read as follows:

> There was Mulrony with his trump too
> and Gillekelagh his brother plump too
> and old Tadhg dall and Hugh O'Darcy
> did sing all weathers at the clarsy,
> the Irish harp, whose airy mettle
> sounds like the patching of the kettle.
> Mageen, yea, and be he did play
> Whip of Dunboyne and Irish Hay
> Skipping of Gort, Tripping of Swords
> Frisk of Baldoyle, best he affords,
> and for variety cronnaans
> ports and portrinkas and strinkaans
> oraans and conies and gratulations . . .[133]

Once again we find an emphasis on dancing with some of the tunes having names associated with places in or near Fingal. While the rhyme suggests that the final line in the passage is missing the section which survives is of great interest. The use of several technical words adapted from the Irish language, such as *cronán* (a humming or drone), *port* (a lilt), *port rince* (a jig tune), *streancán* (a twang), *amhrán* (a song), suggests that the players at Lusk were in the mainstream of Irish popular music. The lines which follow the missing line,

> They had no anthems for to choose.
> Their Hallolujes were hul-lo-loos.
> And so, as merry as the day
> is long, they passed the time away.

give the impression of lack of restraint and perhaps even frenzy in the music.[134]

130 Graham Kew, *The Irish sections of Fynes Moryson's unpublished itinerary* (Dublin, 1998), p. 112. 131 Henry Burnell, *Landgartha: a tragie-comedie, as it was presented in the new theatre in Dublin, with good applause, being an ancient story* (Dublin, 1641), p. 22. I am grateful to Dr Raymond Gillespie for drawing my attention to this reference. 132 Henry Burnell, *Landgartha: a tragie-comedie, as it was presented in the new theatre in Dublin, with good applause, being an ancient story* (Dublin, 1641), p. 23. 133 Purgatorium Hibernicum . . ., *c.*1670 (NLI, MS 470, pp 135–6). 134 Purgatorium Hibernicum . . ., *c.*1670 (NLI, MS 470, p. 136).

There are some references to vocal music. Shela, the nun, was depicted as rising 'long before day ... to sing carols', suggesting that by the mid-seventeenth century the term 'carol' had taken on its modern meaning in Fingal.[135] The mourners at MacShane's wake sang cronans.[136] There are references to one, or possibly two, song-titles, 'Old Rose and Tory Rory'.[137] While this song has not been identified the title hints at a political ballad. The singing of a chorus in honour of St Patrick is also mentioned.[138] The reference to 'Beg Mac Dea and Iriell, that of their country sang so well' may be an allusion to an older form of singing and versification which would have survived in some areas during the lifetime of the poet.[139] The huntsmen who took part in the 'Fingallian hunting of the hare' ended their day's festivities by singing 'the hare's knell'[140] All in all, folk music, in both its instrumental and vocal forms, seems to have been cultivated widely in Fingal.

The popularity of dancing in seventeenth-century Ireland has been well documented. By 1625 Fynes Moryson had completed his itinerary.[141] He described the Irish attitude to dance as follows (spelling modernized):

> They delight much in dancing, using no art of slow measures or lofty galliards, but only country dances, whereof they have some pleasant to behold as Balrothery and the whip of Dunboyne and the dance about a fire (commonly in the midst of a room), holding withes in their hands, and by certain strains drawing one another into the fire and also the matachine dance with naked swords which they make to meet in divers comely postures ...[142]

Moryson went on to explain that he had seen the matachine dance in the houses of Irish lords. The impression given is that what he had seen were, in general, rather formal country dances which took place indoors. The hey or hay (*haie*), for example, is believed to have been 'a round dance in which men and women took part and which included figures in which the women wound in and about their partners'.[143] In *Folk music and dances of Ireland* Breandán Breathnach stated that dances of the Pale, such as Pacing the Whip, Trotting the Hey (or Hay), and Skipping of Gort, seemed

> tame affairs in comparison with the dances mentioned in an Irish poem of around 1670: *rince an ghadaraigh* (the withie dance), *rince an chlaidhimh* (the sword dance), *rince treasach re malartaibh ceolta* (a dance of ranks with change of music), and *rince fada re racaireacht ógbhan* (the long dance with the sporting of young maidens). Dances like these, which were traditional Irish

**135** Purgatorium Hibernicum ..., *c.*1670 (NLI, MS 470, p. 26). **136** Purgatorium Hibernicum ..., *c.*1670 (NLI, MS 470, p. 49). **137** Purgatorium Hibernicum ..., *c.*1670 (NLI, MS 470, p. 100). **138** Purgatorium Hibernicum ..., *c.*1670 (NLI, MS 470, p. 140). **139** Purgatorium Hibernicum ..., *c.*1670 (NLI, MS 470, pp 140–1). **140** The Fingallian hunting of the hare (BL, Sloane MS 900, f. 55); Francis Elrington Ball, *Howth and its owners ...* (originally published 1917, reprinted Dublin, 1995), p. 120. **141** Graham Kew, *The Irish sections of Fynes Moryson's unpublished itinerary* (Dublin, 1998), pp 7 and 17 (note 5). **142** Graham Kew, *The Irish sections of Fynes Moryson's unpublished itinerary* (Dublin, 1998), p. 112. **143** Breandán Breathnach, *Folk music and dances of Ireland* (2nd ed., Cork, 1996), pp 37–8.

> forms of entertainment, suggest that more exciting amusements were to be found outside the Pale than in it.[144]

There are other descriptions of dancing in Ireland dating from the later part of the century by Thomas Dinely (1681), Sir Henry Piers (1682) and John Dunton (1699) which provide some additional information for that period.[145] The account of Sir Henry Piers, whose family owned property (part of the former monastic lands of Tristernagh) in the parish of Balrothery, is particularly interesting.[146] In his *Chorographical description of the county of Westmeath* he provided an general description of the manners and customs of the Irish people, emphasizing that he found 'little or nothing that can be said of this county [Westmeath] in this respect, that may not be said indifferently of all.'[147] Concerning dancing he wrote:

> On the patron-day in most parishes, as also on the feasts of Easter and Whitsuntide, the more ordinary sort of people meet near the ale-house in the afternoon, on some convenient spot of ground and dance for the cake; here to be sure the piper fails not of diligent attendance. The cake to be danced for is provided at the charge of the ale-wife, and is advanced on a board on the top of a pike about ten feet high; this board is round, and from it riseth a kind of garland, beset and tied round with meadow flowers, if it be early in the summer, if later, the garland has the addition of apples, set round on pegs fastened unto it; the whole number of dancers begin all at once in a large ring, a man and a woman, and dance about the bush, so is this garland called, and the piper, as long as they are able to hold out; they that hold out longest at the exercise, win a cake and apples, and then the ale-wife's trade goes on.[148]

John Dunton's account confirmed that such dancing sessions took place on Sundays and holydays in the afternoon, that the music was provided by a piper and that the dances were trials of endurance.[149] He provided the additional information that the sessions took place around large trees planted in the middle of villages and that the elderly people acted as spectators.

Turning specifically to Fingal we find that there is a considerable amount of material available on the Fingallians' attitude to dance. Dancing was listed by George Creichton as one of the pastimes in which the Fingallian refugees in Virginia

144 Breandán Breathnach, *Folk music and dances of Ireland* (2nd ed., Cork, 1996), p. 38. 145 Thomas Dineley, *Observations in a voyage through the kingdom of Ireland being a collection of several monuments, inscriptions, draughts of towns, castles, & c.*, ed. James Graves (Dublin, 1870), p. 19; Henry Piers, *A chorographical description of the county of Westmeath, written A. D. 1682* in Charles Vallancey, *Collectanea de rebus Hibernicis*, no. I (Dublin, 1770), p. 123; John Dunton, Letter no. 4, appendix B, in Edward MacLysaght, *Irish life in the seventeenth century* (2nd ed., Cork, 1950), p. 354. 146 'Calendar to fiants of the reign of Elizabeth' in *The Irish fiants of the Tudor sovereigns*, iii, 1586–1603 (Dublin, 1994), no. 5769, p. 198; *Civil Survey, vii, county of Dublin*, pp 14–5. 147 Henry Piers, *A chorographical description of the county of Westmeath, written A. D. 1682* in Charles Vallancey, *Collectanea de rebus Hibernicis*, no. I (Dublin, 1770), pp 103–4. 148 Henry Piers, *A chorographical description of the county of Westmeath, written A. D. 1682* in Charles Vallancey, *Collectanea de rebus Hibernicis*, no. I (Dublin, 1770), p. 122 149 John Dunton, Letter no. 4, appendix B, in Edward MacLysaght, *Irish life in the seventeenth century* (2nd ed., Cork 1950), p. 354.

engaged after the fall of Kilsallaghan.[150] 'The Fingallian Dance', a poem believed to date from the period 1650–60, suggests that the dancing at that period had become somewhat more sedate than it had been in earlier times.[151] As well as listing the several dance tunes already mentioned 'Purgatorium Hibernicum' provided additional information about dancing. Round dances were very popular in Fingal. 'Dancing and skipping in a ring' were some of the activities in which the people indulged in order to honour St Patrick.[152] There is a vivid account of ring dancing in the underworld:

> Those donny shoges that hop and scout
> from hill to plain and skip about
> like penny canes, as steeds of wattle
> drink dairies dry and stroke the cattle
> and pinch the maids until their flesh is
> of sable, hugs through keyholes sling
> toping and dancing in a ring.
> About the banks of Erryn they
> do keep their revels night and day.
> Eternal rings that drink and sot
> till what they are they have forgot
> and, all their former notions gone,
> to beasts and fiends transform anon.[153]

The hey, which appears to have been one of the more sedate dances, was danced at wakes.[154] The poet mentioned the whip and hay in connection with the dancing which preceded the betrayal of a garrison by Lacene although it is not known if this was merely a classical reference or if it was intended to reflect an actual incident which took place during the confederate wars.[155] The same dances were popular in *Limbo Patrum*.[156] A little later in the poem the shades of the underworld were compared to the people of Lusk at dusk on patron's eve, giving us a short but vivid picture of the dancing on such an occasion:

> Some frig and dance upon the grass
> and every *culleen* has his lass.
> Some dance in pairs, some in a ring
> some in a yoke and some a sling.
> Some bended dance, some dance astride,
> as maids of Duleek use to ride . . .[157]

**150** Deposition of George Creichton, 15 April 1643 (TCD, MS 833, ff 236–7); John T. Gilbert (ed.), *A contemporary history of affairs in Ireland from A. D. 1641 to 1652* . . . (3 vols, Dublin, 1879–80), i, part ii, p. 542. **151** The Fingallian dance, c.1650–60 (BL, Sloane MS 900, f. 53); Alan Bliss, *Spoken English in Ireland 1600–1740* (Dublin 1979), pp 45–6 and 111. **152** Purgatorium Hibernicum . . ., *c.*1670 (NLI, MS 470, p. 140). **153** Purgatorium Hibernicum . . ., *c.*1670 (NLI, MS 470, p. 153). **154** Purgatorium Hibernicum . . ., *c.*1670 (NLI, MS 470, p. 50). **155** Purgatorium Hibernicum . . ., *c.*1670 (NLI, MS 470, p. 100). **156** Purgatorium Hibernicum . . ., *c.*1670 (NLI, MS 470, p. 133). **157** Purgatorium Hibernicum . . ., *c.*1670 (NLI, MS 470, p. 135).

Since only the first two lines of this description (modified slightly) were included in the published *Irish Hudibras*, it is hardly surprising that Breandán Breathnach underestimated the liveliness and vigour of the dances of the Pale.[158]

If music, and, to a lesser extent, dancing enabled the Fingallians to express the Gaelic element in their culture, games and sports, with one notable exception, reflected the settler influences on that culture. The exception was *camán* (hurling), which, according to 'Purgatorium Hibernicum' was one of the sports indulged in by the population on patron's eve at Lusk.[159] It may be useful to examine the context in which the people engaged in sport as official attitudes changed somewhat during the period. In its meeting on the second Friday after Easter in 1612 Dublin corporation decreed:

> It is further ordered and agreed, by the said authority that every apprentice, journeyman and every other of the age of fourteen years or upwards, which shall be found playing at stodball [*sic*], quoiting, tennis, cudgels, or any other unlawful games, within any street of this city or suburbs of the same upon Sundays or holydays, shall presently be taken by the aldermen, deputy aldermen, and constables of every ward, and be committed to the Newgate, there to remain for the space of twenty-four hours without bail ...[160]

As in the case of music those living in southern Fingal are likely to have taken part in the leisure activities of Dublin city. Since the ban of 1612 extended to the suburbs it is almost certain that it affected many Fingallians. The law was unsuccessful, however, since it had to be re-enacted a year later.[161] However, support for the beleaguered sportsmen came from an unexpected source. In 1618 King James I published his book of sports, extending the arrangements for the playing of games on Sundays and holydays after divine service to all his subjects. This was reissued with additional notes by Charles I in 1633.[162] 'Some puritan and precise people' in Lancashire had punished the 'good people, for using their lawful recreations and honest exercises upon Sundays and other holydays', and this had played into the hands of recusants.[163] It was also felt that banning of sports on Sundays and holydays (the only days on which ordinary people were free to participate) would render them unfit for army service. Lawful recreations, such as dancing for either men or women, archery for men, leaping, vaulting or any such harmless recreation, May games, Whitsun-ales, morris dances, maypoles and the carrying of rushes to church by women were to be permitted.[164] Unlawful games, such as bull and bear-baiting, interludes and bowling, among the 'meaner sort of people' were to continue to be prohibited. Recusants who did not attend divine service were to be prohibited from participation.

**158** James Farewell (?), *The Irish Hudibras or Fingallian prince, taken from the sixth book of Virgil's Aeneids, and adapted to the present times* (London, 1689), p. 102; Breandán Breathnach, *Folk music and dances of Ireland* (2nd ed., Cork, 1996), p. 38. **159** Purgatorium Hibernicum ..., *c.*1670 (NLI, MS 470, p. 134). **160** *Anc. rec. Dublin*, iii, p. 20. **161** *Anc. rec. Dublin*, iii, pp 39–40. **162** James I, *Book of sports as set forth by K. Charles the I with remarks by the king* (London, 1633, reprinted 1710). **163** James I, *Book of sports as set forth by K. Charles the I with remarks by the king* (London, 1633, reprinted 1710), pp 1–2. **164** James I, *Book of sports as set forth by K. Charles the I with remarks by the king* (London, 1633, reprinted 1710), p. 3.

It is unlikely that the people of Fingal paid much attention to these restrictions, and they certainly paid none to the regulations regarding recusants. The deposition of the Revd George Creichton provides evidence that tennis was very popular among Fingallians.[165] Two hundred active male tennis players at one time seems an amazing number to have been recruited from the refugee population. Further evidence for the popularity of tennis can be found. An argument between Christopher, lord of Howth and Sir Roger Jones which took place on a tennis court in Dublin ended in tragedy in 1609 when a man called Barnewall, a kinsman of the earl was killed.[166] Bennett Arthur of Cabragh left 'three houses and a tennis court in Winetavern Street' in 1673.[167] Tennis is also mentioned in 'Purgatorium Hibernicum'.[168] The many games listed in this poem are generally of two kinds: wake games and pattern games. Most of the wake games are mentioned in the following passage:

> Some play hot cockles,
> some shoe the wild mare, some flea sheep,
> some fast asleep and some bo-peep.
> some heads and point, some turn up tail
> and play a game called thrust a fail.
> Some fling their caps and some throw darts
> of rushes, engines to catch hearts.
> Some squibs do throw and some throw clods.
> Some play at even and some at odds.
> Some stitch with artificial thread ...[169]

On the following page of the manuscript another wake game, noddy, is mentioned.[170]

It has been possible to identify some of these games. Bo-peep was a well-known nursery game.[171] Shoeing the wild mare has been described as a 'childish Christmas game'.[172] Blind-man's-buff was, according to Seán Ó Súilleabháin, 'a very popular type of parlour-game ... also played at wakes'.[173] Hot cockles appears to have been a rougher variant of blind-man's-buff similar to the game called *cluiche na gcochall*.[174] Noddy was a card game resembling cribbage.[175] Cat was also known as tip-cat, a game played by hitting a small piece of wood tapering at both ends with a cat-stick.[176] Heads and points was played with pins or nails.[177] Stitching with artificial thread may have been the game called 'box the tailor', described by Ó Súilleabháin as a game in which participants pretended to sew.[178] The flinging of caps and the throwing of

**165** Deposition of George Creichton, 15 April 1643 (TCD, MS 833, ff 236–7); John T. Gilbert (ed.), *A contemporary history of affairs in Ireland from A. D. 1641 to 1652 ...* (3 vols, Dublin, 1879), i, part ii, p. 542. **166** Francis Elrington Ball, *Howth and its owners ...* (originally published 1917, reprinted Dublin, 1995), p. 101. **167** Abstract of will of Bennett Arthur, dated 18 July 1673 (RSAI, Elrington Ball MSS, vol xi, f. 43); Francis Elrington Ball, *Southern Fingal ...* (originally published 1920, reprinted Dublin, 1995), p. 27. **168** Purgatorium Hibernicum ..., *c.*1670 (NLI, MS 470, p. 134). **169** Purgatorium Hibernicum ..., *c.*1670 (NLI, MS 470, p. 49). **170** Purgatorium Hibernicum ..., *c.*1670 (NLI, MS 470, p. 50). **171** *OED*, ii, p. 409. **172** *OED*, ix, p. 363. **173** Seán Ó Súilleabháin, *Irish wake amusements* (translated by the author from the original Irish *Caitheamh aimsire ar thórraimh*, 1961, Cork, 1997), p. 117. **174** *OED*, vii, p. 426; Seán Ó Súilleabháin, *Irish wake amusements* (translated by the author from the original Irish *Caitheamh aimsire ar thórraimh*, 1961, published Cork, 1997), p. 117. **175** *OED*, x, p. 459. **176** *OED*, ii, p. 962. **177** *OED*, vii, p. 40. **178** Seán Ó Súilleabháin, *Irish wake amusements* (translated darts, squibs and clods, as well as the game called 'thrust a fail' appear to have been part of the unruly behaviour associated in particular with the deaths of elderly people.[179] The wake games which have been identified were mainly, though not exclusively, indoor games which ranged from games suitable for children, through boisterous sports favoured by young adults, to card games which were, no doubt, popular with older people.

The second set of games in 'Purgatorium Hibernicum' were those in which the behaviour of the shades in the underworld was compared with that of people of Lusk on patron's eve. It reads as follows:

Some play at tennis, some at slurr,
at hurdles some and some at skirr,
some at *caman* and some do play
at fives and some bitty-bay.
Some play at this game, some at that,
at stoolball some and some at cat.
But those that lost their eyes with age
and in this rout dare not engage
are force(d) to play at blind man buff.
Some roast pattads and some grind snuff
by woods and bogs where store of fire is.
Some play at gammon, some at Irish,
for prayers and kisses and for beads,
for masses and for maidenheads.
Some trot the bogs and some swift hastle.
At cudgels some and some do wrestle . . .[180]

We note that two of the games, cat and blind-man's-buff were also played at wakes. Gammon (backgammon), Irish and slurr were games played with dice.[181] No games of this type have been identified in the wakes list. Most of the other games listed were of the open-air athletic kind. The popularity of tennis in Fingal has already been mentioned. Fives was somewhat similar to modern handball.[182] In the absence of contemporary evidence hurdles is assumed to have resembled the modern version of the sport. Skirr was a throwing game.[183] Stoolball as played in England has been described as 'an old country game somewhat resembling cricket, played chiefly by young women or, as an Easter game, between young men and women for a "tansy" . . . as the stake'.[184] Henry Burnell's *Landgartha* contained a reference to the playing of stoolball with young children.[185] The existence of stoolball in the area in the sev-

by the author from the original Irish *Caitheamh aimsire ar thórraimh*, 1961, published Cork, 1997), p. 46. **179** *OED*, v, p. 665; Seán Ó Súilleabháin, *Irish wake amusements* (translated by the author from the original Irish *Caitheamh aimsire ar thórraimh*, 1961, published Cork, 1997), pp 65–6. **180** Purgatorium Hibernicum . . ., *c.*1670 (NLI, MS 470, p. 134). **181** *OED*, i, p. 865, vi, p. 350, viii, p. 77 and xv, p. 750. **182** *OED*, v, p. 980. **183** *OED*, xv, p. 621. **184** *OED*, xvi, p. 771. **185** Henry Burnell, *Landgartha: a tragie-comedie, as it was presented in the new theatre in Dublin, with good applause, being an ancient story* (Dublin, 1641), p. 31.

enteenth century may help to explain the extraordinary and continuing popularity of village cricket in rural north Fingal to the present day.[186] Wrestling, also listed as a pattern game, was a popular sport in Fingal, particularly in Lusk and other parts of north Fingal, until the late nineteenth century.[187] *Camán* was, of course, exceptional since it was a traditional native game. There is a brief reference to sport in the description of the people at Tubber Shane, but no details concerning particular games are given.[188] A rather surprising omission from the lists of games is football, unless, of course, it was played under another name. It may just possibly have been one of the games which have not been identified. Whether or not football was played it was certainly known in Fingal at this period. Sir Richard Bolton, discussing homicide by misadventure, stated that there was a difference of opinion as to whether 'playing at hand-sword, bucklers, football, wrestling and the like, whereby one of them receiveth a hurt and dieth thereof within a year and a day' constituted felony of death or not.[189] There is evidence that football was played in Fingal later in the century. In 1699 John Dunton wrote concerning the Irish that 'they do not play often at football, only in a small territory called Fingal near Dublin the people use it much, and trip, and shoulder very handsomely'.[190] By the early eighteenth century the game had become very popular in Fingal.[191]

Hunting and shooting were also popular pastimes, particularly among the gentry. The keeping of hounds and greyhounds was restricted to laymen having in lands 40*s.* per annum and priests and clerks having a 10*l.* living per annum.[192] The lord deputy, Sir Arthur Chichester, and the lord of Howth hunted a fox together in Balgriffin.[193] The poem, 'The Fingallian hunting of the hare', is a celebration of the sport.[194] The hunt described in this verse began in Howth and ended with a dinner in Baldoyle. While the hare and hounds were described in detail, it is not clear if the huntsmen rode or followed the hounds on foot. However, the mention of a saddle (as well as a fowling-piece) as a cherished possession in the will of one of the participants, John Radmore, suggests that the gentry normally hunted on horseback.[195] Hawking was also popular. Lewis Meredith reported that the friar Malone, who invaded Lambay Island on behalf of the 'Catholic army' in December 1641, asked him to carry a goshawk as a present to Luke Nettervill, the rebel leader, then in Swords.[196] This goshawk had been taken from Edward Leech who had been in charge of the castle of Lambay. That shooting was indulged in by persons lower down the social scale is

**186** Joe Clinton, 'Cricket in Fingal' (Skerries Historical Society Archives, unpublished paper no. 176, 1994). **187** R.S. Duff, 'Some memories of Milverton' in *Time & tide*, iii (2001), p. 168. **188** Purgatorium Hibernicum ..., *c.*1670 (NLI, MS 470, p. 151). **189** Richard Bolton, *A justice of peace for Ireland ...* (Dublin, 1638), book I, p. 73. **190** John Dunton, *Teague Land* (1699), quoted in Andrew Hadfield and John McVeagh (eds), *Strangers to that land: British perceptions of Ireland from the reformation to the famine* (Gerrard's Cross, Buckinghamshire, 1994), p. 195. **191** Patrick Fagan, *The second city: portrait of Dublin 1700–1760* (Dublin, 1986), pp 79–81 and 186–98. **192** Richard Bolton, *A justice of peace for Ireland ...* (Dublin, 1638), book I, p. 46. **193** Edmund Hogan, *Distinguished Irishmen of the sixteenth century* (London, 1894), p.425; Francis Elrington Ball, *Howth and its owners ...* (originally published 1917, reprinted Dublin, 1995), pp 92–3. **194** The Fingallian hunting of the hare (BL, Sloane MS 900, ff 54–5); Francis Elrington Ball, *Howth and its owners ...* (originally published 1917, reprinted Dublin, 1995), pp 119–20. **195** Francis Elrington Ball, *Howth and its owners ...* (originally published 1917, reprinted Dublin, 1995), p. 119 (footnote 4). **196** Deposition of Lewis Meredith, 20 March 1644 (TCD, MS 810, f. 245).

suggested by an incident that occurred in December 1652, when Richard Greg, a twenty-three-year-old husbandman from Chapelizod, discharged a fowling piece against a group of tories in an effort to recover stolen garrons.[197]

Fynes Moryson noted the Irish in general and, in particular, the native Irish were fond of gambling.[198] An unusual instance of this occurred in Fingal early in 1642, when, in what appears to have been a draft deposition, Daniel Barwick, commander of one of the king's pinnaces, reported that, while a prisoner in Baldongan, he heard divers people say that the Dublin alderman, Robert Arthur of Hacketstown, 'would for 5*s*. give anyone 20*s*. if Drogheda was not taken by such a day'.[199] He went on to say that he 'heard the priest that liveth with the said Arthur say that he won 20*s*. of the said Arthur on those terms'.

There is evidence that the Fingallians were brash, sociable, outgoing and hospitable. These are qualities that one would particularly associate with the Gaelic-Irish element in their culture. Three references to coshering (*cóisireacht* – partying or friendly visits to the homes of neighbours) in 'Purgatorium Hibernicum' support this view.[200] There are also some interesting references to visiting the homes of friends and neighbours in the 1641 depositions. The visit of 'old Mr Fagan of Feltrim' to his friends in Carrickmines was mentioned in chapter 2.[201] Richard Duffe and his brother called to Gormanstown at Christmas 1641 and found there 'only the lord of Gormanstown, his lady and family, and Mr King of Clontarf and his wife'.[202] This suggests that the Kings were enjoying the hospitality of Lord Gormanston in the aftermath of the burning of their own home at Clontarf. Susanna Stockdale, a Protestant, who had also lost her home during the rising, was offered hospitality and a home by her Catholic cousin, Nicholas Barnewall of Turvey.[203] She refused this offer 'because she was confident that popish priests and rebels would haunt his house'. The Fingallians also showed that they had the ability to close ranks in the face of threats from outside. Simon Luttrell of Luttrellstown was one of those who remained aloof from the 1641 rising.[204] Yet in April 1642 a soldier, Daniel Conway, who had been engaged in pursuing a band of rebels towards Luttrellstown, reported that 'being very near unto two of the said rebels, one of them forsook his horse and strayed into the wood and the other, forsaking his horse likewise, got into the gate of the said Mr Luttrell's house, which gate was presently shut up and entrance denied unto him, this examinant'.[205] When dogs were set on the minister of Ballyboghil, John Lukey, in order to drive him out of the parish he went to two houses seeking help and on both occasions he was refused.[206] The same solidarity, or perhaps clannishness, was shown, when necessary, against the Ulster Irish. As George Creichton reported:

**197** Examination of Richard Greg, 16 December 1652 (TCD, MS 810, f. 388); examination of Richard Raymond, 20 December 1652 (TCD, MS 810, f. 390). **198** Graham Kew, *The Irish sections of Fynes Moryson's unpublished itinerary* (Dublin, 1998), p. 39. **199** Deposition of Daniel Barwick, 21 May 1642 (TCD, MS 810, f. 112). **200** Purgatorium Hibernicum . . ., *c.*1670 (NLI, MS 470, pp 35, 58 and 108). **201** Examination of John Brackenbury, 27 May 1642 (TCD, MS 810, f. 198). **202** Examination of Richard Duffe, 2 May 1642 (TCD, MS 810, f. 210). **203** Deposition of Susanna Stockdale (copy only), not dated (TCD, MS 810, f. 95). **204** Examination of William Dollard, 30 December 1641 (TCD, MS 809, f. 218). **205** Examination of Daniel Conway, April 1642 (TCD, MS 810, f. 97). **206** Deposition of John Lukey, 2 March 1643 (TCD, MS 810, f. 168).

> The priest of the parish of Lurgan, Owen O'Linsey, did so hate the Pale people that he would not that any of their priests or friars should say Mass in his parish; and the Pale people did so hate him that they would not come to hear him, and they needed not, for many a priest they had of their own.[207]

The people of Fingal possessed no great cities, castles, palaces, theatres or cathedrals. Their towns, homes and churches were generally small. Undoubtedly, those who could afford to do so and who lived close to Dublin could enjoy the pleasures of the metropolis. But for many this was not an option. Yet enough evidence remains to show that Fingallians enjoyed a rich and varied social life, that they had many opportunities for contacts with their neighbours and with outsiders and that they were both faithful to old traditions and open to new ideas. They adapted elements of both Gaelic and foreign cultures and created something unique to themselves. Underpinning all of this were deep, though differing, religious loyalties. The different religious groups also provided opportunities for social interaction though the members of the various religious denominations generally met separately at services.

**207** Deposition of George Creichton, 15 April 1643 (TCD, MS 833, f. 236); John T. Gilbert (ed.), *A contemporary history of affairs in Ireland from A. D. 1641 to 1652 …* (3 vols, Dublin, 1879–80), i, part ii, p. 542.

# 7

# Every house and hamlet a sanctuary

> Michael Fitz-Simon, Martyr, Dublinensis, cui dat optione, viuendi, si abiuraret religione, vel suum dominiu Forußi, Pseudoepiscopo Thomae Iohns, idque gratis, concederet: Ille preces, minas, morte pro Christo spreuit. In eius dominium Thomas Iohns statim inuolauit.
>
> Henry Fitzsimon, *c.*1611[1]

These words form one of the longer entries in the *Catalogus* or catalogue of Irish saints completed by Henry Fitzsimon, of the Society of Jesus, about 1611. He wrote, no doubt with great pride, of his kinsman, Michael Fitzsimon, of the Forrest (also known as Forrowes or Furrows), in the parish of Swords, who had been executed in May 1591 following the Baltinglass revolt.[2] Many of those living in Fingal when the catalogue was first published would certainly have remembered Michael Fitzsimon or would have heard his story from their parents. They might also have heard the allegation that Michael Fitzsimon 'was in one day indicted, arraigned, condemned and judged, and the next day executed, that his farm might be bestowed on the bishop of Meath' who was, at that time, Thomas Jones.[3] Some would have recalled the special inquiry about his property which took place at the Forrest following Michael's death and how his widow, Catherine Talbot, managed to spirit away nine heifers and three other large cows before the sheriff arrived.[4] There were allegations that other property, including some silver spoons, had been taken from the premises by persons unknown before the sheriff removed most of the valuables leaving 'a cupboard worth 20*s.*, a trestle table and benches worth 6*s.* 8*d.*, three wooden bedsteads worth 26*s.* 8*d.*, a chest worth 2*s.* 8*d.*, a tub worth 16*d.* and three other old bedsteads worth 4*s.*' at the Forrest in the custody of the bishop of Meath. It seems likely that, when Michael Fitzsimon's debts were paid, the bishop of Meath got rather less than he expected as a result of the execution. The *Catalogus* entry also gives an indication of the bitterness which Catholics felt towards Protestants in the early seventeenth century. The term 'pseudo-bishop' was one which was often used by Catholics when writing of bishops of the established church.

In this chapter it is proposed to explore the organization and membership of the various religious groups in Fingal. The sources are incomplete. At certain times during the period there were surveys which threw light on the strength of the var-

1 Henry Fitzsimon, 'Catalogus praecipuorum sanctorum Hiberniae' ... (Antwerp, 1621), pp 103–4. 2 *Cal. S. P. Ire. 1588–92*, p. 396; John Brady, 'Some Irish scholars of the sixteenth century', in *Studies*, xxxvii, no. 146 (June, 1948), p. 231; Colm Lennon, *The lords of Dublin in the age of reformation* (Dublin, 1989), pp 153–5 and 163–4. 3 *Cal. S. P. Ire 1592–6*, p. 272. 4 Griffith, *Inquisitions*, p. 286.

ious faiths, for example, Archbishop Bulkeley's visitation which took place in 1630 and which provided a considerable amount of the hard information which survives about both the Catholic and the established churches.[5] The Civil Survey and the '1659 Census' are also helpful.[6] Both the Catholic and established churches were organized by diocese. Fingal formed part of the diocese of Dublin which also included Dublin city, the remainder of Co. Dublin, most of Co. Wicklow and small areas in other adjoining counties. The Catholic archbishops were Matthew de Oviedo (1600–10), Patrick Mathews (1611–23) and Thomas Fleming (1623–51). James Dempsey was appointed vicar apostolic in 1657. The Protestant archbishops were Adam Loftus (1567–1605), Thomas Jones (1605–19) and Lancelot Bulkeley (1619–50). The established church was effectively disestablished in 1647. There was, therefore, no further appointment of a Protestant archbishop of Dublin until after the Restoration. During the Commonwealth the country was divided into precincts for the purpose of Protestant church organization. Fingal generally formed part of the Dublin precinct though for a short time in 1654 the Naul formed part of the Trim precinct.[7] Certain important sources are only available on a diocesan basis or, for the Commonwealth period, on a precinct basis. Some degree of caution must be exercised when extrapolating for Fingal from such sources since its fertile maritime plain and people who were predominantly Catholic, English-speaking and subject to influences from overseas, differed widely from both the mountainous and still largely Irish-speaking areas of south Dublin and Wicklow and from Dublin city with its substantial urban Protestant population.

A seventeenth-century visitor to Fingal, with a particular interest in religion, would probably have had his attention drawn first to the churches. Writing of the period 1590–1641, Alan Ford has stated that 'the symbol of pastoral failure in the Protestant church as a national church was the decay of the church fabric'.[8] As early as 1611 the deterioration was noted in a bitter denunciation of the Protestant clergy by the Jesuit, Henry Fitzsimon.

> And do not the naked churches, the glassless patent windows, the ruinous roofs, the razed monuments, the rotten lofts and unpaved floors belonging to God, compared to their own haughty habitation ... demonstrate that their study is turned from the old to the new, from God to the belly, from devotion to dissolution, from charity to carnality?[9]

It is possible to extract some information about the state of the church buildings in Fingal from the reports of the royal visitation of 1615, Archbishop Bulkeley's visitation of 1630 and the Civil Survey.[10] These data suggest that, at most, only sixteen

5 'Archbishop Bulkeley's visitation of Dublin, 1630', ed. M.V. Ronan in *Archivium Hibernicum*, viii (1941), pp 56–98. 6 *Civil Survey, vii, county of Dublin,* ed. R.C. Simington (Dublin, 1945); *A census of Ireland* circa *1659* ..., ed. S. Pender (Dublin, 1939). 7 Notes relating to the 'Ministers of the Gospel' ... (RCBL, GS 2/7/3/20, p. 181). 8 Alan Ford, *The protestant reformation in Ireland, 1590–1641* (2nd ed., Dublin, 1997), p. 101. 9 Henry Fitzsimon, *The justification and exposition of the divine sacrifice of the Masse* ... ([Douai], 1611), p. 16. 10 'Royal visitation of Dublin, 1615' and 'Archbishop Bulkeley's visitation of Dublin, 1630' ed. M.V. Ronan in *Archivium Hibernicum*, viii (1941), pp 1–55 and 56–98; *Civil Survey, vii, county of Dublin,* ed. R.C. Simington (Dublin, 1945).

of the forty-one parishes in 1615 and thirteen in 1630 had churches which could be used for divine service.[11] The position in 1654–6 is less clear. The only churches which were definitely described as being 'in repair' were those of Chapelizod and Lusk. In the case of Lusk there was an noticeable improvement on conditions in 1630 while the fact that Chapelizod was shown as being 'in repair' in both 1615 and 1654/6 suggests that it may have been omitted in error from the 1630 returns. The church at Clonmethan, though out of repair, may have been still usable in 1654–6.

The distribution of churches still available for use in 1615, 1630 and 1654–6, insofar as it could be ascertained from the surviving records, has been mapped in figure 7.1.

The churches which were in ruins in 1654–6 were, in general, those which had been in poor condition, that is, either in ruins or deteriorating, in 1630. However, four of the churches, Balscaddan, Donabate, Holmpatrick and Killossery, which were unavailable for use in 1654/5 had been in good or fair condition at the earlier date. Balscaddan, Donabate and Holmpatrick were situated in parishes in which parishioners played a significant part in the 1641 rising and the church buildings may have been damaged as a result of this. All of the seven churches listed in the Civil Survey, but for which no information was given on their condition, had been in ruins or, for practical purposes, extinct by 1630. Five of the eight churches, which were not mentioned at all in the Civil Survey, were also in ruins or extinct in 1630. This leaves three of these churches, Cloghran (Swords), Finglas and St Michan's, which were in good or reasonable repair in 1630. It is clear from other sources that St Michan's was being used during the 1654–6 period.[12] Assuming that Cloghran and Finglas were still suitable for service it appears that not more than about six churches, one of which was situated in Dublin city, were available to serve the members of the established church in Fingal in the mid-1650s. But as will be shown, one of these, Finglas, was badly in need of repair before it could be used as a meeting-house.

The Fingal churches were generally small. Some, indeed, were very small. However, there were some with striking features. Those at Lusk and Swords possessed ancient round towers which can still be seen. The ruined hill-top church of Baldongan, which still dominates the skyline of much of north Fingal, together with the neighbouring castle, which has now disappeared, would have emphasized the importance of local civil and ecclesiastical power. A somewhat different impression might have been obtained from the church in Finglas. George Carey, 'gentleman', founder of an important family in that parish, requested in his will in 1559 that he be buried before the picture of St Kevin (transcribed by Francis Elrington Ball as 'St Canice' – both saints had associations with the area).[13] This suggests that the church was brightly painted or, at least had some paintings, in the sixteenth century. However, almost a century later in 1657, when a vestry which contained a strong dissenting influence met to organize repairs to the church, the walls of the body of the church were white-washed.[14] One church, at least, had become much plainer by the

11 'Fingal 1603–60', i, pp 243–4; ii, appendix G, table G.1, pp 61–3. 12 *The registers of the church of St Michan, Dublin, 1636–1685*, ed. Henry F. Berry (Dublin, 1907). 13 Abstract of will of George Carey, 13 December 1559 (NLI, Fisher will abstracts, GO MS 290, p. 70); Francis Elrington Ball, *Southern Fingal* ... (originally published 1920, reprinted Dublin, 1995), pp 117–8. 14 William Cotter Stubbs,

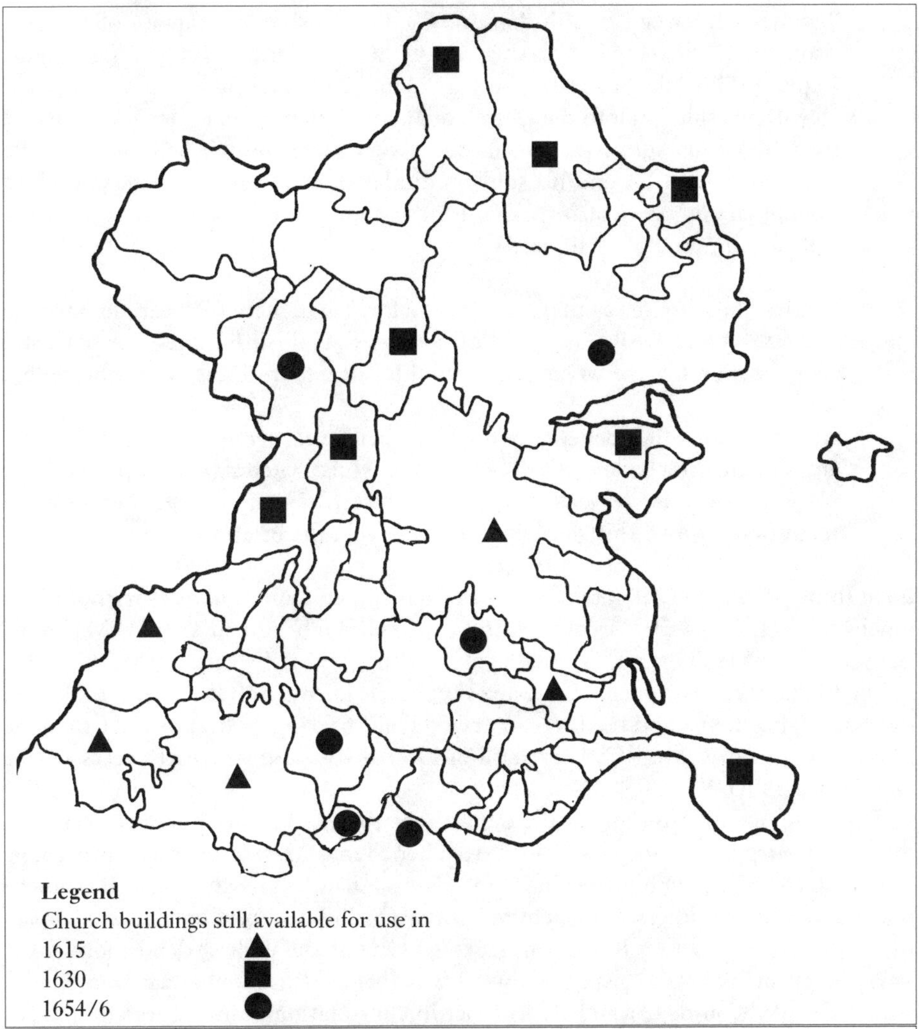


Fig. 7.1 Churches of the established church in Fingal still available for use in 1615, 1630 and 1654–6

end of the period under review. There are few contemporary accounts of the appearance of the churches, other than those which appear in the official surveys. However, the vicar of Balrothery, Thomas Clitheroe, made reference to one notable external feature of many Fingal churches, namely, the bells and belfries, in a deposition made in July 1642 as follows:

'Finglas, County Dublin, vestry books' in *Journal of the Royal Society of Antiquaries of Ireland*, xlvi (1916), p. 28.

> Thomas Clitheroe ... saith that one Captain Epsley, late captain of the garrison of Gormanstown (as this deponent hath been reliably informed by Captain Billingsley) did lately, under colour of the present rebellion and wars, go with his soldiers into the church of Balrothery and thence took and carried away four bells out of the steeple being very good and fair bells and that the said Captain Epsley and his soldiers did lately after enter into the church of Stamullen and there also took and carried away the bells and sent the same bells by shipping over the sea.[15]

When Finglas church was repaired in 1657 the local dissenters took care to have the old bell recast.[16] One possible explanation for the Fingallian fondness for bells and belfries may be found in the writings of a local Jesuit, Henry Fitzsimon, who stated:

> Among many other benefits wrought by bells, this is one witnessed by many authors, that if a hallowed bell be founded whilst witches be transported from place to place, the devils have no power to convey them further, but abandon them to their own shifts, leaving them often in the briars.[17]

Isaac Butler in 1744 noted a triple belfry in the ruined church of Portmarnock.[18] A nineteenth-century writer attributed the feature, which he had seen in Malahide, Ballyboghil and Hollywood, as possibly due to 'the art of the carillon player, which implied a knowledge of music and tested the player' talents'.[19] The church at Howth, too, had such a belfry, and the three inscribed bells, bearing dedications to Christ, St Mary and Nicholas Mun Cir were still at Howth Castle in the early years of the twentieth century.[20]

There are one or two hints in the depositions that particular churches were used for secular purposes by the rebels in 1641. When Henry Mawdesley was captured, he was brought to and held in the church of Clonmethan.[21] The church of Balrothery was plundered by soldiers.[22] The church at Ballyboghil was used to conceal the mastiff dogs that were set on Revd John Lukey.[23] One of the earliest depositions made after the outbreak of the rising in Fingal was that of Christopher Hampton, who reported that the lords of the Pale had met in consultation at the church of Duleek (Co. Meath) to which he had been taken as a prisoner prior to his release by Colonel Roger Moore.[24]

Information about the church buildings can be obtained from a variety of non-contemporary sources. Isaac Butler, who travelled through the area in 1744, paid a good deal of attention to the churches.[25] Austin Cooper, who visited Fingal in 1779,

15 Deposition of Thomas Clitheroe, 26 May 1642 (TCD, MS 810, f. 126). 16 William Cotter Stubbs, 'Finglas, County Dublin, vestry books' in *Journal of the Royal Society of Antiquaries of Ireland*, xlvi (1916), p. 30. 17 Henry Fitzsimon, *The justification and exposition of the divine sacrifice of the Masse ...* ([Douai], 1611), pp 4–5. 18 Isaac Butler, Journal of 1744 (Armagh Public Library, p. 2). 19 Robert Walsh, *Fingal and its churches* ... (Dublin, 1888), p. 59. 20 Francis Elrington Ball, *Howth and its owners ...* (originally published 1917, reprinted Dublin, 1995), p. 47. 21 Deposition of George Cashell (copy only), 29 February 1644 (TCD, MS 810, f. 25). 22 Deposition of Thomas Clitheroe, 26 May 1642 (TCD, MS 810, f. 126). 23 Deposition of John Lukey, 2 March 1643 (TCD, MS 810, f. 168). 24 Examination of Christopher Hampton, 11 December 1641 (TCD, MS 809, f. 212). 25 Isaac Butler, Journal of 1744

described many of them.[26] Robert Walsh wrote a comprehensive account of the condition of the buildings of the Church of Ireland in 1888.[27] However, before even Isaac Butler visited the area in 1744 much rebuilding and repair work had taken place, partly due to the prompting and encouragement of Archbishop William King. For example, Holmpatrick church, which was in ruins at the time of the Civil Survey, had been substantially repaired or rebuilt by 1721.[28] By the time Robert Walsh published his historical sketch in 1888, this rebuilt (possibly medieval) church was in ruins and had been replaced by a church completed in 1868.[29]

Even as early as 1654 action was being taken to improve the condition of certain church buildings. On 30 March Dr Daniel Rowles was appointed Commonwealth minister to Swords, the largest town in Fingal, at an annual salary of £100.[30] On 5 April it was noted that, as there was a necessity of repairing and fitting up a meeting-place at Swords, the commissioners of revenue at Dublin were to cause it to be repaired and to issue a warrant to the treasurer at Dublin to pay a sum of money for this purpose, not exceeding £40.[31] Within a short time it became clear that these measures were insufficient. On 26 June it was directed that: 'Upon consideration of the necessity for a meeting-place at Swords it be referred to the commissioners of revenue to cause the chancel and part of the church at Swords to be repaired for a public meeting-place. The cost is not to exceed £120, including £40 already advanced.'[32] About the same time (June-July 1654) Thomas Coffey, who had been appointed minister to Finglas in 1651 sought and received £10 to repair the house which he and his family lived in as it was 'much out of repair'.[33] It is not clear if he held meetings in his own home or if he used the church. However, in 1657 a determined group of vestrymen in Finglas set about repairing the church.[34] A detailed account of the repairs was entered in the new vestry book which still survives.[35]

The Finglas vestry book is the only Fingal vestry book which survives from the period. Although it did not commence until 1657 it enables us to supplement the work of antiquaries, in particular, that of the Revd Robert Walsh, who described Finglas church in *Fingal and its churches*, published in 1888.[36] It is thus possible to form some impression of the appearance of one Fingal church which was in use in the seventeenth century. The church of Finglas, which had been a ruin since 1843, had contained a chancel, 34 feet long by 22 feet wide, and a double nave, 48 feet long, divided into two aisles, one 28 feet, the other 16 feet wide, as well as a stone-roofed

(Armagh Public Library, pp 1–11, 22, 50–1). **26** *An eighteenth-century antiquary: the sketches, notes and diaries of Austin Cooper (1759–1830)*, ed. Liam Price (Dublin, 1942). **27** Robert Walsh, *Fingal and its churches* ... (Dublin, 1888). **28** *Civil Survey, vii, county of Dublin,* p. 54; Holmpatrick parish vestry book, 1720–1826 (RCBL, P.500/5/1), pp 1 and 3. **29** Robert Walsh, *Fingal and its churches* ... (Dublin, 1888), pp 247–9. **30** Notes relating to the 'Ministers of the Gospel' ... (RCBL, GS 2/7/3/20, p. 5). **31** Notes relating to the 'Ministers of the Gospel' ... (RCBL, GS 2/7/3/20, p. 5). **32** Notes relating to the 'Ministers of the Gospel' ... (RCBL, GS 2/7/3/20, p. 8). **33** Notes relating to the 'Ministers of the Gospel' ... (RCBL, GS 2/7/3/20, pp 8–9 and 75). **34** Finglas parish combined vestry book and registers, 1657–1758 (RCBL, P.307/1/1, p. 1); William Cotter Stubbs, 'Finglas, County Dublin, vestry books' in *Journal of the Royal Society of Antiquaries of Ireland*, xlvi (1916), p. 27. **35** Finglas parish combined vestry book and registers, 1657–1758 (RCBL, P.307/1/1, pp 1–4); William Cotter Stubbs, 'Finglas, County Dublin, vestry books' in *Journal of the Royal Society of Antiquaries of Ireland*, xlvi (1916), pp 27–8. **36** Finglas parish combined vestry book and registers, 1657–1758 (RCBL, P.307/1/1); William Cotter Stubbs, 'Finglas, County Dublin, vestry books' in *Journal of the Royal Society of Antiquaries of Ireland*, xlvi (1916); Robert Walsh, *Fingal and its churches* ... (Dublin, 1888), pp 221–2.

porch, 15 feet wide by 8 feet long.[37] The bell-turret had disappeared by 1888. The walls were described as being 'very thick and of plain rubble masonry'.[38] The accounts for the repair of the church in 1657 show that two gutters had been laid with hewn stone, the roof and walls of the body of the church had been repaired, stopped, plastered and white-washed and its windows glazed.[39] A pulpit and a 'great seat for strangers adjoining it, and the seat for the minister's family' were provided. The pulpit and the two special seats were provided with doors. The gable end of the church was closed. The chancel was also repaired. However, as one might have expected at this period, the emphasis was on the pulpit rather than on the altar. In summary, then, it is clear that, as far as the buildings of the established church in Fingal were concerned, the years 1603–60 represented a period of serious decline and destruction. However, an effort was already being made in the 1650s by dissenters, with the help of the government, to remedy the situation.

The Catholic church was faced with a much greater problem since it had lost its buildings to the established church following the Reformation. One of the striking features which emerged from Archbishop Bulkeley's survey is the degree to which it had become a 'domestic' church in Fingal. During the seventeenth century it operated almost entirely without purpose-designed churches. The 'great void house of nine couples [rafters] long covered with straw whereunto the parishioners do resort to hear Mass' in Garristown may have been an exception.[40] The 'common mass-house, frequented publicly since the proclamation in the town of St Margaret's', also appears to have been a purpose-designed building.[41] The Plunkets of Dunsoghly had a small private chapel built in 1573.[42] It is doubtful if this would have been large enough to accommodate the numbers wishing to attend Mass. It is more likely that the parishioners attended the 'common mass-house' at St Margaret's. It is, however, just possible that, occasionally, an ancient chapel was used for Mass and other services. There are many references to such chapels in the Civil Survey in addition to the references to ruined churches already considered. The walls of the old chapel associated with the pre-Reformation convent and girls' school at Gracedieu are mentioned as are those of the old chapel of ease at Whitestown.[43] Both of these were in the barony of Balrothery. In the barony of Coolock there was an old chapel at Artaine (parish of Finglas).[44] In the case of Howth the walls of a decayed chapel were mentioned as well as the parish church.[45] In the same parish the reference to 'a ditch leading to a chapel' as one of the boundaries of the townland of Sutton hints at a Mass-path.[46] In the barony of Castleknock the walls of an old chapel still stood at Abbotstown.[47] Swords was particularly rich in traditional religious buildings and placenames. The Civil Survey mentioned two of the old chapelries of Swords, the

37 Robert Walsh, *Fingal and its churches* ... (Dublin, 1888), p. 221. 38 Robert Walsh, *Fingal and its churches* ... (Dublin, 1888), p. 222. 39 William Cotter Stubbs, 'Finglas, County Dublin, vestry books' in *Journal of the Royal Society of Antiquaries of Ireland*, xlvi (1916), p. 28. 40 'Archbishop Bulkeley's visitation of Dublin, 1630', ed. M.V. Ronan in *Archivium Hibernicum*, viii (1941), p. 68. 41 'Archbishop Bulkeley's visitation of Dublin, 1630', ed. M.V. Ronan in *Archivium Hibernicum*, viii (1941), pp 75–6. 42 H.G. Leask, *Irish castles and castellated houses* (2nd ed., 1944, revised 1946 and 1951, reprinted Dundalk, 1999), p. 121. 43 *Civil Survey, vii, county of Dublin,* pp 56 and 63. 44 *Civil Survey, vii, county of Dublin,* p. 177. 45 *Civil Survey, vii, county of Dublin,* p. 169. 46 *Civil Survey, vii, county of Dublin,* p. 168. 47 *Civil Survey, vii, county of Dublin,* p. 245.

chapel of St Bride and St Finian's chapel which were still used as houses.[48] There were further intriguing references to a house called St Michael's, to St Colm's acre (perhaps the holy well site) and to St Patrick's acre. There were two very good reasons why ruined and ancient churches and chapels were remembered and cherished. First, they were frequently situated close to holy well sites and would have been often visited. Secondly, they were usually situated in burial grounds and would have been regarded as special holy places a point illustrated by the refusal to allow the Protestant dead to be buried in churchyards during the 1641 rising.[49] The fact that Protestant churches had formerly been used for Catholic services also remained in the folk memory. In December 1641, for example, Katherine Scanlon came to the home of Dirrick Huiberts Verveer in Holmpatrick and 'called him aside, telling him that she was sent to wish him and the rest to depart the house saying that the priest must come there to say Mass (it being an old abbey)'.[50] The hope that the Catholic church would recover its church buildings can be seen in the expectations expressed in the early days of the 1641 rising that Mass would be celebrated in Christ Church cathedral in Dublin.[51]

Catholics occasionally made bequests to build chapels or repair churches. Thomas St Lawrence of Howth left £100 to build a chapel dedicated to Our Lady at Howth, betwixt the College and the church, near the alley of the churchyard, 21 feet long and 12 feet broad, wherein his body should be buried, and £100 for a monument to himself.[52] A particularly interesting bequest because of its date (*c*.1650) was that of Alexander Aylmer of Knockdromin (now Beau) who left £10 to build the upper end of the chapel of Whitestown (Rush) called St Maur's Chapel and requested that a stone be place over him with the inscription 'I pray you all good Catholics to pray for the soul of Alexander Aylmer and Ann St Lawrence, his wife'.[53]

The main centres of assembly for Mass were private homes, which were generally, though not exclusively, those of the landed gentry. An attempt has been made to list and map the distribution of these mass-centres as they existed in 1630.[54] (See figure 7.2.) There were public or common mass-houses at Garristown, Lusk, Rush and St Margaret's which were probably fitted and furnished to resemble churches to the greatest extent possible in the circumstances. The gentry in Baldongan, Baldoyle, Balscaddan, Howth, Portmarnock, Malahide, Swords and Westpalstown opened their private homes to parishioners, and sometimes to others from outside the parish, for Mass. Mass was 'commonly said' in private houses in Artaine for Santry parish, in Cloghran (Swords) and in at least two homes in each of the parishes of Balrothery, the Naul and St Michan's. The exact meaning of the term 'commonly said' in this context is not clear but as the patrons in the rural parishes all belonged to prominent

48 *Civil Survey, vii, county of Dublin,* pp 92 and 111; Robert Walsh, *Fingal and its churches* ... (Dublin, 1888), p. 203. 49 Deposition of Margaret Huiberts, 14 March 1644 (TCD, MS 810, f. 238); deposition of Richard Swinson, 28 July 1645 (TCD, MS 810, f. 325). 50 Deposition of Margaret Huiberts, 14 March 1644 (TCD, MS 810, f. 238). 51 Deposition of Ann Cappar, 4 January 1642 (TCD, MS 809, f. 261); deposition of Edward Leech, 18 March 1644 (TCD, MS 810, f. 245). 52 Abstract of will of Thomas St Lawrence, 27 March 1638 (RSAI, Elrington Ball MSS, vol x, f. 22); Francis Elrington Ball, *Howth and its owners* ... (originally published 1917, reprinted Dublin, 1995), p. 108. 53 Abstract of will of Alexander Aylmer, July 1650 (NLI, Fisher will abstracts, GO MS 290, pp 7 and 11). 54 'Fingal 1603–60', ii, appendix G, table G.2, pp 64–7.

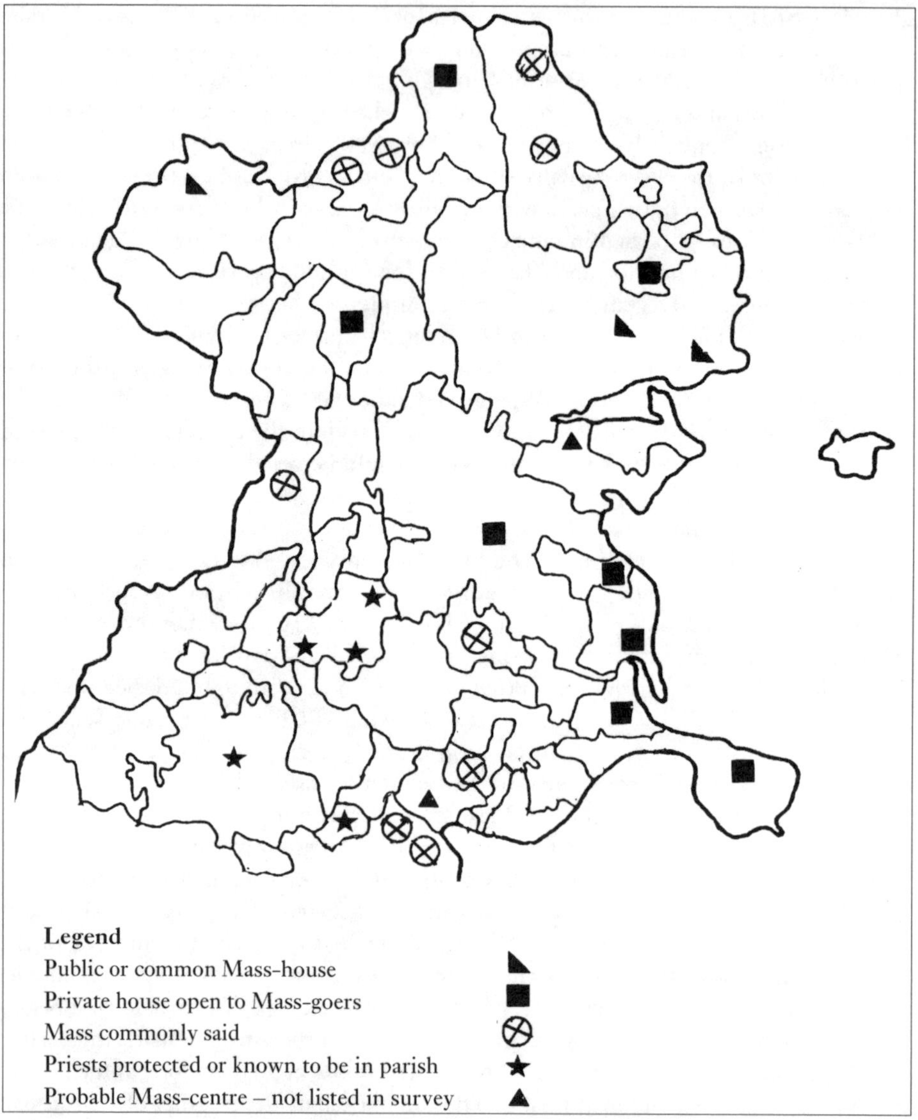


Fig. 7.2 Fingal Mass-centres in 1630

Catholic families it seems likely that their homes, too, were open to the public. The same was probably true of Kilsallaghan where the proprietor, Philip Hore kept away 'the glebe land from the vicar'. It may not have been necessary to open the houses at Dunbro, Dunsoghly, Harristown and Little Cabragh to the parishioners as they already had a 'common Mass-house' at St Margaret's. The position in Castleknock parish, where two priests were named, is not clear.

Some of the places for which there is little or no specific information may require comment. A surprising omission is the Donabate/Portraine peninsula. Under Donabate it was noted that 'Mr John Mooney, clerk, is vicar, whose wife is (as he himself hath certified under his hand) as rank and violent a recusant as any lives this day in Christendom. He hath not certified the value of that living nor the priest's name'.[55] M.V. Ronan suggested that 'some family, probably the Barnewalls', together with the vicar's wife, forbade the vicar to disclose this information.[56] This seems plausible. Susanna Stockdale, Nicholas Barnewall's cousin, told how he had fled to Wales with 'several priests' shortly after the outbreak of the 1641 rising.[57] On his return, she refused to go to live with him and his family in Turvey, although she had lost her own house, on the grounds that 'she was confident that popish priests and rebels would haunt his house'.[58] It seems very likely that Nicholas Barnewall was one of those who opened his house to Mass-goers. Mass was also said for the household at Corballis, the Nettervill home, also in the parish of Donabate, though whether it was open to the public at large is not known. The incident described by Sir Arthur Chichester, when Richard Nettervill had a curtain drawn between himself and the celebrant of the Mass 'that he might swear he saw no priest' almost certainly took place *c.*1606 in Corballis.[59] In a passage which showed how Fingallians were accustomed to accommodate themselves to the spiritual needs of their friends Nicholas Archbold began his account of the conversion of the young Protestant, Henry (later Father James) Warren, which took place in or before 1613 as follows:

> It happened on a certain Sunday at the Corballis of Donabate and the whiles the whole house was at Mass, he retired himself into a chamber alone, where finding the Resolution book he takes it of curiosity, and reads somewhat in it to pass over the time until his complices returned from Mass.[60]

Another who opened her home to the clergy was Lady Bath of Drumcondra. In her will she mentioned the priests, Walter Enos and her 'special friend', John Long.[61] She left Walter Enos silver to make a chalice, together with the vestments, stole and alb which he daily used. It seems likely that there were several other private Mass-houses in Fingal, particularly in parishes such as Killossery, Portraine, Clonmethan, Holmpatrick and Ballyboghil where all or most of the parishioners were known to be recusants.[62] In the early 1630s the Capuchins held missions at a number of Fingal sites, often returning to the same venue on several occasions.[63] Places mentioned in the records included not only known Mass sites such as Baldongan, Dunbro, Garristown, Lusk, Swords and Westpalstown, but also Finglas, Huntstown (parish of

**55** 'Archbishop Bulkeley's visitation of Dublin, 1630', ed. M.V. Ronan in *Archivium Hibernicum*, viii (1941), p. 63. **56** 'Archbishop Bulkeley's visitation of Dublin, 1630', ed. M.V. Ronan in *Archivium Hibernicum*, viii (1941), p. 63 (footnote 11). **57** Deposition of Susanna Stockdale (copy only), not dated (TCD, MS 810, f. 94). **58** Deposition of Susanna Stockdale (copy only), not dated (TCD, MS 810, f. 95). **59** *Cal. S. P. Ire, 1603–06*, pp 404–5. **60** Nicholas Archbold, The historie of the Irish Capucins, 1643 (Bibliothèque Municipale de Troyes, MS 1103, p. 69). **61** Abstract of will of Barbara Gough (Lady Bath), 23 February 1642 (RSAI, Elrington Ball MSS, vol xii, f. 188); Francis Elrington Ball, *Southern Fingal* ... (originally published 1920, reprinted Dublin, 1995), p. 164. **62** 'Archbishop Bulkeley's visitation of Dublin, 1630', ed. M.V. Ronan in *Archivium Hibernicum*, viii (1941), pp 64 and 68–71. **63** Nicholas Archbold, The historie of the Irish Capucins, 1643 (Bibliothèque Municipale de Troyes, MS 1103, ff 174–8).

Mulhuddart), Lispopple (parish of Ballyboghil) and Rickenhore (parish of Swords). The fact that parishioners in Balgriffin, Finglas and Killeek were prepared to attend Mass in other parishes suggests that the rationalization of the Catholic parishes in the diocese was already under way. An extract from Archbishop Fleming's *Relatio* of 1632, written just two years after Archbishop Bulkeley's visitation and quoted in part by Patrick F. Moran and M.V. Ronan, confirms this view. The archbishop wrote as follows;

> At the present time we enjoy some slight toleration, whilst exercising our religion in private houses; but to the great detriment of the Catholic faith all the public chapels and houses of the religious orders have been confiscated by the government. How long even the present slight toleration will be allowed us is a matter of great uncertainty. Our only hope is in God, in whose hands is the heart of the monarch, who of himself is well disposed and inclined to mercy, unless he be urged on by others to further persecutions ... There is no district in this diocese which cannot conveniently have a priest, who administers the sacraments, and on days of obligation offers up the holy sacrifice at which all the faithful can, without difficulty, assist, unless perchance through the violence of persecution the priests may be momentarily compelled to lie concealed. The religious orders strenuously cooperate with them in administering to the spiritual wants of the faithful – living as obscurely as possible according to their rule, and maintaining the regular discipline as far as the circumstances of the present times allow ...[64]

Alan Ford has described how the established church set up a trained ministry in Ireland.[65] Using official surveys and visitations he analyzed the regional impact of these newly-trained clergymen on the church in various part of Ireland and devoted a section to their influence on the church in the Pale.[66] He concluded that:

> the limitation of the pastorate of the ministry arose partly from financial considerations – in order to support themselves, preachers needed several benefices, often more than they could serve themselves. It also sprang from the origin and training of the ministers of the established church. In the Pale the majority, in Munster nearly all the preachers were of English origin, committed to an anglicising reformation, trained in English-style universities, and ill equipped to cope with or even to contemplate the proselytisation of the native parishioners.[67]

The main source for the database on which the Fingal analysis for the period 1603–60 was based was the diocesan succession list compiled by Canon James B.

64 Patrick F. Moran, *History of the Catholic archbishops of Dublin since the Reformation* (Dublin, 1864), p. 324; 'Archbishop Bulkeley's visitation of Dublin, 1630', ed. M.V. Ronan in *Archivium Hibernicum*, viii (1941), p. 56. 65 Alan Ford, *The protestant reformation in Ireland, 1590–1641* (2nd ed., Dublin, 1997), pp 63–87. 66 Alan Ford, *The protestant reformation in Ireland, 1590–1641* (2nd ed., Dublin, 1997), pp 99–105. 67 Alan Ford, *The protestant reformation in Ireland, 1590–1641* (2nd ed., Dublin, 1997), p. 102.

Leslie.[68] The data, which were summarized, must be treated with caution as certain assumptions had to be made in order to arrive at meaningful conclusions.[69] For example, if a clergyman was known to have been educated in England and had no obvious associations with Ireland, he was assumed to be English. If the name of a clergyman was reasonably uncommon and if it was found in one of the various university lists and the dates fitted he was assumed to have attended that university. Even when these assumptions are made the number whose origin and level of education remains unknown is disappointingly high. For those for whom information is available there is a discernible increase in the proportion of Irish-born and Irish-trained ministers in the period 1621–40 over the previous period. This seems to have decreased again in the troubled period 1641–60, probably due to the breakdown of church organization in the area and the influx of new Commonwealth ministers.

There was a considerable amount of movement from benefice to benefice within the established church. Some of those who served in Fingal moved to higher positions in other areas, particularly in Ossory and Ferns which were part of the Dublin province. Others, such as Luke Challoner, holder of extensive properties, and Meredith Hanmer, an antiquarian, obtained a great deal of influence within Fingal, though not necessarily or entirely because of church-related activities.

More detailed information can be obtained on the clergy who were responsible for the various parishes from the returns made in the years 1615 and 1630.[70] The returns for 1615 are of particular interest as they distinguish between 'preachers' and those 'reading ministers' who were not permitted to preach but simply read the service.[71] Figure 7.3 shows the extent of the areas for which some clergymen were responsible. Thirty-six of the forty-one parishes listed in the Civil Survey were under the care of a specified clergyman. Twelve parishes were under the care of eight preachers, a further sixteen were under the care of six reading ministers while the status of the ministers who held the remaining eight livings is unclear. Two reading ministers, Terence Ivers and John Rice, as well as one other minister, Patrick Beaghan, were responsible for four parishes each. Two clergymen, the preacher, Matthew Lee, and the reading minister, Nicholas Bacon, held three livings each. Five other clergymen were responsible for two parishes each. The only parishes in which more than one incumbent was noted were the combined parishes of Finglas, St Margaret's, Artaine and the Ward, though, as both clergymen had the surname 'Lee', there may have been only a single minister and the second Christian name may have been entered in error.

The information provided on the value of the livings and the presence or absence of books is too patchy to enable firm conclusions to be drawn. However it is clear even from the limited number of parishes from which data are available that the value of the livings ranged widely. For example, the figure for Swords was £67 while the clergyman in Ballymadun received only £10. The absence of books is also difficult

**68** J.B. Leslie and W.J.R. Wallace, *Clergy of Dublin and Glendalough: biographical succession lists* (Belfast, 2001). **69** 'Fingal 1603–60', i, pp 256–7. **70** 'Royal visitation of Dublin, 1615' and 'Archbishop Bulkeley's visitation of Dublin, 1630' ed. M.V. Ronan in *Archivium Hibernicum*, viii (1941), pp 1–55 and 56–98; 'Fingal 1603–60', ii, appendix G, table G.4, p. 68. **71** Alan Ford, *The protestant reformation in Ireland, 1590–1641* (2nd ed., Dublin, 1997), p. 31.

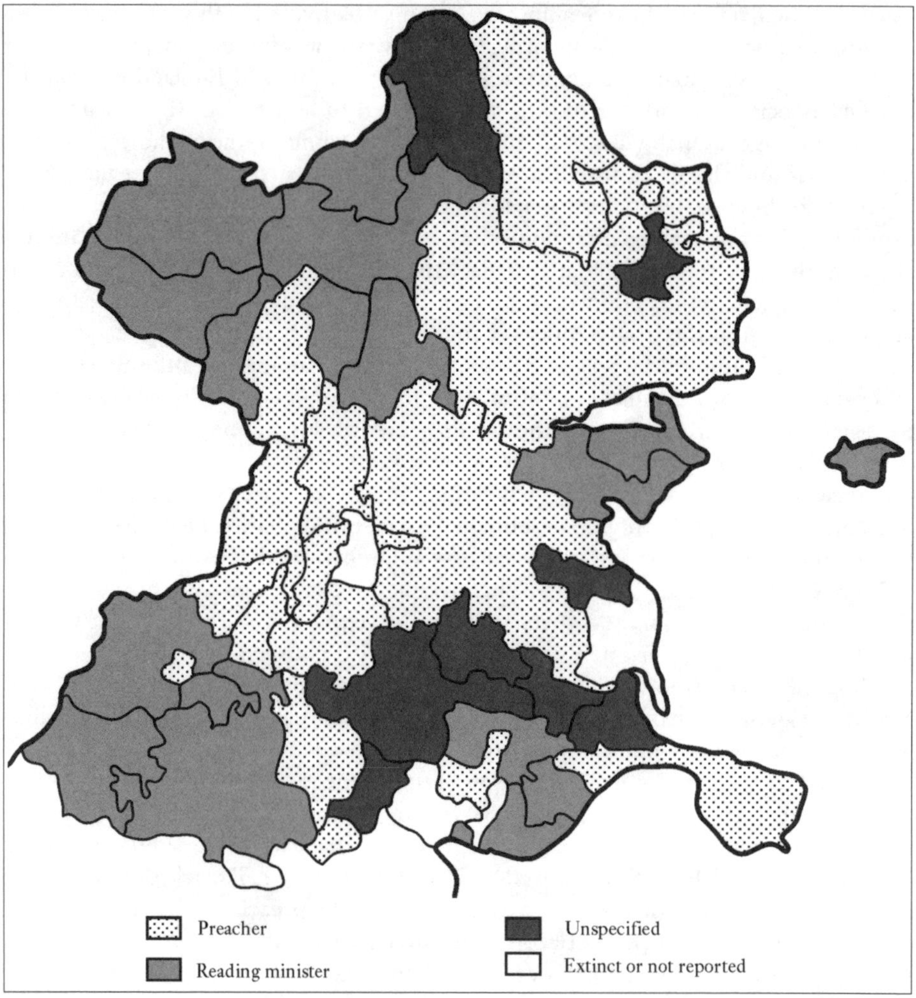


Fig. 7.3 Responsibility for parishes of the established church in Fingal, 1615, by status of clergyman

to assess since, in one case at least, a pluralist minister was reported as having no books in one of his parishes (Cloghran-huddart) although they were available in two others (Castleknock and Clonsilla).

Writing about the diocese of Dublin, Alan Ford stated:

> On the one hand were the English speaking university educated preachers, often dignitaries of one of the cathedrals, who held the most valuable livings, and served the parishes in the centre of the city, and the chief towns such as Athy and Wicklow, where substantial numbers of English lived. On the other hand were the poor reading ministers, usually local men, almost always plu-

> ralists. The various livings which they held were worth little, their parishes had few or no conformists, their churches were often ruined. Generally a Catholic priest was recorded as active in the parish, supported by prominent local gentry.[72]

While this was undoubtedly true in general, a caveat must be entered for the year 1615 in the case of the Fingal part of the diocese. As figure 7.3 shows, preachers were, on the whole, assigned to the larger parishes, including those with towns, such as Balrothery, Swords, Lusk, Howth and Finglas, but some smaller rural parishes such as Killossery, Kilsallaghan and Clonmethan also benefited from the presence of a preacher. Some Fingal parishes, notably Finglas, were already fragmented geographically and it could be argued that some of the plural assignments of contiguous parishes represented a sensible attempt to consolidate parishes that were too small to be viable rather than to increase the value of the livings of individual clergymen. There were, however, some exceptions which supported Alan Ford's argument. The assignment of Baldongan, where the church was completely ruined, to Thomas Hood, vicar of Balscaddan, made no sense geographically but the combination of the two livings provided him with a respectable £25 *per annum*.[73] While his status is not specified in the returns he may have been a Cambridge graduate.[74] Another clergyman, Patrick Beaghan, whose status is also unknown, had charge of the block of parishes of Baldoyle, Balgriffin and Cloghran (Swords) and also the separate parish of Malahide. However, if he was regarded as having some responsibility for the 'extinguished' parish of Portmarnock, contiguous to both Malahide and his main group of parishes, this combination would have made sense. On the whole, it would seem that the assignment of parishes in Fingal *c.*1615 represented a serious attempt to make the best possible use of available resources.

By 1630 the situation had changed.[75] (See figure 7.4). Archbishop Bulkeley's visitation provided information for thirty-four of the forty-one parishes listed in the Civil Survey.[76] The total number of clergymen had fallen to fourteen, of whom seven were university graduates, one who had attended university and was described as a 'preacher' and one other who had attended university but whose qualifications, if any, were not stated. The position in 1630 approximated much more closely to the general situation described by Alan Ford. While the larger parishes and groups of parishes were still under the care of trained ministers pluralism was much more evident. Eleven of the fourteen clergymen held more than one parish in the area. Nicholas Culme held the widely separated parishes of Balscaddan and Cloghran (Swords). While the parishes of Malahide, Portmarnock, Baldoyle and Balgriffin, now forming a block, was held by Richard Kelly, he also held another non-contiguous block consisting of the parishes of Killeek and Killossery. Virtually nothing is known about this Richard Kelly apart from the comment in Archbishop Bulkeley's return

72 Alan Ford, *The protestant reformation in Ireland, 1590–1641* (2nd ed., Dublin, 1997), p. 100. 73 'Royal visitation of Dublin, 1615', ed. M.V. Ronan in *Archivium Hibernicum*, viii (1941), p. 25. 74 James B. Leslie, Biographical succession list for the diocese of Dublin (RCBL, 61/2/4/1, p. 6). 75 'Fingal 1603–60', ii, appendix G, table G.4, p. 69. 76 'Archbishop Bulkeley's visitation of Dublin, 1630', ed. M.V. Ronan in *Archivium Hibernicum*, viii (1941), pp 56–98.

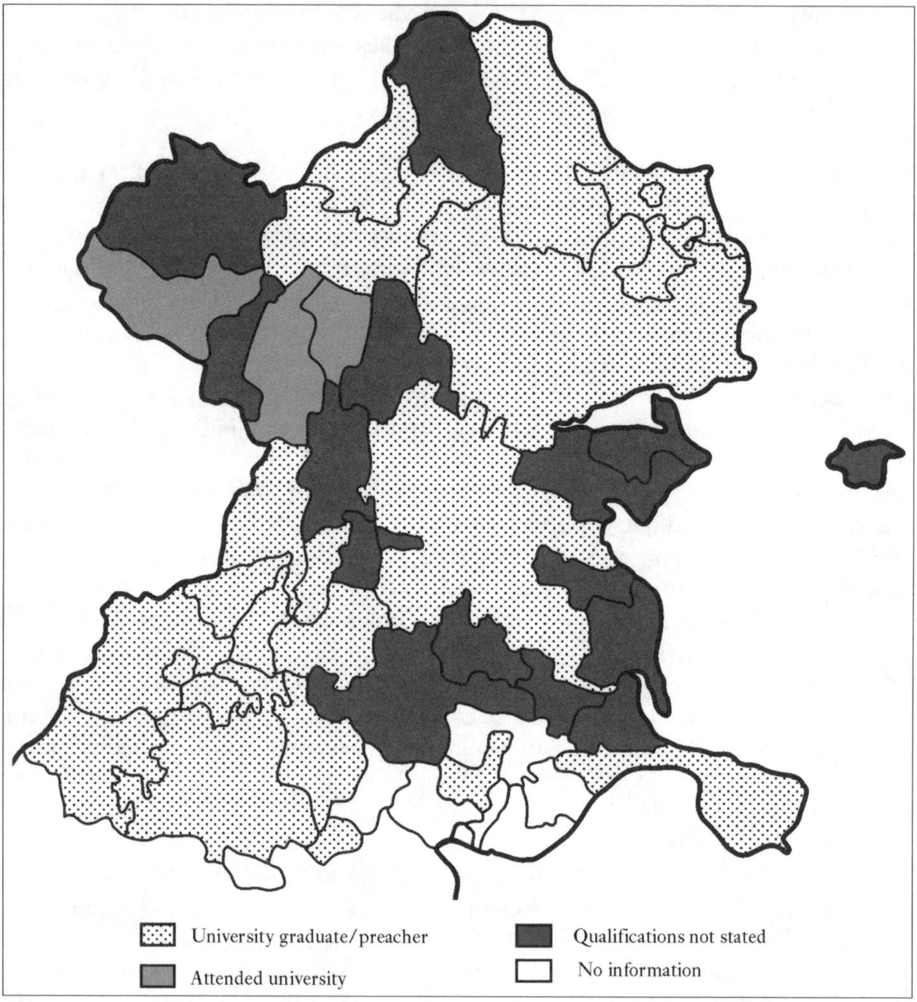


Fig. 7.4 Responsibility for parishes of the established church in Fingal, 1630

that he 'dischargeth the cure, and hath no certain allowance, only for these four years past, the right honourable, the lord chancellor allowed him xxv *libri*, part of which he is paid, the rest promised; but for the time to come he knoweth not what to have'.[77] The parishioners in the two blocks held by Richard Kelly were at that time almost exclusively Catholic.[78] In fact only one Protestant family, that of 'his majesty's solicitor, Mr Bolton', was identified in the six parishes. Kelly was a common Fingal surname and it may well be that Richard Kelly had Catholic connections, which made him acceptable to the Catholic landowners in the area. This was certainly true

77 'Archbishop Bulkeley's visitation of Dublin, 1630', ed. M.V. Ronan in *Archivium Hibernicum*, viii (1941), p. 67. 78 'Archbishop Bulkeley's visitation of Dublin, 1630', ed. M.V. Ronan in *Archivium Hibernicum*, viii (1941), pp 64–8.

of another clergyman, John Mooney, who, as already mentioned, was married to 'as rank and violent a recusant as any lives this day in Christendom' and who held the detached livings of Donabate, Garristown and Palmerstown.[79] While the name 'Etheridge' was unusual in Fingal, Gabriel Etheridge, who held Ballyboghil and Portraine, may well have been related to John Etheridge, who had held Donabate and Portraine in 1615. Two trained clergymen also held non-contiguous parishes. Robert Worrall held the widely-separated parishes of Balrothery and Kilsallaghan and Christopher Hewetson held the parishes of Swords and Howth.

The report on Archbishop Bulkeley's visitation also provided information on the relationship between tithes and clerical income in the case of some parishes. These data have been analyzed by deanery for the archdiocese as a whole by Colm Lennon.[80] At the level of the individual parish it was only possible to estimate the relationship for seven Fingal parishes.[81] While these may not have been altogether typical – in five of the seven cases they were supplied by a single minister, Richard Kelly, – they gave a good idea of the potential for profit which the farming of tithes permitted.

In general, then, while the numbers of clergy were probably adequate to serve the needs of the small and scattered Protestant population, they were totally insufficient to undertake meaningful missionary activity among a largely hostile Catholic population. They were generally poorly paid. The most striking thing about the clergy of the established church in Fingal was that they were outsiders. Richard Kelly and John Mooney, if indeed they were Fingallians, were exceptions. Not alone were the clergy outsiders. Very many of them were foreigners who came from England, Scotland or Wales. There is little or no evidence that clergymen from Fingal families went to work elsewhere though more detailed genealogical studies of Protestant Fingal families are needed to validate this. A possible exception was Archbishop James Ussher whose family had close connections with the area. In 1641 the Protestant clergy in Fingal suffered badly as a result of this lack of local support. Thomas Clitheroe (Balrothery) and John Lukey (Ballyboghil) were subjected to physical attack.[82] William Tedder (Garristown) claimed to have been forcibly driven out as well as robbed by the rebels.[83] Randall Dimmock (St Doolagh's and Clontarf) fled to Dublin following threats by the rebels.[84] Henry Pemberton, who had been presented to Baldongan by one of the most prominent rebel leaders, Thomas Fitzwilliam in 1640, listed £36 due from the same Thomas Fitzwilliam among his losses.[85] Robert Wilson (Finglas, later dean of Ferns), Thomas Lloyd (Swords) and Richard Powell (Clonmethan) claimed substantial losses and debts.[86] Robert Worrall,

79 'Archbishop Bulkeley's visitation of Dublin, 1630', ed. M.V. Ronan in *Archivium Hibernicum*, viii (1941), p. 63. 80 Colm Lennon, 'Mass in the manor house: the counter-reformation in Dublin, 1560–1630' in James Kelly and Dáire Keogh (eds), *History of the Catholic diocese of Dublin* (Dublin, 2000), pp 119–20. 81 'Fingal 1603–60', i, p. 263. 82 Deposition of Thomas Clitheroe, 26 May 1642 (TCD, MS 810, f. 126); deposition of John Lukey, 2 March 1643 (TCD, MS 810 f. 168). 83 Deposition of William Tedder, 25 January 1642 (TCD, MS 809, f. 332). 84 Deposition of Randall Dimmock, 1 March 1642 (TCD, MS 809, f. 276). 85 Deposition of Henry Pemberton, 25 May 1642 (TCD, MS 810, f. 180). 86 Deposition of Robert Wilson, 18 January 1642 (TCD, MS 810, f. 106); deposition of Thomas Lloyd, 18 June 1642 (TCD, MS 810, f. 165); deposition of Richard Powell, 17 November 1642 (TCD, MS 810, f. 175).

for many years vicar of Balrothery and Kilsallaghan resigned in 1641.[87] While the reason for his resignation is not clear it was probably due to the fact that he was accused by some local people of saying they were rebels, an accusation which was extended to the lord chief baron and his lady as well as by implication to the earl of Ormond whom, according to the allegations, Worrall accused of keeping of keeping a company of troops all of whom were rebels.[88] Henry Birch appears to have been curate at Holmpatrick from 1639–1643.[89] He was a son-in-law of Dirrick Huiberts Verveer who was murdered there in December 1641.[90] In May 1643, having by then been appointed minister of Newcastle Lyons, he made a short deposition claiming compensation for the robbery of goods and chattels and the profits of his church means but giving no details as to how or where this happened. The widow of a former rector of Holmpatrick and Baldongan, Sarah Doughtie, and her children were also threatened with death and driven from their home.[91] Nothing is known about the personal experiences of Henry Brereton (Santry), Edward Browne (Balscaddan), Thomas Chacentrell (Hollywood), Richard Foster (Donabate, Portraine and Killossery), Alexander Hatfield (Cloghran, Swords), George Hudson (Lusk), Richard Mathewson (Chapelizod and Castleknock), Eusebius Roberts (Howth) and Thomas Seele (Coolock and Raheny) during the rising as their depositions, if any, do not appear to have survived. It is possible that some of these ministers were protected by local Protestant patrons. Others may have been non-resident. However, the large number of attacks on ministers and their families emphasizes the deep-seated bitterness which many people felt against authority figures in the established church.

The Commonwealth brought a substantial change in the organization of the Protestant church in Fingal. Meeting houses were set up in the churches of Swords and Finglas and, at various times, Commonwealth ministers were based at these locations as well as at Lusk, the Naul, Clonsilla and Chapelizod.[92] There were also ministers based at centres just outside Fingal such as St Michan's, Lucan, Dunboyne and Stamullen, thus providing a reasonable spread of places of worship for dissenters and members of the established church who were prepared to attend services conducted by these ministers.[93] (See figure 7.5.)

In 1630 it had been reported that there were 'not above eight persons that frequent divine service' in the combined parishes of Hollywood, Grallagh and the Naul.[94] In February 1654 Thomas Busbetch, who had been appointed to Lisnaskea, was ordered to remove to the Naul 'where there are several Protestant English families, destitute of a minister to instruct them and other garrisons thereabouts'.[95] His

87 James B. Leslie, Biographical succession list for the diocese of Dublin (RCBL, 61/2/4/1, p. 14). 88 Examinations of Mathew Teeling, Christopher Teeling, Richard Carrick, Nicholas Ardagh, Hannibal Bagnall and Edward Dymmock, 25 January 1642 (TCD, MS 809, ff 228–9). 89 J.B. Leslie and W.J.R. Wallace, *Clergy of Dublin and Glendalough: biographical succession lists* (Belfast, 2001), p. 114. 90 Deposition of Henry Birch, 15 May 1643 (TCD. MS 810, f. 260). 91 Deposition of Sarah Doughtie, 20 January 1642 (TCD, MS 809, f. 275). 92 Notes relating to the 'Ministers of the Gospel' ... (RCBL, GS 2/7/3/20, pp 98 and 203–4). 93 Notes relating to the 'Ministers of the Gospel' ... (RCBL, GS 2/7/3/20, pp 12–3, 80 and 205). 94 'Archbishop Bulkeley's visitation of Dublin, 1630', ed. M.V. Ronan in *Archivium Hibernicum*, viii (1941), p. 69. 95 Notes relating to the 'Ministers of the Gospel' ... (RCBL, GS 2/7/3/20, p. 4).

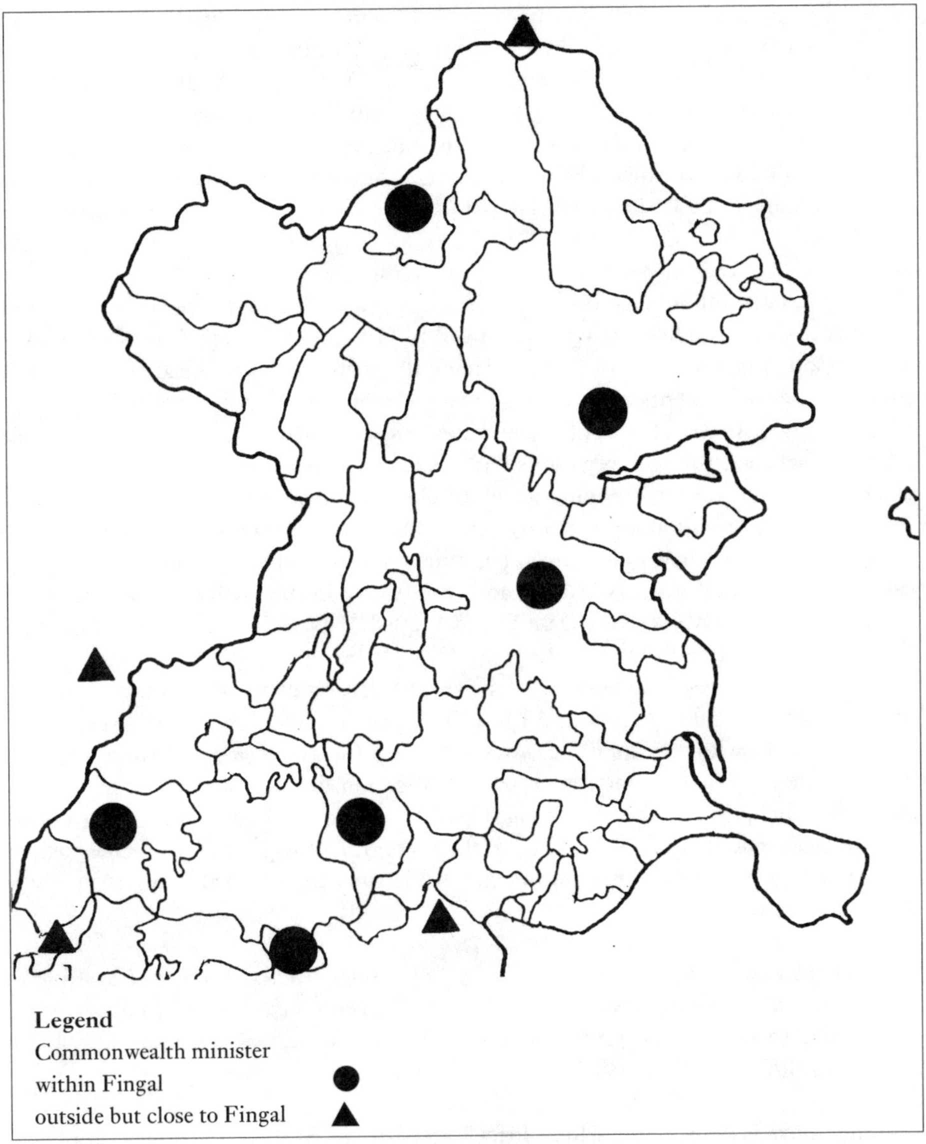


Fig. 7.5 Location of Commonwealth ministers in and near Fingal in the 1650s

appointment apparently did not take place until January 1656 when a certificate of fitness was issued by Dr Samuel Winter and Mr Mather.[96] His salary was fixed at £60 *per annum*. Busbetch was transferred to Ballyglass (Cork), *c.*1657 prompting the following comment in the records for March 1658:

96 Notes relating to the 'Ministers of the Gospel' . . . (RCBL, GS 2/7/3/20, p. 11).

> The petition of Mr Timothy Avery and Lieut. Robert Whitefield on behalf of the parishes of the Naul and Hollywood, County Dublin. They have been altogether unsupplied since the removal of Mr Busbetch, and their auditory is now increased to a far greater degree than it was during his time, as many English families lately settled there, and some New England families now intend likewise their plantation there. They petition for James Symonds, a student in TCD. Granted. He is to have £80 *per annum* commencing the 25 March.[97]

James Symonds did not last long in the Naul. A few months later he was transferred to Saggart and the following year he moved to Graiguenamanagh (Co. Kilkenny).[98] This episode illustrates the difficulties facing the authorities. It is clear from this and from other appointments that the local members of the church exercised considerable influence in the choice of their ministers. It is also clear that, despite very attractive salaries, the congregations had difficulty in holding on to their preferred choices. The increase in the number of English families, while considerable in the context of the situation in 1630, was probably not considered substantial by the authorities. In the 1660 poll-tax returns thirty-seven people in Hollywood (17 per cent of the recorded poll-tax-payers) and twenty-two in the Naul (16 per cent of the recorded poll-tax-payers) were classified as English.[99] No information is available on the proposed plantation of New England families but it was probably overtaken by events. The main new beneficiaries in the area as a result of the Restoration land settlement were the duke of York and Lord Fitzharding.[100]

Dr Daniel Rowles was appointed to Swords at £100 *per annum* in March 1654 but it took some time before extensive repairs to the church were carried out in order to enable it to be used as a meeting-house.[101] Little is known about this minister but he was still acting as chaplain to Colonel Sadleir's regiment in June of the same year.[102] The repairs to the church may have taken some time since in February 1656 it was noted as follows:

> John Price is to get £10 towards buying a horse to assist him in travelling to such places as he from time to time finds most convenient and necessary for him to preach the Gospel either at Swords or elsewhere near the city of Dublin.[103]

Nothing more is known about John Price's activities in Swords. Dr Rowles appeared on the general list of ministers under the heading of Swords in 1654, 1655 and

97 St John D. Seymour, *The puritans in Ireland (1647–1661)* (Oxford, 1921), p. 208; Notes relating to the 'Ministers of the Gospel' ... (RCBL, GS 2/7/3/20, p. 99). 98 St John D. Seymour, *The puritans in Ireland (1647–1661)* (Oxford, 1921), p. 220. 99 *A census of Ireland circa 1659* ..., ed. S. Pender (Dublin, 1939), p. 387. 100 Books of Survey and Distribution for County Dublin (NAI, Quit Rent Office papers, pp 74–7). 101 Notes relating to the 'Ministers of the Gospel' ... (RCBL, GS 2/7/3/20, pp 5 and 8); 'Commonwealth state accounts: Ireland, 1650–1656' ed. Edward MacLysaght in *Analecta Hibernica*, no. 15 (November, 1944), pp 241 and 255–6. 102 Notes relating to the 'Ministers of the Gospel' ... (RCBL, GS 2/7/3/20, p. 8). 103 Notes relating to the 'Ministers of the Gospel' ... (RCBL, GS 2/7/3/20, p. 13).

1656.[104] By that time his abilities as a speaker had clearly impressed the authorities in Trinity College Dublin as he was chosen to offer the newly-arrived Henry Cromwell the 'congratulatory salutations' of the university at a solemn ceremony.[105] In a list of quarterly payments made for the second quarter of 1656, however, he was shown under Dublin city while John Cock was shown as minister of Swords.[106] Rowles was appointed to St Bride's sometime before 25 December 1657 as his salary was raised to £140 *per annum* from that date.[107] A special allowance was granted to ministers who were prepared to preach the Gospel in Irish in Dublin city and St Bride's had a partly Irish-speaking congregation.[108] If, indeed, Rowles had a knowledge of Irish – and no hard evidence to support this has been found – it may also explain his appointment to Swords, a district in which some Irish was still spoken in the 1650s.[109] Thomas Wilkinson, an Anabaptist, was appointed to Swords at a salary of £150 in June 1657.[110]

Thomas Coffey was one of the earliest appointees as Commonwealth minister in Fingal. He had been master of the free school in Dublin city and had been instrumental on two occasions in having the schoolhouse repaired at the corporation's expense.[111] He was appointed to Finglas in October 1651 'on the petition of the inhabitants of Finglas, stating that since the beginning of May ... [he] had preached among them'.[112] He was ordered to continue there at £30 *per annum*, a salary which was first raised to £40 and later to £50.[113] Once again he had building problems, on this occasion with his own residence, described as a 'mansion house', which was repaired at the expense of the authorities.[114] The fact that he was a graduate of Trinity College Dublin and a 'native' (presumably an Irish-speaker) may explain his move to Athlone *c.*1656 since Irish-speaking ministers were in great demand throughout the country.[115] His successor, the Presbyterian James Levingston, may also have worked in Finglas on a trial basis, prior to his formal appointment, as his salary, amounting to £100 *per annum*, was subsequently paid from 25 December 1657 although the appointment was not made until March 1658.[116] This appointment to the recently repaired meeting-house in the church of Finglas was marked by the insertion of a copy of the letter from the lord deputy and council in the vestry-book.[117] This letter, which stressed the care taken by the authorities in the appointment of ministers, as well as the willingness to consider the wishes of local church members, read as follows:

**104** Notes relating to the 'Ministers of the Gospel' ... (RCBL, GS 2/7/3/20, pp 12, 181 and 186). **105** St John D. Seymour, *The puritans in Ireland (1647–1661)* (Oxford, 1921), p. 115. **106** 'Commonwealth state accounts: Ireland, 1650–1656' ed. Edward MacLysaght in *Analecta Hibernica*, no. 15 (November, 1944), p. 295. **107** Notes relating to the 'Ministers of the Gospel' ... (RCBL, GS 2/7/3/20, p. 203). **108** Notes relating to the 'Ministers of the Gospel' ... (RCBL, GS 2/7/3/20, pp 16, 47 and 78); St John D. Seymour, *The puritans in Ireland (1647–1661)* (Oxford, 1921), p. 114. **109** Examination of John Heard, 24 November 1652 (TCD, MS 810, f. 380). **110** Notes relating to the 'Ministers of the Gospel' ... (RCBL, GS 2/7/3/20, p. 203); St John D. Seymour, *The puritans in Ireland (1647–1661)* (Oxford, 1921), p. 110. **111** *Anc. rec. Dublin*, iii, pp 400 and 442. **112** Notes relating to the 'Ministers of the Gospel' ... (RCBL, GS 2/7/3/20, p. 75). **113** Notes relating to the 'Ministers of the Gospel' ... (RCBL, GS 2/7/3/20, pp 8, 75 and 181). **114** Notes relating to the 'Ministers of the Gospel' ... (RCBL, GS 2/7/3/20, p. 9). **115** Notes relating to the 'Ministers of the Gospel' ... (RCBL, GS 2/7/3/20, p. 203). **116** Notes relating to the 'Ministers of the Gospel' ... (RCBL, GS 2/7/3/20, p. 203). **117** Finglas parish combined vestry book and registers, 1657–1758 (RCBL, P.307/1/1, p. 9); William Cotter Stubbs, 'Finglas, County Dublin, vestry books' in *Journal of the Royal Society of Antiquaries of Ireland*, xlvi (1916), pp 28–9.

> Upon consideration of the report of the committee for the approbation of ministers dated the ninth day of March instant, to whom it was referred to confer with and examine the ability and fitness of Mr Levingston for the work of the ministry, whereby it appeared they have seen his certificates and testimonials from the Presbytery of Dunblane in Scotland fully approving him as to his gifts and conversation, and that they had also received good satisfaction as to his knowledge, tolerance and experience of a work of grace upon his own heart, and for as much as the inhabitants of the parish of Finglas near unto this city have by their humble petition presented unto this board desired he might be established amongst them, it is thought fit and ordered that the said Mr James Levingston be and is hereby chosen and appointed minister of the parish of Finglas aforesaid to preach the gospel to the inhabitants there until further order. Whereof all concerned are to take notice.

Following the Restoration this entry was ordered to be expunged as 'being derogatory to the ecclesiastical canon'.[118] In July 1660 James Levingston had been granted the tithes of Finglas, which were apparently disputed but no further information is available as the records were not transcribed before their destruction.[119] In any event, he died within a few months.[120]

John Archdall (or Archdale) was recommended for appointment to Lusk in May 1653.[121] His annual salary in 1654 and 1655 was £50 but by 1656 it had risen to £80.[122] Archdall was one of those who successfully made the transition into the ministry of the established church at the time of the Restoration when he was appointed vicar of Donabate.[123]

Andrew Wyke, an Anabaptist, was appointed to St Michan's in August 1651 but he left for Lisburn after just a few weeks.[124] He was succeeded at St Michan's by the Independent minister, John Murcot, who was ordered to preach there every Lord's Day.[125] The commissioners seem to have been particularly anxious to entice him to Ireland since he was granted £30 for the charge of bringing himself and his family to Ireland and, in April 1652, a further £20 to buy a horse for his journey with the commissioners into Munster.[126] During his brief career in Ireland – he died in the spring of 1655 – Murcot was under a great deal of pressure from the authorities, apparently because of his outstanding ability.[127] In October 1652 he was ordered to go to Cork and get a house there and received £20 for travelling expenses into

**118** Finglas parish combined vestry book and registers, 1657–1758 (RCBL, P.307/1/1, p. 9); William Cotter Stubbs, 'Finglas, County Dublin, vestry books' in *Journal of the Royal Society of Antiquaries of Ireland*, xlvi (1916), p. 29. **119** Notes relating to the 'Ministers of the Gospel' … (RCBL, GS 2/7/3/20, pp 135–6). **120** James B. Leslie, Biographical succession list for the diocese of Dublin (RCBL, 61/2/4/1, p. 142). **121** Notes relating to the 'Ministers of the Gospel' … (RCBL, GS 2/7/3/20, p. 82). **122** Notes relating to the 'Ministers of the Gospel' … (RCBL, GS 2/7/3/20, pp 186 and 192). **123** James B. Leslie, Biographical succession list for the diocese of Dublin (RCBL, 61/2/4/1, p. 106). **124** St John D. Seymour, *The puritans in Ireland (1647–1661)* (Oxford, 1921), p. 224. **125** Notes relating to the 'Ministers of the Gospel' … (RCBL, GS 2/7/3/20, p. 80); St John D. Seymour, *The puritans in Ireland (1647–1661)* (Oxford, 1921), pp 64–5. **126** Notes relating to the 'Ministers of the Gospel' … (RCBL, GS 2/7/3/20, pp 76–7). **127** Notes relating to the 'Ministers of the Gospel' … (RCBL, GS 2/7/3/20, p. 70).

Munster.[128] In July 1654 he was sent to England for two months.[129] His salary is not known but he was not among the most highly paid ministers.[130] It would appear, however, that, because of his appointment to an important city ministry, he was paid more than most other Fingal ministers. After his death his widow and children were granted a pension of £100 *per annum* as well as the use of a house.[131] Daniel Neyland succeeded at St Michan's.[132]

South-west Fingal was catered for by the appointment of an Episcopalian, George Gunn, to Chapelizod in 1654 at an annual salary of £46 which was raised to £50 in 1657.[133] He had, apparently, a roving commission to preach in different areas. In 1657 the inhabitants of Balrothery petitioned for his appointment as their minister.[134] While this was referred to an examining committee no evidence has been found to suggest that any Commonwealth minister was appointed to the parish at that period. George Gunn was an elderly minister who had already served in the established church for many years. In 1646 he had been curate in Fingal (Cloghran, Swords).[135] In March 1661, following the Restoration, he was appointed vicar of Balrothery and Balscaddan as well as Ballyboghil and the Naul. Hugh Gunn was appointed to Chapelizod in 1655.[136] His salary was £80.[137] Edward Veale, an Independent minister, was transferred from Dunboyne to Clonsilla in 1659.[138] He was an associate of Dr Samuel Winter and had been appointed a fellow of Trinity College Dublin in 1655.[139]

The Independent minister, Dr Winter, was the most prominent of a group of ministers who were based in Dublin but who, like John Price and, perhaps, George Gunn, were not restricted to one particular district or meeting-house. Winter's career has been well documented.[140] In addition, his manuscript notebook survives in Trinity College Dublin while that part of it which formed an early register has been published by the Parish Register Society of Dublin.[141] This register, which tells us a little about the lives of the Fingal dissenters will be examined later.

The congregations of Fingal dissenters were exposed to a variety of religious influences, as the ministers contained Anabaptists, Independents, Episcopalians and

**128** Notes relating to the 'Ministers of the Gospel' ... (RCBL, GS 2/7/3/20, p. 78). **129** Notes relating to the 'Ministers of the Gospel' ... (RCBL, GS 2/7/3/20, pp 85 and 90). **130** T.C. Barnard, *Cromwellian Ireland: English government and reform in Ireland 1649–1660* (2nd ed., Oxford, 2000), p. 136. **131** Notes relating to the 'Ministers of the Gospel' ... (RCBL, GS 2/7/3/20, pp 23–4 and 45). **132** St John D. Seymour, *The puritans in Ireland (1647–1661)* (Oxford, 1921), p. 218. **133** Notes relating to the 'Ministers of the Gospel' ... (RCBL, GS 2/7/3/20, pp 12, 181, 186, 192 and 204); St John D. Seymour, *The puritans in Ireland (1647–1661)* (Oxford, 1921), p. 213. **134** Notes relating to the 'Ministers of the Gospel' ... (RCBL, GS 2/7/3/20, p. 48). **135** James B. Leslie, Biographical succession list for the diocese of Dublin (RCBL, 61/2/4/1, pp 12, 15, 20 and 83). **136** St John D. Seymour, *The puritans in Ireland (1647–1661)* (Oxford, 1921), p. 213. **137** Notes relating to the 'Ministers of the Gospel' ... (RCBL, GS 2/7/3/20, pp 11, 186, 192 and 203). **138** Notes relating to the 'Ministers of the Gospel' ... (RCBL, GS 2/7/3/20, p. 98; St John D. Seymour, *The puritans in Ireland (1647–1661)* (Oxford, 1921), p. 222. **139** T.C. Barnard, *Cromwellian Ireland: English government and reform in Ireland 1649–1660* (2nd ed., Oxford, 2000), p. 203 (footnote 91). **140** J.W. *The life and death of the eminently learned, pious and painful minister of the Gospel, Dr Samuel Winter, sometime provost of Trinity College near Dublin in Ireland; together with some rare examples of God's gracious answer to his prayers, upon several occasions* (London, 1671); John Pentland Mahaffy, *An epoch in Irish history: Trinity College, Dublin, its foundations and early fortunes, 1591–1660* (London, 1903), pp 298–307. **141** Samuel Winter notebook (TCD, MS 805); *The registers of Provost Winter* ... (Dublin, 1907).

at least one Presbyterian in their ranks. Compared with those who preceded them the ministers were generally well-paid and enjoyed relative security. However, they were outsiders, they tended to remain in the area for just a short time and their opportunities for getting to know the people well were limited. T.C. Barnard has pointed out that 'the small number of ministers, and the very much smaller number competent to convert the native Irish, were a major disadvantage'.[142] However, as will be shown later, the vigour and ability of the lay dissenters in Fingal provided some compensation for the shortage of ministers.

Throughout the period the Catholic church in Fingal was the strongest single religious group yet little is known about its clergy. The church was a hidden church. Consequently, with the exception of the contemporary Capuchin records, few formal records, such as those which enabled the compilation of Canon Leslie's biographical succession list for the established church survive. There are three problems involved in conducting research into seventeenth-century Catholic clergy. The first is that of finding out the names of the priests who worked in the archdiocese of Dublin at that time. The second is that of discovering the baptismal names of those who were commonly known by their names in religion. This applied, in particular, to certain religious orders such as the Capuchins. The third is the identification of those who had particular associations with Fingal. The fact that the Catholic church was a universal, rather than a national or local, church and that Fingallian and other Irish priests worked abroad as well as at home must also be borne in mind.

There is, one important listing of secular priests for the archdiocese as a whole compiled by W.M. O'Riordan and published in *Reportorium Novum*.[143] The compiler cited a wide range of published sources used in the preparation of this list. Since its compilation some further sources have come to attention, for example, a manuscript in Trinity College Dublin, which listed priests and friars in 1613.[144] Other sources, which are associated with the 1641 rising, are the 1641 depositions and the various lists of outlaws.[145] As far as the regular clergy are concerned a number of lists of priests and student priests survive. Some of these related to religious orders and congregations while others were distilled from the records of colleges in continental Europe.[146] It is, perhaps, more meaningful in the case of the Catholic clergy to group the priests under various headings. One such group consisted of those who spent all

142 T.C. Barnard, *Cromwellian Ireland: English government and reform in Ireland 1649–1660* (2nd ed., Oxford, 2000), p. 182. 143 W.M. O'Riordan, 'A list of 17th century Dublin diocesan priests' in *Reportorium Novum*, ii, no. 1 (1958), pp 109–19, ii, no. 2 (1960), pp 257–68, iii, no. 1 (1962), pp 137–52. 144 List of priests and friars in 1613 (TCD, Papers relating to Roman Catholics in Ireland, MS 567, f. 35). I am grateful to Dr Raymond Gillespie for drawing my attention to this list. 145 1641 depositions (TCD, MSS 809 and 810); R.C. Simington and John MacLellan, 'Oireachtas Library, List of outlaws, 1641–1647' in *Analecta Hibernica*, no. 23 (1966), pp 317–67; John T. Gilbert (ed.), *History of the Irish confederation and the war in Ireland, 1641–3* ... (7 vols, Dublin, 1882–91), iii, pp 341–86. 146 For example, Edmund Hogan, *Chronological catalogue of the Irish members of the Society of Jesus, from the year 1550 to 1814* (no date); *Ibernia Ignatiana seu Ibernorum Societatis Iesu patrum monumenta*, ed. Edmund Hogan (Dublin, 1880); Edmund Hogan, *Distinguished Irishmen of the sixteenth century* (London, 1894); Brendan Jennings, 'Irish students in the University of Louvain' in Sylvester O'Brien, *Meascra I gcuimhne Mhichíl Uí Chléirigh* (Dublin, 1944), pp 74–97; Brendan Jennings, 'Irish names in the Malines ordination registers, 1602–1794' in *The Irish Ecclesiastical Record*, lxxv (1951), pp 149–162, lxxvi (1951), pp 44–8, 128–40, 222–33, 314–8, 399–408, 483–7, lxxvii (1952), 202–7, 366–9; John Brady, 'The Irish colleges in the Low Countries (a) Exhibitio Consolatoria' in *Archivium Hibernicum*, xiv (1949), pp 66–83.

or most of their priestly lives abroad. Examples were Richard Stanihurst, his two sons, both Jesuits, another Jesuit, William Bath of Drumcondra and the Capuchins, George Blackney and Nicholas Plunket.

A second group, which comprised both secular and regular clergy, was composed of those mentioned in the 1613 list.[147] It is difficult to be sure which of the priests named in this list had Fingal associations. Patrick Duffe, who was a *per obitum* appointee to the dissolved Priory of Holmpatrick in 1608, was certainly one of these. He appeared as pastor of Lusk and Rush in 1630.[148] Though little is known about him his name suggests that he was a local man. Christopher Hollywood, provincial of the Jesuits, was from Artaine and no doubt retreated there when the situation became difficult. An interesting entry is that of 'James Hussey, priest' who was almost certainly the parish priest of Smarmore, Co. Louth, at the time of his death in 1636.[149] A copy of his will, which has survived, provided a great deal of information about his life and times.[150] He asked to be interred in his father's sepulchre at Holmpatrick and made a bequest of 10*s.* to the poor of Holmpatrick and Skerries. A further bequest of 10*s.* to the poor of Corballis (parish of Donabate) and Ballygarth (Co. Meath) recognized the tenants of his Nettervill relatives. At the time of his death he held mortgages on Tobertown (parish of Balscaddan). The appearance of his name as a priest working in Dublin in 1613 helped to confirm his connection with Fingal. James Hussey was greatly admired by his nephew, Nicholas Archbold, as a writer and connoisseur of books.[151]

In his analysis of James Hussey's will L.P. Murray has traced part of the network of close family relationships which existed between many of the priests of the time in Fingal and Co. Meath.[152] According to Murray, Father Hussey's first cousins included the Jesuit, William Bath, and the Capuchin, Luke Bath, two brothers of Luke Nettervill, both priests, and Barnaby Barnewall of Crickstown, Co. Meath, who, following extensive missionary work in Fingal, 1627–33, was commissary-general of the Capuchin mission in the 1640s.[153]

A third group, which overlapped to some extent with the second, consisted of regular clergy, mainly Jesuits, who were active in Fingal during the period. Some of these probably acted as chaplains to Catholic landholders. Others were based in Dublin or other centres and conducted missions in Fingal. The lives of the priests, especially the Jesuits, who were educated and trained on the continent were, to some

**147** List of priests and friars in 1613 (TCD, Papers relating to Roman Catholics in Ireland, MS 567, f. 35). **148** Nicholas Donnelly, 'The "*Per obitum*" volumes in the Vatican Archivio' in *Archivium Hibernicum*, i (1912), p. 29; 'Archbishop Bulkeley's visitation of Dublin, 1630', ed. M.V. Ronan in *Archivium Hibernicum*, viii (1941), p. 70. **149** Nicholas Archbold, The evangelicall fruict of the Seraphicall Franciscan order, centur 5, ab Anno Domini 1600, 1628, continued to 1645 (BL, Harleian MS 3888, f. 155). **150** L.P. Murray, 'The will of James Hussey of Smarmore, Co. Louth, "Priest" (A.D. 1635)' in *The Journal of the County Louth Archaeological Society* viii, no. 4 (1936), pp 303–21. **151** Nicholas Archbold, The historie of the Irish Capucins, 1643 (Bibliothèque Municipale de Troyes, MS 1103, p. 59); Nicholas Archbold, The evangelicall fruict of the Seraphicall Franciscan order, centur 5, ab Anno Domini 1600, 1628, continued to 1645 (BL, Harleian MS 3888, f. 9). **152** L.P. Murray, 'The will of James Hussey of Smarmore, Co. Louth, "Priest" (A.D. 1635)' in *The Journal of the County Louth Archaeological Society* viii, no. 4 (1936), pp 306–07 and 309–13. **153** Nicholas Archbold, The historie of the Irish Capucins, 1643 (Bibliothèque Municipale de Troyes, MS 1103, ff 175–8); Conrad O'Donovan, 'The Capuchins in Dublin' in *The Capuchin Annual* (1972), p. 178.

extent, documented. Particularly prominent among the Jesuits were Henry Fitzsimon, Christopher Hollywood and Richard Field.[154] The Cistercian priest, Patrick Barnewall of Bremore, became abbot of Mellifont abbey in Co. Louth.[155]

A number of men from Fingal, some of whom have already been mentioned, entered the Capuchin order in the early seventeenth century. Luke Bath, son of John Bath of Drumcondra and his second wife, Janet Finglas of Westpalstown, was a half-brother of the Jesuit linguist and musician, William Bath.[156] Luke's half-brothers, Henry and Humphrey Warren, sons of Sir William Warren and Janet Finglas, followed him into the Capuchin order.[157] Nicholas Plunket was a son of Sir Christopher Plunket of Dunsoghly and George Blackney (his baptismal name was not stated) was a member of the Blackney family of Rickenhore (parish of Swords).[158] Other Capuchins who had Fingal connections were Christopher (Father Nicholas) Archbold of Mountainfoot (Shankill), son of the Baldoyle lawyer, George Archbold, and a lay-brother, Patrick Dowde, son of Alderman John Dowde of Dublin, who leased property at Murdery (now Bettyville), parish of Lusk, in 1641.[159] Anselm Ball, whose baptismal name was John, was also a Fingallian.[160] He and another Capuchin, Stephen Hussey, worked in Howth and Swords during the Cromwellian period.[161] Anselm Ball was protected by the lord of Howth (a Protestant) and his family.[162] According to an eyewitness, the Capuchin, Brother Edward, Stephen Hussey, preached in Irish at Swords.[163]

A fourth group consisted of the secular clergy whose names appeared in Archbishop Bulkeley's visitation report, some of whom were probably educated in Ireland.[164] It is possible to piece together information about the lives of some of these priests from a variety of sources. 'Mr Clarke', the Mass priest and schoolmaster of Baldongan, may well have been a member of the Clarke family of the Bay (parish of Mulhuddart).[165] John Clarke of the Bay left 20*s.* to his nephew 'Father Clarke' in 1599.[166] Some secular priests working in Fingal in 1630 became notorious because of their participation in agitation against the regular clergy. Among these was Paul Harris, an Englishman, who was chaplain to the Luttrell family.[167] Peter Caddell, a

154 Edmund Hogan, *Distinguished Irishmen of the sixteenth century* (London, 1894), pp 163–82, 196 to 310 and 395 to 501. 155 Stephen B. Barnwell, 'The Barnewall family during the sixteenth and seventeenth centuries (part 6)' in *The Irish Genealogist*, iii, no. 11 (October 1966), pp 449–50; Colmcille Ó Conbhuidhe, *Studies in Irish Cistercian history*, ed. Finbarr Donovan (Dublin, 1998), pp 134 and 230. 156 Nicholas Archbold, The historie of the Irish Capucins, 1643 (Bibliothèque Municipale de Troyes, MS 1103, pp 27 and 93); Seán P. Ó Mathúna, *An tAthair William Bathe, C.Í., 1564–1614* (Dublin, 1980), pp 15, 26 and 32 (footnote 107). 157 Nicholas Archbold, The historie of the Irish Capucins, 1643 (Bibliothèque Municipale de Troyes, MS 1103, pp 69 and 133). 158 Nicholas Archbold, The historie of the Irish Capucins, 1643 (Bibliothèque Municipale de Troyes, MS 1103, p. 16 and 129). 159 Nicholas Archbold, The historie of the Irish Capucins, 1643 (Bibliothèque Municipale de Troyes, MS 1103, pp 16 and 85); *Civil Survey, vii, county of Dublin,* ed. R *c.*Simington (Dublin, 1945), p. 122. 160 Book of vestitians (Capuchin Archives, Dublin); *Notitia historica provinciae ordinis Fratrum Minorum Francisci Capucinorum in Hibernia* ... (Rome, 1859), p. 15. 161 Nicholas Donnelly, *Short histories of Dublin parishes* (17 parts, Dublin, 1904–17), part xv, pp 56 and 73. 162 Nicholas Donnelly, *Short histories of Dublin parishes* (17 parts, Dublin, 1904–17), part xv, p. 56. 163 Nicholas Donnelly, *Short histories of Dublin parishes* (17 parts, Dublin, 1904–17), part xv, p. 73. 164 'Archbishop Bulkeley's visitation of Dublin, 1630', ed. M.V. Ronan in *Archivium Hibernicum*, viii (1941), pp 56–98. 165 'Archbishop Bulkeley's visitation of Dublin, 1630', ed. M.V. Ronan in *Archivium Hibernicum*, viii (1941), p. 70. 166 Abstract of will of John Clarke, 25 November 1599 (NLI, Fisher will abstracts, GO MS 290, p. 71). 167 Nicholas Donnelly, *Short histories of Dublin parishes* (17 parts, Dublin, 1904–17), part viii, p. 170;

priest of the Meath diocese, who was appointed rector of Swords in 1625, was also involved in this controversy.[168] However, the agitation was centred mainly on the parishes of St Michael where Patrick Cahill, another Meath man, had been based in 1629, and of St Audeon in Dublin city.[169] The controversy developed into one which was not only a conflict between secular and regular priests and their supporters but also one between natives of Dublin and 'strangers' from Meath.[170] It was eventually resolved by the archbishop, Thomas Fleming, who was both a Franciscan and a native of Meath. One of those affected by the controversy was Edmund Doyle who had been working in Swords at the time of Archbishop Bulkeley's visitation and who was subsequently transferred to St Audeon's.[171] Echoes of the controversy can still be detected in the abstract of Edmund Doyle's will where he made the proviso that certain bequests could only be made if the recipients were natives of Dublin.[172] Another priest mentioned in Archbishop Bulkeley's report, Roger Begg of Westpalstown, must have been an elderly man when he was arrested, imprisoned and subsequently released under the Commonwealth in 1654.[173]

The fifth group consists of those priests whose names came to prominence during the 1641 rising. These are to be found in the 1641 depositions and lists of outlaws. Many of the names of the last group were not included in the *Reportorium Novum* list already mentioned. Among them was Robert Passmore who was identified by the vicar of Balrothery, Thomas Clitheroe, as the son of the local innkeeper, John Passmore, and one of the band whom he accused of 'maligning' him though he did not implicate him in the physical attack made upon him subsequently or in the robbery of his goods.[174] His name subsequently appeared on the list of outlaws.[175] In 1653 he was found guilty of murders committed in 1642 and 1645.[176] Another local priest whose name appeared on the list of outlaws was Laurence Rowen of Finglas.[177] The surname is not a particularly common one and it is possible that he was related to William Rowen, the Finglas butcher, who, with John Sephton and others, attracted the attention of the authorities even before the 1641 rising broke out in Fingal.[178] John and Thomas Smith of Finglas implicated 'Laurence Rowen, priest', in the attacks on their property during the early stages of the rising.[179] Christopher

Francis Elrington Ball, *Southern Fingal* ... (originally published 1920, reprinted Dublin, 1995), p. 35. **168** W.M. O'Riordan, 'A list of 17th century Dublin diocesan priests' in *Reportorium Novum,* ii, no. 1 (1958), p. 115. **169** Patrick F. Moran, *History of the Catholic archbishops of Dublin since the Reformation* (Dublin, 1864), pp 372–80; Nicholas Donnelly, *Short histories of Dublin parishes* (17 parts, Dublin, 1904–17), part viii, pp 168–72. **170** Extract from letter from Thomas Fleming, archbishop of Dublin, 1 February 1631, quoted in Patrick F. Moran, *History of the Catholic archbishops of Dublin since the Reformation* (Dublin, 1864), p. 377. **171** 'Archbishop Bulkeley's visitation of Dublin, 1630', ed. M.V. Ronan in *Archivium Hibernicum*, viii (1941), p. 63; Nicholas Donnelly, *Short histories of Dublin parishes* (17 parts, Dublin, 1904–17), part viii, pp 171–2. **172** Abstract of will of Edmund Doyle, 25 April 1637 (NLI, Fisher will abstracts, GO MS 290, pp 140–1). **173** 'Commonwealth records' in *Archivium Hibernicum*, vi (1917), p. 198 and vii (1918–21), pp 24 and 50–1. **174** Deposition of Thomas Clitheroe, 26 May 1642 (TCD, MS 810, f. 126). **175** R.C. Simington and John MacLennan, 'Oireachtas Library, List of outlaws, 1641–1647' in *Analecta Hibernica*, no. 23 (1966), p. 343; John T. Gilbert (ed.), *History of the Irish confederation and the war in Ireland, 1641–3* ... (7 vols, Dublin, 1882–91), iii, p. 377. **176** Proceedings of the high court of justice held at Dublin and Cork in 1652, 1653 and 1654 (TCD, MS 866, ff 31 and 77). **177** R.C. Simington and John MacLennan, 'Oireachtas Library, List of outlaws, 1641–1647' in *Analecta Hibernica*, no. 23 (1966), p. 344; John T. Gilbert (ed.), *History of the Irish confederation and the war in Ireland, 1641–3* ... (7 vols, Dublin, 1882–91), iii, p. 378. **178** Examination of William Rowen, 19 November 1641 (TCD, MS 809, f. 188). **179** Deposition of John Smith, 19 January

Hewetson of Swords also accused Laurence Rowen and others of robbing and despoiling him.[180] Laurence Rowen was on active service for quite some time as William Hollis described how, in March 1642, he and six other soldiers, having left Swords were attacked by 'the rebels' captain, Oliver Walsh, a friar, Captain Finglas, Captain John Fottrell, Father Rowen, the priest and other priests in their company and divers other rebels, consisting in all of 100 horse and fifteen musketeers or thereabouts'.[181] Laurence Rowen's subsequent career will be examined in chapter 9. A Richard Fottrell, 'clerk', of Swords appeared on the list of outlaws but he may have been the same person as Richard Fottrell,'gentleman', of 'Westerbealingstown' whose name also appeared on the list.[182] West Belinstown was situated in the parish of Ballyboghil not far from Swords. In 1641 the proprietor, was Nicholas Barnewall of Turvey, and it is just possible that Richard Fottrell was one of his chaplains.[183] The *Reportorium Novum* list contains the following entry for Richard Fottrell: 'Chancellor of Dublin about 1668. Recommended by Dr Nicholas French, Bishop of Ferns, as suitable for appointment as Archbishop of Dublin. Dr Fottrell was then aged 74'.[184]

Similar uncertainty arises in the case of Patrick and Richard Travers of Ballykea.[185] The name of Patrick, 'clerk', appears on both the Oireachtas Library list of outlaws, the list in Armagh Public Library and that published by John T. Gilbert but Richard's name appears only on the Gilbert list. It is assumed that this entry for Richard was an error. However, it is not certain that all the priests on the list of outlaws actively participated in the fighting. George Talbot, a brother of John Talbot, proprietor of Malahide, was listed although the extent of his participation, if any, is not known.[186]

Three priests with local associations played an important part in the rising. They were Walter Enos, John Malone (or O'Molony) and Conor Donnogh. Walter Enos appears to have been chaplain to Lady Bath of Drumcondra since she left him silver to make a chalice together with the vestments, cloth and alb which he daily used.[187] His residence was given as 'Hacketstown' on the list of outlaws.[188] Hacketstown, near Skerries, was the home of Lady Bath's daughter, Catherine Gough, and her husband,

1642 (TCD, MS 809, f. 222); deposition of Thomas Smith, 20 January 1642 (TCD, MS 809, f. 224). 180 Deposition of Christopher Hewetson, 5 March 1642 (TCD, MS 809, f. 280). 181 Deposition of William Hollis, 27 April 1643 (TCD, MS 810, f. 235). 182 R.C. Simington and John MacLennan, 'Oireachtas Library, List of outlaws, 1641–1647' in *Analecta Hibernica*, no. 23 (1966), p. 340; John T. Gilbert (ed.), *History of the Irish confederation and the war in Ireland, 1641–3* ... (7 vols, Dublin, 1882–91), iii, pp 361–2. 183 *Civil Survey, vii, county of Dublin,* ed. R c.Simington (Dublin, 1945), p. 46. 184 W.M. O'Riordan, 'A list of 17th century Dublin diocesan priests' in *Reportorium Novum,* ii, no. 2 (1960), p. 264. 185 R.C. Simington and John MacLennan, 'Oireachtas Library, List of outlaws, 1641–1647' in *Analecta Hibernica*, no. 23 (1966), p. 345; John T. Gilbert (ed.), *History of the Irish confederation and the war in Ireland, 1641–3* ... (7 vols, Dublin, 1882–91), iii, p. 383. 186 R.C. Simington and John MacLennan, 'Oireachtas Library, List of outlaws, 1641–1647' in *Analecta Hibernica*, no. 23 (1966), p. 344; John T. Gilbert (ed.), *History of the Irish confederation and the war in Ireland, 1641–3* ... (7 vols, Dublin, 1882–91), iii, p. 382; Joseph Byrne, *War and peace: the survival of the Talbots of Malahide 1641–1671* (Dublin, 1997), pp 38–9. 187 Abstract of will of Barbara Gough (Lady Bath), 23 February 1642 (RSAI, Elrington Ball MSS, vol xii, f. 188); Francis Elrington Ball, *Southern Fingal* ... (originally published 1920, reprinted Dublin, 1995), p. 164. 188 R.C. Simington and John MacLennan, 'Oireachtas Library, List of outlaws, 1641–1647' in *Analecta Hibernica*, no. 23 (1966), p. 340; John T. Gilbert (ed.), *History of the Irish confederation and the war in Ireland, 1641–3* ... (7 vols, Dublin, 1882–91), iii, p. 360.

Alderman Robert Arthur. Walter Enos a native of Dublin, was appointed rector of the Irish Pastoral College in Louvain in March 1653.[189] Benignus Millett has made available in translation Enos's own account of his career in Ireland in an undated petition to the cardinals of the Sacred Congregation of the Propagation of the Faith in Madrid.

> He explains that he is a protonotary apostolic and was secretary to the assembly of clergy and prelates in Ireland; after imprisonment and the controversy caused by the publication by him of a book in English in 1644 refuting a Protestant book written by an apostate medical doctor and his conversion of the said apostate, he published, at the request of the clergy and supreme council, a famous book in 1645 on the justice of the Catholics' war, and in 1646 other books clearly demonstrating the injustice and invalidity of the peace then concluded; in 1647, though proposed by Father Scarampi and again by the nuncio himself, he frequently refused a bishopric; in 1648, as a result of the repeated written requests from the prelates and the nuncio, he agreed to the pleading of the assembly of bishops to vindicate the just cause of the Catholic clergy and of the censures published against those who sided militarily with the heretics; so he was hunted captured, imprisoned, and deprived of his property; he was rescued; in the later trials and tribulations he had to flee to Rome where he was kindly helped by the cardinals, and especially by Cardinal Chigi, now the Pope, and in 1653 he was made president of the Pontifical Irish Pastoral College in Louvain ...[190]

Much of the information contained in this autobiographical sketch can be confirmed from other sources. While it is not known when and how Enos was arrested he would appear to have been the man called 'Enos' released during an exchange of prisoners in the latter part of 1642.[191] His opposite number in the exchange, organized by Friar Anthony Nugent and others, was the minister of Virginia, George Creichton. Bishop Wadding possessed a copy of the first of his books.[192] His later writings were used extensively in the compilation of the *Commentaries of Rinuccini*, published later in Latin.[193] As a protégé of Nicholas French, bishop of Ferns, and, like the bishop, a

**189** Cathaldus Giblin, 'Catalogue of material of Irish interest in the collection *Nunziatura di Fiandra*, Vatican archives: part 1, vols 1–50' in *Collectanea Hibernica*, no. 1 (1958), p. 89; Benignus Millett, 'Catalogue of Irish material in vols 370 and 371 of the *Scritture riferite originali nelle congregazioni generali* in Propaganda Archives' in *Collectanea Hibernica*, nos. 27 and 28 (1985–6), p. 54. **190** Benignus Millett, 'Catalogue of Irish material in vols 370 and 371 of the *Scritture riferite originali nelle congregazioni generali* in Propaganda Archives' in *Collectanea Hibernica*, nos. 27 and 28 (1985–6), pp 45–6. **191** Deposition of George Creichton, 15 April 1643 (TCD, MS 833, f. 234); John T. Gilbert (ed.), *A contemporary history of affairs in Ireland from A. D. 1641 to 1652* ... (3 vols, Dublin, 1879–80), i, part ii, p. 538. **192** Walter Enos, *Alexipharmacon, or a sovereign antidote against a virulent cordial composed the twenty-second of June 1644, by two druggists, the one an apostata, call John Loghan, a titular doctor of physick, the other a doctor of divinity of the pretended reformed gospel, called Edward Parry* (Waterford, 1644); James Ware, *The whole works of Sir James Ware concerning Ireland, revised and improved*, ed. Walter Harris (2 vols, Dublin, 1764), ii, p. 122; Patrick J. Corish, ed. 'Bishop Wadding's notebook' in *Archivium Hibernicum*, xxix (1970), pp 59 and 85. **193** Richard O'Ferrall and Robert O'Connell, *Commentarius Rinuccinianus, de sedis apostolicae legatione ad foederatos Hiberniae catholicos per annos 1645–49*, ed. Stanislaus Kavanagh (6 vols, Dublin, 1932–49).

strong advocate of the rights of the Catholic church, he fell foul of Richard Bellings, secretary to the supreme council of the Confederation of Kilkenny who wrote to the earl of Ormond on 18 February 1651 as follows:

> The bishop of Ferns [Nicholas French], Hugh Rochfort, father Giles Smith, that commanded the fort of Duncannon, and doctor Enos, do put to sea in the frigate [which] carries these. Their place of residence, as I am informed, will be in the Low Countries. How they are affected to your excellency is well known. It were well your lordship might find out their ways; they have busy bitter pens among them; and I am confident they will find a way to utter their malice in print ...[194]

An attestation by the Irish Franciscans of St Anthony's College, Louvain, in December 1663 gave a rather different account of the character of the man.[195] He lived frugally and maintained a strong discipline, he fostered study, spiritual exercises and prayer and he was 'a pious and exemplary man, skilled in administration' although inclined to become involved in law cases. In later life Walter Enos made many enemies and, following a turbulent career in Louvain in the post-Restoration period, he died in 1672.[196] The careers of two other priests, Conor Donnogh and John Malone, who had prominent military roles in the 1641 rising will be dealt with in a discussion of the war. Finally, mention must be made of the only priest in the area known to have been betrayed during the period 1603–60. In November 1655, the sum of £5 was paid to Thomas Baker, a soldier, for apprehending John Tobin, probably the Kilkenny Capuchin, Father Fiacre Tobin, in the barony of Balrothery.[197]

The priests with Fingal connections or who served in Fingal during the period 1603–60 identified in the course of this study probably represented just of fraction of the total number of those who lived or worked in Fingal in the period 1603–60. One feature which distinguished these clergymen from the clergy of the established and dissenting churches is that they were, in the main, local men. They were almost all from Fingal, Dublin city or, in a few instances, from the neighbouring diocese of Meath. Few, if any, came from the southern part of the diocese. A possible explanation for this is that Irish-speaking priests were needed for Wicklow and south Dublin while priests who did not speak Irish could, on the whole, operate successfully in Fingal. In any event the fact that the priests were local meant that they could stay among relatives and friends and could rely on the local gentry and people for help when it was needed. There was a long tradition of support for the clergy in the area.

**194** Bellings to Ormonde, 18 February 1651 in John T. Gilbert (ed.), *History of the Irish confederation and the war in Ireland, 1641–3* ... (7 vols, Dublin, 1882–91), vii, p. 366. **195** Benignus Millett, 'Catalogue of Irish material in vols 370 and 371 of the *Scritture riferite originali nelle congregazioni generali* in Propaganda Archives' in *Collectanea Hibernica*, nos. 27 and 28 (1985–6), p. 51. **196** Benignus Millett, 'Catalogue of Irish material in vols 370 and 371 of the *Scritture riferite originali nelle congregazioni generali* in Propaganda Archives' in *Collectanea Hibernica*, nos. 27 and 28 (1985–6), pp 54, 56–7, 59–61, 63–76; Benignus Millett, 'Calendar of Volume 3 (1672–5) of the *Scritture riferite nei congressi, Irlanda*, in Propaganda Archives: part 1, ff 1–200' in *Collectanea Hibernica*, nos. 18 and 19 (1976–7), p. 63. **197** Book of vestitians (Capuchin Archives, Dublin); 'Commonwealth records' in *Archivium Hibernicum*, vi (1917), p. 175 and vii (1918–21), pp 21, 52 and 59; W.M. O'Riordan, 'A list of 17th century Dublin diocesan priests' in *Reportorium Novum*, iii, no. 1 (1962), p. 150.

Among the benefactors and friends mentioned by Henry Fitzsimon were George Blackney of Rickenhore, Thomas Fagan, William Nugent and his cousin, Michael Taylor.[198] The desire of the 'Pale people' to have their own, and only their own, priests was confirmed by the Revd George Creichton, minister of Virginia, in 1643.[199] It may be significant that the only known betrayal of a priest in Fingal during the Commonwealth period was perpetrated by a soldier.

There are some striking parallels between the operations of the two successful groups of clergy, the Catholic priests (prior to 1650) and the dissenting ministers (after 1650). Both groups approached their tasks with missionary fervour and with intent to change the *status quo*. Both groups operated with a mixture of settled and peripatetic clergy. In the case of the Catholics the parochial clergy and the chaplains to the gentry, who, in some instances, may have been the same persons, gave a degree of stability while the regular clergy often travelled around giving missions and supplying help to the secular priests when required. The dissenters also had (nominally) permanent appointees, often selected by their congregations, in fixed locations and their work was supplemented by ministers, such as Dr Samuel Winter, based in Dublin and, in one case, Chapelizod, who travelled about the precinct and thus added organizational flexibility. The other factor which applied in the case of both Catholics and dissenters was the strong support of the laity.

The vast majority of the members of each of the churches were lay-people. How were they divided up numerically between the various religious groups? The only known sources which provide information on the balance between Catholics and Protestants are the report, written in prose, of Archbishop Bulkeley's visitation in 1630 and Sir William Petty's summary figures derived from the poll tax returns for 1660.[200] At first glance it appears difficult, if not impossible, to make comparisons between the two sets of data. The poll-tax returns did not include children, for example. However, a careful examination of the visitation returns suggests that they, too, omitted small children and were concerned with those who attended church or, in some cases, Easter communicants. The visitation returns probably omitted those too old or frail to attend church and, in 1630, attending church would have involved travelling significant distances for some Protestants. If it is accepted that the term 'English' used in the poll-tax returns represented religion rather than ethnicity the two sets of returns may not be all that far apart. At the very least they offer a reasonable prospect of illustrating quantitively the extent of the religious divide and the way in which it changed in the second half of the period under review.

A comparison of the two sets of returns showed that, with the exception of the parish of Finglas (part of the archbishop's own estate in 1630) the figures suggested a remarkable increase in the number of Protestants in Fingal during the period 1630

198 Henry Fitzsimon, *Words of comfort to persecuted Catholics* ... (Dublin, 1881), pp 251–2; Henry Fitzsimon, *The justification and exposition of the divine sacrifice of the Masse* ... ([Douai], 1611), p. 361. 199 Deposition of George Creichton, 15 April 1643 (TCD, MS 833, f. 236); John T. Gilbert (ed.), *A contemporary history of affairs in Ireland from A.D. 1641 to 1652* ... (3 vols, Dublin, 1879–80), i, part ii, p. 542. 200 'Archbishop Bulkeley's visitation of Dublin, 1630', ed. M.V. Ronan in *Archivium Hibernicum*, viii (1941), pp 56–98; *A census of Ireland* circa *1659* ..., ed. S. Pender (Dublin, 1939), pp 382–92.

to 1660.[201] Protestants were still a small percentage (20%) of the total population but potentially viable communities had been established in areas where there had been none such in 1630. Obviously there had been losses due to war and plague but these, as far as can be judged, affected both sides. The increase in some areas, for example Hollywood and the Naul, was due, at least in part to the presence of garrisons.[202] Nevertheless one can only conclude that, between them, the government authorities and the dissenting ministers had managed to bring about a remarkable change in the fortunes of Protestantism during the Commonwealth.

The growth of dissent in Fingal forms an interesting case-study. While this development may have owed something to the army this cannot be the complete explanation for its success. The earliest entry in the registers of Provost Winter was dated March 1649, before Samuel Winter actually arrived in Ireland, although it was made by him later.[203] It recorded the baptism of Joan Povey at Darndale by Thomas Seele, then vicar of Coolock and curate of Raheny.[204] Her parents' names were not given but her sureties (or godparents) were Elizabeth Br[own] for Lady Povey, Anne Kerdiff and Kit Hafenny (Halfpenny?). Elizabeth Povey (probably Joan's sister) was born on 1 July 1650. Her sureties were Sir Edward Povey, Mrs Margaret Ball and Mrs Elizabeth Brown. The children's father may have been John Povey, who was admitted to the King's Inns in April 1658.[205] The surnames, Povey, Kerdiff, Ball and Brown appear again in the register, the last three of them in connection with Finglas where there was a second and probably a larger group of dissenters.[206] Ales Povey, was, apparently, a widow (of a Mr Brown?) when she married Hierom (Jerome) Russell of Finglas. She may have favoured the more extreme form of dissent since Winter noted that her elder daughter, Joyce, had been 'christened after the new manner by Dr Lightburn' in 1656.[207] The place of Joyce's baptism was not stated but her sister, Margaret, was baptized in Finglas church in March 1660.[208] A churching ceremony followed. Jerome Russell was one of those appointed to audit the accounts of the church in 1658 and he was appointed churchwarden in 1659.[209]

A pivotal figure among the Finglas dissenters was the civil servant, Thomas Springham, who had been admitted to the King's Inns as an attorney in November 1639.[210] A fragment of his accounts, written in Roman numerals and bearing his signature, which survives among the 1641 depositions, shows that he was an impost master.[211] The Springham family had lived in Finglas since 1597 at least.[212] Thomas also had connections with the Springham family of Dublin city for he was a kinsman

**201** 'Fingal 1603–60', i, pp 282–4. **202** Notes relating to the 'Ministers of the Gospel' ... (RCBL, GS 2/7/3/20, p. 4). **203** *The registers of Provost Winter* ... (Dublin, 1907), p. 11. **204** James B. Leslie, Biographical succession list for the diocese of Dublin (RCBL, 61/2/4/1, pp 108 and 249). **205** *King's Inns admission papers 1607–1867*, ed. Edward Keane, P. Beryl Phair and Thomas U. Sadleir (Dublin, 1982), p. 407. **206** *The registers of Provost Winter* ... (Dublin, 1907), pp 17 and 23. **207** *The registers of Provost Winter* ... (Dublin, 1907), p. 17. **208** *The registers of Provost Winter* ... (Dublin, 1907), p. 23. **209** Finglas parish combined vestry book and registers, 1657–1758 (RCBL, P.307/1/1, pp 11 and 14). **210** *King's Inns admission papers 1607–1867*, ed. Edward Keane, P. Beryl Phair and Thomas U. Sadleir (Dublin, 1982), p. 459; Colum Kenny, *King's Inns and the kingdom of Ireland: the Irish 'inn of court' 1541–1800* (Blackrock, 1992), p. 281. **211** Thomas Springham, Receipts of the impost masters for four weeks beginning the 17th of September & ending the 14th of October 1647 (TCD, MS 840, f. 211). **212** Lease between John Carey, Luke Challoner and William Carey, 30 October 1597 (RCBL, Records of the archbishop of Dublin, D6/77).

of Walter Springham, a tanner, of New Row, whose will was proved in April 1650.[213] Thomas married Anne Barry, a daughter of Alderman Richard Barry of Dublin and thus became connected with some of the more important local families of the Commonwealth and Restoration periods.[214] Anne's sister, Margaret, married first Nicholas Kerdiff, sergeant-at-law, and secondly, Alderman Robert Ball, who died in 1636.[215] Another of Anne's sisters, Mary, who died in 1635, had married James Donnellan, who became a judge and resided at the Forrest, near Swords.[216] Provost Winter officiated at the baptisms of Anne Springham, daughter of Thomas, in February 1654, her sister, Katherine, who died shortly afterwards in May 1656, her brother, Thomas, in October 1657 and another sister, Katherine in May 1660.[217] Having played a prominent part in the rebuilding of Finglas church in 1657 Thomas Springham became one of the first two churchwardens appointed to it.[218] He died in 1668.[219]

More influential, though with fewer local connections, was the government auditor, Thomas Richardson, the second churchwarden appointed in Finglas in 1657. A relative newcomer, he had been invited to take up a post as auditor under the parliamentary commissioners in June 1651 at an annual salary of £200 together with an allowance of £20 a year 'for paper, books ink, pens, fire, candle and all other incidents belonging to his employment' and a further allowance of 20*s.* per week for two clerks.[220] However, it is just possible that he had some previous connections with this country for an attorney named Thomas Richardson had been admitted to the King's Inns in 1638.[221] He certainly had some legal training for he served as a member of the high court of justice in Dublin.[222] He became an alderman of Dublin, a member of Samuel Winter's congregation, and, having married Anne, daughter of Sir Edward Bagshaw of Finglas, settled in the area.[223] He was appointed senior churchwarden at the first vestry meeting recorded in the book which he presented in 1657.[224] His wife bestowed a pulpit cushion on the parish on the same occasion.

**213** Betham genealogical abstracts, prerogative wills (NAI, series I, vol 58, pp 151–2). **214** Lord chancellor's order of dismiss in the case of John Mangan against Anne and James Springham, etc., 17 October 1671 (RCBL, Records of the archbishop of Dublin, D6/76/10/22). **215** William Ball Wright, *Ball family records* (York, 1908), p. 25; Colm Lennon, *The lords of Dublin in the age of reformation* (Dublin, 1989), p. 230. **216** Examination of Andrew Gyraght, 2 February 1653 (TCD, MS 810, f. 357); examination of Thomas Waltryn, 1 February 1653 (TCD, MS 810, f. 375); examination of John Confy, 1 February 1653 (TCD, MS 810, f. 377); examination of Patrick Maguire, not dated (TCD, MS 810, f. 379); examination of John Heard, 24 November 1652 (TCD, MS 810, f. 380); Francis Elrington Ball, *The judges in Ireland, 1221–1921* (2 vols, London, 1926), i, p. 337; Colm Lennon, *The lords of Dublin in the age of reformation* (Dublin, 1989), p. 230. **217** *The registers of Provost Winter* ... (Dublin, 1907), pp 14, 17, 19 and 23. **218** Finglas parish combined vestry book and registers, 1657–1758 (RCBL, P.307/1/1, pp 1– 10); William Cotter Stubbs, 'Finglas, County Dublin, vestry books' in *Journal of the Royal Society of Antiquaries of Ireland*, xlvi (1916), pp 27–9. **219** Betham genealogical abstracts, prerogative wills (NAI, series I, vol 58, p. 167). **220** 'Commonwealth state accounts: Ireland, 1650–1656' ed. Edward MacLysaght in *Analecta Hibernica*, no. 15 (November, 1944), pp 320–1; Aidan Clarke, *Prelude to Restoration in Ireland* (Cambridge, 1999), p. 185. **221** *King's Inns admission papers 1607–1867*, ed. Edward Keane, P. Beryl Phair and Thomas U. Sadleir (Dublin, 1982), p. 422; Colum Kenny, *King's Inns and the kingdom of Ireland: the Irish 'inn of court' 1541–1800* (Blackrock, 1992), p. 280. **222** Aidan Clarke, *Prelude to Restoration in Ireland* (Cambridge, 1999), p. 185. **223** T.C. Barnard, *Cromwellian Ireland: English government and reform in Ireland 1649–1660* (2nd ed., Oxford, 2000), p. 83 (footnote 170); Aidan Clarke, *Prelude to Restoration in Ireland* (Cambridge, 1999), p. 185. **224** Finglas parish combined vestry book and registers, 1657–1758 (RCBL, P.307/1/1, pp 1 and 10); William Cotter Stubbs, 'Finglas, County Dublin, vestry books' in *Journal of the Royal Society of Antiquaries of Ireland*, xlvi (1916), pp 27

Another lawyer whose name appeared in Winter's register was 'Thomas Browne, the attorney', who was godfather to Anne Springham in 1653.[225] He had been admitted to the King's Inns as an attorney in the same year as Thomas Springham (1639) but was later created a counsellor by royal letters patent.[226]

Apart from Darndale and Finglas baptisms were recorded at Newtown, Drumcondra, Clonshagh, Killeen, Piercetown, Coolock and Corballis.[227] Since the counties are not given in these cases it is possible that some of them may refer to baptisms outside Fingal. Winter and his collaborators were successful in establishing a small but influential network linking the members of the dissenting community in Fingal. Although the numbers are minuscule they represent just one of several dissenting congregations in the area. It is possible to distinguish a certain overlap between Winter's followers and other groups in society. The participation of a number of lawyers is striking as is the link with families that were associated with Dublin corporation. Among the women some of the older family names, such as Ball and Barry, emerge as being significant. Winter's congregation may not have been typical since he tolerated and even adopted many of the practices of the established church. As pointed out by the editor of *The registers of Provost Winter*, despite the fact that English Puritans always objected to the use of sponsors, Winter usually adopted the ancient custom of the Church of England in having three.[228] He also occasionally used the terms 'godfathers' and 'godmothers' (instead of 'sureties' or 'witnesses') as in the cases of Anne Springham of Finglas and John Foster of Clonshagh.[229] Churching ceremonies were noted following seven of the Fingal baptisms.[230] In one case Winter recorded that the ceremony took place on Ascension Day.[231] According to St John D. Seymour, Winter 'approximated closely to the Evangelicalism of the Irish Episcopalians, and so must have formed a connecting-link between the Low Church party and the Independents' as did John Murcot of St Michan's.[232] Some members of the established church attended ceremonies conducted by Winter. He preached at the baptism of Thomas Springham in Finglas church in October 1657.[233] On this occasion the sureties included Sir James Ware and his brother-in-law, Dr Dudley Loftus. While it is believed that Winter sometimes baptized the children of Catholic parents the position relating to Fingal is not clear. The names Lawrence Grace of Newtown and Carol McEnboy and Sarah McKely (or McKelly) of Drumcondra (assuming this was Drumcondra, Co. Dublin) raise certain questions.[234] The baptisms of John, son of Robert Scurlog and Margaret Dargan at Finglas in February 1658 (at which the sureties were Thomas Caroll, Edmond Nolan and Joan White), of Joan, daughter of John Brigly and Ellinor Laghlin (als. Lickin) at Coolock in June 1659 (at which the sureties were John Walsh, Joan Dermot and Margaret Ryan), and of Grace, daughter of Owen and Nora

and 29. **225** *The registers of Provost Winter* ... (Dublin, 1907), p. 14. **226** Colum Kenny, *King's Inns and the kingdom of Ireland: the Irish 'inn of court', 1541–1800* (Blackrock, 1992), pp 153–4, 158 and 281. **227** *The registers of Provost Winter* ... (Dublin, 1907), pp 14, 20, 22 and 23. **228** *The registers of Provost Winter* ... (Dublin, 1907), pp 5–6. **229** *The registers of Provost Winter* ... (Dublin, 1907), p. 14. **230** *The registers of Provost Winter* ... (Dublin, 1907), pp 19, 20, 22 and 23. **231** *The registers of Provost Winter* ... (Dublin, 1907), pp 6 and 23. **232** St John D. Seymour, *The puritans in Ireland (1647–1661)* (Oxford, 1921), p. 39. **233** *The registers of Provost Winter* ... (Dublin, 1907), p. 19. **234** *The registers of Provost Winter* ... (Dublin, 1907), p. 14.

Fullam at Finglas in April 1660 (at which the sureties were Gilligroomagt [*sic*], Margaret Martin and Joan White), while they do not provide conclusive proof, strongly suggest that the Independents may have had some success in attracting members from the local Catholic community by the end of the period.[235] The history of the decline of dissent in Fingal after 1660 remains to be written.

235 *The registers of Provost Winter* ... (Dublin, 1907), pp 20, 22 and 23.

# 8

# 'The holy company of heaven'

> In preaching he had such a spirit and efficacy of moving his auditors to compunction and tears that his fame and name went all over Ireland.
>
> Fr Nicholas Archbold on Fr Edward (Luke) Bath, *c.*1631[1]

Nicholas Archbold and Luke Bath were part of a Capuchin mission which began in 1616 and which was designed to regenerate the spiritual life of Catholics in Ireland. The two men, and in the early seventeenth century, the majority of their colleagues were members of distinguished Pale and, in several cases, Fingal gentry families. Yet, although they had been abroad for many years, had received a sophisticated continental education and were bringing a message of Tridentine reform that was unfamiliar to many, they managed to establish a remarkable empathy with their congregations, particularly in Fingal. As well as examining the traditional religious practices and beliefs of the people one of the tasks of this chapter will be to examine the degree to which these were comprehended by the reorganized structures of the Catholic church. Attitudes of Protestants to Catholics and of Catholics to Protestants will also be considered.

How did religion find its expression in the daily lives of the ordinary people? It is sometimes possible to find the private thoughts and beliefs of lay people in their letters and diaries. Unfortunately few of these survive for Fingal. There exists, however, among the 1641 depositions one remarkable letter, written by the Protestant Dublin lawyer, Robert Bysse, junior, in February 1642.[2] Robert had close associations with Fingal. He was the nephew of Robert Bysse of Pelletstown (Castleknock), and the brother to whom the letter was addressed, John, the recorder of Dublin, had several holdings in the area, some of which were inherited from his father, Christopher.[3] John was in England at the time the letter was written and it was, in effect, a plea to him to return home. While the letter is a valuable source of information on the progress of the rising it is also noteworthy for the many expressions of religious faith which it contained. These included a prayer that 'please God that the wind and weather serve' to bring good news of John.[4] The rebels at Drogheda were unable to press home their advantage 'with the permission of the good God'.[5] Having described how Captain Stutfield's ship had gone aground near Drogheda and the

1 Nicholas Archbold, The historie of the Irish Capucins, 1643 (Bibliothèque Municipale de Troyes, MS 1103, p. 94). 2 Robert Bysse, junior, to John Bysse, 16 February 1642 (TCD, MS 840, ff 7–10). 3 *Civil Survey, vii, county of Dublin,* pp 14, 40, 75–6, 114 and 208. 4 Robert Bysse, junior, to John Bysse, 16 February 1642 (TCD, MS 840, f. 7). 5 Robert Bysse, junior, to John Bysse, 16 February 1642 (TCD, MS 840, f. 7).

efforts made to defend her, he noted that 'by these means and God's good pleasure and mercy' she stayed then and came off the next tide.[6] Noting the ambiguous situation and the fears of Lady Bolton that she would be hurt by the English army, he commented that 'she may praise God for her husband and his good friends'.[7] He expressed the hope that 'in God's good time' they would have additional force at their disposal and that in time things 'with God's blessing' would settle.[8] Finally, he alluded to the uncertainty about the whereabouts of his sisters and friends. Unsure whether they were prisoners in the castle of Athlone or 'straightened in their own castle', he prayed that God would 'strengthen and comfort them all, and in his time deliver them and grant us a merry meeting and gathering together of the dispersed'.[9]

The expressions of religious belief found in the depositions were rather different. The occasions on which these were made were serious and solemn and offered less scope for the expression of inner feelings. The religious context of the evidence given at these enquiries was obvious, however, in that they were preceded by the swearing of an oath 'upon the holy Evangelist'.[10] As in the case of the letter written by Robert Bysse, junior, there were occasional references to God's providence as, for example, when the ship's captain, Daniel Barwick, was threatened with death if he did not help the insurgents to capture two ships lying near Ireland's Eye.[11] He reported to the commissioners that 'before the next day the said ships, by God's providence, loosed anchor and had wind that carried them away'. Elizabeth Russell, a widow and fishmonger, of St Michan's parish, who claimed in 1644 that, as a result of the activities of the English army, she was 'quite undone' and must depend 'next unto God unto the charity of her friends'.[12] As might have been expected some of the clergymen also referred to God's providence or pleasure.[13]

Some idea of the all-pervasive religious belief which existed among Catholic laypeople at the period can be found in the poem 'Purgatorium Hibernicum'. Written in a mixture of the Fingallian dialect and standard English, the speeches contained in the poem were permeated by religious feeling. There were many casual references to God and the saints both in English and Irish. When the English word 'God' was used it was often changed to 'good', perhaps for reasons of propriety, as in the phrase 'Good bless', but the original sometimes slipped into the text. Phrases with a religious connotation found in the poem included '*Grá Dé*', '*Fuil Dé*', 'by our Lady', 'God knows', 'as Christ would save her', 'Good bless thee' and 'God send thee better luck nor me'.[14] As death and the afterlife formed a major theme of the poem, prayers for the dead such as 'Good rest his soul and body', 'heaven rest his soul' and the somewhat ambiguous 'pray God reward him for 't' were interspersed in the text.[15]

6 Robert Bysse, junior, to John Bysse, 16 February 1642 (TCD, MS 840, f. 7). 7 Robert Bysse, junior, to John Bysse, 16 February 1642 (TCD, MS 840, f. 9). 8 Robert Bysse, junior, to John Bysse, 16 February 1642 (TCD, MS 840, ff 9–10). 9 Robert Bysse, junior, to John Bysse, 16 February 1642 (TCD, MS 840, f. 10). 10 Examination of Thomas Sevier, 29 January 1642 (TCD, MS 809, f. 232); deposition of Huibart Cromphouts, 2 March 1642 (TCD, MS 809, f. 268); deposition of Darby Lea, 25 January 1642 (TCD, MS 809, f. 288); deposition of Anthony Huiberts, 29 January 1642 (TCD, MS 809, f. 310). 11 Deposition of Daniel Barwick, 21 May 1642 (TCD, MS 810, f. 112); deposition of Daniel Barwick, 23 May 1642 (TCD, MS 810, f. 115). 12 Deposition of Elizabeth Russell, 6 July 1644 (TCD. MS 810, f. 300). 13 Deposition of Randall Dimmock, 1 March 1642 (TCD, MS 809, f. 276); deposition of Henry Pemberton, 25 May 1642 (TCD, MS 810, f. 180). 14 Purgatorium Hibernicum …, *c.*1670 (NLI, MS 470, pp 16, 17, 19, 23, 26, 72, 88, 106, 109, 137, 148). 15 Purgatorium Hibernicum

Cursing was not unknown, as evidenced in the phrases 'the devil choke her', 'the devil may thy collar splice' and more elaborately as a punishment for sin in the lines

> And for that trick hungry [*sic*]and cold
> reward thee, for to be so bold,
> choking upon thy father's brood
> and let it never do thee good.
> A bad *sinkenagh* upon thee
> and strong *barlunagh* be thy fee,
> that without priest may be thy doom
> and no one weep upon thy tomb.[16]

The expressions 'blessing oneself' and 'crossing oneself' as well as 'coshirk' from *coisreacan* were used to denote the sign of the cross.[17] Several specific prayers were mentioned in the poem. The well-educated hero, Nees, for example, was able to say his *Pater Noster*, *Ave Maria*, Grace at table and Matins in Latin.[18] The *Pater Noster*, *Ave Maria* and *Salve Regina* were popular prayers.[19] No doubt this was due in no small part to their association with the rosary and the deep Marian devotion which existed throughout Fingal. The poem contained several references to the use of beads.[20] Also mentioned in it were the *Kyrie Eleison*, *Pias* and the *Oras*, perhaps because of their associations with litanies.[21] Nees was a particular devotee of St Patrick and he expressed his veneration in a long prayer, requesting temporal (military, political and economic) favours.[22] The poem is, of course, a burlesque. Nevertheless, the promises to dedicate an abbey to the saint and to hang his picture in the church, though perhaps somewhat exaggerated, were not untypical of the ambitions of some of the Fingal gentry, recorded in their wills, to be remembered by the erection of monuments in, or by the building and repair of, churches.[23]

The intensity with which many people prayed is conveyed in the following lines:

> But here the nun before she leads
> him further fall[s] unto her beads.
> For she had still, like cunning friends,
> her praying upon her fingers' ends.
> And, as she used to milk her sheep,
> thumping her dugs and in a deep
> sense of her *culpas* and her passion,
> she muttered out a learned oration.
> And so when she had done her praises,

. . ., *c.*1670 (NLI, MS 470, pp 28, 51 and 102). **16** Purgatorium Hibernicum . . ., *c.*1670 (NLI, MS 470, pp 58, 93 and 122). **17** Purgatorium Hibernicum . . ., *c.*1670 (NLI, MS 470, pp 2, 23 and 61). **18** Purgatorium Hibernicum . . ., *c.*1670 (NLI, MS 470, p. 2). **19** Purgatorium Hibernicum . . ., *c.*1670 (NLI, MS 470, pp 2, 13, 52 and 59). **20** Purgatorium Hibernicum . . ., *c.*1670 (NLI, MS 470, pp 13, 17, 59 and 134). **21** Purgatorium Hibernicum . . ., *c.*1670 (NLI, MS 470, pp 17, 59 and 61). **22** Purgatorium Hibernicum . . ., *c.*1670 (NLI, MS 470, pp 15–22). **23** Purgatorium Hibernicum . . ., *c.*1670 (NLI, MS 470, pp 20–1).

her *coshirks*, *Oras* and her graces,
new *Aves*, beads and all the ce-
-remonies of the *Tenebrae*,
and invocated every spirit
that in these regions did inherit ...[24]

She went on to invoke a long list of Irish saints, whose names appear to have been selected for the sake of the rhyme rather than because of their local importance, though a number of them were, in fact, venerated in Fingal. The lines which follow this list hint at what seventeenth-century Protestants regarded as the excessive and unbridled devotion to the saints exhibited by Catholics:

She ceased, nor was there to be found
above, upon or underground
in all the register, not one
that she forgot to call upon
for to conduct her and her page
in subterranean pilgrimage.[25]

In an article entitled 'Catholic religious cultures in the diocese of Dublin, 1614–97', Raymond Gillespie has written that

> communities inherited from the middle ages a social parallel to their own world in a world of saints whose heavenly community mirrored their earthly one. This gave rise to communal devotions addressed to these holy men and women based on rituals performed at particular places validated by a hagiographic tradition. To reformers, both Tridentine Catholics and Protestants, this world of traditional religion was regarded with suspicion because it bore close comparison with superstition, and relied on rituals rather than a genuine interiorised spirituality.[26]

How true was this of Fingal? In an earlier chapter the importance of wells and other traditional pattern sites as venues for social intercourse has been discussed. The religious significance of these sites will now be examined. Of the sixty-nine holy wells identified in Fingal by Caoimhín Ó Danachair and by Dúchas the dedications of fifty-three have been recorded. A small number of wells have multiple dedications. This may indicate either a change in dedication, the existence of a second well which has now disappeared or perhaps some confusion in local tradition. Writing about the important well at Grallagh (parish of Hollywood) Caoimhín Ó Danachair pointed out that it was marked 'St Michael's Well' on the 6 inch Ordnance Survey map but that it was not known locally by this name but as 'St Maccullin's Well' and, by some,

24 Purgatorium Hibernicum ..., *c.*1670 (NLI, MS 470, pp 61–2). 25 Purgatorium Hibernicum ..., *c.*1670 (NLI, MS 470, p. 62). 26 Raymond Gillespie, 'Catholic religious cultures in the diocese of Dublin, 1614–97' in James Kelly and Dáire Keogh (eds), *History of the Catholic Diocese of Dublin* (Dublin, 2000), p. 128.

as 'St Patrick's Well'.[27] Another well which had two other possible designations is Sunday's Well at Malahide, which like that at Lissenhall (parish of Swords), was named for the Deity.[28] Caoimhín Ó Danachair gave St Sylvester (patron of the parish) as an alternative name for the well while Joseph Byrne mentioned a third (Marian) designation, namely, the 'Lady Well'.[29] St Margaret's Well in the parish of the same name had an alternative dedication to St Bridget.[30] There is no evidence, however, that the alternative name found in the files of Dúchas – the Heritage Service for the Lady Well in Stephenstown, namely, 'Mable's Well', had any religious significance.[31] In the case of St Dennis's Well at Clontarf Ó Danachair pointed out that the well was called 'St Dennis's' on one edition of the Ordnance Survey map but 'St Phillip's' on another.[32] He thought it probable that neither was the original name. Ó Danachair also carried out a detailed analysis of the wells and their dedications. The Fingal holy wells were tabulated and have been mapped in figure 8.1.[33] Three of the wells were dedicated to the Deity, nine to Our Lady, twenty-eight (involving twenty-one different dedications) to Irish saints and thirteen (nine different dedications) to other saints. Using the alternative names for the wells at Grallagh and St Margaret's would raise the number of wells dedicated to Irish saints to thirty and reduce those dedicated to other saints to eleven. A large number of the wells were dedicated to just three female saints, namely, at least nine to Our Lady, at least five to St Brigid and five to St Catherine. This may indicate an earlier goddess cult.

As mentioned in chapter 6 there are contemporary or near contemporary references to some of the wells. In his collection made in 1571 Meredith Hanmer mentioned St Pappin's Well at Santry, St Patrick's Well, presumably that at Finglas, and another well dedicated to St Mochan at Kellstown (Clonsilla) which is not included in the Ó Danachair and Dúchas lists or in figure 8.1.[34] Joseph Byrne has described the pilgrimage made by John Talbot of Malahide to St Marnock's well at Portmarnock in 1655.[35] There are several eighteenth-century references. In 1744 Isaac Butler described the condition of the well at St Doolagh's (one of the Lughnasa wells) as follows:

> There is ... a large raised tomb of black marble ... hither the devotees pay their orisons on the first of August, likewise at the well which was beautifully adorned with curious figures and an inscriptional stone importing the time when and by whom erected. It was wholly defaced, the carvings taken away,

27 Caoimhín Ó Danachair, 'The holy wells of County Dublin' in *Reportorium Novum*, ii, no. 1 (1958), p. 75. 28 Caoimhín Ó Danachair, 'The holy wells of County Dublin' in *Reportorium Novum*, ii, no. 1 (1958), pp 70, 78 and 81. 29 Caoimhín Ó Danachair, 'The holy wells of County Dublin' in *Reportorium Novum*, ii, no. 1 (1958), p. 78; Joseph Byrne, *War and peace: the survival of the Talbots of Malahide 1641–1671* (Dublin, 1997), p. 19. 30 John Rutty, *An essay towards a natural experimental medicinal history of the mineral waters of Ireland* (Dublin, 1757), p. 299; Caoimhín Ó Danachair, 'The holy wells of County Dublin' in *Reportorium Novum*, ii, no. 1 (1958), p. 78. 31 Dúchas – the Heritage Service, County Dublin, file no. DU005–002. 32 Caoimhín Ó Danachair, 'The holy wells of County Dublin' in *Reportorium Novum*, ii, no. 1 (1958), p. 69. 33 'Fingal 1603–60', i, p. 297; ii, appendix G, table G.5, p. 70. 34 Meredith Hanmer, *The chronicle of Ireland collected by Meredith Hanmer in the year 1571* (Dublin, 1633, republished 1809), pp 81–2, 84 and 185. 35 Joseph Byrne, *War and peace: the survival of the Talbots of Malahide 1641–1671* (Dublin, 1997), p. 46.

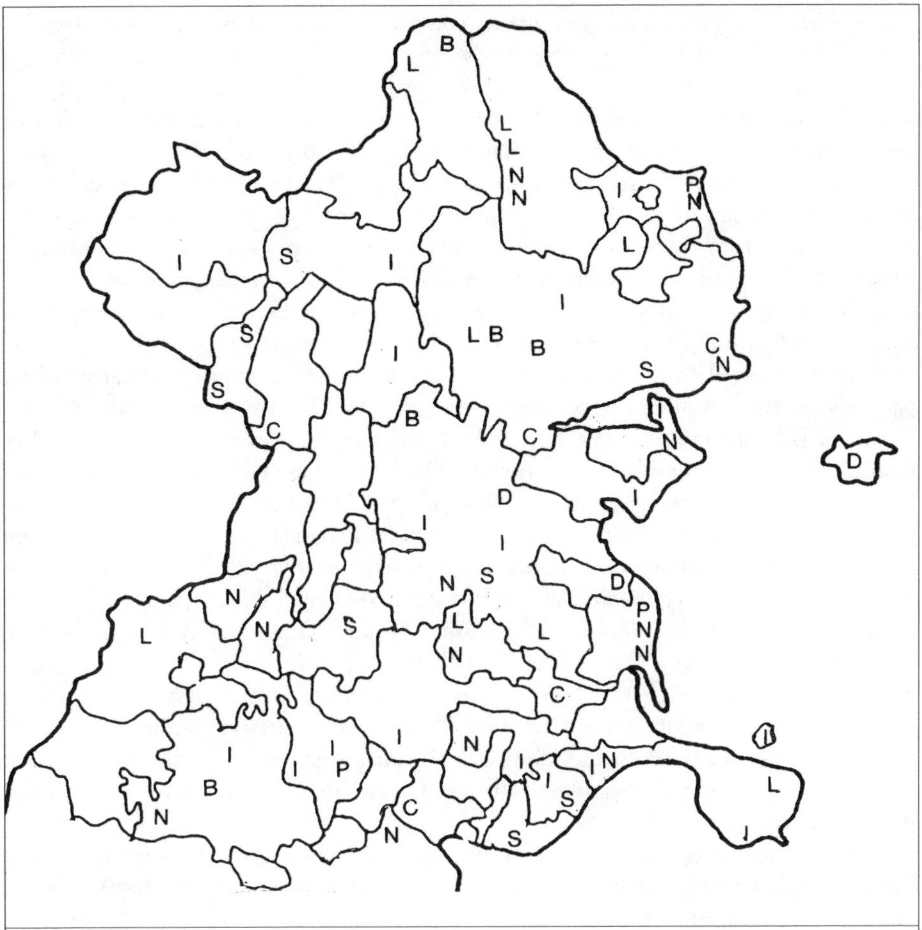

*Well dedicated to*

| | | | |
|---|---|---|---|
| the Deity | D | St Catherine | C |
| Our Lady | L | Other Irish saint | I |
| St Patrick | P | Other saint | S |
| St Brigid | B | Not specified | N |

Fig. 8.1 Dedications of holy wells in Fingal

> and inscriptional stone broke into many pieces by Sir Richard Buckley [Brickley ?].[36]

He also noted St Colmcille's well at Swords, 'a well of pure water encompassed with a square wall and covered with two large ash trees', and the well at Balrothery dedicated to St Peter 'on whose day they go to the said well and pay their orisons,

36 Isaac Butler, Journal of 1744 (Armagh Public Library, p. 1).

&c.'.[37] This was a particularly interesting comment as Ó Danachair's careful description of the well at Balrothery showed how much of this rich tradition had been lost by the twentieth century. It read as follows: 'A good well of clear water, lined with stone to ground level. Used for domestic supply. No tradition of any devotion or other practices. Legend: A woman named Biddy Boughy washed clothes in a holy well in Chapel Lane; this dried up and the present well appeared.'[38] Ó Danachair was apparently unaware of the dedication and, as in the case of St Mochan's well, it has been omitted from figure 8.1. Like St Peter there were other saints venerated in Fingal whose names did not appear in recent lists of known wells. An examination of church and chapel dedications has produced several names which do not appear in the well dedications. Not surprisingly St Nicholas figured twice in this maritime region, as patron of the parishes of Artaine and Kinsaley, which were already extinct parishes in the seventeenth century.[39] St John the Baptist was patron of both Clonturk (Drumcondra) and Clontarf.[40] There may, however, have been another dedication to St Margaret at Clonturk.[41] Three parishes, Killester, Killossery and Kilsallaghan, for which no wells were shown in the Ó Danachair listings, were dedicated to St Brigid (Killester and Killossery) and St David (Kilsallaghan).[42] St Finian was the patron of one of the subordinate chapelries of Swords.[43] Balgriffin church was dedicated to St Sampson but, when the parishes of Balgriffin and St Doolagh were amalgamated, St Doolagh, to whom the surviving church was dedicated, emerged as the patron.[44] The name of St Damnan (Rush, parish of Lusk) has been associated by Robert Walsh with Whitestown (alternative dedication to St Maurus or Maur) and by Bishop Donnelly with Kenure (alternative dedication to St Catherine).[45] In many cases, though not in all, the parish patron or the patron of an extinct parish or chapel coincided with the dedication of one or other of the wells within the parish.

There is no doubt that the 'heavenly community' of the seventeenth-century Fingallians was a rich and varied company. In addition to St Patrick and many Irish saints it included one archangel, a number of biblical saints, such as the apostles, Peter, James, Philip and, possibly, John the Evangelist, saints representing the early universal church (Sylvester, Nicholas, Catherine and Margaret), two saints from France (Dennis and Maurus or Maur), one from Wales (David) and one from England (Werburgh). This 'heavenly community' truly reflected the multi-cultural nature of the earthly community. But how was it regarded by the Tridentine reformers? The Jesuit, Henry Fitzsimon, in his *Catalogus* specifically associated three saints, all of whom were Irish, with Fingal, namely, St Doolagh, whose life survived at Malahide, St Canice, who was celebrated in Finglas and St Marnock, who

37 Isaac Butler, Journal of 1744 (Armagh Public Library, pp 4 and 11). 38 Caoimhín Ó Danachair, 'The holy wells of County Dublin' in *Reportorium Novum*, ii, no. 1 (1958), p. 74. 39 Robert Walsh, *Fingal and its churches* ... (Dublin, 1888), pp 227 and 237. 40 Robert Walsh, *Fingal and its churches* ... (Dublin, 1888), pp 223–4. 41 Francis Elrington Ball, *Southern Fingal* ... (originally published 1920, reprinted Dublin, 1995), p. 182. 42 Nicholas Donnelly, *Short histories of Dublin parishes* (17 parts, Dublin, 1904–17), part xiv, p. 13; Robert Walsh, *Fingal and its churches* ... (Dublin, 1888), p. 238. 43 Robert Walsh, *Fingal and its churches* ... (Dublin, 1888), p. 237. 44 Robert Walsh, *Fingal and its churches* ... (Dublin, 1888), pp 232–3. 45 Robert Walsh, *Fingal and its churches* ... (Dublin, 1888), p. 242; Nicholas Donnelly, *Short histories of Dublin parishes* (17 parts, Dublin, 1904–17), part xvi, p. 95.

was celebrated in Fingal.[46] His work contained the names of several other Irish saints, such as Brendan, Brigid, Kevin, Columba, Fintan, Maccullin and Mobhi, as well as the missionaries, Patrick and Sylvester, who had dedications in Fingal.[47] He was no doubt aware that two other saints in his list had connections with St Patrick's Island, off Skerries. Benin (Benignus) was associated with the folklore of the area while Malachy was a historical figure.[48] Henry Fitzsimon, writing about the use of holy water, said that 'therewith also did our St Malachy help and heal a woman in frenzy and divers others diseased'.[49] His use of the word 'our' to categorize a pre-Norman, albeit canonized, saint confirms that the Fingallian who had written: 'I am not an Englishman' was perfectly reconciled to his own Irish identity.[50] The evidence suggests that devotions to newer saints such as Ignatius supplemented rather than replaced the existing cults. The Capuchins, too, took part in the ancient practices. Father Barnabas interrupted a mission in Garristown to make a six-day pilgrimage '*in Connatiam*' to visit St Brigid's well.[51] Among others who travelled on pilgrimage outside Fingal was Thomas Luttrell's pregnant wife who died on a pilgrimage to Holy Cross early in the century.[52]

For the formal church regulations regarding the practice of religion it is necessary to consult the decrees of the synods. Alison Forrestal has examined these in detail.[53] There is no surviving record of any Dublin diocesan synod for the period 1603–60. The records of two provincial synods for the province of Dublin, held in 1614 at Kilkenny and in 1640 at Tyrchogir, have been published.[54] The records of a third synod held in 1632 are no longer extant.[55] An inter-provincial synod (provinces of Dublin and Cashel), in which the archdiocese of Dublin participated, was held in Kilkenny in 1629.[56] In relation to holy wells Michael Comerford summarized the decree made at the 1614 synod as follows:

> The ecclesiastical authorities were also charged to reform certain abuses and superstitious usages practised by ignorant persons assembling at wells and trees. If it appeared that there were any healing effects produced by such springs, whether proceeding from their natural properties or from the invocation and patronage of certain saints, access to the water was not to be

46 Henry Fitzsimon, 'Catalogus praecipuorum sanctorum Hiberniae' ... (Antwerp, 1621), pp 93, 98 and 102. 47 Henry Fitzsimon, 'Catalogus praecipuorum sanctorum Hiberniae' ... (Antwerp, 1621), pp 87, 89, 96, 102, 104, 110 and 113. 48 Henry Fitzsimon, 'Catalogus praecipuorum sanctorum Hiberniae' ... (Antwerp, 1621), pp 86 and 102; *Acta Sanctorum*, ed. Hippolytus Delehaye and Paulus Peeters, Tomus iv, vol 67 (Brussels, 1925) pp170–1; Dermot McIvor, 'In search of Saint Diomac' in *Journal of the County Louth Archaeological Society*, xiii, no. 3 (1955) pp 225–51; Dubhaltach Mac Firbishigh, *Chronicum Scotorum: a chronicle of Irish affairs from the earliest times to A.D. 1135: with a supplement containing the events from 1141 to 1150*, ed. William M. Hennessy (London, 1866) p. 345. 49 Henry Fitzsimon, *The justification and exposition of the divine sacrifice of the Masse* ... ([Douai], 1611), p. 115. 50 Henry Fitzsimon, *The justification and exposition of the divine sacrifice of the Masse* ... ([Douai], 1611), preface (no page number). 51 Nicholas Archbold, The historie of the Irish Capucins, 1643 (Bibliothèque Municipale de Troyes, MS 1103, f. 176). 52 PRO, SP 63/232/17. 53 Alison Forrestal, *Catholic synods in Ireland, 1600–1690* (Dublin, 1998). 54 Patrick F. Moran, *History of the Catholic archbishops of Dublin since the Reformation* (Dublin, 1864), pp 440–65; summary English translation in Michael Comerford, *Collections relating to the dioceses of Kildare and Leighlin* (3 vols, Dublin and London, 1886), i, pp 245–53. 55 Alison Forrestal, *Catholic synods in Ireland, 1600–1690* (Dublin, 1998), p. 195. 56 Alison Forrestal, *Catholic synods in Ireland, 1600–1690* (Dublin, 1998), p. 35.

> prohibited but only abuses and superstitious practices in connection with them.[57]

There is little evidence that local celebrations were discouraged by the Dublin church authorities during this period. On the other hand, there was probably little active encouragement for such practices nor was there any need for encouragement. The wide-ranging panoply of saints venerated in Fingal, which included numerous Marian, Patrician and Brigidine dedications, and dedications of both churches and wells to other saints of the universal church, ensured that many of the local celebrations took place on official church holydays.[58] The people of Mulhuddart, whose well at Tyrrelstown was dedicated to Our Lady, took full advantage of this for they had days of devotion on 25 March, 15 August and 8 December as well as a pattern on 8 September.[59] There is no doubt that many of the patterns held to mark the festivals were great social as well as religious events. According to 'Purgatorium Hibernicum' the pattern or 'patron' was a two-day event and it appears that the secular events took place on the evening before the feast.[60] The brief reference to 'prayers' and 'beads' suggests a preponderantly lay celebration but the mention of 'Masses' indicates that the clergy also participated in the pattern. The following description of the pattern at *Tubber Shane* indicates that the pattern at that site was somewhat different.

> Have you at *Tubber Shane* beheld
> on patron day when Mass is held
> to charm diseases at the plains
> and valleys filled with numerous trains
> of *crassies backaghs*, blind and lame,
> and go away, even as they came?[61]

Although the use of the word 'charm' suggests superstitious practices, the implication here is that Mass was said at the pattern site to ask the almighty to heal the sick and disabled. In other words, the clergy participated fully in the ceremonies. Caoimhín Ó Danachair listed the cures associated with holy wells where these were known. Generally, the ailments listed were relatively minor and not life-threatening. Sore eyes, sore throats, toothache, headache, stomach disorders, coughs (including whooping cough), chilblains and warts were cited in the twentieth-century recollections recorded by Ó Danachair and in the Dúchas files already mentioned. An exception to the general pattern was the well at Tyrrelstown (parish of Mulhuddart) where sprains, cuts, bruises and rheumatism were the cures noted.[62] Legends survived in the case of fourteen of the wells described by Ó Danachair.[63] Five of these,

57 Michael Comerford, *Collections relating to the dioceses of Kildare and Leighlin* (3 vols, Dublin and London, 1886), i, p. 248. 58 Patrick F. Moran, *History of the Catholic archbishops of Dublin since the Reformation* (Dublin, 1864), p. 459. 59 Caoimhín Ó Danachair, 'The holy wells of County Dublin' in *Reportorium Novum*, ii, no. 1 (1958), p. 76. 60 Purgatorium Hibernicum …, *c.*1670 (NLI, MS 470, p. 133). 61 Purgatorium Hibernicum …, *c.*1670 (NLI, MS 470, p. 150). 62 Caoimhín Ó Danachair, 'The holy wells of County Dublin' in *Reportorium Novum*, ii, no. 1 (1958), p. 76. 63 Caoimhín Ó

Tobersool (Balscaddan), St Mobhí (Holmpatrick), Balrothery, Staffordstown (Lusk) and Sutton (Howth) were concerned with profanation of, or damage to, the well or the surrounding area. At Tobersool there was a legend, found elsewhere in the country, that 'Oliver Cromwell washed his feet in the well and it dried up; it was later restored by the prayers of a holy priest.'[64] This was the only legend recorded in Fingal which reflected quite specifically the religious divide and it probably surfaced some time after Cromwell's progress through the area in 1649. Other legends were associated with the saints who, according to tradition, caused the wells to spring up or with the associated cures. There was a legend associated with St Marnock's well at Portmarnock that 'a tree which overhung the well bent down at night to touch the water. This gave the well its curative powers and also foretold coming storms.'[65] This legend is purely concerned with natural phenomena and makes no mention of the saints or of Christian beliefs. Like the tradition at the Chink Well at Portraine, which told that 'the water remains sweet under the sea' and 'must be visited before sunrise to obtain a cure', the St Marnock's well legend hints at survivals from a religion that was older than Christianity.

Holy wells have always had a fascination for travellers, as well as for archaeologists and historians, but other local religious practices and beliefs have been less well recorded. There have been a number of fairly recent general works which dealt with religious beliefs and practice either at the national level or at diocesan level.[66] The attempt made here to record religious practise in early seventeenth-century Fingal is, of necessity, patchy, since it was often the very obvious which remained unrecorded. Prescriptive decrees of the synods, except where otherwise stated, can be taken as relating to the entire region covered by the synod, but decrees proscribing, suppressing or discouraging certain activities, while important in the national context, are of limited help when considering local practices. The archdiocese of Dublin contained a wide range of sub-cultures and those embraced by the province of Dublin were even more varied. Without corroborative evidence as, for example, exists in the case of the holy wells, it is not possible to say with certainty that a particular proscribed activity was or was not practised in Fingal or, indeed, in any other area.

Apart from the evidence contained in Provost Winter's register already discussed surprisingly little information exists about attitudes to the sacraments of baptism and matrimony. Mixed marriages were a problem for the Catholic clergy for reasons of security as much as anything else. Hinting that it was more serious for a Catholic woman to marry a Protestant man than vice versa, Henry Fitzsimon wrote in 1603: 'I have very often laboured to prevent Catholic women from marrying sectaries, and from thus being used as spies against ourselves; and in my efforts I have been

Danachair, 'The holy wells of County Dublin' in *Reportorium Novum*, ii, no. 1 (1958), pp 72–4, 76–8 and 80–2. **64** Caoimhín Ó Danachair, 'The holy wells of County Dublin' in *Reportorium Novum*, ii, no. 1 (1958), pp 71–2. **65** Caoimhín Ó Danachair, 'The holy wells of County Dublin' in *Reportorium Novum*, ii, no. 1 (1958), p. 78. **66** For example, Patrick J. Corish, *The Catholic community in the seventeenth and eighteenth centuries* (Dublin, 1981); Raymond Gillespie, *Devoted people: belief and religion in early modern Ireland* (Manchester, 1997); Colm Lennon, 'Mass in the manor house: the counter-reformation in Dublin, 1560–1630' and Raymond Gillespie, 'Catholic religious cultures in the diocese of Dublin, 1614–97' in James Kelly and Dáire Keogh (eds), *History of the Catholic Diocese of Dublin* (Dublin, 2000), pp 112–126 and 127–43.

generally successful'.[67] Others, however, were less successful and mixed marriages continued to take place. They did not surface as a specific problem for the synods until the post-Restoration period.[68] Little information survives to show how Catholics in Fingal managed to contract ecclesiastically-approved marriages at times such as the beginning and end of the period when there was an acute shortage of priests in the area. In a letter from Nantes dated 14 March 1656 Brother Edward (a Capuchin) stated that his fellow-Capuchin, Father Anselm, who worked in the Howth and Sutton areas had 'during the last couple of years (1654–1656) . . . married more than eighty couples and baptized over 600 infants'.[69] Since this occurred during a period in which few priests remained at liberty in Fingal it may represent a population covering a much wider area than Howth parish. Nevertheless the numbers are impressive and help to put the work of Samuel Winter and his colleagues into perspective.

For Catholics the central event in their lives was the Mass. In 1611 Henry Fitzsimon wrote as follows in a preface to a major work on the subject:

> As for the Mass the most divine oblation not only in earth but in heaven, and not only that is presented to God, as containing Christ himself an holocaust to his father: the approved piety of our nation toward it, made me to justify and expound it according my best leisure and power. For beholding old and young, rich and poor to resort thereto in foulest weather; in certain danger of persecution; to places ten, fifteen, twenty miles distant; and of those divers with age and infirmities feebled; and being present in place of the propitiatory sacrifice to be so devout, so fervent, so admirably religious in hearty prayer, penitent purposes, inflamed defiers of amendment and the like virtuous affections: I then resolved, with first opportunity, to let them sensibly understand, that all such their piety was not without cause, but upon just and urgent desert, performed . . .[70]

With these words, Henry Fitzsimon, while acknowledging the fervour of his people, hinted that they did not fully understand the basis for it. Ironically, the most detailed record of Mass attendance was contained in Archbishop Bulkeley's visitation in 1630 which has already been analyzed in connection with the attempt to gauge the relative strengths of the religious denominations and which showed that, almost twenty years after Fitzsimon wrote the lines quoted above, the people's enthusiasm for the Mass had not diminished.[71] While this enthusiasm was never specifically mentioned in the visitation reports there were occasional allusions to it, for example, in the case of Balgriffin and St Doolagh's where it was stated that all the parishioners were recusants and commonly resorted to Fitzsimon's Grange, Plunket's Grange and some to

67 Henry Fitzsimon to Father Aquaviva, 10 April 1603 in Henry Fitzsimon, *Words of comfort to persecuted Catholics* . . . (Dublin, 1881), p. 56. 68 Alison Forrestal, *Catholic synods in Ireland, 1600–1690* (Dublin, 1998), pp 84–5 and 171. 69 Nicholas Donnelly, *Short histories of Dublin parishes* (17 parts, Dublin, 1904–17), part xv, p. 56. 70 Henry Fitzsimon, *The justification and exposition of the divine sacrifice of the Masse* . . . ([Douai], 1611), preface (no page number). 71 'Archbishop Bulkeley's visitation of Dublin, 1630', ed. M.V. Ronan in *Archivium Hibernicum*, viii (1941), pp 56–98.

Howth, that is, they travelled some distance to hear Mass.[72] Again in Malahide all the parishioners were recusants 'and go to Mass now at Mr Talbot of Malahide's house, more usually than heretofore'.[73] Of Nicholas Fitzwilliam's house at Baldongan it was recorded that all the inhabitants round about resorted there to hear Mass.[74] As already mentioned the celebration of Mass in an old abbey or in Christ Church cathedral in Dublin was one of the great ambitions of the Catholics who took part in the 1641 rising as well as one of the threats feared by the Protestants.[75] In 1642 the Fingallian refugees in Virginia made sure that they attended Mass before they began their games and festivities.[76] When he invaded Lambay Island, the Friar Malone, also known as John O'Malony, used the Mass-book, rather than the New Testament, to swear an oath.[77] There are several references to the Mass in 'Purgatorium Hibernicum'.[78] Two of these have already been mentioned in connection with patterns at holy wells. Some are little more than casual references but others show that people believed in the efficacy of the Mass and of other prayers for the relief of the souls in Purgatory.[79] The lines

> Then did friar Conor, the old father,
> command a man to bear the lather
> to the road by which they went to Mass
> to make a bridge whereon to pass
> that every one, as he went by,
> might pray for his soul thereon did lie.

are a reminder of the custom of praying for the dead when passing a cemetery and may represent a variant of that custom.[80] The lines, however, may contain a veiled allusion to another practice described in Patrick F. Moran's *History of the Catholic archbishops of Dublin*:

> From time immemorial it had been the custom in Ireland to have an alms offered to the assisting priest at the monasteries or other places of burial: the heretics, however, having seized the monasteries and parochial graveyards, prevented the performance of the Catholic service, and claimed, moreover, the alms which might be offered by the friends of the deceased. To obviate this difficulty, the funeral, before arriving at the place of burial, halted at some convenient place, where the Protestant minister could put forth no claim, and there the prayers were recited and the alms offered to the assisting priest.[81]

72 'Archbishop Bulkeley's visitation of Dublin, 1630', ed. M.V. Ronan in *Archivium Hibernicum*, viii (1941), p. 67. 73 'Archbishop Bulkeley's visitation of Dublin, 1630', ed. M.V. Ronan in *Archivium Hibernicum*, viii (1941), p. 68. 74 'Archbishop Bulkeley's visitation of Dublin, 1630', ed. M.V. Ronan in *Archivium Hibernicum*, viii (1941), p. 70. 75 Deposition of Ann Cappar, 4 January 1642 (TCD, MS 809, f. 261); deposition of Margaret Huiberts, 14 March 1644 (TCD, MS 810, f. 238); deposition of Edward Leech, 18 March 1644 (TCD, MS 810, f. 245). 76 Deposition of George Creichton, 15 April 1643 (TCD, MS 833, ff 236–7); John T. Gilbert (ed.), *A contemporary history of affairs in Ireland from A. D. 1641 to 1652* ... (3 vols, Dublin, 1879–80), i, part ii, p. 542. 77 Deposition of Edward Leech, 18 March 1644 (TCD, MS 810, f. 244). 78 Purgatorium Hibernicum ..., *c.*1670 (NLI, MS 470, pp 13, 37, 52–3, 58, 112, 134, 150, 166 and 175). 79 Purgatorium Hibernicum ..., *c.*1670 (NLI, MS 470, pp 37 and 52–3). 80 Purgatorium Hibernicum ..., *c.*1670 (NLI, MS 470, pp 52–3). 81 Patrick F. Moran,

Respect for the dead manifested itself in various ways. For Protestants it usually meant a service and decent burial in a church previously selected by the deceased, as in the case of Robert Bysse of Pelletstown (Castleknock), or by the deceased's relatives, executors or overseers.[82] For many Catholics it meant the administration of the sacrament of extreme unction before death together with an arrangement to ensure not only decent burial in the church or churchyard of one's choice but also to arrange for prayers for one's soul after death and for some considerable time into the future. Wills, including their preambles, often tell a great deal about the religious beliefs of the individual and the community. Since very few wills have survived in their entirety for Fingal for this period, and as those which have survived mainly relate to the upper classes and gentry, it is impossible to construct a satisfactory picture. Abstracts made from wills generally omitted the pious preamble though they usually mentioned the place of burial where this was specified. Notwithstanding these deficiencies, those wills which have survived, in whole or in part, give us some indication of what was considered important in death as in life. The general introductory formula used by Catholics was generally short such as 'I bequeath my soul to Almighty God, my creator and redeemer' followed by an instruction about the place of burial as in the wills of Richard Nettervill (1607), Henry Burnell (1614), John Arthur (1666) and Christian Purfield (1666).[83] Robert Arthur, father of John, who made his will in 1648, omitted the preamble and began by appointing his executors and overseers.[84] He then went on to recommend his soul 'to God, my maker and redeemer' and asked that his body be buried in his parish church of Lusk. The preamble contained in the abstract of the will of Walter Segrave of Little Cabragh (1619), a very prominent Catholic, was as follows:

> In the name of the Holy Trinity, Father, Son and the Holy Ghost, three persons and one God, Amen. Walter Segrave of the Little Cabragh in the franchises and liberties of the city of Dublin, alderman, being in perfect memory and health of body, thanks be to God, considering with himself the shortness and uncertainty of man his life does make his last will and testament ...[85]

James Hussey, priest, of Smarmore, Co. Louth, used the following formula: 'first I bequeath my soul to Almighty God, the blessed Virgin Marie, and all the holy company of heaven. And my body to be interred in the sepulchre of my father at Holmpatrick'.[86]

*History of the Catholic archbishops of Dublin since the Reformation* (Dublin, 1864), p. 372. 82 Abstract of will of Robert Bysse, senior, 27 January 1643 (RSAI, Elrington Ball MSS, vol xi, f. 44); Francis Elrington Ball, *Southern Fingal ...* (originally published 1920, reprinted Dublin, 1995), p. 27. 83 Will of Richard Nettervill, 11 April 1607 (NAI, Deeds and wills extracted from inquisitions, exchequer series, vol 1, Carlow and County Dublin, RC 10/1, p. 353); abstract of will of Henry Burnell, 17 July 1614 (RSAI, Elrington Ball MSS, vol xi, f. 34); will of John Arthur, 4 October 1666 (NAI, Prerogative will book, 1664–84, f. 73); will of Christian Purfield, 23 April 1666 (NAI, Prerogative will book, 1664–84, f. 116). 84 Will of Robert Arthur, 4 June 1648 (NAI, Prerogative will book, 1664–84, f. 274). 85 Abstract of will of Walter Segrave, 9 March 1619 (RSAI, Elrington Ball MSS, vol xii, f. 26). 86 L.P. Murray, 'The will of James Hussey of Smarmore, Co. Louth, "Priest" (A.D. 1635)' in *The Journal of the County Louth Archaeological Society* viii, no. 4 (1936), p. 303.

The formula used by Protestants was generally longer and was often a profession of their view of salvation. Luke Challoner, clergyman of Finglas, wrote: 'first I leave my soul to the lord's gracious mercy in the mediation of his dear son in whom for my salvation I faithfully trust and my body to be buried as my executors shall think good'.[87] Anne Coote of Killester (1650) used the following formula:

> I bequeath my soul to God my maker hoping and expecting through the only merits of his son Christ Jesus by faith applied to me for a glorious and beatifical vision of my God, my saviour and my sanctifier, and of a happy resurrection of my body at the last day.

Sir James Ware (1665) bequeathed his soul to almighty God 'to be redeemed by the most precious death and mediation of my saviour, Jesus Christ' and asked to be buried with his parents, wife and some of his children in St Werburgh's church in Dublin.[88] Thomas Bourke (1669) commended his soul to Almighty God, 'hoping assuredly through the only merits of Jesus Christ my Saviour to be made partaker of life everlasting', and went on to request burial in the church of Raheny.[89] John Sprotton of the Red Mills near Chapelizod (1670) commended his soul 'to Almighty God, trusting in the merits and mediation of Jesus Christ'.[90]

The arrangements made by dying persons for the provision of clothing and mourning tokens, such as rings, for their relatives and friends has been adverted to in an earlier chapter. The treatment of death as a rite of passage, particularly in the context of religion, will now be examined. The poem 'Purgatorium Hibernicum' attempted to superimpose characters from seventeenth-century Fingal upon a story set in pre-historic Italy. While it was essentially a burlesque the basic theme of the original enabled it to give an elaborate picture of how the ceremonies connected with death and burial were carried out in the seventeenth century or, at least, how they appeared to the observer.

The vital importance of providing a proper burial and tomb was emphasized again and again in the poem. This may be due to the fact that the author was conscious of the fact that the wars of the mid-seventeenth century had, inevitably, caused a break in the tradition of due reverence to the dead. The refusal to allow the burial of the dead, especially the Protestant dead, had been a feature of that war in Fingal. Few funeral monuments from that period remain in the area and this may be due to the fact that such memorials were never erected. In the poem Shela explained that an unburied person 'may wander here [ in the underworld] till he is weary and fast a hundred years, before he can be relieve[d] from Purgatory'.[91] Pillinure (*Pallinurus*) pleaded with Nees to bury his body in order that 'my poor bones may be at ease and with my fathers rest in peace'.[92] Nees promised to raise a tomb so that 'shall still

87 'Will of Luke Challoner, DD', in Newport J.D. White, *Four good men; Luke Challoner, Jeremy Taylor, Narcissus Marsh, Elias Bouhéreau* (Dublin, 1927), pp 22–4. 88 Will of Sir James Ware, 10 August 1665 (NAI, Prerogative will book, 1664–84, f. 178). 89 Will of Thomas Bourke, 6 April 1669 (NAI, Prerogative will book, 1664–84, f. 165). 90 Abstract of will of John Sprotton, 30 September 1670 (RSAI, Elrington Ball MSS, vol xi, f. 38). 91 Purgatorium Hibernicum ..., *c.*1670 (NLI, MS 470, p. 73). 92 Purgatorium Hibernicum ..., *c.*1670 (NLI, MS 470, p. 77).

endure the name of honest Pillinure' and the writer of the marginal notes to the poem identified this placename, now transposed to Kilmure (possibly Kilmore, parish of Coolock) as being in Fingal, five miles from Dublin. Later in the story Nees told another friend, Bryan Oge, whom he met in the underworld, that, unable to find his body, he had put up for him an empty bier to which Bryan replied

> I know
> how much I am beholden to
> thy own self then art do me all
> the reliquid of a funeral.[93]

The most detailed account of the ceremonies associated with death was given in connection with the death and burial of an ordinary man, the piper, MacShane. The sacrament of extreme unction was administered to dying Catholics. The following lines describe its administration to MacShane:

> There was the priest forgiving sins,
> busy as hen with two chickens,
> 'nointing his forehead, breast and nose,
> his drivers and his petty-toes,
> according method of his function
> with holy oil of extreme unction.
> But most his knees those twins of penance
> that to devotion were strict tenants.[94]

After death the corpse was washed and brought to a specially-built hut or mortuary where the wake was held.[95] After death the priest also had a function to fulfil at the wake.

> And in comes
> monk Conor too with all his trinkums,
> who, when he had his office paid,
> and for the dead a while had prayed,
> all ceremonies being ended,
> the mourners now are recommended
> to their own sports.[96]

Throughout the following night the mourners prayed, played and smoked – there was no mention of drinking at the wake – and on the following day they mounted MacShane's body on a bier 'with a white velvet overcast' and brought him for burial.[97] Having placed the corpse and personal possessions in the grave further

93 Purgatorium Hibernicum ..., *c.*1670 (NLI, MS 470, pp 98–9). 94 Purgatorium Hibernicum ..., *c.*1670 (NLI, MS 470, p. 36). 95 Purgatorium Hibernicum ..., *c.*1670 (NLI, MS 470, pp 45–8). 96 Purgatorium Hibernicum ..., *c.*1670 (NLI, MS 470, pp 48–9). 97 Purgatorium Hibernicum ..., *c.*1670 (NLI, MS 470, pp 49–51).

prayers and a Mass were said.[98] Two crosses were provided: the first of thorns, earth and broom was designed to protect the grave from marauding humans and animals; the second of grass was strewn by the priest over the body.[99] Finally, the priest gave the assembled throng his blessing.[100]

While this description of the funeral of an ordinary man suggests something rather different from the elaborate ritual planned by Lady Bath the common thread in Catholic funerals was the Mass and the accompanying prayers. The sombre ceremonies conducted at the funerals of some Protestants, such as Robert Bysse, senior, were very different.[101] Thomas Richardson, the Finglas dissenter, for example, asked to be buried in his tomb in St Werburgh's 'decently but not with pomp'.[102] An extreme case was that of Nicholas Loftus, who had married Margaret Chetham of Hacketstown and subsequently moved to Co. Wexford, who ordered 'that he should be buried in the night-time, without any ceremonies, assemblies, or mournings, but privately, as soon as he should be dead'.[103] He was buried in Fethard in 1666.

A few references to the sacrament of penance can be found in the records. The Capuchin, Brother Edward, writing in 1654, stated that his colleague, Father Anselm, would celebrate Mass in Howth 'in some secluded spot and during the night, and on each of these occasions would hear confessions and distribute Holy Communion among sixty, seventy, or even ninety individuals, all being over before daybreak; but at Easter time the number would reach nearly one thousand'.[104] A fellow-member of his order, Father Stephen, ministered to about twenty villages in Swords.[105] His work was mostly carried on by night and every Mass he offered was attended by a multitude of penitents and communicants. A lay perspective on penance is to be found in the burlesque 'Purgatorium Hibernicum'. The prince, Nees, had an personal confessor 'Father Brian', something which must have been difficult for ordinary people in Ireland at that time but the poet probably had a chaplain in mind.[106] The necessity of repentance for sin was understood.[107] Penance was a familiar concept and was mentioned several times in the poem.[108] One penitential practice which occupied the thoughts of seventeenth-century Fingallians was that of fasting. The practice of the people and, to some extent, the church regulations remained extremely strict in Ireland despite the changes which the papacy had introduced.[109] Patrick F. Moran pointed out that more than half the days of the whole year were days of fast and/or abstinence. Shela, who in the poem 'Purgatorium

98 Purgatorium Hibernicum ..., *c.*1670 (NLI, MS 470, pp 51–2). 99 Purgatorium Hibernicum ..., *c.*1670 (NLI, MS 470, pp 40–1 and 52). 100 Purgatorium Hibernicum ..., *c.*1670 (NLI, MS 470, p. 52). 101 Abstract of will of Robert Bysse, senior, 27 January 1643 (RSAI, Elrington Ball MSS, vol xi, f. 44); Francis Elrington Ball, *Southern Fingal* ... (originally published 1920, reprinted Dublin, 1995), p. 27. 102 Abstract of will of Thomas Richardson, 11 April 1668 (RSAI, Elrington Ball MSS, vol xii, f. 47). 103 John Lodge, *The peerage of Ireland or a genealogical history of the present nobility of that kingdom* (revised by Mervyn Archdall, 7 vols, Dublin, 1789), vii, pp 264–5. 104 Nicholas Donnelly, *Short histories of Dublin parishes* (17 parts, Dublin, 1904–17), part xv, p. 56. 105 Nicholas Donnelly, *Short histories of Dublin parishes* (17 parts, Dublin, 1904–17), part xv, p. 73. 106 Purgatorium Hibernicum ..., *c.*1670 (NLI, MS 470, p. 16). 107 Purgatorium Hibernicum ..., *c.*1670 (NLI, MS 470, p. 18). 108 Purgatorium Hibernicum ..., *c.*1670 (NLI, MS 470, pp 36–7, 84, 112, 118, 124, 127 and 156). 109 Patrick F. Moran, *History of the Catholic archbishops of Dublin since the Reformation* (Dublin, 1864), p. 271; Michael Comerford, *Collections relating to the dioceses of Kildare and Leighlin* (3 vols, Dublin and London, 1886), i, pp 250–1.

Hibernicum' represented the ordinary people, spoke of the principal devil in hell as one who 'eats fish on feasts or flesh on fast days' as if both practices were equally reprehensible.[110] Nees, the 'prince', on the other hand, who

of knowledge had no lack,
had in his pate an almanac,
knew by the motion of the sun
when 'twas a fast and when 'twas none

had a rather more sophisticated attitude to the regulations and found a way to get around them on his own terms.[111] In a long passage which enabled the author to explore the question of conscience, Nees, when offered a festive meal on a fast day, pretended ignorance 'for ignorance the Gods appeases' and determined 'to eat and say he forgot'.[112] Once having eaten he 'fell to't'. The severity of the fasts was such that Shela, although prepared to accompany him in a drink, 'of the butter would not taste, 'cause, as I said, it was a fast'.[113] The whole passage, although written in a light-hearted way, conveys the impression of a surprising degree of familiarity with the intricacies of church regulations on the part of lay people. Another example of how people managed to abide by the letter, if not the spirit, of the church's regulations is found in Shela's keeping a piece of beef throughout Lent to eat at Easter

which she indeed like frugal beef
within a clout till Lent was past
reserved till then to break her fast.[114]

The setting of the poem in the underworld gave the author ample opportunity to explore the topics of sin, punishment, hell and the devil. Among the sinners in hell from a wide range of professions and occupations Nees discovered priests, fanatics, clerks, curates and country vicars.[115] He specifically enquired about 'popes, cardinals and nuns' and was told that 'these fare as other spirits according to their deeds and merits'.[116] The reference to the 'numerous throngs of orphans got by friars and nuns i' abbeys and in monasteries and murdered by their votaries to cloak a venial sin' may reflect a folk memory since no abbeys, monasteries or convents are known to have existed in Fingal during the seventeenth century.[117]

As well as stressing the importance of the sacraments the Capuchin friars on the Irish mission placed a great deal of emphasis on preaching. Indeed, if the attention given to sermons in Nicholas Archbold's accounts accurately reflected the views of contemporary members of the order ability to preach was considered one of the more important attributes of a priest. As has already been mentioned, he and many

110 Purgatorium Hibernicum ..., *c.*1670 (NLI, MS 470, p. 112). 111 Purgatorium Hibernicum ..., *c.*1670 (NLI, MS 470, p. 120). 112 Purgatorium Hibernicum ..., *c.*1670 (NLI, MS 470, pp 118–22). 113 Purgatorium Hibernicum ..., *c.*1670 (NLI, MS 470, p. 122). 114 Purgatorium Hibernicum ..., *c.*1670 (NLI, MS 470, p. 26). 115 Purgatorium Hibernicum ..., *c.*1670 (NLI, MS 470, p. 126). 116 Purgatorium Hibernicum ..., *c.*1670 (NLI, MS 470, p. 126). 117 Purgatorium Hibernicum ..., *c.*1670 (NLI, MS 470, p. 85).

others regarded Luke (Father Edward) Bath of Drumcondra as an excellent example of a good preacher. Father Archbold left two accounts of one particular occasion in 1633 when Luke Bath preached at Lusk.[118] The more detailed account below described not only the power of the preacher but also the effects on his listeners.

> Father Edward, preaching once the passion on a holy Friday: when he came to these words '*Ecce Homo*' and showed a picture of that portraiture, the people (they were of a great number) were so moved and inflamed, what at the sight of the picture, what by the efficacy of his emphatical words, that melt into tears and contrition, they clapped their hands together and cried out a main '*Misericordia, misericordia*'; an accident the like of which, to my knowledge, never happened before in that [*sic*] parts. It happened in Lusk, in Fingal, or thereabouts, which kind of people use not to fall into such fevers: being otherwise of a cold blood, phlegmatic disposition, but as fire causeth cold water to boil, to leap up to fly out of its centre: so this seraphical, ignited preacher coming among such heavy, cold affectioned people; so inflamed them with heat of divine charity (the peculiar property of the seraphical order) that not able to contain themselves, they burst out; and flamed with tears of compunction and Christian zeal.
>
> This, their lacrimous clamour, endured for near the space of a quarter of hour, notwithstanding that Father Edward did what he could to have cut it short and appease them. After which they so affected the preacher that what for thirst and desire of the word, what for desire of discharging their consciences unto him by sacramental confession: they flocked in troops after him from village to village: giving him scarcely space to rest a little, and take his necessary food, a thing which hath often happened to others also, our missioners in Ireland.[119]

The narrative would suggest that the people of Lusk were unused to the type of religious picture used by Luke Bath and that such visual aids were an important component in the work of the missioners. It is also clear that though the sermon had a remarkably powerful effect on this occasion similar, if not so dramatic, successes by the Capuchins were by no means uncommon. Archbold also recognized the preaching ability of the controversial English secular priest, Paul Harris, who was chaplain to the Luttrell family at Clonsilla in 1630.[120] He stated that 'his sermons wanted not stuff and good matter, accompanied with curiosity and learning; his speech and delivery was correspondent'. However, he disapproved of the histrionic

118 Nicholas Archbold, The historie of the Irish Capucins, 1643 (Bibliothèque Municipale de Troyes, MS 1103, p. 96); Nicholas Archbold, The evangelicall fruict of the Seraphicall Franciscan order, centur 5, ab Anno Domini 1600, 1628, continued to 1645 (BL, Harleian MS 3888, f. 105). **119** Nicholas Archbold, The historie of the Irish Capucins, 1643 (Bibliothèque Municipale de Troyes, MS 1103, pp 96–7). **120** Nicholas Archbold, The evangelicall fruict of the Seraphicall Franciscan order, centur 5, ab Anno Domini 1600, 1628, continued to 1645 (BL, Harleian MS 3888, f. 106); 'Archbishop Bulkeley's visitation of Dublin, 1630', ed. M.V. Ronan in *Archivium Hibernicum*, viii (1941), p. 77; Nicholas Donnelly, *Short histories of Dublin parishes* (17 parts, Dublin, 1904–17), part viii, p. 170; Francis Elrington Ball, *Southern Fingal …* (originally published 1920, reprinted Dublin, 1995), p. 35.

style of his sermons and of his 'odd conceits, quirks, composed phrases, verses, exotical proverbs and the like'. The established church had placed considerable emphasis on preaching ability in appointments in the Fingal area earlier in the century though what practical effect they had is not known but from 1616, when the Capuchin mission to Ireland began, the Catholic church was able to compete in this aspect of evangelization. As well as being employed to encourage people to frequent the sacraments, the sermon was also used as a vehicle for bringing other Tridentine ideas into Ireland.

Mention has been made in chapter 6 of the fact that Catholics and Protestants ate, drank and socialized together in early seventeenth-century Fingal. There were many marriages between people on either side of the religious divide, at least at the higher levels of society. There was, however, a deep-seated hostility between the two groups which caused tensions in society. These tensions found their expression in several ways but most clearly after the accommodations between the two groups had broken down after the outbreak of war in 1641. Catholics still hoped to recover the churches and priories, such as Christ Church cathedral and Holmpatrick priory, lost at the time of the Reformation. As already mentioned the celebration of Mass at these sites was one of the insurgents' great ambitions. Queen Elizabeth, too, had attracted opprobrium. 'Delahide of Rush', probably Thomas Delahide of Loughshinny, told Daniel Barwick, when he was a prisoner in Baldongan castle in 1642 that ' "he doth wonder that the Church of England should canonize Queen Elizabeth for a saint she being a damned whore" and other impious words against that blessed princess, not fit to be spoken or written'.[121] This was too much even for the commissioners for, in a longer and more formal version of the deposition drawn up two days later on 23 May 1642, Barwick's account was altered to read 'that one, Delahide of Rush aforesaid, gentleman, did, in this deponent's presence, give most base reports and words against the late Queen Elizabeth of famous memory; which he can, yet is ashamed to, express ...'[122]

One of the earliest indications of sectarian conflict during the rising came about when a Protestant named William Apsley, who when about to set out from Dublin early in November 1641 with others who were licensed to serve in Spain as soldiers under the command of a Colonel Barry, made a complaint to the authorities.[123] He stated that he (Apsley) had told his companions that he would like to have been with the rebels in the north in order to have surprised them. He accused his lieutenant, Luke Marriott, an English Catholic, who had been agent for the father of James Plunket of Dunsoghly, of saying that he, too, wished they had been with the rebels 'that then they would make some of the Protestants smoke and alleged that they (meaning the Protestants) had money enough and it were a good deed to cut their throats'. He went on to allege that Marriott 'did behave himself towards the examinant and such other Protestants as were ashipboard, under his command, very violent and bitter, not suffering them to go to prayers'.[124] Marriott was imprisoned

121 Deposition of Daniel Barwick, 21 May 1642 (TCD, MS 810, f. 112). 122 Deposition of Daniel Barwick, 23 May 1642 (TCD, MS 810, f. 115). 123 Examination of William Apsley, 7 November 1641 (TCD, MS 809, f. 127); examination of Luke Marriott, 8 November 1641 (TCD, MS 809, f. 128); petition of Luke Marriott, not dated, endorsed 6 November 1641 (TCD, MS 809, f. 130). 124 Examination

but denied these charges, made counter-charges against Apsley and appealed against his imprisonment to the lords justices and council.[125] While the outcome of this incident is not known it shows the potential for conflict that existed. On 23 November 1641 Thomas Waring made a deposition before Sir James Ware in which he stated that one of Ware's tenants, John Sephton of Finglas, a Protestant, who had aroused suspicions because of the company he kept, had told him 'that the enemies would be too strong for the Protestants and that they grew every day stronger and that he knew by divers papists whom he did usually recourse with that the Protestants would be destroyed'.[126] These reports and allegations made by Apsley and Waring show that there was considerable tension in the area associated with religion. Well before the rising took place Protestants in Dublin and Fingal were quite ready to believe, with some justification, that they would be forced to embrace Catholicism.[127] John Lukey, minister of Ballyboghil, reported that

> about nine months before the rebellion began, Sebastian Finglas of the Murragh, near Ballyboghil ... (being a wilful papist) wished this deponent divers times to turn to his religion for the papists should shortly universally reign in Ireland and he waited for the time every day and knew it would be very shortly: and then all Protestant ministers must become schoolmasters or mechanics. And ... about six weeks before the rebellion began one, William Bucklie, the clerk of Lusk, told this deponent that he heard one Mr Fitzwilliam of Baldongan, gentleman (in an alehouse at Lusk) say that he did hope shortly to see every minister's neck as long as his arms.

Needless to say the Protestant people of Fingal felt even more threatened after the rising broke out. On 11 December 1641 the inhabitants of Clontarf pillaged a barque 'and, when one, Evers, and a miller came to help to save the goods, they fell upon them and wounded the miller to death and caused Evers for fear of losing his life to turn papist'.[128] Susanna Stockdale, having refused her cousin's, Nicholas Barnewall's, offer of hospitality at Turvey 'because she was confident that popish priests and rebels would haunt his house' went on to depose that

> the countess, his wife, replied in some angry and scornful words: 'No, no, I am glad of it, for God would never bless the house if you were in it in regard of your religion, And then one, Father John, her popish priest or friar (being present) answered: "No, no, there can none work upon her, she hath been long enough in handling, but none could convert her" or to that effect.[129]

Protestants bitterly resented the attempts made by Catholics to convert them.

of William Apsley, 7 November 1641 (TCD, MS 809, f. 127). **125** Examination of Luke Marriott, 8 November 1641 (TCD, MS 809, f. 128); petition of Luke Marriott, not dated, endorsed 6 November 1641 (TCD, MS 809, f. 130). **126** Examination of Thomas Waring, 23 November 1641 (TCD, MS 809, f. 208). **127** Examination of Peter Fletcher, 11 December 1641 (TCD, MS 809, f. 210). **128** Examination of David Powell, 14 December 1641 (TCD, MS 809, f. 214). **129** Deposition of Susanna Stockdale (copy only), not dated (TCD, MS 810, f. 95).

Perhaps the most comprehensive account both of the fears of the Protestants and the ambitions of the Catholics in the area appears in the deposition of Edward Leech.[130] Leech was in charge of the castle of Lambay Island when it was invaded by a group of men from the Rush and Skerries areas, under the command of John O'Malony (a friar), more usually referred to in the depositions as the 'Friar Malone'. The relevant portion of the deposition reads as follows:

> Immediately upon the landing of the said friar in the island he sent to this deponent a letter without date offering this deponent quarter (if he would leave all to him) vowing by the Almighty, if he refused his gracious offer, to kill man, woman and child belonging to the said deponent. Soon after the said friar came up to the castle and told this deponent what he must trust unto. And this deponent being unable to resist (his own servants and the whole tenants of the island being papists leaving him) he submitted to the friar's pleasure ... He also saith that the said friar showed this deponent two commissions (which, as he alleged, were from the king of Spain) sealed with crucifixes which he said was to authorise him to do what he did. And the said friar took a Mass book out of his pocket and swore by the contents thereof, that he was the first man that drew the plot for the present rebellion in Ireland and that he himself in person had acquainted the pope and all the kings in Christendom therewith, except the king of England and the king of Denmark, and that some colonels in Dublin had had money of him, for to raise men for Spain and that he had kept them aboard for some time within the harbour of Dublin and that it was resolved by them, meaning the Catholic army, that not the spawn of an English Protestant should be left in Ireland very shortly ... He also said that they had both powder and ordnance making in Ireland, and when the deponent desired his Bible, which the said friar took from him with other books, he refused to give it, but told this deponent that he was sworn to burn all the Protestant Bibles that came to his hands. The said friar used many persuasions to this deponent and his wife to turn to their religion and promised them, that if they would so do, they should go with him to the house of Mr Barnewall of Bremore, and fair no worse than he did, and that if they would try, if they liked it not, he would leave them safe at the walls of Dublin, which this deponent refused ...

The deposition of John Huxley of Rush, described as a 'British Protestant', told that Malone displayed similar attitudes towards other Protestants:

> And this deponent further saith: that one Malone (who, as he heard, is a friar) and called himself the chaplain major to the Irish host, about the 6 of December last, 1641, said that he was the beginner of this rebellion, and that it cost him to bring it to pass three and twenty thousand pounds, the said Malone did say that this deponent and his wife should be both hanged by him,

130 Deposition of Edward Leech, 18 March 1644 (TCD, MS 810, ff 244–5).

> that there might be none of their breed left, but with much entreaty of a gentlewoman Mr James Russell's wife (falling upon her knees unto him to spare their lives) he was contented, but gave present order to take away all their corn and goods and to send it to the army called the Irish host.[131]

As the rising progressed the rift between Catholics and Protestants widened. In 1653 a servant, Mary Medowes, who was a witness at the trial of the Balrothery priest, Robert Passmore, for the murder of two ministers, Robert and Ambrose Burton, in 1642 told the court that John Finglas and others came to her master's house and told him 'that they had taken two black divils and were going to see them hanged'.[132]

Catholics as well as Protestants felt threatened. While enjoying an uneasy peace they had at intervals throughout the period leading up to 1641 witnessed at close quarters many traumatic events which reminded them that they were a subordinate group in society. Henry Fitzsimon was imprisoned for five years in the early years of the century.[133] Sir Patrick Barnewall and others were imprisoned in Dublin Castle and Henry Burnell, an old man, was placed under house arrest in 1605.[134] Robert Lalor, vicar-general of the archdiocese of Dublin, was arrested in 1606, attainted of *praemunire* for advancing foreign jurisdiction.[135] Cornelius O'Devany, bishop of Down and Connor, was hanged near Oxmantown in 1612.[136] Francis Taylor of Swords died in 1621 after seven years' imprisonment.[137] During the period 1629 to 1631 the government made a determined and generally successful, if temporary, effort to close Mass-houses and the houses of religious orders.[138]

Catholics also wanted to recover the status which they believed they had lost. In Fingal, at least, their hostility was directed against Protestants rather than against non-natives. Provided the Protestants embraced Catholicism they would be accepted. Many critical decisions were made on the basis of religious affiliation. The tenants of Lambay, when faced with a choice between supporting their landlord's agent or siding with their co-religionists, chose the latter course. In Rush, John Huxley's plough-holder took part in the raid on his property, while in Skerries it was alleged that two of Dirrick Huiberts Verveer's tenants were implicated in his murder.[139]

One way in which the tensions between Protestants and Catholics were perpetuated was through the tales that were told by clergymen about the opposing groups. Many of these stories were set in the locality or related to local families. For example,

131 Deposition of John Huxley, 21 May 1642 (TCD, MS 810, f. 158). 132 Proceedings of the high court of justice held at Dublin and Cork in 1652, 1653 and 1654 (TCD, MS 866, f. 31). 133 Edmund Hogan, *Distinguished Irishmen of the sixteenth century* (London, 1894), p. 232. 134 Documents of the seventeenth century, relative to the city of Dublin, transcribed by H.R. Hamilton, Esquire, from the originals in State Paper Office, London (Gilbert Library, MS 83, no. 9). 135 Richard Bolton, *A justice of peace for Ireland* ... (Dublin, 1638), book 3, pp 66–7; Patrick F. Moran, *History of the Catholic archbishops of Dublin since the Reformation* (Dublin, 1864), pp 219–20; Colm Lennon, *The lords of Dublin in the age of reformation* (Dublin, 1989), pp 185 and 214–15. 136 Patrick J. Corish, *The Catholic community in the seventeenth and eighteenth centuries* (Dublin, 1981), p. 30; Colm Lennon, *The lords of Dublin in the age of reformation* (Dublin, 1989), pp 197–8. 137 Patrick J. Corish, *The Catholic community in the seventeenth and eighteenth centuries* (Dublin, 1981), p. 30. 138 Aidan Clarke, *The Old English in Ireland, 1625–42* (paperback ed., Dublin, 2000), pp 61–2. 139 Deposition of Anthony Huiberts, 29 January 1642 (TCD, MS 809, f. 311).

Catholics must have been horrified at Henry Fitzsimon's account of 'Waller the murderer, under-minister of Swords, who in the year 1603, hanged on a gibbet the image of Christ crucified'.[140] Sometimes these stories were constructed so as to ensure that the readers or listeners were aware that there had been divine intervention to punish wrong doers (often Protestants). Henry Fitzsimon told that his rival's (the Revd Mr Rider's) son, when he attempted to pull down an image, was 'by God's judgement precipitated from a height and altogether crushed', and at the same time his servant was stricken with the plague.[141] Almost as vivid was the account given by another Jesuit, Christopher Hollywood, concerning an incident involving some Drogheda Catholics which took place off Skerries in 1606:

> On the feast of SS. Simon and Jude [28 October], while a Calvinist captain of a vessel was uttering blasphemies against these apostles of Christ, a north-east wind arose, and tore his vessel from its moorings off the Island of St Patrick, between Dublin and Drogheda and the crew had to run her against the shore in order to save their lives ...[142]

The story told in 1607 by Henry Fitzsimon concerning the vision of Our Lady seen by Mrs Bellings, mother of Sir Henry Bellings, in 1580 and the subsequent miraculous appearance of a secret cellar designed to hide a priest, Patrick Nigram, from his pursuers was, no doubt intended to encourage the women of the area to continue to succour and protect their priests.[143] While religious beliefs and practices played a major part in raising the level of tension in seventeenth-century Fingal they were not the only factors. Economics also played a part. The established church was, itself, the owner of about half the land in the area. Tithes, which were exacted, at least in theory, to support the established church, were also an important element in economic life. Once the rising had taken place there was little hope for reconciliation between the religious factions. Local events, such as the massacre following the siege of Baldongan in 1642, left a mark on the people. Like other events in the area responsibility for this action would ultimately be associated with Cromwell in local folklore thus ensuring that the antagonism would be prolonged and perpetuated. Even when peace was restored the people of Fingal were still far from enjoying the 'merry meeting and gathering together of the dispersed' so longed for by Robert Bysse.

**140** Edmund Hogan, *Distinguished Irishmen of the sixteenth century* (London, 1894), p. 236. **141** Edmund Hogan, *Distinguished Irishmen of the sixteenth century* (London, 1894), p. 236. **142** Fr. Christopher Hollywood to Fr. Aquaviva, 27 November 1606 in *Words of comfort to persecuted Catholics* ... (Dublin, 1881), pp 148–9. **143** Henry Fitzsimon, *Words of comfort to persecuted Catholics* ... (Dublin, 1881), p. 20.

# Part III

## *Neighbours at war*

# 9

# 'Universal desolation'

'... they pillage all the Pale as far as to Drogheda, till the two armies at Drogheda and Dublin could see each other, and rejoice for so doing: they burned all the lord's houses in the Pale and gentlemen's, and fired all the whole Pale ...'

March 1642[1]

'... The last night the country towards Drogheda seemed as one fire, there were above 200 fires counted by some who were on St Owen's [Audeon's] steeple ...'

Sir Maurice Eustace, November 1647[2]

The two extracts just quoted referred to different years and to different armies which had, however, a common purpose, the devastation of the Pale, particularly that part of it north of Dublin city towards Drogheda which included Fingal. The first extract described the devastation carried out by Ormond's troops in the immediate aftermath of the rising of 1641. The second, written while the fires were still burning, recounted the equally horrific destruction of the Pale by Eoghan Rua O'Neill following the defeat of the Leinster army at Dungan's Hill. In words which summed up the general experience of the ordinary people of Fingal during the 1640s and 1650s Sir Maurice Eustace wrote of O'Neill that 'he spareth none of what religion soever: all are alike to him'.[3] The tragedy of this second episode is compounded by the fact that there is evidence to suggest that O'Neill carried out the orders of the supreme council at Kilkenny with reluctance and went about his task unwillingly if efficiently.[4]

The history of the political élite during the period 1603 to 1660 in Fingal can be divided into two phases.[5] The first of these saw the emergence of strong and effective local Catholic leadership, lay and clerical, in the face of government opposition and even oppression, giving the impression of a close integrated traditional society where consensus was the norm. The second phase was marked, on the Catholic side, by the diffusion of leadership among several groups, by the growth of a militant

1 *April the first, 1642: a continuation of the tryumphant and couragious proceedings of the protestant army in Ireland* (London, 1642), p. 1 (NLI, Lough Fea pamphlet no. 109). 2 Sir Maurice Eustace to Ormond, 4 November 1647, in John T. Gilbert (ed.), *History of the Irish confederation and the war in Ireland, 1641–3 ...* (7 vols, Dublin, 1882–91), vi, pp 206–7. 3 Sir Maurice Eustace to Ormond, 4 November 1647, in John T. Gilbert (ed.), *History of the Irish confederation and the war in Ireland, 1641–3 ...* (7 vols, Dublin, 1882–91), vi, p. 207. 4 *The history of the warr of Ireland from 1641 to 1653 ...*, ed. Edmund Hogan (Dublin, 1873), pp 62–3. 5 For a detailed discussion of politics and leadership in Fingal in the period 1603–60 see 'Fingal 1603–60', i, pp 319–82.

clergy and, finally, by a failure in war that was probably as much due to geography – proximity to Dublin city – as anything else. On the Protestant side it was marked by a growth in self-confidence and a remarkable ability to survive and accommodate to the various political, religious and economic changes which took place. For a very brief period, in 1640–1, it looked as if the two sides might come together but this hope was shattered by the outbreak of war.

Writing about the approach of historians to the 1641 rising in an essay published in 1995, Nicholas Canny pointed out that 'the thrust of the scholarly endeavour has been to explain why 1641 occurred rather than to consider what happened'.[6] This chapter attempts to record, insofar as the sources will allow, what happened in Fingal and how the rising and its consequences affected Fingallians. There is a rich, if patchy, range of sources available, which include the 1641 depositions, a wide range of contemporary pamphlets, government papers, particularly those in the Ormonde and Egmont collections, and some near-contemporary histories, including those by John Temple and Richard Bellings of Mulhuddart and the *Commentarius Rinuccinianus*.[7] Some periods of the war, such as the first few months of the rising, are well covered for Fingal. Others, such as the early 1650s, in which several tory raids took place in Fingal, have much poorer surviving coverage, which is due, in part, to the loss of the Commonwealth records and, partly, to the paucity of Catholic sources at a period when few priests and religious managed to remain in the area.

One reason, perhaps, why historians in the past found it difficult to cope with the complexity of the period was the lack of tools to analyze the vast amount of material which has survived. There was no shortage of palaeographical skills as can be seen from the work of the many scholars who engaged in the controversies surrounding the 1641 depositions. Missing were those sophisticated data analysis tools which have become generally available in the recent past. It is only now becoming possible to compile the types of databases which, for all practical purposes, were unavailable to historians in the past. These facilitate the analysis of relationships and point up patterns which are not always obvious to us in the original narratives of those who participated in the rising, whether as activists, victims or observers, though no doubt, the participants themselves took these relationships and patterns for granted. When the various events which took place in the 1640s are listed it is striking, for example, to note the important part played by such mundane factors as the weather in the conduct of the war.

Since the depositions (sometimes in a highly selective form) have formed a high proportion of the source material available for the 1641/2 period the emphasis of commentators over the centuries, depending on their agenda, has fluctuated between condemnation (or justification) of the rebels and sympathy for their victims. Until

6 Nicholas Canny, 'What really happened in Ireland in 1641?', in Jane H. Ohlmeyer (ed.), *Ireland from independence to occupation 1641–1660* (Cambridge, 1995), p. 26. 7 TCD, MSS 809 and 810; Historical Manuscripts Commission, *Calendar of the manuscripts of the marquess of Ormonde* ... (new series, 8 vols, London, 1902–20); Historical Manuscripts Commission, *Report on the manuscripts of the earl of Egmont* (2 vols, London, 1905–9), i ; John Temple, *The Irish rebellion ... in the year 1641* (originally published London, 1646, reprinted London, 1746); Richard Bellings, *History of the Irish confederation and the war in Ireland, 1641–3* ..., ed. John T. Gilbert (7 vols, Dublin, 1882–91) i-ii; Richard O'Ferrall and Robert O'Connell, *Commentarius Rinuccinianus* ..., ed. Stanislaus Kavanagh (6 vols, Dublin, 1932–49).

recently, the interplay between attacker and victim has been somewhat neglected. While it is clear that an area of the size of Fingal is too large to enable the relationships between attackers and victims to be examined adequately some attempt will be made to examine this process for one part of the area by means of case studies.

Before examining in detail the events which took place in Fingal during the war some general comments may be in order. Once the leaders of the Catholic gentry of the Pale had formally decided to take part in the rising they organized their forces and their chains of command on an county basis and, as far as one can judge from the information available, within counties on a barony or regional basis. Initially, meetings, rather similar to hostings, were held at, for example, Swords in Co. Dublin, Knockcrofty and Tara in Co. Meath. and Tullyeskar in Co. Louth.[8] Although the rising in the Pale was initially organized on a county basis, and within counties, on a regional basis, it is impossible to describe its progress adequately by confining the analysis strictly to such boundaries. Precise details of the structure and organization of the rebel army are not available for Co. Dublin but it is possible to reconstruct them to some degree and to reach some general conclusions by analogy with the arrangements in counties Meath and Louth, by an analysis of background information relating to participants (where these are known) in some of incidents which took place and by examining some fragments of evidence which survive in the 1641 depositions. The evidence, such as it is, points to a strong local influence on the organization during the early stages of the war. This inevitably lessened as a formal provincial army structure developed under the Catholic Confederation and as large set-piece battles replaced sporadic raids on individual homes, farms and ships.

Another characteristic of the war in Fingal, though undoubtedly it was not unique to the region, was the speed with which a train of events, once set in motion, gathered momentum. While this is perhaps explicable in the case of a spontaneous popular uprising, it is less easy to understand in an environment such as that in which the Fingal gentry lived, where peace, support for the *status quo* and a general respect for the law had long been the norm and had survived many periods of pressure, particularly in regard to religion. As long as the people and the government were working in cooperation ease of access to Dublin, Drogheda and Britain was an advantage. When this relationship broke down Fingal, lying between two garrison towns and bounded by the sea on one side, was very vulnerable to attack from outside. Nevertheless those members of the gentry, who had assembled at the behest of Luke Nettervill, organized themselves quickly and showed an ability to react swiftly to unfolding events. This suggests that there had been a good deal of planning, or at least thinking, not just about how a military insurrection might be conducted but also on how to deal with the various eventualities which might arise.

Another feature of the war in Fingal was the non-emergence of any single dominant leader comparable to, say, Nicholas Preston, Viscount Gormanston, in Co. Meath. The reason for this probably lies in the fact that some landowners, for example, Lord Gormanston himself and the earls of Thomond and Ormond, were

8 Aidan Clarke, *The Old English in Ireland, 1625–42* (paperback ed., Dublin, 2000), pp 180–3; Harold O'Sullivan, *John Bellew, a seventeenth-century man of many parts* (Dublin, 2000), pp 31–2.

not resident within the territory and that the more important resident landowners such as the lord of Howth, Sir Henry Power of Valentia of Chapelizod, Nicholas Barnewall of Turvey, Simon Luttrell of Luttrellstown and John Talbot of Malahide, as well as the authorities of the established church, either took no part in the rising or supported the government side. This vacuum was filled in a number of ways. One rather surprising feature was the prominence of leaders from Co. Meath during the early stages of the popular rising in Fingal. On closer examination some of these men have been found to have been proprietors or lessees in Fingal. One such proprietor, Luke Nettervill, the nominal leader of the Co. Dublin gentry, organized the initial revolt of the gentry as well as the early military action. A number of priest-captains emerged as popular leaders in Fingal. One man who did not fit neatly into any category and perhaps the most unlikely leader of all was the talented young proprietor and former law student, John Finglas of Westpalstown, who was responsible for Fingal's unique military contribution to the war, namely, the highly mobile cavalry unit known as the *slua beag*.

Three main strands can be detected in the 1641 rising in Fingal. The first involved a small number of people acting on a national and international stage among whom Richard Plunket of Dunsoghly and Friar John Malone of Skerries were the most prominent in the early stages. The second included the gentry under Luke Nettervill together with those units under professional soldiers which later became part of General Thomas Preston's Leinster army and, eventually, the Confederate army. The third consisted of a number of bands of local people, organized and unorganized, sometimes under local leaders, including priest-captains, but occasionally apparently operating as unorganized mobs without any clearly-defined leadership.

A number of modern historians have considered aspects of the events immediately leading up to the outbreak of the rising of 1641.[9] In particular, Michael Perceval-Maxwell has made a detailed examination of the plots which led to the actual outbreak. He stated:

> There were, in all probability, two major plots, one devised by the Old English and the second by a combination of Irish leaders, including Rory O'More, most of whose estate lay in Armagh, Conor, Lord Maguire, of County Fermanagh, and the O'Neills of County Armagh. This second conspiracy was assisted by some elements of the Catholic church. In addition, there was a third plot, almost certainly inspired by Owen Roe O'Neill from the Netherlands. This included a plan to seize Dublin Castle and involved some of the colonels who were recruiting troops for Spain. Owen Roe also tried to persuade some of his relatives in Ulster to join a rising. By the end of August O'More's plot and that involving the colonels had become intertwined.[10]

9 For example, Aidan Clarke, *The Old English in Ireland, 1625–42* (paperback ed., Dublin, 2000), pp 153–61; Aidan Clarke, 'The genesis of the Ulster rising of 1641' in Peter Roebuck (ed.), *Plantation to partition: essays in Ulster history in honour of J.L. McCracken* (Belfast, 1981), pp 29–45; Raymond Gillespie, 'The end of an era: Ulster and the outbreak of the 1641 rising' in Ciaran Brady and Raymond Gillespie (ed.), *Natives and newcomers: essays on the making of Irish colonial society, 1534–1641* (Dublin, 1986) pp 191–213; Michael Perceval-Maxwell, *The outbreak of the Irish rebellion of 1641* (Dublin, 1994), pp 192–212. 10 Michael Perceval-Maxwell, *The outbreak of the Irish rebellion of 1641* (Dublin,

The first of these plots was overtaken by events. Perceval-Maxwell pointed out that the 'plan to use the Irish army, to seek another, and to assert independence from the English parliament could be set aside'.[11] As has been shown by Perceval-Maxwell and others, the details of the Ulster plot in the immediate run-up to the rising have been well documented. There is also a great deal of information about the involvement of Eoghan Rua O'Neill in the 'third plot'. A topic which remains to be examined is the clerical network both in Ireland and on the continent which linked these plots. Such an examination is beyond the scope of this study but it is clear that one figure whose actions merit further study was the Franciscan friar, John Barnewall, second son of Lord Trimleston of Co. Meath, who was provincial of the Franciscan order in Ireland from August 1638 to August 1641.[12] He later became guardian of the Franciscan house in Dublin.[13] He was a confidant of the Pale gentry, the colonels who had been recruiting troops for Spain and Conor, Lord Maguire.[14]

According to information given by several deponents a rising of some kind had been planned for a very long time. In a conversation with John Kerdiff in December 1641 John Malone (O'Malony), known generally as the Friar Malone, claimed that he had been 'fourteen years employed to bring this design to pass'.[15] However, despite the fact that he was to play a major part in the rising in the north-east of Fingal, no evidence has been found to suggest that the Friar Malone had any earlier connection with the area. One of the key figures in the 'third plot', Richard Plunket of Dunsoghly, told John Kerdiff at Armagh that he had been implicated in the plot for seven years.[16] If this was true, it would place the earliest known Fingallian involvement in the preparations for a rising as far back as 1634. Richard Plunket, a younger son of Sir Christopher Plunket of Dunsoghly, was a professional soldier.[17] As early as February 1632 he was in Spanish Flanders, where he was granted thirty crowns monthly as a captain in the regiment of the earl of Tirconnell.[18] Not long afterwards he sought further warrants to recruit men.[19] His companion in this enterprise was Thomas Preston of Gormanstown, later to become commander-in-chief of the Leinster forces. In January 1634 he was granted permission to go to Ireland to recruit for the earl's regiment which was 'weak in numbers' and in March 1636 he obtained a similar licence, this time to recruit for the regiment of Colonel Thomas Preston.[20] Two months later recruiting in Ireland was banned, and in November, Plunket's company together with others of Preston's regiment were ordered to be

1994), pp 199–200. **11** Michael Perceval-Maxwell, *The outbreak of the Irish rebellion of 1641* (Dublin, 1994), p. 203. **12** Brendan Jennings, 'Irish names in the Malines ordination registers, 1602–1794' in *The Irish Ecclesiastical Record*, lxxv, no. 2 (February, 1951), pp 154–5; Stephen B. Barnwell, 'The Barnewall family during the sixteenth and seventeenth centuries (part iv)' in *The Irish Genealogist*, iii, no. 8 (October 1963), p. 318. **13** Stephen B. Barnwell, 'The Barnewall family during the sixteenth and seventeenth centuries (part iv)' in *The Irish Genealogist*, iii, no. 8 (October 1963), pp 318–19. **14** John T. Gilbert (ed.), *A contemporary history of affairs in Ireland from A. D. 1641 to 1652 ...* (3 vols, Dublin, 1879–80), i, part ii, pp 498 and 504; Mary Hickson, *Ireland in the seventeenth century ...* (2 vols, London, 1884), ii, pp 344–5; Michael Perceval-Maxwell, *The outbreak of the Irish rebellion of 1641* (Dublin, 1994), p. 207. **15** Deposition of John Kerdiff, 28 February 1642 (TCD, MS 839, f. 4). **16** Deposition of John Kerdiff, 28 February 1642 (TCD, MS 839, f. 4). **17** *Cal. S. P. Ire., 1625–32*, p. 676. **18** *Wild geese in Spanish Flanders, 1582–1700 ...*, ed. Brendan Jennings (Dublin, 1964), entry 1194, p. 261. **19** *Cal. S. P. Ire., 1625–32*, p. 676; *Wild geese in Spanish Flanders, 1582–1700 ...*, ed. Brendan Jennings (Dublin, 1964), note to entry 1188, p. 570. **20** *Wild geese in Spanish Flanders, 1582–1700 ...*, ed. Brendan Jennings (Dublin, 1964), entries 1238, p. 266 and 1378, p. 288.

disbanded because of lack of manpower.[21] On 29 December 1636 Plunket, who had been in London since March, returned to Flanders 'unsuccessful and looking for money'.[22]

There were two Fingallians, Richard Plunket and Christopher Bellings of Mulhuddart, among the nine colonels granted permission to recruit regiments from Wentworth's disbanded army in 1641 for service in the Spanish army.[23] Bellings left in July with 1,000 men.[24] He played no further part in the history of Fingal. Richard Plunket, on the other hand, frustrated in his military ambitions, became deeply involved in the plans for the rising and, in particular, in the plan to seize Dublin Castle.[25] He was fortunate to escape 'over the river' from the city on the night of 22 October or early the following morning after the plot had been discovered.[26] He arrived at the house of a relative, Laurence Dowdall of Athlumney, Co. Meath, about midnight on 24 October and, having reassured his cousins, he departed, arriving in Virginia on 28 October.[27] Appointed by Sir Phelim O'Neill as lieutenant-general of Leinster in a commission dated 1641 he subsequently played an important part in the rising, though not primarily in Fingal where Luke Nettervill took command.[28] Plunket was typical of the small band of experienced professional soldiers, including Colonels Dillon and Byrne (who had been in contact with Eoghan Rua O'Neill), who, with Conor, Lord Maguire, planned a rising on a national scale in July 1641.[29] After the rising had broken out in Ulster other disparate groups initiated the movement within Fingal. Subsequent to the outbreak there were two, often overlapping, parties involved in the conflict on the Irish side in that area, a reasonably well-disciplined group of soldiers led by the local gentry and other more lawless bands, sometimes led by priests.

When reading the early examinations and depositions, and those later depositions which described the early days of the rising, it is often difficult to distinguish between fact and rumour. As the deposition of John Lukey of Ballyboghil showed, rumours of impending trouble were rife long before the outbreak though how significant these rumours were at the time they circulated is hard to judge.[30] Lukey stated:

> that about nine months before the rebellion began, this deponent being at supper with Sebastian Finglas of the Murragh, near Ballyboghil, gentleman: and the said Finglas and this deponent falling into some discourse concerning

21 *Wild geese in Spanish Flanders, 1582–1700 ...*, ed. Brendan Jennings (Dublin, 1964), entries 1410, p. 291 and 1444, p. 295. 22 *Wild geese in Spanish Flanders, 1582–1700 ...*, ed. Brendan Jennings (Dublin, 1964), entries 1455 and 1456, p. 296. 23 Aidan Clarke, *The Old English in Ireland, 1625–42* (paperback ed., Dublin, 2000), p. 154. 24 Aidan Clarke, *The Old English in Ireland, 1625–42* (paperback ed., Dublin, 2000), p. 154. 25 Aidan Clarke, *The Old English in Ireland, 1625–42* (paperback ed., Dublin, 2000), pp 157–8. 26 *The history of the warr of Ireland from 1641 to 1653 ...*, ed. Edmund Hogan (Dublin, 1873), p. 11. 27 Examination of William Cadogan, 16 March 1644 (TCD, MS 816, f. 223); Deposition of George Creichton, 15 April 1643 (TCD, MS 832, f. 146; MS 833, f. 228; John T. Gilbert (ed.), *A contemporary history of affairs in Ireland from A. D. 1641 to 1652 ...* (3 vols, Dublin, 1879–80), i, part ii, p. 527. 28 Deposition of George Creichton, 15 April 1643 (TCD, MS 832, ff 146–8; MS 833, ff 228–9; John T. Gilbert (ed.), *A contemporary history of affairs in Ireland from A. D. 1641 to 1652 ...* (3 vols, Dublin, 1879–80), i, part ii, pp 527–9; Aidan Clarke, *The Old English in Ireland, 1625–42* (paperback ed., Dublin, 2000), p. 168; Pádraig Lenihan, *Confederate Catholics at war, 1641–49* (Cork, 2001), pp 33–4 and 198. 29 Michael Perceval-Maxwell, *The outbreak of the Irish rebellion of 1641* (Dublin, 1994), pp 208–9. 30 Deposition of John Lukey, 2 March 1643 (TCD, MS 810, f. 168).

their religion: he, the said Finglas (being a wilful papist) wished this deponent divers times to turn to his religion for that papists should shortly universally reign in Ireland and he waited for the time every day and knew it would be very shortly: and then all Protestant ministers must become schoolmasters or mechanics. And further saith that about six weeks before the rebellion began one William Bucklie, the clerk of Lusk, told this deponent, that he heard one Mr [blank] Fitzwilliams of Baldongan, gentleman (in an alehouse at Lusk) say: that he did hope shortly to see every minister's neck as long as his arms.

Sebastian Finglas has not been identified, but he may have been a relative of the proprietor of the Murragh (parish of Westpalstown), the young John Finglas, who was later to play a prominent part in the war as lieutenant-general of horse.[31] Thomas Fitzwilliam of Baldongan leased Baldongan from the lord of Howth.[32] A son of Nicholas Fitzwilliam, he was related to the major families of Howth, Gormanston and Fitzwilliam of Merrion.[33]

All those travelling from Ulster to take part in the planned attack on Dublin Castle on 23 October 1641, unless they chose a very circuitous route, would have had to travel through Fingal. Since 23 October fell on a Saturday, market day, there were also many uninvolved travellers in the city. One such was the thirteen-year-old Francis McMurrohye of Dundalk who, if his story can be believed, was simply acting as a courier for Franciscan friars.[34] One of the places he visited during the week preceding the outbreak of the rising was the home of Hollywood of Artaine whose family was deeply implicated in the subsequent fighting.[35] The unease which existed in the area is well exemplified in the series of incidents, already mentioned, involving the drinking companions, both Catholic and Protestant, in Finglas.[36] Two of those who conducted their examinations, Sir Richard Bolton, the chancellor, and Sir James Ware, held considerable amounts of property in Fingal (though the Civil Survey listed much of Bolton's estate as the property of his son and heir, Sir Edward Bolton), while the third, Sir Gerard Lowther, leased a small amount of land in Finglas.[37] They were well equipped to assess the importance of the information which was being presented to them. The first of these examinations was conducted by Sir James Ware as early as Thursday, 4 November 1641.[38] Robert Davy of Jamestown, one of the properties leased by Ware, reported that 'about the five and twentieth of October last ... very early in the morning' John Sephton, also of Jamestown, with William Rowen and others had resolved to 'go to the army of the enemies to see in what state they stood'. There is a somewhat puzzling reference to

31 *Civil Survey, vii, county of Dublin,* pp 42–4. 32 *Civil Survey, vii, county of Dublin,* p. 67. 33 Francis Elrington Ball, *A history of the County Dublin: the people, parishes and antiquities from the earliest times to the close of the eighteenth century: part second* (originally published 1903, reprinted Dublin, 1995), p. 10. 34 Examination of Francis McMurrohye, 8 November 1641 (TCD, MS 809, f. 144). 35 Robert Bysse, junior, to John Bysse, 16 February 1642 (TCD, MS 840, ff 8–9). 36 Examination of Robert Davy, 4 November 1641 (TCD, MS 809, f. 99); examination of John Sephton, 15 November 1641 (TCD, MS 809, f. 176); examination of William Rowen, 19 November 1641 (TCD, MS 809, f. 188); examination of Richard Delahide, 19 November 1641 (TCD, MS 809, f. 198); examination of Thomas Waring, 23 November 1641 (TCD, MS 809, f. 208). 37 *Civil Survey, vii, county of Dublin,* pp 81, 163, 218 and 254 (indexes). 38 Examination of Robert Davy, 4 November 1641 (TCD, MS 809, f. 99).

'the troop which was about Santry [which] was taken up to his majesty's use' and to Sephton's alleged remark that 'if they had not been taken up when they were, they had been taken another way'. While this reference is somewhat unclear it may refer to one of the bands of disbanded soldiers roaming in the vicinity of the capital during this period.

While the notoriously hard-drinking Sephton appears as the central figure in this and subsequent examinations it may be more useful to focus on the role played by William Rowen. The surname 'Rowen' has not been found in the hearth money roll for Fingal compiled *c.*1664.[39] The only entry for a similar name is that of 'John Rone' who lived in the Grange of Portmarnock.[40] Bearing in mind the fact that impoverished people and tax-evaders did not appear on the hearth money roll, it nevertheless seems reasonable to conclude that the name was unusual in Fingal. It is likely, therefore, that there was some relationship between William Rowen and Laurence Rowen of Finglas, one of the most notorious of the priest-captains to emerge in Fingal, whose exploits will be described later. According to the story told by Sephton to Robert Davy, Rowen and others had promised on Saturday, 30 October, to give Sephton 'as good a horse as any was about Finglas to go with them to help the enemy'.[41] Eleven days elapsed before the examination of John Sephton on Monday, 15 November.[42] In a series of descriptions of his friends Sephton described Rowen as 'a butcher and a papist' but denied that he or anyone else had promised to give him a horse if he would go with him to help the enemy. Rowen himself was examined by Bolton and Lowther on Friday, 19 November, but his testimony did not add much to the story of a plot since, while admitting that he had been drinking with his friends 'upon Thursday last was fortnight' (4 November), he said that he did not remember that 'at that time or at any other time they had any discourse touching the rebellion in the north'. He also denied all knowledge of 'any plot or conspiracy for the taking or burning of the town of Finglas' and explained his visits to Santry and Swords as part of a search for a lost cow, which probably sounded plausible since he was a butcher.[43] Richard Delahide was interviewed on the same day by the same interviewers.[44] Like Rowen he admitted being present at the drinking session on 4 November but while he denied knowledge of any conspiracy to take Finglas he admitted that the rising in the north had been discussed by the group. Finally, Thomas Waring, who was not one of the group and to whom Sephton, a fellow-Protestant, owed money, made a short deposition before Sir James Ware in which he quoted Sephton as saying that 'this was a troublesome time and that the enemies would be too strong for the Protestants and that they grew every day stronger and stronger and that he knew by divers papists whom he did usually converse with that the Protestants would be destroyed'.[45] The outcome of these examinations is not known. They do, however, show how nervous the people were and how willing the

39 'Hearth money roll for County Dublin, 1664' (second part), *Journal of the County Kildare Archaeological Society*, xi (1930–33), pp 386–466. 40 'Hearth money roll for County Dublin, 1664' (second part), *Journal of the County Kildare Archaeological Society*, xi (1930–33), p. 390. 41 Examination of Robert Davy, 4 November 1641 (TCD, MS 809, f. 99). 42 Examination of John Sephton, 15 November 1641 (TCD, MS 809, f. 176). 43 Examination of William Rowen, 19 November 1641 (TCD, MS 809, f. 188). 44 Examination of Richard Delahide, 19 November 1641 (TCD, MS 809, f. 198). 45 Examination of Thomas Waring, 23 November 1641 (TCD, MS 809, f. 208).

government authorities were to spend a great deal of time investigating rumours of any description. It is noteworthy that none of the local men, who were, within a matter of days in some cases, to be recognized as captains of the rebels, were mentioned. While some of the early raids in Fingal were undoubtedly spontaneous the involvement of some important members of the local gentry, the rapid momentum with which the armed movement developed even prior to the formally-convened meeting which took place at Swords from 7–10 December and the careful selection of targets for attack suggest that some degree of local planning had taken place. If, indeed, such planning occurred, the secret was well kept.

The authorities apparently also failed to recognize the signals of forthcoming trouble which were evident in the reports of the fracas which took place following a drinking session at Cooper's Tavern in Oxmantown on 7 November 1641, when a sentinel was obstructed and threatened and, later that night, at the Dublin home of Nicholas Darcy of Platin.[46] Nicholas Darcy, a member of the Co. Meath gentry, was addressed in the tavern by another, Richard Birt (Brett ?), in the following terms: 'Marshal, spare this woman [Margaret Cooper, the vintner's wife] and her husband and do not cut their throats nor hang them for they are special friends of mine.'[47] Margaret Cooper noted that Birt addressed Darcy as 'marshal' and questioned them about this. She also observed that Darcy was very anxious to obtain her opinion on the military strength of the suburbs. Once again the outcome of the case is not known, though it would appear from the examinations that Darcy managed to restrain Richard Birt, the principle trouble-maker, sufficiently to maintain some credibility with the examiners who, once again, were Sir Richard Bolton and Sir Gerard Lowther.

The difficulties caused to and by disbanded soldiers and recruits waiting to be shipped abroad was documented in a number of the examinations.[48] Fearing mischief, the authorities made every effort to ensure that those already on board ship would be prevented from landing but, when they were threatened with starvation, 'the lords, having no means to victual them aboard, gave them leave to land, having first taken order they should not come into the city'.[49] While it cannot be said with certainty that any of these were involved in the rising it seems highly probable that, as they were banned from entering the city, many of them took part in the subsequent fighting in Fingal.

The response of the government to the events of 22 and 23 October in Dublin and the rising in Ulster was to arm selected prominent individuals with a view to protecting the Pale. This happened quickly as the action taken was reported by the lords

46 Examination of Henry Smith and Robert Caulfield, 8 November 1641 (TCD, MS 809, f. 134); examination of Laughlin Flood, 8 November 1641 (TCD, MS 809, f. 136); examination of Margaret Cooper, 8 November 1641 (TCD, MS 809, f. 138); examination of Nicholas Darcy, 8 November 1641 (TCD, MS 809, f. 140); examination of William Stowell, 8 November 1641 (TCD, MS 809, f. 145). 47 Examination of Margaret Cooper, 8 November 1641 (TCD, MS 809, f. 138). 48 Examination of Connor McCaffrey, 6 November 1641 (TCD, MS 809, f. 116); examination of William O'Murrohye, 6 November 1641 (TCD, MS 809, f. 125); examination of William Apsley, 7 November 1641 (TCD, MS 809, f. 127); examination of Luke Marriott, 8 November 1641 (TCD, MS 809, f. 128). petition of Luke Marriott, not dated, endorsed 6 November 1641 (TCD, MS 809, f. 130); examination of Edmund O'Murrohye, 8 November 1641 (TCD, MS 809, f. 146). 49 John Temple, *The Irish rebellion ... in the year 1641* (originally published London, 1646, reprinted London, 1746), pp 83–4.

justices and council to the lords of the council in England on 5 November.[50] According to this account, the decision to allocate arms was taken at the request of the lords and gentry of the Pale. The choice as governor and commander for Co. Dublin fell on Nicholas Barnewall of Turvey, a prominent landowner, a long-standing member of parliament and a staunch Catholic.[51] His son-in-law, Viscount Gormanston, was selected for Co. Meath. The commissions granted to these and to prominent men in other counties required and authorized them to levy forces of horse and foot and 'with the said forces to resist, pursue, follow, apprehend, and put to death, slay and kill, as well by battle as other ways ... conspirators, traitors and their adherents'.[52] The government was short of arms with the result that the total number distributed was quite small. Barnewall received arms for only three hundred men for the county of Dublin.[53] It is not known whether Barnewall actually appointed officers or armed them. The speed with which the 'Catholic army' organized itself in Fingal, even before the formal appointment of captains at Swords during the period 7 to 10 December, would suggest that some kind of military structure had been put in place even though Barnewall himself took no part in the rising. Much later, in July 1654, Barnewall claimed:

> At the breaking out of the late rebellion his neighbours generally joined the enemy, and being unable to defend himself there, he retired to Dublin, where he shared the sufferings of the loyal. Shortly afterwards, having secured a garrison of Protestants and English for his house, which he maintained, he crossed to Wales with his family and lived there among his Protestant friends. The lords justices and council gave him letters saying he was a person deserving of favour.[54]

It is not clear if the garrison mentioned by Barnewall consisted of men levied by him in early November 1641. If it did, it seems rather surprising that there appears to be no record of either an attack on them by the rebels nor any attempt by them to suppress the rising.

Before reviewing the events at Swords and their consequences it is necessary to examine a series of incidents which began somewhat earlier. The robberies and appropriations carried out by the rebels from the commencement of the 1641 rising could have been interpreted and explained by contemporaries in a variety of ways. Their victims and the government clearly regarded them as criminal acts. However, this was not necessarily the way they were seen by the rebels though there were, no doubt, some persons among them who were simply interested in plunder. In many cases the seizures were organized and levied in order to support the army. Catholics contributed, sometimes willingly, sometimes grumblingly, sometimes under threat of

50 Lords justices and council to the lords of the council, 5 November 1641, in Historical Manuscripts Commission, *Calendar of the manuscripts of the marquess of Ormonde ...* (new series, 8 vols, London, 1902–20), ii, p. 9. 51 John Temple, *The Irish rebellion ... in the year 1641* (originally published London, 1646, reprinted London, 1746), p. 87. 52 John Temple, *The Irish rebellion ... in the year 1641* (originally published London, 1646, reprinted London, 1746), p. 88. 53 John Temple, *The Irish rebellion ... in the year 1641* (originally published London, 1646, reprinted London, 1746), p. 91. 54 *Cal. S. P. Ire., 1647–60*, p. 540.

death, to the war effort. Protestants could not be depended upon to cooperate in the same way and they had a tendency to resist, using force whenever they could. Therefore other methods, such as armed raids, had to be used to secure compliance and, when seizures were made, they had to be processed and secured. For example, in Co. Meath, 'in every barony some were appointed to oversee the threshing out of the Protestant corn' while Mathew Barnewall's house in Bremore in Fingal was specifically designated to store all goods 'as well such as are rebelliously taken ... as other goods ... for their safe keeping'.[55] The observant Luce Spell of Drogheda, who found out about the store-house at Bremore, noted that the friar Malone, who made seizures from a Liverpool barque probably about 5 December 1641, 'distributed a part of the smallest of the said goods' before sending the rest to Bremore for storage. Perhaps these small items were intended as a token fee or reward to his helpers. Luce Spell later saw some of her own goods, including a ruff and an earthen jug, in Dennis Connor's house at Kilmainham (parish of Balrothery). Dennis Connor was an associate of Malone and his wife, Mrs Connor, told Luce that the jug had been given her by the friar. Later, Luce was detained for three weeks as a prisoner in John Passmore's house (an inn) in Balrothery and, while there, she had the opportunity to confirm what she had heard about Bremore and that the goods there really were in safe keeping, when, at her instigation, a messenger was sent to fetch some balsam for Mrs Passmore's sore leg and brought back 'a box of balsam which the deponent saw and knew to be her own'. On the 13 December Friar Malone, when expelling Edward Leech and his family from Lambay, told him 'he did intend the castle of Lambay for a storehouse for the Catholic army'.[56] Kilsallaghan was used by the leaders in Co. Meath as a headquarters for their cavalry horses.[57] Given the size of Co. Meath the choice of the Fingal location was surprising. Kilsallaghan was, however, regarded, even by the enemy, as a particularly secure location.[58] The leaders of the Catholic army in the Pale at a very early stage in the rising realized the need to husband their resources carefully.

Fifty-seven robberies and seizures are known to have taken place in Fingal during the three months from November 1641 to January 1642.[59] While some raids and robberies occurred after that date they were sporadic and may occasionally have been regarded as an intrinsic part of the military campaign. It is sometimes unclear from the evidence whether killings and physical injuries were regarded as acts of war or not. In many cases, of course, the robberies were accompanied by physical violence. The robberies and seizures have been mapped in figure 9.1. This shows two major clusters of raids, one in the coastal area of north-east Fingal stretching from Lambay Island to Balrothery and centred on Holmpatrick, and the other in southern Fingal

**55** Examination of Edward Dowdall, 13 March 1642 (TCD, MS 816, f. 47); deposition of Luce Spell, 5 February 1642 (TCD, MS 834, f. 6); 'County Louth depositions, 1641', ed. Thomas Gogarty in *Journal of the County Louth Archaeological Society*, iii, no. 1 (1912), p. 71. **56** Deposition of Edward Leech, 18 March 1644 (TCD, MS 810, f. 244). **57** Examination of Edward Dowdall, 13 March 1642 (TCD, MS 816, f. 47). **58** Ed. Loftus, *Joyfull newes from Ireland, or a true relation of the great overthrow which the English gave the rebels before Drogheda ...* (London, 1642), p. 2 (NLI, Lough Fea pamphlet no. 98); *A relation touching the present state and condition of Ireland ...* (London, 1642), p. 3 (NLI, Thorpe pamphlet no. 323); Simon Harcourt, *A letter from Sr. Simon Harcourt to a worthy member of the house of commons ...* (London, 1642), no page numbers (NLI, Thorpe pamphlet no. 308). **59** 'Fingal 1603–60', i, pp 396–8.

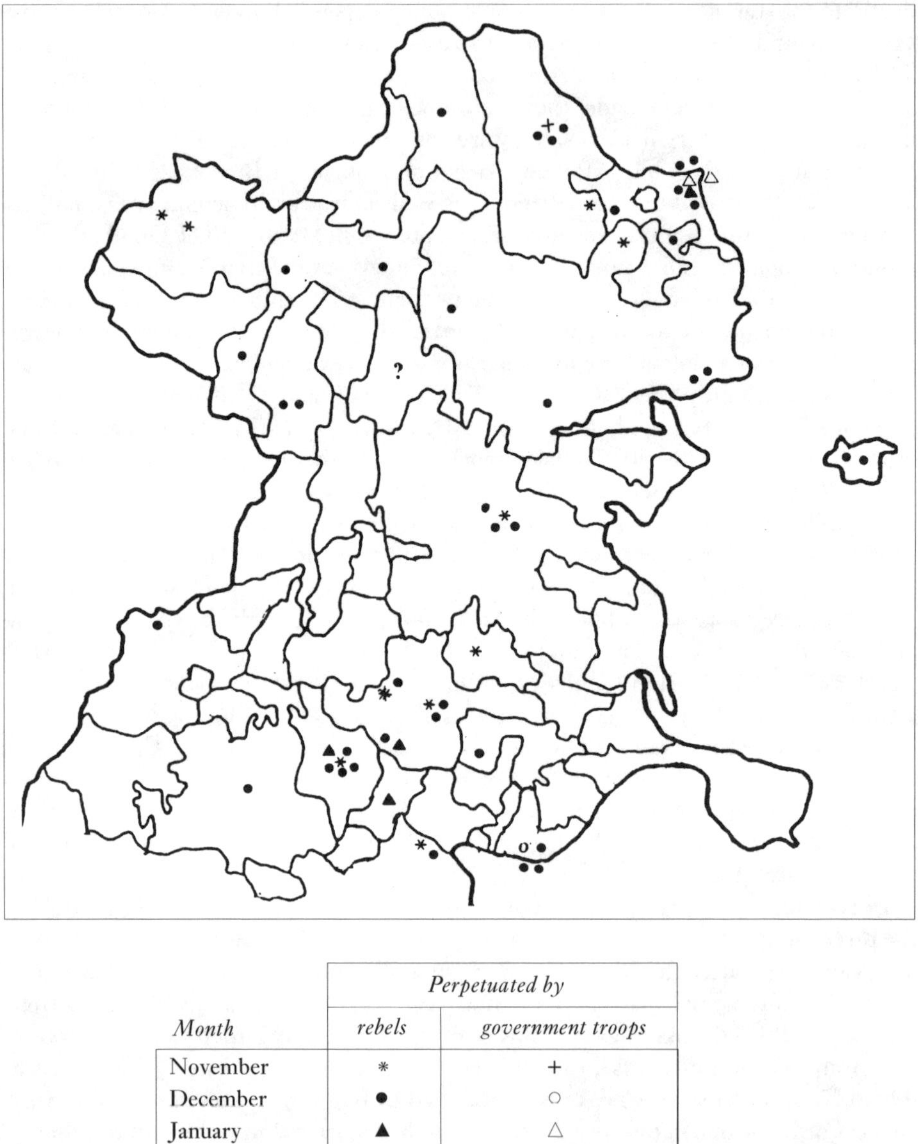

| | *Perpetuated by* | |
|---|---|---|
| *Month* | *rebels* | *government troops* |
| November | * | + |
| December | ● | ○ |
| January | ▲ | △ |
| Not determined | ? | |

Fig. 9.1 Robberies and seizures in Fingal November 1641 to January 1642 (incl.)

in the adjoining parishes of Santry and Finglas. Two smaller clusters have been noted in the Clontarf area and around Swords. In certain other areas there were isolated instances of one or, at most, two, attacks and in twenty-two of the forty-one parishes, no raids at all are known to have occurred. One must however enter a *caveat*. The purpose of the depositions was to collect information from survivors about robberies, spoils, murders and massacres committed against the Protestant English.[60] The voices of Catholics were seldom heard by the presiding commissioners except when they were being 'examined' and consequently placed on the defensive. Nevertheless there are occasional clues which provide information which hardly fits in with what these commissioners were expecting to hear as, for example, when Thomas Waller, as well as mentioning losses sustained at the hands of the rebels, complained of the loss of a mare and cart pressed into service by the government reinforcements travelling to Drogheda about the 29 November 1641 and when the clergyman, Randall Dimmock, mentioned that his house was pillaged and he had lost all when 'the town of Clontarf was burned and pillaged by the soldiers of Dublin'.[61] It seems even more likely that in similar circumstances, the property of the Catholic majority was also requisitioned and plundered.

It is not even certain that all the Protestants who lost property filed depositions. Many fled to England at an early stage in the rising. Others, who were in England, were rather reluctant to return. An interesting insight into this problem is given in a letter which Robert Bysse, junior, sent on 16 February 1642 to his brother, John, in England, explaining some of the procedures.[62] The brothers were both experienced lawyers but the process of making a deposition must have been daunting for others who were less familiar with the law. The bias towards the experiences of one side which, inevitably, is found in the depositions can be mitigated somewhat by examining reported burnings in the area over a longer period (1641–7) for which there is a wider variety of source evidence available. (See figure 9.2.) While much can be done to analyze the interplay between perpetrators and victims through the use of computer databases extensive research would be required to examine the background to, and possible explanations for, the various incidents. For this reason, a detailed examination was confined to one of the large clusters, namely, the series of violent incidents centred around Holmpatrick.[63] The area chosen for analysis is particularly interesting in that, for a brief period, the three strands of the rising already mentioned (international/national, gentry-led and popular) were clearly evident there.

Four raids were recorded in the parishes of Garristown (two), Santry and Cloghran (Swords), during November 1641 before the first raid in north-east Fingal took place. There may have been a fifth at Swords but the date of the raid on Christopher Hewetson's property is uncertain. If the date given by Henry Partington for the attack on his home at Killelane (parish of Balrothery) is accurate, the first raid in north-east Fingal took place on 28 November 1641, the very day on which the relief force, which had set out on the previous day from Dublin for Drogheda, marched slowly through the nearby townland of Courtlough on its way from Swords to Balrothery.[64] Henry Partington was not present to witness the raid. Hearing that 'all the English in Fingal were suddenly surprised and stripped of all their goods' he

**60** Aidan Clarke, 'The 1641 depositions', in Peter Fox (ed.), *Treasures of the Library: Trinity College Dublin* (Dublin 1986), p. 112. **61** Deposition of Thomas Waller, 29 March 1642 (TCD, MS 810, f. 187); deposition of Randall Dimmock, 1 March 1642 (TCD, MS 809, f. 276). **62** Robert Bysse, junior, to John Bysse, 16 February 1642 (TCD, MS 840, f. 10). **63** 'Fingal 1603–60', i, p. 403; ii, appendix K, tables K.1 to K.3, pp 91–7. **64** Deposition of Henry Partington, 9 June 1642 (TCD, MS 810, f. 171); Richard Bellings, *History of the Irish confederation and the war in Ireland, 1641–3* . . . , ed. John T. Gilbert (7 vols, Dublin, 1882–91), i, p. 32.

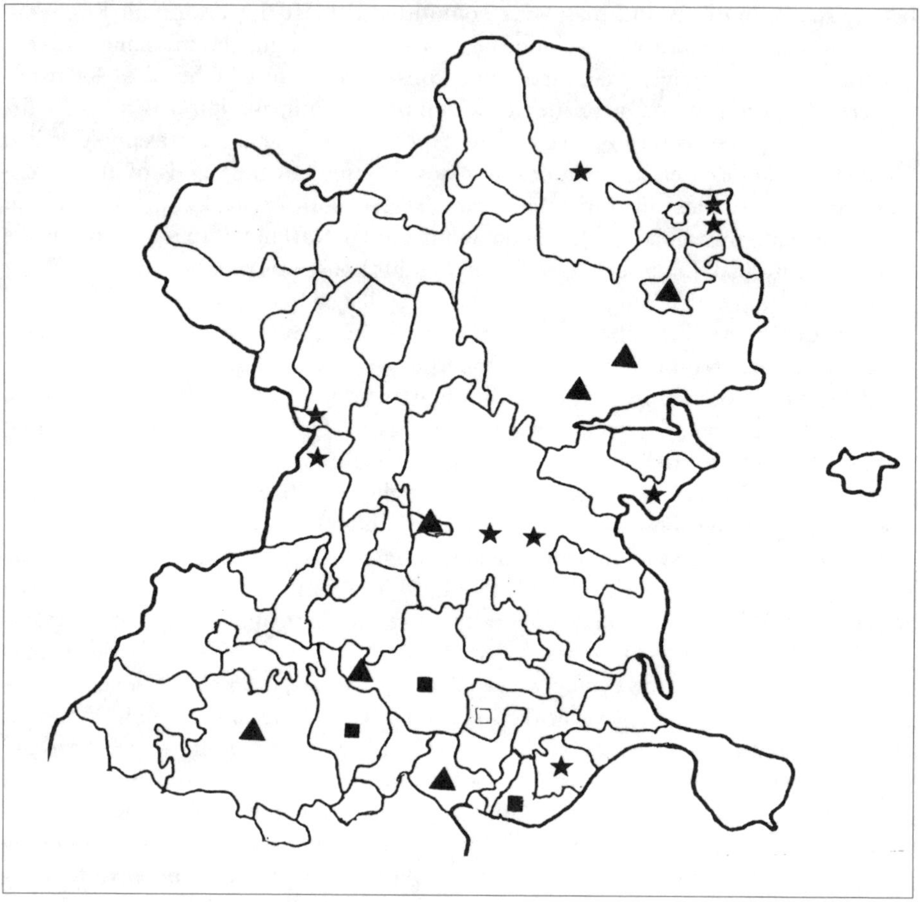

| | Perpetuated by | |
|---|---|---|
| Year | rebels/confederates | government troops |
| 1641 | □ | ■ |
| 1642 | | ★ |
| 1643 | ▲ | |

Fig. 9.2 Places in Fingal at which burnings were recorded 1641–7 (incl.)

fled to Dublin with his wife and seven children.[65] Seven of the eight assailants, whose names were passed on to him later by neighbours, lived locally and the surname of the eighth, Edmund Murphy, whose residence was not mentioned, suggests that he, too, was from Balrothery. The assailants, who included one yeoman, one labourer and two innkeepers (the occupations of the other four were not given), divided up his

65 Deposition of Henry Partington, 9 June 1642 (TCD, MS 810, f. 171).

corn, valued at £60, and his household goods, valued at £40, among them. There is no indication of the theft of money. All in all, this was a typical instance of a 'popular' raid. However, four of the participants, Donnogh Connor of Kilmainham, the two innkeepers, the Passmores, father and son, of Balrothery and John Wade of Margaretstown, were to be involved in later raids.

The raid on Killelane took place on the day preceding the battle of Julianstown, in which a government relief force heading for Drogheda was defeated and almost wiped out by the Ulster army under Sir Phelim O'Neill.[66] The next raid, on the home of the widow, Sarah Doughtie in the neighbouring townland of Balcunnin (parish of Lusk), took place 'on or about the last day of November', that is, the day after the battle. It was an armed raid led by 'Cruise the younger of the Naul'. Neither Cruise nor Lieutenant Reilly (Rely), has been identified with certainty. There are several entries for the surname, 'Rely', with addresses at Lusk, Pelletstown and Clontarf, on the list of outlaws but given that the raid took place in the parish of Lusk the most likely candidate appears to have been Connor Reilly, yeoman, of Lusk.[67] His name has not been associated with any other raids in Fingal. As Cruise was the leader of the attackers it should be somewhat easier to identify him. Although only one person with that surname, Peter Cruise, gentleman, of the Naul, was outlawed, five others were accused of being implicated in rebellious activities in Fingal.[68] Apart from Peter, two of these, Christopher, an innkeeper, and Simon, described as a 'captain', had addresses in the Naul.[69] The leader of the military-style attack on Sarah Doughtie's home was probably Simon who was subsequently appointed a captain at the meeting held at Swords from 7 to 10 December 1641.[70] Cruise threatened to kill Sarah and her four children and injured two of her servants.[71] He then turned Sarah and her children out of doors and took money and property (including bills, bonds and other notes for debts) valued at a total of £460. Thomas Doughtie, Sarah's deceased husband, had been rector of Baldongan and perpetual curate of Holmpatrick from 1630 until 1639.[72] The existence of 'notes for debt' may indicate some involvement by one or other of the couple in money-lending. While there is no explanation of why Sarah, in particular, was attacked she mentioned that 'all the Protestants thereabouts' had been robbed.[73] This contrasts with the account of Henry Partington who saw the early raids as attacks on the English (rather than Protestants). Sarah Doughtie, uniquely among those who described or mentioned the murder of Dirrick Huiberts Verveer, accused Cruise of being involved in it.

The following two days saw an intensification of the raids, many of which appear

66 Richard Bellings, *History of the Irish confederation and the war in Ireland, 1641–3 …*, ed. John T. Gilbert (7 vols, Dublin, 1882–91), i, pp 32–4. 67 Deposition of Sarah Doughtie, 20 January 1642 (TCD, MS 809, f. 275); R.C. Simington and John MacLellan, 'Oireachtas Library, List of outlaws, 1641–1647', in *Analecta Hibernica*, no. 23 (1966), p. 343. 68 R.C. Simington and John MacLellan, 'Oireachtas Library, List of outlaws, 1641–1647', in *Analecta Hibernica*, no. 23 (1966), p. 339. 69 Deposition of Thomas Benet, 26 February 1642 (TCD, MS 809, f. 243); deposition of Katherine Magee, 22 April 1642 (TCD, MS 810, f. 174); examination of Robert Walsh, 30 March 1642 (TCD, MS 810, f. 216). 70 Examination of Robert Walsh, 30 March 1642 (TCD, MS 810, f. 216). 71 Deposition of Sarah Doughtie, 20 January 1642 (TCD, MS 809, f. 275). 72 J.B. Leslie, *Clergy of Dublin and Glendalough: biographical succession lists*, ed. W.J.R. Wallace (Belfast and Dublin, 2001), pp 52 and 114. 73 Deposition of Sarah Doughtie, 20 January 1642 (TCD, MS 809, f. 275).

to have been part of a single plan. One which did not quite fit into the general pattern was a raid on the home of John Huxley of Rush, described as a British Protestant, on 1 December.[74] No further information has been discovered about this man who was a tenant of a James Russell. The name of James Russell does not appear either on the list of outlaws or among the rebels mentioned in the local depositions but he may have been a relative of Francis Russell, who was appointed a captain at Swords in December 1641 and who was responsible for capturing Daniel Barwick, captain of the pinnace, *The Swan*, in January 1642.[75] The earl of Ormond was the proprietor of Rush and it is possible that Huxley was an agent or employee of his. Huxley named fifteen of the rebels who attacked his home, all of whom were from the local parish of Lusk, but it is not clear from the text if the 'other Irish rebels to the number of twenty-three' included those fifteen or not. The names of the fifteen men identified do not appear in the accounts of other local attacks although the names of three of them, Thomas Hamilton of Lusk, John Kerrigan of Rathartan and Laughlin Murtagh of Dunganstown, who may have been Murtagh the ploughholder, appear on the list of outlaws.[76] In any event the attack was formidable, if non-violent, but like the attack in Killelane it seems to have been a popular attack by local men taking advantage of the unrest rather than a premeditated raid that was part of a master plan. However, from then on Huxley appears to have been a marked man, as a more serious threat was made to him a few days later.

Another raid which took place on the same day, 1 December, 'in the forenoon' was that on the premises of Darby Lea of Balrothery, described as 'postmaster' though his losses suggest that he was also an innkeeper.[77] Although he was not an exceptionally wealthy man – his total losses amounted to £200 – the fact that as well as being postmaster, he held the lease of the castle of Balrothery, probably made his property a militarily significant target for the rebels. In the course of his deposition Darby Lea mentioned, as hearsay evidence, the murders of 'Dirrick Huiberts of Holmpatrick, gentleman, Mr Pardoe, clerk, the post that came from Dublin, with other English Protestants but to what number he knoweth not'. While Darby Lea gave detailed information about his losses he said little about the raiders except that they were led by Captain Cusack of near Rathaldron in the county of Meath, accompanied with divers other Irish rebels to the number of about forty men. The timing of this raid would indicate that it was the first of a series of raids carried out by Captain Cusack during this period.[78]

While Captain Cusack was a key figure in the attacks in north-east Fingal little is known about him. The Cusack family of Rathaldron was originally from Portraine in Fingal and had links with several prominent Pale families.[79] Rathaldron was situated

74 Deposition of John Huxley, 21 May 1642 (TCD, MS 810, f. 158). 75 Examination of Robert Walsh, 30 March 1642 (TCD, MS 810, f. 216); deposition of Daniel Barwick, 23 May 1642 (TCD, MS 810, f. 114). 76 R.C. Simington and John MacLellan, 'Oireachtas Library, List of outlaws, 1641–1647', in *Analecta Hibernica*, no. 23 (1966), pp 341–3. 77 Deposition of Darby Lea, 25 January 1642 (TCD, MS 809, f. 288). 78 Deposition of Huibart Cromphouts, 2 March 1642 (TCD, MS 809, f. 268); deposition of Darby Lea, 25 January 1642 (TCD, MS 809, f. 288); deposition of Anthony Huiberts, 29 January 1642 (TCD, MS 809, f. 311); deposition of Thomas Clitheroe, 26 May 1642 (TCD, MS 810, f. 126); deposition of Margaret Huiberts, 14 March 1644 (TCD, MS 810, ff 238–9). 79 Hubert Gallwey, 'The Cusack family of Counties Meath and Dublin: part i', in *The Irish Genealogist*, v, no. 3 (November 1976), p. 299

in the parish of Donaghmore, barony of Navan, where Patrick Cusack owned over 500 acres in 1641.[80] This holding was situated at quite a considerable distance from another property, consisting of 120 acres, which he owned at Blackhall in the parish of Balrothery.[81] According to the Civil Survey he had leased this property for six pounds *per annum* to Richard Murphy who, in turn, had leased it to Richard Davis, an English Protestant for twelve pounds *per annum* 'who hath it now in possession'.[82] Richard Davis has not been identified. The buildings on the land consisted of a farm house and two houses of office, as well as a small orchard, which were valued by the jury at fifteen pounds. The buildings valuation seems rather high for the area which suggests that there was probably an inn or business on the site which made sub-letting feasible. The townland of Blackhall immediately adjoined Balrothery on the west and the townland of Ballimad, which was farmed by Anthony Huiberts, son of Dirrick Huiberts Verveer, on the east. According to the genealogist, Hubert Gallwey, Patrick Cusack, who was about sixty-five years old in 1641, took no part in the struggle.[83] He was married twice, first, to Elizabeth Fitzwilliam and, secondly, to Cicely Nangle, daughter of Patrick Nangle, eighteenth baron of Navan.[84] His son, James, had already been active in a raid at Navan on 25 November, and James appears to have been the 'Captain Cusack' who played such a prominent role in the Fingal rising in December.[85]

A characteristic of the events which took place in and around Holmpatrick about this time was the virulence of the attacks on the extended family of the Dutch merchant, Dirrick Huiberts Verveer. The family homes attacked included his own at Holmpatrick as well as those of his son at Ballimad, his sister and nephew at Milverton and his son-in-law, the Revd Henry Birch, possibly at Holmpatrick, though there is some doubt about this and consequently it has been omitted from consideration here. Birch was appointed to Newcastle Lyons in 1641 and was there when he made his deposition on 15 May 1643.[86] In this deposition the date and place of the loss of 'his goods and chattels' were left unspecified. His successor at Holmpatrick was not appointed until 1643. In addition to his involvement in the raid on Darby Lea's house, Captain Cusack was accused of taking part in the raids at Holmpatrick and Milverton as well as being concerned in the murder of Dirrick Huiberts Verveer at Hacketstown and an attack on the home of Thomas Clitheroe, vicar of Balrothery. All of these events were specifically recorded as having taken place on 1 or 2 December, with the exception of the raid on the home of Thomas

and 'The Cusack family of Counties Meath and Dublin: part vi, Cusack of Rathaldron', in *The Irish Genealogist*, vi, no. 3 (November 1982), pp 285–7. **80** *Civil Survey, v, county of Meath, with returns of tithes for the Meath baronies*, p. 225. **81** *Civil Survey, vii, county of Dublin*, pp 11–12. **82** *Civil Survey, vii, county of Dublin*, p. 12. **83** Hubert Gallwey, 'The Cusack family of Counties Meath and Dublin: part vi, Cusack of Rathaldron', in *The Irish Genealogist*, vi, no. 3 (November 1982), pp 288–9. **84** Francis Elrington Ball, *A history of the County Dublin: the people, parishes and antiquities from the earliest times to the close of the eighteenth century: part second* (originally published 1903, reprinted Dublin, 1995), p. 12; Bernard Burke, *A selection of arms authorized by the laws of heraldry: with annotations by Sir Bernard Burke ...* (London, 1863), pp 204–5. **85** Deposition of William Robinson, 7 March 1642 (TCD, MS 816, f. 134); 'The Cusack family of Counties Meath and Dublin: part vi, Cusack of Rathaldron', in *The Irish Genealogist*, vi, no. 3 (November 1982), p. 290. **86** J.B. Leslie, *Clergy of Dublin and Glendalough: biographical succession lists*, ed. W.J.R. Wallace (Belfast and Dublin, 2001), pp 114 and 147.

Clitheroe which took place 'about the beginning of December' after he had fled to Dublin.[87]

Why were Verveer and his family singled out for attack? Undoubtedly, they were wealthy and Protestant. With the exception of his son-in-law, Birch, the male members of his family and his sister, Catherine Cromphouts, were of Dutch origin. The nationalities of Verveer's wife, Margaret, and his son's wife are not known. Although Verveer had lived in Ireland for many years and had been granted 'all the rights and privileges of English subjects' in 1608, he was described 'as a Dutch man' by a neighbour, Sarah Doughtie, in her deposition made on 20 January 1642.[88] He was also described by Sir John Temple as 'a Dutch merchant'.[89] It seems unlikely that anti-English feeling played any part in this series of attacks. The lords justices and council alleged that Dirrick Huiberts Verveer was murdered because he was a Protestant. In a letter to the earl of Leicester, lord lieutenant, on 3 December 1641, the day following the murder, they wrote:

> That the rebels have besieged Drogheda on all sides, a town on the sea coast within twenty miles of this city, and that we cannot relieve the forces there, nor they us, but by sea, we made known to your lordship by our letters of the 30th November, since which time the rebels have, by their multitudes of men and assistance of seamen who readily join with them, seized and manned many boats on the sea coast betwixt this and Drogheda, and have murdered the gentleman that held the island of Lambay, namely Mr Dirrick Huiberts, for no other cause but because he was a Protestant, and now they hinder us from intercourse by sea to be had between us and Drogheda and we fear will presently be able to intercept our passages between this and Chester, so far as multitudes of men and boats can do.[90]

Was Verveer involved in money-lending, a practice in which many merchants were engaged? The Irish Statute Staple Books list only three instances of loans made by him in the period 1613 to 1616, none of which were made to local men.[91] Of course there were other ways of borrowing and lending money besides the staple. All that can be said is that no evidence has been found to connect Verveer with any large-scale involvement in money-lending.

There are two accounts of the raid on the home of Dirrick Huiberts Verveer on 1 December and his murder on the following day. One of these was contained in the deposition of his son, Anthony, who was not an eye-witness but whose account was given to the authorities on 29 January, less than two months after the events took place.[92] The second was deposed by Dirrick's widow, Margaret, who was an eyewit-

87 Deposition of Thomas Clitheroe, 26 May 1642 (TCD, MS 810, f. 126). 88 *Irish patent rolls of James I*, ed. M.C. Griffith (Dublin, 1966), p. 126; deposition of Sarah Doughtie, 20 January 1642 (TCD, MS 809, f. 275). 89 John Temple, *The Irish rebellion ... in the year 1641* (originally published London, 1646, reprinted London, 1746), p. 259. 90 Lords justices and council to the earl of Leicester, lord lieutenant, 3 December 1641, in Historical Manuscripts Commission, *Calendar of the manuscripts of the marquess of Ormonde ...* (new series, 8 vols, London, 1902–20), ii, p. 33. 91 *The Irish statute staple books, 1596–1687*, ed. Jane Ohlmeyer and Éamonn Ó Ciardha (Dublin, 1998), identity numbers 744, 883 and 871, pp 111, 179, 190, 254 and 263. 92 Deposition of Anthony Huiberts, 29 January 1642 (TCD, MS 809, f. 311).

ness but whose deposition (quoted in part in chapter 1) was not made until 14 March 1644, more than two years after his murder.[93] Although the accounts differed and, to a large extent, implicated different people in the robbery and in the murder on the following day, they were not contradictory and, taken together, provide a detailed account of the sequence of events. Both depositions mentioned Captain Cusack and, in addition to the 'neighbours of Fingal' listed by Margaret, Anthony implicated Michael Murphy of Balrothery and Jasper and Thomas Hurlston in both the robbery on 1 December and the subsequent murder.

The Hurlstons of Skerries, sub-tenants of Verveer, bring a additional strand to the complicated network. In his will proved in 1623 Jasper Hurlston, alderman of Drogheda, mentioned his brother, Thomas Hurlston and his sons John and Jasper.[94] Luce Spell of Drogheda accused Jasper Hurlston of Drogheda, merchant (she referred to him later as 'Jasper Hurlston of the Skerries') of being one of those who robbed and imprisoned the passengers of the Liverpool barque at Skerries in early December.[95] She also mentioned that the prisoners were taken first to the house of William Hulson [sic] in Skerries. The names of Thomas Hurlston, gentleman, and William Hurlston, yeoman, both of Skerries, appeared on the Oireachtas list of outlaws for Co. Dublin while that of Jasper Hurlston of Drogheda, merchant, appeared for Co. Louth, although a footnote indicated that his county of residence was listed in the original as 'Dublin'.[96] William may have been a younger son of Thomas Hurlston, perhaps born after his uncle Jasper's death *c.*1623. While little further is known about the family, apart from the fact that they were subsequently involved in the invasion of Lambay and that Jasper Hurlston escaped from jail in Dublin early in 1658, their involvement in so many incidents in the early days of the rising is evidence of co-ordination between the rebels in the port towns of Drogheda and Skerries and what Aidan Clarke has described as the systematic seizure of boats as a result of which the 'Catholic army' was for a time in control of the sea.[97]

Apart from Captain Cusack one of the more interesting visitors to Holmpatrick on 1 December was Bartholomew Russell of Seatown, who held a large estate in the parish of Swords, a small amount of which he possessed in his own right and the remainder of which he leased at a low rent from the archbishop of Dublin.[98] According to the Civil Survey he left his home after the defeat of the Irish at Swords and died about the beginning of the first cessation (which took place on 15 September 1643) with the rebels in the county of Louth.[99] Mr Bellings of Ardla may have been the proprietor of Ardla, Laurence Bellings of Belinstown, who was indicted for rebellion and who held land, much of it in his own right, in all four of the Fingal baronies.[100] On the other hand, it may have been Mark (or Martin) of

93 Deposition of Margaret Huiberts, 14 March 1644 (TCD, MS 810, ff 238–9). 94 Abstract of will of Jasper Hurlston, proved 31 July 1623 (NAI, Betham genealogical abstracts, prerogative wills, series I, vol 31, p. 37). 95 Deposition of Luce Spell, 5 February 1642 (TCD, MS 834, f. 6); 'County Louth depositions, 1641', ed. Thomas Gogarty in *Journal of the County Louth Archaeological Society*, iii, no. 1 (1912), pp 71–2. 96 R.C. Simington and John MacLellan, 'Oireachtas Library, List of outlaws, 1641–1647', in *Analecta Hibernica*, no. 23 (1966), p. 341. 97 *Anc. rec. Dublin*, iv, p. 136; Aidan Clarke, *The Old English in Ireland, 1625–42* (paperback ed., Dublin, 2000), pp 178 and 191. 98 Deposition of Margaret Huiberts, 14 March 1644 (TCD, MS 810, f. 238); *Civil Survey, vii, county of Dublin*, pp 87, 92–3, 102–3. 99 *Civil Survey, vii, county of Dublin*, p. 102. 100 *Civil Survey, vii, county of Dublin*, pp 18, 58, 70, 90,

Ardla, perhaps a son or brother, whose name also appeared on the list of outlaws.[101] The identity of Lieutenant Fleming is uncertain. Several men called Fleming were listed as outlaws for counties Dublin and Meath.[102] Thomas Fitzwilliam and Robert Arthur were represented by their servants. Thomas Fitzwilliam of Baldongan later became marshal of the rebels.[103] The position of the near neighbour, Robert Arthur of Hacketstown, was more ambiguous. It is clear that he sympathized with the rebels and perhaps even collaborated with them, but he has not been identified as an active participant in any violent or military action.[104] Cusack was also accompanied by his tenant at Blackhall, Richard Murphy of Balrothery. Captain Cusack was the only one of the raiders named by both Margaret Huiberts and her son, Anthony.[105] As already mentioned, Anthony also implicated Michael Murphy of Balrothery and Jasper and Thomas Hurlston in the raid.

On arrival at Holmpatrick Captain Cusack first threatened Dirrick Huiberts Verveer with death if he did not hand over his money and then demanded the keys of the trunks which he proceeded to break open and 'took what pleased them'.[106] It is probable that Cusack found documents as well as money and valuables. Margaret Huiberts also deposed that Cusack would have killed Verveer at that point had not Michael Murphy intervened. This, together with the actual murder on the following day in which he was accused of taking part, would suggest that Cusack, in particular, wanted Verveer out of the way. What followed was the strange and significant visit of Katherine Scanlon who 'came to the said Dirrick and called him aside telling him that she was sent to wish him and the rest to depart the house saying that the priest must come there to say Mass (it being an old Abbey)'.[107] There is no indication in the text as to who sent her nor is the identity of the priest known. There were a number of priests in the neighbourhood at the time but the most likely would appear to have been the Friar Malone who came to prominence in Skerries a few days later and who clearly wished to have the Mass restored in the churches.[108] Edward Walsh, a foster-brother of Alderman Robert Arthur, guided Verveer and his wife and sister to Arthur's home at nearby Hacketstown where they spent the night.[109] Anthony Huiberts mentioned their intention of going to Lambay but this was not referred to by Margaret.[110] According to Margaret's account, she, with her husband and sister-in-law, proceeded back towards Holmpatrick on the advice of Edward Walsh and under the guidance of a servant of Alderman Arthur though whether or not this was the same man who had taken part in the raid on the previous day is not clear.[111] What followed was an attack on the small group by ten or twelve men, the robbery and stripping of Margaret and her sister-in-law, Catherine Cromphouts, the particularly

104–5, 119, 155, 168, 236 and 238. **101** R.C. Simington and John MacLellan, 'Oireachtas Library, List of outlaws, 1641–1647', in *Analecta Hibernica*, no. 23 (1966), p. 337. **102** R.C. Simington and John MacLellan, 'Oireachtas Library, List of outlaws, 1641–1647', in *Analecta Hibernica*, no. 23 (1966), pp 340 and 356. **103** Deposition of Daniel Barwick, 23 May 1642 (TCD, MS 810, f. 114). **104** Deposition of Daniel Barwick, 23 May 1642 (TCD, MS 810, f. 114); examination of Anthony Pile, 29 June 1643 (TCD, MS 810, f. 281). **105** Deposition of Anthony Huiberts, 29 January 1642 (TCD, MS 809, f. 311). **106** Deposition of Margaret Huiberts, 14 March 1644 (TCD, MS 810, f. 238). **107** Deposition of Margaret Huiberts, 14 March 1644 (TCD, MS 810, f. 238). **108** Deposition of Edward Leech, 18 March 1644 (TCD, MS 810, f. 245). **109** Deposition of Margaret Huiberts, 14 March 1644 (TCD, MS 810, f. 238). **110** Deposition of Anthony Huiberts, 29 January 1642 (TCD, MS 809, f. 311). **111** Deposition of Margaret Huiberts, 14 March 1644 (TCD, MS 810, f. 238).

brutal murder of Dirrick and the flight of the two women by night to Dublin. Catherine Cromphouts died a few weeks later as a result of her ordeal. The only person recognized by Margaret was Nicholas Russell of Collinstown, but her son mentioned Captain Cusack, Michael Murphy of Balrothery, and the Hurlstons as being among those responsible.[112] Dirrick was refused burial in the church or churchyard until Saturday, 4 December, although the circumstances in which the rebels then relented are not known.

Two other raids took place on the homes of members of the Verveer family on Thursday, 2 December. The first of these was on the Milverton home of Catherine Cromphouts, who had gone to Hacketstown with her brother.[113] Her son, Huibart, who had fled from the scene and hidden himself, named Captain Cusack, Richard Murphy of Balrothery and John Wade of Morganstown (probably the adjoining townland of Margaretstown), as being among those responsible. He also mentioned that he had been informed that William Trevor (Travers) of Ballykea 'had seized upon his haggard of corn valued £100 at least and maketh use of it in this examinant's house'.[114] William Travers was a substantial landholder and, a short time later, a signatory to the letter sent by the Co. Dublin gentry to the lords justices and council.[115] Whether he was making use of the haggard at Milverton for his own use or for the use of the rebel army is unclear. The second raid on 2 December took place at Ballimad (now Hampton Demesne) which adjoined the Cusack-owned Blackhall Farm (figure 9.3) 'about twelve of the clock at midnight'.[116] The lateness of the hour may explain why the only person whose name was mentioned in connection with this raid was the leader of the attackers, Captain Barnewall of Annagor in the parish of Kilsharvan in Co. Meath. The proprietor of Annagor in 1641 was George Stoakes of Mitchelstown, Co. Meath, who was also one of the joint owners of the joint owners of Knocknagin in the parish of Balrothery which was about 5 km from Ballimad.[117] While £500 worth of property was stolen no violence was reported on this occasion. The final raid in the series cannot be dated with certainty. It began with an assault on the Revd Thomas Clitheroe, vicar of Balrothery, by a group of men, whom he named as Michael Murphy of Balrothery, gentleman, Walter St Lawrence of Courtlough, gentleman, George Tankard of Balrothery, labourer, John Passmore of Balrothery, innkeeper, Robert Passmore, 'his son, a popish priest', and Richard Murphy of Balrothery, gentleman.[118] Michael Murphy and Tankard assaulted him and Murphy wounded him in the neck. Thomas Clitheroe fled to Dublin, and after his departure Captain Cusack, John Passmore and Michael Murphy seized his house, pulled it down and carried off his goods.

112 Deposition of Margaret Huiberts, 14 March 1644 (TCD, MS 810, f. 238); deposition of Anthony Huiberts, 29 January 1642 (TCD, MS 809, f. 311). 113 Deposition of Huibart Cromphouts, 2 March 1642 (TCD, MS 809, f. 268); deposition of Margaret Huiberts, 14 March 1644 (TCD, MS 810, f. 238); deposition of Anthony Huiberts, 29 January 1642 (TCD, MS 809, f. 311). 114 Deposition of Huibart Cromphouts, 2 March 1642 (TCD, MS 809, f. 268, original damaged, copy MS 810, f. 38). 115 Gentry of English Pale to lords justices and council in Ireland, 10 December 1641, in John T. Gilbert (ed.), *History of the Irish confederation and the war in Ireland, 1641–3* ... (7 vols, Dublin, 1882–91), i, pp 229–30; *Civil Survey, vii, county of Dublin*, pp 7, 9, 11, 59, 66 and 124. 116 Deposition of Anthony Huiberts, 29 January 1642 (TCD, MS 809, f. 310). 117 *Civil Survey, v, county of Meath, with returns of tithes for the Meath baronies*, p. 36; *Civil Survey, vii, county of Dublin*, p. 3. 118 Deposition of Thomas Clitheroe, 26 May 1642 (TCD, MS 810, f. 126).

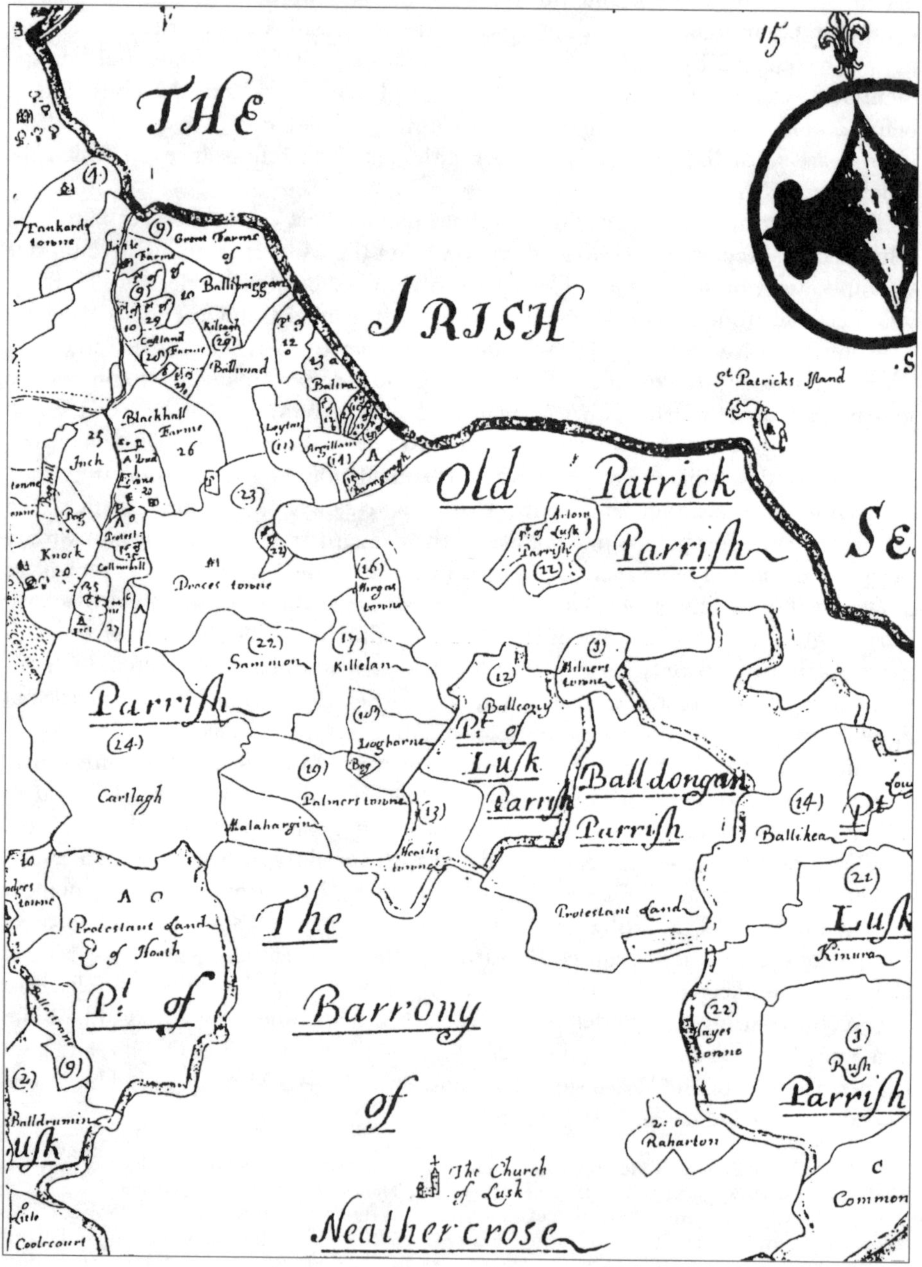


Fig. 9.3 Down Survey barony map, 1657 – barony of Balrothery (detail)

Following this series of assaults there was a lull of a few days, until about Sunday, 5 December 1641, when a number of ships and boats were driven into Skerries by a storm. Since a large number of Protestants had fled from the area many of the incidents which followed were described by outsiders who were caught up in the turmoil. The central figure in this part of the story of the rising in north-east Fingal was John Malone (or O'Malony) generally described as a friar. There was no friary nearer than Drogheda so that the arrival of a friar in a town like Skerries, which had a substantial Protestant population, was bound to arouse keen interest.

Nothing has been established with absolute certainty about John Malone's background. Since, however, he played such a key role in the 1641 rising in Fingal it may be useful to consider the possibilities further. Three instances of this Gaelic-Irish surname occurred in the hearth money roll for Fingal. These were in the parishes of Clontarf, Donabate and Garristown.[119] The name was also found in Dublin and the town of Drogheda and in Co. Meath. The name is, however, fairly common and has been found in many parts of the country. It is virtually certain that Friar John Malone was a Franciscan. In fact, it seems probable that there was more than one friar of the name 'John Malone' in the Franciscan order during the first half of the seventeenth century.[120] A Franciscan preacher with a somewhat similar name, 'Joannes Molanus', who had studied in Paris and who was guardian of the convent in Armagh, died in the year 1610.[121] According to an entry in *Some funeral entries of Ireland* a friar called John Malone, son of Edmond Malone of Co. Westmeath died in the Low Countries, in or before 1638, though in his case the religious order to which he belonged was not stated.[122] In an article published in the *Irish Sword* in 1953, Canice Mooney wrote: 'we know that Bonaventure Fitzgerald and John Molinus (= Mullen, Mallan, Malone?) were preachers in the army in Belgium in the beginning of the seventeenth century'.[123] The document on which this was based was prepared in 1617 and read as follows: '4. *Fr Joannes Molinus, diocesis Casselensis, receptus, 29 Aprilis 1612, nunc est praedicator apud exercitum*'. It would seem, therefore, that the recording of John Malone's (if, indeed, he was the 'Joannes Molinus' mentioned in the entry) association with the army was somewhat later than Canice Mooney's article would, at first glance, suggest. There are three contemporary lists of Franciscans, together with a fourth list, compiled later, of clergy ordained in the Malines archdiocese, which help to trace the career of the Munster man, Joannes Molinus, and to link him with the network of Fingal priests and gentry and to suggest that he was, in fact, the Friar Malone of Skerries. The earliest of these lists, called here the 'Douai list', which was presented to the Archduke Albert and Archduchess Isabella of Austria in 1613, was a list of Douai *alumni* who had entered any branch of the priesthood.[124] Apart from distinguishing between secular and

**119** 'Hearth money roll for County Dublin, 1664' (second part), *Journal of the County Kildare Archaeological Society*, xi (1930–33), pp 394, 406 and 409. **120** I am most grateful to Fr Ignatius Fennessy, OFM, for drawing my attention to the probability that there was more than one Franciscan called 'John Malone' and for pointing out the connection between John Malone and John Barnewall. **121** 'Brussels MS 3947: Donatus Moneyus, de provincia Hiberniae, S. Francisci' presented by Brendan Jennings in *Analecta Hibernica*, no. 6 (November 1934), p. 36. **122** Association for the Preservation of Memorials of the Dead, *Some funeral entries of Ireland* (Dublin, 1907–12), p. 15. **123** Canice Mooney, 'The Irish sword and the Franciscan cowl' in *The Irish Sword*, i (1949–53), p. 85. **124** 'A list of the Irish regular clergy and between the various religious orders and congregations this list supplies no information about the *alumni* other than names. The second list, called here the 'Louvain list', was a list of Franciscans who had been received into the Irish Franciscan College of Louvain between 1607 and 1617, the date at which it was prepared.[125] As can be seen from the Latin entry already quoted, it provided a little more information about the individuals mentioned. The third list, presented to the Archduchess Isabella and printed in 1622 under the title, *Exhibitio consolatoria*, was very similar to the first though, of course, it had been updated to include later *alumni*.[126] The fourth (modern) list, published by Brendan Jennings in the *Irish Ecclesiastical Record* contained the names of those who were ordained in the archdiocese of Malines, in which Louvain was situated from 1602 to 1794.[127] The information derived from the Louvain list and the Malines list about each of three Franciscans, Robert (Father Christopher) Plunket of Dunsoghly, son of Sir Christopher Plunket and brother of Colonel Richard Plunket, John Barnewall, son of Lord Trimleston and associate of Lord Maguire, and 'Joannes Molinus', assumed to be John Malone, has been compared.[128] The names of Robert Plunket and John Malone appeared on the Douai list of 1613 (John Barnewall was not received into the order until 1616) while the names of all three priests appeared in the *Exhibitio consolatoria* of 1622.

All three priests had been educated at Douai and had proceeded from there to the Irish Franciscan College at Louvain. While the fact that Joannes Molinus was from Munster might, at first glance, suggest that it was unlikely that this priest was the 'Friar Malone of Skerries', the Franciscan connection, his army career and the dates are compatible with the experience of a man who, as he himself, as well as Colonel Plunket, claimed, had spent many years planning for a rising in Ireland.[129] Roger Holland's deposition was particularly interesting. He stated:

> that he being in company with Colonel Plunket at Newry and Carlingford, the said colonel told him, this deponent, and many others, that this said plot was for these seventeen years past a plotting: and that the said Friar Malone and himself and one of the lord of Trimleston's sons (which is a friar), with many others of the nobility of the Pale and in the north, knew it of a long time. But that others of the nobles knew not of it but of late. But as for the rest, they had known of it the space of years aforesaid ...[130]

priests and Jesuits that have been students in Doway, written in a complimentary letter to the Princes Albert and Isabella, archduke and archduchess of Austria & c. in 1613' in *Calendar of the Carew manuscripts preserved in the archiepiscopal library at Lambeth* (6 vols, London, 1867–73), vi, pp 285–6; *Louvain papers 1606–1827*, ed. Brendan Jennings (Dublin, 1968), p. 38 (footnote 1). **125** Historical Manuscripts Commission, *Fourth report*, appendix (London, 1874), pp 602–3; *Louvain papers 1606–1827*, ed. Brendan Jennings (Dublin, 1968), pp 54–8. **126** 'The Irish colleges in the Low Countries: (a) *Exhibitio consolatoria*', ed. John Brady in *Archivium Hibernicum*, xiv (1949), pp 66–83; *Louvain papers 1606–1827*, ed. Brendan Jennings (Dublin, 1968), p. 72 (footnote 1). **127** Brendan Jennings, 'Irish names in the Malines ordination registers, 1602–1794' in *The Irish Ecclesiastical Record*, lxxv-lxxvii (1951–2). **128** 'Fingal 1603–60', i, p. 417. **129** Deposition of Edward Leech, 18 March 1644 (TCD, MS 810, f. 244); deposition of Roger Holland, 4 March 1642 (TCD, MS 834, f. 63); deposition of John Kerdiff, 28 February 1642 (TCD, MS 839, ff 3 and 4). **130** Deposition of Roger Holland, 4 March 1642 (TCD, MS 834, f. 63).

Little further is known of the career of John Malone. In 1618 a Franciscan residence was erected at Cashel '*instituo superiore P. Joanne Molina, theologo et predicatore zelosissimo*'.[131] A priest called 'Johannes Molon' (indexed as 'Malone') was appointed a confessor at a Franciscan provincial chapter held in Limerick in 1629.[132] A Franciscan, 'Joannes O Malloon', is found among the names of priests in the diocese of Ardfert and Aghadoe in 1636.[133] At a middle chapter held in Kildare in 1639 a 'Johannes Mollouny' was continued as guardian of convent of Irialagh (Muckross, Co. Kerry).[134] While one cannot be certain if any of these references were to Friar Malone of Skerries, the dates are not incompatible with an ordination to the priesthood in 1615 though they would imply that Malone's initial army career in the Low Countries was short though the gaps in the information which is available would certainly have allowed for a possible return to the continent. In his conversation with Edward Leech he claimed that 'some colonels in Dublin had had money of him, for to raise men for Spain and that he had kept them aboard for some time within the harbour of Dublin ...', which may indicate an association with the attempts to transport the disbanded army to Spain in 1641.[135] Disappointingly however, despite his local importance, Friar John Malone remains a shadowy figure in the history of the period.

The first formal examination in the Co. Dublin depositions which recorded Fingal's involvement in the war, as opposed to the sporadic raiding discussed above, was that of Christopher Hampton. This examination was carried out less than a week after the events which he described as follows:

> The said Hampton being sworn by the Clerk of the Council saith that he and divers others running ashore on the fifth of this present at the Skerries within ten miles of this city, one called Father Malone, with many accompanying of him laid hands upon this examinant and the rest and stripped them of all they had and likewise entered into the ship and there rifled and took away what was there, which being done, the said Malone sent this examinant and the other passengers by a warrant under his hand from constable unto constable to Roger Moore, colonel in the army. According unto the warrant of the said Malone the examinant being brought before Mr Roger Moore who after some while let the examinant and the rest free and at large. The examinant further saith that, at the same place and since, there was present at the Church of Duleek in consultation sundry of the lords of the Pale, namely, the lord of Gormanstown, the Lord Nettervill, the lord of Slane, the Lord Louth, the Lord Iveagh, the rest were unknown to the examinant.[136]

131 'Brevis synopsis provinciae Hiberniae FF. Minorum', presented by Brendan Jennings in *Analecta Hibernica*, no. 6 (November 1934), p. 147. 132 *Liber Lovaniensis: a collection of Irish Franciscan documents 1629–1717* ed. Cathaldus Giblin (Dublin, 1956), pp 7 and 405. 133 Brendan Jennings, 'Miscellaneous documents, II, 1625–1640' in *Archivium Hibernicum*, xiv (1949), p. 10. 134 *Liber Lovaniensis: a collection of Irish Franciscan documents 1629–1717* ed. Cathaldus Giblin (Dublin, 1956), pp 356–7. 135 Deposition of Edward Leech, 18 March 1644 (TCD, MS 810, ff 244–5). 136 Examination of Christopher Hampton, 11 December 1641 (TCD, MS 809, f. 212).

It was clear from this examination that Malone had access to the leaders of the rising. This information was transmitted to London on 14 December by which time events had overtaken the lords justices and council.[137] A much more detailed account of the affair is found in the deposition of Luce Spell, a Drogheda widow, which was made in the following February.[138] She had the advantage of knowing many of those involved. She explained that the vessel had been driven into Skerries by contrary winds and that John Malone had been accompanied to the ship by John Wotton of Tankardstown as well as by Jasper Hurlston. When she and the other prisoners arrived at the house of William Hurlston in Skerries she saw the friar in the company of four Drogheda merchants and gentlemen, namely, Barnaby Bellings, Alderman Francis St Lawrence, Christopher Malone and Robert Plunket as well as Michael Murphy of Balrothery. It is not clear why these prisoners were brought to Duleek but after the meeting held there they were brought back to Balrothery and lodged in John Passmore's inn, where she again saw Michael Murphy together with four Drogheda merchants, namely, Garrett Nugent, John Griffin, Patrick Griffin and Roger Bellings and heard them in their conference say:

> We will shortly have the prince of England here in Ireland and make him viceroy; and we will tutor him and bring him up in the Catholic religion and the king himself shall live in Scotland, and before Easter day next we shall have an army out of Spain, and then we will go all into England and with the help of the Catholics there (all whose names the said friar said that he had) we will put all the puritans to the sword.

Once again the primary purpose of the Fingal and Drogheda rebels appears to have been the restoration of Catholicism.

Others mentioned as being in the company of the friar were Walter St Lawrence of Courtlough (who had been involved in the attack on Thomas Clitheroe), Mark Bellings of Ardla (probably the 'Mr Bellings' who had been concerned in the robbery at Holmpatrick on 1 December) and Dennis Connor of Kilmainham, who was a close associate of the Friar Malone and who had taken part in the raid on the home of Henry Partington on 28 November.[139] Luce Spell also provided a useful cross-check on the stories told by examinants when she described the visit of George Devenish and his family and servants to Balrothery.[140] She also reported a brief conversation which George had with his wife who said to him: 'What have these English brought us unto, the curse of God upon them.' To which he replied: 'Be contented, wife, for

137 Lords justices and council to the earl of Leicester, lord lieutenant, 14 December 1641, in Historical Manuscripts Commission, *Calendar of the manuscripts of the marquess of Ormonde* ... (new series, 8 vols, London, 1902–20), ii, p. 37. 138 Deposition of Luce Spell, 5 February 1642 (TCD, MS 834, f. 6); 'County Louth depositions, 1641', ed. Thomas Gogarty in *Journal of the County Louth Archaeological Society*, iii, no. 1 (1912), pp 71–2. 139 Deposition of Thomas Clitheroe, 26 May 1642 (TCD, MS 810, f. 126); deposition of Margaret Huiberts, 14 March 1644 (TCD, MS 810, f. 238); deposition of Henry Partington, 9 June 1642 (TCD, MS 810, f. 171). 140 Deposition of Luce Spell, 5 February 1642 (TCD, MS 834, f. 6); 'County Louth depositions, 1641', ed. Thomas Gogarty in *Journal of the County Louth Archaeological Society*, iii, no. 1 (1912), p. 72; examination of George Devenish, 24 March 1642 (TCD, MS 816, f. 31).

within this two or three days Dublin will be taken and then we shall be paid double for what we have lost.'[141] Once again there is evidence that, for some people at least, the English, rather than Protestants, were the principal enemy.

Others who found themselves cast ashore in Skerries at that time were John Kerdiff of Co. Tyrone and Roger Holland of Glaslough in Co. Monaghan.[142] Both of these commentators mentioned the kindly treatment they had received from the friar but both also recorded the fact that he had burned bibles which he found in the boats. Of particular interest was a private conversation with the friar recorded by Roger Holland which gives some further insight into the motives of the rebels. Holland deposed as follows:

> And this deponent, sitting by him alone, demanded of him what might be the reason of their going out in such manner as in killing and robbing the English, and persuading him to make peace, he replied unless all men that had estates lost by the king's giving them to great men, that were little worth in former times, unless they had their estates given them again under the king's broad seal, that they would not yield. And withal that if they had not the duke of York for their governor and ruler in this kingdom and to be a papist, they would not yield as aforesaid. And further said that they would have the whole kingdom to themselves and that they have been about this plot for this seventeen years past but never had so fitting opportunity as now they had.[143]

John Kerdiff also reported that 'at Mr Connor's house, where the friar was, they had Hanmer's *Chronicle*, out of which they animated the rebels with the stories of the Danes discomfiture by the Irish (though for the most part unarmed) and paralleled the history with these times.'[144]

When the private conversations of the Friar Malone with Roger Holland and Edward Leech (see p. 224 above) and the discussions based on Hanmer's *Chronicle* at Mr Connor's house are considered together with the conversations overheard by Luce Spell at the Passmore's inn in Balrothery they show that the rebels had given serious thought to the wider implications of their military actions.

A different side of John Malone's character was recorded by John Huxley of Rush:

> And this deponent further saith: that one Malone (who, as he heard, is a friar) and called himself the chaplain major to the Irish host, about the 6th of December last 1641 said that he was the beginner of this rebellion, and that it cost him to bring it to pass three and twenty thousand pounds, the said Malone did say that this deponent and his wife should be both hanged by him,

141 Deposition of Luce Spell, 5 February 1642 (TCD, MS 834, f. 6); 'County Louth depositions, 1641', ed. Thomas Gogarty in *Journal of the County Louth Archaeological Society*, iii, no. 1 (1912), p. 72. 142 Deposition of John Kerdiff, 28 February 1642 (TCD, MS 839, f. 4); Mary Hickson, *Ireland in the seventeenth century* ... (2 vols, London, 1884), i, pp 192–5; deposition of Roger Holland, 4 March 1642 (TCD, MS 834, f. 63); Thomas Fitzpatrick, *The bloody bridge and other papers relating to the insurrection of 1641 (Sir Phelim O'Neill's rebellion)* (first published Dublin, 1903, reissued New York and London, 1970), p. 170. 143 Deposition of Roger Holland, 4 March 1642 (TCD, MS 834, f. 63). 144 Deposition of John Kerdiff, 28 February 1642 (TCD, MS 839, f. 4).

> that there might be none of their breed left, but with much entreaty of a gentlewoman, Mr James Russell's wife (falling upon her knees unto him to spare their lives) he was contented, but gave present order to take away all their corn and goods and to send it to the army called the Irish host.[145]

The last known movements of Malone were those which followed the successful invasion and capture of Lambay Island with the help of a court clerk, Dennis Connor (probably the Dennis or Donnogh Connor who owned the house at Kilmainham where the rebels had so assiduously studied Hanmer's *Chronicle*), and Thomas and Jasper Hurlston of Skerries, together with many of the inhabitants of Rush.[146] This was the most daring and successful enterprise of the rising in the area, and it was accomplished without bloodshed as the servants and tenants of the island 'being Papists' deserted Edward Leech, who had charge of the castle. With Dirrick Huiberts Verveer dead the task of the invaders was made somewhat easier. The lords justices and council summarized the events described by Leech in a letter to the lord lieutenant as follows:

> One of the rebels, styling himself chaplain major and overseer of the coasts and harbours, lately sent a summons in a proud and vaunting manner to one Edward Leech, that was entrusted to keep the island of Lambay, requiring the delivering up of that island to the rebels, which being done, he gave Leech a pass, wherein he styles the rebels 'the Catholic army', copies of which summons and pass we send your lordship here enclosed, and Leech told us that the mighty chaplain declared openly to him that he was the plotter of this rebellion, that he had spent in travels and prosecution of that design beyond seas four thousand pounds, and that all the kings in Christendom, excepting the king of England and the king of Denmark, have hands in this business.[147]

By taking over Skerries and capturing Lambay, Malone cut off the sea route from Dublin to Drogheda and in the overall scheme of things bought time for Sir Phelim O'Neill and the Ulster army then besieging Drogheda. O'Neill was unable to avail of this opportunity. Malone disappeared from the history of Fingal at that point. He was later outlawed as 'John Malone, Skerries, clerk'.[148]

The government forces exacted a terrible revenge. Captain Thomas Stutevile set out with relief for Drogheda on Sunday night, 9 January 1642, in *The Swan*, a pinnace, together with two frigates, one gabbard and two long boats.[149] According to Stutevile 'the captain sent out of *The Swan* some musketeers to the Skerries, where he found the enemy fled, but had left behind them much goods, which being all taken aboard by them, they set the town on fire; and with it got above 500*l.* worth of corn.

**145** Deposition of John Huxley, 21 May 1642 (TCD, MS 810, f. 158). **146** Deposition of Edward Leech, 18 March 1644 (TCD, MS 810, f. 244). **147** Lords justices and council to the earl of Leicester, lord lieutenant, 14 December 1641, in Historical Manuscripts Commission, *Calendar of the manuscripts of the marquess of Ormonde …* (new series, 8 vols, London, 1902–20), ii, p. 38. **148** R.C. Simington and John MacLellan, 'Oireachtas Library, List of outlaws, 1641–1647', in *Analecta Hibernica*, no. 23 (1966), p. 342. **149** Thomas Stutevile, *A true relation of every remarkable circumstance in relieving of Tredagh …* (place of publication not stated, 1642), p. 3 (NLI, Lough Fea pamphlet no. 42).

Then returning unto their ship on Tuesday, they came safe to the bar of Drogheda'. Dean Nicholas Bernard confirmed this report.[150] According to Richard Johnston's account, Skerries was fired by Captain Bartlett on his return from Drogheda.[151] Johnston's account agreed with those of Norris Mulys, who mentioned that Bartlett had brought away above a thousand pounds of pillage, and Robert Bysse, junior, who stated that 'in their return she [the ship] and Barkley [Bartlett], some spoiled Skerries and took great pillage and fired the haven for Dirrick Huiberts's death, some to Lambay, all made good prizes ...' thus giving his interpretation of the precise reason for the burning.[152] The evidence suggests that Skerries was burned twice, both on the outward and the return journeys. The final incident in this phase of the war in north-east Fingal which took place on 15 January appears to have been a sequel to these burnings. It was a second attack on Holmpatrick, now the property of Anthony Huiberts. Compared with other incidents in the area this was reported very quickly to the authorities. Anthony Huiberts deposed that

> on the fifteenth of this instant month of January 1641, he was robbed and despoiled of all his goods in the town of Holmpatrick ... worth three hundred pounds by the means of George Blackney of Rickenhore in the county of Dublin and William Travers of Ballykea in the said county, gentleman, and their servants and other Irish rebels. And this deponent further saith that his wife and five children had much to do to escape with their lives, being often threatened to be hanged, the rebels saying she was the wife of a traitor.[153]

The timing of this, the last known raid in the series, would indicate that the rebels had not lost all their power and influence even in an area that had been devastated. Anthony Huiberts was apparently associated in their minds with the burning of Skerries and this particular raid had all the marks of a punishment attack, particularly when the standing of the leaders is taken into account. Both Blackney and Travers were proprietors and had been signatories to a letter of defiance sent by the Co. Dublin gentry, assembled at Swords, to the lords justices and council.[154] Blackney was elected high sheriff of Co. Dublin by the rebels and, as a prominent Fingal landowner and lessee in three of the four Fingal baronies, – his property included the nearby townland of Balcunnin from which he had expelled Sarah Doughtie – his presence gave the visit to Holmpatrick an importance far beyond that of an attack by a group of disgruntled tenants.[155] According to the Civil Survey he

150 Nicholas Bernard, *The whole proceedings of the siege of Drogheda* ... (London, 1642), p. 37 (NLI, Lough Fea pamphlet no. 74). 151 Richard Johnson, *Good and true newes from Ireland, in a letter sent to Mr Francis Clay in Lumber-street, and by him received January 24, 1641* ... (London 1642), no page numbers (NLI, Lough Fea pamphlet no. 97). 152 Norris Mulys to her brother, Sir Philip Percivall, 12 January 1642, in Historical Manuscripts Commission, *Report on the manuscripts of the earl of Egmont* (2 vols, London, 1905–9). i, part i, pp 160–1; Robert Bysse, junior, to John Bysse, 16 February 1642 (TCD, MS 840, f. 7). 153 Deposition of Anthony Huiberts, 29 January 1642 (TCD, MS 809, f. 310). 154 Gentry of English Pale to lords justices and council in Ireland, 10 December 1641, in John T. Gilbert (ed.), *History of the Irish confederation and the war in Ireland, 1641–3* ... (7 vols, Dublin, 1882–91), i, pp 229–30. 155 Deposition of Daniel Barwick, 23 May 1642 (TCD, MS 810, f. 114); *Civil Survey, vii, county of Dublin,* pp 22, 28, 58, 101–2, 211.

left his house at Rickenhore 'in the beginning of the rebellion' and lived with his brother-in-law, Colonel Bagenal, a rebel in Co. Carlow.[156]

One conclusion which can be drawn from the above account is that the story of the rising does not follow a single thread but consists rather of interconnected networks. For example, figure 9.4 illustrates what is known about victims and their attackers in north-east Fingal. If one simply looked at two of the main participants in the story of the rising in north-east Fingal, Dirrick Huiberts Verveer, who was murdered, and John Malone, who became leader of the rebels, it would be difficult to find any contact or connection between them. Yet many local people had links to both men. Similarly no obvious connection has been established between Captain James Cusack and John Malone but they had many accomplices and acquaintances in common. The places mentioned in this review of the rising in north-east Fingal were situated within a very small area. Many of the mainland locations were within easy walking distance and all were within a short ride of each other. Apart from the Island of Lambay (parish of Portraine), all the places affected by the raids were situated in the adjoining parishes of Balrothery, Holmpatrick and Lusk. The people involved on both sides were, in the main, near neighbours. The divisions between rebels and those who were attacked were primarily religious. Assuming that the Fingal deponents were a fair reflection of Protestant property-owners those who suffered most were ministers of the established church and their families. While this study has referred to the extended family of the wealthy and influential Dirrick Huiberts Verveer as the main focus of the attacks, the question must be posed as to whether, in fact, it might not be more appropriate to refer to the same family as the extended family of Revd Henry Birch, Verveer's son-in-law.

There were a number of striking features about the rebels. One of these was the presence of leaders from Co. Meath. No doubt further research on the rising in that county will throw some light on why certain Meath men threw in their lot with their fellow-countymen while others preferred to fight in Fingal. Another feature was the apparent disregard of the rebels for class distinctions. Proprietors, priests, labourers, servants and others took part, side by side, in the raids. A rather surprising feature, given the unofficial nature of the war at that early stage, was the amount of soul-searching and discussion which formed the background to the rebels' actions. Finally, there was the emergence of priest-captains, a number of whom were to be found in the ranks of the rebels throughout Fingal. John Malone was a notable example in the Skerries area but the activities of Robert Passmore of Balrothery, about whom more will be written later, must also be noted. It would be interesting and useful to test out these conclusions against findings for other clusters of raids in Fingal and also against the experience in other parts of Ireland. However, the activities already described were only a preliminary to the main military campaign which shortly afterwards merged with that of the Leinster army and ultimately with the war of the Catholic Confederation.

To follow the course of the main campaign of the Catholic army in Fingal it is necessary to examine the events which surrounded the setting up of a military organ-

156 *Civil Survey, vii, county of Dublin,* p. 102.

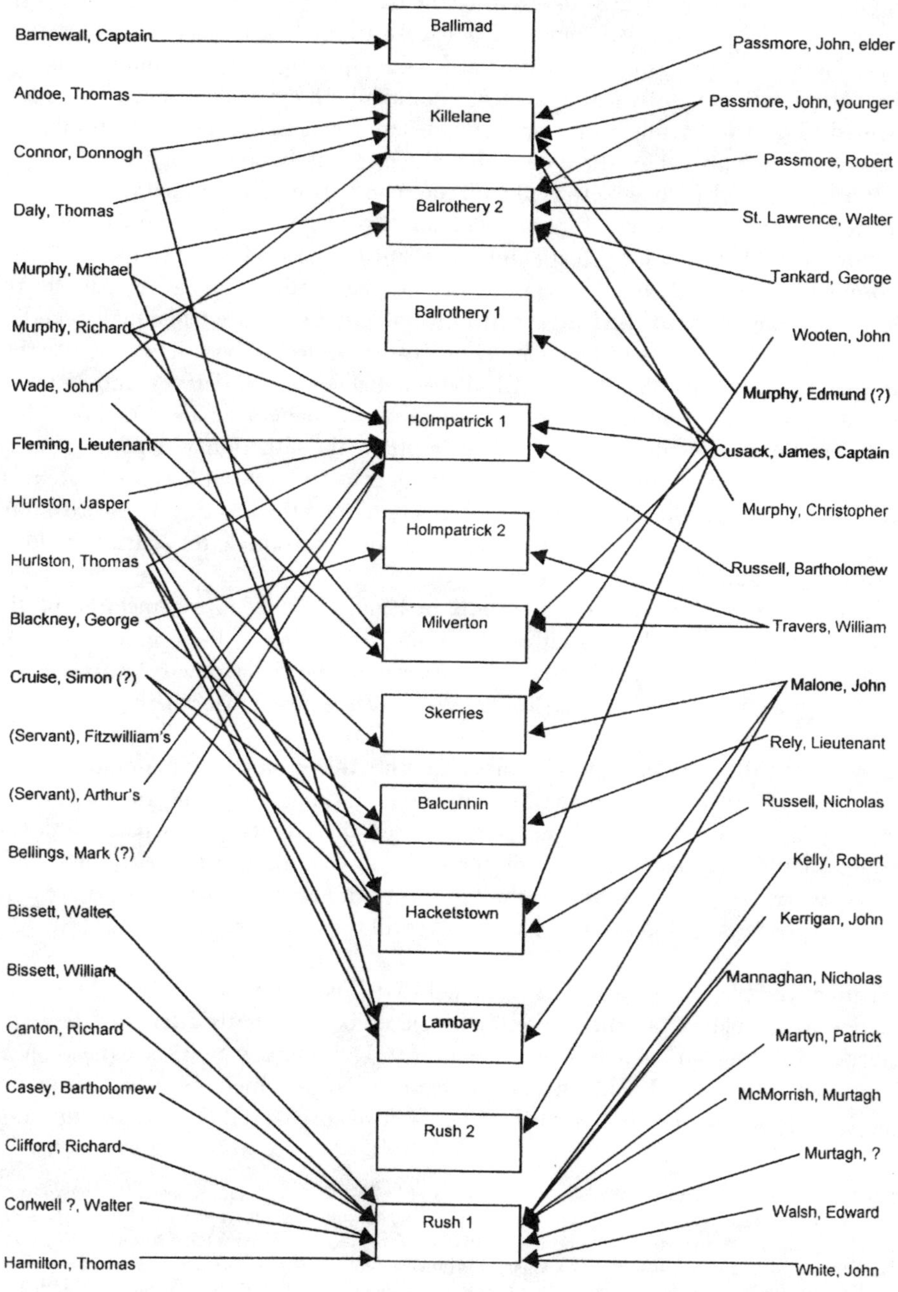


Fig. 9.4 Targets and their known attackers in north-east Fingal during the 1641 rising

ization for Co. Dublin at Swords. Neither the date of Viscount Gormanston's summons to the lords and gentlemen of Co. Meath to meet at Duleek nor the date of Luke Nettervill's proclamation, issued at Lusk, requiring the Co. Dublin gentry to meet at Swords, is known with certainty, although both events have been well documented. The Co. Meath notice appears to have been issued at the beginning of December, perhaps two or three days after the battle of Julianstown.[157]

It is not clear why Luke Nettervill took command of the Catholic army in the area. He was a former member of parliament for Swords, a younger son of Viscount Nettervill of Dowth in Co. Meath and also a substantial landowner in his own right in Fingal, an area with which his family had also had connections in the past.[158] Yet many other members of the Fingal gentry would appear to have had equally good, if not better, qualifications to take command. Luke Nettervill had, however, married Margaret Barnewall, daughter of Sir Patrick Barnewall of Turvey and sister of Nicholas, who had been appointed governor and commander for Co. Dublin.[159] It is just possible that Nicholas Barnewall, seeing that the situation was getting out of control, personally appointed his near neighbour, Luke Nettervill, as his lieutenant. In any event Nettervill seized the initiative, summoned the meeting at Swords, took control of the army and headed the list of signatories to the letter sent to the lords justices and council on 10 December.

The dating of the sequence of events in Fingal leading to the meeting of the gentry at Swords, which is essential for an understanding of their actions, has not been adequately documented and therefore cannot be determined with certainty. According to the examination of Robert Walsh of Kenure in March 1642,

> about the later end of November last, he, this examinant, understood there was a proclamation made by command of Luke Nettervill, in the market-place of Lusk, that all the gentlemen of the county (upon pain of death) should meet at Swords, within three or four days after. And accordingly there was a great meeting held at the time and place aforesaid where he, this examinant understood the said Luke Nettervill made sundry captains ...[160]

Sir John Temple, on the other hand, stated that Luke Nettervill caused the proclamation to be made about the beginning of December 'presently after the late defeat given to the English soldiers in their march to Drogheda' which took place on 29 November.[161] Robert Walsh placed the date of the Swords meeting, as well as that of the Lusk proclamation, rather earlier than later historians did.[162] The key question

**157** Examination of Edward Dowdall, 13 March 1642 (TCD, MS 816, f. 44); Richard Bellings, *History of the Irish confederation and the war in Ireland, 1641–3 ...*, ed. John T. Gilbert (7 vols, Dublin, 1882–91), i, pp 33–4. **158** Aidan Clarke, *The Old English in Ireland, 1625–42* (paperback ed., Dublin, 2000), p. 257; Griffith, *Inquisitions*, pp 353–4. **159** Charles Knowles Bolton, *Bolton families in Ireland with their English and American kindred* (Boston, 1937), p. 2. **160** Examination of Robert Walsh, 30 March 1642 (TCD, MS 810, f. 216). **161** John Temple, *The Irish rebellion ... in the year 1641* (originally published London, 1646, reprinted London, 1746), p. 254. **162** Aidan Clarke, *The Old English in Ireland, 1625–42* (paperback ed., Dublin, 2000), p. 182; Patrick Archer, *Fair Fingall*, ed. Bob Browne and Jarlath Duffy (2nd ed., Dublin, 1975), p. 69; Joseph Byrne, *War and peace: the survival of the Talbots of Malahide 1641–1671* (Dublin, 1997), p. 37.

is whether or not the issuing of the proclamation preceded or followed certain murders at Santry. The assembled gentry gave their reason for their meeting in a letter dated 10 December to the lords justices and council, which read as follows:

> We received this day a letter wherein your lordships desire to know the cause of this our assembly, and, in obedience to your command, we humbly certify that we were thereunto constrained for the safety of our lives, which we conceived to be in no small danger, being all of us forced to forsake our houses on Tuesday at night last, by the rising out of such troops of horse and foot as did on the said night most cruelly murder four Catholics; for no other reason (as we are credibly informed) than bearing the names of that religion: an act we conceive no way justifiable, and of itself apt to strike fear and terror into all of that profession, a treaty being then entertained by the army beneath, – which we expected might have produced a happy conclusion, during which treaty we conceive no act of that nature nor any such cause of destruction ought to have been given, we being before daily put into many fears by certain intelligence given of unexpected attempts against our lives. We therefore thought fit to signify thus much unto your lordships, desiring ardently to be some certain way assured by your lordships of the safety of our lives before we run the hazard thereof, which is the only motive that hinders us from manifesting the obedience we acknowledge to be due unto your lordships' commands. The 10th of December, 1641.[163]

'Tuesday night last' was the night of 7 December, which, according to Thomas Carte, was the night of the murders.[164] This reference to 'Tuesday night' accorded with the information given in the proclamation dated 13 December of the lords justices and council.[165] The confusion which surrounded this date (7 December) may have arisen through the substitution of 'Sunday' for 'Tuesday' in the letter to the lord lieutenant, with which the proclamation was enclosed, which read:

> And it is observable that those gentlemen at Swords could even on that very Sunday [*sic*] night wherein they allege they were so affrighted at their houses, assemble twelve hundred men together in that moment of time to have in a readiness against any attempt from the State ...[166]

Temple's account suggested that the murders of four civilians (four Catholics according to the rebels' version of events or three Catholics and one Protestant

**163** Manuscript copy of letter signed by Luke Nettervill and others, 10 December 1641 (TCD, MS 840, f. 35); Gentry of English Pale to lords justices and council in Ireland, 10 December 1641, in John T. Gilbert (ed.), *History of the Irish confederation and the war in Ireland, 1641–3* ... (7 vols, Dublin, 1882–91), i, pp 229–30. **164** Thomas Carte, *The life of James, duke of Ormond* ... (6 vols, Oxford, 1851, originally published London, 1735–6), ii, p. 108. **165** Manuscript copy of proclamation by the lords justices, Parsons and Borlase, and council, 13 December 1641 (PRO, SP 63/314/18/1); *Cal. S. P. Ire., 1663–5*, pp 172–3. **166** Lords justices and council to the earl of Leicester, lord lieutenant, 14 December 1641, in Historical Manuscripts Commission, *Calendar of the manuscripts of the marquess of Ormonde* ... (new series, 8 vols, London, 1902–20), ii, p. 38.

according to the government version) at Santry were sparked off by an informer who wished to lead a party of two officers and forty foot-soldiers to avenge the attacks on the home of Smith at the Baskin (parish of Cloghran, Swords) and the murder of Dirrick Huiberts.[167] While no deposition made by Smith of the Baskin has been located, Richard Bellings gave a short account of the robbery saying that it took place 'about the first of December, 1641'.[168] The murder of Dirrick Huiberts Verveer took place on the morning of Thursday, 2 December.[169] His widow and sister travelled to Dublin that night so it is highly unlikely that the Santry murders could have taken place before Friday, 3 December, at the earliest and the date ('Tuesday' last or 7 December) given both by the rebels in their letter of 10 December and by the lords justices in their proclamation of 13 December would appear to have been the most likely date for the murders.

If Robert Walsh was correct in his dating of the Lusk proclamation (30 November at the latest), or even if it was issued some days later, the Swords meeting must have been organized before the murders at Santry took place and cannot have been a spontaneous response to the murders. It may have been that the gentry, already frightened by Nettervill's death threat, became convinced of the need to organize for action following the murders and consequently flocked to Swords. For some of them it may even have been a genuinely unpremeditated action. Commentators and historians have given different dates, ranging from 7 to 9 December, for the Swords meeting which probably lasted several days.[170] As Edmund Borlace said their militia amounted '(on that short warning) to 1,200, which would have been impossible to have raised, had they not before been armed and instigated into that cause'.[171] The names of twelve members of the gentry who took part in the meeting are known.[172] At least seven captains were appointed at the meeting.[173]

A significant feature of the list of participants was that, with the possible exception of Richard Barnewall and John Talbot, they were all Fingallians and that the south Co. Dublin rebels were not represented. It is not clear why this was so. It is possible that the sheer physical difficulty of crossing the Liffey at that time due to the security measures in Dublin city may have prevented those from the south county from attending. It is also possible that the latter found their natural allies in the highly organized rebels from Co. Wicklow. Figure 9.5 shows that, assuming that the 'Richard Barnewall' and the 'John Talbot' listed were Richard Barnewall of Lispopple and John Talbot of Malahide, whose names both appeared on the list of outlaws, not only were the signatories to the letter of 10 December all from Fingal but they represented a rather restricted section of the territory, centring on Swords.

**167** John Temple, *The Irish rebellion … in the year 1641* (originally published London, 1646, reprinted London, 1746). pp 259–60. **168** Richard Bellings, *History of the Irish confederation and the war in Ireland, 1641–3 …*, ed. John T. Gilbert (7 vols, Dublin, 1882–91), i, pp 42–3. **169** Deposition of Margaret Huiberts, 14 March 1644 (TCD, MS 810, f. 239). **170** *A true and credible relation of the barbarous crueltie and bloudy massacres of the English protestants that lived in the kingdom of Ireland …* (London, 1642), no page numbers (NLI, Lough Fea pamphlet no. 60); Thomas Carte, *The life of James, duke of Ormond …* (6 vols, Oxford, 1851, originally published London, 1735–6), ii, p. 108; John D'Alton, *The history of the county of Dublin* (Dublin, 1838), p. 280; Aidan Clarke, *The Old English in Ireland, 1625–42* (paperback ed., Dublin, 2000), p. 182. **171** Edmund Borlace, *The history of the execrable Irish rebellion …* (London, 1680), p. 40. **172** 'Fingal 1603–60', i, p. 430. **173** 'Fingal 1603–60', i, p. 430.

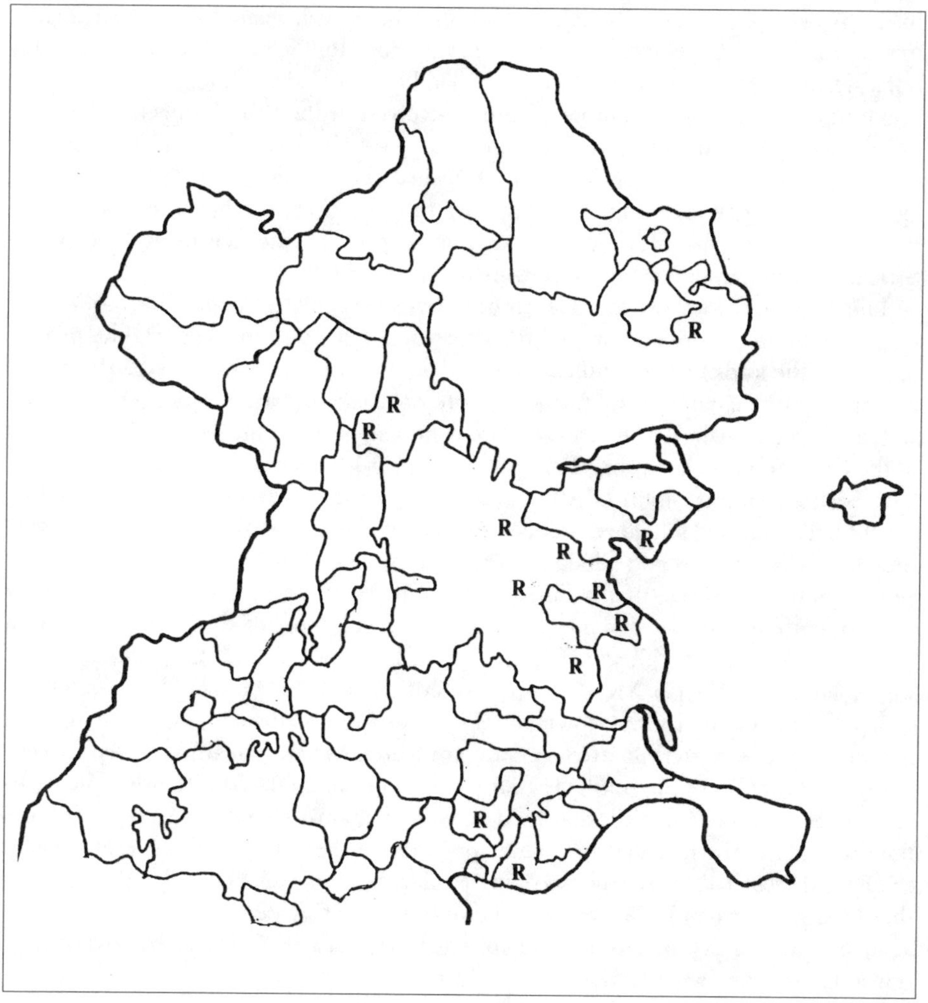


Fig. 9.5 Residences of gentlemen who attended the meeting of rebels at Swords, December 1641

Since several of the captains were from north Fingal a reasonable assumption is that by 10 December many of the participants had returned to their homes or units and that the signatories were those who remained or who could be speedily contacted. The cluster of signatories from around Swords is of interest for another reason. George Blackney was one of the serving members of parliament for the area and the son of William Blackney who had served in the 1613–15 parliament.[174] Luke Nettervill and Richard Barnewall of Lispopple had been elected to represent Swords

174 *Inquisitionum in officio rotulorum cancellariae Hiberniae asservatarum reportorium* (2 vols, Dublin, 1826–9), i, Dublin, Chas I, no. 31.

in the 1634–5 parliament. Patrick Caddell may have been related to another former member for the area, Robert Caddell. Christopher Hollywood of Artaine, who was not a signatory but who had been present, had been elected to represent Bannow, Co. Wexford. A considerable number of those involved in the Swords meeting had had experience of parliament either personally or through close relatives. As discussed elsewhere the inhabitants of the town of Swords had filed a petition to parliament against the clergyman, Thomas Lloyd, on 1 July 1641 but whether or not the activities of Lloyd had been sufficiently serious to provoke the gentry and people of Swords to military action cannot now be determined.[175]

The copy of the letter of 10 December filed with the 1641 depositions in Trinity College Dublin included copies of the signatures but no residences.[176] The proclamation of the lords justices and council filed among the state papers listed the names of the all the signatories to the letter but once again their residences were not stated.[177] In the majority of cases there was no ambiguity about who was concerned in the letter and proclamation. The cases of Richard Barnewall and John Talbot may have been exceptions. John D'Alton accepted the list of twelve names proposed by Sir John Temple and added residences for four of them.[178] Patrick Archer also listed the same twelve names and added a thirteenth, that of John Taylor of Swords.[179] He also listed the residences of the thirteen, most of which were not stated in the earlier works mentioned in this study. In two cases, however, those of Richard Barnewall of Crickstown and John Talbot of Robertstown, he assumed that the persons named were members of the Co. Meath gentry rather than local Fingal men. It is not impossible that Barnewall of Crickstown and Talbot of Robertstown attended the meeting in Swords. Luke Nettervill attended similar meetings in Co. Meath.[180] Joseph Byrne has argued that it appears unlikely that John Talbot of Malahide attended the gathering at Swords or if he did, that he determined against committing himself.[181] On the other hand, the fact that his name appeared on the list of outlaws, even though there is no record of his having participated in any act of violence in Fingal, suggests that he did attend and that this was the only piece of evidence the authorities had against him. The case of George King of Clontarf, an early victim of the government reprisals, was somewhat similar.[182]

The names of captains appointed by Luke Nettervill, which was supplied to the authorities by Robert Walsh, formed only a small proportion of those listed in the

175 'Fingal 1603–60', i, pp 367–8. 176 Manuscript copy of letter signed by Luke Nettervill and others, 10 December 1641 (TCD, MS 840, f. 35). 177 Manuscript copy of proclamation by the lords justices, Parsons and Borlase and council, 13 December 1641 (PRO, SP 63/314/18/1); *Cal. S. P. Ire., 1663–5*, pp 172–3. 178 John Temple, *The Irish rebellion … in the year 1641* (originally published London, 1646, reprinted London, 1746), p. 254; John D'Alton, *The history of the county of Dublin* (Dublin, 1838), p. 280. 179 Patrick Archer, *Fair Fingall*, ed. Bob Browne and Jarlath Duffy (2nd ed., Dublin, 1975), p. 69. 180 Examination of Garrat Aylmer, 14 March 1642 (TCD, MS 840, f. 13); examination of Nicholas Dowdall, 17 March 1642 (TCD, MS 816, f. 66). 181 Joseph Byrne, *War and peace: the survival of the Talbots of Malahide 1641–1671* (Dublin, 1997), p. 37. 182 Lords justices and council to the earl of Leicester, lord lieutenant, 28 December 1641, in Historical Manuscripts Commission, *Calendar of the manuscripts of the marquess of Ormonde …* (new series, 8 vols, London, 1902–20), ii, pp 46–8; Richard Bellings, *History of the Irish confederation and the war in Ireland, 1641–3 …*, ed. John T. Gilbert (7 vols, Dublin, 1882–91), i, pp 43–4; R.C. Simington and John MacLellan, 'Oireachtas Library, List of outlaws, 1641–1647', in *Analecta Hibernica*, no. 23 (1966), p. 342.

depositions. Some of those mentioned in the depositions were assigned different ranks on different occasions suggesting that promotion was rapid. The new army organized itself quickly. Having failed to respond to the government's summonses to them on 9 and 13 December to disperse and to their leaders to travel to Dublin city to submit, they moved closer to the city and garrisoned Finglas and Santry.[183] Following the pillaging of a ship belonging to Philip Norrice of Liverpool by rebels at Clontarf on 11 December Sir Charles Coote burned the town on 15 December.[184] The attack on Clontarf was formally sanctioned by a warrant from the lords justices and council, dated 14 December 1641.[185] A week later, on Wednesday, 22 December, Coote's force of 1000 men set out for Santry where the Fingal rebels (or the Catholic army as they were beginning to call themselves) had established a garrison, and, when they retreated towards their second garrison at Finglas, the government troops proceeded to burn Santry.[186] In the meantime another government force under Colonel Crawford set out for Finglas but met with stronger resistance. The Catholic army, even though driven from Finglas, which was also substantially burned by Coote, was beginning to take shape as Sir John Temple's account of the encounter showed:

> But that part of rebels Colonel Crawford found at Finglas, having placed themselves behind great ditches, stood better to their work, and carried themselves so stoutly, as our new raised men began to shrink, and had not the colonel and some others of his officers behaved themselves very well that day, their men had made a most dangerous and shameful retreat.[187]

At Clontarf, Finglas and Santry the government army indiscriminately pillaged and burned the homes of Protestants as well as Catholics.[188] The losses of Catholics remain unrecorded but even prominent Protestants were not immune from harassment and damage by the military. Robert Church who made a deposition on behalf

183 Lords justices and council to the earl of Leicester, lord lieutenant, 28 December 1641, in Historical Manuscripts Commission, *Calendar of the manuscripts of the marquess of Ormonde* ... (new series, 8 vols, London, 1902–20), ii, pp 47–8. 184 Examination of David Powell, 14 December 1641 (TCD, MS 809, f. 214); John Temple, *The Irish rebellion ... in the year 1641* (originally published London, 1646, reprinted London, 1746), pp 256–7; John T. Gilbert (ed.), *History of the Irish confederation and the war in Ireland, 1641–3* ... (7 vols, Dublin, 1882–91), i, p. xxxiii; Richard Bellings, *History of the Irish confederation and the war in Ireland, 1641–3* ..., ed. John T. Gilbert (7 vols, Dublin, 1882–91), i, p. 43; Lords justices and council to the earl of Leicester, lord lieutenant, 14 and 28 December 1641, in Historical Manuscripts Commission, *Calendar of the manuscripts of the marquess of Ormonde* ... (new series, 8 vols, London, 1902–20), ii, pp 39 and 47. 185 John Temple, *The Irish rebellion ... in the year 1641* (originally published London, 1646, reprinted London, 1746), pp 258–9. 186 John T. Gilbert (ed.), *History of the Irish confederation and the war in Ireland, 1641–3* ... (7 vols, Dublin, 1882–91), i, p. xxxiii-xxxiv; Lords justices and council to the earl of Leicester, lord lieutenant, 28 December 1641, in Historical Manuscripts Commission, *Calendar of the manuscripts of the marquess of Ormonde* ... (new series, 8 vols, London, 1902–20), ii, p. 48; Sir Paul Davys to his brother[-in-law], Sir Philip Percivall, 1 January 1642 in Historical Manuscripts Commission, *Report on the manuscripts of the earl of Egmont* (2 vols, London, 1905–9). i, part i, p. 158. 187 John Temple, *The Irish rebellion ... in the year 1641* (originally published London, 1646, reprinted London, 1746), pp 274–5. 188 Deposition of Randall Dimmock, 1 March 1642 (TCD, MS 809, f. 276); deposition of John Smith, 19 January 1642 (TCD, MS 809, f. 222); deposition of Thomas Smith, 20 January 1642 (TCD, MS 809, f. 224); deposition of John Husband, 11 March 1642 (TCD, MS 809, f. 281).

of his employer, Richard Barry of Santry, included the following item among losses totalling £3,253 16*s*. 0*d*.: 'Item one new house and new stable built with brick, lime and stone and covered with slate which was by the English burnt by reason that Luke Nettervill and other rebels kept a garrison there which cost £320.'[189] At an early stage in the war local Protestants, as well as Catholics, began to suffer a serious shortage of food. As early as 28 December the lords justices and council reported that 'almost all the cattle is already swept away from all parts near this city by the rebels'.[190]

Meantime Luke Nettervill had regrouped his forces, made Swords his principal headquarters and also taken possession of the castle of Artaine, which lay about six kilometres from the city and which was the property of one of the staunchest of his supporters, Nicholas Hollywood, who according to the Civil Survey 'deserted his house at the beginning of the rebellion'.[191] The garrisoning of Artaine by the rebels was a major blow to the authorities because of its proximity to the city. As has been stated the northern part of Fingal had already been taken over by the rebels and the sea-route to Drogheda cut off. The near-panic felt by the lords justices and council is reflected in a letter dated 2 January which stated 'for now so much as a letter cannot pass any way five miles from Dublin without being interrupted by the rebels, and no provisions can be sent from hence thither [to the earl of Clanricarde in Galway] unless an army be sent along with them'.[192]

On 11 January the government authorities counterattacked. The official account of the battle of Swords read:

> Wherefore we having had intelligence that great numbers of the rebels were assembled on one side of us at Swords, within six miles of this city, we sent forth thither on the 11th of this month two thousand foot and two hundred horse, which by lots cast between Sir Charles Coote and Sir Simon Harcourt happened to be under the command of Sir Charles Coote, where, after a fight had with fourteen hundred of the rebels for well near an hour, they forced the rebels from a barricade they had made at the town's end, and so routed them, and took from them three colours and some arms, and that done our men burned the town of Swords and other villages adjoining, some of them belonging to some of the chief of the rebels and all of them receptacles for harbouring and relieving them, and it was found needful so to burn those places to take from the rebels such conveniency of harbouring so near Dublin.[193]

Once again the burning was indiscriminate.[194]

**189** Deposition of Robert Church, 5 March 1642 (TCD, MS 809, f. 242). **190** Lords justices and council to the earl of Leicester, lord lieutenant, 28 December 1641, in Historical Manuscripts Commission, *Calendar of the manuscripts of the marquess of Ormonde* ... (new series, 8 vols, London, 1902–20), ii, p. 50. **191** John Temple, *The Irish rebellion ... in the year 1641* (originally published London, 1646, reprinted London, 1746), p. 275; *Civil Survey, vii, county of Dublin,* p. 177. **192** Lords justices and council to the earl of Leicester, lord lieutenant, 2 January 1642, in Historical Manuscripts Commission, *Calendar of the manuscripts of the marquess of Ormonde* ... (new series, 8 vols, London, 1902–20), ii, p. 54. **193** Lords justices and council to the earl of Leicester, lord lieutenant, 13 January 1642, in Historical Manuscripts Commission, *Calendar of the manuscripts of the marquess of Ormonde* ... (new series, 8 vols, London, 1902–20), ii, pp 62–3. **194** Deposition of Christopher Hewetson, 5 March

From this time on the sources are supplemented by a number of personal accounts in letters as well as by reports in pamphlets. Personal accounts of, and comments on, events surrounding the battle of Swords were contained in letters written by Sir Paul Davys and Norris Mulys.[195] The accounts in pamphlets were often anonymous and were usually published in London. The quality of reporting in these pamphlets varied. Sometimes they were in the form of letters written by prominent political or military leaders. On other occasions they were written by observers sometimes with little local knowledge. However, even inaccurate accounts often gave information about the feelings, fears and beliefs of those involved. In a conflict where rumour played such a significant part these unofficial reports told much about the reactions of ordinary people to the ongoing events. For example, an account in a pamphlet of the events at Swords, compared with that in the official report quoted above, located the town eight miles, instead of six, from Dublin, placed the number of government troops at 2,000 and the number of rebels at about 5,000 and put the government losses at three men (nine to eleven, including Sir Lorenzo Cary, in the official report).[196] The pamphlet stated, in addition, that the soldiers had taken 'as the report is, spoil worth six thousand pounds'. A further insight into the story of the battle can be found in the deposition of John Huxley of Rush who claimed that at Easter 1642 Thomas Ryan and Patrick Ryan of Portraine threatened his wife at her lodging at Rush and that Patrick Ryan said that 'he was the man that shot and killed Captain Cary at Swords'.[197]

There is another account covering the month following the first victualling of Drogheda in a letter dated 16 February written by Robert Bysse, junior, to his brother, John, in England, which survives among the records in Trinity College Dublin.[198] Although strongly supportive of the government Robert Bysse, junior, had relatives and friends on both sides and his letter, therefore, forms a valuable source for a period for which official records are somewhat scanty, the lords justices and council having been more concerned with events to the south and west of the city at that period.[199] He recounted that on 19 January government troops burned Raheny.[200] He went on to give a detailed account of events close to Dublin in early February:

> news was sent by the state; that the enemy from Drogheda was come to Dublin, at least 4,000 of them and so it was that the night before Candlemas Day, Colonel Hugh Byrne, and Colonel Lisagh Moore were in the town of

1642 (TCD, MS 809, f. 280). **195** Sir Paul Davys to Sir Philip Percivall, 11 January 1642 and Norris Mulys to her brother, Sir Philip Percivall, 12 January 1642, in Historical Manuscripts Commission, *Report on the manuscripts of the earl of Egmont* (2 vols, London, 1905–9). i, part i, pp 159–60. **196** Richard Johnson, *Good and true newes from Ireland, in a letter sent to Mr Francis Clay in Lumber-street, and by him received January 24, 1641* ... (London 1642), no page numbers (NLI, Lough Fea pamphlet no. 97). **197** Deposition of John Huxley, 21 May 1642 (TCD, MS 810, f. 158). **198** Robert Bysse, junior, to John Bysse, 16 February 1642 (TCD, MS 840, ff 7–10). **199** Lords justices and council to the earl of Leicester, lord lieutenant, 12 February 1642, in Historical Manuscripts Commission, *Calendar of the manuscripts of the marquess of Ormonde* ... (new series, 8 vols, London, 1902–20), ii, pp 70–1. **200** Robert Bysse, junior, to John Bysse, 16 February 1642 (TCD, MS 840, f. 7).

> Glasnevin, being about 1,000 horse and foot, and were sent for by Colonel Luke Nettervill, who also met them there with more men. He had given them notice that the English army was all gone to the county of Kildare, and the town being empty, at least Oxmantown might be fired and pillaged. Nettervill and his men kept at Drumcondra, the others were at Glasnevin and these marched nearer the Green to Glasmochonoge, but the day breaking, they returned, nothing being done, and they hardly discerned by the town: only Captain Scout and his company, that night watching about the Bridge of Drumcondra, took a sentry of the enemy early in the morning, who told him that he would bring them upon thirty of the enemy close by. And for that they favoured the man, and were told by him, but in a very short space they found themselves in the danger of at least 400 or 500 men, their prisoners escaped, and some left to make good the bridge in case they should draw near, others were sent to the city early to acquaint the enemy was at hand. But Nettervill, nothing done, marched to Artaine, where he garrisoned for a few days, and Byrne and Moore went themselves to the Ward, and kept their men there for a while and soon after removed to Kilsallaghan where they yet are.[201]

It is clear that by mid-January the Leinster army was already taking shape. A few days later, following the destruction of Naas, Newcastle and other towns, Bysse recorded the following:

> The 8 of February news was brought that Nettervill had gone from Artaine, and that there were none there, upon false intelligence. Captain Nichols with sixty musketeers went to possess the castle. There were in the castle one Rowen, a priest, and captain with about fifty men. These supposed the soldiers to come to offer to break open the gate but suddenly stones fell down and drove them off and then with shot three were killed on the place, amongst whom Arthur Lewes was one, a man well reported of; the rest were fain to retire, and on the 10 day, four dragoneers were sent early in the morning, to keep in those that were in the castle and 500 foot put in readiness to march thither, and four pieces of ordnance sent to the Abbey Green, but news came, that the castle was empty and that Captain Armstrong had possession of it, and so the army marched back, without coming near the place. There were only 100 men sent to garrison that place, which are there yet, and send from thence on cars daily great store of corn of Hollywood's. The fear of that place, was the wood into which, if the enemy had the place, might be put men that might do mischief in annoyance of all that country, and as wood-kernes again fly to their coverts and many there rest invisible, to find an advantage. Some say that that wood must down, and likely it will so, to prevent farther mischief, and serve for fuel comfortably.[202]

**201** Robert Bysse, junior, to John Bysse, 16 February 1642 (TCD, MS 840, f. 8). **202** Robert Bysse, junior, to John Bysse, 16 February 1642 (TCD, MS 840, ff 8–9).

The two preceding extracts showed that, despite the silence of the lords justices and council, the Catholic army was still a threat in Fingal. However, the loss of the castle of Artaine was a major blow. Robert Bysse, junior, also gave his brother news of his family and neighbours in Fingal and told him that his house and been commandeered for the use of soldiers.[203] He also described the injuries suffered by civilians through the indiscriminate firing of soldiers and the problems due to food shortages and price rises. He noted that 'here are very many dead lately, especially of the poorer sort, and the children die very thick of measles and pox'.[204] A postscript to his letter recorded the second relief of Drogheda in mid-February.[205]

One incident, of which Robert Bysse, junior, was probably unaware at the time, was the dispatch of a letter from Lusk, dated 25 January 1642, expressing the desire of the gentry of Dublin that Lord Gormanston should continue in command.[206] He had been appointed to the position of commander-in-chief by the gentry of Meath on 9 January 1642.[207] The letter of 25 January may have been a response to the publication of a copy of Sir Phelim O'Neill's commission appointing Colonel Richard Plunket lieutenant-general of Leinster and Ulster.[208] The signatories to the letter were Luke Nettervill, John and T. Finglas, Peter Cruise, George Blackney, Laurence Bellings, Philip Hore, Thomas, James and Nicholas Russell, Thomas Fitzwilliam, James and Edward Bermingham, Alexander Aylmer, Andrew Barnewall, William Travers, Thomas and Walter Conran, Patrick Caddell and Richard Penteny.[209] As seems to have been the case with the letter of 10 December 1641 all the signatories were Fingallians. The close ties which existed between the armies of Meath and Dublin were furthered strengthened by the appointment by Gormanston of Philip Hore of Kilsallaghan as treasurer of the Catholic army in the county of Dublin on 12 February 1642.[210]

Two important military events took place in Fingal in February 1642. The first was a further attack on Skerries as the troops were sailing to Drogheda with a second instalment of relief supplies. This attack was described by Dean Nicholas Bernard as follows:

> By a contrary wind they were compelled to put in by the way at Skerries, where not affecting idleness, they landed some forces, and burned some

**203** Robert Bysse, junior, to John Bysse, 16 February 1642 (TCD, MS 840, ff 9–10). **204** Robert Bysse, junior, to John Bysse, 16 February 1642 (TCD, MS 840, f. 10). **205** Robert Bysse, junior, to John Bysse, 16 February 1642 (TCD, MS 840, f. 10). **206** Contents of Lord Gormanston's cabinet, captured at Lord Fingal's, in the county of Cavan, 17 April 1643 in *The Carte manuscripts in the Bodleian Library, Oxford* ..., ed. C.W. Russell and J.P. Prendergast (London, 1871), appendix A, no. 8, p. 195; Aidan Clarke, *The Old English in Ireland, 1625–42* (paperback ed., Dublin, 2000), pp 191–2. **207** Contents of Lord Gormanston's cabinet, captured at Lord Fingal's, in the county of Cavan, 17 April 1643 in *The Carte manuscripts in the Bodleian Library, Oxford* ..., ed. C.W. Russell and J.P. Prendergast (London, 1871), appendix A, no. 12, p. 195; Aidan Clarke, *The Old English in Ireland, 1625–42* (paperback ed., Dublin, 2000), p. 191. **208** Thomas Stutevile, *A true relation of every remarkable circumstance in relieving of Tredagh* ... (place of publication not stated, 1642), pp 6–7 (NLI, Lough Fea pamphlet no. 42). **209** Contents of Lord Gormanston's cabinet, captured at Lord Fingal's, in the county of Cavan, 17 April 1643 in *The Carte manuscripts in the Bodleian Library, Oxford* ..., ed. C.W. Russell and J.P. Prendergast (London, 1871), appendix A, no. 8, p. 195. **210** Contents of Lord Gormanston's cabinet, captured at Lord Fingal's, in the county of Cavan, 17 April 1643 in *The Carte manuscripts in the Bodleian Library, Oxford* ..., ed. C.W. Russell and J.P. Prendergast (London, 1871), appendix A, no. 83, p. 198

> towns, and left four rebels hanging for landmarks, in revenge of one Englishman, whom maliciously they had hanged in despite of them the day before.[211]

The second event was the attack by government forces on Kilsallaghan in the second half of February. Kilsallaghan was, from the start of the rising, the main fortress of the Catholic army in Fingal and was used by the Leinster cavalry as a headquarters.[212] The expedition against Kilsallaghan, led by a number of high-profile commanders, was described by several commentators, whose reports of the attack varied.[213] It was not successful in achieving its aim as the following detailed account by its leader, the newly-arrived Sir Simon Harcourt, showed:

> And now give me leave to give you a brief account of a piece of service which hath lately been acted on the rebels, at a place called Kilsallaghan, some seven or eight miles from Dublin, where lodged near upon 2,000, as we had intelligence. The situation of the place as naturally strong as I have seen any castle in Ireland, having moorish and boggy ground on the one side, the other environed with thick woods, quick-set hedges, high banks and deep ditches (inaccessible) but as we forced our way by pioneers (under the favour of our musketeers) in the middle of which woods stood the castle, which had but one avenue unto it on that side we approached it, on which they had cast up a traverse or barricadoe, which we beat them from. That done I sent Captain Congrave with 200 musketeers, to fall on them in the churchyard, in which they were entrenched, and stood opposite unto the castle gate, he found there some small resistance: and then in great disorder fled, taking their way (most of them) unto the boggy ground. Those which betook themselves unto the higher ground, I sent my lord Borlase's troop in chase of them, who had the cutting of some sixty or seventy of their throats; and about as many more were killed in the woods by the foot. The castle was maintained against us (some of their best men having taken it for sanctuary). And we, having no pieces of battery, were forced to leave it. In this expedition was my lord of Ormond, the lord Lambert, Sir Charles Coote, and myself, having with us 2,500 foot, and 300 horse. We lost one Captain Rochfort, who led the forlorn hope, being of Sir Charles Coote, his regiment, with some five or six of my regiment, and as many hurt.[214]

**211** Nicholas Bernard, *The whole proceedings of the siege of Drogheda* ... (London, 1642), p. 58 (NLI, Lough Fea pamphlet no. 74). **212** Examination of Edward Dowdall, 13 March 1642 (TCD, MS 816, f. 47); examination of Garrat Aylmer, 14 March 1642 (TCD, MS 840, f. 14). **213** *The latest and truest newes from Ireland* ... (London, 1642), p. 2 (NLI, Lough Fea pamphlet no. 99); Ed. Loftus, *Joyfull newes from Ireland, or a true relation of the great overthrow which the English gave the rebels before Drogheda* ... (London, 1642), p. 2 (NLI, Lough Fea pamphlet no. 98); *A relation touching the present state and condition of Ireland* ... (London 1642), p. 3 (NLI, Thorpe pamphlet no. 323); 'Aphorismicall discovery of treasonable faction' in John T. Gilbert (ed.), *A contemporary history of affairs in Ireland from A. D. 1641 to 1652* ... (3 vols, Dublin, 1879–80), i, part i, p. 20. **214** Simon Harcourt, *A letter from Sr. Simon Harcourt to a worthy member of the house of commons* ... (London, 1642), no page numbers (NLI, Thorpe pamphlet no. 308).

Although the government attack was unsuccessful the Catholic army, as the highly partisan author of the 'Aphorismicall Discovery' diplomatically put it, 'deserted the place, as not for them to any purpose and went to raise men in several other posts'.[215] Government supporters expected the terrible events which followed, indicating that the intent of the authorities must have been signalled to them in advance.[216] Sir Simon Harcourt wrote to a friend in London on 6 March;

> to-morrow we make a visit unto the lords and gentry of the Pale with 3,000 foot and between 5 and 600 horse and this we are forced to do for the relief of our soldiers who have been kept these ten weeks upon a mean allowance of salt beef and herring, which hath caused great sickness and mortality amongst them ...[217]

The reasons given by Sir Simon Harcourt for the campaign which took place over the next nine days cannot explain the ferocity with which the earl of Ormond proceeded to burn Fingal and south Co. Meath. His army burned the Fingal towns of Fieldstown and Kilsallaghan (including Philip Hore's house) on 8 March 1642.[218] On their return from Co. Meath, the army burned Balrothery and Corballis and as the pamphleteer wrote 'in all this time they have not had so much as the sight of the enemy'.[219] The same pamphleteer described the effects of the burning as they were felt two weeks later:

> We are yet in great strait for moneys, and I am afraid we shall be in as great want of corn shortly, except we have good supply out of England, for our army burns all before them, and we are not stored before hand, but from hand to mouth. It is yet somewhat reasonable, because men have not money to store up any, and for fear of burning: some quantity hath been brought in these three weeks past, and now comes but very little in. At Drogheda they have a very great market, and between this and that the way reasonable clear ...[220]

Another pamphleteer described the extent of the burning:

> Our army from Dublin have burned and foraged all along to Drogheda, 20 miles, and to the Hill of Tara 16 miles and Naas, 10 miles, but to the southward (on the mountains) of us the enemies lies strong and near us.[221]

**215** 'Aphorismicall discovery of treasonable faction', in John T. Gilbert (ed.), *A contemporary history of affairs in Ireland from A.D. 1641 to 1652 ...* (3 vols, Dublin, 1879–80), i, part i, p. 21. **216** Simon Harcourt, *A letter from Sr. Simon Harcourt to a worthy member of the house of commons ...* (London, 1642), no page numbers (NLI, Thorpe pamphlet no. 308); *The victorious proceedings of the protestants in Ireland; from the beginning of March to this present, being the 22 of the same month ...* (London, 1642), p. 3 (NLI, Lough Fea pamphlet no. 69). **217** Simon Harcourt, *A letter from Sr. Simon Harcourt to a worthy member of the house of commons ...* (London, 1642), no page numbers (NLI, Thorpe pamphlet no. 308). **218** W.L., *A certaine relation of the earl of Ormond's nine dayes passages at his last going into the Pale against the rebels ...* (London, 1642), p. 2 (NLI, Lough Fea pamphlet no. 105); *Newes out of Ireland concerning the warlike affaires in the province of Leinster, sent to Sir John Hoye, knight, now remaining in London* (London, 1642), p. 4 (NLI, Lough Fea pamphlet no. 104). **219** Robert Cole, *The last true intelligence from Ireland; dated in Dublin, 16 March, and received in London, 28 March 1642* (London, 1642), pp 5–6 (NLI, Thorpe pamphlet no. 359). **220** Robert Cole, *True intelligence from Ireland: dated from Dublin the second of April, and received here the eleventh* (London, 1642), p. 6 (NLI, Lough Fea pamphlet no. 111). **221** Lazarus

In the course of Ormond's journey several rebels made their submission. Among these were two from Fingal, George Devenish of Balgriffin, who had fled to Stedalt at an early stage of the rising, and John Talbot, who submitted at Malahide, which was then garrisoned by 200 men under Sir Thomas Newcomen.[222] Fingal had been all but subdued. One pamphleteer stated that the passage between this [Dublin] and Drogheda was almost free for a single man armed to pass. But just about this critical time two leaders, whose careers were to follow very different courses, came to prominence. The author of the 'Aphorismicall discovery' wrote as follows concerning the early stages of the war:

> In the county of Kildare were several petty parties in arms for the Irish ... In Meath was several other parties, Finglas, Dowlin Byrne, Father Rowen, a priest, and others those respectively in the beginning of those commotions, by many witty and fine stratagems did plague the round heads wherever they travelled in the counties of Meath, Kildare and Dublin, unless in great bodies of armies.[223]

Two of the three men mentioned, John Finglas of Westpalstown and Laurence Rowen of Finglas were from Fingal. At the start of the campaign they fought together but, later, their careers were to diverge. John Finglas was, perhaps, the single most important military figure to come to prominence in Fingal during the war and his brief career ran in parallel with the second, more organized, phase of the conflict which followed the formal setting up of military structures at the meeting which took place in Swords from 7 to 10 December 1641. He was born about the year 1620 or 1621 and was the eldest surviving son and the heir of Richard Finglas of Westpalstown, who died on 17 August 1640, and Richard's second wife, Elizabeth or Ellice Bourke, daughter of Redmond, baron of Leitrim, and a relative of the earl of Clanricarde.[224] The Finglas family, a well-established Fingal family with considerable estates, particularly in the parishes of Westpalstown and Balrothery, had earlier made important contributions to the law and to the army in Flanders.[225] On June 2

Haward, *A continuation of the diurnal occurrences and proceedings of the English army against the rebels in Ireland* ... (London, 1642), p. 3 (NLI, Lough Fea pamphlet no. 110). **222** Examination of George Devenish, 24 March 1642 (TCD, MS 816, ff 31–2); W.L., *A certaine relation of the earl of Ormond's nine dayes passages at his last going into the Pale against the rebels* ... (London, 1642), p. 5 (NLI, Lough Fea pamphlet no. 105); *Newes out of Ireland concerning the warlike affaires in the province of Leinster, sent to Sir John Hoye, knight, now remaining in London* (London, 1642), p. 6 (shown as p. 8) (NLI, Lough Fea pamphlet no. 104); Robert Cole, *The last true intelligence from Ireland; dated in Dublin, 16 March, and received in London, 28 March 1642* (London, 1642), p. 6 (NLI, Thorpe pamphlet no. 359); Sir Paul Davys to Sir Philip Percivall, 23 March 1642 in Historical Manuscripts Commission, *Report on the manuscripts of the earl of Egmont* (2 vols, London, 1905–9). i, part i, p. 171. **223** 'Aphorismicall discovery of treasonable faction', in John T. Gilbert (ed.), *A contemporary history of affairs in Ireland from A. D. 1641 to 1652* ... (3 vols, Dublin, 1879–80), i, part i, p. 18. **224** *Inquisitionum in officio rotulorum cancellariae Hiberniae asservatarum reportorium* (2 vols, Dublin, 1826–9), i, Dublin, Chas I, no. 81; Funeral entries, ix, 1640–63 (NLI, GO MS 72). **225** *Civil Survey, vii, county of Dublin,* pp 6, 10, 13, 42–3; A.R. Hart, 'The king's serjeant at law in Tudor Ireland, 1485–1603', in Daire Hogan and W.N. Osborough (ed.), *Brehons, serjeants and attorneys: studies in the history of the Irish legal profession* (Dublin, 1990), pp 81and 93–6; Colum Kenny, *King's Inns and the kingdom of Ireland: the Irish 'inn of court' 1541–1800* (Blackrock, County Dublin, 1992), pp 34 and 287–8; Gráinne Henry, *The Irish military community in Spanish Flanders,*

1641 John Finglas was admitted to Gray's Inn as a law student but he cannot have remained there long as he had become involved in the 1641 rising by the spring of 1642.[226] Since only a few months had elapsed since his admission to Gray's Inn he was not among the group of recusants who were expelled from the society on 19 November 1641 'for that they have not received the Communion this four terms'.[227] If he was still in London at that stage he would have realized that any hope of a legal career was at an end for the house of commons had made an order on 8 November

> that the oaths of allegiance and supremacy shall be tendered to the Irish gentlemen, and such others as are suspected of recusants, as are within the inns of court, that are students of the inns of court: and that the lord keeper shall be desired to award a commission to that purpose to the benchers of the several inns of court respectively.[228]

It is not known exactly when John Finglas and his younger brothers, Redmond and Christopher, joined the Catholic army. According to Pádraig Lenihan, writing about battle of Dungan's Hill in 1647, 'Finglas's own *slua beag* (little troop)' was 'one of the two oldest units of the army (the troop had been in continuous existence since Finglas first raised it in his native Fingal in 1641)'.[229]

After the government troops had retaken Dundalk on 26 March, Leixlip on 26 April and Trim on 29 April (or 1 May, according to Arnold Boate) the Fingal rebels split into two groups.[230] One large group, consisting mainly of those who lived in the vicinity of Swords, fled with their families and property to Virginia, where they made themselves as comfortable as possible in the circumstances, as described by the Revd George Creichton and recounted in an earlier chapter.[231] Another group of rebel soldiers who had travelled from Co. Kildare by a tortuous route met up with some of those who were fleeing from Trim and they proceeded to the castle of Baldongan in north Fingal to make a final stand.[232]

While the rebels were at Baldongan they or their allies were involved in raids much closer to Dublin city. One incident, recorded as having taken place on 29 April (or 30 April according to one version), was the defeat near Swords of a small part of soldiers who had left the government garrison at Dunsoghly Castle on a foraging

*1586–1621* (Dublin, 1992), p. 50. **226** *The register of admissions to Gray's Inn, 1521–1889, together with the register of marriages in Gray's Inn chapel, 1695–1754*, ed. Joseph Foster (London, 1889), p. 232. **227** *The pension book of Gray's Inn; records of the honourable society, 1569–1669*, ed. Reginald J. Fletcher (London, 1901), p. 345. **228** *The pension book of Gray's Inn; records of the honourable society, 1569–1669*, ed. Reginald J. Fletcher (London, 1901), p. 344 (footnote i). **229** Pádraig Lenihan, *Confederate Catholics at war, 1641–49* (Cork, 2001), p. 200. **230** Harold O'Sullivan, *John Bellew, a seventeenth-century man of many parts* (Dublin, 2000), p. 36; Arnold Boate, *A remonstrance of divers remarkable passages and proceedings of our army in the kingdome of Ireland* ... (London, 1642), no page numbers (NLI, Thorpe pamphlet no. 377); *May the seventeenth 1642: Admirable, good, true and joyfull newes from Ireland* ... (London, 1642), p. 3 (NLI, Lough Fea pamphlet no. 146). **231** Deposition of George Creichton, 15 April 1643 (TCD, MS 832, ff 152–3, and MS 833, ff 233–4); John T. Gilbert (ed.), *A contemporary history of affairs in Ireland from A. D. 1641 to 1652* ... (3 vols, Dublin, 1879–80), i, part ii, pp 536–7. **232** Examinations of Conor Donnogh, 2 and 4 June 1642 (TCD, MS 816, f. 192). **233** Arnold Boate, *A remonstrance of divers remarkable passages and proceedings of our army in the kingdome of Ireland* ... (London, 1642), no page numbers (NLI, Thorpe pamphlet no. 377); T.A. and P.G., *May the 14, 1642: a true relation of the chiefe* expedition.[233] According to one pamphleteer, 'the woman of the house gave intelligence thereof to some rogues near hand, who came suddenly upon them, killed three, left one for dead, the rest escaped …'[234] Not long afterwards Alderman Robert Arthur was imprisoned, having been accused of giving sanctuary to rebels at his country home at Hacketstown between Baldongan and Skerries.[235] Local support for the rebels was still strong even in Dublin where, as a pamphleteer related, on 14 May, Sir Charles Coote, who had been shot at Trim on 7 May 1642, 'was buried with much lamentation to all Protestants; and as much joy to the papists, as was well observed by many whose countenance betrayed their falsehood'.[236] The same pamphleteer recorded rebel raids on Dublin city on 16 and 19 May.

The Irish at Baldongan sought help from Viscount Gormanston, who sent four musketeers to the castle but, before he himself could reach it the castle was besieged by government troops and captured.[237] All the members of the garrison, their estimated numbers ranging from 100 to 200, were killed by the attacking troops following the capture, with the exception of a single priest-captain, Conor Donnogh, who was racked and hanged on 4 June 1642.

John Finglas came to prominence in connection with both the exodus to Virginia and the retreat to Baldongan. George Creichton deposed:

> There came to Virginia the slow begg (as they called them) one Colonel Finglas and his company, being about some fifty or threescore proper young men, well horsed, and reasonable well armed. One Simmonds, with crooked legs was with them. Two of OLee Horish's sons of Ballyboghil (these lodged at Virginia and the said Finglas with some of the chief in the deponent's house) …[238]

*passages in Ireland from the 25th of April to this present …* (London, 1642), p. 3 (NLI, Lough Fea pamphlet no. 144). **234** T.A. and P.G., *May the 14, 1642: a true relation of the chiefe passages in Ireland from the 25th of April to this present …* (London, 1642), p. 3 (NLI, Lough Fea pamphlet no. 144). **235** *A true relation of such passages and proceedings of the army at Dublin in the kingdome of Ireland, as have happened since the death of Sir Charles Coote to this present together with a proclamation by the lords iustaces and councell of that kingdome, for the making voide of such warrants as have been abused* (London, 1642), p. 2 (NLI, Lough Fea pamphlet no. 147). **236** *Dublin the 24 of May 1642: A perfect relation of the proceedings of the English army against the rebels in Ireland, from May 12 to the 23, 1642* (London, 1642), a single sheet (NLI, LO pamphlet no. 26 (4)); *DNB*, iv, p. 1081. **237** Lords justices and council to the earl of Leicester, lord lieutenant, 7 June 1642, in Historical Manuscripts Commission, *Calendar of the manuscripts of the marquess of Ormonde …* (new series, 8 vols, London, 1902–20), ii, p. 144; *New intelligence from Ireland: received the 17 of June, 1642 … sent to Master Otgar, merchant in Swithing-Lane* (London, 1642), pp 3–4 (NLI, LO pamphlet no. 14 (5)); *True intelligence from Ireland* (London, 1642), pp 6–7 (NLI, LO pamphlet no. 39 (6)); *A true relation of such passages and proceedings of the army at Dublin in the kingdome of Ireland, as have happened since the death of Sir Charles Coote to this present together with a proclamation by the lords iustaces and councell of that kingdome, for the making voide of such warrants as have been abused* (London, 1642), p. 1 (NLI, Lough Fea pamphlet no. 147); John Lynch, *Cambrensis eversus …*, ed. Matthew Kelly (3 vols, 1848–52, first published in Latin 1662), iii, p. 191; Richard O'Ferrall and Robert O'Connell, *Commentarius Rinuccinianus …*, ed. Stanislaus Kavanagh (6 vols, Dublin, 1932–49), ii, pp 185–6. **238** Deposition of George Creichton, 15 April 1643 (TCD, MS 832, f. 155 and MS 833, f. 235); John T. Gilbert (ed.), *A contemporary history of affairs in Ireland from A. D. 1641 to 1652 …* (3 vols, Dublin, 1879–80), i, part ii, p. 540. **239** R.C. Simington and John MacLellan, 'Oireachtas Library, List of outlaws, 1641–1647', in *Analecta Hibernica*, no. 23 (1966), pp 340–1.

Several members of the Horish family of Ballyboghil, as well as three men with the surname of Fitzsimons, appeared on the list of outlaws.[239] Conor Donnogh who led the retreat from Co. Kildare to Baldongan met the Finglas brothers briefly at Greenogue.[240] Later John Finglas once again joined the group at Wyanstown and accompanied them to Baldongan Castle but, as he left once again to seek help from Viscount Gormanston, he escaped the massacre which followed its capture.

Baldongan marked the end of an era for Fingal ironically just at the time when a new phase in the history of the country as a whole was beginning at Kilkenny, where a meeting of the lords and gentry of the Confederate Catholics took place on 7 June and the supreme council began to function on 11 June, exactly one week after the execution of Conor Donnogh.[241] Fighting within Fingal from then on was limited to occasional raids and skirmishes although Fingallians continued to fight elsewhere in the conventional warfare waged by the Confederate army. A report of one such attack, for which no corroboration has been found, was contained in the deposition of Richard Swinson who said that:

> in harvest 1642 some of the soldiers commanded by the rebel Captain Finglas and by one Fottrell or others of them, whose names he cannot express, did at Huntstown in the county of Dublin surprise and murder one, Richard Synnott of Meakstown aforesaid, a Protestant, by cutting his throat.[242]

Finglas still had a considerable troop at his disposal and he (or perhaps one of his younger brothers) was able to travel freely, for John Darcy reported that, as he was travelling from Kells to Navan on Saturday, 3 September 1642, 'he met with Cornet Finglas, who was accompanied by some ten musketeers and about two hundred horse, who (as some of the company told this examinant) were all bound to go to Garristown'.[243] Shortly afterwards, Virginia, to which many of the Fingallians had fled in April or May, was burned by Lord Lisle, the intention being to 'leave all that country in such a condition as the rebels shall have neither house to lodge, nor food, nor fire . . .'.[244]

Finglas's *slua beag* was certainly known to the government authorities by 15 March 1643 for on that day the troop carried out a daring raid near Swords, which was described by the artilleryman, William Hollis, whose account gave a vivid picture of the skirmish.[245] He deposed:

> That since the beginning of the present rebellion, vizt., the 15 of March last 1642, this deponent, being then under the command of Captain Devalier, and a troop marched with his said Captain and the rest of his troop out of the town of Swords in the territory of Fingal upon a party to meet with and (if

**240** Examination of Conor Donnogh, 2 June 1642 (TCD, MS 816, f. 192). **241** Aidan Clarke, *The Old English in Ireland, 1625–42* (paperback ed., Dublin, 2000), pp 214–5. **242** Deposition of Richard Swinson, 28 July 1645 (TCD, MS 810, f. 325). **243** Examination of John Darcy, 8 September 1642 (TCD, MS 816, f. 196). **244** Lords justices and council to the earl of Leicester, lord lieutenant, 7 June 1642, in Historical Manuscripts Commission, *Calendar of the manuscripts of the marquess of Ormonde . . .* (new series, 8 vols, London, 1902–20), ii, pp 204–5. **245** Deposition of William Hollis, 27 April 1643 (TCD, MS 810, f. 235).

> possible) to surprise the slow begg or small running army of the rebels, then very frequent and dangerous to the king's loyal subjects in the country. And having ridden up and down several miles, at length this deponent and six more, by consent of the rest, ranged over the fields the next way homeward (as they conceived): But in their way the rebels' captain, Oliver Walsh, a friar, Captain Finglas, Captain John Fottrell, Captain Rowen, the priest, and other priests in their company and divers other rebels, consisting in all of 100 horse and fifteen musketeers or thereabouts (lying in ambush) suddenly assaulted and fell upon this deponent and the other six. But two of the six riding away: this deponent and the other four were still pursued and one of them instantly slain (after they had skirmished with the rebels) and at length they fled into a mill which the rebels burned about their heads. So as they were enforced to surrender to the rebels' mercy and, having quarter, were brought out, yet this deponent and two more of them were carried towards the place of execution and all proclaimed to be hanged and these two, vizt., William Murphy and Henry Shelton, were then and there hanged accordingly. But this deponent earnestly pressing the rebels for the life they promised him upon his quarter he, with much difficulty, escaped death at that time: but was stripped presently of his clothes, money and weapons worth £4 at least, and also of his horse and arms; and then they carried this deponent to Westpalstown: from there to another town, called (as he thinketh) the Curragh; where the rebels kept a court of guard all night and this deponent was kept prisoner amongst them ...

The remainder of his imprisonment was spent in Co. Kildare. The sophistication with which this raid by the *slua beag* was carried out shows that the Fingal rebels were making a recovery. They still relied heavily on familiarity with the terrain, on this occasion likely to have been provided by Captain John Fottrell of Fieldstown. It is not clear why Hollis's life was spared. If, as seems possible, he was one of the more senior members of the troop, the rebels may have hoped to obtain a ransom for him later.

Under the terms of the cessation of 15 September 1643 the county of Dublin was to remain 'in the possession of his majesty's Protestant subjects'. Little further military activity was reported, as far as Fingallians in the Leinster army (as it was known by then) were concerned, until 1646 when Finglas, by then major of the horse in Connaught, together with other cavalry officers, played a prominent part in the siege of Roscommon which lasted from 1 to 9 July 1646. In August his cousin, the marquis of Clanricarde, proposed Finglas's name with others to Ormond for promotion.[246] Some months later, in November, John Finglas once again found himself acting as a trusted courier on this occasion on behalf of Clanricarde.[247] By now a senior officer John Finglas was one of the nobility and officers of the Confederate

**246** Marquis of Clanricarde to earl of Ormond, 21 August 1646, in *Letter-book of the earl of Clanricarde, 1643–47*, ed. John Lowe (Dublin, 1983), p. 281. **247** Marquis of Clanricarde to Colonel Richard Burke, 3 November 1646 and marquis of Clanricarde to General Preston, 9 November 1646, in *Letter-book of the earl of Clanricarde, 1643–47*, ed. John Lowe (Dublin, 1983), pp 303–4. **248** *Letter-book of the earl of*

Catholic forces who signed a declaration on 19 November 1646 binding themselves to the peace which had been negotiated by Clanricarde.[248]

In the summer and autumn of 1647 Fingal once again experienced large-scale military activity. On 29 July Finglas was sent by General Thomas Preston to intercept a party under Sir Henry Tichborne near Balrothery, an encounter which was widely documented.[249] The accounts differed in tone. According to the Catholic account in the *Commentarius Rinuccinianus* Tichborne travelled with others to Dublin to bid farewell to Ormond who was sailing to England. Finglas, 'a warrior as high-spirited as he was lucky' went with 200 horsemen to attack the company numbering 100 on their return. According to this account Finglas's brother was killed in the attack, as well as sixty of Tichborne's group, including his son.[250] Val. Savage, on the other hand, who did not mention Finglas, placed the total number of confederate horsemen at 300 and Tichborne's at 'not full fifty horse', figures which were broadly in agreement with those of a pamphleteer.[251] While he did not give the numbers of those killed Savage acknowledged that two women who had been captured, Lady Tichborne and the wife of Sir Thomas Lucas, were treated humanely.

A muster-roll taken at this period showed that Finglas's troop totalled forty-five, a small troop though not exceptionally so, given the numbers in cavalry troops in the Leinster army at that time.[252] By now a lieutenant-colonel he commanded other troops as well as his own company. Since he was engaged on missions such as that at Balrothery he did not, however, take part in the major battle of Dungan's Hill which was fought on 8 August.[253] Prior to this battle Fingallians once again saw a major army march through the area. On this occasion Colonel Michael Jones was in command of 3,800 men who set out for Swords on Sunday, 1 August 1647, bringing with them a large quantity of equipment.[254] They marched from Swords to Balrothery on Monday, from there over the hills of Hollywood to the Naul and Garristown on Tuesday and to Skreen on Wednesday. While this relatively slow march across much of Fingal must have awed, if not terrified, the inhabitants it gave the confederate troops under Preston plenty of warning of its approach but to no avail. Just as Baldongan had been the final blow to the Catholics of Fingal, Dungan's Hill proved to be the last important stand of the Confederate army of Leinster.

As already mentioned Eoghan Rua O'Neill spent the period from the 3 to 5

*Clanricarde, 1643–47*, ed. John Lowe (Dublin, 1983), pp 316–7. **249** Val. Savage to Sir Philip Percivall, 30 July 1647, in Historical Manuscripts Commission, *Report on the manuscripts of the earl of Egmont* (2 vols, London, 1905–9). i, part ii, p. 439; *A bloody fight at Balrud-derry in Ireland* ... (London, 1647), pp 1–3 (NLI, Thorpe pamphlet no. 446); Richard O'Ferrall and Robert O'Connell, *Commentarius Rinuccinianus* ..., ed. Stanislaus Kavanagh (6 vols, Dublin, 1932–49), ii, pp 670–1. **250** Richard O'Ferrall and Robert O'Connell, *Commentarius Rinuccinianus* ..., ed. Stanislaus Kavanagh (6 vols, Dublin, 1932–49), ii, pp 670–1. **251** *A bloody fight at Balrud-derry in Ireland* ... (London, 1647), pp 1–3 (NLI, Thorpe pamphlet no. 446); Val. Savage to Sir Philip Percivall, 30 July 1647, in Historical Manuscripts Commission, *Report on the manuscripts of the earl of Egmont* (2 vols, London, 1905–9). i, part ii, p. 439. **252** Arthur Culme, *A diary and relation of passages in and about Dublin from the first of August 1647, until the tenth of the same* ... (London, 1647), p. 1 (NLI, Lough Fea pamphlet no. 220). **253** 'Aphorismicall discovery of treasonable faction', in John T. Gilbert (ed.), *A contemporary history of affairs in Ireland from A. D. 1641 to 1652* ... (3 vols, Dublin, 1879–80), i, part i, p. 154. **254** *A bloody fight at Balrud-derry in Ireland* ... (London, 1647), p. 5 (NLI, Thorpe pamphlet no. 446); Arthur Culme, *A diary and relation of passages in and about Dublin from the first of August 1647, until the tenth of the same* ... (London, 1647), p. 1 (NLI, Lough Fea pamphlet no. 220).

November 1647 burning Fingal. As well as his own army a party of Leinster horse under Commissary General Dongan accompanied him.[255] Having started near Castleknock his army, from his base at Corduff, ranged as far as Drogheda on the one hand and Drumcondra on the other and 'burned all between those two cities and all Meath, westward, that contributed to Dublin'.[256] Another account mentioned Castleknock, Mulhuddart, Dubber, Kilsallaghan, Brazil, Corduff, Lusk, Weganstown (Wyanstown?) and Baldongan as places in Fingal visited by Eoghan Rua or his army during the course of his expedition.[257]

Finglas remained steadfastly loyal to the Leinster army. In March 1649 Edmund Butler wrote to Ormond that 'it fortuned that some of my father's troops, with some of Major Finglas, lighted upon Lieutenant-Colonel Bryan Roe O'Neill his minion and is now my prisoner ...'[258]

In July 1649, shortly before the arrival of Oliver Cromwell, Ormond's army encamped at Finglas awaiting an attack by Colonel Michael Jones.[259] Once again the people suffered as provisions became scarce and expensive. In early August Jones captured Drumcondra and Cabragh.[260] On 15 August Cromwell landed at Dublin and on 30 August he 'rendezvoused with eight regiments of foot and six of horse, and some troops of dragoons, three miles on the north side of Dublin ...'[261] On 1 September Cromwell set out for Drogheda with a large army.[262] He encamped that night at Lord Barnewall's field (probably at Turvey) and had left Fingal by the second night which he spent at Ballygarth (near Julianstown).[263] Despite the many traditions associated with Cromwell's journey, which are still to be found in the area, no evidence has yet been found to suggest that these stories had a basis in fact. Cromwell marched through the area quickly and reached Drogheda on 3 September.[264] John Finglas played an active part in the siege and met his death at Drogheda.[265] It is probable that many other Fingallians also died at Drogheda. An extract from a military list dated 30 August 1649 included the composition of and

**255** *The history of the warr of Ireland from 1641 to 1653 ...*, ed. Edmund Hogan (Dublin, 1873), p. 63. **256** *The history of the warr of Ireland from 1641 to 1653 ...*, ed. Edmund Hogan (Dublin, 1873), p. 63. **257** H.C., *News from Dublin in Ireland relating how Colonell Jones ... fell upon the rebells ...* (London, 1647), pp 1–4 (NLI, Lough Fea pamphlet no. 221). **258** Edmund Butler to Ormond 23 March 1649, in John T. Gilbert (ed.), *A contemporary history of affairs in Ireland from A. D. 1641 to 1652 ...* (3 vols, Dublin, 1879–80), i, part ii, p. 781. **259** Samuel Cotton, 'A great fight in Ireland between the prince's forces ... ' in *Two great fights in Ireland neer the city of Dublin* (London, 1649), pp 2–3 (NLI, Lough Fea pamphlet no. 249). **260** Oliver Cromwell, *A history or brief chronicle of the chief matters of the Irish warres ... from Wednesday the first of August 1649 to the twenty-sixth of this present July 1650* (London, 1650), no page numbers, items 14 and 15 (NLI, Lough Fea pamphlet no. 281). **261** Oliver Cromwell, *Letters from Ireland relating the several great successes it hath pleased God to give unto the parliament's forces ...* (London, 1649), p. 5 (NLI, Lough Fea pamphlet no. 264). **262** James Scott Wheeler, *Cromwell in Ireland* (Dublin, 1999), p. 83. **263** W.C. Abbott, *The writings and speeches of Oliver Cromwell with an introduction, notes and an account of his life* (4 vols, Cambridge, Massachusetts, 1937–47), ii, p. 117; James Scott Wheeler, *Cromwell in Ireland* (Dublin, 1999), p. 83. **264** James Scott Wheeler, *Cromwell in Ireland* (Dublin, 1999), p. 83. **265** Aston to Ormonde, 3 September 1649, in John T. Gilbert (ed.), *A contemporary history of affairs in Ireland from A. D. 1641 to 1652 ...* (3 vols, Dublin, 1879–80), ii, part ii, pp 248–9; Oliver Cromwell, *Letters from Ireland relating the several great successes it both pleased God to give unto the parliament forces ...* (London, 1649), p. 6 (NLI, Lough Fea pamphlet no. 264). **266** John T. Gilbert (ed.), *A contemporary history of affairs in Ireland from A. D. 1641 to 1652 ...* (3 vols, Dublin, 1879–80), ii, part ii, p. 497; 'Fingal 1603–60', i, pp 450–1.

weekly pay for the troop of Captain Finglas, possibly the surviving brother and almost certainly a relative of Lieutenant-Colonel John Finglas.[266]

While the conventional war continued for some years it did not take place within, or even close to, the borders of Fingal. However, sporadic attacks by tories continued within the area. These had a long history dating back to the raids which occurred during the early days of the rising. Two of the principal leaders of these bands in the earlier phase were the priest-captains Laurence Rowen of Finglas and Robert Passmore of Balrothery. Passmore has already been mentioned in connection with the rebel raids in north-east Fingal. Laurence Rowen was associated with the rebels from almost the start of the rising. Nothing is known of his background but he may have been related to William Rowen of Finglas who served as a juror and appeared as a defendant in the archbishop's manor courts in 1587 and to William Rowen, the Finglas butcher, referred to earlier in connection with the suspicious behaviour of a local drinking circle in 1641.[267] He was accused of involvement in an attack on the homes of Christopher Hewetson at Swords and John Smith, Thomas Smith and Ann Cappar, all of Finglas, in the period November to December 1641.[268] In contemporary depositions he was generally described as 'Laurence Rowen, priest' but in the very early deposition made by Ann Cappar she referred to him as 'Captain Laurence Rowen, a friar' suggesting that by mid-December when the raid took place he already held an army rank.[269] Once again a local man with knowledge of the terrain took part in raids on his own neighbours. He later travelled further afield and was one of those listed as having been involved in a raid on the home of Dame Ann Colley at Castle Carbury in Co. Kildare.[270] It is not clear if he was present and personally involved in the violence which accompanied this attack but he clearly played an important role for Anne Colley deposed:

> that when they violently entered her castle, they said that they seized her goods and chattels by Roger Moore's direction, who (as they said) gave command to put all that were there to the sword. And that she had a great favour to be permitted, herself and children to depart with their lives. And also the said rebels bloodily murdered three of her servants in her house, as soon as they came in, which she conceiveth that they did because three of the rebels (as she heard) were killed upon their attempting her house. And saith that one Plunket, a mass-priest came to her with a message from priest Rowen, which was that unless she would show and discover where her plate was hid, that her son and heir, Dudley Colley, should at that instant time suffer and herself be put to her oath; and if after any plate should be found by them, that they would put her to death. Whereupon she was constrained to show where her plate was, which was by them taken away at that time.

**267** *Court book of the liberty of Saint Sepulchre ...*, ed. Herbert Wood (Dublin, 1930), pp 9 and 26; Examination of William Rowen, 19 November 1641 (TCD, MS 809, f. 188). **268** Deposition of Christopher Hewetson, 5 March 1642 (TCD, MS 809, f. 280); deposition of John Smith, 19 January 1642 (TCD, MS 809, f. 222); deposition of Thomas Smith, 20 January 1642 (TCD, MS 809, f. 224); deposition of Ann Cappar, 4 January 1642 (TCD, MS 809, f. 261). **269** Deposition of Ann Cappar, 4 January 1642 (TCD, MS 809, f. 261). **270** Deposition of Ann Colley, 19 January 1643 (TCD, MS 813, f. 367).

Rowen took part in the battle of Rathconnell in February 1643. The author of the 'Aphorismicall discovery' described the trench warfare and the rout of the Leinster troops:

> [The Irish] forsook the field in a routing manner, every one to save himself, except such as were placed in the trenches, not knowing what happened, behaved themselves exceeding well, as long as ammunition lasted, and after made good the place with very stones. The priest Rowen ... was a brave soldier, commanding in one of these sconces, but lifting up gazing about him, saw only the enemy in the field, certifying the rest thereof, began to show a good pair of heels ...[271]

In March of the same year Rowen fought alongside John Finglas and others in the skirmish near Swords already described.[272] At that stage, he was still part of the regular Leinster army. He appears to have rejected the cessation of 15 September 1643 for in November of the same year Ormond accused him of killing cattle near Newcastle.[273]

By January 1645 Rowen had been joined by Robert Passmore and Ormond wrote again to the supreme council asking that Rowen, Passmore, priests and others of their accomplices, 'who committed robberies and daily outrages within our quarters' and who had been arrested by some of Sir Thomas Armstrong's troops, with the assistance of Patrick Cusack of Gerrardstown, in the English quarters and who were now in the custody of Patrick Cusack, should be sent to him.[274] The supreme council consented to this.[275] Patrick Darcy on behalf of the supreme council wrote to Ormond on 31 March saying that he had received a letter mentioning 'some of your lordship's troop horses to have been taken in the way betwixt Dublin and Turvey by Rowen and Passmore' and 'that the course they [the supreme council] have taken for apprehending Rowen, the same is laid down for Passmore also'.[276] On the same day Darcy wrote a second letter to Ormond, who believed the council was protecting Rowen, in the following terms:

> I acquainted the council with your lordship's request for satisfaction to Sir William Gilbert, in that right that Rowen was by them protected, who commanded me to return this answer, that he was apprehended by their orders as a public malefactor, and, after a good while's imprisonment, was by their order to be conveyed prisoner to Kilkenny, there to receive his trial according

**271** 'Aphorismicall discovery of treasonable faction' in John T. Gilbert (ed.), *A contemporary history of affairs in Ireland from A. D. 1641 to 1652* ... (3 vols, Dublin, 1879–80), i, part i, p. 57. **272** Deposition of William Hollis, 27 April 1643 (TCD, MS 810, f. 235). **273** Ormond to Muskerry and supreme council, 23 November 1643, in John T. Gilbert (ed.), *History of the Irish confederation and the war in Ireland, 1641–3* ... (7 vols, Dublin, 1882–91), iii, p. 48. **274** Ormond to Muskerry and supreme council, 30 January 1645, in John T. Gilbert (ed.), *History of the Irish confederation and the war in Ireland, 1641–3* ... (7 vols, Dublin, 1882–91), iv, p. 135. **275** Supreme council of confederation to Ormond, 13 February 1645, in John T. Gilbert (ed.), *History of the Irish confederation and the war in Ireland, 1641–3* ... (7 vols, Dublin, 1882–91), iv, pp 139–40. **276** Supreme council to Ormond, 31 March 1645, in John T. Gilbert (ed.), *History of the Irish confederation and the war in Ireland, 1641–3* ... (7 vols, Dublin, 1882–91), iv, p. 206.

> to justice, and in the way he was rescued by some others, now prosecuted by the council's directions. The said Rowen is so far from being, at any time since his escape, in the council's protection, that they have by public act declared him and his adherents enemies, and sent directions to all parts within their quarters for his apprehension, and to bring in his person dead or alive, which your lordship may shortly peruse in print; and as the council and our party abhor the actions of Rowen and his like, so they disclaim in his person, or the protecting of him; wherefore they hold themselves not bound to render any satisfaction for his misdemeanours.[277]

On 24 May 1645 Lord Dillon reported to Ormond that some merchants of Dublin were robbed and killed by a party of Irish near Mullingar while on 31 May the general assembly of the confederate Catholics ordered the apprehension of Rowen, Passmore and two others, Captain Christopher Nugent and Corporal Richard Plunket, for murder and robbery near Killucan, Co. Westmeath.[278] Ormond threw some further light on the matter a few days later when he wrote to Muskerry:

> We do very well approve of the course wherein you have put the business of the merchants who were robbed, killed and spoiled by Rowen and his accomplices, so as the same be with effect prosecuted; which may be the better done, for that Rowen, the ringleader of them doth lie under cure in your quarters, being shot with a brace of bullets and may be easily brought to justice.[279]

The endorsement to this letter contains the words 'concerning Cox and the merchants'. Rowen escaped death at that stage for on 2 August 1646 he wrote from Allen, Co. Kildare, to Nicholas French, bishop of Ferns, saying that he had spent two months in Connaught with Captain Brabazon at Ballinasloe and seeking 'a commission to raise horse in these parts, and a patent for me to command them, if it may be, in this holy war, and that to be called the guard of the nuncio's grace'.[280] What happened to Rowen subsequently remains a mystery. Some further information is available about his accomplice, Robert Passmore. In October 1653 Robert Passmore was found guilty of the murders of Thomas Cox, apparently the man mentioned in the endorsement to Ormond's letter of 5 June 1645, and Ambrose and Robert

277 Supreme council to Ormond, 31 March 1645, in John T. Gilbert (ed.), *History of the Irish confederation and the war in Ireland, 1641–3* ... (7 vols, Dublin, 1882–91), iv, pp 206–7. 278 Lord Dillon to Ormond, 24 May 1645, in John T. Gilbert (ed.), *History of the Irish confederation and the war in Ireland, 1641–3* ... (7 vols, Dublin, 1882–91), iv, pp 267–8; Order of the general assembly for arrest of Laurence Rowen and others, 31 May 1645 in John T. Gilbert (ed.), *History of the Irish confederation and the war in Ireland, 1641–3* ... (7 vols, Dublin, 1882–91), iv, pp 268–70. 279 Ormond to Muskerry and commissioners of the confederation, 5 June 1645, in John T. Gilbert (ed.), *History of the Irish confederation and the war in Ireland, 1641–3* ... (7 vols, Dublin, 1882–91), iv, p. 276. 280 Laurence Rowen to Bishop Nicholas French, 2 August 1646, in John T. Gilbert (ed.), *History of the Irish confederation and the war in Ireland, 1641–3* ... (7 vols, Dublin, 1882–91), vi, pp 60–1. 281 Proceedings of the high court of justice held at Dublin and Cork in 1652, 1653 and 1654 (TCD, MS 866, f. 31); Ormond to Muskerry and commissioners of the confederation, 5 June 1645, in John T. Gilbert (ed.), *History of the Irish confederation and the war in Ireland, 1641–3* ... (7 vols, Dublin, 1882–91), iv, p. 276; Mary Hickson, *Ireland in the seventeenth century* ... (2 vols, London, 1884), ii, p. 235. 282 Proceedings of the high court of justice held at Dublin and Cork in 1652, 1653 and 1654 (TCD, MS 866, ff 29–30).

Burton, ministers.[281] At Passmore's trial witnesses gave evidence that he had been one of a band of eleven men under Rowen that attacked Thomas Cox and other merchants 'about Kilnean', that Cox had been shot and that Passmore later at Wexford confessed to being one of the attackers.[282] At his trial for the murder of Cox Passmore claimed that he had been acting under Rowen's orders.[283] It is not known what punishment was meted out to Passmore.

Four tory attacks within Fingal, which are known to have taken place in the period 1650–51, have been mentioned earlier (pp 134–5). The first of these was the wounding of Justice James Donnellan and the killing of his son and nephew and others at the Forrest near Swords in July 1650.[284] The second was the murder of James Brandon, a hat-maker, near Lusk about the 1 November 1650.[285] This was an attack by a group of armed men on a single individual. The third was the murder of a miller, Owen Hely, near Chapelizod, following the seizure of some horses from the local inhabitants and their attempted recovery by Hely and others on 3 February 1651, in connection with which the perpetrator, Sir John Talbot of Belgard, invoked the eighth and ninth heads of the articles of Kilkenny under which he had submitted.[286] Talbot was found guilty of this murder on 27 January 1653.[287] Finally there was the robbery, torture and murder of Edward St Lawrence in the presence of two companions near the Nevitt in the parish of Lusk about the 18 July 1651.[288]

Of these four attacks that which most resembled a military-style attack was the raid on the Forrest. The attack was led by Robert Boylan of Kilbarrack, accompanied by seven named accomplices, Richard Stronge, Mathew Smith, James Wade, Oliver Plunket, Patrick Kerrigan, Nicholas Plunket and Thady Ellis, all of whom, to judge by their surnames, appear to have been local men.[289] According to Thomas Waltryn's deposition, the six men killed were Captain Charles Blundell, James and William Donnellan, eldest son and nephew of Justice Donnellan, and John Tully, John Cheevers and Richard Cooke, a gardener, three servants of the judge, and these names were confirmed by others.[290] In December 1652 Patrick (*sic*) Boylan was found guilty of the murders of three English, while in March 1653 Patrick Boylan

283 Proceedings of the high court of justice held at Dublin and Cork in 1652, 1653 and 1654 (TCD, MS 866, f. 30). 284 Examination of Robert Boylan, 6 November 1652 (TCD, MS 810, f. 334); examination of Nicholas Bellew, 17 November 1652 (TCD, MS 810, f. 351); examination of Andrew Gyraght, 2 February 1653 (TCD, MS 810, f. 357); examination of Thomas Waltryn, 1 February 1653 (TCD, MS 810, f. 375); examination of John Confy, 1 February 1653 (TCD, MS 810, f. 377); examination of Patrick Maguire, not dated (TCD, MS 810, f. 379); examination of John Heard, 24 November 1652 (TCD, MS 810, f. 380). 285 Examination of Thomas Berry, 21 September 1653 (TCD, MS 810, f. 393); examination of Patrick Tankard, 27 May 1653 (TCD, MS 810, f. 395); examination of Peter Burnell, 23 June 1653 (TCD, MS 816, f. 302). 286 Petition of John Talbot, undated (TCD, MS 810, f. 386); examination of Richard Greg, 16 December 1652 (TCD, MS 810, f. 388); examination of Giles Curran, 16 December 1652 (TCD, MS 810, f. 389); examination of Richard Raymond, 20 December 1652 (TCD, MS 810, f. 390); examination of John Talbot, 11 November 1652 (TCD, MS 810, f. 391). 287 Mary Hickson, *Ireland in the seventeenth century* ... (2 vols, London, 1884), ii, p. 233. 288 Examination of Arland Ussher, not dated (TCD, MS 810, f. 355); examination of Thomas O Rannahie, 23 April 1653 (TCD, MS 810, f. 397); examination of Richard Randall, not dated (TCD, MS 810, f. 399). 289 Examination of Robert Boylan, 6 November 1652 (TCD, MS 810, f. 334); examination of Andrew Gyraght, 2 February 1653 (TCD, MS 810, f. 357). 290 Examination of Thomas Waltryn, 1 February 1653 (TCD, MS 810, f. 375); examination of John Confy, 1 February 1653 (TCD, MS 810, f. 377); examination of Patrick Maguire, not dated (TCD, MS 810, f. 379). 291 Mary Hickson, *Ireland in the seventeenth century* ... (2 vols, London, 1884), ii, pp 232 and 234.

was found guilty of the murders of George (*sic*) Blundell and five others.[291] In several of the examinations already cited the name 'George' had been altered to 'Charles'.

An attempt has been made to quantify participation in the rising by people in the various parishes of Fingal. While the measures used are unsatisfactory in many respects, they may give some pointers to the areas where further research may be fruitful. The various lists of outlaws have been collated and an attempt made to produce a single list by excluding obvious duplications.[292] The final list of outlaws arrived at contained 277 names. However, there remain a number of instances of uncertainty, particularly with regard to residence. The population chosen for comparison was that classified by Petty as 'Irish' in the poll-tax returns for 1660.[293] Again this is unsatisfactory because of the lapse of time but Petty's figures were the only ones available. Having regard to these limitations, the data were analyzed by barony.[294]

The only conclusion that can be drawn from the analysis by barony is that the percentage of outlaws in the barony of Nethercross appears to have been distinctly higher than the percentages in the other three baronies. An analysis by parish was also carried out.[295] In this case many of the figures were too low for meaningful analysis. In the case of one parish, Lusk, however, which formed part of two baronies, Balrothery and Nethercross, both the number of outlaws and the population were large enough to draw some kind of conclusions. In this case the percentage of outlaws in the barony of Nethercross, including the town of Lusk and the area towards Corduff, which contained large church-owned estates with absentee landlords, was much higher (18.2 per cent) than in that part of the parish, mainly the eastern area, which formed part of the barony of Balrothery (5.8 per cent). The archbishop of Dublin, in particular, had a dominant influence in Nethercross. The history of early-modern Lusk is undoubtedly worthy of further research.

While occasionally precise occupations were given in the lists of outlaws there was a tendency to use more general classifications such as 'gentleman' and 'yeoman'. In order to obtain some idea of the social status of those indicted a somewhat different approach was adopted here. The outlaws were classified in terms of whether or not they were, or shared a surname with, proprietors, on the basis that a shared surname might suggest a family relationship. The results show that over half of those outlawed had no obvious connection with proprietor families in Fingal.[296]

Can any conclusions be drawn from the foregoing discussion of the war in Fingal? Its origins were complex, and included political, economic, religious and perhaps even personal factors, though, as yet, it has not been possible to identify the latter with certainty to any extent. The number of instances when people were shocked by the attacks made on them by their near neighbours and acquaintances would suggest

**292** An alphabet of all the indictm. & outlawries in the counties of Dublin, Meath and Kildare (1642) (Armagh Public Library, KH.II.17); John T. Gilbert (ed.), *History of the Irish confederation and the war in Ireland, 1641–3* ... (7 vols, Dublin, 1882–91), iii, pp 340–86; R.C. Simington and John MacLellan, 'Oireachtas Library, List of outlaws, 1641–1647', in *Analecta Hibernica*, no. 23 (1966), pp 315–67. **293** *A census of Ireland* circa *1659* ..., ed. S. Pender (Dublin, 1939), pp 382–392. **294** 'Fingal 1603–60', i, pp 456–7. **295** 'Fingal 1603–60', i, p. 458. **296** 'Fingal 1603–60', i, p. 460.

that personal grudges were being secretly harboured and that the attackers gave vent to these when the opportunity arose.

The 'popular' strand of military activity or lawlessness, as it was regarded by the government and confederate authorities, which preceded the period of conventional warfare, also ran in parallel with it and, in fact, outlasted it in Fingal. This 'popular' movement does not seem to have been based on an ethnic divide. Laurence Rowen may have had a Gaelic-Irish background – various versions of the name are found in both England and Ireland – but Robert Passmore almost certainly did not. A somewhat similar mixture is found in the surnames of local tories and it is of interest that the Irish term *tóraithe* (tories) was used to describe the Fingal tories at the beginning of the 1650s. At least one band of these, those who attacked the Gaelic-Irish Protestant family of Donnellan at the Forrest, contained Irish speakers and the man who challenged them in Irish, Francis Dillon of Spricklestown, bore a Hiberno-Norman surname.[297]

A particularly striking feature of the war in Fingal was the participation of a number of priest-captains, that is, priests who played an active military role as distinct from acting as chaplains. While economic and political considerations no doubt motivated the local gentry and ordinary men and women to take part in the struggle a general resentment at the exactions of Protestants, whether as ministers, officials or landlords as well as the restoration of the rights of Catholics appear to have been the principal reasons for the rising in Fingal.

The general impression that one obtains from reading Robert Bysse's letter and other contemporary documents was that there was considerable passive support for the rising, particularly in the early stages, among the general population especially among women in the area.[298]

The consequences were terrible for the population. Unfortunately it is not possible, given the sources available, to measure the direct impact of war and famine on the people. We can only judge their effects by examining the physical landscape. What is surprising is that, given the well-documented campaigns of destruction carried out by both sides, the large number of burned, decayed and ruined buildings by the time of the Civil Survey carried out *c.*1654–6, as noted in chapter 1, was not even greater. Perhaps this, more than anything else, was a tribute to the resilience of the local people.

**297** Examination of John Heard, 24 November 1652 (TCD, MS 810, f. 380). **298** Robert Bysse, junior, to John Bysse, 16 February 1642 (TCD, MS 840, f. 9); deposition of Edward Leech, 18 March 1644 (TCD, MS 810, ff 244–5); deposition of George Creichton, 15 April 1643 (TCD, MS 833, f. 236); John T. Gilbert (ed.), *A contemporary history of affairs in Ireland from A. D. 1641 to 1652 ...* (3 vols, Dublin, 1879–80), i, part ii, p. 541.

CONCLUSION

# The broken pitcher

This book has examined the story of Fingal in the early and mid-seventeenth century. Perhaps the most interesting finding was that, though the leading families formed a homogenous, integrated and cohesive group during the earlier part of the century, the ordinary people shared a rich cultural diversity. All the evidence suggests that the area was prosperous, if not exactly wealthy, and that the people worked hard, enjoyed themselves and were deeply and genuinely religious, though their practices did not always conform to the standards laid down by the churches. At one level the society was a very open one. There was a free and constant flow of traffic on the roads which helped to facilitate the transfer of goods and ideas to and from Dublin and other parts of Ireland. The numerous creeks and harbours, often owned by local members of the gentry, made access to Britain and the continent relatively easy. For the predominantly Catholic population access to the continent meant access to higher education. By 1603 higher education was also within easy reach of the minority population in the nearby Trinity College Dublin. Perhaps it was because of this very openness to outside influences that the society, or at least its higher social groups about whom we have information, had developed protective mechanisms to maintain their status. One of these was a reluctance to marry outside a restricted circle. The preservation and use of a distinctive dialect which contained elements of English and Irish as well as features that belonged to neither of these languages may also have resulted from a desire to preserve a Fingallian identity. The maintenance of local schools by the Catholic gentry, for which we have some evidence, suggests a willingness to share knowledge. Respect for the law and the local courts was a unifying factor in the community. Relations between landlords and tenants appear to have been generally good until the outbreak of war caused Catholic tenants to desert their Protestant landlords.

There were, however, from time to time, incidents, many of which were precipitated by government actions such as the introduction of the Mandates in 1605, which caused problems. Religious tensions existed as might have been expected when Catholics were treated less favourably than their fellow-citizens and neighbours. Even during peace-time there were many attacks on the Catholic clergy amounting in a few cases to persecution. While the laity were less badly treated they were subject to fines and, occasionally, imprisonment. Exclusion from public office and, for a time, from the practice of law, was a constant irritant. In the late 1630s a combination of economic pressures due to bad harvests, the exaction of tithes and rising rents created a climate conducive to unrest. The failure of the government to deliver expected religious and other reforms did not help matters. Finally, in 1641, impelled by a complex series of influences and events, Fingal followed Ulster and other parts of the country by rising in arms. While the armed conflict within the area was contained by government troops within three months and crushed within little more than six, sporadic raids continued to take place from time to time. These were initially conducted by Confederate troops and later by tory bands. Two particularly devastating campaigns of burning were carried out in Fingal, the first by government troops in 1642 and the second by the Confederates in 1647. The ravages, both in terms of lives lost and property destroyed, during the war were appalling. A longer-term outcome was the breakdown of trust between Catholic and Protestant neighbours.

Fingal had had the good fortune to produce effective politically-astute leaders whenever a crisis arose during peace-time. This did not happen during war-time when leadership was dispersed, at least up to the point when Viscount Gormanston of Co. Meath was formally recognized as commander-in-chief, by which time the campaign in Fingal was effectively over. Some of the most important Catholic families in Fingal, for example, the Barnewalls of Turvey, the Talbots of Malahide and the Luttrells of Clonsilla, took no active part in the fighting. This left a vacuum in the military leadership which was, to some extent at least, filled by Catholic clerics who were not members of the principal gentry families. The intervention by the clergy undoubtedly fuelled and exacerbated the bitterness between erstwhile neighbours. This aspect of the conflict, together with the role played by the clergy in the lead-up to the rising, are topics which merit further examination.

The Fingal gentry families suffered greatly as a result of the war due to loss of their lands as a result of a process of indictment, outlawry and confiscation although relatively few were actually transplanted. Several prominent members of these families also lost their lives. Nicholas Barnewall of Turvey summed up the condition of a whole generation, as well as his own situation, when he wrote to Oliver Cromwell that 'the grasshopper is a burden ... and the pitcher broken with age'.[1] In place of the traditional and predominantly Catholic élite a new local leadership emerged after the war which included many men who had no roots in the area and who, in addition to being highly mobile, were Protestant. The vast majority of the population, despite the loss of most of their clergy, remained staunchly Catholic.

This study has been an attempt to understand, describe and assess what happened in Fingal in the period 1603–60. It represents the beginning of a process. The wealth of source material is almost overwhelming and much of it still remains to be studied and analyzed. It is clear that, in order to obtain a fuller appreciation of the complex story of the area, further work is required at two levels. In the first place, micro-studies are needed at a parish and even a townland level. Secondly, it is clear that major studies of overlapping communities in Fingal and those areas which adjoined it, particularly Co. Meath and Dublin city, would help to contribute to an better understanding of relationships between people in early modern Fingal.

1 Petition of Nicholas, Lord Barnewall to the lord protector, 27 July 1654 (PRO, SP 63/285/203); *Cal. S. P. Ire., 1647–60*, p. 540.

# Bibliography


## PRIMARY SOURCES: MANUSCRIPTS

### ARMAGH

**Armagh Public Library**

| | |
|---|---|
| KH.II.17 | An alphabet of all the indictm. & outlawries in the counties of Dublin, Meath and Kildare (1642) |
| | Butler, Isaac, Journal of 1744 (copy on microfilm in National Library of Ireland) |

### CHESTER

**Cheshire Record Office**

| | |
|---|---|
| QSE/8/11–12 | Quarter sessions Examinations, 1609 |

### DUBLIN

**Capuchin Archives, Church Street**

| | |
|---|---|
| | Book of vestitians |

**Dublin City (Gilbert) Library**

| | |
|---|---|
| MS 44 | Transcript of Monday Books, 28 January 1609 (Dublin City Council Archives) |
| MS 83 | Documents of the seventeenth century, relative to the city of Dublin, transcribed by H.R. Hamilton, Esquire, from the originals in State Paper Office, London |

**Dúchas – the Heritage Service**

| | |
|---|---|
| | County Dublin files |

**National Archives of Ireland**

| | |
|---|---|
| | Betham, William, Genealogical abstracts, prerogative wills (series I) |
| | Quit Rent Office papers: Books of Survey and Distribution for County Dublin |
| RC10/1–3 | Transcripts of deeds and wills recited in Exchequer inquisitions for County Dublin |

**National Library of Ireland**

| | |
|---|---|
| GO MS 48 | Visitations, Dublin, 1607 |
| GO MS 72 | Funeral entries, ix, 1640–63 |
| GO MS 290 | Fisher will abstracts |
| MS 470 | Purgatorium Hibernicum: or, the sixt booke of Virgills Aeneis; travestie burlesque a la mode de Fingaule, c. 1670 |

| | |
|---|---|
| MS 714 | Down Survey parish maps and books of registration for County Dublin, 1657, copied by Daniel O'Brien, 1786/7 |

**Representative Church Body Library**

*Records of Christ Church cathedral*

| | |
|---|---|
| C6/1/7/2 | Second chapter act book |
| C6/1/8/2 | Second chapter act book (copy) |
| C6/1/17/2 | Christ Church leases, abstracts made by John Lyon |
| C6/1/17/4 | List of leases copied from 'the small old register' |
| C6/1/26/1, f. 3 | Copy of lease to Mathew King, 31 December 1543 |
| C6/1/26/2/6 | Lords of the council in England to Lord Mountjoy and the council in Ireland, 28 February 1603 |
| C6/1/26/2/8 | Brian, Robert, to the dean of Christ Church, 1 August 1607 |
| C6/1/26/6/42, f. 42 | Account of the distribution of the effects of Henry Freind |
| C6/1/26/7/24 | A commission 22 Feb. 15 Charles I [1640] for enquiring into the extent and value of some lands at Glasnevin, the great tithes of Brenanstown and Dalkey and ten acres in Salcock's Wood (Guard book 7) |
| C6/1/26/15 | Papers relating to the lands of Simon Luttrell and Dominic White, 1637–71 |
| C6/3/1/2 | Francis, Richard, A survey of the lands of Glassnwen in the county of Dublin belonging unto the deane of the holy trinity Dublin shewing the quantity of acres in every parcel of each severall farme thereof, with the tenantes names, and undertenantes holding the same with the contentes of the lands in their severall divisions, retaineing their true forme and situation in a plot annexed unto the end of this book, distinguished by colours, and letters particular unto each severall farme, with numbers referring unto the divisions thereof, and figures referring likewise unto each particular of the severall farmes therein contained, setting forth the highways and rivers thereof with the true forme of the towne and places of habitation, wth the bounding townes and lands of the bordering neighbours distinguished by their colours, 1640 |

*Records of the archbishop of Dublin*

| | |
|---|---|
| D6/75/9 | A lawyer's notes on the documents of title for Cardiff's Castle, etc. (not dated) |
| D6/76/10/3 | Copy lease to Robert Leycester, 1 February 1594 |
| D6/76/10/11 | Copy of a lease from the archbishop of Dublin to Luke Challoner of the lands in Finglas, 10 June 1602 |
| D6/76/10/22 | Lord chancellor's order of dismiss in the case of John Mangan against Anne and James Springham, etc., 17 October 1671 |
| D6/77 | Lease between John Carey, Luke Challoner and William Carey, 30 October 1597 |
| D6, map no. 3 | The plott of severall farmes in ye county of Dublin, barrony Neithercross and parish of Swords called by the severall names of Fitzsimmons his farme, Gough his farme, Damgood Meade, Nevingstowne, with a Farme called Gillingstowne performed by John Tormer, 1656 |
| D6, map no. 12 | The plotts of Feilds farme, Humphrys farme, Walter Dermotts |

| | |
|---|---|
| | farme, Blackhall farme, the Stewards land, Charles Mease, Rathany, Terrels Towne, the gleabe land and the Burgage Cottages in Luske, in the Barony of Nethercross, Parish of Luske, and Con. Dublin, as also Knockdromin made in 1656 by John Turmor, abstracted in 1668 by El. Arnoldi |
| D6, map no. 13 | The plott of Killshane in the parish of Finglass, barony of Uppcross & county of Dublin, made by John Turmor, 1656, & abstracted El. Arnoldi, 1668 |

*Parish records*

| | |
|---|---|
| P.307/1/1 | Finglas parish combined vestry book and registers, 1657–1758 |
| P.500/5/1 | Holmpatrick parish vestry book, 1720–1826 |

*Succession lists of clergy*

| | |
|---|---|
| 61/2/4/1–2 | Leslie, James B., Biographical succession list for the diocese of Dublin |

*Commonwealth records*

| | |
|---|---|
| GS 2/7/3/20 | Notes relating to the 'Ministers of the Gospel' appointed by the Commonwealth government to minister throughout Ireland, abstracted by the Revd St John D. Seymour, Litt. D., from the original documents (since burnt) in the Public Record Office, Dublin |

**Royal Society of Antiquaries of Ireland**

Elrington Ball MSS (vols vii and ix to xii).

**Trinity College Dublin**

| | |
|---|---|
| MS 567 | Papers relating to Roman Catholics in Ireland: List of priests and friars in 1613 |
| MS 805 | Samuel Winter notebook |
| *1641 depositions* | (copies on microfilm in National Library of Ireland, National University of Ireland, Maynooth, and Trinity College Dublin) |
| MS 809 | County Dublin (i) |
| MS 810 | County Dublin (ii) |
| MS 813 | County Kildare |
| MS 816 | County Meath |
| MS 832 | County Cavan (i) |
| MS 833 | County Cavan (ii) |
| MS 834 | Counties Louth and Monaghan |
| MS 836 | County Armagh |
| MS 839 | County Tyrone |
| MS 840 | Miscellaneous related material |
| MS 866 | Proceedings of the high court of justice held at Dublin and Cork in 1652, 1653 and 1654 (TCD). |

LONDON

**British Library** (copies on microfilm in National Library of Ireland)

| | |
|---|---|
| Add. MS 31,885 | Entry Book of Thomas Arthur, 1619–1669 |

| | |
|---|---|
| Harleian MS 3888 | Archbold, Nicholas, The evangelicall fruict of the Seraphicall Franciscan order, centur 5, ab Anno Domini 1600, 1628, continued to 1645 |
| Sloane MS 900, ff 1–52 | The Fingallian travesty: or the Sixt Book of Virgills Aenaeids A la mode de Fingaule |
| Sloane MS 900, f. 53 | The Fingallian dance, c.1650–60 |
| Sloane MS 900, ff 54–5 | The Fingallian hunting of the hare |

**Public Record Office (Kew)**

*Revenue records*

| | |
|---|---|
| CUST 1/21 | Minutes of the revenue commissioners, 7 March 1729 |

*State papers* (copies on microfilm in National Library of Ireland)

| | |
|---|---|
| SP 63/217/96 | Sir Patrick Barnewall to the earl of Salisbury, 16 December 1605 |
| SP 63/218/32 | Sir Patrick Barnewall to the earl of Salisbury, 11 March 1606 |
| SP 63/232/17 | Sir Arthur Chichester's answer to Thomas Luttrell's petition, 11 August 1613 |
| SP 63/285/203 | Petition of Nicholas, Lord Barnewall to the lord protector, 27 July 1654 |
| SP 63/314/18/1 | Manuscript copy of proclamation by the lords justices, Parsons and Borlase, and council, 13 December 1641 |

TROYES

**Bibliothèque Municipale de Troyes** (copies on microfilm in National Library of Ireland, transcripts in Capuchin Archives, Dublin)

| | |
|---|---|
| MS 1103 | Archbold, Nicholas, Brief records of the beginning, progress and institution of the Capucins in Ireland |
| MS 1103 | Archbold, Nicholas, The historie of the Irish Capucins, 1643 |


## PRIMARY SOURCES: CONTEMPORARY AND NEAR-CONTEMPORARY PUBLICATIONS (EXCLUDING FACSIMILE AND LATER EDITIONS)


A. (T.) and G. (P.), *May the 14, 1642: a true relation of the chiefe passages in Ireland from the 25th of April to this present . . .* (London, 1642) (NLI, Lough Fea pamphlet no. 144).

*April the first, 1642: a continuation of the tryumphant and couragious proceedings of the Protestant army in Ireland* (London, 1642) (NLI, Lough Fea pamphlet no. 109).

Barry, James, *The case of tenures upon the commission of defective title* (Dublin, 1637).

Bathe, William, *A briefe introduction to the true art of musicke* (London, 1584).

Bathe, William, *Ianua Linguarum, sive modus maxime accommodatus, quo patefit aditus ad omnes linguas intelligendas* (Salamanca, 1611).

Bernard, Nicholas, deane of Ardagh, *The whole proceedings of the siege of Drogheda in Ireland, with a thankfull remembrance for its wonderfull delivery, raised with God's speciall assistance by the prayers, and sole valour of the besieged, with a relation of such memorable passages as have falne out there, and in the parts neer adjoining, since this late rebellion* (London, 1642) (NLI, Lough Fea pamphlet no. 74).

Blome, Richard, 'A mapp of the kingdome of Ireland' in *Brittania: or a geographical description of the kingdoms of England, Scotland and Ireland . . .* (London, 1673).

*A bloody fight at Balrud-derry in Ireland, where Sir Henry Titchburne was shot in the belly, his sonne slaine, Collonell Trevor, and divers officers and gentlemen killed, others taken prisoners: many of the rebels slaine* ... (London, 1647) (NLI, Thorpe pamphlet no. 446).

Boate, Arnold, *A remonstrance of divers remarkable passages and proceedings of our army in the kingdome of Ireland* ... (London, 1642) (NLI, Thorpe pamphlet no. 377).

Boate, Gerard, *Ireland's naturall history, being a true and ample description of its situation, greatness, shape and nature; of its hills, woods, heaths, bogs; of its fruitful parts and profitable grounds, with the severall way of manuring and improving the same: with its heads or promontories, harbours, roades and bayes; of its springs and fountaines, brookes, rivers, loghs; of its metalls, mineralls, freestone, marble, sea-coal, turf, and other things that are taken out of the ground, and lastly, of the nature and temperature of its air and season, and what diseases it is free from, or subject unto, conducing to the advancement of navigation, husbandry and other profitable arts and possessions* (London, 1652).

Bolton, Richard, *A justice of peace for Ireland, consisting of two bookes: the first declaring th'exercise of that office by one or more justices of peace out of sessions; the second setting forth the form of proceeding in sessions, and the matters to be enquired of, and handled therein* (Dublin, 1638).

Borlace, Edmund, *The history of the execrable Irish rebellion traced from many preceding acts to the grand eruption, the 23 of October 1641, and thence pursued to the Act of Settlement MDCLXII* (London, 1680).

Burnell, Henry, *Landgartha: a tragie-comedie, as it was presented in the new theatre in Dublin, with good applause, being an ancient story* (Dublin, 1641).

C. (H.), *News from Dublin in Ireland relating how Colonell Jones ... fell upon the rebells* ... (London, 1647) (NLI, Lough Fea pamphlet no. 221).

Cole, Robert, *The last true intelligence from Ireland; dated in Dublin, 16 March, and received in London, 28 March 1642* (London, 1642) (NLI, Thorpe pamphlet no. 359).

Cole, Robert, *True intelligence from Ireland: dated from Dublin the second of April, and received here the eleventh* (London, 1642) (NLI, Lough Fea pamphlet no. 111).

Cotton, Samuel, 'A great fight in Ireland between the prince's forces ... ' in *Two great fights in Ireland neer the city of Dublin* (London, 1649) (NLI, Lough Fea pamphlet no. 249).

Cromwell, Oliver, *A history or brief chronicle of the chief matters of the Irish warres ... from Wednesday the first of August 1649 to the twenty-sixth of this present July 1650* (London, 1650) (NLI, Lough Fea pamphlet no. 281).

Cromwell, Oliver, *Letters from Ireland relating the several great successes it hath pleased God to give unto the parliament's forces* ... (London, 1649) (NLI, Lough Fea pamphlet no. 264).

Culme, Arthur, *A diary and relation of passages in and about Dublin from the first of August 1647, until the tenth of the same* ... (London, 1647) (NLI, Lough Fea pamphlet no. 220).

*Dublin the 24 of May 1642: A perfect relation of the proceedings of the English army against the rebels in Ireland, from May 12 to the 23, 1642* (London, 1642) (NLI, LO pamphlet no. 26 (4)).

Enos, Walter, *A survey of the articles of the late rejected peace concluded in the Marques of Ormond's cabinet in Dublin, the 19 of July 1646; and there published as if the same were concluded the 28 of March before, in which survey it is proved by notable observations upon some of the said articles, that the said peace is destructive of the Catholique faith, disadvantagious to his majesty, pernicious to his Catholique subjects, and favourable onely to rebellious parliamentary heretiques*, the first part (Kilkenny, 1646).

Enos, Walter, *Alexipharmacon, or a sovereign antidote against a virulent cordial composed the twenty-second of June 1644, by two druggists, the one an apostata, call John Loghan, a titular doctor of physick, the other a doctor of divinity of the pretended reformed gospel, called Edward* Parry (Waterford, 1644).

Farewell, James (?), *The Irish Hudibras or Fingallian prince, taken from the sixth book of Virgil's Aeneids, and adapted to the present times* (London, 1689).

Fitzsimon, Henry, 'Catalogus praecipuorum sanctorum Hiberniae recognitus & auctus', in G.F. Veridus Hibernus, *Hiberniae sive antiquioris Scotiae vindiciae adversus immodestam parecbasim Thomae Dempsteri moderni Scoti nuper editam* (Antwerp, 1621).

Fitzsimon, Henry, *The justification and exposition of the divine sacrifice of the Masse, and of al rites and ceremonies thereto belonging, devided into two bookes; in the first booke controversies and difficulties, and devotion belonging to the Masse, are discussed in general; in the second the first Masse in the missal is justified and expounded, for al and every parcel thereof* ([Douai], 1611).

Harcourt, Simon, *A letter from Sr. Simon Harcourt to a worthy member of the house of commons* ... (London, 1642) (NLI, Thorpe pamphlet no. 308).

Haward, Lazarus, *A continuation of the diurnal occurrences and proceedings of the English army against the rebels in Ireland* ... (London, 1642) (NLI, Lough Fea pamphlet no. 110).

James I, *Book of sports as set forth by K. Charles the I with remarks by the king* (London, 1633, reprinted 1710).

Jansson, Jan, *Hibernia Regnum* (Amsterdam, 1647).

Johnson, Richard, *Good and true newes from Ireland, in a letter sent to Mr Francis Clay in Lumber-street, and by him received January 24, 1641* ... (London 1642) (NLI, Lough Fea pamphlet no. 97).

L. (W.), *A certaine relation of the earl of Ormond's nine dayes passages at his last going into the Pale against the rebels* ... (London, 1642) (NLI, Lough Fea pamphlet no. 105).

*The latest and truest newes from Ireland* ... (London, 1642) (NLI, Lough Fea pamphlet no. 99).

Loftus, Ed., *Joyfull newes from Ireland, or a true relation of the great overthrow which the English gave the rebels before Drogheda* ... (London, 1642) (NLI, Lough Fea pamphlet no. 98).

*May the seventeenth 1642: Admirable, good, true and joyfull newes from Ireland* ... (London, 1642) (NLI, Lough Fea pamphlet no. 146).

Mercator, Gerard, Map of Ireland, in *Atlas III* (Dusseldorf, 1595).

Moryson, Fynes, *An itinerary containing his ten years travel through the twelve dominions of Germany, Bohmerland, Switzerland, Netherland, Denmark, Poland, Italy, Turkey, France, England, Scotland and Ireland* (London, 1617).

N. (G.), *A geographicall description of the kingdom of Ireland, according to the 5 provinces and 32 counties; together with the stations, creeks, and harbours belonging thereto: fit for gentlemen, souldiers and seamen to acquaint themselves withall, as also declaring the right and titles of the kings of England unto that kingdom, likewise setting down a brief relation of the former rebellions, and of their suppression: especially that in Q. Elizabeth's time by Tyrone: whence many matters worth observing be collected usefull for this present service* (London, 1642).

*New intelligence from Ireland: received the 17 of June, 1642* ... *sent to Master Otgar, merchant in Swithing-Lane* (London, 1642) (NLI, LO pamphlet no. 14 (5)).

*Newes out of Ireland concerning the warlike affaires in the province of Leinster, sent to Sir John Hoye, knight, now remaining in London* (London, 1642) (NLI, Lough Fea pamphlet no. 104).

Ortelius, 'Eyrn-Hiberniae Britannicae Insulae Nova Descriptio' in Ortelius, *Theatrum orbis terrarum* (Antwerp, 1574).

Petty, William, *Hiberniae delineatio* (London, 1685).

*A relation touching the present state and condition of Ireland* ... (London, 1642) (NLI, Thorpe pamphlet no. 323).

Rushworth, *The tryal of Thomas, earl of Strafford upon an impeachment of high treason by the commons then assembled in parliament* ... (London, 1680).

Speed, John, *The theatre of the empire of Great Britain, the fourth book containing the kingdom of Ireland with an exact chorographical dimension of the provinces therein contained and those again divided into their several counties, together with a compendious description of that nation and islands commodities* (London, 1631).

Stutevile, Thomas, *A true relation of every remarkable circumstance in relieving of Tredagh ...* (place of publication not stated, 1642) (NLI, Lough Fea pamphlet no. 42).

*A true and credible relation of the barbarous crueltie and bloudy massacres of the English Protestants that lived in the kingdom of Ireland ...* (London, 1642) (NLI, Lough Fea pamphlet no. 60).

*True intelligence from Ireland* (London, 1642) (NLI, LO pamphlet no. 39 (6)).

*A true relation of such passages and proceedings of the army at Dublin in the kingdome of Ireland, as have happened since the death of Sir Charles Coote to this present together with a proclamation by the lords iustaces and councell of that kingdome, for the making voide of such warrants as have been abused* (London, 1642) (NLI, Lough Fea pamphlet no. 147).

*The victorious proceedings of the Protestants in Ireland; from the beginning of March to this present, being the 22 of the same month ...* (London, 1642) (NLI, Lough Fea pamphlet no. 69).

W. (J.), *The life and death of the eminently learned, pious and painful minister of the Gospel, Dr Samuel Winter, sometime provost of Trinity College near Dublin in Ireland; together with some rare examples of God's gracious answer to his prayers, upon several occasions* (London, 1671).

Ware, James, *De Hibernia et antiquitatibus eius disquisitions ...* (London, 1654).

Ware, James, *De praesulibus Hiberniae commentarius* (Dublin, 1665).

Ware, James, *De scriptoribus Hiberniae libri duo ...* (Dublin, 1639).

Ware, James, *Rerum Hibernicarum annales ... 1485–1558* (Dublin, 1664).

## PRIMARY SOURCES: OTHER PRINTED OR CALENDARED

*The A to Z of Georgian Dublin: John Rocque's maps of the city in 1756 and the county in 1760*, ed. Paul Ferguson (Lympne Castle, Kent, 1998).

Abbott, Wilbur Cortez, *The writings and speeches of Oliver Cromwell with an introduction, notes and an account of his life* (4 vols, Cambridge, Massachusetts, 1937–47).

'Abstract of the decrees of the court of claimes for the tryall of Innocents' in Deputy keeper of public records in Ireland, *Nineteenth report* (Dublin, 1887), appendix, pp 41–87.

*Acta Sanctorum*, ed. Hippolytus Delehaye and Paulus Peeters, Tomus iv, vol. 67 (Brussels, 1925).

Ainsworth, John, 'Survey of documents in private keeping' in *Analecta Hibernica*, no. 25 (1967), pp 1–273.

An act for keepers of ale-houses to be bound by recognizances, 10 & 11 C.I, c.5, *Stat. Ire.* (1786), ii, pp 151–3.

An act for punishing of offenders within the county of Dublin, and county of the City of Dublin, against the act for keepers of ale-houses to be bound by recognizances, 15 C.I, c.8, *Stat. Ire.* (1786), ii, p. 202.

An act for repayring and amending of high-ways and cashes, and cutting or clearing of paces, 11,12 and 13 J.I, c.7, *Stat. Ire.* (1786), i, pp 444–8.

An act for the better execution of his majesties gracious declaration for the settlement of his kingdom of Ireland, and satisfaction of the several interests of adventurers, souldiers and other his subjects there, 14 & 15 C.II, c.2, *Stat. Ire.* (1786), ii, pp 239–63.

An act for the explaining of some doubts arising upon an act intituled, an act for the better execution of his majesty's gracious declaration for the settlement of his kingdom of Ireland, and satisfaction of the several interests of adventurers, soldiers and other his subjects there, and for making some alterations of and additions unto the said act, for the more speedy and effectual settlement of the said kingdom, 17 & 18 C.II, c.2, *Stat. Ire.* (1786), iii, pp 2–137.

*An eighteenth-century antiquary: the sketches, notes and diaries of Austin Cooper (1759–1830)*, ed. Liam Price (Dublin, 1942).

*Annála ríoghachta Éireann: Annals of the kingdom of Ireland by the Four Masters from the earliest period to the year 1616*, ed. and trans. John O'Donovan (7 vols, Dublin, 1851; facsimile edition, Dublin, 1990).

*The Annals of Inisfallen (MS Rawlinson B 503)*, ed. and trans. Seán Mac Airt (Dublin, 1944, reprinted 1988).

*The Annals of Ulster (to A. D. 1131)*, ed. and trans. Seán Mac Airt and Gearóid Mac Niocaill, part 1 (Dublin, 1983).

'Aphorismicall discovery of treasonable faction' in John T. Gilbert (ed.), *A contemporary history of affairs in Ireland from A. D. 1641 to 1652 ...* (3 vols, Dublin, 1879–80).

*Appendix to report of the commissioners appointed to inquire into the state of the fairs and markets in Ireland* (Dublin, 1853), H.C.1852/3 (1674), xli.

'Archbishop Bulkeley's visitation of Dublin, 1630', ed. M.V. Ronan in *Archivium Hibernicum*, viii (1941), pp 56–98.

Association for the Preservation of Memorials of the Dead, *Some funeral entries of Ireland* (Dublin, 1907–12).

Bathe, William, *A briefe introduction to the skill of song, c. 1587*, introduced by Bernarr Rainbow (facsimile edition, Kilkenny, 1982).

Bellings, Richard, *History of the Irish confederation and the war in Ireland, 1641–3 ...*, ed. John T. Gilbert (7 vols, Dublin, 1882–91).

'Bishop Wadding's notebook' ed. Patrick J. Corish in *Archivium Hibernicum*, xxix (1970), pp 49–113.

Boazio, Baptista, *Map of Ireland, c. 1609* (facsimile Dublin, 1990, from original printed in Antwerp in 1609).

Bolton, Richard (?), 'A declaration: setting forth, how and by what means, the laws and statutes of England, from time to time, came to be of force in Ireland' in Walter Harris (ed.), *Hibernica or, some antient pieces relating to Ireland, never hitherto made publick (no. VI excepted)* (2 vols, Dublin, 1747–50), ii, pp 1–21.

Boyle, Richard, earl of Cork, *The Lismore papers (first series) viz. autobiographical notes, remembrances and diaries of Sir Richard Boyle, first and 'great' earl of Cork, never before printed*, ed. Alexander B. Grossart (5 vols, London, 1886).

Brereton, William, *Travels in Holland, the United Provinces, England, Scotland and Ireland, M.DC.XXXIV-M.DC.XXXV*, ed. Edward Hopkins (Manchester, 1844).

'Brevis synopsis provinciae Hiberniae FF. Minorum', presented by Brendan Jennings in *Analecta Hibernica*, no. 6 (November 1934), pp 139–91.

'Brussels MS 3947: Donatus Moneyus, de provincia Hiberniae, S. Francisci' presented by Brendan Jennings in *Analecta Hibernica*, no. 6 (November 1934), pp 12–138.

Burtchaell, G.D. and Sadleir, T.U., *Alumni Dublinenses: a register of the students, graduates, professors and provosts of Trinity College in the University of Dublin* (2nd ed., Dublin, 1935).

Byrne, Joseph, 'A rhapsody on the carved oak chimney-piece of the Assumption of the Blessed Virgin in the Oak Room at Malahide Castle' in *Archivium Hibernicum*, lii (1998), pp 24–9.

*Calendar of ancient records of Dublin in the possession of the municipal corporation of that city*, ed. John T. Gilbert and Rosa Mulholland Gilbert (19 vols, Dublin, 1889–1944).

*Calendar of inquisitions formerly in the office of the chief remembrancer of the exchequer prepared from the mss of the Irish Record Commission*, ed. Margaret C. Griffith (Dublin, 1991).

*A calendar of material relating to Ireland from the high court of admiralty examinations, 1536–1641*, ed. John C. Appleby (Dublin, 1992).

*Calendar of the Carew manuscripts preserved in the archiepiscopal library at Lambeth* (6 vols, London, 1867–73).

*Calendar of the patent and close rolls of chancery in Ireland of the reign of Charles the first, first to eighth year, inclusive*, ed. James Morrin (London, 1863).

*Calendar of the state papers relating to Ireland, 1509–1670* (24 vols, London, 1860–1912).

'Calendar to fiants of the reign of Elizabeth' in *The Irish fiants of the Tudor sovereigns*, iii, 1586–1603 (Dublin, 1994).

*The Carte manuscripts in the Bodleian Library, Oxford: a report presented to the right honourable Lord Romilly, master of the rolls*, ed. C.W. Russell and J.P. Prendergast (London, 1871).

*A census of Ireland* circa *1659, with supplementary material from the poll money ordinances (1660–1661)*, ed. S. Pender (Dublin, 1939).

*Christ Church deeds*, ed. M.J. McEnery and Raymond Refaussé (Dublin, 2001).

*The Civil Survey, A. D. 1654–1656, vol v, county of Meath with returns of tithes for the Meath baronies*, ed. R.C. Simington (Dublin, 1940).

*The Civil Survey, A. D. 1654–1656, vol vii, county of Dublin,* ed. R.C. Simington (Dublin, 1945).

'Commonwealth records' in *Archivium Hibernicum*, vi (1917), pp 175–202 and vii (1918–21), pp 20–66.

'Commonwealth state accounts: Ireland, 1650–1656' ed. Edward MacLysaght in *Analecta Hibernica*, no. 15 (November, 1944), pp 227–321.

'County Louth depositions, 1641', ed. Thomas Gogarty in *Journal of the County Louth Archaeological Society*, iii, no. 1 (1912), pp 68–79 and iii, no. 2 (1913), pp 167–77.

'The court book of Esker and Crumlin, 1592–1600' ed. Edmund Curtis in *Journal of the Royal Society of Antiquaries of Ireland*, lix (1929), pp 45–64, 128–48 and lx (1930), pp 38–51, 137–49.

*Court book of the liberty of Saint Sepulchre within the jurisdiction of the archbishop of Dublin, 1586–1590*, ed. Herbert Wood (Dublin, 1930).

de Rocheford, Jorevin, 'Description of England and Ireland after the Restoration' in C. Litton Falkiner (ed.), *Illustrations of Irish history and topography* (London, 1904).

Deputy keeper of public records in Ireland, *Appendix to the twenty-sixth report* (Dublin, 1894).

*The description of Ireland and the state thereof as it is at this present in anno 1598*, ed. Edmund Hogan (Dublin, 1878).

*Desiderata curiosa Hibernica, or a select collection of state papers* [(ed.) John Lodge] (2 vols, Dublin, 1772).

Dineley, Thomas, *Observations in a voyage through the kingdom of Ireland being a collection of several monuments, inscriptions, draughts of towns, castles, & c.*, ed. James Graves (Dublin, 1870).

Donnelly, Nicholas, 'The "*Per obitum*" volumes in the Vatican Archivio' in *Archivium Hibernicum*, i (1912), pp 28–38.

Down Survey baronial maps, 1657 (reproduced Ordnance Survey Office, 1908, from the originals in the Bibliothèque Nationale, Paris).

Dunton, John, *Teague Land* (1699), quoted in Andrew Hadfield and John McVeagh (eds), *Strangers to that land: British perceptions of Ireland from the reformation to the famine* (Gerrard's Cross, Buckinghamshire, 1994), pp 195–6.

*The earl of Strafforde's letters and dispatches* ... ed. William Knowler (2 vols, Dublin, 1740).

*The first chapter act book of Christ Church cathedral, Dublin 1574–1634*, ed. Raymond Gillespie (Dublin, 1997).

Fitzsimon, Henry, *Words of comfort to persecuted Catholics, written in exile, anno 1607, letters from a cell in Dublin Castle and diary of the Bohemian War of 1620; with a sketch of his life by Edmund Hogan* (Dublin, 1881)

Giblin, Cathaldus, 'Catalogue of material of Irish interest in the collection *Nunziatura di Fiandra*, Vatican archives: part 1, vols 1–50' in *Collectanea Hibernica*, no. 1 (1958), pp 7–134.

Gilbert, John T. (ed.), *A contemporary history of affairs in Ireland from A. D. 1641 to 1652 ...* (3 vols, Dublin, 1879–80).

Gilbert, John T. (ed.), *History of the Irish confederation and the war in Ireland, 1641–3 ...* (7 vols, Dublin, 1882–91).

Gillespie, Raymond, 'A manor court in seventeenth century Ireland' in *Irish economic and social history*, xxv (1998), pp 81–7.

The Grand Jury presentment books for County Dublin, Easter 1817 (Fingal County Council Archives).

Griffith, Margaret C., *Calendar of inquisitions formerly in the office of the chief remembrancer of the exchequer prepared from the MSS of the Irish Record Commission* (Dublin, 1991).

Hanmer, Meredith, *The chronicle of Ireland collected by Meredith Hanmer in the year 1571* (Dublin, 1633, republished 1809).

*Heads and hearths: The hearth money rolls and poll tax returns for Co. Antrim 1660–69*, ed. S.T. Carleton (Belfast, 1991).

'Hearth money roll for County Dublin, 1664' (second part), *Journal of the County Kildare Archaeological Society*, xi (1930–33), pp 386–466.

Hickson, Mary, *Ireland in the seventeenth century or the Irish massacres of 1641–2, their causes and results* (2 vols, London, 1884).

Historical Manuscripts Commission, *Calendar of the manuscripts of the most hon. the marquis of Salisbury preserved at Hatfield House, Hertfordshire* (24 vols, London, 1883–1976).

Historical Manuscripts Commission, *Calendar of the manuscripts of the marquess of Ormonde, K. P. preserved at Kilkenny Castle* (new series, 8 vols, London, 1902–20).

Historical Manuscripts Commission, *Fourth report*, appendix (London, 1874).

Historical Manuscripts Commission, *Report on the manuscripts of the earl of Egmont* (2 vols, London, 1905–9).

*The history of the warr of Ireland from 1641 to 1653 by a British officer of the regiment of Sir John Clottworthy*, ed. Edmund Hogan (Dublin, 1873).

Hogan, Edmund, *Chronological catalogue of the Irish members of the Society of Jesus, from the year 1550 to 1814* (no date).

*Ibernia Ignatiana seu Ibernorum Societatis Iesu patrum monumenta*, ed. Edmund Hogan (Dublin, 1880).

*Inquisitionum in officio rotulorum cancellariae Hiberniae asservatarum reportorium* (2 vols, Dublin, 1826–9), i, Leinster.

'The Irish colleges in the Low Countries: (a) *Exhibitio consolatoria*', ed. John Brady in *Archivium Hibernicum*, xiv (1949), pp 66–83.

*Irish patent rolls of James I*, ed. M.C. Griffith (Dublin, 1966).

*The Irish statute staple books, 1596–1687*, ed. Jane Ohlmeyer and Éamonn Ó Ciardha (Dublin, 1998).

Jennings, Brendan, 'Irish names in the Malines ordination registers, 1602–1794' in *The Irish Ecclesiastical Record*, lxxv (1951), pp 149–162, lxxvi (1951), pp 44–8, 128–40, 222–33, 314–8, 399–408, 483–7, lxxvii (1952), 202–7, 366–9.

Jennings, Brendan, 'Irish students in the University of Louvain' in Sylvester O'Brien, *Measgra I gcuimhne Mhichíl Uí Chléirigh* (Dublin, 1944), pp 74–97.

Jennings, Brendan, 'Miscellaneous documents, II, 1625–1640' in *Archivium Hibernicum*, xiv (1949), pp 1–49.

*Journal of the house of lords of Ireland 1634–1800* (8 vols, Dublin, 1779–1800).

*Journals of the house of commons of the kingdom of Ireland* ... (1613–1791, 28 vols, Dublin, 1753–1791).

*Journals of the house of commons of the kingdom of Ireland* ... (1613–1800, 19 vols, Dublin, 1796–1800).

Kearney, H.F., 'The Irish wine trade, 1614–15' in *Irish Historical Studies*, ix, no. 36 (September 1955), pp 400–442.

Kew, Graham, *The Irish sections of Fynes Moryson's unpublished itinerary* (Dublin, 1998).

*King's Inns admission papers 1607–1867*, ed. Edward Keane, P. Beryl Phair and Thomas U. Sadleir (Dublin, 1982).

Lascelles, Rowley, *Liber Munerum Publicorum Hiberniae* (2 vols, London, 1852).

Lenihan, Maurice, 'Ancient *Liagh*s and *Ollamh*s: the fee-book of a physician of the seventeenth century' in *The Journal of the Kilkenny and South-east of Ireland Archaeological Society*, vi (1867), pp 10–33, 139–76 and 239–48.

*Letter-book of the earl of Clanricarde, 1643–47*, ed. John Lowe (Dublin, 1983).

*Letters and papers foreign and domestic of the reign of Henry VIII* (21 vols, London, 1862–1932), xvi.

*Liber Lovaniensis: a collection of Irish Franciscan documents 1629–1717* ed. Cathaldus Giblin (Dublin, 1956).

*Louvain papers 1606–1827*, ed. Brendan Jennings (Dublin, 1968).

Lynch, John, *Cambrensis eversus* ... , ed. Matthew Kelly (3 vols, 1848–52, first published in Latin 1662).

Mac Firbishigh, Dubhaltach, *Chronicum Scotorum: a chronicle of Irish affairs from the earliest times to A. D. 1135: with a supplement containing the events from 1141 to 1150*, ed. William M. Hennessy (London, 1866).

The manuscripts of the Earl Cowper, KG, preserved at Melbourne Hall, Derbyshire, ii, in Historical Manuscripts Commission, *Twelfth report*, appendix, part ii (London, 1888).

Mayart, Samuel, 'The answer of Sir Samuel Mayart, serjeant at law, and second judge of the common pleas in Ireland, to a book intitled, a declaration setting forth how and by what means the laws and statutes of England, from time to time, came to be of force in Ireland' in Walter Harris (ed.), *Hibernica or, some antient pieces relating to Ireland, never hitherto made publick (no. VI excepted)* (2 vols, Dublin, 1747–50), ii, pp 23–131.

Millett, Benignus, 'Calendar of Volume 3 (1672–5) of the *Scritture riferite nei congressi, Irlanda*, in Propaganda Archives: part 1, ff 1–200' in *Collectanea Hibernica*, nos. 18 and 19 (1976–7), pp 40–71.

Millett, Benignus, 'Catalogue of Irish material in vols 370 and 371 of the *Scritture riferite originali nelle congregazioni generali* in Propaganda Archives' in *Collectanea Hibernica*, nos. 27 and 28 (1985–6), pp 44–85.

Murray, L.P., 'The will of James Hussey of Smarmore, Co. Louth, "priest" (A. D. 1635)', in *The Journal of the County Louth Archaeological Society*, viii, no. 4 (1936), pp 303–21.

*Notitia historica provinciae ordinis Fratrum Minorum Francisci Capucinorum in Hibernia* ... (Rome, 1859).

O'Ferrall Richard, and O'Connell, Robert, *Commentarius Rinuccinianus, de sedis apostolicae legatione ad foederatos Hiberniae catholicos per annos 1645–9*, ed. Stanislaus Kavanagh (6 vols, Dublin, 1932–49).

O'Sullivan Bear, Philip, *Ireland under Elizabeth: chapters towards a history of Ireland in the reign of Elizabeth being a portion of the history of Catholic Ireland by Don Philip O'Sullivan Bear*, translated from the Latin by Matthew J. Byrne (Dublin, 1903, originally published Lisbon, 1621).

*Patentee officers in Ireland 1173–1826 including high sheriffs, 1661–1684 and 1761–1816*, ed. James L.J. Hughes (Dublin, 1960).

*The pension book of Gray's Inn; records of the honourable society, 1569–1669*, ed. Reginald J. Fletcher (London, 1901).

Piers, Henry, *A chorographical description of the county of Westmeath, written A. D. 1682* in Charles Vallancey, *Collectanea de rebus Hibernicis*, no. I (Dublin, 1770).

Refaussé, Raymond, and Clark, Mary, *A catalogue of the maps of the estates of the archbishops of Dublin 1654–1850* (Dublin, 2000).

*The records of the Honourable Society of Lincoln's Inn*, i, Admissions from A. D. 1420 to 1799 (London, 1896).

*The register of admissions to Gray's Inn, 1521–1889, together with the register of marriages in Gray's Inn Chapel,1695–1754*, ed. Joseph Foster (London, 1889).

*The registers of Provost Winter (Trinity College, Dublin), 1650 to 1660, and of the Liberties of Cashel (Co. Tipperary), 1654 to 1657* (Dublin, 1907).

*The registers of the church of St Michan, Dublin, 1636–1685*, ed. Henry F. Berry (Dublin, 1907).

*A repertory of the inrolments on the patent rolls in chancery in Ireland; commencing with the reign of King James I*, ed. John Caillard Erck (2 pts, Dublin, 1846–52).

*Royal commission on market rights and tolls: final report of the commission*, H.C. 1890–1 (6268) xxxvii.

'Royal visitation of Dublin, 1615', ed. M.V. Ronan in *Archivium Hibernicum*, viii (1941), pp 1–55.

Simington, R.C. and MacLellan, John, 'Oireachtas Library, List of outlaws, 1641–1647' in *Analecta Hibernica*, no. 23 (1966), pp 317–67.

Stanihurst, Richard, *De rebus in Hibernia gestis* (originally published Antwerp, 1584), translated from the Latin by Colm Lennon in *Richard Stanihurst the Dubliner* (Dublin, 1981).

Stanyhurst, Richarde, *A treatise contayning a playne and perfect description of Irelande, with an introduction to the better understanding of the hystories, appartayning to that islande: compyled by Richard Stanyhurst, and written to the ryght honorable, Syr Henry Sydney knight, lord deputie of Irelande lorde president of Wales, knight of the most noble order of the Garter, and one of her maiesties privie counsell within hir realme of England* in *Holinshed's Irish chronicle ...* , ed. Liam Miller and Eileen Power (London, 1577, republished Dublin, 1979).

*The statutes at large passed in the parliaments held in Ireland ...* (20 vols, Dublin, 1786–1801), i and ii.

Stubbs, William Cotter, 'Finglas, County Dublin, vestry books' in *Journal of the Royal Society of Antiquaries of Ireland*, xlvi (1916), pp 27–45.

*Students admitted to the Inner Temple* (London, 1887).

Sturgess, H.A.C., *Register of admissions to the Honourable Society of the Middle Temple from the fifteenth century to the year1944* (3 vols, London, 1949).

Temple, John, *The Irish rebellion or an history of the beginnings and first progress of the general rebellion ... in the year 1641* (originally published London, 1646, reprinted London, 1746).

Vicars, Arthur, *Index to the prerogative wills of Ireland, 1536–1810* (Dublin, 1897, reprinted 1997).

Ware, James, *The whole works of Sir James Ware concerning Ireland, revised and improved*, ed. Walter Harris (2 vols, Dublin, 1764).

*Wild geese in Spanish Flanders, 1582–1700: documents relating to Irish regiments, from the Archives Générales du Royaume, Brussels, and other sources*, ed. Brendan Jennings (Dublin, 1964).

'Will of Luke Challoner, DD', in Newport J.D. White, *Four good men; Luke Challoner, Jeremy Taylor, Narcissus Marsh, Elias Bouhéreau* (Dublin, 1927), pp 22–4.

## SECONDARY SOURCES

Aalen, F.H.A., and Whelan, Kevin, eds., *Dublin: city and county: from prehistory to present* (Dublin, 1992).

Andrews, J.H., *Shapes of Ireland: maps and their makers 1564–1839* (Dublin, 1997).

Archer, Patrick, *Fair Fingall*, ed. Bob Browne and Jarlath Duffy (2nd ed., Dublin, 1975).

Arnold, L.J., *The Restoration land settlement in County Dublin, 1660–1688* (Blackrock, County Dublin, 1993).

Ball, Francis Elrington, *A history of the County Dublin* (6 vols, Dublin, 1902–20, reprinted 1995).

——, *A history of the County Dublin: the people, parishes and antiquities from the earliest times to the close of the eighteenth century: part second* (originally published 1903, reprinted Dublin, 1995).

——, *A history of the County Dublin: the people, parishes and antiquities from the earliest times to the close of the eighteenth century, part fourth* (originally published 1906, reprinted Dublin, 1995).

——, *Howth and its owners, being the fifth part of a history of County Dublin and an extra volume of the Royal Society of Antiquaries of Ireland* (originally published 1917, reprinted Dublin, 1995).

——, *Southern Fingal being the sixth part of a history of County Dublin and an extra volume of The Royal Society of Antiquaries of Ireland* (originally published 1920, reprinted Dublin, 1995).

——, *The judges in Ireland, 1221–1921* (2 vols, London, 1926).

Bardsley, Charles Wareing, *A dictionary of English and Welsh surnames* (London, 1901).

Barnard, T. C., *Cromwellian Ireland: English government and reform in Ireland 1649–1660* (2nd ed., Oxford, 2000).

Barnwell, Stephen B., 'The Barnewall family during the sixteenth and seventeenth centuries (part iv)' in *The Irish Genealogist*, iii, no. 8 (October 1963), pp 311–21.

——, 'The Barnewall family during the sixteenth and seventeenth centuries (part v)' in *The Irish Genealogist*, iii, no. 10 (October, 1965), pp 384–8.

——, 'The Barnewall family during the sixteenth and seventeenth centuries (part 6)' in *The Irish Genealogist*, iii, no. 11 (October 1966), pp 445–54.

Black, George F., *The surnames of Scotland: their origin, meaning and history* (New York 1946, reprinted 1996).

Bliss, Alan, *Spoken English in Ireland 1600–1740* (Dublin, 1979).

Bolton, Charles Knowles, *Bolton families in Ireland with their English and American kindred* (Boston, 1937).

Bourke, Austin, *'The visitation of God?': the potato and the great Irish famine*, ed. Jacqueline Hill and Cormac Ó Gráda (Dublin, 1993).

Boydell, Barra, 'The establishment of the choral tradition, 1480–1647' in Kenneth Milne (ed.), *Christ Church Cathedral Dublin: a history* (Dublin, 2000).

Brady, John, 'Some Irish scholars of the sixteenth century', in *Studies*, xxxvii, no. 146 (June, 1948).

Breathnach, Breandán, *Folk music and dances of Ireland* (2nd ed., Cork, 1996).

Burke, Bernard, *A genealogical history of the dormant, abeyant, forfeited and extinct peerages of the British Empire* (London, 1883).

——, *A selection of arms authorized by the laws of heraldry: with annotations by Sir Bernard Burke* ... (London, 1863).

Butlin, R.A., 'Land and people, c. 1600' in T.W. Moody, F.X. Martin and F.J. Byrne (eds), *A new history of Ireland*, iii, *early modern Ireland 1534–1691* (Oxford, 1976, reprinted 1999), pp 142–67.

Byrne, Joseph, 'Garristown and the Talbots of Malahide' in Garristown Historical Society, *Olden times in Garristown* (Garristown, 2000).

——, *War and peace: the survival of the Talbots of Malahide 1641–1671* (Dublin, 1997).

Canny, Nicholas, 'What really happened in Ireland in 1641?', in Jane H. Ohlmeyer (ed.), *Ireland from independence to occupation 1641–1660* (Cambridge, 1995), pp 24–42.

Canny, Nicholas, *Making Ireland British, 1580–1650* (Oxford, 2001).

Carte, Thomas, *The life of James, duke of Ormond; containing an account of the most remarkable affairs of his time, and particularly of Ireland under his government: with an appendix and a collection of letters serving to verify the most material facts in the said history* (6 vols, Oxford, 1851, originally published London, 1735–6).

*Census of Ireland: general alphabetical index to the townlands and towns, parishes, and baronies of Ireland* ... (originally published Dublin, 1861, reprinted Baltimore, Maryland, 1992).

Clark, Peter, *The English alehouse: a social history, 1200–1830* (London and New York, 1983).

Clarke, Aidan with R. Dudley Edwards, 'Pacification, plantation and the Catholic question, 1603–23' in T.W. Moody, F.X. Martin and F.J. Byrne (eds), *A new history of Ireland: iii, early modern Ireland 1534–1691* (Oxford, 1976, reprinted 1999), pp 187–232.

Clarke, Aidan, 'The 1641 depositions' in Peter Fox (ed.), *Treasures of the Library: Trinity College Dublin* (Dublin 1986), pp 111–22.

——, 'The genesis of the Ulster rising of 1641' in Peter Roebuck, ed., *Plantation to partition: essays in Ulster history in honour of J.L. McCracken* (Belfast, 1981), pp 29–45.

——, *The Old English in Ireland, 1625–42* (1st paperback ed., Dublin, 2000).

——, 'Patrick Darcy and the constitutional relationship between Ireland and Britain' in Jane H. Ohlmeyer (ed.), *Political thought in seventeenth-century Ireland: kingdom or colony* (Cambridge, 2000), pp 35–55.

——, *Prelude to Restoration in Ireland* (Cambridge, 1999).

Comerford, Michael, *Collections relating to the dioceses of Kildare and Leighlin* (3 vols, Dublin and London, 1886).

Corish, Patrick J., *The Catholic community in the seventeenth and eighteenth centuries* (Dublin, 1981).

——, *The Irish martyrs* (Dublin, 1989).

Craig, Maurice, *Classic Irish houses of the middle size* (London and New York, 1976).

Cregan, Donal F., 'Irish Catholic admissions to the English inns of court, 1558–1625' in *The Irish Jurist*, v. (n. s., 1970), pp 95–114.

——, 'Irish recusant lawyers in politics in the reign of James I' in *The Irish Jurist*, v, part ii (n. s., 1970), pp 306–20.

Cross, F.L. and E.A. Livingstone (eds), *The Oxford dictionary of the Christian Church* (3rd ed., Oxford, 1997).

Cullen, L.M., 'Population trends in seventeenth century Ireland' in *Economic and Social Review*, vi, no. 2 (January, 1975), pp 149–65.

D'Alton, John, *The history of the county of Dublin* (Dublin, 1838).

de Bhulbh, Seán, *Sloinnte na h-Éireann: Irish surnames* (Foynes, 1997).

*A dictionary of Hiberno-English*, ed. Terence Patrick Dolan (Dublin, 1999).

*Dictionary of national biography*, ed. Leslie Stephen and Sidney Lee (66 vols, London, 1885–1901; reprinted with corrections, 22 vols, London, 1908–9).

Donnelly, Nicholas, *Short histories of Dublin parishes* (17 parts, Dublin, 1904–17).

Dornan, Brian, *Mayo's lost islands: the Inishkeas* (Dublin, 2000).

Dublin Heritage Group, *Vernacular buildings of east Fingal* (Dublin, 1993).

Duff, R.S., 'Some memories of Milverton' in *Time & tide*, iii (2001), pp 155–71.

Dunlevy, Mairead, *Dress in Ireland* (2nd ed., Cork, 1999).

Fagan, Patrick, *The second city: portrait of Dublin 1700–1760* (Dublin, 1986).

Fitzgerald, Edward, 'Lusk' in *Journal for the preservation of memorials of the dead in Ireland*, viii, no. 1 (1910), p. 52.

Fitzpatrick, Thomas, *The bloody bridge and other papers relating to the insurrection of 1641 (Sir Phelim O'Neill's rebellion)* (first published Dublin, 1903, reissued New York and London, 1970).

Fletcher, Alan, *Drama,performance and polity in pre-Cromwellian Ireland* (Cork, 2000).

Ford, Alan, *The Protestant reformation in Ireland, 1590–1641* (2nd ed., Dublin, 1997).

Forrestal, Alison, *Catholic synods in Ireland, 1600–1690* (Dublin, 1998).

G.E.C., *The complete peerage of England, Scotland, Ireland, Great Britain and the United Kingdom, extant, extinct or dormant* (14 vols, London and Stroud, 1910–98).

Gallwey, Hubert, 'The Cusack family of Counties Meath and Dublin: part i', in *The Irish Genealogist*, v, no. 3 (November 1976), pp 298–313.

——, 'The Cusack family of Counties Meath and Dublin: part vi, Cusack of Rathaldron', in *The Irish Genealogist*, vi, no. 3 (November 1982), pp 285–91.

Garnham, Neil, *The courts, crime and criminal law in Ireland 1692–1760* ( Dublin, 1996).

Gillespie, Raymond, 'Catholic religious cultures in the diocese of Dublin, 1614–97' in James Kelly and Dáire Keogh (eds), *History of the Catholic Diocese of Dublin* (Dublin, 2000), pp 127–43.

——, *Colonial Ulster: the settlement of east Ulster1600–1641* (Cork, 1985).

——, 'The crisis of reform, 1625–60' in Kenneth Milne (ed.), *Christ Church cathedral, Dublin: a history* (Dublin, 2000), pp 195–217.

——, *Devoted people: belief and religion in early modern Ireland* (Manchester, 1997).

——, 'The end of an era: Ulster and the outbreak of the 1641 rising' in Ciaran Brady and Raymond Gillespie (eds), *Natives and newcomers: essays on the making of Irish colonial society, 1534–1641* (Dublin, 1986) pp 191–213.

——, 'The social thought of Richard Bellings' in Mícheál Ó Siochrú (ed.), *Kingdoms in crisis: Ireland in the 1640s* (Dublin, 2001), pp 212–28.

——, *Thomas Howell and his friends: serving Christ Church cathedral, Dublin, 1570–1700* (Dublin, 1997).

——, *The transformation of the Irish economy, 1550–1700* (Dublin, 1991).

Glin, The Knight of, David J. Griffin and Nicholas K. Robinson, *Vanishing country houses of Ireland* (2nd ed., Dublin, Antrim, 1989).

Hanks, Patrick, and Flavia Hodges, *A dictionary of surnames* (Oxford, 1988, reprinted 1996).

Hart, A.R.,'The king's serjeant at law in Tudor Ireland, 1485–1603', in Daire Hogan and W.N. Osborough (eds), *Brehons, serjeants and attorneys: studies in the history of the Irish legal profession* (Dublin, 1990), pp 77–100.

Henry, Gráinne, *The Irish military community in Spanish Flanders, 1586–1621* (Dublin, 1992).

Hogan, Edmund, *Distinguished Irishmen of the sixteenth century* (London, 1894).

——, *Onomasticon Goedelicum locorum et tribuum Hiberniae et Scotiae. An index, with identifications, to the Gaelic names of places and tribes* (Dublin, 1910).

Hogan, Jeremiah J., *The English language in Ireland* (Dublin, 1927).

Hoskins, W.G., *Local history in England* (3rd ed., London and New York, 1984).

Jackson, Donald, *Intermarriage in Ireland, 1550–1650* (Montreal, 1970).

Joyce, P.W., *The origin and history of Irish names of places* (3 vols, Dublin, 1869–1913).

Kearney, H.F., 'The court of wards and liveries in Ireland, 1622–1641' in *Proceedings of the Royal Irish Academy*, lvii, section C, no. 2 (1955), pp 29–68.

Kearney, Hugh, *Strafford in Ireland 1633–41: a study in absolutism* (2nd ed., Cambridge, 1989).

Kelly, James and Dáire Keogh (eds), *History of the Catholic Diocese of Dublin* (Dublin, 2000).

Kelly, Patrick, 'Recasting a tradition: William Molyneux and the sources of *The case of Ireland . . . stated* (1698) in Jane H. Ohlmeyer (ed.), *Political thought in seventeenth-century Ireland: kingdom or colony* (Cambridge, 2000), pp 83–106.

Kenny, Colum, *King's Inns and the kingdom of Ireland: the Irish 'inn of court' 1541–1800* (Blackrock, County Dublin, 1992).

Leask, H.G., *Irish castles and castellated houses* (2nd ed., 1944, revised 1946 and 1951, reprinted Dundalk, 1999).

Lenihan, Pádraig, 'Confederate military strategy, 1643–7' in Mícheál Ó Siochrú (ed.), *Kingdoms in crisis: Ireland in the 1640s* (Dublin, 2001), pp 172–3.

——, *Confederate Catholics at war, 1641–49* (Cork, 2001).

Lennon, Colm, 'Mass in the manor house: the Counter-Reformation in Dublin, 1560–1630' in James Kelly and Dáire Keogh (eds), *History of the Catholic Diocese of Dublin* (Dublin, 2000), pp 112–26 .

——, *The lords of Dublin in the age of reformation* (Dublin, 1989).

Leslie, J.B., *Clergy of Dublin and Glendalough: biographical succession lists*, ed. W.J.R. Wallace (Belfast, 2001).

Lodge, John, *The peerage of Ireland or a genealogical history of the present nobility of that kingdom* (revised by Mervyn Archdall, 7 vols, Dublin, 1789).

MacCarthy-Morrogh, Michael, *The Munster plantation: English migration to southern Ireland 1583–1641* (Oxford, 1986).

MacLysaght, Edward, *Irish life in the seventeenth century* (2nd ed., Cork 1950).

——, *Irish life in the seventeenth century* (paperback ed., Dublin, 1979).

——, *The surnames of Ireland* (4th ed., 1985, reprinted 1997).

MacNeill, Máire, *The festival of Lughnasa* (Oxford, 1962).

Mahaffy, John Pentland, *An epoch in Irish history: Trinity College, Dublin, its foundations and early fortunes, 1591–1660* (London, 1903), pp 298–307.

Malcolm, Elizabeth, 'The rise of the pub: a study in the disciplining of popular culture' in J.S. Donnelly and Kerby A. Miller (eds), *Irish popular culture, 1650–1850* (Dublin, 1999), pp 50–77.

Matthews, C.M., *English surnames* (London, 1966).

McCavitt, John, 'The flight of the earls, 1607' in *Irish Historical Studies*, xxix, no. 114 (November 1994), pp 159–73.

——, *Sir Arthur Chichester: lord deputy of Ireland 1605–16* (Belfast, 1998).

McGrath, Bríd, 'Parliament men and the confederate association' in Mícheál Ó Siochrú (ed.), *Kingdoms in crisis: Ireland in the 1640s* (Dublin, 2001), pp 90–105.

McIvor, Dermot, 'In search of Saint Diomac' in *The Journal of the County Louth Archaeological Society*, xiii, no. 3 (1955) pp 225–51.

McMahon, Mary, *Medieval church sites of north Dublin: a heritage trail* (Dublin, 1991).

McNeill, Charles, 'Hospital of S. John without the New Gate, Dublin' in *Journal of the Royal Society of Antiquaries of Ireland*, lv (1925), pp 58–64.

McWilliams, Brendan, 'The kingdom of the air: the progress of meteorology' in John Wilson Foster (ed.) in *Nature in Ireland: a scientific and cultural history* (Dublin, 1997).

Milne, Kenneth, *Christ Church Cathedral, Dublin: a history* (Dublin, 2000).

Moody, T. W., 'The Irish parliament under Elizabeth and James I' in *Proceedings of the Royal Irish Academy*, xlv, sect. C., no. 6 (1939), pp 49–58.

Mooney, Canice, 'The Irish sword and the Franciscan cowl' in *The Irish Sword*, i (1949–53), pp 80–7.

Moran, Patrick F., *History of the Catholic archbishops of Dublin since the Reformation* (Dublin, 1864).

Murphy, Gerard,' A folksong traceable to Elizabethan times' in *Éigse*, vii, part 2, pp 117–20.

Ní Mhurchadha, Maighréad, *The customs and excise service in Fingal, 1684–1765: sober, active and bred to the sea* (Dublin, 1999).

Nolan, William, *Fassadinin: land, settlement and society in south-east Ireland, 1600–1850* (Dublin, 1979).

Ó Conbhuidhe, Colmcille, *Studies in Irish Cistercian history*, ed. Finbarr Donovan (Dublin, 1998).

Ó Danachair, Caoimhín, 'The holy wells of County Dublin' in *Reportorium Novum*, ii, no.1 (1958), pp 68–87 and ii, no. 2 (1960), pp 233–5.

O'Donovan, Conrad, 'The Capuchins in Dublin' in *The Capuchin Annual* (1972), pp 171–200.

O'Dowd, Mary, *Power, politics and land: early modern Sligo 1568–1688* (Belfast, 1991).

Ó Mathúna, Seán P., *An tAthair William Bathe, C.Í., 1564–1614* (Dublin, 1980).

Ó Muirithe, Diarmaid, *A dictionary of Anglo-Irish* (Dublin, 2000).

O'Neill, Patrick C., 'A north-County Dublin glossary' in *Béaloideas*, xvii (1947), pp 262–83.

O'Riordan, W.M., 'A list of 17th century Dublin diocesan priests' in *Reportorium Novum*, ii, no. 1 (1958), pp 109–19, ii, no. 2 (1960), pp 257–68, iii, no. 1 (1962), pp 137–52.

Ó Siochrú, Mícheál, *Confederate Ireland 1642–1649: a constitutional and political analysis* (Dublin, 1999).

Ó Súilleabháin, Seán, *Irish wake amusements* (translated by the author from the original Irish *Caitheamh aimsire ar thórraimh*, 1961, published Cork, 1997).

O'Sullivan, Harold, *John Bellew, a seventeenth-century man of many parts* (Dublin, 2000).

Otway-Ruthven, Jocelyn, 'The medieval church lands of County Dublin' in *Medieval studies presented to Aubrey Gwynn, S.J.* ed. J.A. Watt, J.B. Morrall and F.X. Martin (Dublin, 1961), pp 54–73.

*The Oxford English Dictionary* (2nd ed., 20 vols, Oxford, 1989).

Perceval-Maxwell, Michael, *The outbreak of the Irish rebellion of 1641* (Dublin, 1994).

Prendergast, John P., *The Cromwellian settlement of Ireland* (Great Britain, 1865, republished London, 1996).

Quane, Michael, 'City of Dublin Free School' in *Journal of the Royal Society of Antiquaries in Ireland*, xc, part ii (1960), pp 163–89.

'Queries' in *The Irish Genealogist*, ii, no. 2 (October 1944), p. 62.

Robins, Joseph, *The miasma: epidemic and panic in nineteenth century Ireland* (Dublin, 1995).

Rohan, P.K., *The climate of Ireland* (Dublin, 1986).

Rutty, John, *An essay towards a natural experimental medicinal history of the mineral waters of Ireland* (Dublin, 1757).

Seymour, St John D., *The puritans in Ireland (1647–1661)* (Oxford, 1921).

Simington, Robert C., *The transplantation to Connacht 1654–58* (Dublin, 1970).

Smyth, William J., 'Exploring the social and cultural topographies of sixteenth and seventeenth-century County Dublin' in F.H.A. Aalen and Kevin Whelan (eds), *Dublin City and County: from prehistory to present* (Dublin, 1992), pp 121–79.

Treadwell, Victor, 'The Irish court of wards under James I' in *Irish Historical Studies*, xii, no. 45 (March 1960), pp 1–27.

——, *Buckingham and Ireland, 1616–1628: a study in Anglo-Irish politics* (Dublin, 1998).

Walsh, Robert, *Fingal and its churches: a historical sketch of the foundation and struggles of the Church of Ireland in that part of the County Dublin which lies to the north of the river Tolka* (Dublin, 1888).
Wheeler, James Scott, *Cromwell in Ireland* (Dublin, 1999).
White, Dean Guntner, 'Henry VIII's Irish kerne in France and Scotland, 1544–1545' in *The Irish Sword*, iii, no. 13 (Winter, 1958), pp 213–25.
Widdess, J.D.H., 'A notable Irish physician', in *The Irish Journal of Medical Science* (seventh series), no. 373 (January 1957), pp 21–31.
Woodward, Donald, 'Irish Sea trades and shipping from the later middle ages to *c.* 1660' in Michael McCaughan and John Appleby (eds), *The Irish Sea: aspects of maritime history* (Belfast, 1989) pp 35–44.
Wright, William Ball, *Ball family records* (York, 1908).

## UNPUBLISHED THESES AND PAPERS

Clinton, Joe, 'Cricket in Fingal' (Skerries Historical Society Archives, unpublished paper no. 176, 1994).
Halpin, Patrick, 'English as we speak it in Skerries' (Skerries Historical Society Archives, unpublished paper no. 24, 1950).
McGrath, Bríd, 'A biographical dictionary of the membership of the Irish house of commons 1640–1641' (TCD, unpublished PhD thesis, 1997).
——, 'The membership of the Irish house of commons, 1613–1615' (TCD, unpublished M. Litt. thesis, 1985).
Ní Mhurchadha, Maighréad M.B., 'Contending neighbours: society in Fingal 1603–60' (NUI Maynooth, unpublished PhD thesis, 2 vols, 2002).
——, Skerries and the 'execrable Irish rebellion' (Skerries Historical Society Archives, unpublished paper no. 161, 1991).
——, The mills of Stephenstown, research project for the College Diploma in Local History, St Patrick's College, Maynooth, 1996 (Skerries Historical Society Archives, unpublished paper no. 203).

# Index